泗阳年鉴

SIYANG YEARBOOK

2017·总第21卷

泗 阳 县 人 民 政 府　主办
泗阳年鉴编纂委员会　编

方志出版社
Publishing House of Local Records

图书在版编目（CIP）数据

泗阳年鉴 . 2017 / 泗阳年鉴编纂委员会编. -- 北京:
方志出版社, 2017.12

ISBN 978-7-5144-2645-8

Ⅰ. ①泗… Ⅱ. ①泗… Ⅲ. ①泗阳县—2017—年鉴
Ⅳ. ①Z525.34

中国版本图书馆CIP数据核字（2017）第273603号

泗阳年鉴（2017）

编　　者：泗阳年鉴编纂委员会
责任编辑：李　静

出 版 人：冀祥德
出 版 者：方志出版社
地址　北京市朝阳区潘家园东里9号（国家方志馆4层）
邮编　100021
网址　http://www.fzph.org
发　　行：方志出版社图书经销中心
电话（010）67110500
经　　销：各地新华书店
印　　刷：南京凯德印刷有限公司

开　　本：889×1194　1/16
印　　张：25.5
字　　数：661千字
版　　次：2017年12月第1版　2017年12月第1次印刷
印　　数：0001~1050册

ISBN 978-7-5144-2645-8　定价：120.00元

《泗阳年鉴》编纂委员会

《泗阳年鉴》编辑部

地址：泗阳县众兴镇众兴中路60号　　电话：0527-85223976　89683166

传真：0527-85223976　　邮编：223700　　电子邮箱：SY85223976@126.com

领

省委书记李强（中）在卢集镇听取种植大户嵇恩光介绍梨园生产经营情况

考

省委副书记、省长石泰峰（右二）到好彩头食品公司考察

导

省委常委、副省长杨岳（中）到泗阳调研

省人大常委会副主任赵鹏到泗阳调研人大换届选举工作

省人大常委会副主任公丕祥（右二）到泗阳调研

察

工 业 强 县

6月17日，召开全县工业经济转型发展暨全民创业推进大会

2月10~21日，泗阳县举行企业用工集中招聘会

徐贻林　王 兵　摄

2016年，泗阳县围绕工业强县目标，坚持项目为王，实干为先，进一步加大招商引资工作力度，扎实推进工业供给侧结构性改革，工业经济发展态势总体向好。全年招引亿元以上项目50个，计划总投资118.7亿元；实现工业开票销售274.14亿元，比2015年增长27.34%；实现工业增值税5.66亿元，比2015年增长28.64%；工业用电量15.3亿千瓦时，比2015年增长16.34%。

5月28日，召开夏季投资环境说明会，当场签工业项目18个，计划总投资25亿元

两会代表考察电商展示馆

南刘集乡晨明纺织企业员工在更换纱锭　颜崇旺　摄

项目为王

江苏新晨化纤股份有限公司生产一片火热

泗阳秀达玩具有限公司各车间紧张快干

泗阳成达制盖有限公司工人在装配瓶盖

美星电子开足马力　　王　永　摄

11月1日，来自全国各地140余位企业家饶有兴趣地观展
佘义磊　摄

文化美县

开展江苏省“三下乡”文艺演出暨全民阅读手拉手·春风行动

8月27日，泗阳县举行“群”众扶贫中学启动仪式

6月15日，首届中国·泗阳鲜桃争霸赛在市民广场举行

多年来，泗阳县坚持实施社会风尚引领工程，以倡导全民读书，开设“道德讲堂”，实行交通劝导，组织捐资助学自愿活动，举办“流行音乐节”、骡马街庙会、平价年货大集，开放书画院，开展“三美”在农家评比表彰等多种形式，凝聚社会正能量，激发干群崇德向善，催生各类先进人物。多彩文化润桃源，风尚引领结硕果。短短几年，全县入选“中国好人”13名、“江苏好人”21名；泗阳荣膺江苏省“书香之县”称号。

6月1日，县委书记徐勤忠（中）等县领导为县孤儿院孩子送上生日蛋糕

学会感恩，给妈妈洗回脚

思想领航

静谧书海人头挤

小小文明志愿者 交通劝导还真行

11月24日，泗阳县举行2016年民间文艺活动汇报演出

1月28日，康达医院董事长金麟（中）提前为孩子们发新学期学费和学习用品

歌手宋歌在中国杨树博物馆放歌赞泗阳

青虾美食节

2016中国·泗阳成子湖青虾美食节暨第八届江苏省创新菜烹饪技术比赛颁奖仪式

2016年7月30日，泗阳县举行首届“成子湖青虾美食节暨第八届江苏省创新菜肴烹饪技术（泗阳美食专场）比赛”，邀请省内外多家餐饮企业、国内餐饮专家、国际友人300余人参加，共同品尝用泗阳成子湖生态青虾、生态水产品、生态农产品等食材制作的美食佳肴，个个赞不绝口。美食节期间，还召开“2016中国·泗阳成子湖青虾美食创新发展峰会暨泗阳生态农产品采购签约仪式”。

青虾养殖

2016中国·泗阳成子湖青虾美食节创新发展峰会暨泗阳生态农产品采购签约仪式

吃 出 大 文 章

召开中国·泗阳成子湖青虾美食节创新发展峰会

品尝美食佳肴

国内餐饮专家和国际友人观看创新菜肴烹饪技术比赛

2016中国·泗阳成子湖青虾美食节暨第八届江苏省创新菜烹饪技术比赛颁奖仪式

称赞美味青虾

2016年泗阳县摄影协会

聚焦

《雏鹰高飞先振翅》 获省"点赞最美阅读空间"摄影大赛三等奖
颜崇旺 摄

《建桥者》 入选市摄协2016年度佳作展
韩威 摄

《大典》 宿迁市第三届"大美宿迁"摄影比赛入选作品 王劲云 摄

《大湖鱼鲜》 获"聚焦全市现代生态农业"摄影大赛二等奖
徐贻林 摄

《竹韵》 2016年第三届克罗地亚DFA国际摄影展入选作品
裴成 摄

会员入选、获奖作品选

《漫步意杨林》 获“绿色江苏·美好家园”摄影大赛优秀奖
王劲云 摄

《河塘音符》 第三届克罗地亚DFA国际摄影展入选作品
裴成 摄

泗

《我家有个读书郎》 获省“点赞最美阅读空间”摄影大赛二等奖 梁振宇 摄

阳

《智灭白蛾》 获“绿色江苏·美好家园”摄影大赛优秀奖
徐贻林 摄

《财源滚滚》 获“绿色江苏·美好家园”摄影大赛优秀奖
杨耀华 摄

2016年泗阳县摄影协会

《梨园早春》 宿迁市第三届"大美宿迁"摄影比赛入选作品 王劲云 摄

《拱月》 "大美宿迁"摄影比赛作品 王劲云 摄

满

眼

《看大戏》 入选市摄协2016年度佳作展 徐贻林 摄

《梦幻意杨林》 塞尔维亚CORSICA盛大园际数码摄影展入选作品 裴成 摄

《呵护》 塞尔维亚CORSICA盛大园际数码摄影展入选作品 裴成 摄

会员入选、获奖作品选

俯瞰泗阳妈祖文化园　　徐贻林　摄

《爱心读书社》 获省"点赞最美阅读空间"摄影大赛三等奖
王劲云　摄

春

《登高寻书》 获省"点赞最美阅读空间"
摄影大赛三等奖　　梁振宇　摄

光

《护绿使者》 获"绿色江苏·美好家园"摄影大赛优秀奖
郑明高　摄

《马路交响曲》 被《中国摄影年鉴》收录　　杨耀华　摄

江苏泗阳经济开发区

县委常委、江苏泗阳经济开发区党工委书记葛明，县人大常委会副主任、开发区党工委副书记、县企业服务局局长葛习和，县政府党组成员、开发区党工委副书记、管委会主任史素珍现场推进项目建设

11月26日，2016（第五届）海峡两岸轮毂产业高峰论坛暨CAW铝车轮质量协会会员大会在开发区举行

2016年，江苏泗阳经济开发区实现业务总收入773.17亿元、地方财政一般预算收入16.75亿元、工业固定资产投资13.3亿元，分别比2015年增长16.37%、12.45%、13.61%。年内，被省文明委授予“2013~2015年度江苏省文明单位”，被市委、市政府表彰为“开发区建设先进单位”“招商引资考核先进单位”，被县委、县政府表彰为“目标管理全面先进单位”。在省级开发区综合考评中，排名全省83家省级开发区第17位。

5月14日，县委常委、江苏泗阳经济开发区党工委书记葛明上“两学一做”专题党课

8月15日，举行江苏凤凰电气股份有限公司“新三板”挂牌仪式

4月15日，省长石泰峰(前中)在江苏新晨化纤股份有限公司调研

3月18日，江苏金牌厨柜有限公司举行投产庆典仪式

4月19日，举行泗水古国洋河汉酒封藏大典

地址：北京东路66号
电话：0527-85268009
邮编：223700
供稿：汤业发
编辑：刘须春

6月3日，组织机关全体人员到县廉政教育基地开展警示教育活动

11月29日，举办第四届“荣浩杯”企业消防运动会

党委书记、局长　刘晓兵

干部职工积极开展清洁家园志愿活动

局有关人员进行产业集聚考核

泗阳县发

2016年，全县计划和物价工作坚持以“项目为王、实干为先、稳字为基”，深入推进供给侧结构性改革，各项工作取得一定的成绩。年内，县发展和改革局被授予“2013~2015年度江苏省文明单位”，被表彰为“全省发展改革系统综合先进单位”“全市重大项目工作和产业集聚发展工作先进单位”，获全省沿海地区发展工作先进集体奖、全市发改工作先进集体奖，并获市产业集聚工作、策应扶持工作、价格认定工作单项先进奖和平价商店管理奖。

地址：众兴镇北京东路9号
电话：0527-85271176
邮编：223700
供稿：刘　芳
编辑：刘须春

展和改革局

举行党风廉政责任制汇报会

组织干部职工参加平原林海骑行活动

局领导班子开会研究工作

组织干部职工参加乒乓球比赛

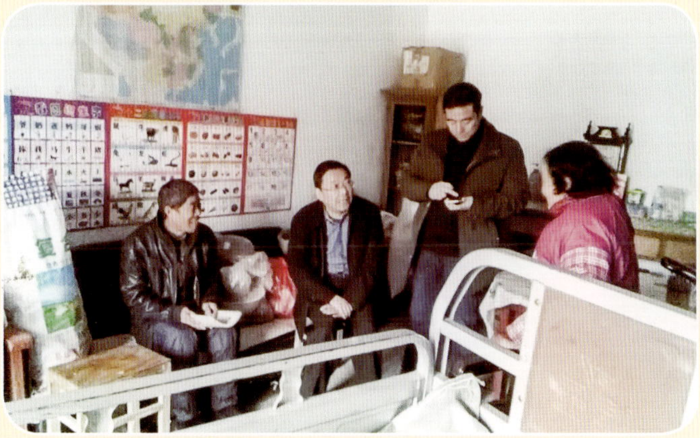

“三进三帮”——局长刘晓兵到穿城镇砖井村贫困户家中访贫问苦

价格调解宣传

泗阳县市场监督管理局

县委书记徐勤忠（右二）检查食品生产企业

县长马伟（右二）调研上海路市场建设情况

2016年，泗阳县市场监督管理局秉承“创新、协调、绿色、开放、共享”五大发展理念，群策群力，奋勇争先，狠抓落实，扎实工作，全面完成全县市场监管各项工作任务。年内，被中国食品安全年会表彰为“普法先进单位”，被市局表彰为“质监工作先进集体”“药品安全诚信建设先进单位”“食品药品基层监管先进单位”“食品安全示范城市创建工作先进单位”，被县委、县政府表彰为城市管理先进单位；获市食品药品安全综合工作一等奖。

全局党员干部向党旗宣誓

全局上下“三进三帮”进农户

县领导带队检查高考前学校食堂

举行“您点题 我治理”食品安全放心消费民意征询发布会

开展计量日宣传活动

县委常委、副县长林志娟（中）检查特种设备企业安全情况

开展3·15活动，销毁假冒伪劣商品

中秋节前检查超市食品

地址：众兴镇北京中路22号
电话：0527——85237839
邮编：223700
供稿：周相文
编辑：刘须春

泗阳县农业委员会

2016年，泗阳县农业委员会围绕建设“农业强县”目标，全年引进生态科技项目30个，实施部、省级稻麦高产增效万亩示范片项目22个；建立稻田综合种养基地5个；推广稻、麦新良种110.9万亩。围绕建设“2+3”农业产业体系，不断壮大“优质稻米、生态畜禽”两大主导产业，大力发展设施蔬菜、精品桃果、成子湖青虾三大特色农业产业，新增高效农业面积5.2万亩、渔业面积1.8万亩，成功举办第一届“成子湖青虾美食节”。全县“三品”认证面积占耕地面积97.08%，“三品”产量占种植业总产量30.93%，新增“三品”32个。全年实现农林牧渔业总产值106.53亿元，现价比2015年增长7.81%。泗阳县被省农委授予“全省发展现代高效农业成效显著县”“江苏省农业电子商务示范县”“全省畜牧业工作先进县”。

县委书记徐勤忠（左一）调研推进全县桃果产业发展情况

县农委主任、党委书记王朝霞(右二) 调研245省道两侧桃果产业发展情况

举办首届中国·泗阳桃花节

国家食用菌研发中心授牌仪式

京东“中国特产·泗阳馆”

第七届3·18中国·洪泽湖放鱼节公益活动

建成3000亩青虾产业园

地址：县政务服务中心10楼
电话：0527-85212372
邮编：223700
供稿：房大利
编辑：陈 华

鲜切花基地

荷藕基地

葡萄基地

泗阳县民政局

2016年，泗阳县民政局以“现代民政示范县”创建为引领，以“两学一做”活动为抓手，认真履行“以民为本、为民解困、为民服务”的宗旨，发挥民政工作在全县社会经济中的兜底保障作用，民政事业发展取得新成绩。年底，泗阳县被省民政厅授予“现代民政示范县”称号；县民政局获市民政局“2016年目标考核优秀奖”，被县政府表彰为“12345热线及网络问政办理工作先进单位”，被县党风廉政建设责任制领导小组评为“作风建设评议合格单位”，获县社会治安综合治理委员会“社会治理（信访稳定）考核奖”。

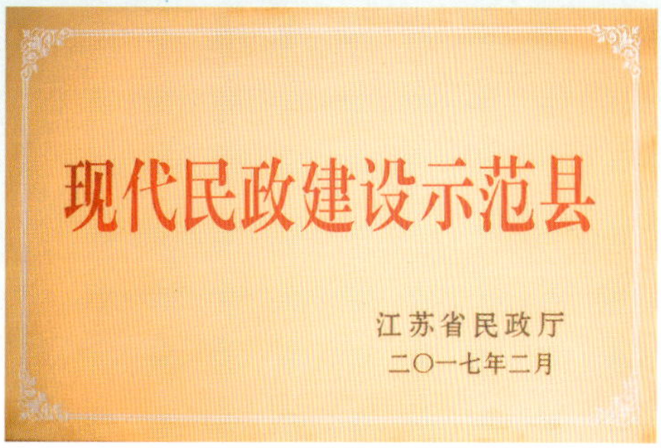

地址：北京中路20号
电话：0527-85212808
邮编：223700
供稿：胡雅石
编辑：陈　华

省民政厅厅长侯学元（左三）在泗阳县调研五保供养工作

县委书记徐勤忠（中）与五保老人共度中秋

县委副书记、县长马伟（左一）、副县长史明霞（右二）在县儿童福利院调研

12月28日，全市福利机构安全管理现场会在泗阳县召开

局领导班子深入王集镇古墩村共商“联村共建”规划

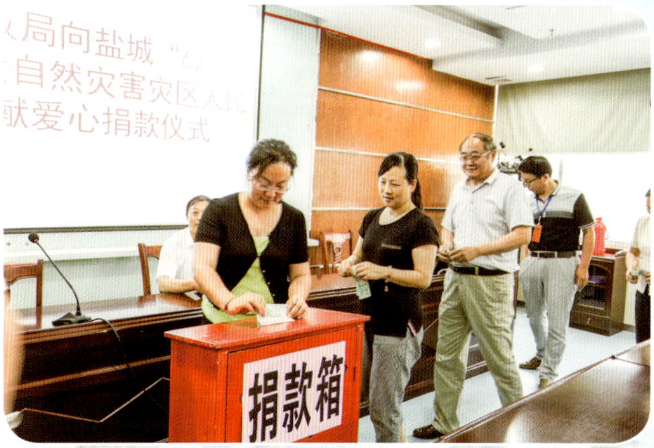

县民政系统干部职工为盐城6·23风灾捐款

局机关干部职工走村入户开展“三进三帮”活动

全县开展“缅怀革命先烈，砥砺拼搏前行”为主题的清明祭扫活动

志愿者走进老年公寓为老人做好事

泗阳县公安局

2016年，泗阳县公安局围绕全面深化公安改革工作布局，进一步整合资源、优化机制、夯实基础、提升素质，着力打造立体化、现代化社会治安防控体系，加强公安队伍正规化建设，开展严打整治斗争和治安防控体系建设，规范执法行为，参与“社会管理创新”，全县社会治安状况进一步好转，保持连续14年命案全破、看守所连续31年安全无事故、全局执法质量连续5年省优并取得全市第一的好成绩，为建设“强富美高”全面小康新泗阳提供更优的服务保障。年底，县公安局获县委、县政府2016年度目标管理绩效考评工作全面先进奖；局法制大队、城东派出所分别被省公安厅授予集体二等功，全局受县级以上表彰奖励集体43个、民警84人次。

3月2日，县公安局开展升国旗等系列忠诚教育活动

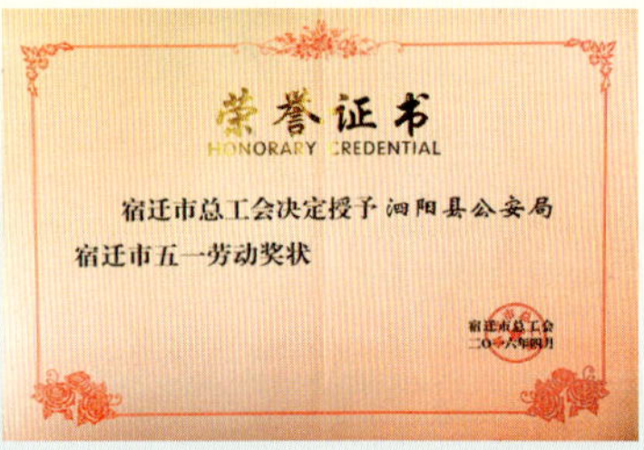

副县长、公安局局长李庆峰到挂钩企业调研安全生产工作

县公安局政委武胜到帮扶村开展“三进三帮”活动

2月27日，县公安局召开全县公安机关党风廉政建设和反腐败工作会议

7月1日，县公安局举行“铸忠诚警魂　创一流业绩”主题演讲比赛

县公安局到结对帮扶村开展“联村共建”工作

县消防大队官兵在平安夜加强安全保卫工作

县公安局在城区开展电动自行车智能管控工作

8月21日，县公安局开展新华小记者走进警营活动

地址：北京西路88号　　邮编:223700
电话：0527-85245019
供稿：郭荣荣　　编辑：陈华

民警在泗阳火车站开展巡逻防范

泗阳县审计局

党组书记、局长　梁正

召开党风廉政建设会议

2016年，全县共完成审计项目69个，查出违规金额10123万元，管理不规范金额32504万元，促进税收和各项规费收缴1500多万元，移送案件线索28件。年内，县审计局被省文明委授予“2013~2015年度江苏省文明单位”，被市委、市政府授予“2015年度宿迁市文明单位”，被省审计厅表彰为“2016年度审计通联工作成绩突出单位”，被国家审计署中国时代经济出版社评为“全国审计宣传工作先进单位”，被县委、县政府表彰为“绩效考评工作全面先进单位”“‘六五’普法先进单位”“政务信息工作先进集体”“全县宣传文化工作先进单位”“全县尊师重教先进单位”等。

地址：众兴镇北京路11号
电话：0527-85212752
邮编：223700
供稿：胡广生
编辑：刘须春

局长梁正向省文明办测评人员汇报文明单位创建情况

召开“两学一做”学习教育动员大会

在周恩来铜像前举行入党宣誓活动

在县廉政教育基地接受廉政警示教育

审计人员在钻孔取芯，对道路隐蔽工程进行审计

深入挂钩村调研，在田间地头与群众交谈

局领导赴灌南调研

参与县重点工程项目过程性跟踪审计

泗阳县住房

2016年，泗阳县住房和城乡建设局以巩固国家园林县城创建成果、提升城市品质为目标，加快城市建设步伐，强化住房保障能力，提升宜居生态品质，完善市政基础设施，规范建筑行业行为，推进重点工程建设，住房和城乡建设工作取得新的突破。全年完成城市建设投资65亿元，保障性住房、棚户区改造超额完成任务；城区新增绿地面积65万平方米，城市框架扩展到45.5平方千米，建成区面积增至38.35平方千米，承载能力增至37万人。

局长、党委书记王治国（右二）现场指导推进创建文明工地建设

地址：北京东路国土建设大厦
电话：0527-85252736　　邮编：223700
供稿：李金鑫　　编辑：陈　华

森林湖一侧

和城乡建设局

北京路

运河大道

成子湖

小西湖

京杭运河最美岸线

泗阳县城市管理局

2016年，泗阳县城市管理局围绕打造“苏北最美县城”目标，全面践行“百姓城管、科学城管、法治城管”理念，突出创建“江苏省优秀管理城市”重点，城市管理整体水平和对外形象明显提升，连续5年获全市目标管理考核第一名。5月，在全省城市环境综合整治推进会上，泗阳县作典型经验介绍。

县委书记徐勤忠（右一）慰问环卫工人

局长、党委书记朱红军接受媒体采访

县委副书记、县长马伟（左一）慰问环卫工人

地址：北京西路6号
电话：0527-85246798
邮编：223700
供稿：吴　坤
编辑：陈　华

县城市管理数字化监督指挥中心

县城管执法人员参加军训

城区街道清扫保洁

开展城管宣传活动

路灯维修

朝霞路第三代公厕

泗阳县商务局

2016年，泗阳县商务局紧紧围绕拓展大经贸，构筑大流通，推进大开放目标任务，新批外资企业6家，到账外资5060万美元，进出口贸易额3.53亿美元。加强和改善粮食宏观调控，加快粮食流通产业发展，参加2016中国·宿迁经贸洽谈和境内外展销会，办好第五届平价年货大集暨首届网商年货节，电子商务持续发展。年底，泗阳县被评为“江苏省农村电子商务示范县”“全省粮食行业安全生产工作先进单位”；县商务局被评为“全省粮食系统内部审计工作优胜单位”“2016年度全市粮食工作目标管理先进单位”；获县委、县政府“2016年度招商引资工作先进单位”“2016年度社会治理（信访稳定）工作先进单位”称号。

局长、党组书记　傅成殿

地址：县行政服务中心3楼
电话：0527-85212074
邮编：223700
供稿：云　峰
编辑：陈　华

省委常委、副省长杨岳（中）视察泗阳县粮食工作

省商务厅厅长马明龙（右二）在县委书记徐勤忠（右三）等陪同下视察苏丝集团

省经信委副主任胡学同（中）、市政府副秘书长蒋复洋（右一）、县委书记徐勤忠（左一）共同启动第五届平价年货大集暨首届网商年货节开幕式水晶球

第五届平价年货大集暨首届网商年货节人流如潮

穿城粮食储销公司新建成总仓容量3万吨，拥有现代化储粮技术的标准化粮库

县邀请香港、台湾、广东、上海等地30余名客商参加2016中国·宿迁经贸洽谈会暨第四届中国绿色建材产业合作论坛

县组织吉福新材料等企业参加广交会

泗阳县新袁镇

党委书记　王爱民

镇长　彭铁军

2016年，新袁镇牢牢把握加快发展主题，统筹推进稳增长、调结构、促改革、惠民生，积极作为，真抓实干，实现财政收入7650万元，比2015年增长12.9%；工业企业增值税入库税收1700万元，增长13%；实现工业企业开票销售5.2亿元，增长26.8%。分别被授予“2013~2015年度江苏省文明单位”“2015年度宿迁市文明单位”；被市委、市政府表彰为科技创新工作先进单位、新型城镇化建设工作先进单位；被市委表彰为2015年度法治建设先进单位、全市先进基层党组织；被市政府表彰为“十二五”人口和计划生育工作先进单位；被命名为市2015~2016年度全民健身十佳体育乡镇，被县委、县政府表彰为全县目标管理考核先进乡镇、招商引资先进乡镇。

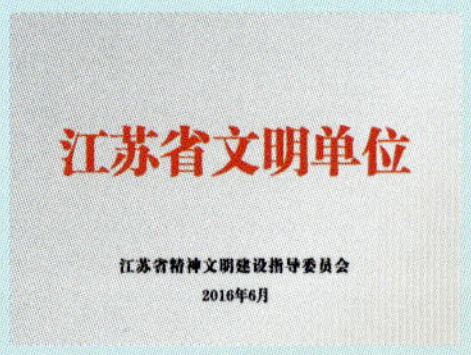

初具规模的新袁新城

农民新居——幸福佳苑

县委书记徐勤忠(中)视察三岔特色田园乡村建设

县委领导视察祥和木业

泗阳县方正包装材料有限公司厂景

舞动新袁

体育广场遍布各村居

引人入胜的农家小戏

地址:新袁镇新袁街　电话:0527-85621123　邮编:223731　供稿:赵　扬

泗阳县庄圩乡

乡党委书记
朱光乾

乡党委副书记、乡长
葛　凡

庄圩乡位于泗阳县东北部，面积48.76平方公里，人口41104人。2016年1月被省委、省政府列入江苏省涟沭泗扶贫开发8个重点乡镇之一。一年来，在省市县领导和各部门关心支持下，乡党委、乡政府抓住机遇、努力奋斗，经济社会得到快速发展，实现地区生产总值121838万元，比2015年增长7.87%；财政收入3712万元；农民人均纯收入13361元，增长9.09%。被市委、市政府表彰为宿迁市社会治理先进单位；被市委组织部、宣传部授予宿迁市基层党员干部冬训工作先进集体；被县委、县政府表彰为泗阳县农业农村工作、脱贫攻坚工作、新型城镇化和“六五”普法工作先进单位。

4月15日，省委副书记、省长石泰峰（左中）在庄圩乡召开宿迁市扶贫开发座谈会

省民政厅厅长侯学元（右二）在县委书记徐勤忠（左二）陪同下到乡调研

县委书记徐勤忠（前）到乡淮沭河自来水厂调研

市委书记魏国强（左二）陪同省人大常委会副主任蒋宏坤（左一）到庄圩乡调研

市委副书记、市长王天琦（右一）到庄圩乡农户家中调研

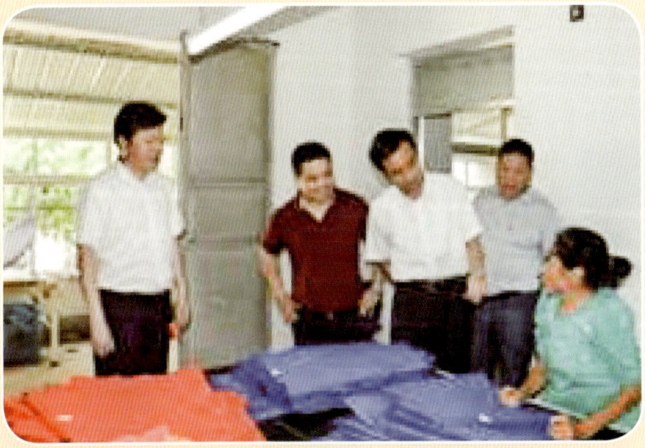

县委书记徐勤忠（中）视察庄圩乡宽宏无纺布有限公司

庄圩乡每个村（居）都建有电商服务点，图为庄圩居委会电商服务点

“水八仙”之一——庄圩乡浅水藕基地一角

庄圩乡碧水雅居小区

电话：0527-85891123
传真：0527-85891432
邮编：223713

供稿：姬贵扬
编辑：李昌富
摄影：姬贵扬　林　祎

泗阳地方税务局

2016年，宿迁市泗阳地方税务局围绕“拼搏奋进、狠抓落实”工作主题，坚持务实创新，狠抓落实，圆满完成全年目标任务，实现了“十三五”良好开局。全年累计组织各项收入33.58亿元。其中：入库地方税收25.48亿元，自然口径比2015年下降11.49%，同口径比2015年增长38.51%；公共预算收入20.94亿元，自然口径比2015年下降18.76%，同口径比2015年增长36.71%。年内，被江苏省文明委表彰为2013~2015年度江苏省文明单位，被江苏省地方税务局确认为2016年法治税务示范基地。

省地税局局长江建平（右四）到泗阳调研

县委书记徐勤忠（中）到地税局调研

宿迁地税局局长王月明（右二）到泗阳调研

县局连续三年荣获服务地方发展贡献奖，图为局长朱永凯（左一）上台领奖

地址：北京东路100号　电话：0527-85212775
邮编：223700　供稿：蒋守兵

走进诚信示范街宣传税法

举办全县个人所得税大讲坛

泗阳国地税联合办税服务厅

地税窗口的优质服务赢得纳税人真诚感谢

地税干部走进社区慰问留守儿童

地税干部重温入党誓词

江苏泗阳农村商业银行股份有限公司

2016年，江苏泗阳农村商业银行（以下简称泗阳农商银行）不忘初心，砥砺前行，紧紧围绕“三农”市场定位不动摇，持续加快改革转型步伐，牢牢把握三大战略布局，切实履行服务实体经济职能，各项工作稳中有进，稳中向好。

至年末，各项存款余额131.32亿元，各项贷款余额106.50亿元，全年累计发放贷款150.50亿元；手机（网上）银行存量客户7.4万户，全年实现交易量223万笔、金额773亿元，累计开办手机自助贷3824户，业务柜面替代率76.5%。成立上海产品研发中心，资金业务总规模达41.53亿元。二级资本债券项目顺利启动。由泗阳农商银行主发起的安徽五河永泰村镇银行各项存款11.07亿元，各项贷款8.73亿元，实现净利润1013万元。被五河县政府授予“金融支持县域经济发展先进单位”。

2016年，泗阳农商银行先后获“全国三八红旗集体”“全国巾帼文明岗”“全国模范职工之家”“江苏省五一劳动奖状”“江苏省三八红旗集体”“中国服务小微企业最佳县域银行”等称号；连续五年获江苏省“安康杯”竞赛优胜单位；连续七年获“江苏省文明单位”和“江苏省工人先锋号”。获县委、县政府服务地方经济发展“突出贡献奖”、“六五”普法先进单位。庄圩和南刘集两家支行被省联社授予“乡镇网点文明规范服务四星级网点”。

省联社副主任陈友慧（左二）到泗阳农商银行调研农村金融服务情况

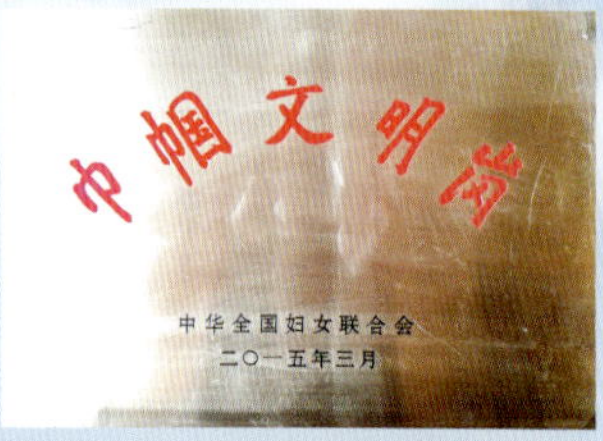

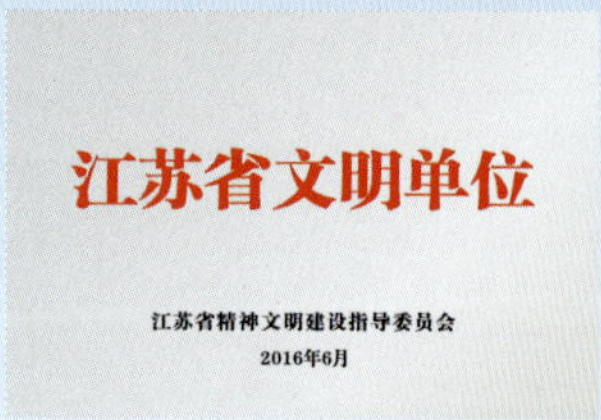

行领导调研农业产业金融服务需求情况

到村组放贷

开展春蕾助学活动现场

迎新春联欢晚会现场

2016年总结表彰暨2017年工作会议

地址：县城北京中路21号　　电话：0527-85275008　　邮编：223700　　供稿：赵海林　卞铁猛

泗阳县中医院

泗阳县委书记徐勤忠（右二）和远东宏信医疗健康集团副总裁、总经理吴志军（中）为门诊综合楼奠基

泗阳县中医院是国家二级甲等中医院，有职工686人，其中医技人员563人。医技人员中，中医学博士2人，医学硕士14人，大学本科学历247人。其中正高级职称7人，副高级职称43人，中级职称86人；国家基层名老中医、江苏省名中医、宿迁市名中医各1人，江苏省基层优秀中医4人，泗阳县名老中医5人。设临床科室24个，其中省级重点专科建设单位1个，市级重点专科2个，县级重点专科8个，“全国名老中医石志乔传承工作室”1个。年内，医院被市委、市政府表彰为2015年度宿迁市文明单位，并获“全国优秀民营医院”和“全国百姓放心医院”称号。

2016年初，医院与远东宏信医疗健康集团股权合作。借助远东集团雄厚的资金优势、先进的医疗专家资源和现代化医院管理团队，医院综合实力全面提升。开工建设总面积5万多平方米、造价2.5亿元的门诊综合楼；投入1000多万元，购进中医诊疗设备100余台（套）；招聘临床本科以上毕业生26人，引进成熟型医技人才17名。加强与省级大医院合作，已成为江苏省中医院联合体医院，东南大学附属中大医院集团医院，江苏省肿瘤医院技术合作医院和南京中医药大学教学医院。以上医院每周有近40位专家在医院坐诊、手术、查房、教学，覆盖医院各临床科室。3月，医院顺利通过国家三级医院市级评审，9月通过省级评审。

2016年1月13日，泗阳县中医院洪朝阳（左）与远东宏信医疗健康集团吴志军（右）签署股权合作协议

省卫计委巡视员陈亦江（右一），省医院协会会长唐维新（左二）到医院调研三级中医医院创建工作

国家卫计委药政司药品供应处副处长蔡丽萍（前左三）、国家发改委价格司医药价格处曹昱（前右三）到医院调研

2016年，泗阳县中医院第四届膏方节开幕式

医院承办的省级中医药继续教育培训班

泗阳县中医院中药文化长廊

医院微信公众号

地址：解放中路123号
电话：80832445
邮编：223700

供稿：王立安　刘须忠
编辑：李昌富

泗阳县残疾人联合会

8月5日，省残联理事长高晓平（右二）莅泗调研残疾人工作

2016年，泗阳县残疾人联合会以全心全意为残疾人服务为中心，认真抓好残疾事业各项工作，促进残疾人各项权益保障，取得了一定的工作业绩。全年向上级争取资金2026.5万元，在新袁、王集、众兴、爱园、里仁等乡镇建成基层“残疾人之家”8家，吸纳、安排中度肢体、轻度智力和精神等各类残疾人近100名。年内，被县委、县政府表彰为年度全县目标考核、绩效考评“全面先进单位”，被市委、市政府表彰为市级文明单位，县残联作为苏北唯一先进典型，在全省“残疾人之家建设”推进会上做典型发言。

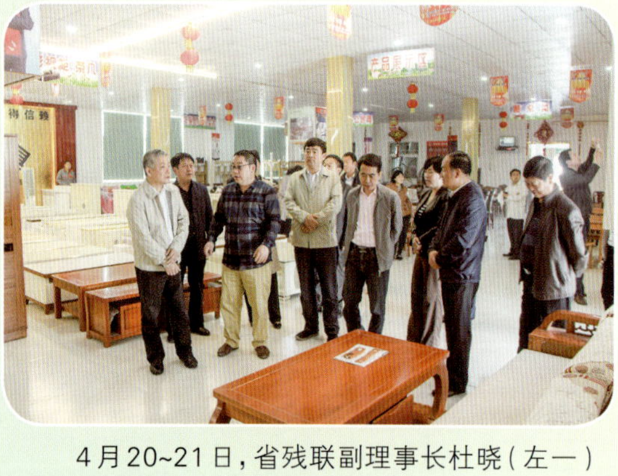

4月20~21日，省残联副理事长杜晓（左一）莅泗调研残疾人非常规性就业工作

4月11日，县残联组织干部职工到王集镇徐渡村开展“三进三帮”活动

6月1日，县委书记徐勤忠（中）到县残疾儿童康复中心慰问残疾儿童

6月22日，县委副书记、县长马伟到县残疾儿童康复中心、县残疾人托养中心视察

10月7日，县四套班领导观摩王集镇魏圩村“残疾人之家”

10月11日，省残疾人福利基金会常务副理事长张建平（前中）莅泗调研残疾人公益项目执行情况

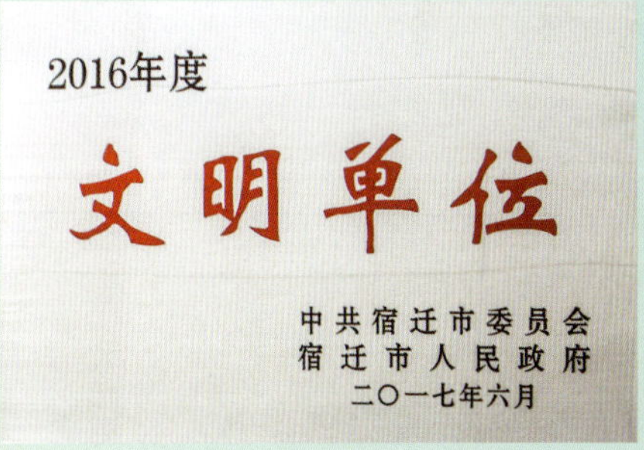

地址：县城长春西路8号　　电话：0527-80703586　　邮编：223700
供稿：唐　超　　编辑：谷芳芬

编辑说明

一、《泗阳年鉴》的编纂指导思想是：以马克思列宁主义、毛泽东思想、邓小平理论、“三个代表”重要思想和科学发展观为指导，贯彻落实习近平总书记系列重要讲话精神和治国理政新理念新思想新战略，坚持辩证唯物主义和历史唯物主义的立场、观点和方法，逐年全面系统地记载全县政治、经济、文化、社会事业、社会生活和自然等各方面发展和变化情况，充分反映时代特点，体现地域特色，为各级领导干部进行科学决策提供可靠依据，为社会各界和海内外人士了解和研究泗阳提供基本资料，为广大群众生产、生活提供服务，也为地方史志的续修保存、积累真实的历史资料。

二、2017年版《泗阳年鉴》记述的是2016年1月1日至12月31日泗阳县政治、经济、文化、社会和生态文明建设等方面基本情况、重大事件和取得的新成就、新突破、新经验，出现的新变化、新情况、新问题。

三、《泗阳年鉴》采用分类编辑法，以栏目、分目、条目组成框架结构主体部分，在少数分目中，增加子分目层次，并用楷体标明。各条目统一用黑体并加【 】表示。为便于检索，除卷首设目录外，卷后另设主题分类索引。

四、《泗阳年鉴》以出版年号为卷次名称。2017年版《泗阳年鉴》设特载、大事记、县情概览、党政机构、社会团体、军事、法治、农业、水利、工业、招商引资·园区建设、交通·邮政·供电、城乡建设、城市管理与环境保护、财政·税务、金融、商贸服务、经济监督管理、科学技术、教育、信息·传媒、文化·旅游、卫生和计划生育、体育、民生保障、乡镇（街道、场）概况、人物·荣誉栏、统计资料、附录、索引共30个栏目，159个分目、74个子分目、1422个条目。“荣誉栏”收录2016年1月至2017年3月受到市级以上领导机关表彰的先进集体和先进个人。“人物栏”收录2016年新任县级领导干部、获市级以上授予的“先进模范”称号人物以及2016年去世的正科级以上（含正科级）干部及离休干部。

五、《泗阳年鉴》中的统计数据，以县统计局公布的数字为准；统计局不作统计的，以各部门、各单位提供的为准。“特载”中的数据保持原貌不变。

六、《泗阳年鉴》文稿系县各部门、各乡镇场和有关企事业单位提供，专人撰写，并经乡镇场、部门、单位领导人审阅，县年鉴编辑部加工，最后由县有关领导审定。

目　录

特　载

大事记

县情概览

党政机构

社会团体

农 业

水　利

工　业

招商引资·园区建设

交通·邮政·供电

交通运输

邮　政

城市管理与环境保护

财政·税务

金　融

商贸服务

经济监督管理

科学技术

教　育

信息·传媒

文化·旅游

卫生和计划生育

体　育

民生保障

乡镇（街道、场）概况

统计资料

索　引

Main Contents

泗阳县：坚决打赢新一轮扶贫开发攻坚战

中共泗阳县委书记　徐勤忠

“十二五”期间，泗阳县围绕中央和省市党委、政府关于扶贫开发工作重要部署，咬定目标，压实责任，持续加大投入力度、帮扶力度、推进力度和创新力度，全县20.11万低收入人口全部如期脱贫，61个经济薄弱村顺利实现“新八有”，“联村共建”做法被评为全省农业农村创新奖，泗阳县代表全省接受国家扶贫办“十二五”脱贫攻坚督查验收并得到充分肯定。今年是“十三五”的开局之年，围绕省委、省政府2019年提前完成新一轮脱贫致富奔小康任务要求，泗阳县大力实施脱贫攻坚“1236”计划，以啃硬骨头、攻坚拔寨的毅力主动作为，加快推进3.7万户、12.12万低收入人口、58个省定经济薄弱村以及成子湖、涟沭泗结合部两大片区脱贫奔小康步伐，坚决打赢新一轮扶贫开发攻坚战。

一、围绕低收入户脱贫，突出“三个精准”。精准扶贫、精准脱贫，是习近平总书记提出的重要思想。泗阳县围绕真扶贫、扶真贫，有序推进建档立卡、精准识别，因人因户、靶向帮扶，努力实现“大水漫灌”向“精确滴灌”转变。精准识别弄清“扶持谁”。按照“分级负责、精准识别、动态管理、群众认可”原则，创新实施大数据比对、三轮调查确认等排查识别工作，于今年4月全面完成建档立卡，改“一卡一类”为“一卡三类”，实现了“符合条件的一户不落、不符合的一个不进”，切实做到“底数清、情况准、原因明”。精准施策明确“谁来扶”。坚持因户制宜、分类施策，紧扣贫困户实际需求，精准制定扶贫“菜单”，通过帮助就业务工、购买公益岗位、发展特色种养加项目等举措，让低收入户稳定收益、长期受益。特别是针对因病、因学、因灾、因残致贫四类特困群体，分类建立“一卡四名录”，大力实施健康、教育、救助、关爱四项扶贫行动，积极推行“医贫结对”、“师生结对”、“双月走访”三项常态帮扶制度，确保如期实现脱贫目标。精准结对解决“怎么扶”。创新实施“包村包户派书记制度”，按照县直机关党员干部和省定经济薄弱村扶贫开发户结对，镇直机关党员干部和发展滞后村扶贫开发户结对，其他机关党员干部和一般村居扶贫开发户结对，村组党员干部和低保户、五保户结对，扶贫志愿者共同参与的方式，实现结对帮扶全覆盖，确保每个低收入户都能有人帮、有人带、有单位兜底。

二、围绕村集体经济增收，开展“三大行动”。在全面推进58个省定经济薄弱村更高水平“新八有”基础上，自加压力，确立了42个县定发展滞后村，同步推进“新八有”建设，年内将完成18个经济薄弱村和19个发展滞后村脱贫任务。落实产业化项目扶持行动。县财政每年安排3000万元专项资金，分别配套省定经济薄弱村40万元/村、县定发展滞后村10万元/村，大力发展村产业化扶贫项目，确保每村每年发展高效农业、农村电商等产业类项目1个以上。落实社会化联村共建行动。由19位县领导挂钩乡镇，优选100个县乡机关和100个企业，与58个经济薄弱村和42个发展滞后村开展“联村共建”，编制完成村居帮扶规划，科学确立合作建设“放心农场”、实施“家门口”就业工程、村企入股合作等9大类项目参考名录，9月底前100个联村共建实体化项目将全部建成投用。落实规模化流转增收行动。鼓励发展适度规模经营，切实加大对土地整理、农田水利的财政投入，以“小田并大田”试点为抓手，制定出台了土地流转管理服务费使用管理办法，推动村集体持续获得稳定收益。

三、围绕片区整体开发，实施“三大工程”。以国家扶贫改革试验区建设为统领，加快推进成子湖、涟沭泗结合部两大片区基础设施、产业发展、民生改善等项目实施，不断提升片区扶贫开发质态。实施基础设施工程。认真抓好交通路网、农田水利等先导性工程，年内省道330泗阳段主体竣工，省道267泗阳段开工建设，3年内片区高标准农田占比80%以上。实施产业富民工程。在“农”字头上做文章，以省级成子湖旅游度假区建设为统揽，加快推进成子湖10万亩优质稻米、青虾繁育中心“一基地一中心”建设，积极打造淮沭河走廊5万亩优质稻米、1.5万亩优质果蔬“两大产业基地”，不断夯实富民增收的坚实基础。实施民生实事工程。按照“先申请后实施，先付款后搬迁，先过渡后拆除”工作原则，积极稳妥开展两大片区相关乡镇城乡统筹试点，稳步实施土地规模流转、人口集中居住及公共服务延伸，9月底前片区供水通村覆盖率100%、达户率90%以上，力争“十三五”末将两大片区打造成为全市扶贫开发典型样板。

四、围绕扶贫落地见效，健全“三项机制”。建立健全体制机制，落实各项保障措施，最大限度凝聚扶贫开发合力。强化责任机制。严格执行扶贫开发“一把手”负责制，县乡村三级书记一起抓，落实脱贫攻坚主体责任；成立乡镇扶贫办，每个乡镇配备1名扶贫专干，专职负责乡镇扶贫；将每月第一个周六确立为“基层走访日”，县领导通过专题走访、个别走访等形式，到挂钩乡镇落实扶贫举措，全面形成责任分明、齐抓共管工作格局。健全“党建+”机制。探索推进经济薄弱村党组织建设、党建精准扶贫、“支部+电商”党建富民等多种形式，各包村单位每年帮建投资不少于10万元、带动就业不少于20人的产业项目1个以上，结对帮扶的低收入户年人均收入递增不少于500元。健全工作推进机制。每月对2–4个乡镇开展综合督查巡查，深入细致“解剖麻雀”，分析问题，解决问题。每周开设一档脱贫攻坚电视专栏，对2个村居“联村共建”、“结对帮扶”等重点工作进展情况公开公示，接受群众监督。创新实施乡科级干部“述扶”、一般干部“考扶”，以及强化村居党组织书记考核等制度，确保各项扶贫举措落地见效。

（原载江苏扶贫开发信息网）

8月17日，省人大常委会常务副主任、党组副书记蒋宏坤（中）到泗阳调研脱贫致富奔小康工程。

拔掉穷根奔富路

中共泗阳县委副书记、县长　马　伟

泗阳县地处苏北腹地，洪泽湖之滨，是典型的平原县、农业县。近年来，泗阳县认真落实习近平总书记“精准扶贫、精准脱贫”“看真贫、扶真贫、真扶贫”等重要指示精神，坚持把脱贫攻坚作为当前最大任务，开准脱贫方子，找准扶贫路子，全力保障小康路上“一个不少、一户不落”。“十二五”期间，全县有20.11万低收入人口年收入超过4000元，61个省定经济薄弱村实现“新八有”；2016年全县1.96万低收入人口、18个省定经济薄弱村实现脱贫，走出了一条具有泗阳特色的脱贫攻坚新路子。

突出精准帮扶，“鱼渔并授”加快低收入人口脱贫

增加农民收入是脱贫攻坚的中心任务，也是检验精准扶贫成效的主要标尺。

*“送项目”扶持发展生产。*多年扶贫开发的实践证明，项目是贫困地区走出贫困、实现可持续发展的根本之策。泗阳县在充分尊重群众意愿的基础上，排定三大类扶贫项目“菜单”，供低收入农户进行自主“点菜”，通过自身努力增收致富。一是农业项目，帮助低收入农户因地制宜发展种植、养殖和乡村旅游等特色产业；二是服务业项目，大力推进以网络创业为重点的“五小”创业；三是股份项目，将扶贫资金和其他涉农资金投入龙头企业、农业合作社和“三来一加”项目，形成的资产折股量化给低收入农户。

*“送岗位”力促稳定就业。*针对有的低收入户因缺少技术无法参与合作经营，有的没有能力和意愿外出务工的实际情况，一方面通过开展技能培训、推进用工对接等方式，帮助低收入户进入园区企业、村“就业点”务工，让贫困群众有活干、有钱挣；另一方面通过提供环卫保洁、园林养护等公益岗位，直接吸纳低收入户就业，确保低收入农户家庭至少有1人实现稳定就业。

*“送政策”健全保障体系。*针对因病、因学、因灾、因残致贫返贫四类特困群体，分类建立“一卡四名录”，有针对性地制定帮扶政策，实施健康、教育、救助、关爱四项扶贫行动。对因病低收入人口实行免治疗费、减医药费等“三免”“两减”；对建档立卡家庭经济困难学生减免生活费用，学前教育资助1000元、考取普通高校的给予6000元入学补贴；建立因灾致贫家庭“三提高”救助政策，建立“残疾人之家”，织牢特殊困难群体社会保障网。

强化资源整合，“多业融合”提升薄弱村经济实力

村集体经济是低收入农户脱贫致富的重要依托。近年来，泗阳县整合各类资源要素，支持经济薄弱村壮大村级集体经济，实现每个村至少有一个集体项目，每个村都有财力帮扶困难群众。

*突出产业调整抓创收。*立足经济薄弱村资源禀赋、产业基础，坚持宜农则农、宜工则工、宜商则商、宜游则游，每村选定1至2个特色产业，有针对性地发展资源开发型、资产运营型、为农服务型、休闲观光型等项目，多形式、多路径增加村级集体经济收入。目前，全县已基本形成“一村一品”的产业发展格局，蔬菜村、花生村、蘑菇村等特色产业村星罗棋布，异彩纷呈。

*突出资源盘活抓创收。*推进农村荒地、水塘以及“三集中”整理土地的开发创收，扩大集体土地、水面等资源性资产，通过招标承包、出租经营等形式，提高资源经营效益，增加村集体租赁承包收入。目前，全县通过土地整治、水面开发，形成245省道桃果种植和水产养殖产业带，其中村集体受益1.2万亩、年收入300万元。同时，对村居闲置的校舍、场地等资源，发展村级二、三产业，形成稳定的集体经济收入来源。

*突出资本经营抓创收。*创新财政扶贫资金使用方式，对产业基础较差的村，将扶贫资金直接入股专业合作社或工商企业，借助企业经营运作谋求更大更长远利益。对资本较多的村，鼓励兴办农产品加工、生态体验园、物流仓储等项目，通过产业经营发展集体经济。对土地资源丰富的村，鼓励组建土地股份合作社，通过“小田并大田”，将土地成片流转给种养殖大户，一方面村集体可获得60–80元/亩的流转服务费，另一方面

“并田”过程中“溢出”的3%–5%的土地成为村新增集体资产，增加村里的集体收入。近年来，全县每年流转土地面积5万亩左右，年增加村集体经济收入500余万元。

围绕面貌转变，“收拢五指”推进重点片区开发

作为省扶贫开发重点县，近年来，泗阳县坚持“推动区域发展和扶贫开发良性互动”的基本思路，聚焦政策、资金、项目对成子湖周边、涟沭泗结合部两个片区实施整体连片开发。

加大基础设施“硬”投入。基本生产生活条件差，是制约片区发展的主要瓶颈，也是返贫率高的要害所在。泗阳县围绕“基础扶贫”思路，统筹推进通路、通水、通电、通网等基础设施建设，先后建成330省道、成子河航道、旅游公路及大桥，新改建村级公路280公里，新建高标准农田20万亩，行政村互联网覆盖率达100%，片区生活生产条件有效改善。

构建产业发展“硬”支撑。按照“五化同步”的要求，根据片区特色产业、资源条件和农民意愿，因地制宜培育和发展特色产业，推动扶贫开发由“输血”向“造血”转变。成子湖片区依托良好的自然环境和独特的人文环境，大力发展乡村旅游业、高效循环农业和特色水产，形成10万亩优质稻米、青虾繁育“一基地一中心”，创成省级成子湖旅游度假区。涟沭泗结合部结合区域产业基础，重点发展花卉苗木、纺织服装、电子加工等产业，带动增收占当地农民总收入的40%以上。

办好民生实事“硬”任务。将健全农村基本公共服务作为扶贫开发的重要内容，围绕“学有所教、病有所医、住有所居”，深入实施民生幸福工程，每年兴办10件民生实事项目，加快推进基础设施向农村延伸、公共服务向农村拓展、社会保障向农村覆盖、现代城市文明向农村辐射，“百姓富”愈发现实和生动。

加强机制创新，“多方联动”汇聚扶贫攻坚合力

扶贫开发是全社会的共同责任，需要动员激励全社会力量广泛参与。泗阳县坚持在体制机制创新上下功夫，着力构建多点发力、各方出力、共同给力的“大扶贫”格局。

强化责任机制。深入开展“三进三帮”活动，将每个月第一和第三个周六固化为“活动走访日”，详细调查摸排农村资源、农民收入、农业发展等“家底”情况，根据不同“病因”选准“药方”，将“良药”精准送至“病灶”。活动开展以来，全县4200余名干部职工走进227个村居，完成农户信息采集13.3万份，排查解决各类问题1850余个。实行党政“一把手”负总责的限期脱贫责任制，建立县级领导挂点、县直单位包村、干部结对帮户制度，全县参与结对帮扶的单位93个、干部5561人，结对帮扶贫困户和困难户1.2万户。强化乡镇扶贫责任，在乡镇成立扶贫工作办公室，每个乡镇配备1名扶贫专干，确保扶贫工作有人抓、有人管、有安排、有落实。

创新参与机制。推行“联村共建”扶贫模式，鼓励优秀民营企业与经济薄弱村结成共建对子，每年排定、实施一批现代农业、“放心农场”、村企入股合作等共建项目，带动村民就业创业，拓宽村集体增收渠道。挂村企业与经济薄弱村一挂五年，不脱贫不“脱钩”，“联村共建”这一做法获评全省农业农村创新奖。鼓励群团组织和个人自愿采取认领、包干等方式开展扶贫济困、资医助学活动，构建充满活力的社会参与扶贫机制。

健全考核机制。创新实施乡科级干部“述扶”、一般干部“考扶”，以及强化村居党组织书记考核等制度，加强扶贫绩效考核，纳入目标考核的重要内容，作为领导班子评优和干部使用的重要依据。充分发挥扶贫考核指挥棒的作用，严格扶贫开发“减贫摘帽”奖惩，对在扶贫方面作出突出成绩的干部优先提拔重用，对扶贫开发工作不力的进行严格问责、追责，确保“精准扶贫、不落一人”，与省市一道如期建成全面小康。

（原载《群众》杂志2017年3月版）

2016年大事记

1　月

1日　县委书记徐勤忠，县委副书记、县长刘海红在《泗阳快报》发表《元旦献词》，号召全县人民携起手来，励精图治，砥砺前行，为建设"强富美高"全面小康新泗阳不懈奋斗！

1~2日　县委书记徐勤忠，县委副书记、县长刘海红带领县级领导班子成员，各乡镇（街道）党（工）委书记、乡镇（街道）长（主任），相关部门负责人，集中观摩评比、现场推进2015年度乡镇（街道）全民创业园建设、电商产业发展、农贸市场建设和示范街创建等重点工作。

4日　县委书记徐勤忠，县委副书记、县长刘海红到意杨产业科技园调研。

5日　省委组织部派员到泗阳考核省委驻泗帮扶工作队近两年扶贫工作情况。

6日　由泗阳县文化广电新闻出版局主办，县文化馆、县淮海剧团共同承办的"泗阳县基层业余文艺团体表演大赛"开赛。

6~9日　中国人民政治协商会议泗阳县第九届委员会第五次会议召开。县委书记徐勤忠在会上作题为《凝心聚力　团结一致　奋力实现"十三五"良好开局》的讲话，县政协主席夏养育向大会作县政协常委会工作报告，县政协副主席刘厚华向大会作县政协九届四次会议以来提案工作情况的报告。会议以举手表决的方式通过政协泗阳县第九届委员会常务委员会工作报告、政协泗阳县第九届委员会常务委员会关于提案工作情况报告、政协泗阳县第九届委员会第五次会议等3个决议。

县政协九届五次会议

7日　出席县十六届人大五次会议的全体代表和参加政协泗阳县九届五次会议的委员到好彩头食品、聚润纺织、金牌橱柜、妈祖文化园生态停车场、醉美泗阳（泗阳电商产业园）、成子河航道二里桥工程、国润农业、黄河故道干线治理工程、桃源路改造工程等项目现场，实地视察县2015年部分重点工作、重点工程。

△　国家卫计委药政司药品供应管理处副处长蔡丽萍等到泗阳调研开展基层医疗机构基本药物配送和供应保障情况。

7~9日　县第十六届人民代表大会第五次会议召开。会议听取并通过《泗阳县人民政府工作报告》《泗阳县国民经济和社会发展第十三个五年规划纲要》《泗阳县2015年国民经济社会发展计划执行情况和2016年国民经济社会发展计划》《泗阳县2015年财政预算执行情况和2016年财政预算》《泗阳县人大常委会工作报告》《泗阳县人民法院工件报告》《泗阳县人民检察院工作报告》等7个决议，还审议通过刘须伦等11名代表提出的《关于〈突出项目主线，加快产业集聚，全力推进工业强县建设提档升级〉的议案》和李东阳等12名代表提出的《关于〈调结构，塑特色，加快推动现代农业建设迈上新台阶〉的议案》。会议选举王业珍为泗阳县第十六届人民代表大会常务委员会主任，姜兵为泗阳县第十六届人民代表大会常务委员会委员。

县人大十六届五次会议

8日　江苏省旅游资源规划开发质量评定委员会发布2016年第1号公告：泗阳县妈祖文化园被批准为国家AAAA级旅游景区。

9日　全县宣传文化系统组织召开学习贯彻落实“两会”精神大会。县委常委、宣传部部长、县政府党组成员杨卫国出席会议并讲话。

12日　县委书记徐勤忠主持召开2016年党政联席第一次会议。会议听取县党政领导班子、县人大常委会和县政协主要负责人春节前重点工作安排情况的汇报，讨论研究《2016年度全县招商引资工作任务》《泗阳县2016年度工业经济发展目标任务的通知》《2016年度全县经济社会发展重大项目投资计划表》和《全县经济工作会议方案》。

Δ　2016年改革创新领导小组第一次会议召开。会议讨论研究相关实施办法、规章制度和纪律规定等文件。

13日　中共宿迁市委副书记、市长王天琦到泗阳全程参加并指导县委常委班子“三严三实”①专题民主生活会，同时和县委书记徐勤忠一齐接待来访群众，当面倾听群众诉求。

Δ　县委副书记、县长刘海红带领县国土局、督查室、财政局、规划局等单位主要负责人调研推进全县国土重点工作，副县长李大明陪同调研。

Δ　泗阳获2015年“全省发展现代高效农业成效显著县”称号。

14日　全县经济工作会议召开。县委书记徐勤忠在会上作题为《项目为王，实干为先，稳字为基，奋力实现“十三五”经济社会发展良好开局》的重要讲话。

Δ　县委召开会议，专题传达学习贯彻县委常委会“三严三实”专题民主生活会精神。

15日　住房和城乡建设部发布《关于2015年国家生态园林城市、园林城市、县城和城镇的通报》文件，泗阳县名列在78个国家园林县城中，系江苏省唯一被命名为“国家园林县城”的称号。

18日　县委召开2015年度基层党员冬训工作部署会。全县基层党员冬训工作拉开帷幕。

20日　第十一届县委常委会第六十五次（扩大）会议召开。会议专题传达学习市“两会”精神，部署安排当前工作。

Δ　县委召开2015年度乡镇（街道）党（工）委书记、部门党委（党组）书记抓基层党建工作述职评议会。

21日　县委书记徐勤忠带领县规划局、金融办、国土局等单位负责人，先后到王集、里仁、庄圩3个乡镇实地调研新型农村社区选址、规划、建设等工作。

Δ　县政府召开扶贫开发暨农业农村工作会议。县委副书记、县长刘海红总结“十二五”期间扶贫开发工作及2015年农业农村工作，并对下一步全县扶贫开发工作、农业农村工作进行部署安排。

22日　县委宣传部、县信用办联合召开泗阳县2015年度失信“黑名单”新闻发布会，对2015年度严重失信的9家企业和256名严重失信的自然人进行公开曝光。

△ 省人大代表、县委书记徐勤忠在参加省“两会”时接受新华报业交汇点记者采访。

△《林中凤凰》创作笔会在泗阳举行。会上，县委常委、宣传部部长杨卫国和省作协联络部主任吴正峻等为2015年《林中凤凰》文学创作奖获得者颁发证书。

25日 省人大代表、县委副书记、县长刘海红应邀走进省电视台公共新闻频道《通天下》栏目直播间，畅谈“建设生态泗阳，聚焦民生幸福”话题。

26日 泗阳县举办争当“中国好网民”网友座谈会暨2016年首期版主沙龙活动。县委常委、宣传部部长杨卫国出席活动并作讲话。

27日 泗阳县召开“情暖冬日·爱在泗阳”志愿服务行动推进会。县委常委、宣传部部长杨卫国出席会议并讲话。

29日 泗阳县召开2015年9~12月份常态巡察工作反馈会。县委常委、县纪委书记程闾捷出席会议并讲话。

31日 中国科学院公共政策研究中心研究员张琦率研究团队一行3人到康达医院调研医疗服务分级诊疗改革工作，市、县卫计委、财政局、人社局相关负责人和康达医院董事长金麟、院长魏兴学参加调研座谈会。

是月 根据《省政府关于同意宿淮盐高速公路李口收费站更名的批复》，宿淮盐高速公路泗阳出口的“李口”收费站 更名为“泗阳东”收费站。

△ 江苏泗阳县正丰水产科技有限公司青虾苗种繁育中心获批为省级青虾良种扩繁基地。

△ 泗阳县丽人木板有限公司的“圣莲”牌商标、泗阳县贵嘴米业有限公司的“贵嘴”牌商标和江苏华绿生物科技股份有限公司的图形商标获2015年度“江苏省著名商标”称号。

△ 县道众临线、吴新线、爱穿线等3个大修项目分别通过交工验收。

△ 江苏泗阳县盛世桃源休闲渔业示范基地获批为全国休闲渔业示范基地。

△ 众兴镇界湖农家书屋获“江苏省五星级示范农家书屋”称号。

△ 众兴镇五里居委会80后居民肖华荣登“江苏好人榜”。

2 月

2日 第五届平价年货大集暨首届网商年货节开市。上午11时18分许，省经济和信息化委员会副主任胡学同、市政府副秘书长蒋复洋、县委书记徐勤忠共同为“第五届平价年货大集暨首届网商年货节”启动水晶球。

△ 县举行2016年“春风行动”暨春季企业用工服务工作启动仪式。县四套班子主要领导和江苏泗阳经济开发区领导参加启动仪式。

△ 县委、县政府召开“咬定目标，紧在开局”2016年度部分县直部门主要负责人暨专业招商人员招商引资工作座谈会。

3日 县委书记徐勤忠，县委副书记、县长刘海红，县人大常委会主任王业珍，县政协主席夏养育等四套班子领导分别走访慰问县内道德模范、优秀人才、特困职工以及驻泗武警部队、消防官兵等，向他们送去党和政府的关怀和节日祝福。

4日 县政府召开省食品安全城市暨省优秀管理城市创建工作推进会，县委副书记、县长刘海红出席会议并就相关工作进行安排部署。

△ 第五届平价年货大集暨首届网商年货节闭幕。为期3天的平价年货大集暨首届网商年货节累计达31万人次逛集购物，销售额2150万元，让利400万元，与上届相比分别增长55%、19.44%和15.4%。

△ 泗阳县文联、泗阳县老科协举办《胜利——纪念抗日战争胜利70周年诗书画集》首发式。

5日 县召开返乡创业的在外创业成功人士座谈会。县委常委、常务副县长李爱华主持会议，县领导徐勤忠、刘海红、王业珍、夏养育、葛明等出席会议。

10日 为期12天的泗阳县2016年“返乡就业创业，共建美好泗阳”企业用工集中招聘会结束，有15152人达成就业意向。

13日 县委书记徐勤忠主持召开2016年党政联席会第三次会议，讨论研究《泗阳县2016年度目标管理、绩效考评实施办法》《2016年度招商引资工作考核办法》和《关于在全县开展作风建设评议工作的实施意见》。

15日 县委、县政府召开2015年度目标管理总结表彰暨2016年度目标责任签状大会。县委书记徐勤忠，县委副书记、县长刘海红出席会议并讲话，共同为泗阳县获得"国家园林县城"揭牌。会议表彰奖励了2015年度招商引资、目标管理、绩效考评工作中涌现的先进集体和个人，各乡镇（街道）党（工）委书记、部分县直单位主要负责人依次向徐勤忠、刘海红递交2016年目标责任状。

县目标管理大会

△ 县委书记徐勤忠，县委副书记、县长刘海红带领县级领导班子全体成员收听省委、省政府召开的全省机关作风建设大会。

△ 泗阳县在《泗阳快报》上公示2015年度县级党政分管领导工作实绩。

16日 县委书记徐勤忠，县委副书记、县成子湖扶贫开发示范区党工委书记、泗阳现代农业产业园党工委书记刘立新到爱园镇、里仁乡、庄圩乡调研扶贫开发建档立卡工作开展情况。

18日 县领导徐勤忠、刘海红、王业珍、夏养育、李大明等，先后到泗水河东扩景观工程、泗水河公园、成子湖旅游公路绿化增植工程、330省道绿化工程、泗阳东高速出入口提升工程、朝霞路生态停车场，实地调研春季绿化工程。

△ 县委副书记、县长刘海红带领县政府办、经信局、开发区等单位主要负责人，到荣马新能源、新晨化纤、苏丝丝绸等企业调研。

△ 县政府召开两大片区"十三五"时期扶贫工作思路目标暨2016年重点项目安排汇报会。副县长魏国主持会议，县委副书记、县成子湖扶贫开发示范区党工委书记、泗阳现代农业产业园党工委书记刘立新出席会议。

19日 宿迁市工业企业技术改革观摩推进会在泗阳召开。副市长冯岩出席会议并讲话。县委书记徐勤忠，县委副书记、县长刘海红陪同观摩。

△ 第十一届县委常委会第六十六次会议召开。会议传达学习十八届中央纪委六次会精神、十二届江苏省纪委六次全会精神和四届宿迁市纪委六全会精神。

△ 县召开成子湖旅游总体规划汇报会。县委副书记、县成子湖扶贫开发示范区党工委书记、泗阳现代农业产业园党工委书记刘立新主持会议，县四套班子主领导出席会议。

20日 县委分别召开党风廉政建设和反腐败工作、组织工作会议。

23日 县委副书记、县长刘海红到江苏泗阳经济开发区部分重点项目施工现场，实地察看推进项目建设。

△ 全县2016年村党组织书记"脱贫攻坚奔小康"专题培训班开班。

25日 县委书记徐勤忠为参加2016年村党组织书记"脱贫攻坚奔小康"专题培训班的238名学员专题授课。

26日 县举行2016~2017届省委驻泗阳帮扶工作队莅泗座谈会。

△ 县委副书记、县长刘海红主持召开全县城乡统筹工作推进会。

29日 县委副书记、县长刘海红带领县政府办、督查室、交运局、征收办、国土局、财政局、审计局等单位负责人调研徐宿淮盐铁路泗阳段建设情况。

是月 在全市目标综合考评中，泗阳县获"目标管理一等奖"和14个单项工作先进。

3 月

1日 县召开人大工作会议。县人大常委会主任王业珍、副主任吴玉华出席会议。

2日 县委副书记、县长刘海红，副县长魏国、李大明带领县水利局、农委、众兴镇等单位负责人，现场推进黄河故道干河治理工程暨林相改造工作。

△ 县委、县政府召开成子湖旅游度假区重

点工作推进会。

△ 县市场监督管理局召集全县20家大中型企业负责人，就服务企业工作情况进行座谈。

3日 省政府办公厅主任谢润盛一行到泗阳调研脱贫攻坚工作。县委书记徐勤忠，县委副书记、县成子湖扶贫开发示范区党工委书记、泗阳现代农业产业园党工委书记刘立新，省委驻泗帮扶工作队队长孟庆如等陪同调研。

△ 全市重大项目建设和产业集聚第二次观摩推进会在泗阳召开。

4日 县委书记徐勤忠主持召开2016年党政联席会第四次会议，安排部署当前工作。

△ 县委、县政府举行2016年“两观摩、两推进”第一次集中观摩活动。

5日 县委书记徐勤忠主持召开成子湖旅游总体规划专家咨询会，听取市旅游局局长陈伟以及旅游方面专家对成子湖旅游总体规划的意见和建议。

7日 县委副书记、县长刘海红主持召开县政府全体（扩大）会议，贯彻落实中央、省市相关会议精神。

△ 在“三八”国际劳动妇女节即将来临之际，泗阳县组织全县乡科级以上女干部代表、部分领导干部家属到县党风廉政警示教育基地接受教育。

△ 由江苏金坛华罗庚艺术团排练的大型音乐儿童剧《田梦儿》，走进泗阳公益巡演启动仪式在县来安小学举行。

8日 泗阳县政府决定从2016年3月8日起，组织全公安、交通、城管等13个职能部门联合开展文明交通集中整治行动。

9日 江苏省电商拓市环省行活动在泗阳举行。省经济和信息化委员会党组成员、机关党委书记周频，县委书记徐勤忠，县委常委、常务副县长李爱华出席活动。

△ 县委书记徐勤忠带领县级领导班子成员到李口镇农李村，和广大群众一起参加义务植树活动。

10日 宿迁市金融办主任史宇芳和工商银行宿迁分行、农业银行宿迁分行、邮储银行宿迁分行、江苏银行宿迁分行等市级金融机构负责人到泗阳开展服务实体经济“泗阳行”活动。

11日 淘宝大学沃尔普电商学院（泗阳）分校成立。

12日 县委书记徐勤忠带领县规划、住建、征收等相关单位负责人调研房屋征收和城市建设工作。

14日 县食品安全委员会办公室举办以“您点题，我治理”为主题的食品安全放心消费民意征询活动发布会。

15日 县委副书记、县长刘海红带领县政府办、水务局、督查室等相关单位主要负责人，现场推进区域供水通达工程暨黄河故道干河治理工程建设。

16日 县委副书记、县长刘海红，副县长李大明带领住建、规划、征收、国土等相关单位主要负责人，调研推进城建重点工程和为民办实事项目。

18日 江苏泗阳金牌橱柜有限公司举行投产庆典。县委书记徐勤忠，县委副书记、县长刘海红，厦门金牌橱柜股份有限公司董事长温建怀、总裁潘孝贞共同启动江苏金牌橱柜正式投产水晶球。

△ 泗阳县召开新闻发布会，通报网络上转传的《泗阳县几百名城管上村打砸，遍村被打的“鬼哭狼嚎”》视频调查情况，证实为不实视频。新华日报、扬子晚报、现代快报、《宿迁日报·泗阳快报》、宿迁电视台、触摸泗阳、网上泗阳、平原林海美丽泗阳等10多家媒体记者参加发布会。

△ 省文物局局长刘谨胜到泗阳调研文物保护工作。宿迁市副市长赵丽丽，泗阳县委副书记、县长刘海红，及相关单位主要负责人陪同调研。

△ 县委书记徐勤忠带领县委办等相关单位负责人，到徐宿淮盐高铁泗阳段施工现场，了解推进工程建设。

19日 第十一届县委常委会第六十七次会议召开。会议传达学习全国“两会”相关精神，讨论研究《泗阳县2016年重点改革事项及任务分解表》等文件。

21日 县委书记徐勤忠，县委副书记、县成子湖扶贫开发示范区党工委书记、泗阳现代农业产业园党工委书记刘立新，先后到高渡镇、卢集镇和成子湖片区，实地调研扶贫开发工作。

22日 省委督查室主任刘劲松一行到泗阳调研成子湖片区扶贫开发工作并召开座谈会。宿迁市副市长曹秀明，泗阳县委书记徐勤忠，县委副书记、县成子湖扶贫开发示范区党工委书记、泗阳现代农业产业园党工委书记刘立新陪同调研和出席座谈会。

△ 县委副书记、县长刘海红召开城区管线管理信息平台汇报会。

23日 县委书记徐勤忠带领县委办、征收办、住建局、规划局、国土局等单位负责人，实地调研城区房地产供给侧结构性改革工作。

△ 县政府召开城市管理暨省优秀管理城市创建工作推进会。

24日 宿迁市扶贫开发重点片区乡镇党委书记座谈会在泗阳卢集镇召开。市委书记魏国强出席会议并作重要讲话，市委副书记王益，市人大常委会副主任徐德出席会议。县委书记徐勤忠，县委副书记、县成子湖扶贫开发示范区党工委书记、泗阳现代农业产业园党工委书记刘立新和高渡、卢集、裴圩、庄圩、里仁等乡镇党委书记参加座谈会。

25日 泗阳用视频连线方式，将全市扶贫开发重点片区乡镇党委书记座谈会精神传达到全县各乡镇。

28日 县委副书记、县长刘海红主持召开意杨产业科技园部分重点项目推进会。

29日 县委副书记、县长刘海红，副县长李大明带领县政府办、住建局、规划局、征收办、财政局、国土局、规划局、财政局等部门主要负责人，调研推进城区保障性安居工程和棚户区改造工作。

30日 县委中心组第37次理论学习会召开。此次学习会邀请经济学博士、中国人民大学世界经研究中心主任黄卫平作《创新驱动与供结侧改革》专题辅导讲座。

31日 省级机关工委书记王立平到泗阳调研经济社会发展和党建工作开展情况。

△ 县政府召开泗水河二期建设规划设计汇报会和卢集镇镇村规划及拟实施项目专题会办会。

是月 泗阳县首个"移动图书馆"正式投入使用，读者可以通过手机、平板电脑、手持阅读器等移动终端设备，随时随地查询图书馆海量信息资源。

4 月

1日 县第二届乡村文化旅游节信息发布会在大禾庄园举行。

1~2日 县委、县政府举行为期一天半的2016年乡镇（街道）"五大工程"②观摩活动。

2日 县委召开全县乡镇领导班子换届工作会议。

△ 县委书记徐勤忠，县委副书记、县长刘海红等县四套班子领导和部分单位代表，驻泗阳部队和武警消防官兵代表，部队离退休干部代表等，到爱园烈士陵园祭扫革命烈士墓。

△ 县举办2016年乡村旅游发展论坛。省旅游局原副巡视员、省旅游协会副会长唐建国出席论坛并讲话。

6日 省委副秘书长胥爱贵一行到泗阳实地调研扶贫开发工作。市委副秘书长王德鹏，市委农工办主任杨彩林等陪同调研。

8日 第十六届人大常委会第三十一会议召开。会议听取和审议县人民法院关于民间借贷案件审理情况的报告、县人民政府关于天然气镇镇通工程开展情况的报告，并就这两项工作进行满意度评价。会议还通过了相关人事任免。

△ 县政府召开乡镇卫生计生事业改革动员会。

12日 宿迁市委副书记、市长王天琦到泗阳庄圩乡开展"挂村包户"调研活动。县委副书记、县长刘海红，县委副书记、县成子湖扶贫开发示范区党工委书记、泗阳现代农业产业园党工委书记刘立新等陪同调研。

12~16日 省委副书记、省长石泰峰到泗阳开展"三解三促"驻点调研。

14日 民盟江苏省委与泗阳县人民政府签订教育发展合作协议，南京大学民盟委员会和南京、常州、南通、泰州民盟市委分别与泗阳县相关中小学签订对口帮扶协议。

15日 国家食用菌工程技术研究中心金针菇种子资源评价和利用基地揭牌仪式在泗阳江苏华绿生物科技有限公司举行。

16日 第十一届县委常委会第七十二次（扩大）会议召开。会议传达学习贯彻近期省市召开的一系列会议精神，特别是省委副书记、省长石泰峰到泗阳“三解三促”驻点调研的重要讲话精神。

Δ 第十一届县委常委会第七十三次会议召开。会议集中讨论研究并安排部署“两学一做”学习教育、泗阳县第十二届党代会代表选举等相关工作。

18日 广东省江苏商会会长、广东丰纪源实业集团有限公司董事长冯树君一行到泗阳考察经济社会发展情况。

19日 苏酒集团2016封藏大典在泗阳酿酒基地举行。

20日 县委召开全县学党章党规、学系列讲话、做合格党员“两学一做”学习教育动员大会。

21日 县委副书记、县长刘海红主持召开李口镇八堡村特色村庄规划方案专题会办会。

22日 卢集镇镇村规划暨成子湖人居环境改善项目推进会在县城召开。县委副书记、县长刘海红出席会议并讲话。

23日 由江苏省大众文学学会主办、泗阳农商行冠名、泗阳县文联与林中凤凰杂志社联合承办的“泗阳农商行杯”第三届“江苏大众文学奖”颁奖典礼在泗阳举行。

27日 全国人大环资委调研室巡视员何嘉平带领中华环保世纪行新闻采访组到泗阳采访生态环境保护工作。采访组一行由人民日报、新华社、中央电视台、工人日报、解放军报、经济日报等30余家中央级媒体记者组成。

27~28日 省住建厅党组书记、副厅长顾小平到泗阳调研。县委书记徐勤忠，县委副书记、县长刘海红，副县长史明霞、李大明出座谈会。

28日 省民政厅厅长侯学元到泗阳调研民政工作。县委书记徐勤忠，副县长史明霞陪同调研。

29日 县召开2016年党政联席会第六次会议，讨论研究《打击洪泽湖非法采砂工作集中整治行动方案》，剖析点评部分信访案例，通报近期维稳工作。

Δ 省“五方挂钩”帮扶协调小组会议在泗阳召开。省扶贫办副主任朱子华，省科技厅副厅长段雄，县委书记徐勤忠，县委副书记、县长刘海红等出席会议。省科技厅厅长王秦出席会议并讲话。

Δ 泗阳县在妈祖文化园举行妈祖文化园国家AAAA级旅游景区、江苏省对台交流基地揭牌仪式。省台办副主任李卫华，市台办主任徐丽丽，市旅游局副局长王晓红，省台办经济处副处长李晓志等出席仪式。

30日 由江苏省文化馆、中共泗阳县委宣传部主办，泗阳县文化广电新闻出版局承办，泗阳县文化馆、泗阳县摄影家协会协办的首届“丝绸之路”全国摄影艺术大展巡展在县文化馆开展。

5 月

3日 县委副书记、县长刘海红主持召开会议，专题会办李口镇八堡村特色村庄规划方案。

3~4日 省商务厅党组书记、厅长马明龙带领市场建设、电商、综合、财务等业务部门到泗阳调研。县委书记徐勤忠，县委副书记、县长刘海红，县委常委、政法委书记钱向辉，副县长魏国等陪同调研。

5日 省教育厅厅长、党组书记、省委教育工委书记沈健一行到泗阳调研教育工作。副市长赵丽丽，县委书记徐勤忠，副县长史明霞陪同调研。

6日 县委、县政府举行“两观摩，两推进”2016年第二次工业项目集中观摩推进会。

Δ 省卫计委巡视员陈亦江，省医院协会会长唐维新，省中医药管理局中医科教处处长朱岷等在市卫计委主任刘仰刚陪同下，到泗阳县中医院调研创建三级中医院工作。

7日 县委书记徐勤忠主持召开2016年党政联席会第七次会议。会议传达学习习近平在中央政治局常委会会议审议“两学一做”学习教育方案时的讲话，刘云山、赵乐际在“两学一做”学习教育工作座谈会上的讲话。

8日 县委在李口镇、庄圩乡分别启动乡镇党委换届试点工作。

9~10日 县领导徐勤忠、刘海红、王业珍、夏养育、刘立新、李爱华、杨卫国等实地调研考察成子湖旅游度假区项目建设，听取规划编制工作汇报。

11日 省经信委党组成员、副主任陆元刚一行到泗阳调研涟沭结合部片区扶贫工作。县委书记徐勤忠陪同调研。

12日 省水利厅党组副书记、副厅长陶长生一行到泗阳实地调研黄河故道干河治理工程建设。县委副书记、县长刘海红，副县长魏国等陪同调研。

Δ 县在市民广场举行2016年江苏省老年人体育节泗阳分会场启动仪式。

13日 县十六届人大常委会第三十二次会议召开。会议任命臧涛为县人民政府副县长，陈小勇为县经济和信息化局局长，张业奇为县人大常委会社会事业工作委员会主任。免去李强县政府办公室主任职务；免去张海斌县经济和信息化局局长职务。

Δ 县纪委召开全县纪检监察干部大会。县委常委、县纪委书记李启旺在会上作题为《聚焦主业，主动担当，扎实推进纪检监察各项工作》的讲话。

15日 2016年中国旅游产业投融资促进大会发布《2016年全国优选旅游项目名录》，江苏泗阳成子湖旅游度假区一期开发项目名列目录。

17日 市人大常委会党组书记、常务副主任叶辉一行到泗阳调研，座谈征求制订《宿迁市城市绿地保护条例（草案）》意见。县委副书记、县长刘海红，县人大常委会主任王业珍，副主任陈远华，副县长李大明等陪同调研。

Δ 宿迁市委常委、组织部部长李健到泗阳调研基层党建、"两学一做"学习教育和乡镇党委换届工作。

19日 县政府召开全县市场监督管理暨省级食品安全城市创建工作会办会。

Δ 县委书记徐勤忠到李口镇八堡村，现场推进省长石泰峰莅泗驻点调研交办事项。

21日 县召开意杨产业科技园创建省高新技术产业开发区工作推进会。县委书记徐勤忠出席会议并作重要讲话。

22日 泗阳县率先在全市完成乡镇党委换届工作。

24日 宿迁市副市长曹秀明带领市相关单位负责人，到泗阳调研推进涟沭结合部泗阳片区整体帮扶工作。县委书记徐勤忠，县委副书记、县长刘海红参加推进会。

Δ 县十六届人大常委会第三十三次会议召开。会议听取和审议县人民政府关于《江苏省湖泊保护条例》贯彻落实情况的报告。

27日 省人大常委会法制委员会主任张新民一行到泗阳调研市县人大法制委员建设和基层民主立法联系点建设情况。市人大常委会副主任薛启书，泗阳县委副书记、县长刘海红，县人大常委会主任王业珍、副主任陈远华等陪同调研。

28日 县委、县政府举行2016中国·泗阳夏季投资环境说明会暨项目签约仪式，现场签约项目18个，全部为工业项目，计划总投资25.56亿元。

Δ 县政府召开全县扶贫开发工作推进暨2016年夏季秸秆禁烧与综合利用工作动员部署会。

31日 省委常委、省军区政治委员曹德信到泗阳调研经济社会发展和县人武部工作情况。市委常委、市军分区政委胡家友，市军分区司令王向东，县委书记、县人武部第一书记徐勤忠陪同调研。

Δ 县委中心组第38次（扩大）理论学习会召开。此次学习会特邀省委党校教授王金水作总书记习近平重要讲话精神辅导讲座。

6 月

1日 徐勤忠、张大江、臧涛、熊雪贤等县领导带领县教育局、民政局、妇联等单位主要负责人，到县妇女儿童活动中心、双语实验学校、孤儿院、阳光康复中心等处，看望幼儿、小学生和特殊儿童代表，并送上节日礼物。

Δ 由泗阳县委宣传部主办、县住建局承办的第65期市民讲坛在泗阳大剧院开讲。此次讲坛特邀著名朗诵艺术家，国家一级演员，原中国煤矿文工团团长瞿弦和作题为《朗诵艺术漫谈》专题讲座。

2日 省委组织部"两学一做"学习教育协调小组综合组副组长陈勇到泗阳调研"两学一做"学习教育开展情况。县委书记徐勤忠，县委常委、组织部部长、党校校长张大江陪同调研。

Δ 县委书记徐勤忠主持召开2016年党政联席会第八次会议，传达学习省市会议精神，盘点前一阶段工作，部署安排当前重点工作。

3日 泗阳拉开2016年“迎七一、倡廉洁、严纪律”警示教育月活动序幕。

4日 县委召开全面深化改革领导小组第四次会议，研究审议《关于深入推进供结侧结构性改革的实施意见》《干部考察“五进五访”实施办法》等专项改革文件，安排部署下一步深化改革工作。

5日 “体彩杯”第三届全国（泗阳）平原林海山地越野自行车公开赛在泗阳拉帷幕。

7日 县农委系统职工赵成全为救轻生投水孕妇献出宝贵生命。泗阳县文明办、泗阳县慈善总会、泗阳县见义勇为基金联合发出“学英雄，献爱心”倡议书，县四套班子领导率先学习赵成全见义勇为英雄事迹，带头为英雄家庭捐赠善款。

14日 文化部党组副书记、副部长杨志今一行到 泗阳调研公共文化服务体系建设情况。省文化厅党组书记、厅长徐耀新，省文化厅党组成员、副厅长裴旭，市委副书记、市长王天琦，副市长赵丽丽，市政协副主席、市文化广电新闻出版局局长武倩，泗阳县委书记徐勤忠，县委常委、常务副县长李爱华等陪同调研。

Δ 省人大常委会副主任公丕祥一行到泗阳调研县人大常委会贯彻落实中央18号文件、省委26号文件和加强县乡人大工作情况。市人大常委会党组书记、常务副主任叶辉，县委书记徐勤忠，县人大常委会主任王业珍，副主任吴玉华等陪同。

17日 县委、县政府召开全县工业经济转型发展暨全民创业推进大会。县委书记徐勤忠作重要讲话并为创业先锋颁奖。

Δ 宿迁市委常委、市纪委书记李桂琴到泗阳调研纪检监察工作。县委书记徐勤忠，具委常委、县纪委书记李启旺陪同调研。

19日 泗阳优质桃果推介会暨江苏省农科院公众开放日活动在省农科院举行。

20日 宿迁市委召开泗阳县县级领导班子会议，宣布省、市委调整泗阳县政府主要负责人的决定。根据决定和经过相关程序：马伟任泗阳县委副书记、代县长。

Δ 县第十六届人大常委会第三十四次会议召开。会议任命马伟为泗阳县人民政府代理县长，任命叶尔兰别克·江太为县政府副县长（挂职）。接受刘海红辞去泗阳县人民政府县长的请求；接受李爱华辞去泗阳县政府副县长的请求。

21日 县委副书记、代县长马伟带领县政府办、督查室、水务局、住建局、环保局等单位负责人，实地调研全县防汛防旱暨水利重点工程建设情况。

Δ 县委副书记、县成子湖扶贫开发示范区党工委书记、泗阳现代农业产业园党工委书记刘立新主持召开全县土地确权颁证工作汇报会。

Δ 全市“践行核心价值观，引领宿迁好榜样”事迹巡回报告会在泗阳举行。

22日 宿迁市委书记魏国强到泗阳调研经济社会发展和换届工作筹备情况。市委常委、秘书长沈海斌，县委书记徐勤忠，县委副书记、代县长马伟等陪同调研。

Δ 县委副书记、代县长马伟带领县政府办、民政局、卫计委等单位负责人，实地调研全县卫生、民政开展情况。

23日 县委副书记、代县长马伟调研意杨产业科技园建设情况。

24日 第十一届县委常委会第八十一次会议召开。会议专题传达市委书记魏国强莅泗调研重要讲话精神。

Δ 县十六届人大常委会第三十五次会议召开。会议任命殷其国为泗阳县人民政府副县长。

27日 县委、县政府向县教育局发去贺信：祝贺泗阳高考本科达线3331人，达线率69.06%，连续4年蝉联全市第一。

29日 县委副书记、代县长马伟实地调研全市特色农业观摩现场会泗阳观摩点建设情况。

30日 县庆祝中国共产党成立95周年大会召开。县委书记徐勤忠为广大党员讲授《争当“四讲四有”合格党员的表率》专题党课。徐勤忠、马伟共同为新中国成立前老党员代表颁发建党95周年纪念章。全体与会人员观看专题片——《拼搏》，会议还表彰了优秀共产党员、优秀党务工作者和先进基层党组织。

△ 宿迁市委副书记、市长王天琦到泗阳慰问新中国成立前老党员和困难党员。

△ 县委宣传部、县信用办联合举行泗阳县2016年上半年诚实守信“红名单”和严重失信“黑名单”新闻发布会，表彰了7个自然人和27家企业，公开曝光110个自然人和4家严重失信企业。

△ 由县委宣传部、县委组织部主办，泗阳县书画院、泗阳县书画家协会承办的“金鼎城杯·翰墨丹心颂党恩”书画展开幕。徐勤忠、马伟、王业珍、张大江、杨卫国、刘厚华等县领导出席开幕式。

是月 泗阳在全县58个省定经济薄弱村党组织中开展“三比三赛”[③]活动。

7 月

1日 县委副书记、代县长马伟到中心教堂、城北停车场、泗水河公园二期、天后宫等处，现场调研推进部分城建重点工程建设。

4日 县委书记徐勤忠主持召开县第十二届县委委员、候补委员、县纪委委员民主推荐会议。

5日 宿迁市委书记魏国强，市委副书记、市长王天琦带领全市特色农业观摩队到泗阳观摩特色农业。

7日 县委副书记、代县长马伟到城南生态新城桃源绿岛、植物园、南岸明珠、汽车4S店集中区、红星美凯龙、桃源宝莲城等项目现场，实地调研推进项目建设。

△ 宿迁市发改委党组副书记、副主任姜华到泗阳调研工业经济、重大项目建设和发展情况。

△ 从县推进政府与社会资本合作（PPP）工作会办会上获悉：泗阳县老年公寓已作为PPP示范项目进入省级项目库。

8日 县委书记徐勤忠主持召开2016年党政联席会第九次会议，传达学习中央和省市有关会议精神，部署安排当前重点工作。

12日 省交通运输厅副厅长丁峰一行到泗阳调研交通运输建设情况。县委书记徐勤忠，县委副书记、代县长马伟，副县长李大明、石明等陪同调研。

13日 市委常委、政法委书记张晓伟一行到泗阳调研政法综治和信访稳定工作情况。

14~15日 县委书记徐勤忠采取集中和个别两种方式，召集县四套班子领导，乡镇（街道）党委书记、党工委书记和部分县直单位一把手谈心谈话。

17~19日 中国共产党泗阳县第十二次代表大会召开。会上，县委书记徐勤忠代表中国共产党泗阳县第十一届委员会作题为《深化改革创新，加快转型升级，为建设“强富美高”全面小康新泗阳而努力奋斗》工作报告。会议依法选举产生33名中国共产党泗阳县第十二届委员会委员、7名候补委员，15名县纪委委员和64名出席市第五次党代会代表。会议通过了中国共产党泗阳县第十二次代表大会《关于中国共产党泗阳县第十一届委员会工作报告的决议》《关于中国共产党泗阳县纪律检查委员会工作报告的决议》。

20~21日 县委书记徐勤忠，县委副书记、代县长马伟带领县级领导班子成员，相关单位主要负责人和乡镇（街道）党（工）委书记、乡镇（街道）长（主任），观摩评比乡镇（街道）全民创业、特色农业、基层党建、社会治理、镇村建设“五大工程”。

22日 泗阳市民讲坛开讲。此次讲坛邀请南方医科大高级中医药膳师，国家高级公共营养师、健康管理师林芝亦作健康养生知识讲座。

25日 省委书记李强到泗阳县卢集镇郝桥村调研。省委常委、秘书长樊金龙，市委书记魏国强，市委副书记、市长王天琦，县委书记徐勤忠，县委副书记、代县长马伟等陪同调研。

△ 县政府召开迎接国家卫生县城复审和省优秀管理城市创建交办会。

29日 中国共产党第十二届委员会第二次全体（扩大）会议召开。县委书记徐勤忠作题为《拼项目、干项目、育项目，以项目新突破推进发展新提升》重要讲话，县委副书记、代县长马伟总结上半年工作，并部署安排下半年工作。

△ 县委书记徐勤忠主持召开县委常委会议，传达省委书记李强莅泗调研重要讲话精神。

△ 县委书记徐勤忠，县委副书记、代县长马伟分别带队慰问驻泗部队、武警官兵、军干所离退休干部。

△ 县召开强农惠农资金使用突出问题专

项整治工作会议。县委副书记、代县长马伟出席会议并作重要讲话。

△ 中央文明办发布7月份“中国好人榜”，泗阳县舍己救人的赵成全名列其中。

30日 县委中心组第一次（扩大）理论学习会召开。会议邀请解放军南京陆军指挥学院教授张正文作题为《我国安全战略形势研究》专题讲座。

△ 县委、县政府召开创建全国文明城市工作会议。会上，文明城市创建十项行动牵头单位向县委书记徐勤忠递交《承诺书》。

是月 从7月1日至8月15日，泗阳县开展“点燃激情·拼搏夏季”招商引资竞赛活动。

8月

1日 县委书记徐勤忠带领相关单位主要负责人，调研现代农业产业园。

△ 县委副书记、代县长马伟主持召开会议，专题会办推进裴圩镇养老服务中心运营机制试点改革工作。

2日 全省党纪轻处分案件适用简易程序审理试点推进会在泗阳召开。

△ 县委副书记、代县长马伟带领县政府办、督查室、公安局、安监局、消防大队、开发区等相关单位负责人，实地调研全县消防安全工作。

3日 县委书记、县人武部党委第一书记徐勤忠，县委副书记、代县长马伟，县委常委、县人武部政委胡中华，副县长史明霞到县民兵训练基地征兵体检站，视察指导全县征兵体检工作。

4日 县十六届人大常委会第三十六次会议召开。会议听取和审议县人民政府《关于泗阳县2016年上半年国民经济和社会发展计划执行情况的报告》《关于泗阳县2015年财政决算（草案）和2016年上半年财政预算执行情况的报告》和《关于泗阳县2015年度财政预算执行情况和其他财政收支审计情况的报告》；通过有关人事任免。

△ 部分省市县人大代表实地视察上半年重点工作、重点工程和为民办实事项目进展情况。

5日 第十二届县委常委会第二次（扩大）会议召开。会议传达学习市委书记魏国强重要讲话及相关文件精神。

△ 县委、县政府举行2016年“两观摩，两推进”第三次集中观摩推进活动。

△ 县政府召开全县脱贫攻坚工作推进会。

6日 第五届泗阳流行音乐节开幕。县委书记徐勤忠，县委副书记、代县长马伟等县级领导班子全体成员与现场数千名市民共同观看演出。

△ 县委副书记、代县长马伟到意杨产业科技园与部分企业家座谈。

8日 全市省级食品安全城市创建工作现场会在泗阳召开。宿迁市副市长冯岩出席会议。县委副书记、代县长马伟在会上介绍泗阳创建省级食品安全城市工作经验。

9日 县召开工业投资情况调研座谈会。市发改委主任王敏到会，为泗阳工业经济问诊把脉。

△ 县召开2016年第一次“不落实、慢落实”重点工作推进会。

10日 县委副书记、代县长马伟带领县政府办、国土局、水务局、成子湖度假区等相关单位负责人，调研成子湖旅游开发水上综合执法基地选址情况。

11日 县政府召开2016年书香城市创建暨央视《乡约》栏目嘉宾推选工作交办会。

12日 县举行2016年人才工作会议暨招才引智“百日会战”启动仪式。

△ 县委副书记、代县长马伟到双语实验学校、泗阳中学、实验初中、众兴实小等中小学校调研教育工作。

13日 第十二届县委中心组第二次（扩大）理论学习会召开。会议邀请省开发区协会副会长梁宝林作《开发转型升级与创新发展》专题讲座。

16日 泗阳县完成2016年公务员招录工作。64名新录用公务员上岗，其中30名赴乡镇机关任职。

17日 省人大常委会副主任蒋宏坤一行到泗阳调研脱贫致富奔小康推进情况，并代表省委、省政府慰问省驻泗阳帮扶工作队。市委书记、市人大常委会主任魏国强，市人大常委会副主任薛启书，泗阳县委书记徐勤忠等陪同调研。

18日 县委书记徐勤忠主持召开2016年党政联席会第十次会议，传达学习市委常委会会议精神，讨论研究相关文件。

20日　第十二届县委常委会第三次会议召开。会议听取研究中央环保督察组交办的信访件办理情况及环境突出问题整改情况，并进行“两学一做”专题学习交流。

△　县分别召开城乡建设管理工作会议和全县村（社区）“两委”换届选举工作动员会议。

△　为期一个月的泗阳“梦幻灯光节”在大禾庄园拉开帷幕。

22日　县委副书记、代县长马伟主持召开政银企工作座谈会。

23日　县委副书记、代县长马伟带领县政府办、水务局、交运局、征收办、环保局、规划局、众兴镇、史集街道等相关单位主要负责人，实地调研推进区域供水工作。

25日　县委副书记、代县长马伟带领县市场监督管理局、安监局、消防大队等相关单位负责人，调研全县安全生产工作。

27日　县委书记徐勤忠，县委副书记、代县长马伟，县委常委、常务副县长殷其国调研推进全县产业集聚和列入市重大项目建设情况。

△　林中凤凰教育基金会举行2016年“林中凤凰·梦圆大学”助学金发放活动。此次活动共资助考取高校的238名贫困大学生每人6000元。

△　县举行“‘群’众扶贫助学”资金集中发放仪式。建党立卡低收入农户家庭新考上大学的438名贫困学子，每人得到6000元助学金。县委书记徐勤忠，县委副书记、代县长马伟现场为10名贫困学生代表发放助学金。

泗阳县“‘群’众扶贫助学”启动仪式

29日　省军区司令员李大清到泗阳调研人武部工作开展情况。宿迁军分区司令员王向东，泗阳县委书记、县人武部党委第一书记徐勤忠，县委常委、县人武部政委胡中华陪同调研。

30日　全省农机深松整地工作现场会在泗阳召开。省农机局局长沈建辉，副市长曹秀明，市农机局局长赵圣玲以及宿迁、徐州、盐城、连云港等地市、县、区的农机主管部门分管领导参加会议。

△　2016年全市重大项目建设和产业集聚第八次观摩推进会在泗阳召开。

31日　县召开2016年第三次城市建设项目规划审查会。

9　月

2日　县委书记徐勤忠主持召开2016年党政联席会第十一次会议，传达市党代会报告县（区）意见征求会、县（区）委书记学习交流会精神。

△　县委全面深化改革领导小组第五次会议召开。会议研究讨论《关于开展“十项专项整治”工作的实施方案》《泗阳县支持党员干部改革创新容错免责实施办法（试行）》《泗阳县推进领导干部能上能下实施细则（试行）》等文件。

3日　县委书记徐勤忠为公安系统干部职工上题为《铁肩担责、铁规肃纪、锻造人民满意业绩一流的公安铁军》专题党课。

5日　县委书记徐勤忠，县委副书记、县成子湖扶贫开发示范区党工委书记、泗阳现代农业产业园党工委书记刘立新，实地调研李口、卢集、众兴、张家圩等镇经济薄弱村党组织建设等基层党建“书记项目”。

6日　宿迁市副市长、苏宿工业园区党工委书记、管委会主任方文浜一行到泗阳海欣纤维、吴江（泗阳）工业园标准化厂房、新晨化纤等处，实地调研南北共建园区建设发展情况。

△　宿迁市政协副主席薛永干到泗阳调研经济社会发展情况。

△　泗阳县召开2016年教育工作座谈会。

8日　国务院扶贫开发领导小组副组长、国务院扶贫办主任刘永富、国务院扶贫办巡视员曲天军到泗阳调研扶贫开发工作。省人大常委会副主任、党组副书记史和平，省政府副秘书长、省扶贫办主任杨根平，市委书记魏国强，市委副书记王益，泗阳县委书记徐勤忠，县委副书记、代县长马伟等陪同调研。

△ 县召开2016年党政联席会第十二次会议，总结盘点1~8月份工作，部署安排当前重点工作。

10日 全县教育工作会议召开。县委书记徐勤忠在会上作题为《推动教育现代化向更高水平迈进》讲话，县委副书记、代县长马伟作教育工作报告。

11日 县召开企业家座谈会，县委书记徐勤忠等县领导与30位企业家欢聚一堂，共商泗阳经济发展大计。

12日 泗阳县在卢集镇郝桥村召开村（社区）“两委”换届工作观摩推进会。

13日 县举行2016年新兵入伍欢送仪式，330名新兵踏进军营。

△ 市人大常委会副主任徐德到泗阳调研民族宗教工作。县委书记徐勤忠，县人大常委会主任王业珍陪同调研。

14日 第十二届县委常委会第四次会议召开。会议传达学习省委书记李强在省委常委会上的讲话精神，听取相关事项汇报，讨论研究乡镇领导班子十条禁令等相关文件。

△ 县政府分别召开农业产业结构调整工作推进会和2016年秋季秸秆禁烧与综合利用工作动员会。

△ 县全面深化改革领导小组第六次会议召开。会议听取供结侧结构性改革“1+7+X”④系列文件中的相关实施意见进展情况汇报，安排部署今后一段时期全面深化改革工作。

△ 县级领导班子“找短板、补短板、强短板”专题交流研讨会召开。

15日 县委书记徐勤忠，县委副书记、代县长马伟等县领导分赴全县各乡镇敬老院看望慰问五保老人，与老人们共庆中秋佳节。

16日 县委书记徐勤忠，县委副书记、代县长马伟，副县长李大明带领县委办、政府办、住建局、城管局、众兴镇、园林处等 相关单位负责人，实地调研推进城区秋季绿化工作。

19日 由中央电视台主创，泗阳县人民政府、宿迁市委宣传部、宿迁市广电总台共同协助摄制的大型文史电视纪录片《出土的王国》在泗阳县三庄乡正式开拍。

19~20日 县委书记徐勤忠率领泗阳县党政代表团赴吴江学习考察新型工业化、城市建设管理、民生工程实施等工作。

20日 吴江泗阳对接会在吴江举行。30家吴江企业代表受邀参加会议。县委书记徐勤忠在对接会上致辞。吴江区副区长夏晓阳，泗阳县领导严伟方、殷其国、张大江、葛明、吴俊宁出席对接会。

△ 县委副书记、代县长马伟带领县政府办、督查室、科技局、意杨产业科技园等相关单位负责人调研家居制造产业发展情况。

21日 “接轨上海”泗阳招商恳谈会在上海举行。70余家客商代表受邀参加恳谈会，有许多客商现场签约，决定到泗投资兴业。

22日 县政府召开“十项专项整治”工作交办会。

24日 县委中心组第三次（扩大）理论学习会召开。会议邀请省政协社会法制委副主任、省法学会副会长朱华仁作题为《增强运用法治思维和法治方式能力提升社会治理法治化水平》专题讲座。

△ 县开展教育系统“两学一做”学习教育专题党课活动，县委书记徐勤忠出席，县委副书记、代县长马伟作题为《师道有尊严，教育才有尊严》专题党课，副县长史明霞主持会议。

26日 县召开“2+1+1”产业发展总指挥部第一次会议。县委书记徐勤忠出席会议并作重要讲话。

29日 县十六届人大常委会第三十七次会议召开。会议听取县人民政府《关于全县反邪教工作情况的报告》《关于泗阳县区域供水工程完成情况的报告》《关于全县“六五”普法实施及“七五”普法启动工作情况的报告》《关于泗阳县2016年上半年全县国民经济和社会发展计划执行情况的审议意见落实情况的报告》《关于泗阳县2015年度财政预算执行和其他财政收支审计情况的审议意见落实情况的报告》等5个工作报告。

△ 县人大常委会召开泗阳县贯彻实施新《环保法》情况专题询问会。县环保局、住建局、

城管局、水利局等4家单位负责人到会接受询问，回答问题。

是月 王集镇、新袁镇入选全国重点镇。

Δ 泗阳县城乡道路客运一体化发展水平被评为省AAAAA级。

Δ 泗阳县获“省法制建设示范县”称号。

10 月

7日 全县县乡两级人大换届选举工作会议召开。

7~8日 泗阳县级领导班子全体成员在县委书记徐勤忠，县委副书记、代县长马伟带领下，集中观摩评比各乡镇（街道）全民创业园、脱贫攻坚、新型农村社区等“六大工程”进展情况。

8日 县委、县政府召开乡镇（街道）“六大工程”工作推进会。

13日 第十二届县委常委会第六次会议召开。会议传达学习五届市委常委会第一次会议精神，讨论研究2017年各条战线重点调研课题。

Δ 泗阳县召开“拼搏四季度、冲刺总目标”动员大会。县委书记徐勤忠出席会议并作重要讲话。

Δ 县委、县政府举行“两观摩，两推进”2016年第四次集中观摩活动。

14日 县在市民广场举行城市管理“大家评，月月考”活动。

15日 县委书记徐勤忠，县委副书记、代县长马伟分别带队，到县南北两片实地调研，并分别召开南北片“扶贫日话扶贫”座谈会。

16日 县农村扶贫工作领导小组办公室主任张佳胜获评为全国扶贫系统先进工作者。

20日 市县乡两级人大换届选举工作现场推进会在泗阳召开。市人大常委会党组书记、常务副主任叶辉，市人大常委会秘书长、办公室主任苏耀西出席会议，泗阳县人大常委会主任王业珍介绍了泗阳做法。

21日 县在李口镇召开县乡两级人大换届选举工作现场推进会。

Δ 县纪委在党风廉政教育基地召开全县纪检监察机构负责人第三季度述职会。县委常委、县纪委书记李启旺出席会议并讲话。

Δ 县政府召开秋冬季大气污染防治暨耕地保护目标责任签状会议。各乡镇（街道）分别向县政府递交了耕地保护目标责任状。

22日 县委中心组第四次（扩大）理论学习会召开。此次学习邀请《人民网》舆情监测室副秘书长、教育培训中心主任谷文杰作《新媒体舆论环境特点及舆情危机处理》专题辅导讲座。

Δ 县创建全国文明城市指挥部第二次会议召开。县委副书记、代县长马伟出席会议并讲话。

24日 县委书记徐勤忠、县委常委、常务副县长殷其国调研推进全市经济社会发展重大项目观摩现场会泗阳拟观摩项目。

25日 县委书记徐勤忠，县委副书记、县成子湖扶贫开发示范区党工委书记、泗阳现代农业产业园党工委书记刘立新，副县长史明霞到李口、新袁等乡镇调研新型社区建设工作。

28日 第十二届县委常委会第七次会议召开。会议传达学习、贯彻落实党的十八届六中全会精神。

Δ 市委宣讲团到泗阳宣讲市第五次党代会精神。

Δ 由中共泗阳县委宣传部主办的“辉煌征程”长征主题书画展在县文化馆展出。

29日 泗阳县召开“三创四整治”⑤工作落实推进会。

Δ 泗阳县举办“抓落实、见成效、创特色”“一把手”工作论坛暨镇村建设工作专题讲座。

Δ 由中共县委宣传部、泗阳春林民族乐团联合举办的“长征记忆”大型民乐演奏会在县大剧院演出。

是月 泗阳县出台乡镇（街道）领导干部十条禁令。

11 月

1日 县委书记徐勤忠到王集、里仁、爱园、南刘集等乡镇调研富民增收、脱贫攻坚工作。

Δ 农业银行江苏分行党委书记、行长高友清到泗阳开展调研慰问活动。县委书记徐勤忠、县委副书记、省委驻泗帮扶工作队队长孟庆如陪同调研。

2日 县举办2016年中国.泗阳秋季投资环境说明会。全国各地140余名企业家参会。此次投资环境说明会成功签约项目13个，计划总投资30.88亿元。

△ 省教育厅副厅长苏春海一行到泗阳调研教育工作。市教育局局长、市委教育工委书记汤成军，县委书记徐勤忠，副县长史明霞陪同调研。

3日 省委常委、副省长杨岳带领有关部门负责人莅泗调研秋收秋种工作。省委副秘书长胥爱贵，省政府副秘书长杨根平，市委书记魏国强，市委副书记、市长王天琦，市委副书记王益，泗阳县委书记徐勤忠，县委副书记、代县长马伟等省市县领导陪同调研。

△ 省书香城市建设第五测评组到泗阳测评书香城市建设工作。

5日 国家“千人计划”专家团一行17人到泗阳考察合作。市委常委、组织部长过利平，县领导徐勤忠、马伟、殷其国、张大江、魏国、石明、臧涛等出席恳谈会。

7日 全市基层党建“书记项目”调研座谈会在泗阳召开。

8日 县委常委、宣传部长、县政府党组成员杨卫国到县电视台、宿迁日报社·泗阳记者站、县电子政务中心等单位，看望慰问新闻工作者。

9~10日 泗阳县顺利通过国家生态县考核验收。

10日 市委书记魏国强带领参加全市经济社会发展重大项目观摩现场会人员到泗阳观摩部分重大项目。县委书记徐勤忠，县委副书记、代县长马伟参加观摩活动。

12日 第十二届县委常委会第十一次会议召开。会议讨论研究《学习宣传党的十八大六中全会精神工作方案》《关于进一步强化县领导抓重点工作推进落实的八条意见》《关于加强县委常委会自身建设的意见》《中共泗阳县委常委会议事决策规则》等文件，听取《关于省市重点工作（重大项目）完成情况汇报》、工商联换届工作等有关事项。

△ 县委书记徐勤忠主持召开中国共产党泗阳县第十二届委员会第四次（扩大）会议，传达学习、贯彻落实省市有关关会议精神，部署安排下一阶段工作。

△ 首届《林中凤凰》全国短篇小说大赛颁奖典礼在泗阳举行。省作协联络部主任吴正峻，市委宣传部副部长仲向阳，市文联主席、作协主席王清平，泗阳县委常委、宣传部部长、县政府党组成员杨卫国等出席颁奖典礼并为获奖作者颁奖。

14日 苏美达集团总裁蔡济波一行到泗阳开展精准扶贫，赠送泗阳11台适用于桃果种植的旋耕机。

15日 县分别召开全县县乡两级人大换届选举转段工作会议和法制宣传教育工作会议。

21日 市委常委、副市长冯岩到泗阳调研电商物流产业园建设工作。

23日 省经信委副主任高清带领省经信委、公安厅、交通运输厅等相关部门人员，到泗阳督查公路货车非法改装和超限超载专项行动开展情况。市交通局局长沈学标一同参加督查。

25日 县政法委召开政法系统干部大会。会议宣布市委、县委干部调整决定。

26日 县委中心组第五次（扩大）理论学习会召开。此次会议邀请省纪委案件审理室主任杨光作《坚定不移推进全面从严治党，以常态化问责激发责任担当》专题讲座。

△ 2016（第五届）海峡两岸轮毂产业高峰论坛暨CAW铝车轮质量协会会员大会在江苏泗阳经济开发区举行。县委副书记、代县长马伟，中国汽车工业协会车轮委员会副秘书长王孝东，CAW铝车轮质量协会会长张新颖，及海峡两岸轮毂业界120余名企业家出席此次大会。

△ 宿城区委副书记、区长张辉率领区党政代表团到泗阳考察列入市重大项目建设情况。

28日 全市县乡两级人大代表候选人与选民见面现场观摩会在泗阳县李口八堡村举行。市委书记、市人大常委会主任魏国强出席会议并讲话。

△ 县委书记徐勤忠到李口、高渡、卢集、爱园等地，调研乡镇“十位一体”建设 和“五方挂钩”帮扶项目进展情况。

29日 泗阳县与阿里巴巴正式签约。此签约标志着泗阳正式成为阿里巴巴“千县万村”计划项目落地。

30日 泗阳举行食品产业发展专题学习会，

邀请江南大学食品学院教授、博士生导师张灏授课。县委书记徐勤忠和钱向辉、王业珍、郑干先等县领导班子成员参加学习会。

是月 泗阳本土作家张荣超的长篇小说《活着不易》被《长篇小说选刊》全文刊发。

Δ 泗阳捷锋帽业有限公司获“江苏省十佳体育用品企业”称号。

Δ 江苏泗水纺织有限公司与华东大学签订合作协议，由中国工程院院士俞建勇牵头共建“企业院士工作站”。此为首个落户泗阳的“院士工作站”。

Δ 县中医院荣膺2016年“全国优秀民营医院”。

12 月

1日 县委书记徐勤忠，县委副书记、代县长马伟专题调研城区城市管理工作。

2日 全县组织收听收看全省领导干部警示教育电视电话会议。

3日 省“地条钢”整治工作调查组组长、省发展改革委员会副主任赵芝明带领调查组到泗阳检查“地条钢”整治工作部署落实情况。县委书记徐勤忠，县委副书记、代县长马伟陪同检查。

Δ 县十六届人大常委会第三十八次会议召开。会议接受许尔斌、李大明、肖文、刘兆东等人辞职的申请；任命李庆峰为县人民政府副县长、县公安局局长；任命庄金奎为县人民法院副院长、审判委员会委员、审判员；任命王克涛为县人民检察院副院长、检察委员会委员、检察员；会议提名并通过庄金奎为县人民法院代理院长、王克涛为县人民检察院代理检察长；会议还听取县人民政府《关于全县幼儿园建设与管理工作情况的报告》，县人民检察院《关于预防职务犯罪工作情况的报告》，并对两份报告进行审议和评议表决；会议讨论通过《关于召开县十七届人大一次会议的决定（草案）》。

Δ 县在盛世嘉园小区广场开展“职能部门进小区，物业服务零距离”活动。

6日 省委宣讲团成员，省委委员、省政府副秘书长、省政务办主任、党组书记方伟到泗阳宣讲省第十三次党代会精神。

7日 县委书记徐勤忠先后到申通快递、顺丰快递、百事快递、安能快递等处，调研寄递物流业发展情况。

8日 全市县乡两级人大换届选举工作现场会在泗阳召开。市人大常委会副主任陶美霞带领市人大常委会选举工作办公室有关机构负责人，各县（区）人大常委会副主任、人代联工委负责人和换届选举试点乡镇人大主席，实地观摩了泗阳县李口镇选举现场。

Δ 全县县乡两级人大换届选举转段工作会议召开。

9~10日 省公安厅食药环侦总队副队长陈利军率领省级食品安全示范城市创建督查考评组，到泗阳全面考评省级食品安全示范城市创建工作。

10日 县委、县政府举行“两观摩，两推进”2016年第五次集中观摩活动。

Δ 县在城南电商产业园举行2016年网货供需对接启动仪式。

11日 县委书记徐勤忠在卢集镇召开运南片富民增收座谈会。

12日 江苏千仞岗服饰有限公司获评为宿迁市首家海关高级认证资质企业。

13日 省人大常委会副主任赵鹏一行到泗阳，现场调研指导人大换届选举工作。市人大常委会党组书记、常务副主任叶辉，市人大常委会副主任陶美霞，县委书记徐勤忠，县委副书记、代县长马伟等陪同调研。

14日 省委组织部研究室主任王小春一行到泗阳调研。

15日 第十二届县委常委会第十五次会议召开。会议专题学习有关文件精神，讨论研究相关文件和有关事项。

16日 吴江区委书记梁一波，区长沈国芳率领党政代表团到泗阳考察。

18日 县委书记徐勤忠在卢集镇召开生态经济示范镇建设工作座谈会。

20日 市委副书记、市长王天琦带领市落实党风廉政建设责任制检查考核组，到泗阳检查考核2016年度全县落实党风廉政建设责任制情况。

21日 市委副书记王益到泗阳专题调研卢

集镇生态经济示范镇建设工作。县委书记徐勤忠,县委副书记、代县长马伟陪同调研。

22日 省人大常委会副主任公丕祥到泗阳调研县乡两级人大换届工作。市人大常委会副主任陶美霞,县委书记徐勤忠,县人大常委会主任王业珍陪同调研。

Δ 泗阳召开全县干部联系农户“三进三帮”⑥活动动员会。会上,县委副书记钱向辉宣读《泗阳县干部联系农户“三进三帮”活动实施方案》,县委常委、组织部部长张大江宣读《关于成立泗阳县干部联系农户“三进三帮”活动指挥部的通知》。

24日 全市“三进三帮”首个活动日,泗阳5000余干部职工走村串户“结农亲”。

29日 第十二届县委常委会第十六次会议召开。会议研究县委全会、县“两会”筹备工作等有关事项。

Δ 县委中心组第六次(扩大)理论学习会召开。此次会议特邀省农科院园艺所所长周建涛、省农科院蔬菜研究所副所长陈新和省农科院蔬菜研究所研究员蒋宁,分别作《果树在江苏现代农业中的应用》《现代蔬菜新品种新技术及未来发展方向》《江苏食用菌产业现状及展望》等专题讲座。

Δ 全省第三期县委书记工作讲坛以电视电话会议形式召开。县委书记徐勤忠,县委副书记、代县长马伟等县级领导班子成员在泗阳分会场参加收听收看。

Δ 县政府召开创建国家生态文明建设示范县动员会暨“两减六治三提升”⑦专项治理工作推进会。

30日 十六届人大常委会第四十次会议召开。会议任命凌志娟为泗阳县人民政府副县长(挂职),任命林莉为泗阳县人民政府副县长(挂职,时间两年);会议还听取、审议并通过县人民政府《关于变更泗阳县2016年度财政预算的报告》和县十七届人大一次会议有关议程。

注释:

① **“三严三实”**:即严以修身,严以用权,严以律己,谋事要实,创业要实,做人要实。

② **乡镇(街道)“五大工程”**:指全民创业、镇村建设、特色农业、社会治理、基层党建五个方面。

③ **“三比三赛”**:比引领,赛固本强基;比服务,赛低收入户脱贫;比发展,赛集体经济收入。

④ **供结侧结构性改革“1+7+X”制度体系**:“1”指供给侧结构性改革总体实施意见;“7”指工业、房地产、土地、金融、实体经济、农业、民生等具体实施方案;“X”指若干相关配套政策。

⑤ **“三创四整治”**:三创即创建生态示范市、县(区)乡(镇),创建生态经济示范点,创建美丽乡村;四整治即整治“气、水、味、土”环境突出问题和薄弱环节。

⑥ **“三进三帮”**:走进乡村,了解资源状况,帮助镇村理清发展思路;走进农户,了解收入状况,帮助农民就业创业增收;走进田头,了解生产状况,帮助农民发展高效农业。

⑦ **“两减六治三提升”**:“两减”,减少煤炭消费总量和减少落后化工产能;“六治”,重点治理太湖水环境、生活垃圾、黑臭水体、畜禽养殖污染、挥发性有机物污染和环境隐患;“三提升”,提升生态保护水平、提升环境经济政策调控水平、提升环境监管执法水平,为生态文明建设提供保障。

基本情况

【建置沿革】 泗阳，历史悠久，变制纷繁，建制始于周而定于秦，从西周建厹犹国开始，至今已近3000年。秦置凌县，西汉改称厹犹县。汉元鼎元年（公元前116年）建泗阳县；元鼎四年（公元前113年）在泗阳、凌县、于县等地设置泗水国，国都设在凌城（今史集街道境内凌城村）。

汉后战乱频仍，泗阳建置名称多变，三国时期称魏阳，晋置宿豫，唐改宿迁，元至元十四年（1277年）改称桃源县，至明、清相沿600余年，民国3年（1914年），因与湖南省桃源县重名，复改称泗阳县。

民国28年（1939年）春，日本侵略军攻陷泗阳，县城被毁。民国29年（1940年），泗阳县抗日民主政权建立。为适应战争形势，泗阳与邻县部分地区分设泗沭、淮泗、泗阳、运河特区4个县级民主政权。民国33年（1944年）运河特区撤销，民国37年（1948年）裁淮泗入泗阳，民国38年（1949年）5月泗沭县部分地区与泗阳部分地区合并，基本恢复原泗阳建置，县政府设于众兴镇，隶属淮阴专区（今淮安市）。1996年，划归新设的宿迁市。2004年3月，经国务院批准，省政府决定对宿迁市部分行政区划进行调整，原泗阳县洋河镇、郑楼镇、仓集镇、中扬镇和屠园乡5个乡镇划归宿城区管辖。

【地理位置】 泗阳县地处苏北腹地，地理坐标介于北纬33°23'~33°58'、东经118°20'~118°45'之间，东界淮安市淮阴区，南濒洪泽湖，北邻沭阳县，西与宿迁市宿城、宿豫区毗邻，西南与泗洪县在洪泽湖和陆地上相接。

【地形水系】 泗阳县境内无山丘，属黄泛冲积平原。总地势西高东低，地面相对高度大多介于12~17米之间。京杭运河横穿东西38.55公里，成为天然“分水岭”。运河以南，北高南低，河流皆流入洪泽湖，统属淮河水系；运河以北，南高北低，河流皆属沂沭水系。全县境内大小河道有30多条，总长近700千米。

【县域面积】 县域总面积1418平方千米。其中，陆地面积998平方公里，占总面积的70.38%；水域面积420平方公里，占总面积29.62%。陆地面积中有可耕地106.65万亩。

【气候特征】 泗阳位于北温带南缘，属北亚热带季风过渡性气候。境内气候温和，光照充足，雨量充沛，无霜期长，四季分明，一般年均气温14.4℃左右。2016年年平均气温为16.0℃，比常年偏高1.2℃；年总降水量为917.9毫米，比常年偏多43毫米；年日照总时数为2079.4小时，比常年偏多30.2小时。

【土壤】 县内土壤分3个类型：潮土、砂礓土、黄棕壤土。潮土面积最大，分布最广，占总面积80%左右。土质较差，经历年进行中、低产田改造，土壤质量明显提升。

【植被】 泗阳典型的原生自然植被已基本不存，被次生植被和人工植被所代替。次生自然植被主要是草本植物和灌木，人工植被主要有农田作物、果树、用材林和防护林。

【行政区划】 2016年，全县设11个镇、5个乡、3个街道、2个场、1个省级经济开发区，镇、乡、场及街道下辖240个村（居）委会。

【人口】 2016年，泗阳县常住人口户数26.91万户，总人口107.34万人。总人口中，男性56.1万人，女性51.24万人，男女性别比为109. 48：100。人口出生率13.2‰，死亡率5.1‰，自然增长率8.1‰，人口密度为每平方公里757人。常住人口84.09万人，城镇常住人口占55.13%。

【民族】 泗阳汉族人口占总人口的99%以上。全县有33个少数民族9500余人，主要有回、苗、彝、壮、满、哈尼、布依族等，除回族外，其他皆为婚入；少数民族中，人口最多的是回族，占少数民族总人口的90%以上。

【宗教】 全县有佛教、基督教、伊斯兰教三大宗教团体，依法登记的宗教活动场所225个（其中基督教217个、伊斯兰教1个、佛教7个），信教群众约8万人。

【历史古迹】 泗阳古称“桃源”，文化底蕴深厚，历史古迹众多。境内有三庄汉墓、泗水古城、穿城古井、黄河故道、古运河水岸、闽商会馆（天后宫）、梵音寺、正和寺夫子庙、程道口战斗遗址、爱园烈士陵园、忠烈祠刘老墓等。

【风景名胜】 泗阳不断改善人居环境，提升城市品位，陆续新建改建一批风景旅游点，促进旅游业的发展。如中国杨树博物馆、中国地文馆（南园）、中国棉花博物馆、妈祖文化园、城市森林公园、黄河故道湿地公园、奥林匹克生态公园、洪泽湖高渡旅游度假村、成子湖旅游度假村、平原林海、泗阳百年梨园、大禾庄园、盛世桃源、运河风光带等多处景点。其中妈祖文化园2016年1月被命名为国家AAAA旅游景区；平原林海景区被认定为全国农业旅游示范点、江苏省首批四星级乡村旅游点；泗阳百年梨园、大禾庄园被评为江苏“最美百果园”；运河风光带东西长6.4公里，两岸绿树成荫，繁花贵木满径，亭台水榭交错，已成千里运河最美岸线。

【历代名人】 泗阳具有5000年的文明史和2100多年的建县史，历史悠久，人文荟萃，处于典型的南北交汇地带，南方吴越文化、北方齐鲁文化和本地楚汉文化的交相融合，孕育了南宋名将刘世勋，明代书法家林大木、织花机改造者卢廷兰，近代追随孙中山革命的陆军上将韩恢，以及数学家胡明复、物理学家胡刚复、地理学创始人张相文等一批杰出人物。

【社会环境】 至2016年年末，泗阳县先后获国家园林县城、国家生态县、全国粮食生产先进单位、全国义务教育发展基本均衡县、全国村庄生活污水治理示范县、中国最美丽县、省级双拥模范县等多项荣誉，同时连续第十二年获评省级社会治安安全县。

【区位交通】 泗阳县位于中国南北地理分界线秦岭—淮河与黄金水道京杭运河的交结点，穿境而过的京杭运河、新长铁路，将泗阳与长江三角洲诸多开放城市紧紧相连；横贯东西的徐宿淮盐高速公路与京沪高速、京福高速、宁徐高速公路连接互通；南北连接泗洪、沭阳纵贯泗阳西部的245省道建成通车，纵贯泗阳南部的330省道裴圩至县城段开通在即；与新长铁路相互衔接的宿淮铁路泗阳站建成通车，2015年已分别开通北至北京、西南至重庆的客运班列；成子河航道、船闸及旅游公路等工程顺利推进，使泗阳完全融入东部沿海产业配套圈。畅通发达的交通优势，为泗阳经济和各项社会事业的发展增添无限生机。

【自然资源】 1.水资源丰富。全县水域面积50.1万亩，其中洪泽湖区水面45万亩，是鱼、虾、蟹养殖的天然基地。可利用水资源主要有地表径流（天然降雨）、过境水和地下水。年降平均水量为900毫米左右，过境水以运河为最，地下水亦较丰富。2.杨树蓄积量大。泗阳县是国内引种意大利杨树最早的地区，也是全国唯一的“中国杨树之乡”。2016年年末，全县拥有成片林近60万亩，活立木蓄积量达500多万立方米，森林覆盖率达30.7%，居全国平原地区之首，已成为木材加工业的重要原料基地。3.木本和药用植物500多种，2016年以“林药模式”“林菜模式”推广林下经济种植55400亩。4.矿产资源较为丰富。县域地下矿藏有泥炭总量44.5万吨，耐火土60万吨，尤以黏土矿储量为最，还有芒硝、黄沙、石英、石油等。县境矿物除黏土普遍开采烧制砖瓦外，其他矿物尚未开采。

【地方特产】 板材产品 年生产胶合板、细木工板、建筑模板、中高密度纤维板、刨花板、防火板、木地板等3980万立方米.家具用具30万套，产品畅销全国各地及亚、欧、美等多个国家和地区。

洋河大曲　泗阳县是中国八大名酒之一——洋河大曲的发源地，泗阳基地现年产优质白酒3万多吨。

泗阳丝织品　泗阳丝织品的主要生产企业江苏苏丝丝绸股份有限公司沿袭江苏泗绢集团有限公司近百年的历史渊源，是当今中国历史最悠久、生产规模最大、产业链最全的丝绸企业。苏丝绢丝采用具有世界纤维皇后之称的桑蚕茧为原料加工而成，丝质细腻、柔软，光滑亮丽，是丝织产品的首选。绢丝及丝绸成品种类有桑蚕绢丝、蚕丝与动物纤维混纺纱、蚕丝与植物纤维混纺纱，精梳蚕丝被、真丝内衣、磨绒蚕丝围巾、桑蚕丝织毯。苏丝股份的“SPCC”牌绢丝、绢绸和“苏丝”牌丝绸成品全部获得中国高档丝绸产品使用证书，多个丝绸产品荣获国家丝绸创新产品金奖，并达到欧盟纺织品OEK0100—200卫生环保标准，产品质量处于国内乃至国际同行业领先水平。“SPCC”（苏丝）商标荣获中国驰名商标。

新袁羊肉　新袁羊肉有300年的历史，是泗阳最具代表性的特色菜肴之一。据传乾隆皇帝下江南时，途径京杭运河新袁段三岔河口时，在此进膳用餐，地方官吏令名厨烹制一道味道鲜美、色香味浓的当地山羊肉献上，乾隆品尝后赞曰“此乃人间美食，仁和羊肉甲天下”（新袁镇古称仁和镇），从此以后，“新袁羊肉”作为贡品名扬天下。新袁羊肉经烧、炒、爆、炖、冷炝等法烹调后，具有肉味鲜美、不肥不腻、香嫩爽口、没有膻味等特点，且四季皆宜，羊脑、羊眼、羊口条、羊血、羊排骨、羊肉、羊肝、羊心、羊肺、羊肠、羊腿、羊球共可做成50多道系列羊肉佳肴。

云渡桃雕　云渡桃雕是中国众多桃核雕刻工艺中传承悠久、风格独特的典型代表，也是江苏重要的区域传统文化符号之一，因泗阳县临河镇云渡村的桃雕技艺最具代表性，故得名“云渡桃雕”。云渡桃雕历史传承悠久，至今已有400余年。雕刻艺人技艺娴熟，具有典型北方核雕的粗犷、神韵之美，雕刻艺人和雕刻作品曾先后多次应邀参加全国艺术节、上海世博会等重大展赛，桃雕工艺品远销海外，备受新加坡、越南、泰国等国家和我国香港、台湾等地的喜爱。20世纪90年代初，云渡桃雕所在地泗阳县临河镇被中华人民共和国文化部命名为“中国民间（桃雕）艺术之乡”，此后连续获此殊荣。至今，云渡桃雕已成为江苏省重要的非物质文化遗产项目。

八集小花生　早在古代春秋时期，八集乡就有种植花生的历史，据传孔子当时讲学路过八集品尝花生后赞叹“微乎此果，食可长生”，后人即把花生取名“长生果”，即八集小花生。八集乡土地大多属于砂质土壤，生长的花生壳薄、肉嫩、口感好，富含钙、铁、镁、锌等微量元素。含油量高达40%~43%，经过炒制，具有白、香、甜、脆的特点，成为馈赠亲友的上品。2002年“八集小花生”获江苏名牌产品称号，在江苏省第三届无公害、绿色食品展览会上获“市民消费最满意奖”；2004年，被江苏省消费者协会评为推荐商品及放心食品；2011年，获得“国家农产品地理标志产品”称号。2016年，八集乡有以小花生为原料的江苏八集花生制品有限公司等规模加工企业近20家，年加工量达5000多吨，形成花生种植、加工、销售的特色产业。“八集”牌、“苏花”牌商标被评为“江苏省著名商标”。

泗阳白酥梨　泗阳白酥梨历史悠久，早在乾隆三十八年（1773年），本地地主唐广达之子娶江宁府（现南京）“果树大王”裴氏千金为妻，得陪嫁梨树苗千株，植于北裴圩（今爱园镇）。经历代传承，至中华人民共和国建国时，仍保留有梨树481棵，也因有这些老梨树，江苏省农林厅于1952年批准在爱园成立泗阳果园。时至今日，已有两百多年树龄的7棵古梨树（梨园七君子）仍然枝繁叶茂、开花结果。在20世纪50年代，爱园镇即有“果品之乡”的美誉，梨、桃、苹果、葡萄等果树面积达2.8万亩。90年代，技术人员又培植出风味独特、品质优良的白酥梨。该果果核小，果肉酥脆爽口，皮薄多汁，味道浓甜而香，且有化痰止咳的功效，在众多水果中实属上品。1996年，白酥梨被江苏省农林厅正式命名为“泗阳白酥梨”。几十年来，畅销大江南北，成为苏北果品中的“一枝独秀”。

王集小团饼　“王集小团饼”又称月亮饼，以其色、香、味俱佳而闻名。王集月亮饼因其有一个美丽的传说而得名。相传有一天月宫嫦娥下凡至王集，初识一以烙饼为营生的王姓后生，经多日暗地观察，嫦娥发现其勤劳、诚实、善良且一表人才，顿生爱慕之心，即常来帮其和面做烙饼，经嫦娥手做出的烙饼香味扑鼻，松软可口，一时供不应求。二人日久生情，遂结成夫妻。玉皇大帝得知嫦娥私自下凡结婚而大怒，令太白金星下界寻访，抓回嫦娥责罚。太白金星看嫦娥夫妻恩爱，不忍拆散，向玉皇大帝求情，玉皇大帝准"嫦娥八月十五月圆日返回天庭，待晚间方可下界"。此后王公子每年八月十五都烙上好多团饼，期待嫦娥回来团聚，并将此饼取名"月亮饼"，后逐渐被演化成民间八月十五吃团圆饼的习俗，流传至今。"王集小团饼"主要原料面粉、碱、面头（即酵母）。做法是面粉中放入面头和面发酵，面发酵好后施碱搋揉，醒会儿面揉成拳头大小圆球形，再压扁成饼，放在平底锅烙制成直径五寸左右的小团饼。泗阳及周边一带普遍做烙面饼，尤以王集镇月亮饼最有特色，其寓意较好、工艺讲究、外形美观，深受各地食客喜爱。

李口渔网　李口镇渔网编织技艺有400多年悠久历史，是该镇传统产业，每家每户都会编织，素有"渔网之乡"之称。16世纪中后期至19世纪50年代，李口渔网编织材料经历了黄麻、苎麻—蚕丝、棉纱—化学纤维时期。李口渔网以其网丝密度大、韧性强、网眼足并自然展开、手工编织技艺精湛、不易缠绕等特点深受广大渔民和捕鱼爱好者的喜爱。20世纪70~80年代，该镇渔网销往全国各地，曾经一度号称"华东渔网集散中心"。2014年，李口镇建成苏北渔网专业市场，2015年入驻各类渔网经营户37个，还依托淘宝网、阿里巴巴等平台开拓网络销售市场，带动9家渔网门店实现网上销售，年销售渔网超过300万张，销售额1.2亿元，主要销往省内沿海地区及安徽、山东、四川、浙江、海南等地区。

成子湖青虾　据《泗阳县志》记载，当地居民食用青虾历史悠久，从汉代就开始食用。泗阳成子湖作为洪泽湖的湖中之湖，水面广阔，水质优良，水草丰富，饵料充足。特别适宜青虾栖息、繁殖生长。依托洪泽湖青虾国家级水产种质资源保护区，泗阳县在卢集、高渡、裴圩3个镇设立青虾自然繁殖保护区14万亩，同时建设5000亩青虾高效养殖示范园，全年可产青虾4000吨。成子湖青虾具有个大、泽靓、色青、皮薄、体肥、肉厚的特点，在众多水产品中，成子湖青虾是不可多得的高蛋白、富营养食品。

穿城大饼　穿城大饼厚有三四寸，重有六七斤，直径有五六十厘米。里外透熟，外皮不焦，喧透透，筋拽拽，甜津津，香喷喷，美味可口，是泗阳人民竭诚待客的特色食品之一。穿城大饼在烙面饼中如此独树一帜，还有一段鲜为人知的历史故事。古代隋炀帝为尽享美色大造宫殿而横征暴敛，惹得民怨沸扬，以程咬金为首的瓦岗寨义军到穿城一带，赶跑了下乡抢掠的官兵，夺回了百姓财产。地方百姓感恩戴德，要为其杀猪宰羊，置办酒席，程咬金概不受。百姓无从感谢，集体商量每家烙一块饼送给瓦岗寨义军作为干粮，要求各家烙饼锅要大些，面要加功和，饼要尽量厚，火要细细炕，结果就烙出了又大又厚又香又甜的特殊的穿城大饼，直到现在还名传四方。

泗阳膘鸡　泗阳膘鸡是泗阳饮食文化中最具特色的地方特产之一，有着悠久的历史，唯泗阳独有。原料以猪肉、山药、鸡肉、鱼肉为主，加工成糊，辅料有蛋清、淀粉及各种调味品，肉及山药、淀粉分层做成约5厘米厚度的饼状，采用考究的传统工艺蒸制而成。产品的上层洁白如玉，下层红如玛瑙，香味扑鼻，不肥不腻，娇嫩爽口。泗阳民间各种婚庆宴席多以膘鸡作为"头景"上桌，也是走亲访友的特色礼品，深受群众喜爱。

泗阳食用菌　泗阳食用菌种植有40多年的历史，通过不断发展壮大，现今已形成产业规模。2016年，已形成以爱园、王集、众兴、裴圩等乡镇为中心的食用菌产业集中区，云禾源、华绿生物、宏源菌业等9家工厂化食用菌生产企业，落户泗阳现代农业产业园区，日产金针菇、杏鲍菇、海鲜菇等各类精品食用菌350吨。（单治办）

2016年泗阳县国民经济和社会发展统计公报

2016年，全县上下紧紧围绕建成全面小康社会奋斗目标，积极适应经济发展新常态，深入实施供给侧结构性改革，圆满完成年初制定的各项目标任务，实现"十三五"时期良好开局。

一、综　合

经济总量再上新台阶。2016年，全县实现地区生产总值突破402.75亿元,比2015年增长9.3%，比全市增速快0.2个百分点。其中：第一产业实现增加值57.85亿元，增长2.1%；第二产业实现增加值199.21亿元，增长10.1%；第三产业实现增加值145.69亿元，增长11.1%。人均地区生产总值达48004元（按常住人口计算），比2015年增加4932元。

三次产业结构不断优化。三次产业结构由2015年的14.6:50.8:34.6调整为14.4:49.4:36.2，二、三产业占GDP比重为85.6%，比2015年提高0.2个百分点。

全面建设小康社会取得阶段性成果。经省级有关部门监测评审认定：2015年泗阳县达到或超过省定全面建设小康社会目标值（2003版）的指标24个，五大核心指标全部达标，小康社会实现程度达99.7%；省社情民意调查中心于2015年度对全县居民全面小康认可度调查，结果高于60%；经省扶贫办考评，全县年收入4000元以下的低收入人口于2015年实现整体脱贫。

省统计局、省委研究室《关于印发2015年江苏省全面建成小康社会进程监测统计报告的通知》，综合评定泗阳县达到2003年省定全面建设小康社会标准。

二、农林牧渔业

农业经济　2016年，全县实现农林牧渔业总产值106.53亿元，按现价计比2015年增长7.81%。其中：农业总产值54.72亿元，增长2.47%；林业总产值7.43亿元，增长6.29%；牧业总产值18.72亿元，增长9.6%；渔业总产值21.69亿元，增长21.65%；农林牧渔服务业总产值3.96亿元，增长12.5 %。

粮食生产　全年粮食播种面积139.4万亩，增加0.95万亩；油料播种面积4.2万亩，减少0.06万亩；蔬菜瓜果类面积28.38万亩，减少0.05万亩。粮食总产量60.37万吨，减产0.06万吨。其中，夏粮总产26.44万吨，增产0.35万吨；秋粮总产33.93万吨，减产0.41万吨。

畜牧业生产　2016年，全县生猪出栏53.92万头，比2015年增长3.49%；年末存栏27.9万头，增长3.72%；猪肉产量35266吨，增长6.31%。2016年，家禽出栏828.64万只，比2015年增长3.32%；年末存栏433.1万只，增长3.39%；禽肉产量13227吨，增长6.24%；禽蛋产量26013吨，增长5.1%。

表1　2016年泗阳县主要农产品产量情况表

名　称	单位	产量	比2015年增长%
粮食总产量	万吨	60.37	–0.12
其中：小麦	万吨	26.36	1.39
水稻	万吨	27.52	–0.83
玉米	万吨	5.21	–2.62
油料总产量	万吨	0.88	2.27
肉类总产量	万吨	4.93	–1.66
生猪出栏	万头	53.92	3.49
家禽出栏	万只	828.64	3.32

农业结构调整　2016年，全县实现土地规模流转面积6.7万亩，桃果种植面积超4万亩，工厂化食用菌日产量突破350吨。建成家庭农场集群及综合服务中心13个，建成“一村一品一店”标准村154个，农产品网店超860家。

三、工业和建筑业

工业　2016年，全县工业生产增长平稳，实现规模以上工业总产值672.14亿元、规模以上工业增加值155.02亿元，分别比2015年增长15.4%和11.5%。实现工业用电量15.3亿千瓦时，比2015年增长16.3%，提高12.2个百分点。实现高新技术产值160.3亿元，比2015年增长23.16%，占规模以上工业总产值的23.85%。

从分产业来看，全县工业产业主要有木材加工、纺织服装、装备制造、能源、食品、包装印刷等六个产业，全年分别实现总产值为180.48亿元、183.77亿元、126.39亿元、37.4亿元、46.09亿元、18.96亿元，增速分别为6.71%、17.85%、19.39%、39.42%、4.51%、26.36%，占总产值的比重分别为26.85%、27.34%、18.8%、5.56%、6.86%、2.82%。纺织服装业增长较快，至2016年10月份实现产值已超过木材加工成为泗阳第一产业，木材加工业由于受宏观环境影响，增速放缓。

建筑业 2016年年末，全县列统总承包和专业承包的建筑业企业达57家，全年完成建筑业总产值169.11亿元，比2015年增长2%；完成竣工产值151.76亿元，比2015年下降15.5%；房屋建筑施工面积816.09万平方米，比2015年下降10.4%；房屋建筑竣工面积354.62万平方米，比2015年下降24.3%。

四、固定资产投资和房地产业

全年完成500万元以上固定资产投资379.23亿元，比2015年增长13%。其中项目投资完成314.94亿元，比2015年增长16.5%，占总投资83%；房地产完成投资64.29亿元，比2015年下降2.4%，占总投资17%。其中工业投资完成282.48亿元，增长14.6%，占项目投资89.7%，占总投资74.5%。按产业分：一产完成投资7.94亿元，增长83.52%，占总投资2.1%；二产完成投资283.46亿元，增长14.5%，占总投资74.7%；三产完成投资87.83亿元（含房地产），增长3.1%，占总投资23.2%。

五、国内外贸易

国内市场 2016年，全县实现社会消费品零售总额100.47亿元，比2015年增长13%。按消费形态分，批发和零售业实现86.93亿元，增长12.6%；住宿和餐饮业实现13.54亿元，增长16.3%。按城乡市场分，城镇实现72.16亿元，增长10.5%；乡村实现28.31亿元，增长20%。

实现限额以上消费品零售总额 27.11亿元，比2015年增长19.3%。其中，限额以上批发和零售业实现社会消费品零售额24.37亿元，增长19.7%；限额以上住宿和餐饮业实现零售额2.74亿元，增长16.0%。

对外贸易 全县共新批外贸进出口经营权企业36家，与2015年持平，完成外贸进出口总额35339万美元，比2015年增长1.1%，其中：出口34304万美元，增长0.6%。全县新批外商投资企业6家，协议注册外资8283.85万美元，实际利用外资到账5060万美元，比2015年增长42.66%。

电子商务发展 至年末，1.2万平方米县电商产业园全面建成并投入使用。8000平方米的西康网络创业园已入驻电商100余家；19个乡镇街道“两区”全面建成投用，累计入驻电商230余家；各乡镇建成电子商务示范街22条，入驻电商450余家；成立县级电子商务合作总社，下设19个乡镇（街道）电子商务合作联社，合作联社下设村级电子商务合作社，已形成县、乡、村三级联动的立体交易平台。王集镇、新袁镇苏宁易购直营店已开业，新袁、裴圩等8个乡镇的自营（加盟）服务站建设已完成。创成省级“电商镇”2个、“电商村”3个。

六、财政金融

财政 2016年，全县实现财政总收入61.01亿元，比2015年增长0.3%，其中：税收收入36.29亿元，增长2.6%。按征收部门分：国税部门收入11.88亿元，增长59.5%；地税部门收入24.41亿元，下降12.6%；财政部门收入24.72亿元，下降2.9%。实现公共财政预算收入33.34亿元，下降1%。其中：税收收入25.46亿元，下降10%，占地方一般预算收入的76.4%。上划中央收入10.84亿元，增长52.3%；基金收入16.84亿元，下降16.1%。

全县一般公共预算支出72.65亿元，比2015年增长4.6%，为预算的100%，其中民生支出占比为60.1%。

金融 2016年年末，金融机构各项存款余额达320.87亿元，比年初增加57.61亿元，其中：储蓄存款194.68亿元，比年初增加20.57亿元；各项贷款余额314.93亿元，比年初增45.8亿元，其中：工业贷款余额99.54亿元，比年初增加10.32亿元；个人消费贷款余额142.87亿元，比年初增加29.48亿元。发行企业债12亿元，“新三板”上市企业通过定向融资3.82亿元，为实体经济企业降低融资成本超0.7亿元。

七、城市建设和环境保护

城市内涵提升 雨润城市综合体建成投用，长春路、南京路、银河路等城市道路完成升级改造，徐宿淮盐城际高铁泗阳段建设工程稳步推进，全年新增绿地面积65万平方米，成功创成国家生态县。全年实现棚改新开工（筹集）5382户，至年底基本建成。城市化率提高到55.13%。

交通网络建设 意杨大道拓宽改造及桥梁、

史集大桥、县道维修项目均已完成。徐宿淮盐铁路桩基施工和施工便道已全部完成、承台等施工项目有序推进，宿淮铁路下穿工程已完成方案设计并通过上海铁路局审查，330省道裴圩至高渡段完成路基土方工程量的60%，347省道开工建设，迎湖桥主桥完成系梁及中横梁，农村公路提档升级工程基本完成。

生态体系建设　启动生态文明建设规划编制，开展成子湖生态修复工程，重新划定生态保护红线，将全县生态红线工程从占国土面积25.6%扩大到40%以上。黄河故道干河治理、中运河水环境治理工程全面完成。

环保专项整治　完成68台燃煤锅炉整治，开发区所有燃煤锅炉全部取缔；完成1526辆黄标车、501辆老旧车淘汰，全年PM2.5平均浓度、空气质量优良天数2项指标全面达标。实施村庄污水治理“1+2”模式（建设一个污水处理设施，配套建设一个公共厕所、一个生态水塘，实现污水治理的生态微循环），已建成村级污水治理设施14个。建立县水污染防治联席会议制度，启动城北污水处理厂三期扩建工程，落实“断面长”制度。

八、科学技术、教育、文化和卫生

科技事业　全年获批省科技成果转化项目1个，产业前瞻与共性关键技术研究1项，苏北富民强县专项10个；专利授权量为1067件，建成省级科技企业孵化器2家，省级科技服务超市3家，省级科技创新平台8家，省研究生工作站34家，省级创新型试点乡镇3家，大中型工业企业和规模以上高新企业研发机构实现全覆盖；新增国家高新技术企业10家；已获批省高新技术产品25个，获批省民营科技企业32家。

申报成功省著名商标3件（华绿、贵嘴、圣莲），江苏省名牌产品6个（SYCFC牌双线格导电布、贵嘴牌大米、向民牌苦瓜、威力牌过磷酸钙、华绿牌金针菇、多丽世家牌多层实木复合地板）。

文化教育事业　成功举办第五届泗阳流行音乐节，“书香城市”建设通过省考评验收，省级公共文化服务体系示范区成功创建，第三届“江苏大众文学奖”颁奖典礼在泗阳举办。教育内涵提升三年行动计划扎实推进，二本以上达线率连续四年全市第一，考取清华、北大4人。

医卫服务　医改“1+2”工程深入实施，村卫生室基本药物配送率达93.97%，建成数字化预防接种门诊和妇幼健康门诊19家。推进异地联网结报工作，完成与省管理平台软件接口开发，实现与省平台联网。与淮安八二医院、淮安市第一人民医院实行点对点实时结报，与南京大学第二附属医院、东南大学附属中大医院签订异地联网结报服务协议。正式启用120急救中心急救微信平台。通过国家卫生县城复审，创成省级卫生村4个，完成3万户农村改厕。

九、人民生活和社会保障

全体居民收入　2016年，全县居民人均可支配收入18510元，比2015年增长9.2%，人均消费支出12728元，比2015年增长9%，其中：食品支出占34.8%。

其中：城镇居民人均可支配收入23535元、增长8.4%，人均消费支出15028元、增长7.2%；农村居民人均可支配收入13952元、增长9%，人均生活消费支出10599元，增长11.4%。

社会保障　制定《泗阳县加快养老服务业发展实施意见》和《泗阳县社会养老服务体系资金补贴暂行办法》。城乡低保标准提高到490元/月、390元/月；全年共发放城乡低保金2.24亿元；城市“三无”老人、农村“五保”集中和分散供养经费分别提标到10000元/年、6500元/年和5500元/年。全年共发放农村“五保”和城市“三无”老人供养资金2478万元。

全县新农合以村为单位覆盖率达到100%，参合人数为71.1万人，参合率达99%以上。全年累计补偿3.44亿元，补偿281.1万人次，政策范围内住院费用报销比例达76.9%。制定下发《泗阳县2016年新型农村合作医疗管理办法》，提高门诊补偿标准、县内住院补偿标准和门诊特殊病种补偿限额。大病保险标准由原来的每人每年15元提高至每人每年20元。在32家乡镇医院及四家二级医院设立350张扶贫床位，实施“三免两减”（即免挂号费、诊疗费、专家会诊费，减医药费、仪器检测费等10%）优惠政策，各医疗机构门诊收治贫困户患者4823人次，住院治疗1228人次，双向转诊295人次，累计结报及减免诊疗费用51.27万元。（县统计局）

中共泗阳县委员会

·综　述·

2016年，泗阳县积极适应引领经济新常态，自觉践行新发展理念，围绕“两聚一高”发展主题，以“三抓三促”为主线，以“三转三稳”为取向，主动作为，砥砺奋进，加快建设“强富美高”全面小康新泗阳，经济社会始终保持健康有序发展态势。全年实现GDP402.75亿元，比2015年增长9.3%；规模以上工业总产值、工业增加值达672.14亿元、155.02亿元，分别增长15.4%、11.5%，新增固定资产进项税抵扣额、工业开票销售、工业增值税分别达1.48亿元、247.14亿元、5.66亿元，分别增长66.17%、27.34%、28.64%；工业用电量增长18.66%；城乡居民人均可支配收入分别达23535元、13952元，分别增长8.4%、9%，荣获全市目标管理一等奖，顺利实现“十三五”时期开门红。

·重要会议·

【经济工作会议】 1月14日，县委、县政府召开全县经济工作会议。县委书记徐勤忠作题为《项目为王，实干为先，稳字为基，奋力实现“十三五”经济社会发展良好开局》的讲话。此次会议深入贯彻中央和省市经济工作会议精神，全面落实县十一次党代会第五次会议和县“两会”精神，总结2015年经济工作，分析2016年经济形势，研究部署2016年经济工作任务。

【扶贫开发暨农业农村工作会议】 1月21日，召开全县扶贫开发暨农业农村工作会议。县委书记徐勤忠作题为《咬定目标，精准发力，坚决打赢扶贫开发和农业农村攻坚战》的讲话，县委副书记、县长刘海红对“十二五”期间扶贫开发工作及2015年农业农村工作进行总结，并对下一步全县扶贫开发工作、农业农村工作进行部署安排。会议深入贯彻落实中央、省市关于扶贫开发和农业农村工作会议精神，回顾总结全县扶贫开发暨农业农村工作取得的成绩，研究分析面临形势和存在问题，动员全县上下进一步凝聚共识、把握机遇，更大力度实施新一轮扶贫开发，更深层次推进农业农村发展。

【目标管理大会】 2月15日，召开2015年度全县目标管理总结表彰暨2016年度目标责任签状大会。会议全面回顾总结过去一年目标管理工作成绩，研究部署新的一年目标管理工作各项任务，动员全县上下把项目主线贯穿于拼搏2016始终，持续掀起项目攻坚、奋勇争先的发展热潮。县委书记徐勤忠作题为《把项目主线贯穿于拼搏2016始终》的讲话。县委副书记、县长刘海红总结2015年度工作，部署2016年度目标任务。会议对获得国家级创建突出贡献、服务地方经济贡献、目标管理全面先进、绩效考评全面先进、招商引资先进单位进行颁奖。19个乡镇（街道）和部分县直机关分别向徐勤忠和刘海红递交2016年目标责任状。

【工业经济转型发展暨全民创业推进大会】 6月

17日，召开全县工业经济转型发展暨全民创业推进大会。会议贯彻落实中央和省市相关会议精神，特别是全市工业经济转型发展推进大会、开发区工作会议和全民创业工作推进会精神，总结上半年工作，部署下半年全县工业经济转型发展和全民创业工作，动员全县上下围绕践行五大发展理念与推进供给侧结构性改革，更加聚焦创新创业，加快推动转型升级，为建设“强富美高”全面小康新泗阳奠定坚实基础。县委书记徐勤忠在会上作题为《聚焦创新创业，加快转型升级，为建设“强富美高”全面小康新泗阳奠定坚实基础》的讲话。县委常委、常务副县长李爱华宣读《关于表彰2015~2016年度全民创业“十大先锋”和“十佳网店”的决定》。副县长臧涛作全民创业工作报告。会议对2015~2016年度全民创业“十大先锋”和“十佳网店”进行表彰。新晨化纤、吉福新材料等企业代表，以及李口镇、经信局等单位和部门作大会发言。

【中国共产党泗阳县第十二次代表大会】 7月17日，中国共产党泗阳县第十二次代表大会召开，县委书记徐勤忠代表中共泗阳县第十一届委员会作题为《深化改革创新、加快转型升级、为建设“强富美高”全面小康新泗阳而努力奋斗》的工作报告。县委常委、县纪委书记李启旺代表中国共产党泗阳县纪律检查委员会作题为《全面从严执纪、忠诚履职尽责、为建设“强富美高”全面小康新泗阳提供坚强纪律保障》的工作报告。会议全面总结县第十一次党代会以来的工作，进一步明确今后五年的奋斗目标和主要任务，选举产生中共泗阳县第十二届委员会和纪律检查委员会，动员全县各级党组织、全体党员和广大干部群众，进一步解放思想，务实苦干，深化改革创新，加快转型升级，为建设“强富美高”全面小康新泗阳而努力奋斗。

【中共泗阳县第十二届委员会第二次全体（扩大）会议】 7月29日，召开中国共产党泗阳县第十二届委员会第二次全体（扩大）会议。县委书记徐勤忠作题为《拼项目、干项目、育项目，以项目新突破推动发展新提升》的讲话；县委副书记、代县长马伟总结回顾全县上半年工作，并对下半年工作进行部署安排。会议深入学习贯彻省委十二届十二次全会、市委四届八次全会和县十二次党代会精神，动员全县上下认清形势、主动作为，攻坚克难、砥砺奋进，把“项目为王”作为广大干群的共识和实践，推动泗阳的改革发展。

【国家生态文明建设示范县动员会暨“263”专项治理工作推进会】 12月29日，召开创建国家生态文明建设示范县动员会暨“两减六治三提升”专项治理工作推进会，会议深入贯彻落实省、市工作部署安排，全面推进国家生态文明建设示范县创建和“两减六治三提升”专项治理工作。就国家生态文明建设示范县创建工作，县委书记徐勤忠指出，要以“创则必成”的昂扬斗志开展生态文明建设示范县创建，要以“求真务实”的共识共为实施“两减六治三提升”专项行动，要以“齐抓共管”的强大合力推动各项工作落地见效。县委副书记、代县长马伟就落实会议精神，要求各责任单位进一步认清形势、明确使命，以高度统一的思想和十分负责的态度，不折不扣落实好各项工作目标任务。

·重点工作·

【“两学一做”学习教育】 根据中央和省市委统一部署，县委于4月20日启动全县“两学一做”学习教育，制定出台泗阳县实施方案，全县1283个基层党组织、4.6万名党员积极参与，广大党员干部党性观念、宗旨意识不断增强。1.坚持以上率下，县委常委会带头强化“四种意识”，带头落实常委会“四个一”、班子成员“六个一”工作任务，及时研究推进，确保不空不偏，带动各级党员干部学在先、做在前。2.突出问题导向，扎实推进“找短板、补短板、强短板”活动，从小康建设、发展需要、民生改善及乡镇“六大工程”等角度切入，多维度对标找差，共排查突出短板216个，并逐一制定补强措施。3.丰富学教形式，围绕“四讲四有”要求，以“五亮五强”为抓手，组织开展“领导干部立家规、共产党员正家风”主题活动、“我是先锋我带头”党员担当行动以及“党员证”核发工作，开通“泗水先锋”微信公众号，推进软弱涣散基层党组织整顿、基层党组织按期换届、违纪违法党员处理、党费收缴清理排查“四项整治”，全县有1300多个党支部建立实名制微信群，735名乡科级以上党员干部订立家规。相关做法得到省委组织部充分肯定，多次被《人民日报》《新华日报》等主流媒体报道。

【县乡村领导班子换届】 认真贯彻中央和省市委部署要求，注重统筹谋划，强化组织领导，在全市率先完成县乡村党委（总支、支部）换届工作，圆满完成县乡人大、政府和县政协换届工作，干部队伍凝聚力战斗力不断提升。换届过程中，始终把纪律规矩挺在前面，严格落实换届纪律中央“九严禁”、县委“九不准”要求，出台严肃换届纪律“五类责任主体”责任清单，以铁的纪律营造风清气正的换届环境。在换届人事安排上，着眼事业发展和班子长远建设需要，突出“20字”好干部标准，创新实行换届考察“五进五访”机制，严格执行“凡提四必”要求，确保各类提名人选既符合结构要求和提名条件，又体现较强的公信度，干部分类调整机制受中组部肯定、央视《新闻联播》予以报道。（李　斌）

·纪检监察·

【概况】 2016年，全县纪检监察机构忠诚履行党章赋予的职责，县纪委积极协助县委加强党风廉政建设和组织协调反腐败工作，强化党内监督，践行“四种形态”，为全县经济社会发展提供坚强的纪律保障，省、市纪委领导高度认可，多次莅泗调研指导。年内、县纪检监察信息工作获省纪委先进单位表彰，获全市纪检监察工作先进集体，蝉联县目标考核一等奖。

【“两个责任”落实】 坚持全面从严，管党治党的政治责任进一步压紧夯实。协助县委制定出台《泗阳县党风廉政建设“两个责任”清单》，牵头组织开展落实党风廉政建设责任制情况专项检查考核，深入贯彻《中国共产党问责条例》，先后对11名主体责任和2名监督责任履行不到位的责任人进行责任追究，并在全县领导干部大会上通报曝光。

【作风建设】 1.开展群众办事“三不”（不求人、不请客、不送礼）服务型政府机关创建活动，深层次纠正中层梗阻问题。对违纪行为点名道姓通报曝光。2.常态化明察暗访。2016年，县纪委共开展各类明察暗访70余次，检查单位600余个。3.节点性专项检查。紧盯元旦、春节、中秋、国庆等年节假期开展专项检查。全年共组织各类专项检查6次，检查单位150余个。4.创新式专项巡察。对3家县属国有企业执行“八项规定”精神情况进行专项巡察，共发现兼职取酬、变通处理费用等方面问题17个，移交问题线索5个。年内全县共查处各类违反作风建设规定案件33个，党政纪处分33人，下发通报5期。县纠风办牵头对118个单位（部门）2016年度作风建设工作进行综合评议，评出先进单位10个，合格单位106个，不合格单位2个。

【专项治理】 1.开展违规吃请和公款吃喝问题专项整治。对全县28个县属部门、19个乡镇（街道）内部食堂进行彻底清查和突击检查。2.开展党员干部违规参与经营性活动问题专项整治。排查出违规兴办企业的党政机关、事业单位39家；违规在企业兼任法人代表或负责人的在职党员干部5名；违规兴办企业的在职党员干部1名。3.开展“十项专项整治”①。共给予相关责任人纪律处分27人，责令检讨、诫勉谈话等组织处理42人，退交违纪款10余万元。4.开展发生在群众身边“四风”和腐败问题专项督办。共查结省、市纪委挂牌督办件6批19件，给予党政纪处分23人。5.加大对扶贫脱贫资金使用监管力度，查结问题线索19件，给予党政纪立案14件23人。

【常态巡察】 出台《中共泗阳县委巡察工作办法》《中共泗阳县委2016~2020年巡察工作规划》，公开遴选80名具有纪检监察、组织人事、财务、审计、工程监管工作经验或特长的公职人员进入县巡察员人才库。突出政治巡察，先后对1个乡镇、5个县直部门开展巡察工作，对6家单位进行巡察“回头看”，共给予党政纪处分59人，组织处理12人，制定整改措施115条，修改完善内部管理制度19个。2016年，先后有河北省隆尧县、安徽省阜阳市颍泉区派员到泗阳考察学习巡察工作经验做法。6月，省纪委《廉政时空》栏目以专题片形式深度报道泗阳县巡察工作。

【重大案件查处】 深刻领会中央提出重点查处“三类人群”的重要意义，对十八大以后不收敛、不收手的严查严惩；对问题线索反映集中、群众反映强烈的坚决处理；对现在重要岗位且可能提拔使用的干部严肃处理，杜绝“带病”上岗。坚持有腐必反，从严执纪审查，寸土不让严查基层腐败问题。全年共立案查处党员干部违纪违法案件348件，比2015年上升40.3％，涉及乡科级干部

13人；移送司法机关8人，其中乡科级干部2人。

【“四种形态”运用】 1.强化党性党纪教育，形成“覆盖式+精准式、点穴式+微型式、谈心式+节点式”全新教育格局。2.更加注重第一、第二种形态的运用，制定出台《实践监督执纪“四种形态”流程图》《泗阳县纪检监察谈话函询暂行办法》《泗阳县党员涉纪问题线索查结反馈工作实施办法》等。2016年，共函询党员干部28人，诫勉谈话29人，信访约谈12人，发出提醒通知书20人、涉及乡科级干部11人。

【自身建设】 1.制定《乡镇（街道）纪（工）委书记、副书记提名考察办法（试行）》和《县纪委派驻纪检组长、副组长提名考察办法（试行）》，推动纪检工作双重领导体制具体化、程序化。2.开设“泗纪微讲坛”，出台《全县纪检监察干部教育培训积分制考核办法》，扎实开展“两学一做”学习教育，着力提升纪检监察干部理论素养，锤炼坚强党性。3.加强执纪审理探索，为全省党纪轻处分案件适用简易程序审理试点工作作出贡献。4.制定《泗阳县纪检监察干部监督工作暂行办法》，开展内部巡察工作，及时受理办结纪检监察干部检举件，先后对2名纪检监察干部进行提醒谈话，对1人予以调离系统。

注释：

①**十项专项整治**：“小金库”专项整治、扶贫领域资金使用和项目推进中突出问题专项整治、违规发放奖金津补贴及“吃空饷”问题专项整治、招商引资奢侈浪费和高消费突出问题专项整治、党员干部违规参与营利性活动问题专项整治、招投标领域突出问题专项整治、“三重一大”制度执行问题专项整治、政府采购突出问题专项整治、高效农业保险违规问题专项整治、城区房屋征收领域突出问题专项整治。 （庄　亮）

·组　织·

【概况】 2016年末，全县有基层党组织1283个，其中党委52个，党总支93个，党支部1138个；全县共有党员46096名，其中2016年新发展党员472名。党员总数中，按结构分：35岁以下9647名、占党员总数20.9%，36~50岁12566名、占党员总数27.3%，51~60岁8637名、占党员总数18.7%，60岁以上15246名、占党员总数33.1%；大专以上学历12748名、占党员总数27.7%，高中或中专学历14781名、占党员总数23.1%，初中及以下18567名、占党员总数52.9%；男性38728名、占党员总数84 %，女性7368名、占党员总数16%；农村24808名、占党员总数53.8%，机关企事业单位9216名、占党员总数20%，非公企业6524名、占党员总数14.2%，离退休5548名、占党员总数12%。2016年，县委组织工作突出常态长效加强党员教育管理，突出管严管活推进干部队伍建设，突出务实落实创新基层党建工作，突出增才增效提升人才服务发展成效，为建设“强富美高”全面小康新泗阳提供了坚强的组织保障和人才支撑。年内，获全市“组织工作先进单位”第一名、“基层党建工作先进单位”“人才工作先进单位”表彰，获县委县政府“2016年度目标管理全面先进单位”“招商引资先进单位”“策应扶持工作先进单位”表彰。

【“两学一做”学习教育】 1.开展“五亮五强”①系列活动，扎实推进学习教育深入开展。统一编制开局党课模板，解决基层支部书记不会讲、讲不好党课问题，前期准备工作受到省长石泰峰肯定。2.面向全体党员开通微信课、网络课、广播课，推行“三课”授学；为农村党员送小戏、送党课、送学伴，开展“三送”助学；有序开展《党委会的工作方法》和三个专题讨论，相关做法被省《“两学一做”情况通报》刊载推介。3.组织万名党员结对帮扶贫困户，推动机关党员志愿服务进社区，组织基层支部“季度评星”树标杆，广泛开展“我是先锋我带头”担当行动。4.为普通党员和领导干部分别设定6道“必答题”，通过“三问三思三单”②模式推动即查即知即改，分步开展“五查摆五强化”“七查摆七强化”。5.抓住党委“一把手”和基层支部书记等“关键少数”，加强日常随机巡查，适时开展“百组千支”督查③，推动落实领导指导责任，确保基层党组织严格执行“三会一课”“党员活动日”、按月缴纳党费等基本制度，实现党员教育管理务实常态。

【干部队伍建设】 1.圆满完成县乡党委、人大、政府和县政协换届，调整充实乡镇干部153人，择优选配“三类人员”④18人。2.推行干部考察“五进五访”⑤工作机制，全方位、多渠道掌握考察对象德才表现，相关做法被《新华日报》刊载推介。3.实施“四力”分类提升工程[⑥]，举办“抓落实、见成效、创特色”一把手论坛5期，开展各类培训53期，培训干部7600余人次。4.制定出台推进领导干部能上能下实施细则、从严管理干部“约法三章”[⑦]、乡镇（街道）领导干部十条禁令，以及乡镇干部队伍建设实施意见等制度文件，切实加强全县干部队伍建设。5.探索干部关爱容错机制，明确8种免责情形，促进干部担当有为，相关做法被中组部《组工信息》《江苏组工信息》等刊载。6.加强领导干部个人有关事项报告抽查核实，共核查267人次，15人因填报不符合要求被教育处理。7.全面完成干部人事档案专项审核，严格细致做好7批共176名干部档案任前审核。8.开展新提任干部发“红包”、送关爱提醒活动，切实增强干部勤政廉政意识。

【基层组织建设】 1.积极探索党建精准扶贫，实施经济薄弱村“强村计划”、开展“三比三赛”[⑧]活动，创设党建扶贫超市、推行“三单制”扶贫模式[⑨]，完善“支部+电商”党建富民模式、推广“代购代送连心工作法”，相关做法被中组部《组工信息》《农民日报》《新华日报》等刊载。2.着力推动“党建+”服务资源下沉扎根，择优选派226名乡科职干部到村挂任第一书记，重点做好六件实事；建立500万元基层党建专项经费，分别设立20万元、10万元的社区和村级为民服务专项资金；整合县乡村三级服务资源，打造“15分钟党群服务圈”。3.深入推进“三务公开”[⑩]，创新推广“小村监事会”模式，相关做法得到市委书记魏国强批示肯定，被《江苏新时空》报道。4.分类推进部分城市社区和农村党群服务中心新建、改扩建工作，全部实现面积达标、产权清晰、功能布局合理；健全完善农村党员干部“一人联百户”[⑪]、社区“分层组团服务”机制[⑫]，解决群众急难愁事项8200余件，相关做法被《人民日报》等刊载；5.开展远教直通车活动120余次，受惠群众3万余人次，并建立远教专家服务联盟，推动116名党员专家为基层种养大户、留守儿童等提供“手把手”服务1200余次。6.注重典型示范引领，初步形成4大示范带连线连片、40个“多彩点”交相辉映的党建示范集群；精心组织庆祝中国共产党成立95周年“十个一”系列活动，对50名优秀共产党员、40名优秀党务工作者、30个先进基层党组织进行表彰。7.在全市率先完成236个村党组织换届工作，换届试点工作被《人民日报》报道。8.采取“找短板、补短板”、新任村支书“脱贫攻坚在行动”、集中培训等形式，切实加强换届后村党组织书记队伍建设。

【人才队伍建设】 1.制定实施“泗水英才”三年行动计划，全力推动人才总量提升、层次提高、服务提质、使用提效。2.将招才引智纳入招商引资考核，突出经济管理部门服务主体作用，落实“三杜绝三不准”[⑬]要求，常态化推进国家“千人计划”等领军人才招引工作。3.出台“四券一卡”[⑭]政策，紧紧围绕“2+1+1”主导产业，深入开展“春季攻势”“百日会战”等人才招引活动，成功举办17名国家“千人计划”专家团“牵手泗阳”对接活动，全年引进“两院”院士、国家“千人计划”专家8名，入选省“双创人才”4名、“双创博士”14名、“333工程”培养对象15名，均为全市最多。其中，创新类“双创计划”人才全省县区排名第一。4.举办“春风行动”“五一专场”“情系家乡”等系列人才招聘会，全年引进本科以上学历人才253人。5.从省直机关、省内外高校院所引进9名科技镇长团成员，根据专业背景安排到“2+1+1”产业相关部门和园区，通过职务双挂、定期例会、成果汇报、考核激励等方式，切实发挥科技镇长团优势作用。6.出台《高层次创业创新人才资助资金拨付十条意见》，对25个高层次人才项目开展绩效评价，全额拨付19个、差额拨付5个、停拨1个，拨付资助资金243.5万元。7.强化人才服务保障工作，开展人才宣传服务月活动，举行人才公寓第三批入住仪式，举办联谊座谈、健康体检、考察休养等活动，在企业设置人才板、专利墙，让优秀人才感受关爱、得到尊重。

【党员队伍建设】 1.推行发展党员“负面清单”制度，涵盖理想信念、宗旨意识、道德行为、工作作风、遵纪守法等5大类12个方面，明确指出凡涉及参加封建迷信活动、丑化党和政府形象、不赡养老人、遇事大操大办等情形且不能改正的，不得发展入党，进一步提高新发展党员质量。2.规范选举各级党代表，采取差额提名初步人选、差额确定预备人选、差额选举正式代表三轮差额方式选举产生64名市党代表和279名县党代表；

采取“两公开一差额”[15]方式，选举产生乡镇党代表2175名。3.抓好党员组织关系排查工作，清理“空挂”党员、查找“失联”党员，理顺党员组织关系。4.推进党代表和党员违纪违法未给予处理排查清理工作，认真梳理排查、甄别人员身份，确保应处尽处。5.开展党费收缴工作专项检查，进一步增强党员党性观念，规范党费收缴工作。

【组工队伍建设】 1.强化党性教育，开展组工干部核心价值观、理想信念和警示教育等主题学习活动，引导组工干部强党性、重公道、讲原则。2.加强业务培训，常态化实行“每周一考、每周一讲、每人一语”，定期组织“组工讲坛”活动，利用组工微信群、QQ群等及时发布政策信息、交流工作动态，促进组工干部开眼界、精业务、强能力。3.突出效能提升，对24项重点工作挂图作战，坚持周例会、月督查、半年述职制度，有效推进工作落实。

注释：

①**“五亮五强”**：亮身份强党员意识、亮思想强看齐意识、亮承诺强宗旨意识、亮行动强奉献意识、亮形象强先锋意识。

②**“三问三思三单”**：问自己、问同志、问群众，反思当初入党为什么、如今在党缺什么、今后为党做什么，形成一份问题清单、一份整改清单、一份销号清单。

③**“百组千支”督查**：全县组织约100个督查组，督查1000个左右基层支部。

④**“三类人员”**：乡镇事业编制人员、优秀村支部书记、大学生村干部。

⑤**“五进五访”**：进工作单位访能力素质、进项目一线访效能实绩、进家庭社区访道德品格、进服务对象访群众口碑、进联审机关访清廉作风。

⑥**“四力”分类提升工程**：重点提升县乡机关“一把手”领导力、副职干部落实力、中层干部服务力和公务员基本能力。

⑦**“约法三章”**：为官不为者下、为官乱为者治、为官不正者惩。

⑧**“三比三赛”**：比引领、赛固本强基，比服务、赛低收入户脱贫，比发展、赛集体经济收入。

⑨**“三单制”**：低收入户点单、党组织下单、扶贫主体接单。

⑩**“三务公开”**：党务公开、政务公开、财务公开。

⑪**“一人联百户”**：一名村干部联系一百户左右的农户，通过定期走访，解决老百姓难事、愁事。

⑫ **分层组团服务**：以社区党组织为统领，把政府部门公共服务、党员义工志愿服务、社团组织社会服务引入社区，分层组团解决社区居民诉求。

⑬ **“三杜绝三不准”**：杜绝畏难情绪、不准没有行动，杜绝形式主义、不准没有成效，杜绝不敢担当、不准推脱责任。

⑭ **“四券一卡”**：为领军人才发放创业创新券，为紧缺人才发放生活补贴券，为优秀人才发放购房抵用券，为行业专业人才发放津贴券，为高层次人才发放“绿卡”。

⑮ **“两公开一差额”**：公开提名初步人选、公开推荐预备人选、差额选举正式代表。

（胡祖旺）

·宣　传·

【新闻宣传】 2016年，泗阳县宣传工作聚焦中央和省、市关注的重点、热点，紧紧围绕县委、县政府中心工作，新闻宣传取得骄人成绩，充分展示泗阳良好形象，为建成“强富美高”全面小康新泗阳营造良好的舆论环境。全年被主流媒体采用稿件290篇（条），其中《人民日报》11篇，完成率220%；《新闻联播》6条，完成率600%；《新华日报》166篇，完成率277%；《新华日报》头版头条（题）2篇，完成率200%；《江苏新时空》105条，完成率420%。此外，还被央视其他新闻栏目采稿105条。

表2　　2016年泗阳县在省级和省级以上报纸刊登的部分重点稿件情况

序号	稿件名称	发表媒体	时　间	版面	作　者
1	江苏泗阳探索“网格化”社区服务模式	人民日报	4月12日	18版	张耀西　杨　彦
2	幸得唐诗伴我行	人民日报	4月18日	5版	杨卫国

续表2

序号	稿件名称	发表媒体	时　间	版面	作　者
3	江苏泗阳建设屋顶光伏电站	人民日报	5月7日	10版	张耀西
4	贫困户变股东	人民日报	5月22日	10版	张耀西
5	中国杨树博物馆：泗阳之杨 其叶牂牂	人民日报	7月2日	8版	张耀西
6	做个生活艺术家	人民日报	7月28日	9版	杨卫国
7	“支部+电商”需“釜底加薪”	人民日报	8月23日	18版	张耀西
8	选好村里的当家人	人民日报	9月27日	17版	张耀西
9	服务群众要“亲测水位”	人民日报	10月28日	5版	杨卫国
10	白鹭飞栖养猪场	人民日报	11月12日	10版	张耀西
11	泗阳县信访干部进村入户解难题	人民日报	11月27日	11版	张耀西
12	成子湖大运河 航道通航	新华日报	1月10日	2版	张耀西　徐泽明
13	志愿者换下“铁将军”农家书屋天天开门	新华日报	1月10日	3版	张耀西　徐泽明
14	泗阳农商行党委“三严三实”专题教育活动取得新成效	新华日报	1月14日	10版	王向华　葛以云
15	泗阳开发区“三强化”谋求新突破	新华日报	1月15日	5版	於守伟　汤业发
16	“清廉泗阳”爱上了“交汇点”	新华日报	1月15日	2版	张耀西　庄胜昔
17	“交汇点”走进泗阳“冬训会”	新华日报	1月20日	3版	张耀西　徐泽明　王红敏
18	泗阳农商行 助力地方脱贫致富奔小康工程	新华日报	1月28日	18版	葛以云
19	泗阳县委“约法三章”管干部	新华日报	2月3日	5版	胜　昔　田　甜　邹　新
20	农民买房子 政府送“红包”	新华日报	2月3日	6版	张耀西　徐泽明　姜传利
21	泗阳农商行召开中层干部亲属廉政建设座谈会	新华日报	2月4日	10版	葛以云
22	网商“闹火”年货大集	新华日报	2月5日	8版	张耀西　徐泽明　马　霞
23	“返乡就业真不孬！”	新华日报	2月12日	2版	张耀西
24	泗阳地税局税收工作起好步开好头局	新华日报	2月13日	2版	谢　曼　万　妍
25	宿迁：杨树林下小村办起“春晚”	新华日报	2月14日	头版	张耀西
26	泗阳地税局积极助力中小企业解困	新华日报	2月15日	2版	谢　曼　万　妍
27	一天27个报警求助，这个年忙疯了	新华日报	2月16日	8版	王业全　陈　宇
28	泗阳农商行开展“访民情、解民忧、谋民富”走访调研	新华日报	2月16日	5版	周明生　葛以云
29	老泥瓦匠进“学堂”	新华日报	2月18日	8版	张耀西
30	泗阳地税：廉政警示教育成为基层党员冬训第一课	新华日报	2月20日	2版	张耀西
31	“自强不息”挂门口	新华日报	2月21日	3版	张耀西
32	干部，就是要以一当十干事业	新华日报	2月26日	7版	张耀西
33	泗阳开发区力促企业股改上市	新华日报	3月8日	16版	李　斌　刘楚宁　汤业发
34	泗阳农商行 创新宣传方式 提升社会知名度	新华日报	3月12日	11版	葛以军
35	泗阳：廉政文化“六进”建设精彩纷呈	新华日报	3月13日	11版	庄胜昔　乔　明　邹　新
36	泗阳督查整顿“走读干部”	新华日报	3月15日	9版	张耀西

续表2

序号	稿件名称	发表媒体	时 间	版面	作 者
37	封藏大典4月登场，洋河封坛酒未售先火	新华日报	3月16日	11版	宋 洋
38	缤纷“泗阳造”，触网出国进万家	新华日报	3月19日	头题	张耀西 徐泽明
39	泗阳地税落实房地产税收新政获好评	新华日报	3月19日	2版	高 雅 谢 曼 万 妍
40	泗阳城管围殴村民？假的	新华日报	3月19日	3版	徐明泽
41	揭秘：2016封藏大典，将再现“汉风古韵”	新华日报	3月22日	13版	林 楠
42	泗阳：“规划美好人生”促清廉	新华日报	3月23日	11版	赵卫军 庄胜昔
43	“灵猴”献瑞，洋河即将发布新款封坛酒	新华日报	3月23日	7版	林 敏
44	泗阳农商行被全总授予“模范职工之家”	新华日报	3月23日	10版	周明生 张淑珍 葛以云
45	泗阳地税筑牢拒腐防变思想防线	新华日报	3月26日	2版	谢 曼 万 妍 许 豹
46	洋河汉酒 封坛酒，掀起你的盖头来	新华日报	3月28日	8版	张紫尘
47	封坛酒为什么被世人赋予极高价值？	新华日报	3月31日	19版	李 恒
48	泗阳“交汇点”下载破4.8万	新华日报	4月1日	2版	张耀西 谢 锦
49	泗阳地税三项举措统筹推进组织收入	新华日报	4月2日	2版	张晓芹
50	泗阳地税局规范外出经营税收管理	新华日报	4月3日	2版	谢 曼 万 妍
51	泗阳地税强力推进建安、房地产营业税税源清查工作	新华日报	4月4日	2版	高 雅 万 妍
52	泗阳举办乡村文化旅游节	新华日报	4月4日	3版	张耀西 徐明泽
53	鸭子身上背负着的“爱”	新华日报	4月5日	7版	张耀西
54	种树祭先祖 文明又节地	新华日报	4月5日	6版	史向华 徐明泽
55	为什么工匠精神能够打动人心	新华日报	4月8日	10版	黄 远
56	新版“八大碗”健康赢市场	新华日报	4月11日	7版	张耀西
57	引领消费时尚，洋河汉酒发力轻奢市场	新华日报	4月12日	9版	叶 成
58	洋河汉酒即将面市，成为古法传承新样本	新华日报	4月14日	11版	林 东
59	民盟省委与泗阳开展教育结对帮扶	新华日报	4月15日	2版	顾 敏
60	苏酒集团26位国酒大师手工酿造 洋河再推个性化定制酒	新华日报	4月20日	7版	翟慎良
61	泗阳农商行：创建集体荣誉 打造品牌银行	新华日报	4月20日	9版	巩大兵
62	苏酒集团封藏大典开幕 穿越汉代酿造匠心盛宴	新华日报	4月21日	13版	林 宁
63	泗阳开发区多维加强安全生产	新华日报	4月21日	16版	汤业发
64	泗阳：“土地综合整治”何以赢得多方叫好	新华日报	4月22日	5版	张耀西
65	第三届“江苏大众文学奖”揭晓	新华日报	4月24日	2版	张耀西
66	全面小康路上一户都不能落下	新华日报	4月25日	头版	陈月飞 王晓映
67	泗阳众兴镇特色经济步入发展快车道	新华日报	4月28日	14版	天 照 守 成 刘 亮
68	泗阳地税为全面实施“营改增”打好扎实基础	新华日报	5月1日	2版	蒋守兵 谢 曼
69	泗阳农商行开展防范电信网络诈骗宣传活动	新华日报	5月4日	10版	丁大勇 葛以云
70	洋河汉酒两张底牌揭开了	新华日报	5月5日	13版	张紫尘

续表2

序号	稿件名称	发表媒体	时　间	版面	作　者
71	泗阳县人大：做好乡镇人大工作关键在人	新华日报	5月5日	4版	郑晓芳
72	苏丝股份两获“全国五一劳动奖状”	新华日报	5月10日	13版	汤业发　徐　军
73	泗阳农商行采取措施增强同业竞争力	新华日报	5月10日	14版	薛春雨　葛　飞
74	泗阳乡镇换届考察“朋友圈”	新华日报	5月16日	2版	张耀西
75	泗阳地税“面面俱到”落实房地产税收优惠	新华日报	5月22日	2版	谢　曼　万　妍
76	泗阳地税“以点带面”锁牢税源收入	新华日报	5月23日	2版	谢　曼　万　妍
77	泗阳：党课宣讲“轻骑兵”活跃基层	新华日报	5月24日	10版	姚爱民　庄继红
78	泗阳开发区三招强化“链式招商”	新华日报	5月25日	16版	汤业发
79	泗阳净化党员干部“生活圈+社交圈”	新华日报	5月26日	11版	胜　昔　张　健
80	泗阳：倡廉钟声回荡“天使”耳边	新华日报	5月27日	10版	胜　昔　宜　照
81	张荣超长篇报告文学《美德载梦》引发多重效应	新华日报	5月30日	14版	张耀西
82	泗阳扶贫实施“联村共建”	新华日报	5月31日	6版	鑫　鑫　马　霞　明　泽
83	“中央厨房”统一烹制收割套餐	新华日报	6月1日	6版	杨卫国　胡　梅
84	秸秆还田机装上“电子眼”	新华日报	6月1日	8版	耀　西　刘　丽　明　泽
85	货车侧翻，村民鼎力相助	新华日报	6月6日	6版	陈　勇　徐明泽
86	报告文学《美德载梦》讲述好人故事	新华日报	6月7日	11版	张耀西　渠　通
87	泗阳开发区倾力打造工业新城	新华日报	6月7日	15版	葛　明
88	泗阳地税税收宣传“别出心裁”	新华日报	6月11日	2版	谢　曼　万　妍
89	泗阳各界泪别救人英雄	新华日报	6月11日	3版	徐明泽　张耀西
90	泗阳地税 绩效管理提升管理效能	新华日报	6月12日	2版	张　刚　万　妍
91	泗阳农商行“两学一做”抓“八个结合”	新华日报	6月14日	10版	葛以军　王向华　葛以云
92	泗阳举办鲜桃争霸赛	新华日报	6月16日	7版	徐明泽　张耀西
93	泗阳地税信息管税开创税收征管新格局	新华日报	6月19日	2版	谢　曼　万　妍
94	泗阳桃子俏销省城	新华日报	6月20日	5版	张耀西　徐明泽
95	泗阳地税“三新模式”提升税收执法督查水平	新华日报	6月20日	2版	谢　曼　万　妍
96	南刘集党代表安装“交汇点”	新华日报	6月22日	2版	陈　勇　耀　西　明　泽
97	泗阳地税开展“岗位大练兵、业务大比武”	新华日报	6月22日	2版	谢　曼　万　妍
98	泗阳农商行职工业余兴趣活动为单位增荣添彩	新华日报	6月24日	14版	王向华　葛　飞
99	杂交稻如今也能机插了	新华日报	6月29日	5版	耀　西　刘　丽　明　泽
100	泗阳政府投资项目终身追责：已有19家单位被追责	新华日报	7月5日	6版	张耀西　徐明泽
101	泗阳聚力打造品牌型特色现代农业产业	新华日报	7月5日	6版	谢　锦　马　霞　焦　尉
102	泗阳农商行开展警示教育活动	新华日报	7月7日	13版	薛春雨　葛以云
103	泗阳众兴：党建工作“梯次共建”别样红	新华日报	7月8日	10版	周天照　王守成
104	泗阳开发区“六项行动”促质效提升	新华日报	7月15日	12版	刘楚宁　汤业发
105	泗阳：“两学一做”学出精彩做出实效	新华日报	7月16日	3版	张耀西　胡祖旺　孙　杰
106	“小候鸟”住进“爱心小家”	新华日报	7月20日	9版	徐明泽

续表2

序号	稿件名称	发表媒体	时间	版面	作者
107	泗阳万余党员干部挂钩扶穷亲	新华日报	7月21日	头版	杨卫国 胡梅 张耀西
108	泗阳农村 公益电影可“预约”	新华日报	7月22日	7版	张耀西 徐明泽
109	泗阳公安推出“防盗车牌”	新华日报	7月25日	6版	陈宇 章九杰
110	泗阳八堡村设立金蝉保护区 把蝉鸣声留在乡间	新华日报	8月2日	7版	张耀西 徐明泽
111	公布拆迁协议并接受监督“二次公示”解了泗阳拆迁难	新华日报	8月3日	6版	张耀西 徐明泽
112	泗阳构建强县富民大交通	新华日报	8月4日	4版	谢锦 刘治国
113	泗阳交通运输局四措打造廉洁工程	新华日报	8月10日	6版	刘向辉 胡茂志 庄胜昔
114	泗阳农商行党委“四个从严”扎实抓好党建工作	新华日报	8月10日	6版	周明生 王向华 葛以云
115	泗阳党员“亮身份”带热“红色电商”	新华日报	8月16日	5版	王业典 郁芬
116	泗阳:“好人现象”放大道德正能量	新华日报	8月16日	6版	张耀西
117	她,带着婆婆一起嫁	新华日报	8月22日	5版	张耀西 徐明泽
118	泗阳农商行党建助力精准扶贫求成效	新华日报	8月23日	11版	葛以军 董正银 葛以云
119	泗阳试点装配式建筑	新华日报	8月25日	6版	张耀西 徐明泽
120	泗阳经开区:纪检信访严抓“六坚持”	新华日报	8月27日	5版	徐正军 潘澄 田甜
121	泗阳检察院: 廉政党课激励党员争优	新华日报	8月27日	6版	徐体成 李志勇 庄胜昔
122	泗阳交运局:“四抓四强”促党风廉政建设	新华日报	8月27日	6版	刘向辉 胡茂志 庄胜昔
123	全面从严执纪 忠诚履职尽责	新华日报	8月27日	6版	李启旺
124	泗阳众兴两千党员谱写“不忘初心”富民曲	新华日报	8月27日	7版	范化琪 周天照 王守成
125	泗阳供电:搭建廉洁文化新平台	新华日报	8月27日	7版	渠通 殷洪淮
126	泗阳住建局:建立党风廉政常态机制	新华日报	8月27日	7版	孙青松 张家利 庄胜昔
127	泗阳住建局:“三不曲”整治作风建设	新华日报	8月28日	8版	孙青松 张家利 田甜
128	泗阳李口镇:村村设立“小村监事会”	新华日报	8月28日	8版	庄胜昔 刘家奎 张翔
129	泗阳三庄纪委:为“阳光低保”保驾护航	新华日报	8月28日	8版	臧延柏 杨乐 王野
130	泗阳2万低收入农民兴致勃勃当上股东	新华日报	9月8日	头版	张耀西 徐明泽
131	“文化泗阳”,品牌是这样打造的	新华日报	9月9日	6版	张耀西
132	“泗水清韵”为地税干部吹清风送正气	新华日报	9月11日	2版	丁成民 庄胜昔
133	泗阳农商行向贫困农户送温暖	新华日报	9月14日	7版	董正银 葛以云
134	泗阳营造风清气正的从税好环境	新华日报	9月15日	2版	渠通 许豹
135	泗阳:实现了“进‘一个门’办所有税务事”	新华日报	9月24日	2版	胡正军 张海鑫
136	泗阳农商行一篇通讯报道入选新闻传播优秀论文范文	新华日报	10月12日	11版	葛飞
137	江苏中行“心的呼唤”再帮两名小天使赴宁“修”心	新华日报	10月12日	16版	韩伟
138	一碗爱心粥温暖一群人	新华日报	10月18日	7版	张耀西
139	泗阳开发区集中宣传“惠企政策”	新华日报	10月18日	12版	吴朝辉 汤业发
140	泗阳农商行召开离退休人员座谈会	新华日报	10月20日	9版	葛以云

续表2

序号	稿件名称	发表媒体	时 间	版面	作 者
141	泗阳农商行打造县域品牌银行	新华日报	10月22日	7版	徐宜珂 张 惠
142	泗阳众兴“小村监事会”促进社区大和谐	新华日报	10月22日	8版	范化琪 周天照 王守成
143	泗阳县市场监管局四项机制促进“为官有为”	新华日报	10月22日	8版	庄胜昔 陈业霞
144	泗阳地税“两学一做”注重知行合一	新华日报	10月23日	2版	王 斌 谢 曼
145	失散70年再相聚	新华日报	10月26日	11版	张耀西
146	泗阳“三个一”打造“假日课堂”	新华日报	11月2日	13版	王 浩
147	泗阳县穿城镇开设“微信廉政党课”	新华日报	11月3日	11版	陈 敏 庄胜昔
148	泗阳穿城镇多措并举强化作风建设	新华日报	11月8日	11版	陈 敏 庄胜昔
149	泗阳农商行“金融扶贫”讲求精准	新华日报	11月16日	14版	胡 浩 葛以云
150	泗阳农商行各项存款稳步增长	新华日报	11月17日	17版	葛以云
151	泗阳：转型升级奏响工业经济快速发展新乐章	新华日报	11月18日	16版	谢 锦 汤业发
152	“三个口袋”如何更充实	新华日报	11月20日	6版	黄红芳
153	不忘出发点 踩准落脚点	新华日报	11月22日	6版	沈峥嵘 黄红芳
154	泗阳开发区“六项行动”助推转型升级	新华日报	11月22日	15版	汤业发
155	泗阳农商行深化电子银行业务转型	新华日报	11月29日	9版	张亚军 葛以云
156	泗阳农商行优化阳光信贷服务措施	新华日报	11月29日	14版	葛以云
157	泗阳开发区“两学一做”促廉政文化	新华日报	12月1日	13版	潘 澄 汤业发
158	积极行动起来 投身“两聚一高”实践	新华日报	12月7日	2版	徐明泽
159	泗阳地税扶贫济困精准务实结硕果	新华日报	12月11日	2版	王 斌 刘卫东 谢 曼
160	代表候选人须过“诚信关”	新华日报	12月12日	6版	张耀西 徐明泽
161	医院扶贫病床贫困户免费住	新华日报	12月14日	9版	张耀西 徐明泽 谢 珊
162	来安街道：晨廉三分钟，“加餐”变“正餐”	新华日报	12月15日	6版	张 萍
163	泗阳农商行业务技能竞赛大显身手	新华日报	12月15日	10版	葛以云
164	来安街道：为村干部勤廉信息“建档立卡”	新华日报	12月15日	10版	张 萍
165	泗阳市监局：“三个更”带来零违纪	新华日报	12月18日	6版	徐玉珍 田 甜
166	泗阳新袁镇纪委：“两学一做”提升机关效能	新华日报	12月18日	7版	孙以书 庄胜昔 邹 新
167	泗阳众兴：创新机制提振干群“精气神”	新华日报	12月18日	7版	范化琪 周天照 王守成
168	众兴镇：三成以上干群热衷“微生活”	新华日报	12月18日	8版	范化琪 周天照 王守成
169	泗阳棉花原种场“织网”防范基层腐败	新华日报	12月18日	8版	谷士明 胡苏林
170	泗阳南刘集乡纪委突出制度制衡抓监督	新华日报	12月18日	8版	王益华 杨传友
171	泗阳国税：约谈践行“四种形态”	新华日报	12月18日	8版	张瑞洪 陈 智 孙家祥 庄胜昔
172	紧扣“两聚一高”凝聚更广泛共识	新华日报	12月20日	2版	张 晨
173	泗阳农商行连续七年蝉联“省级文明单位”	新华日报	12月20日	11版	周明生 张淑珍 葛以云
174	合作社，该用啥姿态闯市场	新华日报	12月26日	5版	朱新法
175	泗阳国税清新廉风扑面来	新华日报	12月29日	10版	张瑞洪 陈 智 孙家祥

【举办县委中心组（扩大）理论学习会11期】 全年共举办县委中心组（扩大）理论学会11期。主要有：邀请中国人民大学世界经济研究中心主任黄卫平作《创新驱动与供给侧改革》、省委党校、省行政学院科学社会主义教研部副主任王金水《科学理论指导和行动指南——深入学习习近平总书记系列重要讲话精神》（"两学一做"学习教育辅导）、解放军南京陆军指挥学院教授、硕士生导师张政文《国防安全形势教育》、省开发区协会副会长梁宝林《开发区转型升级与创新发展》、省政协社会法制委副主任、省法学会副会长朱华仁《增强运用法治思维和法治方式的能力，提升社会治理法治化水平》、省纪委案件审理室副主任杨光《坚定不移推进全面从严治党，以常态化问责激发责任担当》等专题讲座，12月29日，第十二届县委中心组第六次（扩大）理论学习会还特别邀请省农科院园艺所所长周建涛、省农科院蔬菜研究所副所长陈新和省农科院蔬菜研究所研究员蒋宁，分别就"果树在江苏现代农业中的应用""现代蔬菜新品种新技术及未来发展方向""江苏食用菌产业现状及展望"作专题讲座。

【举办"市民讲坛"及"名人讲坛"6期】 1.坚持讲坛进基层。2016年"市民讲坛"继续坚持贴近实际、贴近生活和贴近市民的"三贴近"原则，以进机关、进乡镇、进社区、进学校等"四进"活动为载体，举办3期泗阳"市民讲坛"，分别是：3月14日，"市民讲坛"走进爱园，邀请县社保中心副主任刘二银作《参加社会保险 安享幸福人生》专题讲座；5月13日，"市民讲坛"走进众兴镇五里社区，邀请县人民医院营养科主任、高级营养师薛涛为广大居民作《健康养生知识》专题讲座；5月14日，"市民讲坛"走进李口，邀请县委农工办农险科科长胡继思作《农业保险服务三农》专题讲座。2.持续办好"名家讲坛"。扩大市民讲坛影响力，每年邀请1~2位名人莅泗讲学。全年在泗阳大剧院举办3期"名家讲坛"，分别是：6月1日，邀请原中国煤矿文工团团长、全国政协委员、中国戏剧家协会副主席、国家一级演员瞿弦和作《朗诵艺术漫谈》专题讲座；7月22日，邀请南方医科大学高级中医药膳师、国家高级公共营养师、健康管理师林芝亦做健康养生知识专题讲座；9月9日，邀请卫生部新闻宣传中心原主任、《中国健康教育》杂志原副主编兼编辑部主任刘立做健康知识专题讲座。

【党员冬训工作获省表彰】 拓宽思路，积极进行党员冬训供给侧结构性改革探索，改变过去集中教育培训、实地观摩、现身说法等传统培训方式，推出"一把手"上讲坛、分层分类培训、冬训微信课堂等创新举措，圆满完成2016年冬训工作各项任务，受到以省社科院副院长刘旺洪为首的省冬训督查组的充分肯定，特别是反映冬训创新做法的信息《泗阳县积极探索党员冬训"供给侧改革"》在《江苏宣传工作动态》第7期发表，《泗阳：唱响党员冬训工作"三字经"》在省建设学习型党组织、学习型领导班子《工作简报》第253期上专版全文刊发。被江苏省委组织部和江苏省委宣传部联合表彰为"2015~2016年度全省基层党员冬训工作示范县"。

【第五届流行音乐节】 8月，举办泗阳第五届流行音乐节，经5年磨砺，泗阳流行音乐节已成长为泗阳文化的第一品牌，百姓演、百姓看、百姓评、百姓乐，得到县内及周边县市群众的积极响应。第五届泗阳流行音乐节，4场演出，现场观众10万人次，通过泗阳电视台、泗阳手机台现场直播，受众达560万人次。报名选手1126人，其中来自周边沭阳、泗洪、宿迁、淮安、连云港、南京以及湖北、安徽、山东、河南的外地选手占212人，他们中间有工人、农民、装修工、摩托车修理工、洗车工、饭店服务员，还有外地在泗务工人员，其中年龄最大的78岁，最小的只有4岁。

【文艺精品创作】 年内，由泗阳县人民政府与宿迁市委宣传部、宿迁市广电台共同投资、央视团队主创和拍摄的大型电视纪录片《出土的王国》拍摄制作完成，将于2017年上半年在CCTV-9频道向全球播出。该片以三庄汉墓考古发掘为背景，再现了古泗水王国的繁荣和兴盛。

（葛以军 汪丽丽）

·文明城市建设·

【公民道德建设】 2016年，泗阳县创新实施道德讲堂"1+1"工作模式（实体讲堂+网络讲堂），建成运行县级道德讲堂总堂1个，重点单位、乡镇（街道）骨干讲堂40个，村居（社区）、居民小区、学校、医院等基层讲堂319个，以"身边人讲身边事、身边人讲自己事、身边事教身边人”的形式，组织全县涌现的中国好人、江苏好人、感动宿迁人物、泗阳好人等楷模到场互动，引领群众崇德向善。组织开展第四届“泗阳好人”评选，张正亚等10位群众身边典型当选新一届“泗阳好人”；推选黄宝英、张正亚、刘圆、张明亮当选感动宿迁人物；推选孝心好儿媳黄宝英、好嫂子张冬梅、好媳妇颜崇英、勇救落水儿童的乡村医生张明亮等4人当选“江苏好人”，勇救落水孕妇而献出自己年仅29岁生命的好小伙赵成全当选“见义勇为中国好人”。全县“中国好人榜”登榜总数达13人，“江苏好人榜”21人，年度上榜人数和累计总数领先全省县（区），存好心、做好事、当好人、有好报的氛围日益浓郁。

表3　　第四届“泗阳好人”事迹介绍

姓　名	基本情况	主要事迹
张正亚	男，1969年6月出生，众兴镇城北花园居民	自1995年起，坚持义务献血22年，累计捐血5000毫升、血浆1200毫升、血小板治疗量286个，折合捐献全血当量23.6万毫升，相当于50个成年人的血液总量。他不仅自己长期义务献血，还带动家人和亲友共同加入义务献血队伍传递人间大爱。
刘　圆	女，1993年11月出生，临河镇人，原南京金陵科技学院学生	2016年7月被诊断为胃癌晚期，在住院期间，刘圆决定身后将遗体捐给医疗科研部门，把自己的器官捐献给需要的人。10月27日刘圆去世，遵照她生前遗愿，遗体捐给南京医科大学。
谢万兰	男，1986年3月出生，泗阳县公安局众兴派出所社区民警	2015年，连续几夜伏击守候贩毒嫌疑人，在手臂负伤情况下，成功抓获3名持枪贩毒嫌疑人。G20峰会期间，每天冒着酷暑在户外连续执行安保工作15个小时以上，阑尾炎和肠膜炎手术后第5天即返回工作岗位。
程兴国	男，1945年4月出生，三庄乡人，老党员、退伍军人、退休职工	为缅怀纪念程道口战役和林宫渡战斗革命英烈，提议政府拨款新建烈士陵园，说服村民无偿献出15亩土地作为陵园建设用地，自己主动担任义务管理员，并从2010年起赴宿迁、涟水、灌云等地，调研、搜集、整理程道口战役有关历史资料，并参与组织“纪念程道口战役胜利71周年”“恢复建立31座抗日烈士墓”等重大纪念活动，在省内外引起较大反响。
刘兆馗	男，1971年6月出生，三庄乡江渡村村民	除孝敬年迈的父母外，还精心照顾体弱多病的三叔三婶夫妇2人。父亲患病卧床10年，三叔失去自理能力11年，他十几年如一日，精心照料四位老人的日常生活、洗衣做饭、看病就医，“孝子”美誉传遍四邻。
冯秀平	女，1947年4月出生，张家圩镇王圩村村民	40年前收留孤残老人倪绍洋，言传身教全家人对待老人像亲人。倪绍洋老年痴呆后，仍悉心照料，深得乡邻称赞。
王士红	女，1969年1月出生，泗阳县环卫所保洁员	2016年11月27日，在保洁路段巡查时捡到手提包1只，内有手机、银行卡、身份证、会计证和驾驶证及现金，在寒风中苦等失主2个多小时交还手提包。
史立刚	男，1957年3月出生，穿城镇河西村村民	常年在外打工，母亲病逝后不花钱大操大办，而将省下的钱为村里装上7盏路灯，并主动承担路灯电费。在打工期间，还利用微信群募集善款，捐助1户困难家庭和众兴中学4名贫困学生。
王　军	男，1964年10月出生，泗阳县供电公司运维站电气试验班班长	领头成立“王军技师创新工作室”，6项群众性创新项目被省市公司立项，5篇科技论文在国家级刊物上发表，申报专利10项，授权实用新型专利6项；个人发现并处理的设备重大缺陷28起，参与消除设备缺陷420余起，为企业挽回经济损失700余万元；带动一大批优秀年轻员工走上了电气试验岗位，成为电力维护的技术能手。
陈业霞	女，1976年6月出生，泗阳县市场监督管理局职工	先后资助9名贫困学生读书、4个贫困家庭脱贫。2013年开始，一直坚持帮扶穿城镇河北村特困户孙玉楼家庭。帮助孩子上户口、办低保，并经常探望，送去学习、生活用品，让孙玉楼全家感受到生活的希望和温暖。

【社会志愿服务】 以创建全国文明城市为契机，有效整合各方力量，充分利用“志愿江苏服务平台”，创新实施“居民点单、志愿者接单、综合评单”的志愿服务三单制工作模式，全县志愿服务活动蓬勃开展，社会服务水平不断提升。1.做强志愿服务队伍。组织在“志愿江苏服务平台”注册志愿者达7.5万余人，注册志愿服务组织130个，发布志愿服务项目1149项，每周常态化参与

活动的志愿者达2000余人。培育发展春晖民间助学协会、阳光爱心协会、未成年人成长关爱协会等13支民间志愿服务组织。春晖民间助学协会被表彰为省优秀志愿者组织。志愿者张矾当选“全国首批优秀五星级志愿者”，6名志愿者被表彰为“江苏省优秀志愿者”。组织各乡镇（街道）、县直各部门、各单位根据自身工作职能组建成立帮困助弱、文化宣传、法律援助、应急抢险、放心消费、心理健康咨询等专业志愿服务团队117支，72个志愿服务队被表彰为市、县优秀志愿服务组织。2.做强志愿服务平台。创新实施“居民点单、志愿者接单、综合评单”的志愿服务“三单制”工作模式，实现志愿服务在时间、空间和内容上的精准对接。推行居民点单，以社区为单位，通过热线电话、社工走访、设立固定点单服务点等，常态征集居民的所需所求，将征集到需求清单进行梳理筛选，确定服务项目“菜单”，通过“志愿江苏泗阳服务平台”或“志愿泗阳”手机App端，向志愿者发布待服务项目“菜单”。组织志愿者接单，志愿者通过手机App或登录“志愿江苏泗阳服务平台”，认领待服务项目“菜单”。对出现的无人认领项目，由县志愿者协会协调动员具备相关职能的专业志愿服务队进行“组单”。接单志愿者及时与点单人及所在社区取得联系，约定服务时间，开展志愿服务活动。实施综合评单，通过被服务居民现场评价、社区电话回访等形式，征求居民对志愿服务成效进行“评议”，县志愿者协会依据评议情况，给志愿者进行综合“评单”，评价内容作为星级志愿者认定的重要依据。2016年，全县130支志愿服务组织的6100余名志愿者参与接单，为居民解决“急难愁”事项近2000件，帮助居民实现“微心愿”529件，志愿者接单率达100%，群众回访满意率达100%。3.实现志愿服务常态化。坚持以群众需求为导向，在周末假日、中小学校开学、乡村旅游节等重要时间节点，组织开展党员志愿者进社区、群众扶贫助学、文明交通、洁净家园、弱势群体救助等各类重大主题志愿服务活动。先后策划爱心义卖、书画作品义拍、慈善公益晚会等，募集善款70余万元，网聚数千名爱心人士长期结对帮助900多名贫困学子。泗阳县志愿者协会发动社会力量募集50余万元爱心善款，合力救助泗阳好人刘彩霞的患病女儿，为见义勇为英雄赵成全家庭募捐善款90余万元。全县持续掀起的志愿服务热潮，既填补了政府职能难以企及的社会服务范围，同时最大程度上汇聚了社会发展正能量。

【全国文明城市创建】 全国文明城市是中央文明委授予一个城市的最高荣誉称号，县委、县政府明确提出力争2017年创成全国文明城市提名城市，2020年努力创成全国文明城市的工作目标。7月，泗阳县正式启动全国文明城市创建，围绕创建目标，在全面落实省、市工作部署的基础上，创新拓展3项重点创建活动。1.推行公共文明指数双月测评机制。根据《全国文明城市测评体系》指标要求，制定“公共文明指数测评体系评分细则”，梳理出14大类82项近万个测评点位，逐条量化评分标准，每两个月组织开展1次公共文明指数测评，通过督查通报、媒体公示等公布测评得分排名，推动各项创建指标落到实处。2.实施县领导挂钩推进机制。县委、县政府主要领导亲任创建指挥部总指挥，全面推行县领导班子成员挂钩联系乡镇和社区创建，明确县直各单位和各乡镇主要负责人为创建工作第一责任人，包保老旧小区、城市道路、农贸市场、镇村环境等重点测评地段。排定“文明交通建设、基础设施维护、城乡环境整治、公共秩序优化、诚信泗阳建设、道德风尚引领、乐享志愿服务、公共文化惠民、未成年人思想道德建设、公益广告九进”等文明城市创建十大行动，明确县领导挂钩包保各创建行动，逐月逐季推动项目有效落实。3.从严创建工作问责推动机制。实行创建工作逐级督查推进机制，根据《文明城市创建工作问责办法》，日常创建由创建指挥部办公室组织督导推动。重点创建工作由县督查室督查推动。严重滞后创建项目在电视、报纸等媒体曝光，单位负责人进行公开表态，并提请县领导约谈推动。对因工作不力而导致责任指标失分严重的，提请县委、县政府对相关单位和人员问责。4.加大城乡环境面貌提升改造。推行城市基础设施维护微设计、微施工、微整治、微引导、微循环的“五微工程”。设立背街小巷巷道长，按照净化、硬化、亮化、绿化、美化“五化”标准对城区72条背街小巷进行综合整治。深化“美丽乡村”建设，推动农村水环境治理、积存垃圾清运、乡村移风易俗、文明乡风引领等镇村文明创建“四项提升行动”，强力推进城市和乡村环境面貌双提升。5.营造全民参与的浓厚创建氛围。围绕构筑道德风尚高地，坚持贴近生活、贴近群众，广泛开展身边好人、道德模范、最美人物选树宣传，推进“好人公园、美德善行广场、好人馆、乡贤文化街、诚信超市体验馆、诚信示范街区”等“六个一”德育主题阵地建设。以《宿迁文明20条》为准则，全面推行宿迁规矩践行，整治机动车不礼让斑马线、乱停乱放，非机动车和行人闯红灯、走反道等交通违法行为。加快公共信用信息系统建设，构建“守信激励、失信惩戒”机制，健全完善诚信“红黑榜”社会发布、公开曝光制度，打造一批诚信示范街区、示范经营户。广泛开展文明单位、文明乡镇、文明村、文明社区、文明集市、文明校园、文明家庭、文明工地等文明创建“八项细胞工程”，推动形成全国文明城市创建工作合力。（李　永）

·统战工作·

【概况】 2016年，县委统战工作认真贯彻落实党中央和省、市委关于统一战线的一系列重大决策部署，扎实有效开展各项工作。年内，在全市统战工作考核中荣获市统战工作先进集体；招商引资引进电商企业——宿迁零嘴子食品有限公司入驻电商产业园，完成家门口就业工程项目——泗阳县裴圩镇远航工艺品厂已竣工。

【成立县委统一战线工作领导小组】 6月，县委研究成立县委统一战线工作领导小组，主要负责对全县贯彻落实统一战线重大方针政策、法律法规情况进行研究、协调、指导和督查，领导小组办公室设在统战部。

【统一战线工作纳入重要议事议程】 1.6月2日，召开十一届县委常委会第七十八次会议，讨论研究《中共泗阳县委2016年政党协商计划》和《关于建立县委常委、党员副县长与党外人士联系交友制度》的内容，会后县委办印发《中共泗阳县委2016年政党协商计划》，县委办、县政府办印发《关于建立县委常委、党员副县长与党外人士联系交友制度》。2.8月18日，召开泗阳县2016年第十次党政联席会议，讨论研究《关于加强新形势下统一战线工作的实施意见》，会后县委印发该文件。3.11月12日，召开十二届县委常委会第十一次会议，讨论研究《关于工商联（商会）、乡镇商会换届工作的实施意见（征求意见稿）》，会后县委办转发《县委统战部关于工商联（商会）、乡镇商会换届工作的实施意见》，为县乡商会换届工作作出指导性意见。

【统战工作纳入全县年度目标管理考核指标】 2016年，县委将统战工作任务分解为6个方面、25小项，纳入对各乡镇（街道）目标考核范畴。年初，县委统战部下发《2016年全县统战工作要点》，细化全年统战工作任务，确保按时限高质量完成统战工作目标。经考核，众兴镇、八集乡、裴圩镇统战工作年度目标完成较好，受到县委表彰。

【县委中心组学习统战理论政策】 2016年，县委中心组（扩大）理论学习会将统战理论政策纳入学习内容。6月，邀请省社会主义学院党组成员、副院长魏晓蕾为全县干部作《统一战线基本理论与政策》专题讲座。讲座围绕统一战线主要工作的基本理论与政策，运用大量理论成果和生动事实，对当前统战工作进行剖析。从统一战线的基本概念、主要工作领域的理论与政策以及加强党对统一战线工作的领导三个方面进行了详细解读。

【干部培训】 1.6月上旬，组织全县各乡镇街道统战委员、统战工作负责人，县直各党工委、党委单位分管政工负责人50多人参加在省社会主义学院举办的统战干部培训班。省社会主义学院、省委党校、省宗教局等单位的多名专家领导围绕《中国共产党统一战线工作条例（试行）》及习近平总书记在中央统战工作会议、中央宗教工作会议上的讲话精神解读、党的民族宗教政策和基础知识、如何提高新形势下群众工作的能力等六个方面内容进行授课。2.7月29日，举办全县统战宣传信息工作业务培训班，邀请省委统战部政策研究室和市委统战部党派处负责人分别就如何做好统战宣传工作和统战信息工作进行专题辅导，全县统战干部50余人参加培训。

【社区统战工作】 2016年，开展以“携手同行、夯实基础，开创社区统战工作新局面”为主题的社区统战工作。通过调研摸底、探索试行、全面推开三个阶段，具体从成立工作队伍、设立工作阵地、建立工作制度、搭建活动载体等方面抓好落实。5月底，总结众兴镇西康社区和五里社区开展社区统战工作前期试行成果，在五里社区召开统战工作进社区现场观摩会暨推进工作会议，全县21个乡镇、街道、场统战工作分管负责人及统战部全体工作人员共30余人参加会议，会上对全县社区统战工作的开展进行布置安排。

【市、县政协委员推荐】 做好2017年初的政协换届准备工作，2016年上半年对全县党外代表人士培养使用情况进行调研；进一步充实完善党外代表人士人才库，掌握各个阶层的代表人士，为举荐各界别有代表性的党外政协委员提供充足的后备人才；对九届政协委员中党外人士开展履职、结构调研；对新出现的各阶层代表人士进行全面摸底调查、综合分析。10月28日，组织召开全县政协委员推荐工作会议，在全县启动新一届县政协委员候选人推荐、考察工作，对各乡镇、部门推荐的候选人进行综合考察、反复筛选，严格把好委员人选的政治关、素质关、程序关，确保将参政议政能力强、群众认可程度高，充分体现广泛性和代表性的各方面优秀党外代表人士推荐到政协委员队伍中来。经过多方酝酿协商，共推荐县政协委员党外人选165人，其中常委人选30人。根据市级要求，结合泗阳情况，共推荐市级政协委员党外人选24人。

【成立党外知识分子联谊会】 12月2日，召开泗阳县党外知识分子联谊会成立大会，会员共31人。大会选举主席1名，副主席2名，聘请名誉会长2名。联谊会的成立，是泗阳县统战工作的一项重要举措，为广泛联系和团结党外知识分子搭建了新的平台。

【非公有制经济“民企帮民富”活动】 深入开展以“送思路、送技术、送温暖、送希望”为内容的“民企帮民富”活动，使“亲民、爱民、帮民、为民”的精神发扬光大，引导民营企业家“致富思源、富而思进”，积极投身新农村建设和光彩事业。研究制定《关于开展“民企帮民富，共同奔小康”活动实施意见》，各乡镇（街道、场）和相关单位组织实施。1.民营企业结对贫困户，结合帮扶对象实际情况确定以送资金、送技术、送岗位等内容为主的帮扶计划。2.组织民营企业家开展捐资助学、捐资助困活动，如卢集镇组织企业家捐资助学活动，企业家代表捐赠53000元成立“歌者爱心基金”、捐赠32800元扶贫资金帮助贫困学生41名。3.民营企业在村居委会设立加工点，帮助吸纳和转移剩余劳动力，解决低收入户的就业，同时增加村集体收入。

【制定非公有制经济人士教育培训和综合评价机制】 1.2016年，与组织部、人社局、工商联联合研究制定《非公有制经济人士培训工作方案》，明确非公有制经济人士的培训目标任务和各相关职能单位的工作职责。促进全县非公有制经济健康发展和非公有制经济人士健康成长，努力建成一支数量充足、素质优良、结构合理的非公有制经济人士队伍。2.在全县开展非公有制经济人士综合评价工作，并将评价结果运用到政协委员、工商联、乡镇商会等非公经济人士政治安排工作中，促进非公有制经济人士综合素质不断提高，全力推动“两个健康”①发展。

【港、澳、台资及侨资企业调研】 4月中旬，组织相关人员对落户泗阳的恒浩达服装、万旭电子、联成电子、优而美服饰、鸿赫科技、满溢服饰、天同餐饮、品一电子、禾记木制玩具、联裳服装、勇昱光电科技等11个港、澳、台资及侨资企业的生产经营情况和发展面临的困难、问题进行专题调研。发放调查表11份，回收11份，召开港、澳、台资及侨资企业中层以上管理人员座谈会5场次。实地察看企业生产经营状况，调研企业帮扶工作，了解企业在经营中存在融资难、招工难等问题，并形成调研材料上报。

【信息宣传】 全年上报各类信息宣传稿件180余篇，热议80余条，调研报告7篇，在全县党委信息考核中位列第三档第1名。2016年，全市统战工作考核中泗阳县以综合排名第一的位次荣获全市统战工作先进集体，并在理论创新、实践创新和宣传工作方面均受到表彰。

注释：

①**“两个健康”**：指“非公有制经济健康发展和非公有制经济人士健康成长”。

（王玉华）

·农村工作·

【农村土地承包经营权确权登记颁证】 2016年，全县登记承包农户166524户，承包人口632509

人，实测登记承包地面积869902亩。证书发放率93%以上，档案资料整理完成70%。委托第三方开展的外业验收已全部完成。内业及档案验收基本完成。经抽样检查，农户满意度达98%。

【土地规模流转与适度规模经营】 2016年，全县计划新增适度规模经营面积5万亩，全年实际新增面积6.7万亩，并在县产权交易平台登记备案。其中三、四季度按照全县农业产业结构调整规划内容，新增土地适度规模经营交易面积2.06万亩。

【农村产权交易】 按照统一交易软件、统一平台建设、统一信息发布、统一交易规则、统一交易鉴证、统一监督管理，规范招标、挂牌、拍卖等交易程序的“六统一、一规范”标准，规范运行县农村产权交易中心。19个乡镇（街道）农村产权交易服务站全部实体化运行，县统一配备身份识别仪、高拍仪、电脑、打印机等设备，做到场地、硬件、人员、服务“四到位”。全年发放土地承包经营权抵押贷款1500万元。

【农业招商引资】 2016年，各乡镇、街道，意杨科技产业园区、现代农业产业园区和农口各部门围绕蔬菜种植、食用菌生产、木材加工、畜禽繁养、优质稻米生产加工等五大特色产业，按照专业招商、部门招商和特色招商相结合的思路，加大招商力度，不断壮大经营主体规模。全年招引各类项目52个，协议引资32亿元，实际到账28.8亿元。

【村集体经济发展】 围绕年内三分之一村居集体经济收入达到18万元目标，从盘活现有资源入手，通过实施“家门口”就业工程，开展“联村共建”活动，落实经济薄弱村“两权”等重要举措，2016年全县实现村集体收入6771万元，村均28万元，比2015年增长12%。

【农民专业合作社发展】 2016年，全县新增种植、养殖、农机、植保等各类合作社110家。经申报、审核，确定236家农民专业合作社进入省优先扶持名录。争取省级现代农业产业发展专项财政补助资金342万元，实施新型农业经营主体（农民合作社）项目15个。重点引导各类农民专业合作社在淘宝、苏宁易购等平台开设网店28家，销售收入达720万元，新培育市级“五好”示范社20家。

【农业产业化经营】 积极引导全县省、市、县级农业龙头企业加大投入，加快技术创新和新产品引进，不断扩量，着力提升企业发展质态。至年末，全县拥有规模以上农业龙头企业250余家，其中国家级农业产业化龙头企业1家，省级农业产业化龙头企业10家，市级农业龙头企业50家。

【土地股份合作社建设试点】 确定庄圩乡水庄村为全县村级土地股份合作社建设试点单位，入股土地2825亩。根据试点基本情况，制定“一社一群一中心”工作试点实施方案，项目总投资290万元，其中省、市、县财政分别投入资金200万元、50万元和40万元。合作社已购买机械设备8台套，投入资金70余万元。

【农业保险】 1.全县完成农业保险保费收入6400万元，占市下达全年任务6333万元的101%，其中完成种植业保费收入2720万元；高效农业保险保费收入3680万元；2.重点开展对藕、内塘螃蟹、桃等险种的承保，全县形成蔬菜大棚、育肥猪和内塘螃蟹与桃的保费“四分天下”的格局，进一步优化承保结构；3.规范承保标的验标、定损、理赔公示等流程，确保“阳光”运行。全年赔付金额达4500万元，其中小麦、水稻等种植业赔付2150万元，高效农业赔付2350万元。

【农村集体“三资”管理】 1.强化乡村财务人员培训。1月，组织全县村居会计集中进行业务培训和警示教育，不断提高政治业务水平。2.强化村级财务公开。主动与县委组织部、县财政局对接，认真开展村级“三务”公开工作，促进村级财务阳光操作，透明运行。3.强化对“三资”管理中存在问题的查处。为县乡纪检监察部门提供相关依据，全年对有群众反映的10个村居进行审计、查处，有12名村干部受到党政纪处分，切实维护村集体利益。全县19个乡镇（街道）“三资”管理服务中心，代管资金8912.66万元，监管资产2.56亿元，协管资源评估价值1.22亿元。

【“一事一议”财政奖补】 全年实施“一事一议”财政奖补项目141个，总投资3078.1万元，其中：省财政奖补资金2681.6万元，群众筹资375.82万元，乡镇配套20.68万元，共铺设乡村道路102.28公里。切实解决群众生产、生活和出行难的问题，促进农村经济又好又快发展。

【农村公共服务运行维护】 2016年，全县农村公共服务运行维护工作总投资2186万元，其中省财政奖补资金1710万元，县配套资金476万元。全县共聘用保洁员1767名，工资支出1272万元；保洁员保险支出26万元，管理人员考核报酬55万元。所有岗位已满员运营，公共服务运行维护工作正常开展。

【“家门口就业”工程】 采取月观摩推进、季度综合考评、半年考核的方式，结合脱贫致富奔小康工程，大力推进“家门口就业”项目建设。全年新增“家门口就业”工程项目66个，带动就业2650人，其中“留守妇女”、低收入户1197人，人均月工资2000元左右。全县累计“家门口就业”工程246个，累计就业人数达11470人。

（夏　明）

·机构编制·

【行政审批制度改革】 1.做好动态调整审批项目工作。加强审批事项动态管理，对上级取消和下放的行政审批项目做好落实和衔接工作。对公布取消的行政审批等权力事项，督促各有关部门及时停止审批；对上级下放的行政审批等权力事项，做到及时有序承接，并规范审批程序。2.编制乡镇权力清单和责任清单。根据市政府办文件精神，由县编委办牵头，会同县政府法制办，开展各乡镇行政权力的清理和责任清单编制工作，并将两份清单在网上泗阳公示。3.开展“三张清单”编制工作。根据省有关文件精神，开展全县部门随机抽查事项清单、公共服务事项清单和行政许可中介服务事项清单“三张清单”编制工作。有序推进“双随机”抽查监管工作，以政府办名义制定下发《关于建立双随机抽查监管工作机制的实施意见》，指导各单位结合工作实际，制订具体实施办法和相应工作机制。引导各相关单位主动对接上级部门，积极编制本单位的“一单两库一细则”。年末各相关单位均已编制完毕。

【机构编制服务保障】 1.成立农林综合执法大队。2016年，积极推进农林领域综合行政执法改革，组建县农林综合执法大队，年末该机构行政职能和人员配置全部划拨到位，正常开展工作。2.不断深化医药卫生体制改革工作。根据市委、市政府相关要求，加大深化医改工作推进力度，将各乡镇计划生育服务中心与卫生院进行整合，新组建卫生和计划生育服务中心，满足人民群众不断增长的医疗卫生需求。3.做好机构编制对上争取工作。围绕全县发展大局，加大与上级编办的协调力度，经多次努力，成立吴江（泗阳）工业园区管委会、意杨科技产业园管委会、数字化城市管理监督指挥中心，增设县委文化办副主任等副科级领导职数20余名。4.做好机构编制监督检查工作。按照县委主要领导意见，3月份就全县编外用工情况进行专项督查。针对全县编外人员使用情况，县编委办会同人社部门组成两个调研小组，到相关县直单位和部分乡镇开展调研，全面摸清编外用工的具体情况，在此基础上提出建立临时人员管理办法的意见。

【机构编制管理】 1.严格控制机构编制总量。按照“财政供养人员只减不增”的要求，严把机关事业单位人员入口关，凡招聘人员和调配人员，首先办理核编手续，无空编单位不能招聘和调配人员，凡未经编办核编而进人的人员不开《行政、事业单位进人通知》，不予进编入册，人社部门不予审核其工资，财政部门不予核发工资。2.强化机构编制信息动态调整。加强与县委组织部、县人社局沟通配合，及时对全县干部职工的动态编制信息进行有效对接，推动机构编制信息动态化管理。3.做好事业单位年度报告公示工作。事业单位2015年度报告实行网上受理、接收材料，及时做好换领证书工作。积极探索事业单位信用等级评价公示制度，开展事业单位法人治理结构改革示范工作。积极开展中文域名注册管理工作，实现机关事业单位政务、公益中文域名注册率的全覆盖。4.开展统一社会信用代码存量转换工作。按照省市文件要求，县编委办及时下发相关文件，对此项工作进行详细部署，指导各机关事业单位持原有的证书在规定时间换领统一社会信用代码证书，设置绿色通道，全程免费办理换证、换照、换码工作，圆满完成存量转换任务。

（陈　伟）

·老干部工作·

【概况】 2016年，县委老干部工作积极适应建设“强富美高”新泗阳的需要，坚持“以人为本，服务为先”，认真落实老干部政治生活待遇，创新工作方式，转变工作作风，有效地促进老干部工作健康发展。获得市委组织部“2016年度离退休干部工作先进单位”、市委老干部局“老干部信息宣传工作先进集体”表彰，获得县级机关工委“机关党建工作先进单位”表彰。

【落实老干部政治待遇】 1.为老干部活动中心征订党报党刊和学习资料100多种，为每一位离休干部和县级以上退休干部订阅《银潮》杂志，联合县农商行为部分离退休老干部订阅《宿迁晚报》，为老干部集中学习和自我学习提供充足的学习资料。2.组织开展好老干部政治理论学习。3.召开专题学习会，贯彻落实中共中央办公厅、国务院办公厅《关于进一步加强和改进离退休干部工作的意见》，省委办公厅、省政府办公厅《关于进一步加强和改进离退休干部工作的实施意见》和市委办公室、市政府办公室《关于进一步加强和改进离退休干部工作的实施意见》，并提出全县贯彻落实指导性意见。

【关爱老干部生活】 1.坚持走访慰问和看望住院老干部。建立“老干部逢十生日，单位领导要去祝寿；老干部生病住院，单位领导要去探望；老干部年老去世，单位领导要去吊唁”的“三必访”制度，得到离退休干部的高度赞扬。2.春节和中秋节期间，老干部局全体机关工作人员分为两组，对全县300余名离退休老干部进行慰问，受到老干部及其家属和社会的好评。3.邀请县人民医院副院长、心内科专家张长青，为老干部作健康知识讲座；邀请县移动公司专家，为近100名离退休干部开展题为《让爸妈跟上时代步伐》的智能手机培训活动，积极助推老干部传播正能量，弘扬新风尚。

【离退休干部文化活动开展】 在全县老干部党支部和老干协中征集书画作品，举办庆祝建党95周年“七一”书画展览工作。“五一”和“七一”期间，举办两次老干部棋牌比赛活动。举办老年人体育节。在市民广场举办2016年江苏省老年人体育节泗阳分会场开幕式和闭幕式。举办门球邀请赛。两次邀请市老年大学和宿豫老年大学门球队，共同举办门球友谊比赛。

【组织老干部调研考察】 清明节前夕，组织部分原县四套班子退休领导，赴山东临沂革命老区，拜谒孟良崮战役纪念馆；组织近50名离退休老党员老干部，观摩洋河酒厂泗阳基地；组织县级退休老干部视察全县卫生工作；组织近40名离退休老干部，开展“老干部看城建”调研活动，对朝霞路停车场（第三代公厕建设）、红星美凯龙、城北小学、罗马都市、意杨大桥等城建项目进行视察。

【离退休干部党组织建设】 将离退休干部党组织建设融入基层党建工作大局，全面提升离退休干部党建工作规范化水平。2016年，全县共成立29个离退休老干部党支部，在全市领先。

（张育红）

·机关党建·

【机关更名】 2016年9月，泗阳县县级机关党委更名为县级机关工委，更名后原工作职责不变。

【组织建设】 年初，召开党建工作推进会，党委与总支、直属支部签订《机关党委党建工作目标责任书》，下发《机关党建工作要点》等一系列文件。党委先后增、补选支部、总支班子成员30人次，及时健全5个总支、11个支部班子，圆满完成市、县党代表推选工作。2016年末，党工委有下属党总支20个、党支部116个（直属党支部32个、党总支下属党支部84个），党员1686名。

【制度建设】 下发《机关党建工作责任制考核细则》《机关党组织书记十带头活动通知》《机关党建工作督导制度》等相关文件，注重考核、督导工作的执行，全年先后下发16份督导整改通知单，督导整改问题214项。10月23日，《宿迁日报》头版头条“泗阳：用百姓满意度检验两学一做”为题，宣传推广了泗阳县级机关工委的做法。

【党员教育培训】 1.举办党务干部、入党积子培训班，培训人员200余名，新发展党员24名。2.以“百组千支”督查为重点，实现下属党组织督查全覆盖，制定机关党员干部行为规范27条，查摆问题24个。3.组织开展义诊、清扫、普法等一系列主题教育活动，共有800余名党员参与活动。

【特色创建活动】 推行四项制度，构建开放型机关党建工作新格局，专题研究并制定下发实施方案。1.推行组织生活旁听制度，组织观摩县委宣传部机关支部“戴党徽、温誓词、上党课”活动。2.推行开门评议党员制度，各支部通过微信、座谈、访谈等多种形式进行开门评议工作，增强党性意识。3.推行党建工作定期交流制度，依职能划分机关党建协作组，开展一系列培训研讨工作，促进资源共享。4.推行机关党员农村结对共建制度，通过落实县结对帮扶、联村共建，实施精准扶贫，让机关干部走出机关、深入基层、融入群众。

【党风廉政建设】 坚持把党风廉政纳入工作目标责任制，严格执行国家八项规定和省十项规定，实行党务公开，以党的纪律规范行为。2016年共查处违纪党员14例，其中开除党籍6人，留党察看2人，党内警告处分6人。

（陈　杰）

·对台工作·

【泗台交流】 4月21日，由台湾中天电视台和台湾旺报组成摄制组，到泗阳妈祖文化园拍摄、采访。6月15日、11月13日，台湾新北市里长参访团17人、新北市板桥区基层干部参访团22人两次莅泗交流考察，泗台交流进一步推进。

【台资招引】 4月29日，举行"拜妈祖·看泗阳——台商泗阳行"活动，邀请来自浙江、上海和苏南等地30余名台商莅泗考察并举行推介会；10月13日，江苏省台联会会长蔡宪沙率领企业家12人莅泗考察调研；11月20日，江苏省台联会副会长、苏州台联会长任湘清率台商51人莅泗举行"江苏台商看江苏"观摩考察活动。年内，累计接待到泗客商30批次150人次。

【台企服务】 1.秉承"六个一"帮办服务机制①，充分发挥职能优势，找准契合点，强化服务措施，定期开展"走台企、访台商、解难题"活动，切实为企业提供横向到边，纵向到底的服务。8月1日，县委常委、统战部部长吴俊宁带队到县内台资企业走访调研，就台企台商遇到的困难问题召开专题座谈会，并召集相关部门积极会商解决。2.开展企业工商登记注册、招工服务帮办，进一步拓展服务范围，帮助企业协调相关部门处理好残疾人保障金和工会费征收工作。3.帮助联成电子在王集、爱园新设立家门口就业工程，方便农村劳力的就地转移，2016年企业纳税额高达500余万元，成功跻身开发区纳税10强企业；鸿赫电子增资100万美元，设立1家新厂，扩大生产规模。4.配合地方党委政府，积极为群鑫电子前期用工、用电、用房、住房等方面化解难题。

【妈祖文化园省级对台交流基地揭牌】 依托泗阳妈祖文化园，积极构建"文化搭台、经贸唱戏"格局，进一步拓展妈祖文化内涵，举行妈祖文化论坛，利用妈祖诞辰、羽化纪念日，开展妈祖文化园法会、庙会等活动，精心组织在泗及周边台商祭拜妈祖，依托文化园广纳客商，放大江苏·泗阳在台商心中的知名度与美誉度。4月29日上午，省台办副主任李卫华一行莅泗为妈祖文化园省级对台交流基地揭牌。

注释：

①**"六个一"帮办服务机制**：每天联系企业一次，每周召开一次帮办服务碰头会，每半月疏里一次台企问题，每月召集相关部门召开一次会办会，每季度进行一次台商走访调研，每半年召开一次台商座谈会。

（张小燕）

·党校工作·

【概况】 2016年，县委党校围绕全县经济社会发展大局，认真贯彻全国、全省党校工作会议精神，时时处处体现"拼搏2016"主题，各项工作取得明显成效。年内，获得全县绩效考评全面先进奖、全县2015~2016年度基层党员冬训工作先进集体，获得全市县（区）委党校目标管理先进集体一等奖、全市十八届六中全会和省党代会精神研讨会优秀组织奖、市级文明单位。

【干部培训】 举办春秋两季领导干部"拼搏2016"主题培训班6个班次，培训轮训党员干部320人次。承接省市委党校7批次学员走进泗阳现场教学。获得全市党校系统"优课"评比唯一的二等奖（无一等奖），三等奖2名。结合"两学一做"学习教育，探索开展"我送党课到支部"活动，共送课到5家乡镇和15家县直单位，该做法在《新华日报》、人民网、凤凰网等10余家主流媒体刊载。

【科研资政】 创新设立《领导参阅》内刊，围绕供给侧结构性改革、特色小镇规划建设等主题编印2期。其中，第一期《降低工业企业成本，加快转型升级步伐——关于泗阳县工业企业供给侧结构性改革降成本调研及思考》获得代县长马伟批示，县委书记徐勤忠召开专题会办会进行成果转化。第二期获得副县长史明霞批示。在国家、省、市级刊物上发表论文20篇，是2015年的两倍多。其中：国家级7篇（2015年为零）、省级3

篇、市级10篇。2篇调研报告分获省社科联第十届学术大会优秀论文评比二等奖、三等奖;《降低工业企业成本,加快转型升级步伐》荣获“宿迁市建市20周年征文评比”一等奖(全市县区唯一);获得全市十八届六中全会和省党代会精神研讨会一等奖、二等奖、三等奖论文各1篇。组织申报省市课题12个,立项8个(其中省级课题1个),是2015年的4倍,已结项2个。

【师资素质提升】 2016年,提出打造一支“讲政治、知全局、业务精、作风好”的党校师资队伍,开展“坚持党校姓党根本原则”专题教育活动,建立“每月一讲”制度,提升“开口能讲”能力。组织教研骨干到如皋、东台等10余家兄弟党校学习考察,交流取经。开展“党校姓党·永远跟党走”、庆“七一”九个一活动,通过上党课、到廉政基地接受警示教育、赴周恩来故居接受革命传统教育、组织演讲比赛、入户助贫、走访慰问校离退休党员等系列活动,锻炼党性、提升素质。选派5批次8人到省、市委党校跟班锻炼、高校学习进修,切实提升综合素质。 (桂久成)

泗阳县人大常委会

【概况】 2016年,泗阳县人民代表大会召开十六届人大全体会议1次,召开十六届人大常委会会议10次,听取和审议“一府两院”工作报告14项,依法作出决议、决定7项,组织调研、视察、执法检查17次,为推动全县经济社会发展和民主法治建设作出了积极贡献。

【县十六届人民代表大会第五次会议】 1月7日~9日,县十六届人民代表大会第五次会议召开。会议听取和审议县长刘海红所作的《政府工作报告》,听取、审查、批准县发展和改革局局长王前太受县人民政府委托书面所作的《关于泗阳县2015年国民经济和社会发展计划执行情况及2016年国民经济和社会发展计划(草案)的报告》、《泗阳县国民经济和社会发展“十三五”规划纲要(草案)的报告》,以及县财政局局长董国宏受县人民政府委托书面所作的《关于泗阳县2015年财政预算执行情况和2016年财政预算(草案)的报告》,听取和审议县人大常委会副主任王民所作的《泗阳县人大常委会工作报告》、县人民法院院长肖文所作的《泗阳县人民法院工作报告》、县人民检察院检察长刘兆东所作的《泗阳县人民检察院工作报告》。会议通过关于县人大常委会和县“一府两院”工作报告的决议,批准泗阳县国民经济和社会发展第十三个五年规划纲要,通过关于“突出项目主线,加速产业集聚,全力推动工业强县建设提档升级的议案”和关于“调结构、塑特色,加快推动现代农业建设迈上新台阶的议案”决议。会议依法进行了选举,并对优秀县人大代表议案建议和议案建议承办先进单位进行了表彰。

【县人大常委会组成人员】 县十六届人大五次会议确定常委会由下列人员组成:

主　任 王业珍

副主任 王　民　吴玉华　陈远华　葛习和

委　员 王公权　王业刚　王国清　王耀秋　戈光同　邓丽霞　巩大兵　成为左　岁廷川　刘　青　沈业峰　张　宁　张　娟　陆　化　胡茂广　姜　兵　姜立新　高成永　韩兴旺　唐　克　董正平　焦正国　颜怀安　薛　伟　魏三祥　魏太明

【县人大常委会会议】 4月8日,召开县十六届人大常委会第三十一次会议。会议根据县人民政府县长刘海红提请,任命沈志军为县人民政府副县长(挂职),并对王前太等进行人事任免,接受杨卫国辞去县人民政府副县长职务的请求;会议根据县人大常委会主任会议提名,对王东成等进行人事任免,接受王公权辞去县十六届人大代表职务的请求;会议根据县人民法院院长肖文的提请,对相关人员进行了人事任免。会议听取和审议了县人民法院关于民间借贷案件审理情况的报告;听取和审议了县人民政府关于天然气“镇镇通”工程开展情况的报告。

5月13日,召开县十六届人大常委会第三十二次会议。会议根据县人民政府县长刘海红的提请,任命臧涛为县人民政府副县长,并对陈小勇等进行了人事任免;会议根据县人大常委会主任会议提名,对张业奇进行人事任命。会议讨论通过关于许可对泗阳县第十六届人大代表夏养育采取强制措施的决定。

5月24日,召开县十六届人大常委会第

三十三次会议。会议听取和审议县人民政府关于《江苏省湖泊保护条例》贯彻落实情况的报告。

6月20日，召开县十六届人大常委会第三十四次会议。会议根据县人民政府县长刘海红提请，任命马伟为县人民政府副县长，任命叶尔兰别克·江太为县人民政府副县长（挂职）；接受刘海红辞去县人民政府县长职务的请求，接受李爱华辞去县人民政府副县长职务的请求；会议根据县人大常委会主任会议提名，任命马伟为县人民政府代理县长。

6月24日，召开县十六届人大常委会第三十五次会议。会议根据县人民政府代理县长马伟提请，任命殷其国为县人民政府副县长。会议讨论通过关于确认许可对泗阳县第十六届人大代表王新权采取强制措施的决定。

8月4日，召开县十六届人大常委会第三十六次会议。会议听取和审议县人民政府关于泗阳县2016年上半年国民经济和社会发展计划执行情况的报告；听取和审议县人民政府关于泗阳县2015年财政决算和2016年上半年财政预算执行情况的报告；听取和审议县人民政府关于泗阳县2015年度财政预算执行和其他财政收支审计情况的报告，并作出相应决议。会议根据县人民政府代理县长马伟提请，免去王新权县发展和改革局局长职务；会议根据县人民法院院长肖文提请，对相关人员进行人事任免。会议讨论通过关于确认许可对泗阳县第十六届人大代表李前金采取刑事强制措施的决定。

9月29日，召开县十六届人大常委会第三十七次会议。会议听取和审议县人民政府关于全县邪教综合整治工作开展情况的报告;听取和审议县人民政府关于全县区域供水工程完成情况的报告；听取和审议县人民政府关于全县“六五”普法实施及“七五”普法启动工作情况的报告；听取和审议县人民政府关于泗阳县2016年上半年全县国民经济和社会发展计划执行情况审议意见落实情况的报告；听取和审议县人民政府关于泗阳县2015年度财政预算执行及其他财政收支审计情况的审议意见落实情况的报告。会议讨论通过关于全县县乡两级人大换届选举有关问题的决定；表决通过县人大常委会主任会议关于提请任命县乡选举委员会组成人员的议案。

12月3日，召开县十六届人大常委会第三十八次会议。会议根据县人民政府代理县长马伟提请，任命李庆峰为县人民政府副县长，并对其他相关人员进行人事任免；接受许尔斌、李大明辞去县人民政府副县长职务的请求。会议根据县人大常委会主任会议提名，对张业奇等进行人事任免。会议根据县人民法院院长肖文提请，任命庄金奎为县人民法院副院长、审判委员会委员、审判员，并对其他相关人员进行了人事任免，接受肖文辞去县人民法院院长职务的请求。会议根据县人民检察院检察长刘兆东提请，任命王克涛为县人民检察院副检察长、检察委员会委员、检察员，并对其他相关人员进行了人事任免，接受刘兆东辞去县人民检察院检察长职务的请求。会议根据县人大常委会主任会议提名，任命庄金奎为县人民法院代理院长，任命王克涛为县人民检察院代理检察长。会议听取和审议县人民检察院关于预防职务犯罪工作开展情况的报告；听取和审议县人民政府关于全县幼儿园建设与管理工作情况的报告。会议讨论通过关于召开县十七届人大一次会议的决定。

12月21日，召开县十六届人大常委会第三十九次会议。会议讨论通过泗阳县第十七届人民代表大会代表资格的审查报告。

12月30日，召开县十六届人大常委会第四十次会议。会议根据县人民政府代理县长马伟提请，任命凌志娟、林莉为县人民政府副县长（均为挂职）。会议听取和审议县人民政府关于变更2016年度财政预算的报告，并作出相应的决议。讨论通过县十七届人大一次会议有关事项。

【县乡两级人大换届选举】 9月，常委会根据县委要求，对全县县乡两级人大换届选举有关问题依法作出决定，设立县乡两级选举委员会，加强对换届选举工作的指导。依法依规选举产生县乡两级人大代表，以及全县新一届乡镇人大、政府领导班子。特别是试点单位李口镇，按照试点先行、典型引路的原则，先后3次成功为全市人大换届选举推进会提供观摩现场，发挥了较好的示范带动效应。宿迁市委书记魏国强对李口镇的做法表示充分肯定，要求各县（区）及时总结推广李口镇的试点经验，抓好换届选举工作。12月，省人大领导先后两次到泗阳调研换届选举工作，并对有关经验做法予以高度赞扬。

【宪法宣誓】 2016年，常委会共组织65人次进行宪法宣誓，有效促进了国家机关工作人员增强宪法意识，努力形成遵法守法用法的良好社会氛围。

【组织专题询问】 常委会创新运用专题询问的形式对防范打击通信网络诈骗犯罪、新《中华人民共和国环保法》贯彻实施情况等热点、难点工作开展监督，并进行现场评议；会后，县政府分管领导多次专题会办，认真研究部署，推进有关问题整改落实，切实强化了监督实效。

【推行审议意见再报告制度】 经研究，制订常委会审议意见再报告制度，规定在常委会会议上通过的每一项工作，必须在主任会议上报告审议意见落实情况。2016年，主任会议共听取10项审议意见落实情况工作报告，对落实情况未能通过的两家单位，责成其根据存在问题限期做好整改工作。泗阳县在评议和审议工作上的创新举措，丰富了监督工作的内涵和形式，拓展了监督工作的深度和广度。

【开展调研、视察和执法检查活动】 年内，县人大常委会紧紧围绕全县工作大局，认真组织调研、视察和执法检查等活动，积极发挥地方国家权力机关职能作用，助推"一府两院"工作有效落实。3月，开展《中华人民共和国气象法》执法检查活动；调研天然气"镇镇通"工作开展情况；调研县法院民间借贷案件审理工作情况。4月，开展《中华人民共和国消费者权益保护法》执法检查活动；调研县公安局打击网络诈骗工作情况。5月，对《江苏省湖泊保护条例》在全县贯彻实施情况开展执法检查；调研全县渔业产业建设情况。6月，调研全县2016年上半年国民经济和社会发展计划执行情况；调研全县2015年财政决算和2016上半年财政预算执行情况；调研全县2015年财政预算执行和其他财政收支审计情况。7月，调研全县特种设备安全管理工作情况。8月，调研县公安局邪教综合整治工作开展情况；调研全县区域供水工程完成情况。9月，调研新《中华人民共和国环保法》在全县贯彻落实情况。10月，视察全县有线电视发展情况。11月，调研全县预防职务犯罪工作开展情况；调研全县幼儿园建设与管理工作情况。（郑晓芳）

泗阳县人民政府

·综　述·

2016年，全县上下紧扣"三抓三促"工作主线，突出"拼搏之年"工作主题，坚定不移地落实县委提出的"项目为王、实干为先、稳字为基"工作导向及"六坚持六推动"发展方略，深入推进供给侧结构性改革，面对宏观形势复杂、困难挑战增多的局面，超前谋划应对措施，全力抓好工作落实，推动经济社会实现平稳健康发展。全年实现地区生产总值402.75亿元、比2015年增长9.3%；一般公共预算收入33.34亿元、同口径增长17.1%。实现规模以上工业增加值155.02亿元、增长11.5%；新增固定资产进项税抵扣额、工业开票销售、工业增值税1.48亿元、247.14亿元、5.66亿元，分别增长66.21%、27.34%、28.64%，工业用电量增速持续保持全市领先。城乡居民人均可支配收入分别达23535元、13952元，分别增长8.4%、9%。泗阳县荣获全市目标管理一等奖，15个单项工作获得先进。

·常务会议·

全年共召开6次县政府常务会议：

3月7日，召开县政府十六届二十六次常务会议。集中学习《开展领导干部自然资源资产离任审计试点方案》《关于完善审计制度若干重大问题的框架意见》，通报近年来全县审计工作情况、2015年惩治和预防职务犯罪情况。审议《政府投资项目建设违纪违规行为责任追究办法（试行）》《2016年部门预算方案》《泗阳县"211"人才引进培养三年行动计划》《泗阳县十三五期间城乡统筹镇村建设实施方案》《泗阳县公墓建设与殡葬管理实施办法》和《泗阳县文明交通综合整治行动实施方案》等议题。

4月28日，召开县政府十六届二十七次常务会议。听取《2015年度工业企业转型发展奖励审核情况汇报》，审议《泗阳县工业企业培育三年行动计划（2016~2018）》《关于对2016年重大项目实行领导挂钩推进的通知》《关于进一步创新工作机制优化营商环境的实施意见》《泗阳县打击洪泽湖非法采砂工作集中整治行动实施方案》《泗阳县城市环境噪声污染防治暂行办法》等议题。

7月22日，召开县政府十六届二十八次常务会议。集中学习《透析行政败诉案件，促进政府依法行政》，传达《全省建设法治政府工作专项督查情况通报》精神。审议《政府常务会议事规则》《泗阳县法治政府建设实施方案》《泗阳县加快养老服务业发展实施意见》《泗阳县村庄生活污水治理工作实施方案》等议题。

8月27日，召开县政府十六届二十九次常务会议。集中学习《解读政府投资工程操作流程及相关法律法规PPT》，传达习近平、李克强、马凯、石泰峰关于安全生产系列讲话精神和王天琦在市政府四届九次全体（扩大）会议上的讲话精神，听取《待审批事后变更工程情况汇报》《中央环保督察组交办事项整改情况汇报》，审议《泗阳县水污染防治实施方案》《水污染防治联席会议制度》等议题。

10月17日，召开县政府十六届三十次常务会议。学习国土资源政策及相关法律法规，听取《规范校车运行管理情况》《2016年同一乡镇位移和城乡用地增减挂钩项目补助资金过程审计建议落实情况》等汇报，讨论研究《建设节约型党政机关办公用房调配部分单位先行搬迁方案》《泗阳县电子政务数据中心建设方案》《泗阳县城区路灯LED节能改造（EMC）方案》。

12月30日，召开县政府十六届三十一次常务会议。审议《2017年政府工作报告》《2017年经济社会发展重大项目及为民办实事项目》《泗阳县交通运输领域综合行政执法体制改革试点工作实施意见》《关于加快推进创建粮食生产全程机械化示范县的意见》《泗阳县乡镇（街道）工业增值税分档考核奖励办法》等议题。

附：

2016年泗阳县人民政府为民办实事项目完成情况报告

1.脱贫攻坚工程

267省道泗阳段，初步设计及编制洪评和跨新长铁路桥梁工程开展中；330省道裴圩镇至高渡镇段土方完成60%、桥梁桩基完成73根；里仁乡、庄圩乡境内水利设施建设全部完成，高渡镇护砌格梗完成3000米、底板涵洞浇筑完成120米，卢集镇2座泵站主体完工、水泥路完成2.5千米、低压管道完成100米，三庄乡泵站主体工程已完工、渠道完工2千米；联村共建项目已完成142个，63个仍在推进；精准扶贫“菜单”项目已全部实施完成，低收入农户脱贫退出和数据清洗工作开展中。

责任单位：交运局、水利局、扶贫办、相关乡镇

2.区域供水工程

区域供水工程、新一水厂取水口工程已全面完成。

责任单位：水利局、各乡镇（街道）

3.棚户区改造

累计启动征收项目31个，涉及征收户3369户，征收面积73.26万平方米。至年末，累计完成签约3277户，完成签约面积71.13万平方米，其中棚户区改造55万平方米。

责任单位：征收办、众兴镇、住建局

4.教育工程建设

西康小学一期三幢教学楼外立面完成、水电安装中，二期综合楼、食堂、宿舍楼外立面施工，部分附属工程施工中；城北小学4幢教学楼及文体馆已封顶，墙体砌筑中，配套工程招标已完成。校安、改薄工程，全县63个项目中33个已交付使用，其余30个项目仍在推进中。

责任单位：住建局、众兴镇、教育局、相关乡镇（街道）

5.城乡道路网络

长春路、银河路、南京路已建成通车；农村公路完成铺设58千米，危桥改造完成8座、剩余12座危桥施工中。

责任单位：住建局、交运局、相关乡镇

6.城乡绿化

西康中路、长春路绿化已完成；黄河故道林相改造工程暂缓实施；滨湖公路景观河道开挖、入湖口土方整理已完成，6条搅吸船已完成T型台周边清淤土方量75万立方米，新庄嘴河道开挖约850米、完成土方17万立方米，滨湖公路东侧景观项目与入湖口绿化工程已实施乔木栽植。

责任单位：众兴镇、农委、成子湖旅游度假区、相关乡镇

7.农村环境整治

市容示范街创建工作已完成；规划局已完成

村庄生活污水设施项目专项规划编制及项目选点工作；环保局已完成李口镇八堡、卢集镇郝桥等9个村庄污水设施主体建设；卫生改厕全面完成年度任务。高松河疏浚工程完成2000米，黄码河疏浚、爱东河清淤已完成，河道护砌已完成50%，17条乡级河道完成工程量85%。

责任单位：住建局、规划局、水利局、环保局、各乡镇（街道）

8.文化体育惠民

群众体育活动开展、农村文体阵地建设已完成全年任务；广播村镇通工程，设备全部安装完成待验收，开通仪式筹备中。

责任单位：文广新局、体育局、相关乡镇

9.特色乡镇建设

高渡镇高渡村幼儿园，二层主体浇筑工作进行中，“三来一加”厂房和村民议事堂基本完工；体育公园地面硬化工作已完成；卢集镇范家湖村，雨水、污水、自来水、井盖施工结束，外立面改造完成90%，弱电杆线改造、道路施工队已进场，花池、路牙石砌筑完成80%，文化礼堂正在施工图审查中，“三来一加”厂房仍在装修。

责任单位：住建局、规划局、高渡镇、卢集镇

10.新型农村社区建设

全县20个新型社区已完成核心区基础设施工程量95%，完成道路铺设4.2万平方米、绿化面积6700平方米、管道铺设1.9万米。

责任单位：住建局、规划局、各乡镇（街道）

·主要工作·

【产业创新转型】 1.工业经济提质扩量。推动领导招商、专业招商等“四驱并进”，全年新引进亿元以上工业项目35个、开工16个、竣工14个，招商引资全市领先。深入实施“511”工程，开展规模发展等“四大行动”，新完成兼并重组企业18家，实施千万元以上技改项目65个，凤凰电气成功在“新三板”挂牌。加快产业集聚发展，设立产业发展引导基金，强化对产业链关键项目的政策与资金支持，“2+1”产业开票销售占比超75%。全力夯实园区基础，经济开发区、吴江（泗阳）工业园综合实力位列全省前位，意杨产业科技园省高新区创建加快推进，乡镇全民创业园入驻企业近千户。积极推进科技创新，全年引进国家“千人计划”人才4名，入选省“双创人才”4名，新增国家高新技术企业10家，高新技术产业产值占比超23%。2.农业结构提效转型。围绕“生态、高效、特色、现代”定位，积极转变农业发展理念，不断优化种养殖结构和经营方式，扩大特色产业规模。全县实现土地规模流转6.7万亩，建成家庭农场集群及综合服务中心13个，桃树种植面积超4万亩，工厂化食用菌日产量突破350吨；粮食生产实现“十三连增”，连续三年荣获全市农业农村工作先进奖。加快推进“互联网+农业”，建成“一村一品一店”标准村154个，农产品网店超860家。3.现代服务业提速发展。加快电商基础配套与平台建设，县电子商务产业园、乡镇电商示范街区高效运行，阿里跨境电商宿迁服务中心进驻泗阳，阿里巴巴“千县万村”计划项目成功落地；创成省级“电商镇”2个、“电商村”3个，新增网店超2500家，获评省农村电子商务示范县。深入实施旅游业发展“221”计划，创成省级成子湖旅游度假区、一期项目入选2016全国优秀旅游项目名录，国润大观园被列入省首批五星级乡村旅游点创建名单，妈祖文化园获评国家AAAA旅游景区，全县年接待游客165万人次；服务业增加值占GDP比重超35%。

【城乡建设】 1.城市品质提升。围绕打造运河之畔最美县城，深入推进片区开发，县城建成区面积扩大到54.4平方公里，城市化率提高到53.5%。房地产业健康发展，中央商场等一批重点商业项目建成运营，全年实现商品房销售153.33万平方米、增长40.7%，去化周期继续保持合理区间。持续实施路网、公共配套等基础性工程，徐宿淮盐城际高铁泗阳段工程稳步推进，长春路、南京路等城市道路完成升级改造，新建生态停车场3个、第三代公厕3座，投放公共自行车300辆，改造老旧小区4个，新增绿地面积65万平方米，创成国家生态县。2.镇村建设推进。持续实施乡镇“六大工程”，科学制定镇村发展规划，改造卫生户厕3万座，创成“市容示范街”15条；启动实施“一挂三化”工程，全面完成土地综合整治“53321”工作，按照“8+2”功能配套高标准推进36个新型农村社区核心区规划建设，全县新型农村社区面积超200万平方米。3.人居环境改善。全面启动全国文明城市

创建，建立健全城市问题快速处置机制，开展机动车礼让行人文明交通行动，推行街区分级管理和城市“五微”改造，省优秀管理城市创建取得积极进展。坚持绿色发展、生态优先，大力开展“七项专项整治”“两减六治三提升”等专项行动，持续推进农村环境综合治理，全面完成黄河故道干河治理、中运河水环境治理和19条县乡河道、18个村庄河塘疏浚整治任务，建成村庄生活污水处理设施50个，泗阳被列为全国村庄生活污水治理示范县。

【民生改善】 1.脱贫攻坚。围绕低收入群众脱贫、经济薄弱村增收和重点扶贫片区面貌改变等重点，扎实开展“三进三帮”“四送四资”“联村共建”等帮扶活动，健全“家门口就业”、扶贫菜单、兜底保障等扶贫机制，全年实施精准扶贫“菜单”项目1.59万个，发放扶贫小额贷款2.2亿元，新增“家门口就业”工程66个；1.96万低收入人口、18个省定经济薄弱村实现脱贫。全力推进成子湖片区、涟沭泗结合部整体开发，投入建设资金11.89亿元，实施基础设施、产业发展、民生改善等领域重点项目110个，“两大片区”生产生活条件持续改善。2.民生实事。深入推进教育内涵提升三年行动计划，城北小学启动建设、西康小学加快建设，高考本二达线率四年蝉联全市第一，荣获省中小学校责任督学挂牌督导创新县称号。在所有乡镇医院试点基本药物制度，村卫生室基本药物配送率达93.97%，农民看病门诊和住院自付费用分别下降26.68%、18.78%。聚力推进区域供水“通村达户”工程，供水通村率、达户率分别达100%、98%，新增受益农户17.2万户。持续实施农村公路提档升级工程，新建改造农村公路82.3千米、危桥20座。流行音乐节、运河文化节等活动持续开展，“书香城市”通过省考评验收，获评省级公共文化服务体系示范区。3.社会保障。全年改造棚户区73.26万平方米、农村草危房360户。职工“五险”综合覆盖率稳定在95%以上，新农合参合率达99%，城乡最低生活保障每人每月提高到490元、390元。健全大救助工作机制，县社会救助服务中心投入运营，设立“一门受理、协同办理”救助服务窗口7个。

【改革活力释放】 1.重点领域改革。全面落实“三去一降一补”五大任务，启动实施企业升级优化、产业集聚突破、农业特色发展等六大行动，制订出台“1+7+X”制度体系；积极开展金融助企活动，全年新增工业贷款11.03亿元、比2015年增长12.36%，“新三板”上市企业通过定向增发融资3.82亿元，为实体经济企业降低融资成本超0.7亿元。深入推进农业农村、社会事业等重点领域改革，完成土地确权登记颁证，农村“两权”抵押贷款、“一社一群一中心”试点有序推进，农村集体“三资”管理更加规范，“联村共建”做法获评省农业农村创新奖。县卫生和计生委、市场监督管理局等机构调整组建到位，在全省率先推开国税、地税联合办税，全社会创新创业活力加速涌现。2.政务服务。“先照后证”“三证合一”并联审批及市场监管体系改革有序实施，严格执行前置审批目录48项，前置改后置审批目录165项，非行政许可项目全面取消。畅通政民互动渠道，12345政府服务热线、网络问政等平台办理各类群众诉求7.94万余件，及时办结率、群众满意率分别达98.1%、93.6%。3.社会治理。严格落实信访稳定工作责任制，大力推行“两条线”工作法，妥善处理各类社会矛盾，信访形势安全可控，全年未发生重特大安全事故；连续两年荣获全省信访工作绩效考核先进单位、十三年获评省级平安县。高度重视社会治理创新，积极推行社会治理“333+T”模式，构建三级网格1063个，实现小事不出村、大事不出镇，群众的幸福感满意度进一步提升。信用产品得到广泛应用，曝光失信人员379名，守信激励和失信惩戒机制全面发挥作用。

（梁　聪）

·人力资源·

【概况】 2016年，县人力资源和社会保障局（简称县人社局）准确把握供给侧结构性改革要求，以“两学一做”学习教育为统领，以群众满意为风向标，坚持“民生为本，人才优先”工作主线，按照全面小康建设和“民生幸福”工程要求，抢抓机遇，狠抓落实，圆满完成各项目标任务。年内，县人社局被江苏省农民工工作领导小组办公室授予“全省农民工综合服务中心示范单位”，被市委、市政府表彰为“文明单位”、法治宣传教育工作先进集体嘉奖，被市人力资源和社会保障局表彰为“信息宣传工作先进单位”；劳动就业管理处被省总工会授予“江苏省五一巾帼标兵岗”；被省精神文明建设指导委员会表彰为“2013~2015年度江苏省文明单位”，被市委、市政府表彰为“2015年度宿迁市文明单位”；社会保险基金管理中心被表彰为“2013~2015年度江苏省文明单位”“2015年度宿迁市文明单位”；城镇职工医疗保险处被表彰为“2015年度宿迁市文明单位”；被市妇女联合会表彰为“巾帼文明岗”；农村社会养老保险处获市人力资源和社会保障局“宿迁市城乡居民养老保险知识竞赛活动”二等奖。

【公务员招录与培训】 严把初审、笔试、复审、面试、体检、政审考察六道关口，招录67名公务员。选派12名年青后备干部参加3批次苏南、苏北公务员对口培训，进一步提升全县公务员队伍的能力和素质。

【高层次人才引进】 组织纺织企业到浙江工业大学、南京大学等高校对接高层次人才，邀请浙江工业大学教授彭旭东、中化集团战略总监张帅莅泗与企业进行产学研洽谈，达成引进协议3人，其中国外高校知名教授1名，知名企业人才1名，彭旭东入选省“双创计划”，获得50万元资金资助。组织申报省“六大人才高峰”第十三批高层次人才项目10个。申报并入选享受国务院特殊津贴1人、宿迁市优秀科技专家5人。邀请高层次人才开展人才项目对接活动2次。

【专业技术人才招聘】 年内，组织事业单位公开招聘1场，为全县28家事业单位招聘本科及以上学历的专业技术人才30名；协助教育部门公开招聘公办学校教师180名；通过市“名校优生”工程引进“985”“211”高校本科及以上学历农业、法律、城建规划等专业技术人员11名。

【工人技术等级升级考核】 年内组织机关事业单位工人技术等级升级考核，92人考核合格，其中高级技师2人，技师11人，高级工26人，中级工28人，初级工25人。

【技术职称评审】 2016年，25人通过宿迁市初级专业技术资格考试，96人通过县初级职称认定；218人具备教师初级专业技术职称任职资格，其中中小学二级教师181名，幼儿园二级教师35名，助理讲师2名；163人具备中小学一级教师专业技术资格；130人具备中小学高级教师专业技术资格；3人具备幼儿园高级教师专业技术资格；8人具备中职校讲师专业技术资格；5人具备中职校高级讲师专业技术资格；在宿迁市企业工程类高中级职称评审中，41人通过评审，其中高级职称3人，中级职称38人；32人具备农业系列、建筑工程、水利等专业中级专业技术资格;卫生专业技术资格考试合格人员215人，其中中级60人，初级155人；54人具备卫生专业高级专业技术资格；7人具备审计、文化、教育、畜牧兽医专业高级专业技术资格；5人获得宿迁市“优秀科技专家”称号。

【“四位一体”培训】 2016年，县职业技能鉴定中心组织职业技能鉴定10200人，占全年任务10000人的102%。其中，初级工鉴定人数4502人；中级工鉴定人数4302人；高级工鉴定人数884人；全国统考224人；计算机高新技术考试288人。同时，对泗阳千仞岗服饰有限公司、泗阳捷锋帽业有限公司、江苏泗绢集团有限公司等11家企业申报企业技能人才自主评价6422人。

【城乡就业工作】 年内城镇新增就业9016人，完成年目标6000人的150%，城镇下岗失业人员再就业3434人，完成年目标1800人的190%；城镇登记失业率控制在1.85%,低于3.5%的控制目标；就业困难人员再就业2142人，完成年目标800人的267%,新增转移农村劳动力6612人，完成年目标5510人的120%；离校未就业高校毕业生实名制登记率达100%，有效就业服务率100%，总体就业率100%；支持成功自主创业3762人，完成年目标1100人的342%；扶持农村劳动力自主创业995人，完成年目标600人的166%；引领大学生创业613人，完成年目标120人的511%；实体创业培训6054人，完成年目标1500人的403%；网络创业培训5356人，完成年目标3800人的141%；城乡劳动者就业技能培训23566人，完成年目标6000人的392%；城乡新成长劳动力技能培训9439人，完成年目标2400人的393%；企业职工岗位技能提升培训10154人,完成年目标3000人的338%。

【企业用工服务】 举办正月初三企业用工大型招聘会、“庆元旦，迎新年”专场招聘会、“春风行动”人才专场招聘会、“三八架金桥，春风送岗位”专场招聘会、迎“五一”企业用工招聘会、迎“中秋”

返乡就业专场、人社扶贫帮困等一系列专场招聘活动，常态化开展“周五”招聘会。全年共举办招聘活动66场，进场招聘企业3035家次，提供就业岗位37918个，进场应聘求职人员37573人，现场达成就业意向22250人。

【职业技能培训】 为企业提供免费技能提升培训，帮助晨风服饰、东滢服饰等30余家企业培训员工6823名，兑现培训补贴118.91万元。

【电商创业发展】 开展网络创业培训5356人，1334名学员通过培训走上了电商创业道路，受训人员转化率达24.19%。星空艺术培训、多肉植物杂交育新、新能源舒适节能系统集成、酵素产品研发与销售4个项目成功入选省级大学生优秀创业项目，分别获得10万元创业扶持资金。

【创业载体建设】 泗阳县职业培训中心被认定为市级创业培训示范基地，西康电子商务创业园、泗阳电子商务产业园被认定为市级创业孵化示范基地；10月，泗阳电子商务产业园成功创建省级创业孵化基地，争取省级奖励资金100万元。

【“三支一扶”服务】 开发“三支一扶”就业岗位50个，接收“三支一扶”毕业生13人、大学生村干部4人。

【高校毕业生就业招聘】 组织江苏华绿生物科技有限公司、江苏海欣纤维股份有限公司、江苏四海伟业纺织科技有限公司等30余家企业赴西北大学、西北工业大学、重庆大学、南京信息工程大学、宿迁学院等开展招聘活动12场次。在县人力资源市场举办“春风行动”专场招聘会、网络暨现场人才招聘会等招聘活动4场次。

【就业援助】 兑现社会保险补贴、初次创业补贴、初次创业场地租金补贴等就业创业优惠政策，全年为5422人办理社会保险补贴1880万元；发放创业贷款357笔3168万元，贴息93.3万元；初次创业补贴、租金补贴291人次116.4万元。

【劳动人事争议仲裁】 全年调处争议案件3211件，其中基层调处案件2310件，仲裁院调裁案件901件。立案处理311件，按期结案率100%，县网上维权、调解专家服务平台调解劳动争议案件156起。在已结案件中调解和撤诉结案168件，占接处案件总数的64.1%,裁决95起（一裁终局49起），终局裁决占裁决案件总数52.1%，实现市、县仲裁信息管理软件联网，网上办案率100%，案件处理与仲裁管理信息系统实时全程运行率达100%。

【劳动保障监察】 2016年，劳动保障监察主动监察用人单位621户，完成全年目标260户的239%。受理劳动保障监察举报投诉案件828件，立案39件，结案率达100 %。累计检查用人单位716家，涉及劳动者4.9万人，责令补签劳动合同1.8万份、责令35家用人单位参加社会保险登记，处理农民工工资拖欠案件91起，为农民工追讨工资5300余万元，移送公安部门涉嫌“拒不支付劳动报酬罪”案件2起。

【工资福利审批】 落实机关公务员健康休养制度，全年组织140名机关优秀公务员外出休养。2016年，办理机关事业单位人员工资正常晋升审批100余家累计13400人次；审批机关事业单位人员正常退休303人，核定机关、事业单位退休工资待遇368人；核定机关事业单位工作人员死亡后一次性抚恤金183人（其中改制单位18人）；审批机关事业单位遗属补助508人。

（刘聿霞）

·信　访·

【概况】 2016年，全县信访工作着力化解信访积案，巩固提升信息化水平，抓牢特殊敏感节点，切实加强信访队伍建设，全县信访形势继续保持平稳有序的良好态势。年内，泗阳县获市委、市政府2016年“信访稳定工作先进单位”，县信访局被县委、县政府表彰为“抗战胜利70周年纪念活动期间信访稳定工作先进集体”，获“绩效考评工作全面先进奖”；县电视台《民意会客厅》化解信访积案做法在《江苏信访》刊发，并得到市委书记魏国祥批示肯定。县信访局局长马学平以全省综合得分第一名获评“江苏最美信访干部”。

【矛盾纠纷源头控制】 1.继续实行“两条线”工作机制①，及时就地排查化解群众问题。2.信访维稳形势研判联席会议持续召开，常态化对群众反映的热点焦点难点问题及时进行分析、研判、交办、会办。3.通过访调对接联动处理信访矛盾。各乡镇（街道）信访和司法合署办公，对信访矛盾，律师及时介入，提供法律咨询，针对生活困难的信访人，免费提供法律服务，实现无缝对接，有效推动各类矛盾纠纷及时就地解决。全年共排查化解矛盾纠纷2260余件，已化解2150余件，化解率95%以上。

【信访积案化解】 1.坚持县党政领导定期接访、带案下访、重点约访和包案化解信访积案。固化推行县领导每月第一个星期六“基层走访日”制度，坚持实行“六个一、六包”工作机制②，确保信访积案化解取得实效。县党政领导全年定期接访、带案下访、重点约访、包案化解共为256批435人次有效化解信访积案246件。2.开展“百县千案”集中化解信访积案攻坚行动。结合省市关于“百县千案”集中化解信访积案要求，创新信访工作机制，对心里偏激的信访人，充分利用心理疏导化解积案，聘请专业心理咨询师全方位、全过程介入信访积案处理，进行感情沟通，疏导情绪。对生活困难的信访人，争取省市信访救助金进行帮扶救助，对无工作的信访人，根据其掌握技能，有针对性的为其介绍工作，为化解信访积案创造有利条件。3.建立《民意会客厅》化解平台。打造《民意会客厅》升级版，在节目录制现场宣传政策，调处信访积案，该栏目已成为政策宣传的窗口、干群互动的平台、民意反馈的渠道、矛盾化解的现场、积案化解的阵地。全年已累计播出26期，取得良好的效果。4.创新案例剖析个案，指导化解信访积案。通过对共性问题和有代表性的个性问题进行剖析，指导各单位各部门有效处理、避免、解决信访积案。全年已剖析信访积案15件，产生了良好的示范效果。5.开展党委书记信访工作讲坛，交流信访工作经验，定期选择信访工作先进的乡镇党委书记，在一定范围内交流信访工作经验，达到相互交流取长补短共同进步的效果。6.推行积案化解专案制度。实行重点信访案件“4+X”专案组模式，即由1名县领导负责政策释明，1名乡镇党政主要领导负责处置，1名公安干警负责教育训诫，1名基层干部负责吸附稳控，涉案县直部门分管负责人配合做好释明和化解工作。

【权益保障卡实施】 坚持信访群众初次走访领卡，逐级走访凭卡，处理结果记卡，保障权益用卡。让信访人认识权益保障卡是维护自身合法权益的“护身符”，逐步加大宣传力度，制作宣传片，利用网站、微信群、QQ群等新兴媒体进行宣传，同时利用受众广泛的电视媒介进行宣传，在街头广告栏张贴依法逐级走访权益保障卡宣传标语，散发宣传手册2万余份，真正做到家喻户晓。通过实施权益保障卡，对信访人和承办单位实现双向规范和双向约束，使信访人凭卡维权、依卡逐级上访，为有权处理的责任单位，戴上“紧箍咒”，压实工作责任，必须准时给予信访群众答复意见，依法维护群众合法权益。全年共发放依法逐级走访权益保障卡190本，其中，城乡建设类53本，国土资源类28本，劳动和社会保障类20本，农业农村类38本，民政类12本，其他类39本。在全省依法逐级走访权益保障卡实施工作推进会上，泗阳县作为先进典型在会上作交流发言。

【压实信访责任】 1.“一岗三责”③压实领导责任。为压实党政领导职责，制定包括信访稳定在内的“一岗三责”19条负面清单，刚性规定党政同责、权责一致、失职必究，确保出现信访问题担责、办理信访问题负责、造成严重后果问责。2.乡镇、部门各司其责。县委将信访稳定工作纳入年度目标考核，压实乡镇、部门的属地责任和主管责任，实行“一票否决”。3.实施法定途径分类处理畅通“最后一公里”。县联席会议38个成员单位均制定通过法定途径分类处理信访投诉请求清单，明确指导群众有问题该找哪个单位哪个部门处理，甚至该找哪个人处理，最终问题能得到什么样的结果，均有明确的答复。法定途径分类处理信访投诉清单，压实工作责任，形成“人人办信访”的局面，畅通了信访群众与责任部门之间的“最后一公里”。

【敏感时期维稳】 2016年，在全国、全省“两会”、G20峰会等重点敏感时期，紧紧围绕县委“六个确保”工作目标④，坚持畅通渠道、就地吸附、协调联动、妥善处置、文明劝返、有序交接的总体思路，超前作为、积极作为、有效作为，对重点人员采取“四位一体”工作机制⑤，逐一明确领导包案和三级包保稳控责任，强化应急值班，多部门联动开展督查督办，圆满完成各项维稳工作任务，实现特殊敏感时期越级上访“零登记”的优异成绩。

【为信访群众办实事】 全年共接待群众来访428批3498人次、受理各类人民来信413件次。对每位来访群众反映的问题和提出的要求，做到热情接待，认真听取，能解决的立即协调有关部门积极解决到位，暂时不能解决的向来访者做好政策宣传解释和思想疏导工作，避免重复访和越级访发生。完成省交办泗阳督办件10件次、信访积案3件次，市交办信访积案14件次，办理复查复核信访事项4件，开展人民意见征集3次，其中《关于进一步加快城市内涝整治的建议》获得市长王天琦签批。

【基层基础建设】 1.加强业务培训。采取“请进来、走出去”的方式，对基层信访干部加大培训力度，提升基层信访干部的接处能力和水平。年内，县信访局组织基层信访干部培训达200余人次。2.强化村民自治。创新建立“群众议事会议”、庄圩乡“季季谈现场问事会”、三庄乡“一站式”化解信访矛盾、众兴镇网格化排查化解矛盾。把村居信访事项、重复赴省去京的上访老户交由村居群众议事会议处理，利用“公道自在人心”的大众思维，通过辩论，辨明是非，理顺关系，使得群众合理诉求得到解决，不合理诉求受到指责，从而有效化解社会矛盾。3.开展信访“双十案件”评选⑥，信访事项“两到位”⑦活动，从而压实基层履职尽责，共同营造和谐稳定的社会环境。

注释：

①**“两条线工作机制”：**民情民意搜集、矛盾纠纷排查化解。

②**“六个一、六包机制”：**一名包案领导，一班工作人马，一套化解措施，一套包保监控措施，一份会办纪要，一本案卷卷宗；包接访见面，包掌握情况，包解决困难，包教育疏导，包人头稳控，包应急处置。

③**“一岗三责”：**岗位履职和党风廉政建设、社会稳定、安全生产。

④**“六个确保”工作目标：**确保无进京非正常上访，确保无进京越级走访，确保无进京集体上访，确保无赴省集体上访，确保无到市重复集访，确保不发生异常访、信访群体事件、个人极端事件和负面炒作现象。

⑤**“四位一体”工作机制：**信访、公安、属地乡镇、县直部门4个单位共同包保稳控责任。

⑥**“双十案件”评选：**10个正向案件评选，原则上在已化解的信访案件中选择；10个反向案件评选，在未化解或者化解过程中存在瑕疵的案件中选择。

⑦**信访事项“双到位”：**信访事项核实处理到位、信访对象疏导教育到位。

（胡德洋　徐卫胜）

·法治政府建设·

【概况】 2016年，政府法制工作围绕省、市政府法制办2016年依法行政工作要点及县政府重点工作，按照全面推进依法行政、加快建设法治政府的要求，积极、主动作为，探索创新，各项工作扎实推进。2016年，泗阳县被省政府法制办表彰为全省行政复议工作规范化建设示范单位。

【行政决策】 严格执行《泗阳县重大行政决策程序规定》《泗阳县人民政府法制审核工作规则》《泗阳县法治政府建设实施方案（2016~2020年）》等，认真落实公众参与、专家论证、风险评估、廉洁性审查、合法性审查、集体讨论决定和决策后评估等工作机制。把依法行政贯穿到政府工作的各个方面和各个环节，为政府依法、民主、科学决策提供有力的制度保障。

【领导学法】 坚持落实领导学法制度，结合新出台的法律法规，形成《2016年县政府常务会议学法计划》，全年学习了《行政诉讼法》、政府投资工程操作流程及相关法律法规，推动领导学法常态化，营造法治氛围。

【法制审核把关】 全年审核各类政府文件、合同等400余份。并督促各单位严格遵守《泗阳县人民政府法制审核工作规则》，将法制审核作为政府文件出台、协议签订、重大决策制订的必经程序；参与各类事项会办讨论100余次，尤其是涉法信访案件会办会，提供专业的法律意见，依法处理各类信访矛盾纠纷。

【行政执法监督】 通过行政执法案卷评查行政执法专项治理行动及依法行政考核，强化依法行政监督力度。1.5月，县政府法制部门抽调部分重点行政执法部门的法制科长，对调取的行政执法部门130本卷宗进行互评互查，围绕行政处罚事实认定、法律适用、程序、文书、归档等方面开展评查，并形成评查报告。此次案卷评查过程中累计提出整改意见76条，并及时反馈有关单位整改，有效推动了各行政机关更加重视行政执法，不断规范执法程序，提升执法质量。2.规范行政执法，避免行政处罚随意性。由县政府法制办牵头、县各行政执法单位配合，进一步细化、量化全县行政执法机关行政处罚自由裁量标准，6月审核完毕，并通过政府门户网站向社会公布，接受群众监督，让权力真正在阳光下运行，促进行政执法水平不断提升。3.2016年年底，县政府法制部门对全县各个乡镇（街道）、园区和39个县直部门进行依法行政考核，并通报考核结果，推动全县依法行政工作不断提升。

【行政复议及行政应讼】 1.全年受理行政复议申请21件，被市政府复议案件5件，灵活运用案中协调程序，最大限度地减少行政争议的负面效应，做到案结事了，实现法律效果和社会效果的统一。2.注重复议前的调解工作，力求把行政争议化解在行政复议程序之前，全年通过做好当事人调解工作，避免进入行政复议程序多起。2016年县法制办共代表县政府出庭应诉行政诉讼案件32件，通过积极努力，协调好诉前、诉中、诉后各环节，大部分案件得到妥善解决，维护了政府形象。

【完善法律顾问制度】 3月，充实部分法学专家及律师加入政府法律顾问团队，通过按月上报服务实绩和定期召开座谈会，了解法律顾问在服务过程中发现的问题和会商解决疑难复杂法律事务，不断提升服务水平。政府法律顾问制度的规范运行，减少了违法行政行为的发生，由事后化解矛盾转变为更加注重事前预防，有效助力法治政府建设。

【规范性文件清理】 按照《江苏省规范性文件备案审查办法》，做好规范性文件审查备案工作，坚持“有件必备、有备必审、有错必纠”，不断提高规范性文件质量。全年对县政府及政府办2000~2014年期间出台的文件进行逐一梳理，共筛查出176份规范性文件，清理结果经过县政府常务会议讨论通过，对需要修改后重新印发的规范性文件制定修改计划表，督促相关单位按期修改到位。

【行政执法人员清理】 2016年，开展了行政执法主体和行政执法人员清理工作，一并开展行政执法证件换证工作。12月30日组织全县行政执法人员考试，促进执法人员提升执法能力。

【行政复议受理点建设】 年末，全县所有乡镇已设立基层行政复议受理点，前移行政复议受理工作，为群众提供便捷的行政复议申请渠道。

（孙　健）

·政务管理·

【概况】 2016，县政务管理工作不断强化政务服务，深化行政审批制度改革，创新工作机制，积极营造一流的政务服务环境。全年累计办理行政审批和便民服务事项136.6万件，开展招投标交易项目749个，节约资金3.65亿元，连续三年获评全市政务服务暨公共资源交易管理工作“目标管理先进集体”，在全县2016年度绩效考评工作中获“全面先进单位”称号。政务服务中心获省青年文明号，并顺利通过市长质量奖复评；公共资源交易中心获省文明单位，并被省招标办评为远程异地评标先进单位。

【行政审批制度改革】 1.开展行政权力清理审核。进一步优化办事服务流程，会同相关部门对进驻政务服务大厅的县保留审批权限、调整管理方式的项目，根据“一事项一流程”的原则，持续开展工作流程动态优化工作，对行政审批要件清单逐项进行审核，取消无法定理由及不必要的逐级审批的冗长环节。并在此基础上做好省政务服务“一张网”清单入库工作，统计上报权力清单4975条。2.全面启动不动产登记工作。与国土、住建等部门协作配合，围绕“职能划转和机构组建、窗口建设、平台建设”三个方面，积极推进土地、房屋、林地等登记职责整合，成立县不动产登记服务中心，构建统一登记信息平台，实行不动产登记机构、登记簿册、登记依据和信息平台“四统一”机制，全年办理不动产登记业务1.43万件。3.开展项目“联合审批”。深入贯彻落实中央、省、市简政放权要求，以项目投资管理为突破口，推动项目行政审批制度改革，组织发改、环保、规划、消防、气象等窗口单位开展“多评合一”工作。全年开展多图联审、多评合一项目审批58件。4.开展国地税联合办税。深入贯彻落实省委省政府深化国地税征管体制改革精神，发挥国税、地税各自职能优势，开展联合办税服务厅建设工作，对现有国税、地税服务窗口进行整合，在纳税人同时办理国税、地税相关业务时，实现“前台一家受理、后台分别处理、限时办结反馈”的服务模式，全年共办理税务登记2.16万件，纳税事务38.1万件。

【招投标服务】 1.开展“提前介入、主动服务”活动。加强2016年重点工程和民生实事工程项目实地走访，采取告知函、电话沟通、上门服务等方式，及时提供各类政策咨询和业务指导，提升招投标工作效率，推动各项重点工程顺利开展，全年累计发送告知函67份，上门服务65次，全年进场项目公开招标率100%。2.不断优化招投标工作流程。对小型采购、服务和工程项目，采取询价、竞争性谈判等采购方式，对小型工程采取中标人随机抽签方式，有效缩短工作周期且降低交易成本，交易时间平均缩短15天。3.实施信用管理全覆盖。建立统一的公共资源交易信用信息平台，将工程建设、政府采购、产权交易、土地出让等项目全部纳入平台，加大诚信激励和失信惩戒制度执行，实现信用管理全覆盖，进一步规范全县公共资源交易市场行为。

【服务举措创新】 1.服务群众面对面。以“心系民生、服务企业”为主题，组织相关窗口工作人员开展“惠企、惠民政策宣传”服务活动，面对面向企业、群众宣传泗阳经济发展的各项政策，着力解决部分企业和群众对政策“不知道、不了解、不会用”等问题，帮助企业和群众用足、用好现有政策和信息资源，进一步提升服务效能。2.开展“人性化”便民服务。通过在大厅显眼位置设置详细导向指示牌，增设手机充电桩、净水器等硬件设备，维修更换老旧办公设施等措施，不断完善服务功能，提升便民服务水平。同时，政务服务中心各窗口开展各种便民服务创新活动：如，公安户籍和出入境窗口开展“假期服务不打烊”活动，在清明、五一、元旦、春节等假期，坚持为群众办理身份证和出入境服务；人社局窗口及时增添人员和设备，做好年底居民社保卡发放、换证工作等，其他窗口也开展了相关活动。3.容缺受理，核准延时。在招标活动中，对准备不充分，不完全具备进场交易条件的紧急重点项目，实行“容缺核准”制，即对项目业主因前置条件不全，而又必须提供的建设资料，允许其在项目开标前予以补齐，让项目尽早进入交易程序，为项目实施争取时间。如全县区域供水“通村达户”项目，时间紧、任务重，立项核准后，在其他建设手续正在办理时，立即发布招标公告，待公告结束时，其他手续也基本办理完毕，项目交易时间平均节约10天以上，超序时进度完成招投标工作。

【政务服务提质】 针对政务服务工作的特殊性，在政务服务中心全体窗口中开展“四亮、四比、四评”活动。1.推行“四亮”，增强服务意识。通过佩戴党徽、设立工作公示牌，发放便民服务指南和一次性告知书等方式，将窗口工作人员的姓名、工作岗位、工作职责、服务承诺等信息向社会公开，主动向服务对象“亮身份、亮职责、亮标准、亮承诺”，努力让服务对象“一看就清楚、一问就明白、一办就满意”。2.开展“四比”，提高服务水平。通过开展技能竞赛、礼仪培训、党员示范岗和服务标兵评选等活动，让党员相互“比技能、比作风、比创新、比业绩”，积极发挥党员先锋模范作用，实现“服务受理零投诉”目标。3.组织“四评”，提升服务效能。采取发放满意度调查问卷、安装服务质量评价器、设立电子投诉平台等方式，结合县网络问政平台群众诉求，认真组织开展“党员互评、领导点评、组织讲评和群众评议”工作，主动找准群众“不满意”、解决群众“急难愁”，并推出党员带头开展延时服务、上门服务、预约服务等服务新举措，进一步简化办事程序、缩减办事时间、提高办事效率。

（孙　健）

·档案工作·

【概况】 2016年，县档案局顺应经济社会和人民群众对档案工作的需要，强化服务理念，创新服务方式，优化服务平台，全县档案工作顺利推进。年内，被江苏省档案局表彰为“全省档案系统宣传工作先进集体”，被宿迁市委、市政府表彰为“2015年度宿迁市文明单位”。

【筹建《中国共产党在泗阳》历史展览馆】 4月19日，省档案局局长谢波莅泗调研，提议建设《中国共产党在泗阳》历史展览馆，得到县领导的高度重视，确定为迎“七一”建设项目；4月21日，县分管领导即带领相关人员到沭阳参观学习。从县党史办、老干局、文化馆抽调人员，组建筹建领导小组，负责展馆图文资料的编写、审定；馆内人员分成3组分别负责项目的立项报批、展馆图文资料收集、招投标等工作。经过2个多月的紧张工作，在6月30日前如期完成布展。6月30日下午，县举行了有省、市有关领导、县四套班子领导、县直机关及各乡镇主要负责人参加的开馆仪式。

《中国共产党在泗阳》历史展览馆，展馆面积650平方米，总布展面积1000平方米，图片近500幅，实物120余件，还有部分书籍和影视史料，收藏的泗阳县党史资料年代为1919年到2016年间。泗阳党史展览馆被县确立为党员干部党性教育基地，爱国主义教育基地和青少年教育基地。

【档案征集】 为筹建《中国共产党在泗阳》展览馆，向全县机关、老同志征集党史图文资料2300份；征集名人档案、实物和重大活动等特色档案3000多卷，征集县诗书画协会会员捐赠作品160多件。与县电视台联合，年内对泗阳县第四届音乐节、宿迁市第四届运动会、《泗阳抗战记忆》《舌尖上的泗阳》等重大事件，具有深远意义的多媒体资料进行搜集存档，丰富馆藏内容。

【编研工作】 在宿迁网络《速新闻》平台，设立档案揭密专栏，公开揭密档案，利用馆藏档案挖掘历史素材，编写档案历史故事、短信息，宣传档案工作，平均每周发表一篇，提高档案社会知晓度。开展口述档案，与县电视台合作录制《访原淮海区行政公署主任李一氓的警卫员汪荃之》的访谈专题片和《中国共产党在泗阳》“红色记忆”专题片，通过电视播放为参观者提供更为生动直观的影视资料。为教育民众、弘扬地方文化、增强市民的城市历史荣誉感，做足传承文章。

【土地确权档案工作指导】 按照档案工作规范化管理目标要求，安排相关人员深入乡镇开展土地确权档案工作指导。年内，完成全县各乡镇土地确权资料的归档工作。

【档案资源服务利用】 发挥档案服务社会作用，全年共接待到馆查档人员3380人次、调阅档案6230卷（册）次、复印档案证明材料6800多页，为单位部门查阅历史文件材料提供实时服务，为职工养老保险、到龄职工退休、退伍伤残人员补助等提供凭证。

（庄月华）

·机关事务管理·

【概况】 2016年5月，泗阳县机关事务管理中心正式成立，为公益一类事业单位，隶属县政府办公室，副科级建制。年内，着力完善体制机制，夯实工作基础，强化工作落实，提升管理绩效，推动全县机关事务管理工作在“十三五”开好局、起好步。

【办公用房集中调配】 3月、6月，分两次对全县党政机关办公用房使用管理情况进行清查，根据10月17日县政府十六届三十次常务会议通过的《建设节约型党政机关办公用房调配部分单位先行搬迁方案》，完成34家县级机关办公用房搬迁调整工作。其中财政局、审计局、发改局、科技局、科协、经信局、商务局、供销总社、文广新局、卫计委等单位搬迁至市民中心。市场监管局、民政局等单位搬迁至行政服务中心。信访局、司法局、公证处等单位搬迁至综治中心。对清理腾退房屋实行“五统一”管理，即统一权属登记、统一保管钥匙、统一动态调配、统一维修管理、统一处置办法。

【公务用车制度改革】 全面完成105家党政机关和参公管理事业单位公务用车改革，保留车辆304辆，取消车辆138辆，发放交通补贴2326人，安置司勤人员305人。对处置车辆进行公开拍卖，共拍卖成交110辆，成交金额242万元，拍卖所得均上缴国库。成立公车运营平台——泗阳县通达汽车服务有限公司，保障机关单位正常公务出行。有序推进国有企事业单位公务用车改革，完成352家企事业涉改单位的基础性数据统计，为全面完成车改奠定基础。

【物业管理】 安全节俭做好物业管理，制定并组织实施空调、电梯维保执行手册和保洁人员行为规范等制度，常态化开展物业巡查，切实杜绝安全隐患。工程维修实行公开竞标，竞标参与方不少于3家，有效降低维修成本。着力开展节能降耗工作，印发加强党政机关办公区节能管理的通知，每天组织人员监督检查落实情况，降低办公区能耗，县人民检察院创建省级节能机构示范单位，通过市级初验。

（胡石平）

· 外事侨务 ·

【因公出国审批】 2016年，严格坚持“务实、高效、精简、节约”的原则，严把因公临时出国（境）年度计划报批关和日常审核关，按照因事出访、因事定人规定和程序办理，确保全县因公出国（境）团组出访的顺利展开。全年累计办理因公出国（境）团组5批12人次，其中，经贸招商1批6人次，培训学习4批6人次。

【外国人来华审核】 严格审核外国人来华申请材料，精简办事流程，提高文件签发流转速度，确保外国人入境考察交流申报在3个工作日内办结。2016年，累计为包括吉福新材料在内的8家企业办理来华邀请19批30人次，其中，来华务工2批2人次，经贸考察17批28人次。

【APEC商旅卡申办】 2016年，编印120余份APEC商旅卡申办宣传册，深入泗阳经济开发区及其他企业开展宣传。鼓励更多优秀的企业，尤其是发展中的中小企业走出国门开拓市场，提高产品的竞争力和市场占有率。年内为江苏东滢服装有限公司等两家民营企业办理APEC商旅卡4张。

【外事服务】 1.上半年，根据经过调查登记、汇总核查获得的已有外侨情情况，有效联动公安、统计、商务等部门，对在库数据进行即时更新。2.每季度对外籍人员居住、工作相对集中的社区、单位进行走访，集中商讨做好管理服务的办法和措施，将外籍人员管理纳入到推进和谐社区、平安社区、平安校区等社会管理体系中。

【外侨活动】 8月3日，“华裔青少年寻根之旅·宿迁行”夏令营活动在泗阳县开展，来自俄罗斯、美国、印尼、哥伦比亚、蒙古等国100余名小营员参观了妈祖文化园、城南植物园等具有特色性、本土性、可看性的项目内容，安排了丰富多彩的文体活动。

（张小燕）

政协泗阳县委员会

【概况】 2016年，中国人民政治协商会议泗阳县委员会（以下简称县政协）全年先后召开全委会1次，常委会4次，主席会14次，专题座谈会9次；组织专题调研6次，专题视察6次，形成调研报告12篇，提出了103条建设性意见建议；提交提案128件，其中立案122件；整理社情民意信息114条，编辑简报12期；接待兄弟市、县政协考察团组13批次。

【九届五次全体会议】 1月6~9日召开，县委书记徐勤忠出席会议并讲话，县政协主席夏养育代表县政协九届常务委员会作工作报告，县政协副主席刘厚华代表县政协九届常务委员会作提案工作情况报告，朱红军、夏青、王其军、康士燕、张佳胜等委员分别作题目为《深化城市管理内涵，精心打造最美县城》《推进全民阅读，深化书香泗阳建设》《实施“互联网+”行动计划，全面提升经济社会发展质效》《坚持深化群防群治，推进平安社区建设》《关于大力推进精准扶贫的建议》等发言。

全会期间，全体委员视察了县政府2015年部分重点工程及为民办实事项目建设情况，列席县人大十六届五次会议，听取县政府工作报告、县“十三五”规划纲要（草案）及其他有关报告，分组讨论了徐勤忠讲话、县政府工作报告、县政协九届常务委员会工作报告和提案工作情况报告、县“十三五”规划纲要（草案）及其他报告。大会闭幕会上，刘厚华作县政协九届五次会议提案审查情况报告；通过了关于县政协九届常务委员会工作报告的决议、关于县政协九届常务委员会提案工作情况报告的决议和关于县政协九届五次会议的决议。

【县政协九届五次会议确定常委会组成人员】

主　席　夏养育（5月免）

副主席　刘厚华　徐业平（4月驻会）
宗仁元（不驻会）
张　浩（不驻会）
熊雪贤（不驻会）

常务委员　海克培　马广春　王　颢
王明甫　尹　华　石　冲
刘　琦　朱海琴　刘　超
刘建军　刘桂兰　许强风
苏学敏　李少华　李蕊菊
吴义军　余义伟　张　明
张长青　张秀梅　张修彦
张家华　张鸿翔　陈　近
邵前胜　苗苏萍　范静芳
赵士永　戴春祥　庄恒斌

唐善勇 嵇 巍 赵 健
陈莉娟

【县政协九届常委会】 全年召开九届常委会4次：

1月8日，召开九届十七次常委会，县政协主席夏养育主持会议，县政协九届五次会议各讨论组组长、副组长列席会议。会议听取了各讨论组组长汇报讨论县委书记徐勤忠讲话和县政府工作报告、政协常委会报告、提案报告、县"十三五"规划纲要（草案）情况，并对做好会议期间提案工作提出明确要求。

5月10日，召开九届十八次常委会。会议第一阶段实地视察包河景观便民服务亭、桃源南路中转站和公厕、城管数字化管理中心等，观看城管大练兵、压缩式垃圾运输程序表演、环卫装备展示及作业演练等，第二阶段集中开会，副县长李大明汇报全县创建省优秀管理城市工作开展情况，各位政协常委就省优秀管理城市创建工作进行讨论发言。

8月31日，召开九届十九次常委会。会议分两个阶段，第一阶段实地视察好运餐具、大润发超市、文城路农贸市场、凤凰大酒店等食品安全城市创建情况。第二阶段集中开会，副县长魏国介绍全县食品安全城市创建工作情况，各位政协常委就创建食品安全城市工作各抒已见，提出意见建议。

12月27日，召开九届二十次常委会。会议协商通过有关人事事项，协商通过县政协第十届委员会委员建议名单、关于召开县政协十届一次会议的决定和县政协十届一次会议日程、议程，协商通过县政协九届常委会工作报告和提案工作情况报告，协商通过优秀提案及提案办理先进单位建议名单，书面交流了县政协各专委会2016年工作情况报告。

【专题调研视察】 2016年，县政协共组织专题调研6次，专题视察6次，形成调研、视察报告12篇。1月6日下午，组织全体政协委员对好彩头食品、聚润纺织、金牌橱柜、妈祖文化园生态停车场、醉美泗阳馆、成子河航道二里桥工程、国润农业、黄河故道干线治理工程、桃源路改造工程等县政府2015年部分重点工程及为民办实事项目进行实地视察，充分感受泗阳经济社会快速发展的势头。5月4日上午，县政协主席会议就成子湖旅游开发工作实地调研新庄嘴、曾嘴退圩还湖，滨湖公路景观河开挖、崇光引河水系整理、入湖口周边及滨湖公路绿化、新庄嘴挖河造岛、T型台周边清淤等项目建设，围绕处理好开发与保护的关系、避免在旅游开发道路上走弯路、加快项目建设进度等提出意见建议。5月26日上午，组织部分政协委员调研泗阳县现代农业产业园发展情况。先后实地调研大禾庄园、瑞信种苗中心、砀山桃基地、金盛水产、丰源桃果基地、友康生物、三新展示基地，随后召开座谈会。听取现代农业产业园负责人介绍产业园建设发展情况和下一步工作计划，各位与会政协委员充分肯定了产业园建设成果，并对产业园发展提出意见和建议。8月8日下午，组织部分政协委员视察全县医疗卫生管理工作。首先实地视察了协和医院、王集镇武集村卫生室、众兴镇杨圩社区卫生室、县120指挥中心、县妇幼保健所、康达医院等医疗卫生管理工作情况，听取县卫计委主要负责人介绍全县医疗卫生管理工作情况，县康达医院汇报医院建设和发展情况。并召开座谈会，与会的各位政协委员就医疗卫生管理工作畅所欲言，直抒已见，提出了许多富有建设性的意见和建议。10月18日上午，组织政协老干部视察全县经济社会发展情况，先后实地视察了新晨化纤、海欣纤维、金牌橱柜、晨风服饰、城南电子商务产业园、意杨大道及桥梁工程等。老干部通过认真仔细地观察、阅读项目简介、听取工作人员汇报等方式，详细了解全县各项重点工程项目建设情况和经济社会发展情况，充分赞赏全县经济社会发展取得的成就。

【提案办理】 县政协始终坚持把提案工作放到政协工作的全局来抓，紧紧围绕县委县政府中心工作，着眼于人民群众普遍关注的实际问题，积极运用提案的形式建言献策。始终坚持以提高质量、增强实效、健全机制为重点，不断总结新经验，研究新情况，探索新思路，不断提高提案工作质量和水平，发挥提案在加快建设"强富美高"全面小康新泗阳中的重要作用。县政协九届五次会议期间，共收到提案128件，经审查立案122件，作为来信来访6件。至年底，122件提案已全部办复，提案办复率达100%，提案办理满意率达100%。年末，县教育局、卫计委、交运局、城管局、广电台等5家被评为提案承办先进单位；潘桂琴、韦红等18件提案被评为优秀提案。

表4　　2016年政协泗阳县委员会优秀提案情况

序号	提案人	提案内容	序号	提案人	提案内容
1	潘桂琴	推进科技创新，增强县域经济综合竞争力	10	张佳胜	关于大力推进精准扶贫的建议
2	韦　红	关于加强农村公路规划建设与管理的建议	11	马学平	为助力和谐泗阳建设释放更多的信访正能量
3	张修彦	关于加强契税征收管理的建议	12	苗苏萍	我县生态建设现状及存在的问题和对策
4	李少华	关于规范企业用工扼制不诚信劳动争议的建议	13	王　颢	提升帮办服务效能，放大服务品牌效应
5	吴义军	关于医养结合，满足人民群众健康养老需求的建议	14	朱海琴	全面推进依法治县，深化法治泗阳建设
6	朱红军	深化城市管理内涵，精心打造最美县城	15	张　明	建设和管理好专业市场，提升我县商贸发展水平
7	康士燕	坚持深化群防群治，推进平安社区建设	16	朱发祥	关于推进分级诊疗制度建设的建议
8	夏　青	推进全民阅读，深化书香泗阳建设	17	陈祥生	着力提升层次，加快推进现代农业产业体系
9	王其军	实施“互联网+”行动计划，全面提升经济社会发展质效	18	陈彩莲	关于农村留守儿童问题的建议

【收集、整理、摘报社情民意】 县政协始终坚持把收集、整理、摘报社情民意作为履行职能的重要渠道和有效形式，不断拓展社情民意收集途径，充分调动政协委员的积极性，广泛听取社会各界群众的意见、建议和呼声。2016年，围绕“魅力镇村建设”“依法治县”等主题召开社情民意座谈会2次，累计收集、整理、摘报社情民意114条。　（张振仁）

泗阳县总工会

【概况】 2016年，泗阳县总工会紧紧围绕省市工会的工作部署及县委、县政府中心工作，在全县职工中大力开展"大众创业、万众创新"活动，开展职工技能大赛；依托党建带工建，以"会站家一体化"建设为抓手，创新工作思路，推动全县工会工作发展。年内，苏丝丝绸股份有限公司获全国五一劳动奖状，全县有6人被评为省劳动模范，8人获市五一劳动奖章，县公安局等4个单位获市五一劳动奖状，县烟草公司等6单位获评市工人先锋号。县总工会被省总工会评为"江苏省五一巾帼标兵岗"；被市委、市政府表彰为2015年度宿迁市文明单位，获宿迁市人民政府2011~2015年度法治宣传工作嘉奖。

【"大众创业、万众创新"活动】 县总工会积极响应、推广国家"大众创业、万众创新"和县委县政府提出的创新发展战略，在全县职工中广泛开展创新创业活动。4月，在县职工服务中心举办泗阳县职工创新创业成果展，对16项创新奖获得者每人奖励2000元，对15项创业奖获得者每人奖励10000元。

【开展职工技能大赛】 年内，县总工会在职工中开展"当好主力军、建功十三五"创先争优劳动竞赛活动，在6个重点工程和10个技能领域开展竞赛，参赛职工9万人，重点工程竞赛参与职工2.2万人，职工参与面达80%。在职工中深入开展提一条合理化建议，参加一项技术攻关，实施一项技术革新，参与一项新产品开发，推进一项先进操作法的"五个一"活动，突出降本增效、技术开发、质量管理、市场开拓、销售服务等重点内容。据不完全统计，全年职工提出合理化建议946条，技术攻关52项，小发明37项，新产品开发33个，推行先进操作法11项，新建市级以上劳模创新工作室3家。供电公司王军等3人获评市十大金牌工人。

【推动企业职工工资集体协商】 年内，县总工会进一步推动所有具备条件的企业依法开展工资集体协商，在全县新培养工资集体协商示范点3个。7月，在县交通行业召开工资集体协商现场会，在全县范围建立和完善职工工资分配共决机制、工资合理增长机制、工资按时足额发放机制。全县规模以上企业建立工资集体协商制度达100%；生产经营正常、职工人数达100人以上企业建立工资集体协商制度达96%；中小非公企业、专业市场等，通过区域性、行业性工资集体协商推进全面覆盖，集体合同经职代会（职工大会）审议率达90%以上。推进企业民主管理工作的开展，促进企业和谐发展。在乡镇和开发区建立工会劳动争议调解庭17个。建立调解、仲裁、诉讼、信访会办"四位一体"的职工代理机制，全县工会系统信访案件办结率100%。

【宣教活动开展】 1月，组织全县12000余名职工参与全省"十三五"规划知识竞赛答题；3月，参加全国"法治宣传月"活动，发放宣传材料2000份、法律书籍500余本；5月，组织全县职工"庆五一"文艺调演4场，送文化进企业演出1场，参演职工近1000人，观众达10000多人。

【工会管理人员培训】 组织工会管理人员业务培训，全年赴省参加工会干部专业培训12人，业余培训200余人。通过省市县三级工会机构培训民主管理师60人。

【关心困难群体】 建立特困职工档案505份，并实行跟踪管理。省市县领导和县总工会领导结对帮扶困难职工3345户，为职工排忧解难400多人次。春节期间，慰问困难职工6000多人次，走访慰问特困职工12户。配合有关部门在开发区召开招聘会，安排困难职工就业，提供就业岗位2000多个，现场录用1000多名，其中，安排“50后”下岗职工、夫妻双下岗职工、单亲失业职工就业300名。救助大病职工6人，解决费用2万多元。对女农民工免费“两癌”筛查6000多人，免费妇检2000多人，投入资金12万元。

【关爱劳模】 抓好各级劳模待遇落实，并对年老体弱生活困难的给予特别关爱。全年落实发放各项补助资金34.5万元，其中省、市劳模荣誉津贴与困难补助14.5万元，省级以上劳模慰问金、特困劳模补助金15万元，市级劳模荣誉津贴补助5万元。

【安全生产】 在全县全面推行“1+3”安全监督工作体系建设和“情感教育工作法”，事故隐患监控排查率达90%，企业职工参与安全教育培训面达90%以上，“安康杯”安全知识竞赛活动参与率达90%以上。全年未发生重大安全生产事故。年内，新创建劳动保护市级示范工会2家。在全县企业开展“隐患随手拍–安全伴我行”活动，泗阳县获宿迁市“安全隐患随手拍”优秀组织单位奖，南刘集乡摄影作品《随意的烟花，随意的生命》获市赛三等奖。

【工会建设】 继续依托党建带工建，加大基层工会组织建设。2016年，新建独立工会66家，新吸纳会员6000多人。对20家党工一肩挑的企业工会主席，给予一定的津贴补助，全年共发给津贴补助金13万元。在全县工会开展“单月看乡镇、双月看机关”活动，组织工会负责人，到乡镇或机关实地观摩“会、站、家”建设，推动工会工作开展。年内，王集镇工会被市总工会表彰为“全市规范化建设示范乡镇工会”。（曹　祥）

共青团泗阳县委员会

【概　况】 2016年，共青团泗阳县委员会围绕“凝聚青年、服务大局、当好桥梁、团要管团”的方针，团结带领广大团员青年为加快建设“强富美高”全面小康新泗阳贡献青春力量。团县委被共青团江苏省委表彰为2016年度全省团属报刊宣传工作先进单位、江苏省银行业金融机构优秀青年干部赴县级团委挂职工作先进单位、获2016年度全省共青团工作创新创优成果奖二等奖；被评为宿迁市选派金融青年兼任乡镇团干部工作先进单位、2016年度宿迁市共青团信息宣传暨“青年之声”工作先进单位，获共青团宿迁市委2016年度共青团工作十大创新创优成果奖；被县委、县政府表彰为2016年度绩效考评工作全面先进单位。

【青年就业创业】 举办泗阳青年（电商）创业大赛，激发带动青年就业创业。开展泗阳县第三届青年创业大赛，参赛项目80个，推报优胜项目参加市赛，进入全市前10名项目2个。开展泗阳县“十大青年电商精英”评选，10名网商精英受到县表彰。组织优秀青年企业家参加在宿迁市举办的“第四届苏商大会暨江苏创客风云会”，为创业青年搭建对话交流平台。由乡镇、县直机关团（工）委牵头，在全县开展网商创业青年大搜索，建成“泗阳县网创青年人才项目库”，收录青年电商企业100家、青年个体电商400个。联合泗阳电子商务产业园举办“我是创客”1~3季培训班，培训创业青年500余人次。新建青年网络创业孵化基地15个，全年接待实习见习人员200多人。协调县农商行给创业青年发放小额贷款4000余万元。

【志愿服务活动】 发展注册团员志愿者，探索建立常态化志愿服务队伍，打造常态化志愿服务品牌。利用“网上泗阳”和团县委网站、微信平台，发布招募公告。组织志愿者参与城区文明交通劝导和“洁净家园”志愿服务活动。春运期间，组织志愿者到泗阳汽车站、火车站开展“青春志愿行，温暖回家路”系列志愿服务活动。

【团县委十五届三次全体（扩大）会议召开】 1月28日，团县委召开共青团泗阳县委十五届三次全体（扩大）会议。团县委委员、候补委员，全县各直属团组织负责人、大学生村干部、大学生志愿者代表及受表彰的先进单位、先进个人等120余人参加。会上，团县委书记陈昱作题为《提升“四力”强服务 凝心聚力促发展 为建设“强富美高”全面小康新泗阳再建新功》工作报告。大会表彰2015年度泗阳县青年文明号、五四红旗团委、共青团工作目标考核先进单位、共青团工作先进个人，3个先进单位作经验交流。中共泗阳县委常委、组织部部长张大江出席会议并讲话。

【优秀青年评选】 3月上旬，配合县委宣传部开展泗阳县“十大青春榜样”和泗阳县“十大青年电商精英”评选活动。经基层推荐、媒体公示、群众投票和评审委员会评审，王安兵等10人当选泗阳县“十大青春榜样”、于贵等10人当选泗阳县“十大青年电商精英”。年内，还向市推荐“市十大杰出青年”“市十大杰出青年企业家”4名。

表5　　泗阳县十大青春榜样

姓　名	单位职务	职　务
王安兵	宿迁王氏蜜蜂园有限公司	董事长
李前政	泗阳华邦包装材料有限公司	总经理
史劭明	泗阳县公安局法制大队	副大队长
吴　奔	泗阳县众兴镇人民政府	党委秘书、扶贫专干
钱从伟	泗阳县委办公室秘书科	科长
徐　姝	泗阳县政府投资建设工程监督管理办公室	办事员
陈会竹	微店	店主
王　清	泗阳县公安局城东派出所	副所长
刘玲利	泗阳县盐务管理局市场营销部	部长、核算员
张明亮	泗阳县卢集镇卫生院儿童	保健员

表6　　泗阳县十大青年电商精英

姓　名	单　位	职　务
于　贵	泗阳县梦琪服饰公司	总经理
李子寒	理舟食品专营店、皓蓝生活馆网店	店主
刘　静	宿迁周润玩具有限公司、秋秋妈咪小屋网店	总经理、店主
朱长征	宿迁城市通电子商务有限公司	总经理
陈　刚	泗阳县袜朗袜业有限公司	总经理
陈　兴	江苏晟宇地板有限公司电商部、江苏苏木电子商务有限公司	总负责人、总经理
赵　杰	韩都鞋舍网店	店主
赵萍莉	宿迁市豹子头服饰科技有限公司	总经理
钱晓红	醉美泗阳电子商务有限公司	总经理
雷素娟	宿迁市佳雷电子商务有限公司、乐兜旗舰店网店	总经理、店主

【纪念五四青春诗会】 4月29日晚，团县委在泗阳大剧院举办“农商行杯”纪念五四运动97周年暨“诗说青春”泗阳县首届青春诗会。各乡镇（街道、场）、县直各单位分管领导及社会各界青年代表近千人出席观看。诗会分青葱岁月、青春激情、筑梦青春3个篇章。会议期间同时为泗阳

县“十大青春榜样”和“十大青年电商精英”颁奖。县委常委、组织部部长吴小雨、副县长史明霞等领导出席，吴小雨代表县委、县政府致辞。

纪念五四运动97周年泗阳县首届青春诗会

【警示教育活动】 为进一步加强团干部作风建设，引导团干部、青年团员树立正确的世界观、人生观、价值观，筑牢拒腐防变的思想防线，激发爱岗敬业的工作热情，“五四”青年节当天，团县委组织40名团干部参观县党风廉政教育基地，并要求每人都写观后感。团县委党组成员、县纪委派驻纪检组长丁有伟带领青年党员重温入党誓词，并进行庄严宣誓。

【新媒体运用】 创立“互联网+共青团”工作新模式，创建团县委微信平台。在微信平台上开辟志愿服务品牌活动认领、希望工程受助贫困生认捐、留守儿童网上关爱结对等栏目。年内该微信群发展到1000余人，微博粉丝增加到2000余人。做好团省委“青年之声”平台日常维护管理，并依托该平台，建立成长服务联盟3个，创业服务联盟3个，心理服务联盟1个，招募专家150多人。全年开展青年创业、未成年人思想道德教育、希望工程、关爱留守儿童等主题活动10次，解答青年提问5000余条。开展“身边的好青年”网络海选，全年向团省、市委择优推荐50名，其中3人被选为宿迁市“身边的好青年”。

【希望工程圆梦行动】 开展希望工程捐资助学活动，为王集、穿城两镇40名贫困儿童募集资金2.5万元，为55名贫困大学新生募集资金17.5万元。牵头开展群众扶贫助学活动，两周活动时间收到社会捐款312.9万元。其中线上捐款25.7万元，线下捐款287.2万元，完成市下达任务的193%。

【“暖冬”系列活动】 组织全县团员青年开展关爱弱势青少年群体“暖冬行动”。1月8日、1月19日，组织上汽集团35名车享志愿者到泗阳开展“情暖泗阳 爱在车享”暖冬行动和“携手暖冬，与爱同行”爱心棉衣捐赠活动，给王集镇大同村10名贫困孤寡老人、魏圩小学200名贫困儿童捐赠衣物、文具，并发给慰问金6万元。2月4日，联系苏州成长之树公益助学协会到泗阳开展“缤纷冬日、快乐童年”公益行动，为来安街道办20名贫困留守儿童送衣物、书包等。12月3、4日，联合泗阳弘善爱心协会在哥伦布广场举办首届“感恩季”爱心义卖活动，义卖资金全部捐赠给贫困家庭。

【基层团组织建设】 在非公经济领域、社会青年组织、流动青年群体、行业、合作社等领域，探索建立区域化、网格化团组织。年内，在江苏好彩头食品有限公司等非公企业新建团支部15个、在宿迁泰绿生态园等农业企业新建团支部8个、在泗阳县征途户外运动协会等青年社会组织新建团支部3个。

（盛桂花）

泗阳县妇女联合会

【概 况】 2016年，泗阳县妇女联合会（简称县妇联）紧紧围绕县委县政府中心工作，在服务妇女儿童发展，保护妇女儿童权益，促进妇女创业就业，创建和谐最美家庭，帮扶关爱弱势群体，加强基层组织建设方面开展一系列活动，取得显著成绩。6月，被市委、市政府表彰为2015年度宿迁市文明单位。

【招商引资工作】 年内，县妇联主席刘青多次到连云港、常州、苏州、浙江、上海等地招商，成功引进客商在爱园镇南岗村创办泗阳农林蔬菜种植家庭农场。该项目投资300万元，占地面积308亩，已于年内建成投产。

【妇女创业就业】 年内，为全县创业妇女争取到小额担保贷款1527万元，争取到2015年度妇女小额贷款担保财政贴息160万元，帮助199名城乡妇女发展种植、养殖、加工以及服务业等产业项目，带动妇女创业就业1200多人。与泗阳农商行联合发文，对受到县级以上表彰的所有女性创办的企业，均可享受泗阳农商行“个人荣誉贷”贷款额度及利率优惠。年内，为江苏苏花食品有限公司李亚娟、泗阳佳雷电子有限公司雷素娟等受到表彰的30多家企业和个人各争取到“个人荣誉贷”200万元。

【策应扶持】 2016年度县下达县妇联策应扶持任务270万元，实际争取资金279.87万元，完成全年任务103.66%。

【“春蕾”项目实施】 4月，为泗阳争取到省民政厅2014和2015两个年级学生春蕾资助名额100名，全年发放助学金10万元；10月，争取到2016年级新生春蕾资助名额100名，争取到资助贫困学生名额2092人，全年发放资助金188.9万元。2017年1月7~8日，争取台湾慈济会到泗阳开展慈济冬令服装发放活动，给全县608户贫困户、2081名孤儿和慈济春蕾班学生家庭发放救助物资。10月21日，省儿童福利基金会在泗阳召开宿迁市春蕾助学儿童工作座谈会，并挂牌成立全省首家省儿童福利基金会泗阳县级工作站。12月14日，县妇联主席刘青在全省春蕾慈善工程“贫困孤儿救助实施暨儿童工作会议”上作经验介绍。

【关爱妇女儿童】 争取省、市妇联为农村妇女发放“两癌”救助金3.5万元，联合县卫计委开展妇女“两癌”免费筛查。免费为县直单位女职工和全县各乡镇26000妇女体检。开展妇女网络创业培训、来料加工项目培训、妇女家政服务培训、月嫂技能培训等各类专题培训15场，参培人数500多人次。在6个乡镇20个村（居）举办科学家教、来料加工专业技能等知识讲座60场。组织60名青年爱心志愿者与爱园镇、城厢街道20名贫困儿童结对帮扶。年内，全县被省妇联表彰为“书香家庭”2户；“平安家庭”创建先进个人1人，示范社区1个，示范户2户；获评省维护妇女儿童权益示范岗1个。

【来料加工项目培育】 联系昆山巴城双面呢来料加工项目到泗阳三庄开展留守妇女双面呢手工缝制技术培训。敦促祥兆文具有限公司继续承接圆珠笔组装加工业务，组织大兴、农场、城厢、爱园113名留守妇女到西康来料加工点学习圆珠笔组装业务。年内，在众兴镇西康社区、五里社区、大兴社区、紫荆花园，裴圩镇新四社区，卢集镇贵嘴村等处建立圆珠笔组装来料加工点7个，增加妇女家门口就业400余名。8月，组织经纪人王丹丹、技术员罗建等人到盐城、连云港、张家港学习，实现圆珠笔生产从组装、检验到发货全流程不出泗阳县。

【特色活动开展】 开展“三八”节评选表彰活动，全县表彰“三八”红旗集体15个、“三八红旗手”100名、“巾帼创业之星”20名、“五好文明家庭”100户。

【妇女儿童维权工作】 利用“三八”维权周、“12·4”法制宣传日等契机，到基层开展《中华人民共和国妇女权益保障法》《中华人民共和国未成年人保护法》《关于预防和制止家庭暴力的决议》等法律法规咨询，举办法律宣传活动10场次，发放宣传资料3000余份。维护妇女儿童合法权益，致力做好婚姻家庭矛盾纠纷化解工作。全年接访50例，其中婚姻家庭类案件40例，劳动和社会权益保障、财产权益保障类5例，其他类5例。案件处理率98%。8月，组织律师志愿者与妇女儿童之家结对共建暨“法律服务进万家”活动签约仪式，全县首批10家妇女儿童之家与律师志愿者成功结对。做好结对律师志愿者的日常督导与管理工作，组织律师志愿者深入妇女儿童之家开展“法律服务进万家”等系列活动。

（翁金霞）

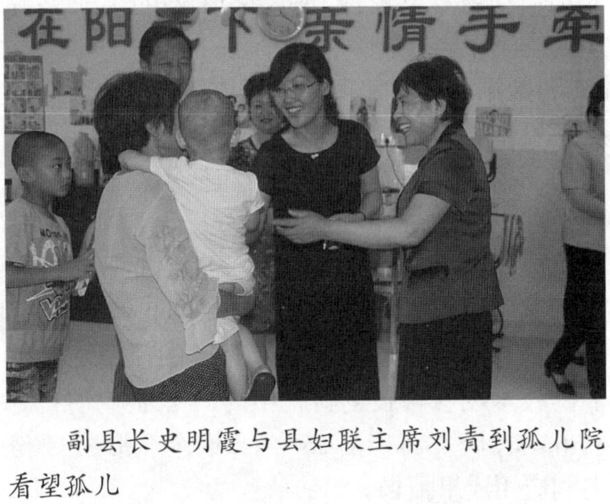

副县长史明霞与县妇联主席刘青到孤儿院看望孤儿

泗阳县科学技术协会

【概况】 2016年，泗阳县科技协会（简称县科协）运用多种方法开展科技知识普及，加强全民科学素质建设；发动科技工作者深入实际调查研究，为泗阳经济社会发展建言献策；抓好典型示范，扎实开展省市科普示范社区创建等，取得一定的成绩。年内，县渔业协会、泗阳苏发花生专业合作社联社科普示范基地被省科技协会评为江苏省“科普示范协会”和江苏省“科普示范基地”，里仁乡农业经济技术服务中心科普惠农服务站被评为江苏省“优秀科普惠农服务站”，众兴镇东光社区成功申报江苏省科普示范社区。

【举办第28届科普宣传周】 5月14~21日，县科协举办泗阳县第28届科普宣传周，并同时举办全国科普日。全县开展7大系列19项活动：举办大型广场科普宣传咨询5次，送科技下乡32次，走访慰问基层科技人员10次，组织农技专家到田间地头就施肥、播种以及病虫害防治等技术指导40余次，发放科普书籍5000余册、科普宣传资料23000余份。活动期间，联合县环保局开展“绿色家装社区行”，现场指导家装，为小区居民免费检测居室甲醛等有毒气体含量。水稻种植专家赵殿祥到田间地头结合农作物生长实际宣讲科技知识，指导病虫害防治。联合县科技局、消防大队等单位到中、小学开展防灾知识普及以及地震、消防安全演练。科普日期间，还邀请刘立、戚成海、黄明豪等专家在县大剧院、县实验小学、县众兴实验小学为市民和学生作科普报告。此项活动被省电视台、现代快报及市、县网站等多家主流媒体报道。

【专利数据库注册和使用】 年内，县科协面向全县高新企业开展科技信息服务，发动各企业积极参与国家专利数据库的注册和使用。面对面指导全县13家高新企业，使有关人员了解数据库使用步骤、掌握使用方法。这些高新企业全部完成国家专利数据库的使用注册，并同时建成企业自己的专利数据库。专利数据库的使用推动企业的技术创新科技创新。年内，7家企业创新专利63项，研发新产品16个；5家企业形成12份专利应用成果报告。

【参加各类知识竞赛】 年内，县科协组织全县中、小学生参加各类科技知识竞赛。在江苏省第28届青少年科技创新大赛上，泗阳县获小学组优秀作品奖4项、中学组优秀作品奖2项、科学幻想画优秀作品奖23项。获评优秀科技辅导员3名。在江苏省第五届科普知识竞赛上，全县有89名学生获奖。穿城镇中心小学、育才双语实验学校被评为优秀组织单位，穿城镇中心小学教师孙晓露获江苏省第五届网络知识大赛优秀指导老师奖。

【“科普泗阳”微信公众号使用】 年内，县科协依托江苏公众科技网、“科普江苏”等网络平台，创建“科普泗阳”微信公众号，每天推送新闻头条、时事政闻、灾害防护、健康养生、科技发明、农村种养殖技术、科普小窍门等信息。

【获评市自然科学论文奖和市“十大科技之星”】 县科协发动科技工作者积极参与宿迁市第七届“自然科学论文”申报评奖活动以及“宿迁市第三届十大科技之星”申报活动，全年报送论文26篇。经评审，县规划局陈宗虎的《提高村镇规划建设与管理的思考》获宿迁市自然科学学术论文奖三等奖；江苏荣马新能源科技有限公司何晨旭被评为“宿迁市第三届十大科技之星”。

【建言献策】 组织学会、协会、研究会、基层一线科技工作者和青年科技工作者为泗阳经济社会发展建言献策。围绕泗阳县经济社会发展存在的主要问题、社会关心的热点问题、推动科技创新问题以及深化科协系统改革，打造县科技创新中心等议题进行调研并形成书面意见。全年向县委、县政府领导及有关部门提出意见建议200多条。

【“基层科普行动计划”开展】 积极向上级申报科普惠农项目，加强科普惠农富民兴村计划实施。定期组织农村专业协会负责人进行技术培训，邀请科技专家到基层协会授课，交流、推广科技新成果。年内，县渔业协会、泗阳苏发花生专业合作社科普示范基地被省科技协会评为江苏省“科普示范协会”和江苏省“科普示范基地”，获奖补资金12万元。里仁乡农业经济技术服务中心科普惠农服务站被评为江苏省“优秀科普惠农服务站”，获奖补资金2万元。众兴镇东光社区和西康社区被评为宿迁市科普示范社区，东光社区成功申报江苏省科普示范社区。

【科普带头人下乡】 组织10名科普带头人下乡，每月集中开展1次送科技下乡，并对贫困户开展科技扶贫。县科协主席张同金带领省级科普带头人、泗阳县百春锦蔬菜有限公司周相民，县渔业协会技术人员倪前干，泗阳县苏发花生合作社联社王绍凤等分别到临河镇等乡镇，并深入贫困户家庭调研，根据贫困户生产生活中的实际情况，有针对性地传授、提供科学知识，提出意见建议20多条，帮助贫困户解决问题30多项，开展“科技精准扶贫”工作。

【推广安装“科普大屏”】 6月中旬，县科协争取省科协投入资金近20万元，在众兴镇12个社区安装科普大屏12处，大屏直接连接“科普江苏服务云”系统，随时滚动播出科学新知，群众通过网络科普大屏可及时了解各种最新科技知识，掌握最新科学技能。（杨　洋）

泗阳县工商业联合会

【概况】 2016年，泗阳县工商业联合会（以下简称县工商联）紧紧围绕县委、县政府中心工作，深入企业调查研究，帮助企业解决生产经营中的实际困难；积极参政议政，为泗阳经济社会发展献计献策；在抓好理想信念教育的基础上，认真抓好自身建设，取得较好成绩。年内，被中华全国工商业联合会表彰为2015年全国“五好”县级工商联；被省工商业联合会表彰为江苏省“五好”县级工商联，并被评为江苏省工商联先进集体。

【第九次会员代表大会召开】 12月9日，县工商联（总商会）召开泗阳县工商联第九次会员代表大会，选举产生新一届执行委员会委员95名，常务委员38名。大会选举陈远华为主席（会长），吴晶(女)、朱彩涛、吕东平、余义伟、钱学新为副主席（副会长），刘文成、聂干辉、胡立军、尤晓明、蒋红元、陈前军、李亚娟（女）、朱建国、吴殿玲、葛顺和为副主席，李永、余养朝、钱一先、郑和董、潘家泽、吴义军、伊　尹、张小飞为副会长，金莹莹为秘书长。

【理想信念教育】 遵照市委统战部、市工商联部署，及时召开会议，专题研究开展以“守法诚信、坚定信心”为重点的理想信念教育实践活动。下发《关于开展2016年度诚信示范民营企业创建活动的通知》，召开诚信示范民营企业创建交流研讨会；5月，邀请红盾征信（宿迁）有限公司负责人作诚信示范民营企业创建专题辅导；8月，组织开展“强化政治引领、助推转型升级”交流研讨会，引导企业正确分析形势、把握发展机遇、厘清发展战略、明确转型目标，找准转型路径、增强发展信心。

【学习培训】 3月，组织会员参加市工商联举办的“互联网+”与民营企业转型升级专题报告会，听取互联网经济与产业研究中心主任、亚太管理学院院长胡廷峰教授的专题报告，引导企业“触网”发展。6月，组织12名青年企业家，参加在湖南大学举办的宿迁市第四期新生代企业家培训班。邀请县检察院法官到泗阳顺风汽车客运有限公司、泗阳荣浩天然气有限公司等10余家企业进行法律知识培训，提高企业业主、员工法律素养；用法律的武器维护自身的合法权益。组织23名非公经济法人参加县检察院“以案说法”活动，用泗阳发生的典型法律案例，教育企业家增强法律意识，守法经营。

【百企帮百村活动】 年内，县工商联组织开展“百企帮百村”扶贫活动，活动主要以“联村共建”形式开展，全县有工商联常、执委企业58家、异地商会1家、乡镇商会16家参与。江苏好彩头食品有限公司投入50万元，帮助卢集镇贵嘴村建成占地近百亩的高标准连栋大棚，发展蔬菜种植。县国润农业科技有限公司在高渡镇周岗嘴村、卢集镇郝桥村、新袁镇河埝村流转土地300多亩建成精品果蔬基地，安排当地农民就业，带动农民致富。江苏百年苏花食品有限公司帮助裴圩镇陶万村组建“花生种植合作社”，承租67户农民土地200多亩，农民土地租金年收入可达20多万元；100多农民工到公司打工，每人每年可净增收入10000多元。苏花食品和陶万村结对帮扶的经验得到省领导的肯定。在6月25日江苏省“百企帮百村”活动推进会暨村企结对帮扶签约仪式上，江苏百年苏花食品有限公司和泗阳县国润农业科技有限公司在会上作经验交流。年内，县工商联还积极与苏州市吴江区工商联、苏州高新区工商联对接，引来苏州企业3个、商会5个，到县内5个省定经济薄弱村签订村企帮扶协议，帮助贫困村早日脱贫。

【光彩事业与慈善活动】 引导民营企业积极参与光彩事业与慈善活动。12月，县工商联组织微信群内的民营企业开展“群”众助学活动，一次收到捐款120多万元。2016年，全县工商联会员企业为泗阳县各类公益慈善活动捐款捐物价值360

余万元。

【服务企业】 实施政策、法律、金融和信息等“四大助企行动”，帮助企业解决生产经营中的实际困难。会同县检察院走访调研江苏华绿生物科技有限公司、泗阳顺风汽车客运有限公司、泗阳荣浩天然气有限公司、泗阳御珍酒业有限公司等企业，了解企业法律服务需求，帮助企业解决生产经营过程中的涉法涉诉问题，维护企业合法权益。建立泗阳县工商联民营企业微信群，国家及省市县有关扶持民营经济发展的政策法规出台后，及时搜集整理，以微信方式，用现代、快捷手段，让企业及时了解、掌握党和国家的方针政策，全年编发政策提示短信60多条。平台也促进非公企业信息互通、资源共享、优势互补。县工商联积极为银行和企业搭桥化解民营企业融资难问题。年内，帮助泗水纺织有限公司等10多家民企融资1.5亿元。

【参政议政】 2月，在市、县“两会”期间，县工商联积极引导本界别人大代表、政协委员建言献策，共提出建议、提案46件。6月，针对经济下行压力较大，宏观经济形势严峻，县工商联组织专门力量开展全县民营经济运行情况调研，撰写《关于我县民营经济发展情况调研及思考》的调研报告报送县领导。走访基层商会和会员企业60余家，了解企业生产经营难题，倾听企业家对非公经济发展的意见和建议，收集、整理意见、建议80余条，及时向县领导汇报。根据县工商联的调研报告和意见建议，县领导及有关部门先后5次召开工商界代表座谈会，及时帮助企业解决生产经营中遇到的问题。

【自身建设】 扎实开展“五好”县（区）工商联创建。泗阳县工商联在2015年被评江苏省“五好”县（市、区）工商联的基础上，5月，又被表彰为全国“五好”县级工商联，并于6月在省工商联会议上作经验交流。认真搞好县、乡两级工商联领导班子换届，以换届为契机，促进领导班子建设。到12月底，全县县、乡两级商会换届工作全部完成。一批优秀的非公有制经济界代表人士、特别是具有创新型、成长型小微企业代表、中高端和新兴产业代表被吸收到常委和执委中来，优化会员结构、领导班子结构。8月，出台文件，制定标准，开展“五有五好”乡镇（街道）商会创建。同月，众兴镇大兴社区商会成立，标志着泗阳县工商联商会建设从县、乡（镇）建设向村居（社区）建设突破。12月，推荐八集乡商会参加省联基层商会先进集体评选。拓展工商联基层商会组织网络。工商联泗阳县汽车行业商会召开发起人会议3次，年内完成会员登记、章程（草案）起草和在县民政部门的登记等工作。

【“两学一做”活动】 扎实开展“两学一做”专题学习教育活动，组织开展专题讨论4次、上专题党课5次，组织机关全体党员参加警示教育活动2次，组织参观中国共产党在泗阳图片展1次。

（金莹莹）

泗阳县文学艺术界联合会

【概况】 2016年，泗阳县文学艺术界联合会（简称县文联）有作家协会、诗词协会、书画协会、摄影家协会、桃源文化研究会、历史文化研究会、姓氏文化研究会等7个，会员总数971人。9月，县作家协会改选，颜士富当选为县作家协会主席。12月，在省文联九届三次全委会上，县文联被省文联表彰为江苏省基层文联工作先进单位。

【首届《林中凤凰》全国短小说颁奖活动举行】 11月，首届《林中凤凰》“大禾庄园”杯全国短小说颁奖活动在泗阳举行。省作协联络部主任吴正峻、市委宣传部副部长仲向阳、市文联主席王清平、县委常委、宣传部部长杨卫国等出席并为获奖选手颁奖。来自省内外的凌鼎年、秦德龙、陈力娇、崔立、蓝月、李立泰等10位小说名家、来自泗阳县周边市县以及县内的120多位文学爱好者参加颁奖活动。

【第三届“江苏大众文学奖”颁奖在泗举行】 4月，第三届“江苏大众文学奖”颁奖活动在泗阳举行，庞瑞垠、张宗刚、何言宏等省内文学名家出席颁奖活动。县委常委、宣传部部长杨卫国出席并致辞。

【书画摄影作品展举办】 6月，县文联举办“翰墨丹心颂党恩”书画展。此次展会收到书画、美术作品258幅，其中书法作品170幅，美术作品88幅。从中精选96幅作品展出。在外地的泗阳籍著名军旅画家裴开元、山水画家洪谷子、书法家王卫军等均有作品参展。7月，县摄影家协会会员梁振宇在市民广场举办个人摄影艺术展，展期2天，展出作品100幅。

【新作品出版】 年内，张荣超的长篇小说《活着不易》、傅荣生的诗歌集《木屋守望的渡口》、张荣超、谢昕梅合著的小说集《好好活着》、颜士富的小说集《红发卡》、田千武的诗歌集《写在心上的故乡》等相继出版。《活着不易》入选《长篇小说选刊》，并于12月在美国发行。

【《林中凤凰》影响扩展】 全年编辑出版《林中凤凰》杂志6期，其中小说《联斋刘》被《小说选刊》2016年第4期选载，小说《匪歌》被《小小说选刊》2016年第5期选载，小说《一梦惊魂》、散文《石缘》《人的背面》被《参花》选载，《与孩子一起成长》被《海外文摘》选载，《林中凤凰》15篇短小说入选《小说选刊》2016年第1期“全国报刊小说概览”。年内，还编印《林中凤凰》全国短小说征文作品集（2016年增刊）。11月，在省期刊联盟会议上，《林中凤凰》被推举为理事单位。

【新人新作推送】 年内，县书画协会刘大宝、高耀文等8人作品入展江苏省第十届新人展，高耀文书法作品获优秀奖；李前尧、高耀文、洪艺等3人书法作品入展江苏省“林散之书法双年展”；王海洋、洪艺书法作品入展中国书法家协会第八届新人展；高耀文书法作品入展第四届西安碑林书法展、书圣书法艺术大展、颜真卿杯全国书画展等八项展览。12月，在江苏省新闻出版广电局、江苏省全民阅读办公室和新华传媒集团联合举办的“点赞最美阅读空间”摄影大赛中，梁振宇作品《我家有个读书郎》获社会组二等奖；王劲云作品《爱心读书社》、颜崇旺作品《雏鹰高飞先振翅》、梁振宇作品《登高寻书》获社会组三等奖。（渠　通）

泗阳县残疾人联合会

【概况】 2016年，泗阳县残疾人联合会（简称县残联）以全心全意为残疾人服务为中心，认真抓好残疾事业各项工作，促进残疾人各项权益保障，取得一定的工作业绩。被省残联表彰为2015年度按比例安排残疾人就业工作先进单位。作为苏北唯一先进典型，县残联在全省“残疾人之家建设”推进会上做典型发言。被市委、市政府表彰为2015年度宿迁市文明单位；被县委县政府表彰为年度全县目标考核、绩效考评“全面先进单位”。

【“残疾人之家”建设】 依托社区服务资源创建“残疾人之家”，突出抓好选准法人、选好地点、选准就业项目等工作，全年在新袁、王集、众兴、爱园、里仁等乡镇建成基层“残疾人之家”8家，吸纳、安排中度肢体、轻度智力和精神等各类残疾人近100名。新袁镇灯笼湖社区“残疾人之家”、王集镇魏圩社区“残疾人之家”在全县第三季度乡镇“六大工程”观摩活动中受到县委、县政府领导表扬。8月5日，省残联理事长高晓平到泗阳调研，赞扬泗阳“残疾人之家”建设是全省残疾人工作的创新，将在全省残疾人工作中起引领示范作用。10月底，县残联作为苏北唯一先进典型在全省“残疾人之家”建设现场推进会上发言。

【残疾人保障】 年内，县残联认真落实残疾人相关政策，自1月起，残疾人护理补贴范围扩大，低保内重度残疾人补贴标准提高。全县特困残疾人享受生活救助2335名，发放救助金1051万元；重度残疾人享受生活救助2405名，发放护理补贴242万元；低保家庭重度残疾人2697名，发放重残补贴198万元。向52名高中及以上残疾学生发放教育补贴6.65万元，给181名残疾人发放燃油补贴，4.71万元，康复扶贫贷款贴息4.8万元。同2015年相比，补贴范围、标准都有较大提高。

【物资捐赠】 春节前夕，县残联组织相关部门开展“新春送家电·助残显真情”物资捐赠活动。活动期间，共向残疾人捐赠电视机100台、洗衣机100台、电饭煲150台、太阳能热水器30台，电茶壶700个。所损物资已于年内发到全县1000余户贫困残疾人家庭。

【残疾人培训】 县残联积极开展残疾人创业、就业培训，全年举办计算机操作、电子商务、服装制作、插花艺术、盲人保健按摩等系列技能培训班6期，培训残疾人225名；举办以“就业帮扶、真情相助”为主题的残疾人就业、创业援助活动21场次，参加活动残疾人1100多人。扶持残疾人自主创业4家。开办盲人按摩室2家，发放残疾人就业补贴35万元。

【残疾人免费服务】 为贫困白内障患者免费实

施复明手术469例；为听力障碍患者验配助听器235例；向残疾人发放辅助器2870例。为贫困精神病患者免费给药或安排住院治疗856名。为419名0~6周岁残疾儿童进行基本康复训练，为106名7~14岁的肢体残疾和孤独症患者进行康复训练。

【残疾人就业保障金征收】 年内，县残联与财政、税务部门密切配合，及时提供各种数据及相关政策依据，保证残疾人就业保证金按时足额征收。全年征收残疾人就业保障金666万元，与2015年持平。其中财政代扣196万元，地税代征470万元。

【残疾事业先进典型】 宣传残疾人工作典型，弘扬社会正能量。石红旗、陈会竹被评为市首届“十大残疾人自强之星”和“十大助残之星”，县特殊教育学校教师叶菊当选“十大助残之星”。由县残联推荐的陈会竹成功当选泗阳县首届“十大青春榜样”。（顾强中）

泗阳县扶贫开发协会
泗阳县老区开发促进会

【概况】 2016年，泗阳县扶贫开发协会、老区开发促进会（简称县扶贫“两会”）按省、市扶贫“三会”（即扶贫开发协会、扶贫基金会、老区开发促进会）的工作部署和要求，紧紧围绕全县精准扶贫、脱贫攻坚的中心任务，积极探索，创造性地开展工作，在产业扶贫、助学扶贫、调查研究等方面都取得新的成绩。

【项目帮扶】 年内，县扶贫“两会”主要以农业产业化项目作为扶贫带动的载体，将上年度的10个项目压缩调整成7个。其中除1个吸纳300余人就业的工业项目外，其余6个均为农业产业化项目。根据各个项目的自身优势、确定帮扶方式，力求帮扶成效最大化。帮扶方式主要有保底救助型、基地带动型、网络科普型、企村挂钩型、产业融合型等。全年投入扶贫资金215.8万元，比2015年略有增长；项目吸纳农村富余劳力就业1572人，2016年人均实现工资性收入31510元，带动贫困户149户，其中137户年内实现脱贫；企业年实现销售收入37830万元，比2015年增长8.2%；利润1466万元，增长6.7%。3月12日，县扶贫“两会”以帮扶项目为主体、召开“农业龙头企业与种植大户见面会”，通过信息发布，企业与农户当面洽谈，达成多项合作协议，种粮大户卖粮难问题得以解决。

【助学扶贫】 年内，县扶贫“两会”认真组织落实省、市扶贫助学项目，在县4所中学高中部帮助贫困学生121名。发放扶贫助学金24.2万元，生均2000元。积极组织助学扶贫志愿者活动，召开捐资助学动员大会1次，参加会议各界代表近200人。通过会议动员，发放“扶贫助学志愿者倡议书”，在县电视台发布消息等形式广泛宣传，扩大影响。县城30多名老干部自觉参与“一对一”捐资助学。老干部赵从新、林光友不仅每人捐款1000元，还到企业为贫困学生募集助学资金10000元。

【调查研究】 年内，县扶贫“两会”深入企业、进村入户了解实情，积极探索农业发展新路径，推动中共中央1号文件和国务院办公厅《关于推进农村一二三产业融合发展的指导意见》精神落实，撰写调研报告2篇，即《农业发展路在何方——关于农村产业融合发展的探索与思考》和《“百年苏花”产业带动扶贫的调查与思考》。其中《农业发展路在何方——关于农村产业融合发展的探索与思考》针对近年来粮食连年增产却又面临库存增加，农业效益下降等问题进行分析研究，并依据《国务院办公厅关于推动农村一二三产业融合发展的指导意见》精神和自身实践，提出加快农村产业融合发展是破解农民买难、卖难、融资难的有效途径。该调研报告引起市扶贫“三会”领导重视，在全市召开的有关会议上，市扶贫三会推广泗阳经验。（蔡振华）

泗阳县诗词协会

【概况】 泗阳县诗词协会组建于2014年12月，由泗阳县诗词协会、桃花源诗社、泗阳县老年诗书画协会、泗阳县众兴诗书画研习会、重九诗会、来安诗社等全县6家文化团体自愿整合重组而成，主要任务是从事古诗词创作，弘扬古诗词这一国粹。至2016年底，泗阳县诗词协会共有会员93人，其中国家级会员11人，省级会员6人，市级会员61人。2016年，县诗词协会坚持穷办苦干，以建立阵地提高会员素质，组织活动带动会员创作，全年创作古诗词3000余首。组织会员参加宿迁市建市20周年征文大赛，全市三县两区14名获奖者，泗阳县诗词协会占7名。年内，协会编纂出版《桃花源·泗阳诗词2016珍藏版》1本，编印内部简报《桃花源》4期2400份，为古诗词的传承作出应有的贡献。

【百花吟群建立】 年内，县诗词协会组建QQ百花吟群，至年底，百花吟群在册人员已发展到78人。吟群坚持每月一期群话，组织和引导成员围绕话题创作交流，全年开展诗作交流近千首。农民诗人、百花吟群群主朱焕德身残志不残，经常在吟群发布诗词学习资料，并热心敲字评诗。1月13日，《宿迁晚报》以《"桃源耕夫"朱焕德：拖着残疾身躯诗海追梦》为题介绍朱焕德的事迹。

【运河文化挖掘】 京杭运河流经泗阳境内近百里。县诗词协会注重挖掘运河内涵，弘扬运河文化。5月8日，协会召开全体人员大会，主席潘莹作"大运河文化"专题讲座，发动大家看运河、写运河，全年会员以运河为题材创作古诗词70多首，多首被《中国诗词》《楚韵》刊发。

【举办古诗词学习班】 5月15日、22日，县诗词协会举办第一期古诗词学习班，参加学员36人，其中有10多人从来没有写过格律诗。经过学习班的速成培训，参学人员都能够独立的写出平仄韵无误的格律诗来。8月，《中国诗词》开辟专栏介绍学习班的活动情况，并刊登多首学员作品。

【诗词结集出版】 县诗词协会以弘扬中华民族文化瑰宝为己任，积极发动会员创作古诗词，并主动将泗阳本土诗人作品结集，报经市文广新局批准核发准印证，于12月编纂出版《桃花源·泗阳诗词2016珍藏版》诗集1本，该书收集会员81人作品1010首，已由市、县档案馆、图书馆收藏留存。

【组织采风活动】 县诗词协会注重以组织活动增强凝聚力和向心力，推动创作活动。全年组织3次采风：4月2日，在梨花盛开之际，组织部分会员到爱园镇采风，观看百年梨园，即兴创作诗歌20多首。10月15~16日，组织会员28名，参观人间天堂——苏州，采风会员共创作诗词70多首，大部分作品被刊登在第5期《桃花源》上。11月12日，组织会员23名，到泰州一日游，创作诗词近60首。

【会员作品推介】 县诗词协会注重向外推介会员作品，积极开展对外交流。全年向有关诗刊推介会员作品300多首，其中有230多首在《中国诗词》《江海诗词》《楚韵》等专业诗刊上发表。

（李　敏）

泗阳县老科技工作者协会

【概况】 2016年，泗阳县老科技工作者协会（简称县老科协）新发展团体单位1个，发展会员58名。到年底，共有团体单位18个，会员568名。协会以服务于老年（退休）科技工作者为宗旨，带领老年科技工作者不忘初心，发挥余热；开展科普活动，普及科普知识；围绕政府中心工作开展调查研究和建言献策。年内，县老科协科普讲师团被省老科协表彰为2014–2015年度先进科普讲师团。在江苏优质大米和品牌杂粮"公正杯"博览会上，县老科协家庭农场分会提供的"晶两优1125"杂交籼稻、"兴株"富贵香籼稻获优质奖。

【政治学习】 组织会员认真学习十八届六中全会精神，学习习近平系列重要讲话，从思想上、行动上与以习近平为核心的党中央保持高度一致。全年组织会员政治理论学习60余场，参学人数3500余人次。

【科普活动开展】 县老科协积极参加县科普宣传周及各项科普活动，全年在中小学举办法律进校园活动、在县城和农村开展各类科普活动90多场次，发放各类科普资料39000余份，受众66000人次。《泗阳老科协》会刊全年编辑发行6期。

【科技培训与科技示范】 全年开展农业技术培训90场次，培训总数26000人；开展各类技术推广活动80次。受众20000人次；开展技术扶贫30次。利用微信、电话建立三农服务联系点50个，选派11名老科技工作者与11名大学生村干部结对，协助普及提高农村科普知识。新创建科技示范基地2个。到年底，全县已创建科技示范基地13个。

【调研建言活动开展】 围绕县委、县政府中心工作开展调查研究并积极建言献策，全年撰写并向县委、县政府递送调研报告和建言献策文章20

篇，受到县领导表扬。

【组织会员活动】 组织会员健康体检，参加人数400多人。组织会员赴连云港、山东等地参观考察，参加人数300多人。全年举办书画笔会1场、心理健康咨询讲座1场，举办老年健身舞演出1次。 （周广飞）

泗阳县老龄协会

【概况】 2016年，县老龄协会（简称县老协）在县委、县政府和各涉老部门的支持下，以构建和谐泗阳为目标，以维护全县老年人的合法权益为宗旨，认真贯彻落实《中华人民共和国老年人权益保障法》，在反映老年人诉求，维护老年人合法权益以及为老年人服务等方面作了许多工作，并取得一定的成绩。

【老年人权益维护】 年内，县老协积极与县各涉老部门协调沟通，努力形成为老年人服务的工作合力。全年接待老年人来访186人次、信（电）访30余次。本年度，老年人的诉求主要集中在房产继承、老年赡养和政策待遇落实三个方面。其中尤其是机关离退休人员工资调整落实兑现和复退军人待遇落实等问题，一段时间上访问题较为突出。县老协一方面积极发挥协调劝导作用，通过召开有关人员座谈会、给重点上访对象打电话等方式，做好老年人思想工作。另一方面积极与信访涉及的县委、县政府有关部门进行协调沟通，及时反映老年人诉求。对矛盾较为突出的信访件，亲自到相关职能部门、信访人社区了解情况，沟通协调，所反映问题基本都得到妥善处理。开展老年人维权宣传活动，在全社会营造维护老年人合法权益的氛围。通过举办法律知识讲座、《中华人民共和国老年人权益保障法》知识竞赛等活动，增强老年人主动维权意识，敢于并善于利用法律武器维护自己的合法权益。

【老年人优待证办理】 落实老年人优待政策，做好老年人优待证件办理。全年为年满60周岁以上的老年人办理优待证836张。依据省、市有关优惠政策，持证老人可免费进入公园、博物馆、纪念馆等场所；在医疗机构、机场、车站、港口等公共场所享受优先服务；旅游景点享受门票半价或免费；70周岁以上的老年人持证可免费乘坐城区公交车。

【第五届老年人象棋赛举办】 9月28日，县老协举办泗阳县第五届老年人象棋比赛。来自全县经过筛选的120余名老年象棋爱好者参赛。众兴镇代表队王义高、爱园镇代表队姬维政、庄圩乡代表队李长明分别获得本届比赛的第一、二、三名。

【门球比赛获奖】 通过组织老年人观看门球比赛，举办门球运动知识讲座并组织门球运动技能培训等形式在全县老年人中推广门球运动。年内，首次组队参加市第八届老年人门球比赛，获三等奖。

【高龄寿星评选】 举办全县高龄寿星评选，凡在本县定居、年龄100周岁以上老人均可参加。经过申报，考察落实并组织评选，新袁镇葛圩村魏李组的村民高玉兰（女，102岁）、里仁乡徐营村一组的村民徐翠兰（女）、卢集镇薛嘴村三组的村民陈兴平等3位老人被评为2016年度泗阳寿星，并获宿迁市第七届“生态人瑞奖”。

【庆祝第二十九个敬老节】 10月8日上午，县老协召开庆祝第二十九个敬老节座谈会。来自全县各界部分老年人和县涉老单位相关负责人、部分乡（镇）村老龄协会代表出席。与会老年人畅谈对全县经济社会快速发展的感受。对县委、县政府对老年工作的重视，县财政对老年事业投入逐年增加，老年人社会保障水平有所提高表示感谢，并对县委、县政府今后的老年人工作提出意见和建议。 （王　磊）

人民武装

【概况】 2016年，泗阳县人民武装坚决贯彻省军区、军分区党委决策部署，紧紧围绕强军目标，抓根本保方向，抓准备谋打赢，抓基层打基础，抓作风促落实，以军事斗争准备为龙头，思想政治建设全面推进，军事素质稳步提高，出现蓬勃向上的发展态势。

【思想政治建设】 以中心组学习、理论轮训、宣讲教育为主要形式，大力开展“读经典、学哲学”和读书成才活动，为每名干部职工购买300多元的理论辅导读物，采取部门领导领读、个人精读、相互交流、个别帮带相结合的方式，强化学习效果，着力在体系学习、领悟要义、知行合一、转化运用上求深求实，进一步坚定干部职工对中国特色社会主义的坚强信心，解决理想信念不够坚定、军事斗争准备不够扎实、安家落户思想抬头等突出问题。结合纪念长征胜利80周年，精心组织走访慰问抗战老战士、祭扫烈士陵园、“铭记历史警示未来”主题教育活动，引导干部职工甘当兴军路上的铺路砖，自觉服从国家和军队改革大局，做改革的坚定拥护者和坚决执行者。

【军事斗争准备】 按照上级赋予的军事训练任务，以迎接作战能力评估为契机，严格落实战备规定。结合形势任务，认真修订完善战备方案，正规作战值班秩序，完善县、乡镇（街道）、村（居）三级情报体系，确定民兵秘密情报信息员30名民，普通情报信息员280名，建立民兵情报信息奖惩激励机制，充分调动信息员工作积极性和责任心，确保信息侦报及时、准确。始终把首长机关训练摆在突出位置，坚持领导带头，真抓真练真考，直至人人达标。每周安排两个半天，开展应急分队军事业务训练，每月进行一次测试。根据分区部署，结合县内实际，在洪泽湖沿岸的高渡、裴圩、卢集3镇和淮沭河、六塘河流域的庄圩、里仁两乡，实地勘察险工险段，重点训练冲锋舟和植桩机的操作与使用，有效提高应急分队遂行任务能力。

【民兵整组】 坚持以质量建设为中心，以吸纳退伍军人为重点，编实建强民兵组织。在编组单位确定上，按照“承担什么任务就编什么队伍”的要求，将合成化民兵应急连分散编组在泗阳经济开发区和众兴镇；将铁路护路分队分散编组在铁路沿线的庄圩、南刘集两乡和史集街道；将汽车运输分队编组在县交运局；辖区有重要目标的单位都编配重要目标警戒分队，提高编组针对性。拓展泗阳经济开发区民兵组织191人，赋予应急分队和重要目标警戒分队、汽车运输分队、登记储备队伍单独任务。

【征兵工作】 继续采取电视广告、播放解放军形象宣传片、市民广场演出、观看军事题材电影、开通“泗阳征兵”微信公众平台、深入学校家庭“面对面”思想发动等形式，扩大征兵工作影响力，全县有1373名适龄青年网上报名应征。根据国防部和省军区通知，年内征兵体检全部使用信息化管理系统，实行网络化体检。县委、县政府及时划拨资金，新增电脑60台，改造县征兵体检站信息化系统。坚持依法征兵，多次召开征兵业务培训会议，组织征兵工作领导小组成员和全县专职武装干部学习新修订的《征兵工作条例》和体检、政治考核等相关工作政策法规，确保工作按程序规范运行。守住廉洁征兵底线，建立“日报告、周检查、旬讲评”制度。在双合格人数超出征集任务数的情况下，坚持集体定兵，对双合格人员进行公示，广泛接受社会各界的监督，确保公开公平公正，全年圆满完成征集兵员任务，高中以上学历占72%。

【基层武装部建设】 年内，按照中央军委和省政府、省军区关于加强基层人民武装部规范化建设要求及宿迁市政府、宿迁军分区《关于做好2015~2017年度全市基层人民武装部规范化建设的意见》，进一步提高全县基层人民武装部规范化建设水平，在深入调研、掌握底数基础上，结合县内实际，计划两年内完成基层规范化建设任务，全年完成新袁、王集、裴圩、庄圩、南刘集、泗阳经济开发区共6个基层武装部规范化建设任务。

【武器弹药统管】 按照省军区关于武器弹药统管要求，3月25日上午，宿迁军分区召开全市民兵武器装备仓库搬迁部署会，下达全市民兵武器装备搬迁命令。县人武部成立以部长樊祥群为指挥长的武器弹药搬迁指挥组，领导和指挥搬迁工作。3月29日上午，军分区司令员王向东现场指挥督导装载，下午13时圆满顺利押运至市民兵武器装备仓库。按照省军区统一要求，县人武部党委成立建设兵器室领导小组，在规定时间内完成建设任务，并于5月24日正式投入使用。

【国防动员潜力调查】 9月28~29日，县人武部负责人参加省军区组织的国防动员潜力调查统计业务培训。10月9日，又参加军分区组织的业务培训。10月中旬，县人武部组织全县国防动员委员会成员向涉及的相关单位部署任务，开展国防动员潜力调查统计，在规定时间内，完成上级下达的国防动员潜力调查任务。

【安全管理】 严格落实请销假等制度，突出抓好车辆、武器、保密等重点目标、重要部位的安全管控，连队化管理武器库。落实干部值班制度，维修完善各种安全报警装置，更换和维修武器库和民兵训练基地的老旧水、电线路，保证用水、用电安全；投入3万元升级改造保密室，建成集中文印室，密级文件统一存放保密室，科室明确专人负责秘密载体的登记和归档；每月检查讲评1次保密情况，切实解决U盘存放和手机品牌不符合要求等问题。

【拥政爱民】 组织干部职工参加“泗水先锋”党员志愿服务。先后出动民兵1000余人次，参加地方义务植树、安全生产、社会治安维护、新农村建设等任务；协助县政府搞好老城区改造，争取军区盐城房管局支持，做好部队闲置营房置换工作；每月到帮办企业和挂钩重点工程调研生产和项目推进情况，及时了解制约发展的矛盾困难，努力为地方经济建设服务。对口帮扶李口镇吴集村，协调资金20万元用于村部建设。协调江苏省泗阳实验小学与李口镇中心小学结成共建对子，资助1名家庭困难学生1500元助学金和近千元学习书籍。策应镇江军分区帮扶5个经济薄弱村，把军区下发的400多个医疗保健箱逐一送到“五老”对象手中；“七一”前后，分别慰问贫困群众4户和新中国成立前入党的老党员2名。

【首长视察】 3月22日上午，省军区参谋长戴滨辉一行5人，在宿迁军分区司令员王向东、市委常委、军分区政治委员胡家友、参谋长钱善忠陪同下，到泗阳县检查战备规范化建设、安全管理、民兵整组等工作。4月25日，省委常委、省军区政委曹德信在宿迁军分区司令员王向东、市委常委、军分区政治委员胡家友、县委书记徐勤忠陪同下，调研泗阳县基层武装工作。5月11日，省军区副司令员鞠华率工作组莅泗检查安全工作，对县战备应急预案和110联网给予高度肯定。 （*石　军*）

武　警

【概况】 2016年，驻中国人民解放军武装警察部队泗阳县中队（简称武警县中队），隶属武警宿迁市支队，主要担负县看守所外围警戒及逮捕、押解、追捕、警卫、处置突发事件等勤务。武警县中队全年围绕省总队、市支队党委扩大会议精神为指导，不断加强思想政治建设，牢固树立安全发展理念，按纲施训强军威，夯实基础谋发展，全面过硬上质量，部队建设持续健康协调发展。年内，官兵思想稳定，部队秩序规范，各项任务圆满完成，县看守所连续31年安全无事故。

【思想建设】 依据市支队下发的理论学习计划，结合党员“两学一做”活动，先后组织学习《中国共产党章程》和军委主席习近平关于“坚持党对军队的绝对领导”系列讲话精神，开展讨论撰写心得体会。全体官兵牢固树立坚定的理想信念，加强世界观、人生观和价值观改造。组织歌咏等文体育活动，干部每月至少找部属普遍谈心1次，激发官兵热爱生活、热爱部队的内在动力。实行“党务、政务、警务、财务”四公开，让战士有话“能说”“敢说”“愿说”“会说”。在事关战士利益等敏感问题上，坚持“一把尺子量长短，一个标准比高低”。全年选送专业技术学习3人、预提骨干集训4人、选改士官8人、入党3人。

【按纲施训】 年内，依据军委下发的《军事训练与考核大纲》和市支队下发的《军事训练月计划》，结合县中队的训练实际，认真制订《每周工作安排表》，严格按计划抓好落实。每周进行会操，每月召开支委会专题议训，组织教学法竞赛，干部搞好指导，提高骨干教学水平。发挥军事民主，加强训练方法研究，采取结对子训练新兵方法，促进训练质量提高；采取操场与哨位相结合方法，训练擒敌处置战术；采取对抗练习方法，使各课目的训练质量得到明显提高。年底，逐人逐个课目验收，每个官兵都达标过关。

【执勤演练】 武警县中队以正规化执勤等级评定活动为契机，认真落实总队工作会议精神，依据勤务制度规定，规范执勤秩序。坚持每月召开支委会研究、分析、排查问题，制订有效的措施及时整改；每天召开勤务交班会，听取网络查勤员和勤务值班员的情况汇报，及时纠正落实勤务制度中的不足，同时注重上哨、下哨抓队列，站哨抓警惕、抓警姿，确保勤务秩序正规化。坚持“执勤需要什么就训什么，提升能力靠什么就练什么”的原则，围绕执勤实际，大力开展专勤专训，尤其突出方案的研究与演练。全年共开展执勤方案演练10次，担负临时押解勤务34起，押解犯罪嫌疑人191人，行程9454千米，均圆满完成任务。

【安全防范】 年内，武警县中队定期召开安全专题会议，防范不懈保安全。以安全大检查为动力，及时纠治存在的安全问题，认真整改。兵器室严格落实“双人双锁”“日检查”等制度，切实把枪弹管“死”，全年未发生安全事故。

【后勤保障】 根据武警总部、总队关于训练场地建设要求，县中队党支部积极向地方党委、政府汇报并得到支持，建成室内训练馆和攀登楼等设施，并为哨位配置柜机空调等。全年联合目标单位共检修供电通信线路4次，维修照明设施8处、更换灯泡10盏。年内，武警县中队还立足现有条件，积极开展农副业生产，种植各类蔬菜，丰富“菜篮子”。通过加强岗位练兵不断增强炊事员人员的素质，在执勤压力大的情况下，能合理调节伙食，让官兵吃得放心满意。　（武警县中队）

消　防

【概况】 2016年，中国人民解放军武装警察部队泗阳县公安消防大队（简称县消防大队）以创先争优为目标，深入学习贯彻中共十八届五中、六中全会和总书记习近平系列重要讲话精神，扎实开展改革强警主题教育和“两学一做”学习教育活动。以提升灭火救援能力为根本，全力推动消防安全“固本强基”工程，扎实推进冬春火灾防控、夏季消防安全大检查和G20杭州峰会消防安全保卫等各项重点工作。圆满完成增援“4・22”靖江德桥化工火灾爆炸、“6・23”抗洪排涝任务。年内，县消防大队获评宿迁市“2015年度宿迁市文明单位”称号，在支队首届足球比赛中夺得冠军，篮球比赛获第二名，在支队“学党章、明党规、守党纪”主题知识竞赛中获团体第一名。有4名官兵获记三等功，1名干部家属被评为宿迁市首届“最美警嫂”。县消防大队连续2年在全市消防年度目标考核中综合排名第一，被市消防支队评为“2016年度全市消防执法规范化标兵单位”，全县连续17年未发生重特大火灾事故。

【思想建设】 县消防大队党委以加强组织建设为切入点，着力在抓班子带队伍、抓党建促正规、抓教育铸警魂、抓廉政促严实上下功夫。加强党务工作规范化建设，注重发挥大队党委的政治核心作用和把关定向作用。围绕有效履行使命任务要求，在把握形势任务要求中确立工作标准，开展改革强警主题教育和“两学一做”学习教育活动。组织党员服务队深入敬老院、福利院开展服务活动，邀请驻地老红军与官兵一起举行“八一”升旗仪式，并一同到“中国共产党在泗阳”历史展览馆参观，重温党的光辉历史。在G20峰会安保战备期间，中央电视台《新闻直播间》栏目播报了县消防大队“烈日下坚持训练无惧‘烤验’”

事迹，拍摄的“战士救援归队后的笑容”图片入选江苏警察“十大最美笑脸”。

【设施建设】 按照城市消防站建设标准和总队4+X作战编程要求配齐大队车辆和器材装备。投入460万元购置远程供水泵组及两辆水罐泡沫消防车，投入80余万元采购地震及水域救援装备，投入90万元配建市政消火栓，投入600万元新建泗阳经济开发区消防站，投入281.6万元为新袁、王集两个专职队购置车辆装备和用房建设。

【救援练兵】 修订完善防汛应急救援预案，建立完善应急联动响应机制。组建轻型地震救援队和水域救援队，开展使用救生衣、救生绳、抛投器、照明灯等水域救生专用装备器材实地测试。制订和完善辖区新调整20家重点单位灭火救援预案，并对80家重点单位进行熟悉演练。开展高层建筑火灾、大型商业综合体、石油化工火灾研训，修订61家消防安全重点单位数字化灭火救援预案。

【消防安全】 全年共检查单位1123家次，发现火灾隐患或违法行为1963处，督促整改火灾隐患或违法行为1939处。下发责令改正通知书931份，临时查封26家，责令停电、停水、停止营业17家。全县已建成区域联防组织9个，覆盖重点单位100家；建成消防安全重点单位微型消防站165个，建有率达65%；在养老福利机构、幼儿园等场所推广安装简易消防独立式感烟火灾探测器850只，简易喷淋设施16套。圣诞和元旦两节前，县消防大队接武警省总队下达的消防安全保卫工作命令，自12月24日0时至12月25日24时、12月30日0时至12月31日24时，全队消防进入二级战备状态，充分做好各项灭火救援准备工作，提高接出警速度。直到战备结束后，部队才恢复经常性战备状态。

【灭火救援】 全年消防共接处警1390起，出动车辆2698辆次，出动警力12418人次，抢救被困人员85人，疏散被困人员45人，抢救财产价值近2亿元。火灾直接财产损失比2015年下降18%。

【首长视察】 1月26日，省消防总队后勤部部长封立军到县消防大队督察指导执勤备战和部队安全管理教育工作，并慰问全体官兵。7月13日，省消防总队防火监督部部长丁余平到县消防大队督察指导夏季消防检查和部队管理教育工作。8月17日，省消防总队政治部主任姚勇到县消防大队督察指导G20杭州峰会消防安保期间思想政治教育和部队管理工作。10月27日，省消防总队党委书记、政治委员梁新国到县消防大队调研指导工作。

（县消防大队）

人民防空

【概况】 2016年，泗阳县围绕省、市民防局下达的年度工作目标任务，委托南京理工大学编制全县人防工作规划，大力开展人防工程建设，全年收缴人防易地建设费2962.01万元，完成人防宣传教育及防空警报试鸣演练等各项人防工作。

【人防工程建设】 全年新开工人防工程项目2个，建筑面积分别为1.24万平方米和2.15万平方米；在建人防工程6个，建筑面积共8.6万平方米。新竣工人防工程1个，建筑面积1.1万平方米。新立项人防工程2个，建筑面积共1.86万平方米，其中包括首个人防医疗救护工程。

【人防易地建设费筹集】 严格执行上级文件精神，把好人防易地建设费收缴关，委托有资质的图审部门审核人防易地建设费数额。通过窗口服务、严格执法，使人防易地建设资金的筹集实现快速增长，全年收缴人防易地建设费共2962.01万元，比2015年增加1712万元，增长136%。

【人防宣传教育】 利用“9·18”防空警报试鸣日为契机，通过县广电台、政府网站等新闻媒体普及人防警报知识。10月，完成修编《突发性核事故与核辐射事故应急预案》任务。12月，人防办与县教育局组织城区50余名中小学教职工赴宿迁参加民防师资培训。

【人防预警演练】 4月，完成7支共300人的人防专业队伍组建。“9·18”为全省防空警报试鸣日，利用县广电台、政府网站等新闻媒体及“速新闻”等官方微信平台，大力开展试鸣工作宣传活动，连续3天发布试鸣公告；利用市民广场等LED电子屏，播报防空警报试鸣具体时间和警报信号识别公告；在县城人员密集区张贴试鸣通告，悬挂宣传横幅，发放宣传材料。上午10时，防空警报试鸣开始，县指挥中心与省、市信息信号对接准确无误，18台警报器成功接收上级指挥中心下达的鸣响指令，鸣响率达100%，城区警报音响覆盖率达98%。

（姜传利）

政法委及综治

【概况】 2016年,县委政法工作以维护社会稳定为根本目标,着力解决影响辖区社会和谐稳定的突出问题,全面提升政法工作服务于经济社会发展的能力,为建设"强富美高"全面小康新泗阳提供坚强保证。年内,泗阳县被省委、省政府表彰为"法治建设示范县";被省社会治安综合治理委员会表彰为"平安县"被省铁路办评为"平安铁路县";被市政法委评为"G20杭州峰会安保工作先进集体";获县委、县政府2016年度目标管理绩效考评工作全面先进奖。

【依法治县年度考核】 年内,县委、县政府继续把法治泗阳建设纳入经济社会发展总体规划和年度工作综合考评体系,下发《2016年依法治县工作考核细则》《2016年为民办实事项目工程》《全面推进依法治县2016年工作要点》等文件,与全县各乡镇(街道)、法治建设成员单位签订法治建设责任状。县财政将法治建设专项经费、法律援助、社区矫正、法制宣传及所需经费足额纳入财政预算。加大对法治建设重点工程和实事项目的投入力度,不断提升依法治理机构装备水平,所需办公场所、办公设备等硬件全部配备到位。通过督查考核,交办整改、业务培训等方式方法推动法治创建工作有效开展。

【法治政府建设】 根据中共中央、国务院《法治政府建设实施纲要(2015~2020年)》(中发〔2015〕36号)文件精神,制订《泗阳县法治政府建设实施方案(2016~2020年)》,县法制办审核各类政府文件、合同200多份。县政府各类重大行政决策事项,都经过法制审核把关。并督促各单位严格遵守《泗阳县人民政府法制审核工作规则》,将法制审核作为政府文件出台、协议签订、重大决策制定的必经程序。完善政府法律顾问制度,在全市率先组建政府法律顾问委员会的基础上,聘请法学专家及名律师充实政府法律顾问团队,定期召开政府法律顾问座谈会,了解法律顾问在服务过程中发现的问题和会商解决疑难复杂法律事务。

【综治责任体系建立】 年内,围绕省、市下达的目标任务,先后制定出台《泗阳县2016年度社会治安综合治理和平安建设工作要点》《2016年社会治安综合治理成员单位任务分工》《2016年乡镇(街道)社会治安综合治理和平安建设工作考评办法》《泗阳县矛盾纠纷网格化排查化解工作实施意见》《2016年乡镇(街道)"社会治理工程"考核细则》《泗阳县2016年度系列平安建设重点工作》等一系列指导性文件,将全年重点任务,细化分解到45个成员单位和19个乡镇(街道),并明确工作标准、责任人员、完成时限,通过层层签订责任状,全县建成综治工作责任体系。县委、县政府督查室将平安建设作为年度督查重点,做到一月一汇报、一季一督查。

【创建社会治理"333+T"模式】 年内,全县以创建和谐稳定社会为重点,全力打造富有鲜明特色的"333+T"社会治理模式。1.三级网格新提升 重新登记各乡镇网格长(员)数量,制作花名册。通过公示栏、联系卡等方式建立乡镇（街道）、村（居）、组（社区）干部、网格长、网格员与群众联系制度，发挥网格长、网格员的治安管理、村居管理、环境卫生、纠纷调解、特殊人群服务的综合职能。实现社会治理各项工作任务逐地、逐事、逐人明确，实现网格全覆盖，工作零隙缝。为每名网格长配备手机终端，定期组织综治E通培训，实现各村各网格信息共享、透明公开。2.三项工作新改进　制定量化标准，督促村居综治办、治保会、调委会三项工作统一标准建设，做到规范有序。组织对全县各乡镇进行考核，全县所有村居综治办工作规范有序，能够发挥出综合研判、指导协调、预警提示、重点防范的作用；治保会在县综治办的指导下密切与警务工作协作与配合，完善村居（社区）社会治安防控体系建设，充分发挥出治安巡逻、特殊人群动态管控作用，做到"人头清，情况明，行踪可辨，行为可控"；各村居调解室建设进一步提升，配齐桌椅等办公用品，每村居有专职调解员1名，兼职调解员2~3名。3.三个到位新落实　民情民意搜集到位，及时了解群众生产生活中所思所盼，宣传落实各项惠民利民政策，畅通民意表达渠道，化解群众困惑疑虑。实现"民情民意早知道，急难险困早帮助""小事不出村，大事不出乡镇（街道）"的目标。矛盾纠纷化解到位，按照属地负责的原则，在民情民意搜集的基础上及时对各类信息综合分析研究，排查矛盾纠纷，提出有针对性的化解方案，严格落实办理责任。实现矛盾纠纷调解率达100%、调解成功率达95%以上，不发生民转刑案件，不发生越级集访和群体性事件的目标。民生法治保障到位，实行"三自五事"村居（社区）自治管理，民生基础保障全面覆盖，实现法律服务均等化。实现居民自治民主化，保障民生公平化，社会调节长效化，社会治理现代化的目标。4.各具特色的"T"模式 李口镇八堡村创新实施"一张卡"联系千万家、"一个网"管理全覆盖、"一群人"温暖群众心、"一本账"理清百姓事、"一组栏"亮出透明事、"一堂课"提升履职力。众兴镇西康社区推进综治工作中心规范化建设，通过资源整合、功能聚合、职能融合的方式建成一站式服务群众的社会治理大平台。三庄乡邵道居委会设立有20平方米的公共法律服务窗口，集中受理和解决群众法律服务事项，提供"一站式"法律服务。众兴镇西湖社区通过合理划分网格，配齐配强网格管理人员，按"网格化"分层组团服务架构模式，将社会治理和社区服务延伸到户。城厢街道办以南园居委会为试点，推行与完善网格化服务管理模式，给村民提供及时、便捷服务，努力实现走访排查"无盲区"、服务群众"零距离"的工作目标。庄圩乡创新工作思路，在村居（社区）示范点开展社会治理季季谈现场问事会活动，形成百姓有话讲，政府有人听，建议有人用，问题有人解，困难有人帮的"五有"社会治理局面。实现人民安居乐业，社会稳定和谐的工作目标。

【基层民主法治建设】 起草泗阳县"七五"普法规划，建立法官、检察官、行政执法人员、律师等以案释法制度。开展法治宣传月活动，通过悬挂横幅标语、张贴标语、宣传画、开展法律咨询、举办法制讲座、大型广场专题文艺演出，以及利用广播、电视、报刊、网站等媒体，广泛开展形式多样、内容丰富的法制宣传教育活动，县广电台开设《以案释法》栏目，建立县、乡、村三级法治文化阵地，县城建有法治主题公园、法治园地；19个乡镇（街道）全部建有法治文化一条街，村村建立法治图书角。打造"诚信泗阳"目标建设，归集全县56家单位掌控的43647家企业和105万名个人的各类信用信息计1080万条，其中企业失信信息5874条，有16家失信企业被处罚。

【执法机制监督】 健全群众有序参与司法活动的工作机制，组织人民陪审员、人民监督员、法律专家参与司法调解、听证、重大疑难案件的评议和化解等活动。县检察院建立"检律交流微信群"，征求律师对检察工作的箴言良方。建立律师参与化解和代理涉法涉诉信访制度，律师以自愿平等、依法据理等原则参与和代理涉法涉诉信访，接谈信访人、评析信访案件、提出处理建议、引导信访人依法申诉、帮助申请救助，建立良好的信访秩序。县公安局制定《泗阳县公安局执法过错责任追究办法》，通过审核重大案件查看同步录音录像资料和入所（队）登记台账等措施，确保场所的设置管理符合公安部"四个一律"的硬性要求，切实消除各类执法安全隐患，维护案件当事人和民警自身的合法权益。县检察院制定《案件质量评查暂行办法》，要求重点案件评查实行线上线下相结合，逐案反馈评查意见，及时通报并督促逐项整改。年内，县委政法委召开案例指导会议4次，剖析各类案件22件，化解涉法涉诉信访案件12份。县公安局出台《泗阳县涉法涉诉执法监督工作规则》，按照"谁办案谁负责，谁引发谁解决"的原则，实行信访终身责任制。对评查发现的执法错误和瑕疵，督促及时纠正补正到位，严肃处理有执法过错的责任人。

【社会矛盾化解】 年内，全县在500人以上企业全面建立调解组织，重点完善医患、交通事故损害赔偿、劳动争议、环境保护、物业管理等纠纷的专业调解组织建设和平台建设。共建立各类人民调解委员会266个，其中乡镇人民调解委员会19个，专业调解委员会13个，另建各类调解工作室291个。调解组织共受理矛盾问题1719件，调解成功1718件，调解率99.99%。其中邻里纠纷为矛盾大类，达743件，占43.17%，均调解到位。

【技防建设】 年内，按照高标准规划、高水平建设，强力度推进完善综治信息平台。投资216.78万元，完成16个重点成员单位和19个乡镇（街道）、46个村居社会治理示范点的线路开通和电脑配备。在全县构建"县有信息中心、镇有信息平台、村有信息站点、网格员有手持终端"社会治理格局。织密道路治安监控网、重点单位和要害部位技防网、易发案场所部位技防网、机动车辆轨迹网和"出城、出县"两道电子防线的"六张网"，新建监控2400多个，对全县72个老旧居住小区技防建设升级改造。新安装电动自行车智能管控系统3.4万辆，全年电动自行车被盗案发11起，破9起，抓获嫌疑人9人，追回被盗车辆10辆，案件比2015年下降37%。

【畅通民意表达渠道】 设立泗阳县涉法涉诉联合接访中心接待窗口，负责对群众诉求统一受理、登记、建立台账，根据诉求性质进行分流，指定调处。中心集受理、调解、化解、救助为一体，实现实体化运作,依法处理涉法涉诉信访案件。全年共接待群众重点来访7批14人次，全部成功化解。有148件普通信访件，成功化解138件，10件导入司法程序。

【办结信访积案】 在全县开展清理和依法处理涉法涉诉信访积案专项行动，明确工作目标、工作任务、工作责任。按照"一案两卷""一案一策"要求，定期召开涉法涉诉信访积案化解推进会。经查，全县有信访积案63件，年内全部化解。

【信访"双十"案件评选】 从全县信访件中选出10件正向案件，10件反向案件，其中涉法涉诉信访，正向4件，反向4件。制定严格的评选标准、步骤和方法，根据评选结果，表彰正向案件，案例编撰收入信访案例指导书；对反向案件的单位、案件承办人及其包保责任人，转组织、人社部门备案，在年度考核中不得评先评优。　（卢立东）

公　安

【概况】 2016年，泗阳县围绕全面深化公安改革工作布局，进一步整合资源、优化机制、夯实基础、提升素质，着力打造立体化现代化社会治安防控体系，加强公安队伍正规化建设，开展严打整治斗争和治安防控体系建设，规范执法行为，参与"社会管理创新"，全县社会治安状况进一步好转，保持连续14年命案全破、看守所连续31年安全无事故、全局执法质量连续5年省优并取得全市第一的好成绩，为建设"强富美高"全面小康新泗阳提供更优的服务保障。年底，县公安局获县委、县政府2016年度目标管理绩效考评工作全面先进奖。民警卜贤良被国务院防范和处理邪教问题办公室荣记个人二等功，董培彦、于启明、叶丽娟分别被市公安局评为"最美警察"、"最美辅警"、"最美警嫂"；局法制大队、城东派出所分别被省公安厅授予集体二等功，全局受县级以上表彰奖励集体43个、民警84人次。

【公安队伍建设】 坚持政治建警，开展"两学一做""三会一课"等主题教育活动，强化廉政教育、警示教育，完善政治工作例会和思想状况定期分析制度，坚持政治建警不动摇，永葆对党忠诚本色；坚持从严治警，在从优待警的同时，严格执行《宿迁公安规则》，做到内化于心、外化于形；开展"零违纪所队创建"活动，探索推行巡检机制，健全完善"三级联动谈话""红黄牌令""民警勤政廉政积分管理办法"等制度，挺纪在前；坚持练兵强警，全面实施以老带新、师徒互帮"青蓝结对工程"，每周开设"警营大讲堂"，全面提升民警业务能力水平。组织开展全警业务技能比武竞赛，提高民警综合素质和适应社会治安新形势的本领，在全市“补短板提能力解难题促改革”练兵考核中，局巡特警、出入境管理等5个单位分别位列全市同序列第一名。

巡特警开展业务训练

【严打整治】 先后开展“飓风-2016”“利剑-2016”“秋季攻势”和打击“黄赌娼”“盗抢骗”违法犯罪等专项行动，全县未发生重大恶性案件和重大治安灾害事故。年内，刑事案件发案率比2015年下降12.7%。

11月4日，县公安局举行打击违法犯罪“秋季攻势”专项行动涉案物品集中返还仪式

【治安防控】 深入开展立体化现代化社会治安防控体系建设，构建城乡一体、全面覆盖的治安防控网络。按照卡口和街警平台守点、巡特警巡线、派出所控面的思路开展网格化巡防，年内通过巡逻共抓获违法犯罪嫌疑人279人，比2015年上升8.7%；开展“技防城”二期建设，在建监控点位1355个，安装摄像机2460台；在全市率先推出“物联网+电动车”管控模式，城区电动自行车上牌6.5万余辆，盗窃电动自行车案件比2015年下降44%，已上牌车辆破案率达71.3%，为群众找回遗失（忘）电动自行车172辆。以深化平安居住小区创建、治安志愿者建设等为载体，动员社会力量参与平安建设，营造严管严控严防的治安氛围，全力挤压犯罪空间，刑事案件比2015年下降12.4%。

【“社会治安安全县”创建】 开展创建“无毒社区”活动，专项打击吸毒50余次，缴获毒品300克，铲除毒品原植物7000余株，责令社区戒毒95人，强制隔离戒毒41人，查处吸毒嫌疑267人。全县共受理治安案件3060起，结案636起，结案率20.8%，抓获违法人员3025人，行政拘留1218人，收缴手榴弹1枚、管制刀具117把、气枪6支、子弹1607发。

【执法管理机制建立】 以执法管理委员会、行政复议委员会、法律顾问委员会+案件办理中心、案件管理中心、涉案财物管理中心+警务平台、执法管理平台为抓手，着力打造“三位一体”的执法管理新机制，执法保障更加有力，全局执法质量连续5年省优；连续4年被县人民政府评为依法行政先进单位，被县表彰为“六五”普法工作先进单位；局法制大队被县评为“十佳人民满意警队”，被市人力资源社会保障局、市公安局联合授予“最美警队”称号，记集体三等功一次，被省厅记集体二等功一次。

【社会管理创新】 1.微警务。深化微信平台应用，公安微信号关注用户达3万余人，订阅号先后发布信息146期810条，被转发 2万余次；利用公安微信服务号提供咨询服务920次，为群众办理业务7382次；民意访评中心全年回访群众29万次，满意率达99.7%。2. “物联网+”管控新模式。率先在全市探索建立“物联网+”电动自行车管控机制，研发RFID射频监控平台，安装电子标签信号采集器点位339处，配装防盗号牌6万余付，采集过车信息13亿余条，上牌车辆被盗破案率达71.3%。3.寄递业安全监管新模式。在市邮管部门的协作配合、以及县政府部门的支持推动下，由县政府发文明确公安机关为寄递行业的主管部门，在全县探索实施以公安、邮管联合执法为主要内容的寄递业安全监管新模式，全面推动快件“收寄实名、收寄验视、过机安检”的落实。同时以组织落实全省寄递业安全整治“清源行动”为抓手，由县政府发文明确综治、公安、交运、市场监管、经信、安监等部门在寄递行业监管中的工作职责，形成分工合作、支持配合、齐抓共管的监管合力。全年共组织联合执法活动5次，检查寄递企业（及代寄点）820家次，发现治安、消防等各类安全隐患96处，下发限期整改通知书16份，向市邮管局移交案件3起。

【教育转化在押人员】 县看守所全年依法收押各类犯罪嫌疑人922人，其中被判决投送监狱劳动改造243人、刑满释放295人，日均关押量270人；县拘留所全年关押被拘留人员1336人，其中行政拘留1157人，司法拘留178人，拘留审查外国人1人，日均关押量30人。年内，利用被拘留人员提供的线索破获行政案件283起，抓获违法人员50名。

【水域管理】 以深化洪泽湖治安管控及水上安全监管治理工作为抓手，先后组织开展洪泽湖非法采沙及禁捕联合治理、运河水域"三无"船舶治理、打击非法捕捞水产品等专项行动，并多次联合渔政部门开展打击非法捕捞水产品联合整治行动。共查获非法采沙案件7起，查扣非法采沙船10艘，并协助主管部门现场执法7次，查扣现场作业非法采沙船8艘，行政拘留并处罚款1人。全年共行政处罚356人、取保候审6人、移送起诉6人，收缴各类电鱼工具106件，缴获非法捕捞鱼类5000多公斤，全县水域治安平稳可控。

【出入境管理】 整合利用网上微警等渠道，开通预约、咨询、进度查询等服务，及时做好线上沟通，回复网民提出的各类问题；整合资源，在县行政服务大厅内实行照相、快递、复印、刷卡缴费等"一站式"服务便民渠道；根据县内交通和区域规划，扩大出入境证件受理网络；实行首接负责制、急事急办制，推行周六开门办证和节假日预约服务等便民措施，添加7台自助填表机和7台前台通，减少申请手工填写的麻烦，提高办事效率，年度民意访评和省公安厅、市公安局组织的第三方访评中，满意率均达到100%。全年共办理各类出入境证件18601件次，其中办理护照9076件，往来港澳7791件次，赴台1693件次，办理外国人居留许可、签证41人次。全年共登记常住境外人员61人，纳入管理的外资企业48家，聘用境外人员企业12家，聘用外教学校2所。全年共登记临时住宿境外人员947名，其中住宿宾馆、旅社内892人次，住宿单位内部43人次，住宿居民家中12人次。集中开展越南、缅甸等毗邻国家人员非法入境、非法居留、非法就业专项行动，查获非法入境外国妇女4人，儿童1名，遣送出境5人，行政处罚1人。主动与司法局等单位联系，搜集相关人员信息，及时录入、更新，实现动态管控。全年度库内录入在控法定不准出境人员1521人，新登记录入1046名，撤控1338名。主动与组织部门联系，专门开展"登记备案国家工作人员"信息清理专项工作；与银行系统对接，做好人员岗位风险评估工作，核查已经办证人员，督促做好出入境证件集中保管工作。全年通过证件办理，发现43名法定不准出境人员办理证件并逐一核查，督促37名国家工作人员完善办证手续，确保无控制对象出境事件发生。

【信访处理】 全年共接待处理来信来访102起，信访总量与2015年上升24.4%。其中，来访52批68人次，比2015年上升18.2%；受理群众来信50件，比2015年上升31.6%。化解信访事项94起，化解率92.2%，比2015年提高2.2%。

【交通安全】 全年共查处交通违法案件53.66万起，完成各项交通安全保卫活动233次；破交通刑事案件177起、抓获网上逃犯1名、刑事拘留55人，取保166人，执行逮捕138人，移送起诉169人；吊销机动车驾驶证226本、办理行政案件315起；全年共接处交通事故警情14682起，死107人，伤3725人，财产损失269.06万元，比2015年分别下降0.5%、0.9%、8.52%、4.61%。

【命案侦破】 县公安局始终把"命案必破"作为提升群众安全感和满意度的民心工程，坚定"命案必破"的信心和决心，对现行发生的命案，主要领导靠前指挥，多警种、多部门同步上案，盯案不放、不破不休。全年发生现行命案5起，破获5起，实现命案逃犯抓获率"百分百"，创自2003年以来连续14年命案全破记录。

【重要案件侦破】 年内，县公安局侦破重要案件12起：

1.破省厅挂牌跨省系列盗窃车内财物案件 9月底，县东方现代城、水晶国际等多个居民报警称：停在小区内的车辆玻璃被砸，车内物品被盗。案件发生后，省、市、县各级领导高度重视，将此案挂牌督办。县公安局抽调精干力量开展侦查工作，经过近两个月的努力，11月初，将犯罪嫌疑人王××抓获，破获涉及河南、河北、山东、江苏等地的跨省车内盗窃案件10余起，涉案金额3万余元。

2.破省厅挂牌督办系列网购诈骗案　9月9日，县居民唐朝亮通过QQ群购买游戏装备，被对方以扫描二维码支付的方式诈骗1.15万元。报案后，县公安局抽调警力开展专案攻坚，在湖北省十堰市抓获犯罪嫌疑人龚×，缴获作案电脑1台、手机2部、银行卡2张。经查，犯罪嫌疑人龚×年内通过网络QQ群在广西、重庆、四川、江苏等地诈骗10余人，涉案金额20余万元。

3.摧毁持枪贩卖毒品犯罪团伙　1月初接报：季×等人在县内贩卖毒品，且手中持枪。县公安局立即成立专案组，开展调查取证，摸清贩毒团伙的组织底细。2月29日，先后抓获季×、张×、徐××等犯罪嫌疑人12名，缴获冰毒190克、枪1支，成功摧毁持枪贩毒团伙。

4.破特大跨省交友诈骗案　10月17日，县居民刘某被微信交友恋爱诈骗现金7100元。案发后，县公安专案组人员通过研判，确定犯罪嫌疑人活动地位于山西省临汾市，随连夜驱车2000余公里，赴当地开展侦查工作。通过调阅300多个小时的取款监控录像、查看200余页的银行取款记录，全面查清诈骗犯罪团伙的组织架构、窝点及人员分工等情况。11月5日，在临汾警方协助下，成功捣毁3个作案窝点，抓获团伙成员21名，缴获作案用银行卡70余张、手机40余部。

5.破省厅挂牌督办寻衅滋事案　4月，在洪泽湖水域，发生多起持枪强行收取塘口费案，社会影响恶劣，随被省厅挂牌督办。县公安局组建专案组，连续奋战，于9月初抓获陈×、倪××等犯罪嫌疑人6名，成功捣毁横行在洪泽湖水面的黑恶势力。

6.破获系列盗窃家禽家畜、沿街店铺案　2月，县南片多个乡镇接连发生多起盗窃家禽家畜、沿街店铺案件。案件发生后，县公安局成立专案组开展侦破，于3月17日凌晨抓获犯罪嫌疑人卞××。经审讯，嫌疑人交代自2014年以来，先后在裴圩、新袁、高渡等镇盗窃作案35起，涉案金额5万余元。

7.破市局挂牌督办系列农村盗窃车内财物案　1月，县北南刘集、王集等多个乡镇农户在操办喜丧事期间，先后发生多起砸坏宾客汽车玻璃盗窃车内财物案件。县公安局接案后，依托合成侦查机制，成功抓获犯罪嫌疑人王××。经查，2015年以来，犯罪嫌疑人王××先后作案50余起，盗窃车内财物20余万元。

8.破获系列盗窃电动车案　6月，县东方现代城、瀚学苑等多个居民小区相继发生盗窃电动车或电瓶案。县公安局接报后经侦查，先后于8月10日、15日将犯罪嫌疑人夏×、王××抓获。经审，2015年10月至2016年6月作案30余起，盗窃电动车、电瓶价值5万余元。

9.破金店抢夺案　6月14日晚21时许，一男子窜至华润苏果一楼黄金柜台，以购买金项链为幌，趁营业员张某不备抢走一条重90.84克的金项链，价值27161元。案发后，县公安局组织警力连夜开展侦查，经DNA检验比对，确定前科人员潘××有重大作案嫌疑，于6月20日将其抓获，成功破获该起金店抢夺案。

10.破市局挂牌督办系列盗窃电动车案　6月，众兴镇辖区内连续发生多起盗窃电动车或电瓶案。县公安局经侦查，锁定犯罪嫌疑人程×，并于7月14日将其抓获。经查，程勇盗窃电动车或电瓶等物20多件。

11.破系列入室盗窃案　4月，县东南新袁、裴圩等镇辖区发生多起入室盗窃案件，群众反映强烈。案件发生后，县公安局迅速组织专案组侦查，于6月27日抓获犯罪嫌疑人徐××、徐××、刘××。经查，2015年10月至2016年4月，该团伙先后入户盗窃作案20余起，盗得粮食、电动车、电瓶、家禽、家畜、水产品、铜片等物，总价值6万余元。

12.破获系列入室盗窃案　3月，张家圩、南刘集等乡镇辖区发生多起入室盗窃粮食案件。县公安局迅速组织警力开展专案侦查，通过DNA比对等工作，锁定犯罪嫌疑人卢××，并于6月23日通过伏击守候将其抓获。经查，2015年1月年至2016年3月，，犯罪嫌疑人卢××先后入室盗窃粮食作案30余起，价值4万余元。

（郭荣荣）

检察

【概况】 2016年，泗阳县人民检察工作，全面履行检察监督职能，惩治严重刑事犯罪，查办和预防职务犯罪，全力服务非公经济，不断加强自身建设，检察工作稳步健康发展，先后获评“全省文明单位”“全市检察机关目标管理工作一等奖”；获县委、县政府2016年度目标管理绩效考评工作全面先进奖。

【惩治严重刑事犯罪】 坚持严厉打击严重影响社会治安和人民群众安全的刑事犯罪，依法履行批捕、起诉职能，全年共批准逮捕各类刑事犯罪322人，提起公诉954人。先后起诉“全能神”等邪教犯罪案件3人，起诉电信网络诈骗案件22人，起诉制售假冒伪劣商品案件7人，保障国家安全和群众安居乐业。坚持重大案件提前介入机制，针对17件重大疑难和在本地有影响的案件，及时派干警介入侦查工作，及时全面掌握案情，引导侦查取证。

【查办和预防职务犯罪】 全年立案查处贪污贿赂犯罪案件14件17人，渎职侵权犯罪案件3件8人，立案查处科级以上干部7人，其中查处县发改局原局长王兴权受贿案，在全县引起振动。查办惠农、扶贫、拆迁、社保等领域职务犯罪，立案9件16人。开展预防职务犯罪警示教育60余次，受教育干部近万人。

【服务非公经济】 制定《关于服务和保障非公有制经济健康发展的实施细则》，赴9家企业开展预防职务犯罪讲座，走访县域非公企业25家，邀请县工商联与30家企业代表旁听职务侵占案庭审。召开非公企业座谈会，听取采纳非公企业建议12条。妥善处理涉企案件，根据案情，慎重处置，区别对待，最大限度保护发展。审查起诉江淮水利集团等公司串通投标案，依法起诉犯罪嫌疑单位4个、嫌疑人11人，作不起诉处理和退回公安机关单位7个、犯罪嫌疑人22人。

【保障扶贫攻坚】 出台《泗阳县扶贫领域预防职务犯罪工作暂行规定》，集中开展整治和加强预防扶贫开发领域职务犯罪专项工作，成立全省首个扶贫领域职务犯罪预防工作室。与县扶贫办共同召开全县惩治和预防扶贫领域职务犯罪联席会议，全县各乡镇主要领导、扶贫专干参加会议。全年开展专项预防走访19次，写出扶贫领域职务犯罪情况报告，被县委、县政府主要领导批示。各乡镇配套出台预防制度20余项，完善管理制度40余项。

【宽严相济】 对主观恶性较小、犯罪情节轻微的初犯、偶犯、过失犯、未成年人犯，以及通过刑事和解取得被害人谅解的轻微刑事案件，依法从宽处理，全年不批准逮捕85人，不起诉23人。突出对未成年人的司法保护，成立未成年人检察科，挂牌“青少年阳光工作室”，获评“宿迁市未成年人保护十大事件”。建立心理疏导“一站式”法律援助、犯罪记录封存、附条件不起诉、四方帮教等制度，开展“莫让雨水淋湿青春”护苗行动，全力保障未成年人合法权益。刑事检察科被表彰为全省“维护妇女儿童权益示范岗”和市“巾帼文明岗”。

【化解矛盾】 引入第三方参与化解机制，与县司法局共同制定出台《律师参与化解和代理涉检信访案件规定》，建立人民监督员参与化解涉检信访案件制度，相关经验做法被《检察日报》报道。充分发挥司法救助在化解矛盾中的有效作用，全年开展司法救助9件，发放救助金14余万元。组织在手案件排查，先后查出信访积案28件，风险案件89件，全部化解到位。

【刑事诉讼监督】 强化立案监督和侦查监督，监督应立案而不立案案件5件，监督撤销不应立案而立案案件4件，书面纠正侦查活动违法17件，专项监督3件3人。开展刑事审判监督回头看活动，发现刑事抗诉线索4件，提请市检察院抗诉。开展财产刑事案件执行监督，会同县公安、法院制定《刑事案件财产刑执行与检察监督实施办法》，督促法院对未执行的426件移交立案执行。开展判处实刑未执行专项清理活动，专项核查案件1237人。通过和法院、公安部门互相沟通核对，确定有被判处实刑罪犯未执行4名，撤销缓刑未收监执行1人，暂予监外执行期满未处理3人。

【民事行政检察】 全年受理民事案件68件，督促履行职责发出检察建议12件，提请抗诉2件，监督虚假诉讼10件12人。发现宋某等人与员工虚构“欠薪”事实，故意向法院提起虚假“讨薪”诉讼，企图利用劳动报酬权的先予执行权，阻止第三人实现债权。全年向法院提出民事再审检察建议6件，公安机关以虚假诉讼罪立案侦查9人。民行科被表彰为“全省检察机关民事行政虚假诉讼监督专项活动先进集体”。

【遴选考核检察官】 制定出台《泗阳县人民检察院员额制检察官遴选考核工作实施方案》，成立遴选考核工作领导小组，召开员额制检察官遴选考核工作动员会、考核述职评议会，通过民主测评、个人访谈等多种形式，对参选检察官形成综合评价，最终确定推荐入额28人。

【提高刑事案件效率】 制定《关于提高刑事案件效率的暂行规定》，压缩审查时限，控制不当延长。与县公安、法院联合制定《关于交通肇事、危险驾驶案件快速办理机制实施意见》，对事实清楚、证据充分的交通肇事、危险驾驶犯罪，简化庭审过程，集中开庭审判，全年快速提起公诉93件。与县公安、法院、司法部门共同出台《关于利用速裁程序办理刑事案件的实施办法》，成立快办小组，大幅提升办案速度，公诉案件结案率达97.23%。

【干警培训】 组织优秀干警、业务骨干赴浙江大学、苏州大学、山东大学参加素能提升班学习。印发《开展“素能提升年”活动的实施意见》，先后选派7名干警赴省、市院和《检察日报》社跟班学习。成立以年轻干警为主要成员的调研小组，有20篇论文在省级法学会获奖，5名干警人评全省专门型人才。

（朱莹莹）

法　院

【概况】 2016年，泗阳县审判工作以“立足新起点、作为新常态、回应新期待、创造新业绩”为指导思路，充分发挥法院工作对于经济发展的促进作用，深入开展“司法服务企业年”活动，主动适应经济发展新常态，抓好执法办案第一要务不松懈。全年共受理各类案件16735件，比2015年增长18.91%，审、执结案12556件，比2015年增长24.97%。年内，县法院被宿迁市委、市政府授予“市文明单位”称号；被市法院执行局评为“执行工作先进集体”。

【审判质效】 健全院、庭领导案件质量把关制度，全年共有70件疑难复杂案件经审委会集体研究定案。严格审判流程管理的刚性要求，加强立案、送达、开庭、鉴定评估、评议等环节衔接与协调，缩短办案周期。畅通申诉渠道，规范再审立案机制，切实纠正确有错误的裁判，主动立案再审审查案件19件。法定正常审限结案率75.53%。共评查卷宗1010本，裁判文书277篇，发回重审和改判案件45件。

【刑事审判】 依法惩治刑事犯罪，维护社会安定。严厉打击严重危害社会治安和人民群众生命财产安全的犯罪，对较为突出的毒品、赌博、网络诈骗等犯罪加大审判力度，重点打击团伙犯罪主谋、骨干分子，增强人民群众的社会安全感。集中打击多发性侵财类犯罪，从严从快打击盗窃、抢夺犯罪。全年受理刑事案件693件，审结692件894人。

【民事审判】 树立服务意识，注重民事案件审理法律效果与社会效果并重。针对涉及家庭暴力案件，及时进行人身安全保护裁定，发出全市首份人身安全保护令，有效制止家庭暴力行为。主动拓展居住小区物业纠纷诉讼化解渠道，建立类案裁判尺标，引导业主和物业公司选择诉前调解解决问题、化解矛盾，从而疏导物业服务合同纠纷诉讼。全年审理婚姻家庭类案件1596件，处理商品房买卖合同群体性纠纷案件48件，各类建设工程合同纠纷397件，物业服务合同146件。

【商事审判】 树立大局意识，促进经济社会健康发展。主动应对宏观经济形势发展，深入开展“司法服务企业年”活动，座谈走访企业，及时了解项目实施过程中遇到的问题，加强法律指导，提供法律风险评估和法律咨询意见，推动项目顺利实施。深入金融机构，开展重大债权催收、贷款风险防范等法制指导20多次，引导开展合法金融借贷义务，合理评估金融风险。全年新收商事案件1150件，比2015年下降13.6%，共审结1332件，比2015年增长26.1%。

【执行工作】 制定并实施《泗阳县人民法院执行案件分段实施运行意见（试行）》，持续开展打击拒不执行判决、裁定罪、反规避执行、反干预执行、反消极执行“一打三反”专项执行行动。开展“亮剑”执行活动和“执行攻坚百日行动”，利用夜间和凌晨集中执行，在县区范围内查找拒不履行义务的失信被执行人，并通过县广电台跟踪报道、定期发布失信被执行人名单、建立执行悬赏等机制。多举措创新，攻坚执行难问题。全年新收执行案件3949件，比2015年增长4.86%；执结3679件，比2015年增长71.60%；结案标的16508万元；网上拍卖120件334次，拍品120件，成交72件，成交金额2.7亿元。

【服务大局】 年内，建成集立案登记、涉诉信访、诉讼服务等多项功能为一体的诉讼服务大厅。开通12368诉讼服务热线，及时为群众解答诉讼问题，提供法律服务。积极开展巡回审判，在三庄、新袁等乡镇建立巡回审判点，就地解决矛盾纠纷。利用司法救助机制，对特困难当事人、信访人、申请执行人、刑事被害人启动司法救助机制，全年共对确有困难当事人缓、减、免交诉讼费17余万元。严格落实涉法涉诉信访依法导入、纠错、终结制度。全年共接待群众来访475件612人次，处理来信58件，办理上级领导机关转交信访件31件。组织干警到贫困户家中详细了解生产生活情况以及今后发展思路，认真开展精准扶贫工作。

【司法公开】 完善审判流程、裁判文书和执行信息三大公开平台，依托微信、中国法院网、江苏法院网、淘宝司法拍卖网等司法公开平台，完善庭审、裁判文书、执行拍卖等司法公开内容，达到以公开促公正的目的。年内，开展网上庭审直播204件，在中国法院网上公布裁判文书4853篇，组织召开非法集资、危险驾驶犯罪案件、反家暴典型案例新闻发布会4次。在全县新选任人民陪审员28名，参与陪审率达90.46%。

【队伍建设】 深入开展“两学一做”专题学习教育，坚持落实好“视频培训日”制度。采取党组中心组学习、党支部集体学习、个人自学、讨论交流等形式，引导干警廉洁自律。加强干警司法能力建设和业务技能提升。通过岗位练兵、集中学习日、部门庭室例会、选派业务骨干参加审判业务培训、法学专家视频授课等多种途径，精读、熟读诉讼法律法规及相关司法解释。帮助法官养成良好的学习、工作习惯，着力提升司法水平。全年选派参加省法官学院组织的业务技能培训干警35名，组织百余名干警赴浙江大学、西南政法大学参加业务技能培训。 （冯婷婷）

司 法

【概况】 2016年，泗阳县司法工作坚持解放思想，锐意改革，着力突出人民调解工作重点，全面搞好法律服务，加强司法队伍建设，切实提高依法履职能力和水平，司法行政各项工作有效推进。

【人民调解】 充分发挥人民调解的“第一道防线”优势，持续开展矛盾纠纷排查化解工作。以强化实战服务功能为目标，突出抓好乡镇、村居调委会等基层组织建设。全面提升人民调解信息化建设，人民调解组织、工作业务、案件录入率达100%。加强企事业单位调委会等行业调解组织平台建设，在500人以上企业全面建立调解组织，重点完善医患、交通事故损害赔偿、劳动争议、环境保护、物业管理等纠纷的专业调解组织建设和平台建设。进一步推进矛盾纠纷“网格化”管理模式，全面构建反应迅速、处置有力的防调工作网络体系。健全完善矛盾纠纷信息收集、报送、分析、评判制度和信息反馈机制，发现和掌握潜在性、倾向性、内幕型纠纷苗头以及重大事件动态，及时向党委、政府和有关部门汇报，妥善处置，赢得主动。全面推进调委会规范化建设，进一步提升县调处中心“实体化”建设水平。全年调解各类社会矛盾纠纷2364件、调解率100%，调解成功2363件、调解成功率达99%。排查纠纷4855件，预防纠纷3322件，防止民间矛盾纠纷引发自杀1件2人次，防止民间矛盾纠纷转化刑事案件2件5人次，防止群体性上访16件76人次。

【法律服务】 抓住实体和网络两个平台，着力打造网上网下、立体覆盖的法律服务网络。全面推进县、乡两级公共法律服务中心建设，加快推进公共法律服务向村居（社区）延伸，6月，全县19个乡镇（街道）建成公共法律服务中心和社区矫正管理教育中心。全面升级改造县公共法律服务中心和社区矫正管理教育中心，进一步完善公共法律服务的途径和种类，积极推进将公共法律服务纳入政府公共服务体系，依托律师、公证、基层法律服务等行业组织，组建各类法律顾问团，向村居（社区）延伸，通过集中供应、设点供应、网络平台联络等方式，提供具有针对性的法律服务产品，全面加强和提升律师工作管理水平和管理体制的创新。加强对律师和法律服务工作者工作的监督指导，健全律师和法律服务工作者执业准入、诚信执业制度，完善评价考核和奖惩机制，完善诚信工作体系，着力抓好行政处罚和行业惩戒，从严规范法律服务执业行为，建立律师和法律服务工作者包乡到村工作体系，确保法律服务工作者在思想上、政治上同中央、省、市、县委保持高度一致。建立一村一顾问，实现农村1小时、城镇半小时法律服务工作圈，为泗阳经济社会发展增添正能量。进一步提升公证机构规范化建设，实现公证处事业编制改革，确保公证机构在基础设施、服务形象、人员管理、业务管理、信息化建设等方面达到省级示范化建设标准。全年共办理各类公证事项1883件，国内经济类公证647件，民事类公证1175件，涉台公证51件，其他10件，收费56万元。办理各类法律援助案件714件，结案583件，结案率90%。其中刑事案件233件，民事案件480件，行政复议1件，代拟法律文书125余份，接待法律咨询1226人次，网络咨询25件，接待来访1321人次，无一例法律援助投诉。

【社区矫正】 出台《2016年全县社区矫正工作要点》《进一步规范社区矫正社会风险评估有关规定》《社区矫正工作重大事项报告制度》《社区矫正工作纪律》等文件，进一步加强社区矫正、安置帮教专职社工队伍建设。全年接收社区服刑人员348人，解除矫正361人。全县在册社区服刑人员451人，其中缓刑366人，假释61人，管制11人，暂予监外执行13人。开展审前调查408份，假释前环境评估28份。大力推进执法规范化建设，协调公检法等部门进一步优化联动配合、无缝对接等工作机制，重点协调规范好交付衔接、人员追查、司法奖惩、收监执行等联动执法环节。严格落实社区服刑人员基本信息核查、重点刑释人员出监出所必送必接制度，从源头预防脱漏管现象发生。加强“一体化”技防体系建设，实现对重点对象实时监控率达100%。健全完善严密的监管信息网络，全面推行分级分类管理，社区服刑人员全部纳入省社区矫正工作平台管理，社区服刑人员手机定位达50%以上，重点人员100%实行实时定位监控，微信圈工作法得到省厅社区矫正局领导高度肯定。进一步完善调查评估、假释前环境评价体系，与公、检、法以及监狱等相关部门建立社区矫正无缝对接工作机制。实现重新犯罪风险评估率100%，确保社区服刑人员不脱管。着力解决两类人员临时救助、社会保险、就业就医等方面的实际困难，为他们融入社会创造更好的环境和条件。落实适应性帮扶措施，切实将符合政策条件的社区服刑人员100%纳入最低生活保障。

【法治创建】 不断完善基层法治建设体系，开展“诚信守法企业”“依法治校示范学校”创建。推进“民主法治村（社区）”创建活动，着力构建覆盖机关、学校、企业、社区的基层法治实践体系，努力形成良性互动、普法并举的发展态势。3月，组织开展以“加强法制宣传教育，推进平安泗阳建设”为主题的“春季法制宣传月”活动，扎实做好“法润江苏·美好城市法律相伴你我同行”法制宣传工作。11月15日，县举行“六五”普法总结表彰和“七五”普法启动工作，表彰普法先进单位24个，法治宣传教育模范4名，先进个人20名。

【队伍建设】 按照组织机构规范化标准，加强司法所组织机构建设。制定司法行政工作人员基本行为准则，招录司法所一线司法干警26名，定向培训5名，年底，全县19个司法所有2人以上行政编制单位达85%。举办人民调解员、普法骨干培训班，实施专业人才培养工程。严格司法行政机关公务员、事业单位人员准入标准，积极推动社区矫正专职工作者、专职人民调解员纳入地方政府购买服务目录；加强职业道德教育，探索建立职业道德评价和惩戒机制。不断选树先进典型，在全社会树立司法行政队伍的良好形象。社区矫正工作者积极参加省厅组织的网上学院学习考试100%。（县司法局）

农　业

本栏编辑　陈　华

综　述

2016年，泗阳县围绕建设“农业强县”目标和“生态、高效、特色、现代、安全”的发展定位，稳步发展现代农业。全年引进生态科技项目30个，实施部、省级稻麦高产增效万亩示范片项目22个；建立稻田综合种养基地5个；推广稻、麦新良种110.9万亩。全年粮食播种面积155.51万亩，比2015年增加0.21万亩；油料播种面积4.65万亩，比2015年增加0.39万亩；蔬菜瓜果类面积37.2万亩，比2015年增加8.77万亩。粮食总产量60.37万吨，比2015年增长21.9%。工厂化食用菌日产量300吨，比2015年增加40万吨。全县围绕建设“2+3”农业产业体系，不断壮大“优质稻米、生态畜禽”两大主导产业，大力发展设施蔬菜、精品桃果、成子湖青虾三大特色农业产业，新增高效农业面积5.2万亩、渔业面积1.8万亩。成功举办第一届“成子湖青虾美食节”。大力实施化肥减施工程，引导农民使用生物农药或低毒、低残留农药，全县“三品”认证面积占耕地面积97.08%，“三品”产量占种植业总产量30.93%。新增“三品”32个。全年实现农林牧渔业总产值106.53亿元，现价增长7.81%。其中：农业总产值54.72亿元，增长2.47%；林业总产值7.43亿元，增长6.29%；牧业总产值18.72亿元，增长9.60%；渔业总产值21.69亿元，增长21.65%，泗阳县被省农委授予“全省发展现代高效农业成效显著县”“江苏省农业电子商务示范县”“全省畜牧业工作先进县”。

（王朝霞　涂洪江　房大利）

种植业

【粮油生产】 全年粮食播种面积139.40万亩，比2015年增加0.95万亩。粮食总产量60.37万吨，减产0.06万吨。其中，夏粮总产26.44万吨，减产0.35万吨；秋粮总产33.93万吨，减产0.41万吨。分品种看，水稻总产27.52万吨，减少0.23万吨，亩产546公斤，亩均比2015年减少3公斤；小麦总产26.36万吨，增产0.36万吨，亩产371公斤，亩均与2015年持平；玉米面积13.5万亩，持续减少，总产量5.34万吨，比2015年减少5.94%。全年粮食平均单产（每亩）433公斤，比2015年每亩减少3.5公斤，减产0.8%。油料面积4.2万亩，比2015年增加0.06万亩。油料总产量0.88万吨，比2015年增长2.27%。

【果蔬及瓜果生产】 全年蔬菜播种面积29.16万亩，总产94.17万吨。其中，蔬菜面积28.38万亩，总产92.70万吨。新建成新袁镇于湾村红椒、来安街道东和平村芦蒿等一批蔬菜基地。全年新发展水生蔬菜面积2.35万亩，主要分布于裴圩、高渡、临河、庄圩、南刘集等乡镇；主要种植品种有莲藕、芡实、荸荠、慈姑等，合称“水八仙”。全县桃树栽植面积4万亩，总产2.3万吨，主要分布在县境245、330、325省道沿线乡镇（街道）。成功举办2016年“华绿杯”首届中国泗阳鲜桃争霸赛。

【良种推广】 2016年,全县推广小麦新品种淮麦20、淮麦33、济麦22、徐麦33等62万亩,示范种植江麦816等小麦新品种;推广中粳稻、中籼稻及优质食味稻48.9万亩。中粳稻主要品种包括宁粳4号、连粳9号、连粳11号、津粳263、苏秀867等;中籼稻主要品种包括Y两优896、Y两优2号、徽两优6号、C两优396等;优质食味稻主要品种是南粳9108;示范种植籼粳交新品种甬优2640;推广玉米良种苏玉23、苏玉29、苏玉35等,搭配种植隆平206等。全县良种覆盖率98%以上。

【新技术推广】 全年推广水稻精确定量栽培面积35.7万亩,机插高产栽培面积16.5万亩,稻秸全量还田轻简稻作面积42万亩,推广水稻复合种养面积3500亩,稻菜轮作2.8万亩。稻茬小麦免(少)耕机械匀播面积17万亩,秸秆全量还田小麦全苗壮苗技术面积65万亩,晚播小麦独秆栽培技术面积12万亩。玉米板茬机械播种,晚种晚收高产高效栽培面积10.5万亩。1.推广蔬菜新品种6.5万亩,蔬菜基质育苗5.5万亩,膜下滴灌6.4万亩,蔬菜病虫害综合防治技术9.8万亩。2.推广啶磺草胺、五氟磺草胺、噻唑锌、噻呋酰胺、肟菌脂戊唑醇、稻腾、烯啶虫胺、氯虫苯甲酰胺、氰烯菌酯等高效低毒新农药应用面积达70.4万亩,低毒农药使用占78.3%,高毒农药用量下降6%。3.推广智能化连栋温室、新型日光温室、CO_2、生物杀虫剂、防虫网、频振灯杀虫、黄板诱蚜等无公害蔬菜生产关键技术,增强蔬菜产业发展能力。4.推广小麦拌种剂面积26万亩,实施水稻秧田统防面积1.12万亩。全县小麦、水稻、玉米95%以上实现秸秆全量或半量还田,改善农村环境,增加土壤肥力。5.推广测土配方施肥面积130万亩次,采集土壤样品166个,推荐配方肥3个,施用配方肥1.7万吨,每亩节约肥料折纯1.9公斤。6.推广商品有机肥、有机无机复混肥应用面积5.5万亩,新增水肥一体化面积0.08万亩,全年增设测土配方触摸屏3台。

【农业支持保护补贴】 全县共实施农业支持保护补贴(耕地地力保护)项目补贴面积78.92万亩,发放资金8586.09万元,覆盖全县19个乡镇(街道)共240个行政村(居)、17.3万农户。

【部省级农业示范项目实施】 全年实施部、省级稻麦高产增效万亩示范片项目22个。其中小麦9个,分别落实在裴圩、卢集、穿城、王集、史集、高渡等8个镇(街道)。花生高产创建项目2个,落实在八集乡。水稻高产创建项目11个,落实在裴圩、高渡、卢集、李口、城厢、穿城、三庄等11个乡镇(街道)。全年发放技术明白纸4万份、小麦良种21万公斤、水稻育苗基质6.6万包、育秧秧盘120万张、防治病虫害农药和叶面肥10.5万亩次。完成对项目区的技术培训13场次,培训农民1100人次,县乡农技人员深入田头现场指导1280余次。全年实施水稻专业化统防统治用工补贴项目投资40万元、绿色防控示范区项目投资20万元,重大病虫监测项目12万元,小麦"一喷三防"农药及叶面肥补贴300万元。

秋季争取省、部级小麦高产增效创建项目7个,分别落实在裴圩、高渡、王集、卢集、城厢、史集等7个乡镇(街道)。在高渡镇新建520亩有机水稻生产基地。在卢集镇实施高标准粮田建设面积1万亩,秋播开始首次实施轮作休耕项目。争取农作物产业化体系稻麦、花生项目各1个,建立稻田综合种养基地5个,面积1200亩,发展稻田养殖龙虾、甲鱼等。全县辐射发展稻田综合种养面积1.2万亩。

【农技服务】 全年发布病虫情报15期,电视预报12次,发放科普资料18万份,预报小麦赤霉病、纹枯病、水稻稻瘟病、稻飞虱等重大病虫害发生情况。组织植保专业化防治,农户增收节支累计达1.75亿元。全年组织参加省、市级农技培训12期、8场、1400人次;举办县级农技培训11期、24场、3800人次;乡、村级农技培训170场、21000人次。全年开展乡村集市农技咨询28场次,组织田间农技会诊32次,组织450名学员参加农业行业职业鉴定。选派12名技术员挂靠水稻高产增效示范片创建,定期组织田间集体会诊。治理外来入侵生物,其中治理水稻细菌性条斑病530亩,铲除恶性杂草加拿大一枝黄花13个点18亩。开展农业面源污染普查、土壤重金属污染普查、野生植物资源调查,农田重金属污染防治采样检测,采集土壤样品10个,农产品样品360个。县农业技术推广中心在省级以上刊物发表推广农业科技论文15篇,省级以上农业网站发表推广农业科技信息43条,县植保站被省植保植检站评为"全省十佳植保站"。

【“三品”监管】 全年共完成无公害农产品、绿色食品、有机食品新增32个。至年底，全县“三品”认证面积占耕地面积97.08%，全县“三品”产量占种植业总产量30.93%。全年共抽检蔬菜样品744个，检测合格率99.6%。

【农资打假】 制订全年农资打假实施方案，深入开展春季农资打假、夏季百日行动、秋冬季农资市场整顿等活动。采取联合执法行动，全年共出动执法检查车辆310多台次，组织执法人员644人次，检查农资门市1087个次，抽检种子样品52个，查处种子案件5起，没收种子1210公斤；抽检农药样品35个，查处假农药2起；抽检肥料样品20个，查处假肥料1起；开展农作物生产事故田间鉴定6起，调解农资案件45起，维护农民的合法利益。

【农技人才招引】 为江苏康宏生物科技有限公司和江苏鸿丰果蔬食品有限公各引进上海农科院博士1名，两名人才均入选江苏省双创博士计划。

【农业电商建设】 全年建成“一村一品一店”达标村150个，提升19个乡镇（街道）农村电子商务服务中心质态，共孵化网店396个，建成年销售额500万元以上规模网店6家。“泗水明珠”牌大米、“华珍”牌金针菇、“向民”牌蔬菜、“林芝”牌水蜜桃、“苏花”牌小花生、花生油及泗阳膘鸡、成湖湾草鸡、王氏蜂蜜等82个县域特色农产品在线上交易，年交易额达16.37亿元。泗阳县众兴镇西康社区、李口镇李口居委会获宿迁市“一村一品一店”示范村称号，众兴镇膳谷兄弟、顺洋地板、李口派秀鞋业、八集网依丹子、王集开波服饰等获宿迁市“一村一品一店”示范店称号。

【家庭农场培育】 年内，全县新增家庭农场259个，累计培育家庭农场1226个。其中，粮食类775个，园艺类242个，畜禽养殖类128个，水产类170个，综合类89个。2月20日，泗阳县湖滨粮食种植家庭农场、泗阳县里仁乡张云粮食种植家庭农场、泗阳县史集伟志家庭农场、泗阳县王集镇李艳家庭农场、泗阳县湖边庄园果蔬种植家庭农场、泗阳县天惠家庭农场、泗阳县长顺家庭农场等7个家庭农场被省农委评为省级示范家庭农场。

泗阳县新增省级示范家庭农场简介：

泗阳县湖滨粮食种植家庭农场　由农民魏金华于2014年创办，种植稻麦面积260亩，拥有804拖拉机、收割机、播种机等各种农机具8台套，2016年总产值62.4万元。

泗阳县里仁乡张云粮食种植家庭农场　由里仁乡村民张云虎于2013年创办，粮食种植面积287亩，拥有各种农机具6台套。2016年总产值66万元。

泗阳县史集伟志家庭农场　由史集街道农民徐晓丽于2014年创办，经营土地面积285亩，从业人员3人，有农机具8台套，以种植稻、麦为主。2016年总产值63.8万元，纯收入16.9万元。

泗阳县王集镇李艳家庭农场　该农场位于王集镇曙光家庭农场集群内，由李艳于2014年创办，经营土地面积285亩，从事稻、麦种植。2015年该农场在集群内新建曙光家庭农场集群服务中心，服务集群及周边乡镇家庭农场。2016年总产值66万元，纯收入11.4万元。

泗阳县湖边庄园果蔬种植家庭农场　该农场位于泗阳县省级成子湖生态农业示范区，由史集街道居民李前玉于2014年创办，经营土地面积184亩，主要生产桃果、葡萄等园艺产品。2016年农场经营收入78万元，纯收入14.8万元。

泗阳县天惠家庭农场　由裴圩镇单庄村村民刘家双于2013年创办，经营土地288亩，主要从事稻麦种植，有农机具8台套。2016年农场经营总收入60万元，纯收入11.5万元。

泗阳县长顺家庭农场　由裴圩单庄村农民张兆文于2013年创办，经营土地面积291.76亩，主要从事稻、麦生产，拥有农机具10台套。2016年农场经营总收入70万元，纯收入11.7万元。

（季林章　马　芹　王书敏　王　凯
刘　畅　徐中研　汪　静　韩　天）

畜牧业

【概况】 2016年，全县畜牧业以推进畜禽标准化规模养殖、畜禽粪污综合利用、病死畜禽无害化处理为抓手，努力实现畜牧产业布局与资源环境承载力逐步匹配，促进畜牧业可持续发展。全年出栏生猪53.92万头，比2015年增长3.49%，家禽出栏828.64万羽，比2015年增长3.32%，蛋（草）鸡存栏280万羽，比2015年减少9%；肉羊出栏80.3万头，比2015年减少8%。泗阳县连续4年获“全省兽医工作先进县”称号。

【畜禽规模养殖】 全县畜禽规模养殖比重达90%，其中，生猪大中型规模养殖比重达77.2%，位居全市第一。宿迁众鸣农牧开发有限公司等4家畜禽规模养殖企业成功创建为国家级生态健康养殖示范基地。

【重大动物疫病防控】 年内，全县重点防控家畜口蹄疫、猪瘟、家禽高致病性禽流感等重大动物疫病，采取春、秋两季疫病防控和夏季消毒灭源等行动，全年共开展血清学监测1.8万份，免疫（抗体）监测合格率达95%以上。启动众兴、新袁、三庄、张家圩、高渡、卢集6个乡镇达标畜牧兽医站建设。

【动物卫生监督】 全年共开展动物卫生监督执法810人次，查处案件14起，形成案宗76件；规范生猪屠宰场6个，打击私屠滥宰2起；监管规模养殖场、饲料厂、饲料经营户、兽药经营户3500户次；全年共无害化处理病死猪12.7万头、死家禽20余万只；全年共抽检动物尿样7415样次，抽检畜产品、兽药、饲料336样次，抽检合格率100%，实现全年不发生重大动物疫情和畜产品质量安全事故目标。投入700万元建成病死畜禽无害化处理厂1个，建成病死畜禽收集点18个，配套运输车2辆，全县病死畜禽实行集中统一处理。

（陈前岭　熊志学）

渔　业

【概况】 2016年，全县水产养殖面积18.12万亩，水产品总产量7.95万吨，总产值21.69亿元；渔业生产机动渔船1663艘，总吨位6744吨，总功率18789千瓦。

【水产养殖】 全县水产养殖面积18.12万亩，其中池塘养殖面积10.95万亩，湖泊养殖面积7.01万亩，河沟养殖面积0.16万亩。特种水产养殖面积17.8万亩，其中推广青虾养殖面积达3.5万亩。重点在卢集、高渡、裴圩、史集、众兴等镇（街道）。

【首届“成子湖青虾美食节”】 7月30日，泗阳县举办首届“成子湖青虾美食节”，邀请省内外多家知名餐饮企业、国内餐饮专家、国际友人共300余人参加品尝成子湖青虾美食。

【示范渔场创建】 年内，江苏正丰水产科技有限公司、泗阳县金柱水产养殖专业合作社成功创成农业部水产健康养殖示范场。位于高渡镇周岗嘴村的泗阳县鹏海水产养殖家庭农场和位于卢集镇谷嘴村的泗阳县鹏辉水产养殖家庭农场被评为江苏省省级示范家庭渔场。两个渔场基地占地约400亩，主要示范带动青虾、南美白对虾养殖。

【渔港建设】 卢集渔港位于卢集镇新庄村，占地面积5.28万平方米，总投资1000余万元，主要包括渔港基础设施和陆域配套两个部分。

（李　勇）

林　业

【概况】 2016年，全县以提高杨树资源质量为重点，不断扩张杨树总量，促进杨树产业向纵深发展。全年在造林绿化、森林病虫害防治、林政管理、森林资源调查等方面有序展开，层层推进，取得明显成效。年底，全县林木蓄积量达500多万立方米，实现林业总产值7.43亿元。

【植树造林】 全年植树180.6万株。其中，营造成片林面积0.64万亩，植树79.2万株；新建和补植农田林网11.9万株，四旁植树84.7万株；建成绿化示范村14个，植树4.8万株。新造林保存率100%，成活率90%以上。

【杨树品种更新】 采伐更新省道等绿色通道两侧和大运河等骨干河道两侧的公益林，营造新植南林3804、南林3412等杨树雄株不飘絮成片林，带动全县面上对杨树雄性无性系的推广。全面完成成子湖航道两侧、淮沭河庄卢线庄圩段等地块杨树更新改造工作，主要栽植“三杉”、乌桕、枫杨、木槿等树种。完成对6年以上的杨树更新改造计划3.87万亩，基本实现杨树飘絮不产生危害目标。

【湿地规划建设】 通过与省林科院合作，实地勘察成子湖高渡湿地系统，并科学设计规划，采取分段建设，分块打造湿地保护小区绿化工程。年内，建成高渡成子湖湿地保护小区总面积11万亩，自然湿地保护率达27.53%。

【森林资源保护】 全年编发《森林病虫简报》6

期，向乡镇（街道）发送《信息简报》1000份，投入防治机械20多台次、防治药品37吨，重点防治县绿色通道等地带的杨树食叶害虫。在古黄河湿地公园林海自驾游沿线、林苗圃等林区分别释放花绒寄甲4500管和赤眼蜂8500万头，防治面积达1500亩。7月29日，县租用直升机2架，对全县除规避区域外所有林地和村庄实施美国白蛾飞防作业，有效飞行69架次，飞防面积约24.15万亩。通过省林业专家检查验收，飞防区域达到预期效果。

【林政执法管理】 全年办理林木采伐证12件，采伐面积1780亩，材积1.88万立方米；办理徐宿淮盐铁路泗阳段征占用林地1件，永久占地面积50.59亩，临时占地面积6.46亩；处理林木乱砍滥伐案件1起，有效保护森林资源。

【林木种质资源普查】 年内，县林业部门组建2个调查工作组，聘请南林大植物学专业研究生5名现场指导，在全县范围内展开林木种质资源调查工作。初步登记县域内分布木本植物达200余种，森林公园有树木80多种、城南植物主题公园有树木50多种。建立全县种质资源名录，并形成学术成果报市林业局审核。

【古树名木清查】 组建3个古树名木清查队伍，完成基础材料的调查及信息录入工作。年内，全县有登记在册的古树名木43种、66棵。

【林业有害生物普查】 聘请南林大森保专业研究生4名，帮助采集昆虫622头，制作完成标本600个，鉴定7个目（鳞翅目、鞘翅目、半翅目、直翅目、双翅目、膜翅目、蜻蜓目）35个科，有害昆虫521头。

【森林防火】 全年张贴、悬挂标语、横幅120多条，发放森林防火宣传材料1000份，宣传森林防火知识，提高全民防火意识。组织3个火灾值班巡查小组，包乡镇、包地块，结合重点林地管护，清理林下杂草、枯枝落叶等易燃物，确保防火安全，全县未发生一般和较大级以上森林火灾。

【野生动物保护】 组织开展保护野生动物宣传活动，提高全民保护野生动物意识和法制观念，引导广大群众自觉保护野生动物、爱护野生动物。年内，救助野生动物1只，送市野生动物救助站救助。

【林下经济】 年内，全县建成林下经济示范基地25个，示范面积1.15万亩，辐射推广面积4.39万亩。其中作为特色产业发展的林下雪菜和中草药种植单个面积均超过1万亩。8月，泗阳县被省林业局作为集体林业改革典型事例在全省推广。

【木材加工】 全县拥有木材加工企业850家，其中规模以上企业159家，主要生产木材原木板材、人造板、胶合板、纤维板、刨花板、贴面板、木皮单板、纤维板、木地板等产品，年产值180.48亿元。

（臧红霞）

农村能源

【概况】 2016年，全县共实施省级农业废弃物资源化利用、秸秆清运和综合利用、生态县创建、循环农业、节能减排、安全生产等项目33个，总投资2465.55万元；全年农业废弃物综合利用率达98.88%，其中秸秆综合利用率98.89%，畜禽粪便综合利用率98.86%。

【省级农业废弃物资源化利用项目】 年内，按照省农业可再生资源循环利用项目实施指导意见的要求，全县共编报省级农业废弃物资源化利用项目实施方案33个，其中规模畜禽养殖场沼气工程6个、规模养殖场畜禽粪便有机肥加工试点项目3个、规模化畜禽粪便处理中心项目2个、农业可再生资源设施农业利用项目6个、大田循环农业项目8个、秸秆大棚生态种植项目8个，总投资2465.55万元，其中省下达资金1411万元，企业自筹资金1054.55万元。该项目按照实施方案有序实施，计划至2017年9月建成使用。

【省级秸秆多种形式利用项目】 根据《关于印发江苏省2016年农作物秸秆综合利用实施指导意见》文件精神，县农业委员会争取省财政资金171万元，补助县内500吨以上的秸秆利用企业，实施省级秸秆多种形式利用项目。年内，全县农业废弃物综合利用率达98.88%，其中秸秆综合利用率98.89%，畜禽粪便综合利用率98.86%。在市秸秆多种形式综合利用年度考核中，泗阳县获全市第一。

【可再生资源循环利用项目】 在卢集、高渡、裴圩、庄圩、里仁等乡镇，实施省级可再生资源循环利用农业项目15个，建成畜禽粪便沼气100

立方米以上工程12个、农业可再生大田循环项目3个。 （庄晓峰）

农业资源开发

【概况】 2016年，泗阳县认真贯彻落实省、市农业资源开发工作会议精神，以促进农业增效、农民增收为核心，加强高标准农田、黄河故道生态治理和现代农业产业体系建设，突出成子湖片区开发重点，围绕“早”字，立足“快”字，强化“优”字，瞄准目标，扎实推进，圆满完成年度农业综合开发各项建设任务。

【2015年度国家农业综合开发项目】 2015年度国家农业综合开发项目位于卢集镇西北部，涉及该镇成子湖社区、新庄村、卢集居委会。总投资1366.60万元，其中：财政投资1300万元，群众自筹66.60万元。建成高标准农田1万亩，新建泵站4座，渠系建筑物593座，其中：中沟桥36座、渠桥105座、涵洞93座、闸3座、渡槽11座、倒虹吸15座、渠首221座、溢流坝2座、节制门106座、分水池1座，修筑防渗渠道21.07千米，水泥路17.71千米，平整土地0.14万亩，新建晒场9200平方米，推广良种示范田880亩，安装太阳能杀虫灯80盏，栽植女贞2100株、竹叶柳2100株。以上续建项目年内完成并通过市级验收。

【2015年度国家农业综合开发生态治理项目】 全年共完成2015年度国家农业综合开发生态治理项目2个，分别是：1.李口镇生态综合治理项目，该项目位于李口镇西南部，涉及凌孟和渡口两个村，总投资684万元，其中财政投资650万元，自筹资金34万元。开发土地面积0.5万亩，建成泵站2座，渠系建筑物277座，其中：中沟桥10座、渠桥44座、涵洞73座、渡槽4座、分水池1座、闸2座、渠首143座，修筑防渗渠道14.61千米、水泥路7.18千米，开挖疏浚渠道2.8千米，推广良种示范田0.1万亩，安装太阳能杀虫灯30盏，栽植女贞2100株、竹叶柳2100株；2.新袁镇生态综合治理项目，该项目位于新袁镇南部三徐村，总投资665万元，其中财政投资650万元，自筹资金15万元。开发土地面积0.5万亩，新建泵站3座，维修泵站1座，渠系建筑物538座，其中：中沟桥3座、渠桥59座、涵洞62座、渡槽5座、倒虹吸2座、渠首407座，修筑防渗渠道16千米，水泥路6.22千米，推广良种示范田530亩，栽植女贞2100株、竹叶柳2100株、杨树1500株。以上续建项目年内完成并通过市级验收。

【2015年度国家农业综合开发产业化财政补助项目】 全年共完成国家2015年度农业综合开发产业化经营财政补助项目3个：1.泗阳县百春锦蔬菜专业合作社实施的2万平方米蔬菜种苗培育基地新建项目，建设温室大棚2万平方米，购置移动育苗床2670平方米、热风炉1台、半自动精量播种机1台、担架式植保机4台套、水肥一体化设施6台、3立方米塑料水箱6套等设备；2.泗阳县金园蔬菜专业合作社实施的300亩蔬菜种植基地扩建项目，建设连体大棚16128平方米、道路0.23千米，购置雷沃拖拉机1台、旋耕机1台、施肥播种机1台、众和喷杆喷雾机1台、筑水喷雾机1台等设备；3.泗阳业飞养猪专业合作社实施的2万头生态猪养殖基地扩建项目，建设标准化猪舍5000平方米、饲料加工房200平方米，购置饲料粉碎机1台。以上续建项目年内完成并通过市级验收。

【2015年度国家农业综合开发产业化贷款贴息项目】 全年共完成2015年度农业综合开发产业化节余财政资金贷款贴息项目3个：1.泗阳县中意粮油有限公司实施的年产10万吨面粉加工收购原料流动资金贷款贴息项目，贴息贷款额5610万元，国家贴息额146万元；2.泗阳县顺洋木业有限公司实施的年产3万立方米环保地板基材生产流动资金贷款贴息项目，贴息贷款额3300万元，国家贴息额98万元；3.泗阳县祥和木业有限公司实施的年产1.6万立方米杨木芯板加工生产原料收购流动资金贷款贴息项目，国家贴息贷款额1900万元，贴息额56万元。以上续建项目年内完成并通过市级验收。

【2015年度黄河故道农业综合开发项目】 全年共完成2015年度黄河故道农业综合开发项目2个，分别是：1.新袁镇2015年度黄河故道优质稻麦基地项目，该项目位于新袁镇西北部，东与马庄村相接，西毗高松河，南至八号中沟，北至崔陈中沟，财政投资1200万元，开发面积1.2万亩，建设泵站4座，其中：拆建1座、新建泵站2

座、维修1座，架设输电线路1.64千米，修筑防渗渠道17.53千米，建渠系建筑物841座，其中：农桥11座、渠桥86座、涵洞214座、渡槽4座、渠首523座、节制闸3座，分水井1座，铺硬质路18.11千米，栽植竹叶柳5000株、大叶女贞2500株；2.2015年度黄河故道现代农业园区项目，该项目位于众兴镇界湖、姚圩两村，东至盐徐高速公路，西至淮徐高速公路，南至245省道，北至城林路。总投资520万元，其中财政资金400万元，自筹120万元。开发土地面积0.4万亩。建设机电井1眼，防渗渠道6.54千米，渠系建筑物29座，其中：农桥1座、渠桥续建项目年内完成并通过市级验收。

（陈太岳）

农业旅游开发

【概况】 2016年，泗阳县按照省政府批复，实施成子湖旅游度假区观光农业开发，其范围东至330省道、西至成子湖县界，涉及卢集、高渡、裴圩三个镇，面积224.65平方千米，其中陆地面积63.1平方千米，水域面积161.55平方千米，核心区面积10.14平方千米。

【成立度假区建设指挥部】 县委、县政府成立成子湖旅游度假区建设工作指挥部，并以原有扶贫示范区13人为基础，又从财政、旅游等部门抽调7人，组建指挥部办公室，强力推进度假区各项工作开展。

【编制成子湖旅游区总体规划】 按照“错位竞争、特色取胜，整体规划、分步实施”的总体思路，编制成子湖旅游度假区总体规划。把度假区分为四大板块，分别为综合服务板块、农林休闲板块、养生度假板块、生态科普板块。设七大功能区，分别为入湖口形象展示区、新庄嘴运动休闲区、桂嘴农耕文化区、曾嘴水岸森林区、周岗嘴渔事体验区、高湖嘴休闲度假区、曹嘴湿地科普区。着力把成子湖度假区规划建设成“原生态、纯自然”的旅游胜地和国家级湿地公园。

【退圩还湖】 牢固树立生态为本理念，启动实施退圩还湖工程。至年底，新庄嘴、曾嘴退圩还湖5546亩，涉及农、渔民共99户，累计拆除围网区1913亩，围梗区2916亩，完成土方20万立方米；成湖湾清淤完成土方180万立方米，新庄嘴水系整理完成土方40万立方米；完成滨湖公路东侧、潘谷路北侧景观绿化工程；完成滨湖公路西侧及入湖口地标周边地形整理和管网敷设。

【路网改造】 启动滨湖公路南延、综合服务区北侧道路规划建设工作，其中，滨湖路南延至新庄引河段1500米，设计路宽6.5米，单设自行车道宽2.5米；综合服务区北侧道路长350米、宽19米、按双向四车道的景区支线道路标准建设。

【招商引资项目入库】 围绕“有实力、会策划、懂运营”的标准招商，招引社会资本方参与度假区开发，采用PPP模式建设。至年底，PPP项目已入省财政厅项目库，先后考察中建、中铁、中铝、万达等国字号企业80余家，初步确定意向合作单位。

【水陆管控】 年内，度假区指挥部下发《关于加强区域违章行为管控的通知》，明确管理范围、内容及职责，并组织人员日常巡查。指挥部办公室还赴骆马湖、白马湖、阳澄湖等地考察学习湖区管理先进经验，制订成子湖湖区管理方案，积极打造“水清、岸美、生态”成子湖旅游度假区。

（韩　景）

农业机械

【概况】 2016年，全县农机总动力99万千瓦，比2015年增加3.75万千瓦。新增享受农机补贴机械有：耕整地机械50台、种植施肥机械33台、田间管理机械14台、收获机械356台、粮食烘干设备33台套、拖拉机238台。全县主要农业机械保有量达13334台，其中：水稻插秧机2462台、田间管理机械4476台、联合收获机械3638台、大中型拖拉机2758台。

【省粮食生产机械化示范县获批】 年内，泗阳县获批全省首批粮食生产全程机械化整体推进示范县，宿迁市唯一，获项目专项资金800万元。至年底，共新建粮食烘干设备1820吨批次，新推广高地隙高效植保机械25台、担架式高效植保机34台、无人植保机1架，提高粮食生产病虫害防治的时效性，减轻高成本的人工投入，推动粮食生产全程机械化进程。

【农机购置补贴】 年内，全县补贴购置各类农机具1055台套，使用补贴资金1516.92万元，受益农户668户。

【秸秆机械化还田】 全年共投入大中型拖拉机配秸秆还田机1262台，组织各类秸秆还田现场会20场，参加人员2960人次，技术培训41期、4640人次，发放各种宣传资料1.5万份。夏熟三麦播种面积79.3万亩,实际完成麦秸秆机械化还田面积77.5万亩，麦秸秆还田率98%，实施秸秆还田补助面积29.7万亩，补助资金743.7万元；秋熟水稻种植面积50.8万亩，秸秆还田面积44万亩，还田率86.6%；其中核准享受秸秆还田补助面积36.6万亩，补助资金915.20万元。

秸秆机械还田

【水稻机插秧推广】 制订详细的水稻机插秧推进和奖励方案，全程督查考核，强化技术培训和服务等措施，实现水稻机插秧推广工作新突破。全年共落实水稻机插秧育秧面积4280亩，新增乘坐式插秧机24台，完成机插秧作业面积41.12万亩，机插率达80.1%。

【玉米生产机械化】 全年新增玉米板茬播种机15台，全县玉米种植面积13.2万亩，应用机械化播种8.1万亩，机播率85%，机收率85%，秸秆还田率91%。

【农机技能培训】 年内，在三庄乡举办农机修理工初级技能培训班1期，培训鉴定合格学员30人；在新袁镇三岔村举办中级插秧机操作工技能培训班1期，培训鉴定合格学员30人；组织9人参加宿迁市农机合作社经理人高级工培训。完成省局下达的全年初级工、中级工培训鉴定任务。

玉米机械化收获

【农机技术推广】 全年开展农机新技术三下乡活动30场次，分别在城厢、里仁、高渡、新袁、张家圩、王集等乡镇（街道）召开秸秆还田、机插秧、玉米机播、保护性耕作等农机具作业现场会15场次；在全县农机合作社、村组举办农机技术培训班28期，累计培训农民2100人次，发放机插秧、全量还田、玉米机械化、保护性耕作等技术资料1万余份，促进农机新技术、新机具在农业生产中广泛应用。

【农机服务体系建设】 全县共新注册农机合作社42家，总数达164家。泗阳家耀农机专业合作社被评为全国农机合作社示范社，全县累计有全国农机合作示范社达3家。全年申报农机合作社机库建设奖补资金6家，农机维修网点建设2家。

【农机安全生产】 全年新注册登记拖拉机255台，联合收割机289台；共年检拖拉机（含变型拖拉机）1271台次，联合收割机255台；新办拖拉机、联合收割机驾驶证56人；检查拖拉机、联合收割机700余台次；纠正违章150次，排除事故隐患75次，发放农机安全作业手册资料1000余份，与农机驾驶、操作人员及车主签订农机安全生产责任书1200份。新推广使用“平安农机通”2500人，加入“平安农机通”总数达18700人；新办理农机“双优加油卡”60张；免费发放跨区作业证450张；办理农机政策性保险682份，投保金额25.94万元。 （陈刘丽　周　杨）

综　述

2016年，泗阳县围绕全县经济社会发展重点涉水事项，抢抓机遇，落实责任，务实苦干，强力推进黄河干河治理、分淮入沂等防洪保安工程建设，相继完成区域供水、千亿斤粮食田间产能、小型农田重点县、淮泗河治理、县乡河道疏浚以及供水、排水、污水管网改造等工程，总投资11.9亿元，创历史新高，为全县经济社会发展提供有力支撑。年底，县水利局获全市水务目标管理工作二等奖；被评为全市水行政执法和防汛防旱先进单位；并获县城市综合管理考评先进奖、县重点工程推进完成奖。

区域供水

【概况】 2016年，区域供水工程被市、县继续列入重大民生实事工程，也被称为市、县委书记工程，多次召开专题会议部署落实，县专门成立城乡同质供水攻坚总指挥部，通过实施新一轮15.85万人农村饮水安全、二水厂、成子湖水厂、淮沭河水厂深度处理等供水设施建设，19个乡镇（街道）主镇区、园区和一个符合条件的保留村庄实现由地表水厂供水保障。提前实现市委、市政府提出的区域供水通村率100%、达户率90%的目标。

【区域供水通村达户】 县委、县政府将实施区域供水通村达户工程作为惠民生、补短板的重点工作，高位协调，由县水务牵头，乡镇为实施主体，合力推进，全年共投入4.3亿元，改造入户管网8400千米，安装入户水表16.62万块，通水15.85万户，通水到村率100%、通水到户率92.8%，所有工程全部通过县级验收。9月初，市第三方抽查考核，泗阳县通水到村率和通水达户率均全市排名第一，提前实现市下达的目标任务。9月28日，全省城市供水安全保障工作会议在泗阳县召开并作经验介绍，得到省住建厅充分肯定。

【水源地建设】 年内，成子湖、淮沭河水源地已建成投运，新一水厂取水口和中运河双桥水源地10月上旬建成并试运行。新一水厂和成子湖水厂均实现“原水互备，清水联通”“双重水源，双重保障”供水格局。

【小水厂收购】 全县回购小水厂262座，相继实现关停、封存，并选择部分作为应急备用水源。

【水厂深度处理】 县二水厂、成子湖水厂深度处理工程年底相继完成并投入试运行；淮沭河水厂深度处理工程正在加快推进，计划于2017年6月底投入运行。

防洪保安

【概况】 2016年，县防洪保安工程主要实施古黄河干河治理、成子河分洪闸工程、分淮入沂续建配套和防汛岁修工程，累计投入资金5.5亿元。

【黄河故道干河治理】 该工程属2015年续建项目，被列入省重点水利工程，涉及徐州、宿迁、淮安和盐城四市，由省水利厅统一部署实施，省财政厅重点督查，是省、市、县三级政府目标考核重点内容，也是县境内黄河故道综合开发的先导性、基础性工程，总投资3.77亿元。工程主要内容是：治理境内河道39.4千米，填筑堤防23.45千米；护砌河道47.5千米；拆（新、改）建涵闸89座；拆（新、改）建泵站18座；拆建跨河桥梁5座。项目实施分三个批次进行：第一批工程实施范围是陈圩闸成子河航道，全长14.6千米；第二批工程实施范围是成子河航道至新袁漫水闸，全长24.8千米；第三批工程实施黄河故道成子河分洪闸工程。第一、二项目开工时间2015年9月15日，第二批项目开工时间为是年11月20日，第三批项目2016年内开工建设，至年底实现中弘贯通，故道沿线防洪除涝标准分别达到20年一遇和10年一遇，年防洪效益逾2900万元，年除涝效益1500万元，沿线的供水保证率提高到80%，改善7.66万亩耕地的灌溉条件，年增产值达760万元。

【分淮入沂工程】 分淮入沂整治工程属2015年续建项目，是淮河下游防洪体系的一个重要组成部分，洪泽湖洪水出路之一，也是淮河与沂沭泗流域洪水相互调度、综合利用的一项多功能工程。主要解决堤身渗漏、护坡不足、滩地行洪障碍、排除建筑物安全隐患等问题，以提高行洪安全。县境内的分淮入沂整治工程建设地点共分淮沭河和六塘河回水两大段，涉及县境南刘集、八集、众兴、王集、庄圩和里仁6个乡镇。主要拆建六塘河、泗塘河回水段涵闸10座、泵站6座，治理滩地1.67万亩，新建偏泓桥、上堤桥7座，修筑防渗堤防23.7千米、护坡20千米。该工程批复概算投资1.4亿元，年内主要完成建设泵站6座，刘河桥1座、泗塘河闸及堤防防汛道路14千米。

【成子河分洪闸建设】 该工程位于黄河故道K87+100处，主要建设闸室段包括桥头堡工程和两岸连接段包括翼墙、两侧引桥和进闸道路工程。4月开工，年底竣工，总投资3132万元。

【防汛岁修】 全年防汛岁修工程总投入资金175万元，其中：中运河新袁段防护应急处理投资50万元，六塘河左堤南刘集段防护应急处理投资55万元，淮沭河右堤庄圩段（K41+700至K42+200）防护应急处理投资50万元，中运河左堤临河云渡段狗獾洞应急处理工程投资20万元。工程均于年内竣工。年内，还修订完善防汛防旱等各项预案，调整修订河湖险工段分布图、全县水系图、城区水系图，为开展防汛防旱提供可靠的决策依据；落实病险水利工程安全度汛措施，实行定人、定岗、定职责和分片包干负责等制度，积极应对突发性灾害天气。全年争取中央、省级防汛经费175万元，工程于11月中旬实施完成。

农村水利

【概况】 2016年，农村水利基础设施建设共投入1.66亿元，主要实施众程灌区改造，小型农田重点县、千亿斤粮食田间产能、分淮入沂、公益性农桥等工程。

【众程灌区节水改造工程扫尾】 2013年度众程灌区节水改造工程总投资4500万元，其中中央投资1500万元，省级投资2100万元，市、县财政投资900万元，主要新（拆）建泵站15座、渠首闸12座、渡槽23座、涵洞3座、机耕桥2座、分水口85座，护砌渠道26.73千米，疏浚邢西河、柴塘河21.02千米。2014年度众程灌区续建配套与节水改造工程总投资5547万元，其中中央投资1849万元，省级投资2589万元，市县财政投资1109万元。主要衬砌邢马支渠13.15千米、杨庄支渠3.5千米；拆建邢马支渠节制闸2座、放水口6座、分支渠放水口48座，新建邢马支渠分水池4座、倒虹吸1座；拆建分支渠渡槽10座；拆建朱河头闸、橡树闸各1座，新建小黄河节制闸1座；拆建涵洞12座；改建程道渡槽拆除地涵1座；拆建泵站13座；疏浚颜倪河18.5千米、北门大沟3.35千米；新（拆）建机耕桥11座。以上两项扫尾工程于2016年5月彻底竣工，并通过市级验收。

【小型农田重点县项目】 泗阳县2016年度中央财政小型农田水利重点县项目总投资3000万元。建设范围为卢集、高渡、三庄3个乡镇，建设内容包括疏浚沟渠土方21.08万立方米，卢集片防护生态沟0.7千米，高渡片河道型蓄水池2.4千米，衬砌斗渠21.77千米、农渠12.21千米，新、拆建泵站9座，路涵、渡槽、农渠首等渠系建筑物165座；新建放水口门400座；新建田间道路3.15千米；新建低压管灌区农田1085亩。工程于年底完成并通过市级验收。

【千亿斤粮食田间产能工程】 该项目位于庄圩乡境内，总投资1500万元。主要新建防渗渠道

16.33千米，其中斗渠长7.10千米，农渠长9.23千米。拆建泵站1座，新建泵站5座，拆建节制闸2座，涵洞107座、渡槽12座、斗农门11座，新建放水洞258座、机耕桥3座，新铺生产路4.1千米，配套明渠流量9套，电磁流量7套，疏浚排涝沟道10.25千米，管道灌溉农田2000亩。工程于年底完成并通过市级验收。

【公益性农桥建设】 全年新建农村小型公益性桥梁167座，总投资1464.25万元，11月开工建设，12月底全部竣工。

表7　　2016年泗阳县新建农村小型公益性农桥（涵）情况

农桥（涵）名称	坐落乡镇	施工单位	数量（座）	总造价（元）
陈石村陈石中沟桥、瓦房村九组中沟桥、陶万村水桃线中沟桥、倪东村八组老黄码河桥、砂嘴村淮泗河桥、新四村东新交界中沟桥、黄圩村东沙北首桥、新四村新村部门前小区西桥、砂嘴村德州路2号桥、大众村田马桥	裴圩镇	江苏金格建设有限公司	10	136.02
高集村张于中沟2号桥、尤嘴村尤黄线西桥、吴勒村7组新河六号桥、曹嘴村12组1号桥、颜勒村杨赵一组东桥、南王集村裴高路北1号桥、高渡村六队下汪北沟桥	高渡镇		7	
八集村八陈桥、六塘村胜利桥、石渡村候庄桥、石渡村石渡桥、董荡村小区桥、双桥村何庄桥、集南村佴庄桥、前荡村西庄桥、集南村合五桥	八集乡	江苏宇通建设投资有限公司	19	1430293
赵陈村许刘三斗桥、石圩村石庄桥、石圩村胡石桥、石渡村腰庄桥、新华村路东生产桥、新华村路东生产桥、新华村建设路桥、庄黄村谷圩桥、河边村三组生产桥、花井村油坊桥	南刘集乡			
马洪村渔场桥、马洪村邢马渠渔场桥、向阳村杜庄东首桥、向阳村学校东面桥、金星村15组生产桥、树强村王圩倪庄桥、镇树强村王圩八斗省道边桥、小史集村冯成河桥	张家圩镇	江苏建星交通工程有限公司	8	1261810
圩河村小干河二号桥、圩河村小干河三号桥、窑湾村倪庄小区桥、东村墩胡小区一号桥、路东村中沟一号桥、路东村王庄桥、路东村窑厂路二号桥	穿城镇		7	
黄徐村东2斗半9组中沟桥、黄徐村1斗半4组中沟桥、黄徐村2斗2组中沟桥、黄徐村6组沿堆河中沟桥、嵇集村9组中沟桥、嵇集村7组中沟桥、江渡村江渡路中沟桥、江渡村校西2斗桥、邵道村4组8农桥、杨圩村2斗半7农桥、	三庄乡	江苏盛元公路工程有限公司	10	1405505.08
王三庄村四组桥、沈圩村六组桥、曹渡村八组桥、杨工村十二组桥、何庄村四组桥、胡庄村二组后桥、冯庄村三组桥、小店村大店桥、临河村小彭庄桥、熊码村八组桥、熊码村九组桥	临河镇		11	
来安村小桥组生产桥、来安村来东交界桥、来安村来安街北桥、来安姜丰村汪庄中沟桥、来安葛集村学校西桥、来安葛二村谷尧中沟桥、来安同兴村合一中沟桥、来安葛集村弓腰桥、史集村乔庄1号桥、史集村乔庄2号桥、史集民主村林庄1号桥、史集红星村徐庄桥、史集凌城村吴庄桥、史集凌城村马庄桥、城厢联合村胜利路桥、城厢联合村9组生产桥、城厢建华村七里沟桥、城厢陶圩村东风引河生产桥、城厢城南村城南中沟桥、城南村韩宅引河桥、杨圩村田庄桥、大兴村曹码1、2号桥、大兴村村部后桥	众兴镇	江苏远华建设有限公司	25	2001068.55
庄圩村南刘桥、水庄村徐庄1号桥、庄圩村刘潘桥、农科村仓张桥、淮河村中心组桥、杨刘村卢庄桥、大楼村曹元路沟桥、大楼村8号中沟2号桥、大楼村8号中沟3号桥、河涯村张陈庄1号桥、河涯村张陈庄2号桥	庄圩乡	江苏恒大建设有限公司	11	1774788.57

续表7

农桥（涵）名称	坐落乡镇	施工单位	数量（座）	总造价（元）
红豆村路东组生产桥、红豆村前王组生产桥、红豆村西潘组生产桥、朱家圩村流东组生产桥、朝阳村七组生产桥、朝阳村吴圩组生产桥、朝阳村苏庄组1号生产桥、朝阳村苏庄组1号生产桥、朝阳村苏庄组2号生产桥、徐营村阳河路15斗生产桥、河滨村王庄组生产桥、丁尧村后西组生产桥、丁尧村丁庄组生产桥、红豆村郑庄组生产桥	里仁乡	江苏恒大建设有限公司	14	1774788.57
凌孟村颜付桥、崔陈村石河桥、渡口村翟徐中沟桥、李庄村许刘1号桥、八堡村九组南洼中沟桥、其虎居委会13组桥、其虎居委会九组渠南桥、李口居委会李南桥、李口居委会高湖引河桥	李口镇	宿迁市洋河建筑安装工程有限公司	9	1908144.91
坝头村赵庄小沟桥、于湾村梁庄桥、三岔村河口桥、马庄村向魏桥、袁集村高刘桥、葛圩村冒庄桥、河埝村李庄桥			7	
范家湖村灯笼湖2号桥、陈洼村于庄2号桥、陈洼村于庄1号桥、卢集居委会薛庄桥、卢集居委会金庄桥、潘集村海庄桥、潘集村鸡场桥、成子湖村一组生产桥			8	
直属村七斗生产桥、南圩村石庄桥、徐渡村3、4组生产桥、徐渡村徐渡1、2、3号桥、徐渡村5斗石庄桥、前圩村西门桥、前圩村七组前八桥、花园村南刘组九斗桥、花园村前徐组前庄桥、前胡村胡庄桥、南圩村张刘桥	王集镇	宿迁市苏杭建筑工程有限公司	13	1726391.39
史荡村史圩路桥、史荡村路东桥、史荡村胡庄2号桥、官庄村徐刘小区桥、洪园村十八斗兴徐桥、唐圩村唐圩1、2、3号桥、			8	

城市水务

【概况】 2016年，县城水务主要实施巢湖路供水管网对接、城区消防栓补建、城区老旧小区二次增压设备改造、魏阳河污水管网敷设、城北污水处理厂技改提升等工程，总投资917.9万元。

【巢湖路给水管网对接】 新建巢湖路DN400给水管网并与淮海路DN600主给水管、北京路DN300主给水管对接。安装DN400主管网390米，采用拖拉布管施工方式，新老管网对接点4处，安装消防栓2套。工程于5月20日开工，7月1日竣工，总投资78.40万元。

【城区消防栓补建】 在县城区西康路、俞杨路、北京路、淮海路、繁荣路、解放路、人民路、桃源路、洋河路、文城路、众兴路、上海路12条主干道共补建安装消火栓76套。7月1日开工，8月29日竣工，总投资57.70万元。

【老旧小区二次增压设备改造】 年内，提升改造万诚国际二期、世纪华庭、骡马商业街、阳光巴黎城二期、上海城、副食品商城、泽园未来城、桃洲名都、远景时代计9个老旧小区供水二次增压设备。工程于7月6日开工，11月20日竣工，总投资321.80万元。

【魏阳河污水管网敷设】 魏阳河污水管网工程西起上海路，东至泗塘河，全长1060米，新建窨井、检查井20座，拦污闸1座，采用玻璃钢管外加钢筋混凝土包固，增加污水管网的使用年限与质量，总投资260万元。工程建成后，将文城新都、泗阳中学高中部、致远中学高中部等单位和沿线居民生活污水进入城北污水处理厂处理。

【城北污水处理厂技改】 年内，城北污水处理厂投资300万元，技改2号生化池，更换进口鼓风机、磁旋风机等。6月开工，12月底竣工。工程建成后，城北污水处理的日污水处理能力稳定在6万吨左右，每吨污水处理电费减少0 .05元。

水利工程治理

【概况】 2016年，县水务局认真履责，积极完成县政府交办的各项涉水工程治理任务，总投入经费3729万元。

【淮泗河治理】 淮泗河工程位于来安街道和八集乡境内，年内疏浚河道12.8千米，加固堤防4.8千米，防护排水支沟沟头8处，黏性土护坡4.6千米；拆建泵站6座、水闸4座、生产桥8座、管涵7座、渡槽1座；增做泵站3座，生产桥2座，沟口防护1处。工程计划于2017年5月竣工，总投资2937万元。

【县乡河道疏浚】 年内，疏浚县级河道3条，长15.47千米，岸坡护砌0.85万平方米，完成土方53.91万立方米；疏浚乡级河道13条，长23.76千米，完成土方35.96万立方米，整治边坡8.93万平方米；整治村庄河塘14条，护砌岸坡0.9万平方米，完成土方7.58万立方米。工程主要涉及卢集、城厢、李口、裴圩、王集、里仁等乡镇（街道），10月30日开工，11月20日完工。工程实施后，河道蓄水能力达5.48万立方米，新增排涝面积8000多亩，改善有效灌溉面积3400亩，改善旱涝保收农田2900亩，新增堤防绿化面积300多亩，新增水产养殖面积213亩。工程总投资792万元。

【省级水利工程维修】 省级水利工程位于县境内流域性河道中运河、淮沭河；区域性河道六塘河和洪泽湖挡洪堤。全年共完成中运河右堤李口顾圩69+340至71+340段灌浆、中运河左堤史集程道41+600至43+600段堤顶沙石路铺设；淮沭河左堤王集刘湾35+000至37+000段灌浆；洪泽湖大堤裴圩5+000至7+000段沙石路铺设、洪泽湖大堤高渡2+050至4+050段灌浆；六塘河左堤王集李庄3+400至4+400段灌浆工程（淮沭河回水段）。六塘河左堤王集刘湾0+600至2+600段堤顶沙石路铺设工程（淮沭河回水段），江苏泗强建设有限公司施工，江苏兴盛工程咨询有限公司监理。工程于8月12日开工，12月20日竣工，总投资235万元。

【洪泽湖水域非法采沙管控】 全年共出动执法船741次，摧毁在洪泽湖水域非法采沙机具1879台套，立案查处案件94起，共收缴罚没款1198.30万元。取缔非法码头16处、沙场以及采沙船组装点5个，封堵高松河、黄码河、薛大沟通湖航道，禁止非法采沙船和运沙船进入。

【水资源管理】 年内，全面落实水资源管理制度，全县用水总量5.12亿立方米，严格控制在5.31亿立方米的红线内，水功能区水质达标率75%。

【水利规划编制】 根据省、市主管部门和县委、县政府的部署安排，相继完成六大项目的规划编制。1.“十三五”期间排定14个重大水利投资项目，总投资21.74亿元，其中省以上投资项目7个（已编入省水利厅规划），投资13亿元，县政府投资项目6个，投资8.74亿元，县政府与企业共同建设项目1个，投资1.2亿元；2.洪泽湖退圩还湖规划编制，于12月22日通过省水利厅专家组内部评审，待县成子湖旅游规划确定后，完善方案，履行报批手续；3.完成区域供水“通村达户”规划、城区“三水”规划、农村河道疏浚整治规划以及成子湖、淮沭河片区水系调整规划等

【策应扶持】 全年共争取水利扶持项目23个，争取扶持资金2.3亿元，实际到账2.1亿元，资金到账完成率达91%。

（田　磊）

综　述

2016年，全县有列入统计范围工业企业1475家，其中江苏泗阳经济开发区（以下简称开发区）企业352家、乡镇全民创业园1123家；有规模以上工业企业502家，从业人员78110人。年内，全县上下紧紧围绕工业强县“333”计划①，以企业培育“511”②工程为抓手，以“扩总量、优存量、提质量”为重点，扎实推进工业供给侧结构性改革，工业经济发展态势总体趋好，各项工作均取得较快进展。实现工业开票销售274.14亿元，比2015年增长27.34%，快于全市12.31个百分点；工业增值税5.66亿元，比2015年增长28.64%，快于全市5.25个百分点；固定资产进项税抵扣1.48亿元，比2015年增长66.21%，快于全市72.4个百分点；工业用电量15.3亿千瓦时，比2015年增长16.34%，快于全市7.13个百分点。

2016年，泗阳县被市委、市政府表彰为“全市工业经济转型发展工作先进单位”，被市经济和信息化委员会表彰为“2016年度经济和信息化工作先进单位”“经济和信息化目标考核‘511’工程推进先进单位”。　（蓝　编）

工业运行情况

【强化工作考核】 年内，县相继出台《关于印发2016年工业经济转型发展工作等考核细则的通知》《泗阳县工业企业培育三年行动计划（2016~2018）》《关于加强工业供给侧结构性改革推进工业经济转型发展意见》等文件，全面实施工业强县“333”计划，围绕企业培育“511”工程，强力推进“招大引强、零地增资、效益倍增、股改上市、科技创新、管理提升”六项行动，固化双月观摩机制，对重点项目做到家家到场、逐企逐项查看；对整体工作开展情况实行“一月一督查、一月一通报、年底总考核”机制，推动工业转型深入进行。

【精抓企业帮扶】 针对行业龙头，由县政府主要领导每季度召开一次企业家座谈会，对江苏洋河集团有限公司来安分公司、江苏海欣纤维有限公司、江苏金牌橱柜有限公司、江苏好彩头食品有限公司等重点企业开展逐户沟通，切实帮助企业解决发展中遇到的各类问题，带动整个行业提升。针对连续三年纳税50强实体企业、税源型企业，由经信局牵头每半年组织企业有关负责人外出学习，引入先进发展理念。针对开票2000万元以上企业，全面落实省市县减负降费政策。促进校企合作，由科技局牵头与科研院所牵线搭桥，强化成果转化，量化科研技术产出转换评估机制。根据企业用工需求，由人社局牵头，半年开展一次劳动力资源普查，收集全县企业用工信息，实现就业精准匹配。

【“511”工程推进】 规模发展方面，列入市销售500强的85家企业实现开票销售193.32亿元，完成年度目标119.6%，对全县工业开票销售增长贡献率达114.68%。全年新增开票销售超2000万元企业66家，完成年度目标120%。兼并重组方面，

21家企业完成兼并重组项目，完成年度目标的233.33%；其中泗阳高传风电设备制造有限公司实现设备投资1.086亿元，江苏海欣纤维有限公司实现设备投资0.528亿元。股改上市方面，11家企业完成股份制改造，完成年度目标220%；全年累计实现上市融资3.42亿元，其中江苏华绿生物科技股份有限公司融资3.27亿元。千企技改方面，全县65家企业实施设备投资超千万元技术改造，累计完成投资27.9亿元，完成年度目标105.52%；58家企业竣工，完成年度目标152.63%。

【"2+1+1"产业发展】 县成立产业发展总指挥部和纺织服装产业、家居制造产业、汽车配件产业、食品饮料产业四大分指挥部，分别由县委书记、县长、常务副县长等4位县领导挂钩各产业。实行"1+1+1+N"模式（1位县领导、1个牵头部门、1个科研院所、N个招商主体和承载园区），落实"五个一"工作举措（依托1所高校、明晰1个产业发展方向、确立1批纺织类招商引资企业库、制定1批纺织产业扶持办法、举办1次纺织产业发展报告）。由四大指挥部会同各有关部门开设系统专业课程、提供实习培训服务、协助企业办班等新机制，全力推动"2+1+1"产业发展。年内，纺织服装、家居制造、汽车配件、食品饮料产业（"2+1+1"产业）产值分别达183.77亿元、180.48亿元、15.38亿元、46.09亿元，比2015年分别增长17.85%、6.71%、15.68%、18.52%。

【重点企业培育】 全县有销售超亿元企业58家，合计开票销售140.2亿元，占全县销售的56.6%，江苏海欣集团有限公司开票销售突破30亿元，列全县工业企业首位。全县有纳税超千万元企业12户。

【全民创业园建设】 全县标准化厂房利用面积30.21万平方米。年内，全民创业园实现开票销售75.47亿元，完成年度任务98.4%，比2015年增长34.59%；实现入库增值税收1.97亿元，完成年度任务103.47%，比2015年增长27.56%；用电5.55亿千瓦时，完成年度任务119.87%，比2015年增长25.73%；实现进项税抵扣2771万元，比2015年增长100%，完成目标任务104.96%。在全县开票销售、入库税收100强企业中，乡镇全民创业园企业分别占33户、34户。

【企业技改】 年内，全县有65家企业实施设备投资超千万元技术改造，累计完成投资27.9亿元，完成年度目标105.52%；58家企业竣工，完成年度目标152.63%。至2016年年底，竣工的技改项目累计实现开票销售163.31亿元，比2015年增长27.09%；累计用电量7.76亿千瓦时，比2015年增长13.18%，每千瓦时耗能产生销售额由18.73元提升至21.03元。

【企业兼并重组】 年内，全县有21家企业完成兼并重组，完成年度目标233.33%。通过企业兼并重组，实现存量优化，累计盘活闲置资产7.52亿元，盘活工业用地88万平方米，提供就业岗位1882个。

【社会信用体系建设】 2016年，县政府、县信用办共出台24份制度性和操作性文件，从工作考核、事中事后监管、诚信宣传等各方面不断完善信用管理制度建设。信息平台数据不断扩充，县公共信用信息平台归集入库信息1568万条，覆盖56家机关单位和9类重点职业人群的社会征信系统全面形成。信用产品应用不断拓展，制定并实施《2016年度信用信息和信用产品使用计划》，全年共实现应用信用承诺4万余份、信用核查1.4万份、信用报告2768份。率先在全市开展物业服务信用评价工作，全年为泗阳物业服务市场出具信用报告30余份。建立守信激励和失信惩戒机制，实行"红黑名单"定期发布制度。全年召开"红黑名单"新闻发布会两次，曝光严重失信企业13户、个人366名，公开表彰诚实守信企业27户、个人7名。做好"7天双公示"工作。全县39家部门和单位中归集公开双公示信息11600条（其中许可信息9408条，处罚信息2192条）。

【策应扶持工作】 充分发挥职能作用，紧盯重点项目，认真筛选全县符合条件的优势项目，做到责任到人、项目到人，发挥全员积极性，努力争取上级部门更多扶持。全年争取扶持资金1564.67万元，完成全年目标任务102.6%。

【"两化"融合工作】 以两化融合示范试点企业申报为抓手，帮助企业开展信息化提升工程。全年获批省级两化融合管理贯标企业3家，升级数字企业20家，新创建市级三星级数字企业20家，创建"企企通"企业6家。

【科技创新与人才引进】 年内，组织江苏晨电太阳能光电科技有限公司、江苏高生生物饲料有限公司、江苏吉福新材料有限公司、江苏华绿生物科技股份有限公司4家企业申报省级企业技术中心；帮助江苏泗水纺织有限公司产品报省鉴定，该企业有5个新产品一次性通过省级新产品鉴定。积极沟通协调，组织江苏苏丝丝绸股份有限公司、泗阳捷锋帽业有限公司、江苏荣马新能源有限公司等企业开展市级以上新产品新技术鉴定。年内，全县有21个新产品被认定为省级新产品，3项技术被认定为省级新技术；全年通过认定市级企业技术中心2个、省级企业技术中心2个，申报省"双创人才"1名。

【信访稳定工作】 完善信访工作应急预案，针对企业改制遗留的问题，开展排查摸底，积极办理信访诉求。全年进行维稳调研11次，召集各类协调会17次，接访486人次，有效处理职工集访事件1件。实现全年无到省上京集访、越访。

【安全生产】 围绕促进经济发展，着力抓好安全生产。通过成立组织、实行专项整治、开展安全生产活动月等多种措施，确保企业安全健康发展。全年组织企业安全生产检查13次，督促企业进行自查自纠7次，提出整改意见5条，企业安全隐患整改率达100%。

主要产业和重点企业简介

·纺织服装业·

【概述】 全县纺织服装产业共有一般纳税人企业358家，其中规模以上企业102家。至2016年底，开发区化纤产业园已引进化纤纺织项目21个，年可生产差别化纤14.5万吨、化纤面料1.85亿米、化纤类床上用品及服装9200万件（套）。

2016年，纺织服装产业实现产值183.77亿元，比2015年增长17.85%；实现开票销售87.86亿元，比2015年增长35.80%。全县纺织服装业有开票销售超亿元企业16家，占全县销售亿元企业总数33.3%；入库税收超千万元企业2家，占全县纳税千万元亿元企业总数16.7%。年内，纺织服装业总体保持稳中有进的发展态势，在丝绸、化纤、印染、服装、制毯等各行业都形成一批骨干企业。

表8　泗阳县纺织服装行业主要企业一览表

行业	代表企业
丝　绸	江苏苏丝丝绸股份有限公司
棉　纺	泗阳县嘉泰纺织有限公司、泗阳县俊宏纺织有限公司、江苏泗水纺织有限公司、宿迁大汉纺织有限公司、泗阳申久家纺面料有限公司
化　纤	江苏海欣申禾纺织股份有限公司
织　造	江苏新晨化纤股份有限公司、江苏聚润纺织科技有限公司、江苏联脉化纤有限公司
服装服饰	江苏千仞岗服饰有限公司、晨风（泗阳）服饰有限公司、江苏东滢服装有限公司、泗阳捷锋帽业有限公司、江苏恒浩达服装有限公司
染　整	泗阳众联纺织科技有限公司、江苏奥立比亚纺织有限公司

【江苏海欣纤维有限公司】 江苏海欣纤维有限公司由海欣申禾、启恒贸易、开发区实业共同投资兴建，注册资本7亿元，计划总投资30亿元。一期计划投资18亿元、建筑面积20万平方米，产业以涤纶超细旦POY长丝为主，100D以下细纱占55%，该项目拥有一套酯化系统、两套缩聚系统为主的"一头两尾"聚酯技术50万吨级聚酯装置，以及生产超细旦纤维的EVO节能环吹纺丝技术的直纺长丝生产线18条，主要生产涤纶预取向丝（POY）和涤纶全牵伸丝（FDY），可实现直接酯化、连续缩聚、直接纺丝。项目一期上高速纺丝卷绕设备1388套、业内最高规格聚酯反应釜6套、聚酯生产线1条。项目全部投产后，年可产POY长丝50万吨，实现产值40亿元、税收3亿元，成为全国特大型聚酯纺丝生产基地之一、全国大型毛毯家纺原料生产基地之一。2016年10

月，海欣纤维一期工程项目投产。

【晨风（泗阳）服饰有限公司】 晨风（泗阳）服饰有限公司由晨风集团股份有限公司计划投资10亿元兴建，占地面积18万平方米，总建筑面积16万平方米，是晨风集团的第六个生产基地。项目建成后可拥有缝纫机、蒸烫机等生产设备3000台套，公用辅助设备200余台套。该项目于2015年8月签约，2016年10月部分投产。项目全面投产后可年产衬衫1000万件，实现产值10亿元，用工4000人，纳税8000万元。

【江苏奥利比亚纺织有限公司】 江苏奥利比亚纺织有限公司（四海伟业）由广东四海伟业集团计划投资10亿元兴建，规划总建筑面积20万平方米，主要从事中高档化纤家纺面料的生产与销售，所有化纤胚布由泗阳本地纺织企业提供，其中仅化纤产业集群日均提供15万米。该项目一期工程上多套色全自动对花印花生产线3条、低耗能高速染色机20余台。项目全面投产后年可产50余类、3000余种花型的特色系列面料1.4亿米，实现产值10亿元、税收1500万元。

·家居制造业·

【概述】 2016年，全县有家居制造类工业企业415家，其中规模以上企业191家，从业人员2.59万余人。重点企业有江苏金牌橱柜有限公司、江苏昇茂木业有限公司、江苏正冉人造板有限公司、江苏德华兔宝宝装饰新材有限公司、江苏晟宇地板有限公司、江苏吉福新材料有限公司等；主要产品有中高密度纤维板、多层胶合板、高级建筑模板、细木工板、防火板、贴面板、科技板、异型板、家具等。

全县家居制造业有旋切机1200台（套）；完整压机生产线2条〔其中昇茂1条连续压机生产线，年产15万立方米，正冉1条多层压机生产线，年产16万立方米；裁板机300台（套）〕；热磨机80台（套）；智能化成品家具生产线。

经多年发展，全县家居制造业已形成完整产业链。至2016年年底，有旋切初级加工企业约80户，以泗阳县苏宏木制板厂为代表，占总数18.5%；胶合板、模板等中级加工企业约260户，以江苏德华兔宝宝装饰新材有限公司为代表，占总数61.9%；木地板、木门、家具、门窗等终端产品精深加工企业约50户，以泗阳县晨光家具有限公司为代表，占总数11.33%；生产纸制品、玩具、托盘等周边产品企业约35户，以江苏马可笔业有限公司为代表，占总数8.19%。

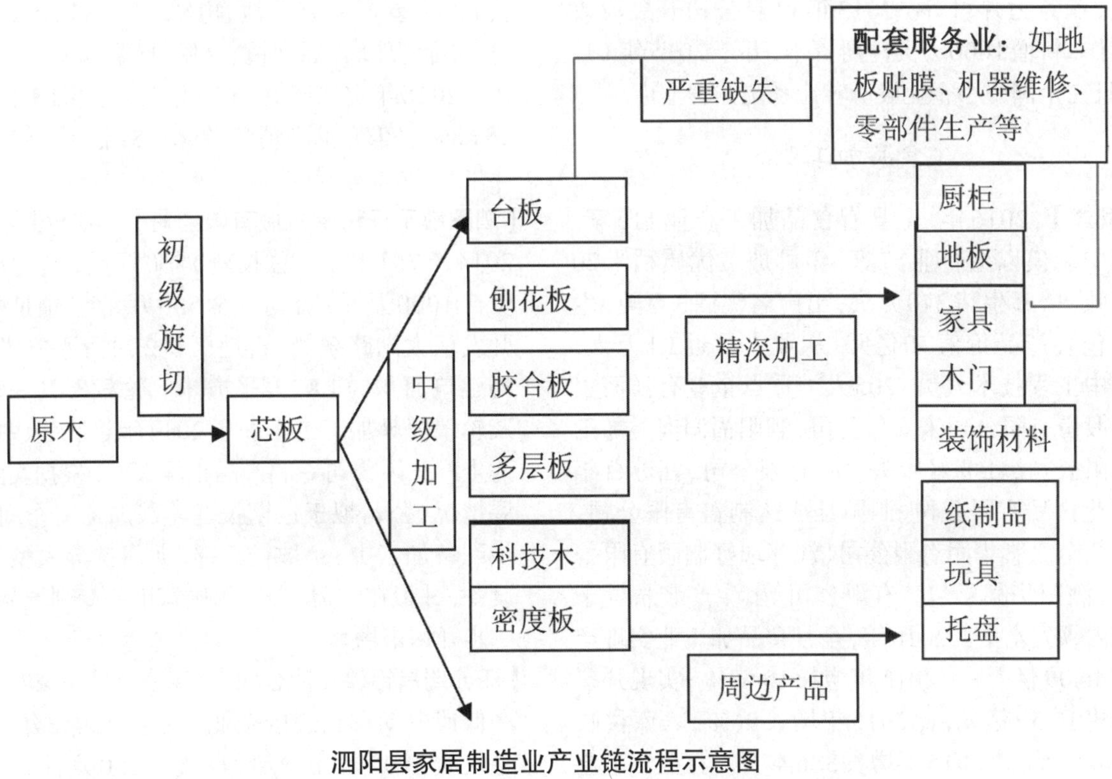

泗阳县家居制造业产业链流程示意图

2016年，全县家居制造业实现产值180.48亿元，比2015年增长6.71%；实现开票销售31.82亿元，比2015年增长17.92%，占全县开票销售12.88%；实现入库税收1.27亿元，比2015年增长15.5%；耗能1.14亿千瓦时，比2015年增长24.07%。

【江苏金牌橱柜有限公司】 江苏金牌橱柜有限公司是由厦门金牌橱柜股份有限公司在江苏泗阳设立的全资子公司，项目总投资约15亿元，规划总建筑面积26万平方米。主要从事整体橱柜及厨房电器、五金配件、厨具、锅具等相关配套产品，年可实现生产橱柜30~50万套。项目一期于2015年8月开工建设，至2016年底，已建成物流中心、综合楼、主厂房，共计12万多平方米。年内，1号厂房正式投产，2号厂房试生产。项目全部建成后，可实现年产值15亿元、税收8000万元，用工1500人。

【江苏吉福新材料股份有限公司】 江苏吉福新材料股份有限公司于2010年8月落户开发区，该公司是一家专业从事各种建筑装饰板材生产与销售的企业，自成立以来，始终全面致力于装饰板材的研发、生产与业务拓展。主要产品包括UV中密度板、亚克力中密度板、浮雕板、三聚氰胺板、亚克力片材等。2013年11月公司开展股改工作，新增1000万元注册资本，并于2015年1月6日在全国中小企业股份转让系统挂牌上市。

·食品加工业·

【概述】 2016年，全县有食品加工企业115家，其中规模以上企业57家，年可加工优质稻米20万吨，屠宰生猪240万头，出产名优酒3万吨，生产包装产品价值30亿元，从业人员近1.1万人，其中工程技术人员1205人。重点企业有洋河集团股份有限公司来安分公司、泗阳福润肉类加工有限公司、江苏好彩头食品有限公司、江苏百年苏花食品有限公司、泗阳县成达制盖有限公司、江苏金之彩集团有限公司、江苏瑞好制版有限公司、泗阳华鹏彩包装有限公司等，生产装备处于国内领先水平。2016年，全县食品加工业实现产值46.09亿元，比2015年增长15.68%；实现开票销售17.59亿元，比2015年增长96%；入库税收0.94亿元，比2015年增长386.47%。在全县工业企业销售20强中占据2位。

【江苏好彩头食品有限公司】 该公司由福建好彩头食品股份有限公司在泗阳经济开发区投资兴建，是公司“东西南北中”五大生产中心布局的东部生产基地。公司集研发、生产与销售为一体，总投资15亿元，占地面积18万平方米，总建筑面积8.5万平方米，主要有烘焙生产线、膨化生产线、糖果生产线，乳酸饮品生产线，项目建成后将形成年产30万吨烘焙、饮料及糖果果冻食品的生产能力。公司围绕糖果、饮料、烘焙三大品类，主要生产“小样”酸Q糖，“弹恋爱”水晶糖、“玫道理”软糖、“小样”小乳酸、“好彩头”水果蛋糕、“好彩头”肉松饼等。江苏好彩头食品有限公司依托“好彩头”、“小样”品牌在全国的知名度和影响力，整合东部地区的各类优势资源，将打造成好彩头五大基地中规模最大、实力最强的旗舰基地。

·汽车配件业·

【概述】 2016年，全县有汽车配件企业24家，投资总额达40.75亿元，其中规模以上企业14家。主要企业有泗阳敏于行精密机械有限公司、江苏新安驰铝业有限公司、江苏瑞昌铝轮有限公司；主要产品有电池、电机、充电桩、轮毂、车灯、轮胎、玻璃、后视镜、保险杠、刹车片、刹车盘等。2016年实现产值15.38亿元，比2015年增长15.68%；实现开票销售收入7.89亿元，比2015年增长5.6%。

【泗阳敏于行精密机械有限公司】 该公司成立于2014年7月23日，总投资1500万元，其中固定资产1000万元，流动资金500万元 。地址位于开发区太湖路东侧，占地面积2.74万平方米，规划建筑面积为1.87万平方米。轮毂模具一车间及轮毂模具加工二车间于2014年年底建成并投入生产。因公司专利产品市场较好，根据实际发展情况，公司拟于近期投建轮毂加工三车间，同步配备加工中心，数控车床，龙门铣等大型加工设备，并拟在欧盟，美国等国家申请专利产品，进一步开拓市场。

【江苏瑞昌铝轮有限公司】 该公司是一家专业生产低速电动车轮毂的企业，成立于2013年1月，总投资3800万元，年设计规模300万件。公司位于开发区太湖路211号，占地面积3.87万平方米，已建成厂房2万平方米，其中1万平方米厂房已投入使用，另1万平方米拟生产新能源电动餐车；该项目实施后，年可生产各种餐车5000辆。

【江苏骏驭铝业有限公司】 该公司是广东客商何伟祥在泗阳投资4亿元兴建的轮毂项目，建筑面积4万平方米，采用重力低压浇铸工艺生产铝轮毂，主要面向OEM、售后车辆市场，其自主品牌“安驰达”（AVC）在国际上有很高知名度。企业引进韩国现代CNC车床、自动加工线、高精度全自动日本安川机械手、法国萨麦斯涂装生产线等先进设备，年可产铝轮毂200万个，实现产值5亿元，税收3000万元。

·新能源产业·

【概述】 2016年，全县共有绿色能源企业25家，其中规模以上企业15家，从业人员近2000人。主要企业有江苏晶鼎电子材料有限公司、江苏荣马新能源有限公司、江苏宇龙光电科技有限公司、泗阳瑞泰光伏材料有限公司、江苏庆丰能源有限公司、上海晨电太阳能光电科技有限公司、国信生物质发电、国信屋顶光伏发电等。经多年努力，全县新能源产业已形成2000吨铸锭切片、600MW晶硅电池、80MW非晶硅太阳能薄膜电池、500MW电池组件，68.5MW光伏发电生产能力，构成“硅材料→单晶硅拉制/多晶硅铸锭及切片→光伏电池生产/封装组件→光伏发电系统→光伏应用”完整产业链，先后被授予新能源产业百强县和全国首批绿色能源县。年内，受国际市场影响，光伏产业销售疲软，全县绿色能源企业生产严重下滑，大部分企业处于停产半停产状态。

【上海晨电太阳能光电科技有限公司】 该公司是专业生产太阳能电池组件、太阳能电池片、太阳能发电站、太阳能路灯、BIPW、colar stone tile等产品的私营独资企业,公司总部设在上海,工厂设在开发区，占地面积10万平方米。公司拥有一支高科技人才队伍，主要从事太阳能电池组件及光伏发电系统相关产品的研发，生产，销售，施工和服务。公司生产的太阳能电池组件具有高效率，大功率及长寿命等优点，在太阳能离网电站，太阳能并网电站，风光互补电站和太阳能家用系统等领域具有广泛的应用空间。

·电光源产业·

【概述】 2016年，全县有照明企业65家,其中规模以上企业29家。产品主要包括大功率U型灯管、螺旋灯管、螺旋灯明管、电子整灯、LED照明灯、白炽灯、卤素灯、荧光粉、特种灯泡等。经多年努力，全县照明企业已创成省名牌企业（勇仕、同辉）2家，即江苏省勇士照明有限公司、江苏同辉照明科技有限公司；国家高新技术企业1家，即江苏省勇士照明有限公司；省著名商标企业1家，即江苏省勇士照明有限公司。2016年，因市场行情下滑，全县照明企业受到影响很大，大部分企业处于停产半停产状态，生产严重下降。

【江苏同辉照明科技有限公司】 该公司建立于2007年8月，是一家集明管、粉管、整灯研发、生产、销售于一体的螺旋型节能灯制造企业。公司研发生产的“螺旋型光谱驱蚊灯”“纳米光触媒灭菌灯”“螺旋型植物生长灯”“调光灯”“香水灯”等功能型节能灯通过国家级专家组鉴定，技术水平达到国内领先。公司于2009年通过ISO9001国际标准质量体系认证和ISO14001国际标准环境体系认证。

注释：

①**工业强县“333”计划：**经济开发区、意杨产业科技园、乡镇全民创业园“三园”共建，扩总量、优存量、提质量“三量并举”，工业企业开票销售、工业增值税、工业增值税超千万元企业数“三项”指标翻番。

②**“511”工程：**“5”指开票销售前500名企业；“11”指1000户企业实施设备投资超千万元技术改造和新增规模以上工业企业1000户。

（陈 飞）

招商引资·园区建设

本栏编辑　刘须春

综　述

2016年，泗阳县委、县政府继续把招商引资作为发展地方经济的重要抓手，采取多种措施强化招商引资工作。第一是创新招商方式，在坚持驻点招商、中介招商、网络招商、展会招商、以商引商的基础上，更多地采取“走出去请进来”办法，成功举办夏季、秋季等系列投资环境说明会，努力在项目招引上实现新突破。第二是强化项目推进，坚持“项目为王，实干为先”，定期召开项目集中观摩推进会，公开“晾晒”项目进展情况，全力攻坚项目招引，推进产业集聚。全年签约入驻江苏泗阳经济开发区和县意杨产业科技园亿元以上项目50个，计划总投资118.7亿元，在全市招商引资考核中连续四个季度稳居前列，被市委、市政府评为全市招商引资工作考核先进单位。

2016年，秉持“产业强区，集聚发展”理念，园区建设有了新进展。江苏泗阳经济开发区启动新一轮总体规划修编，年内完成淮海路标准化厂房改扩建、葛东河路标准化厂房及北京路派出所、消防站等建设，基础设施建设进一步加快，城市管理进一步加强，环境优美，管理有序的东部工业新城已靓姿初露。吴江（泗阳）工业园已入驻企业114家，其中投产企业96家，在建企业18家。在全省45家南北共建园区综合考评中，吴江（泗阳）工业园综合考核排名第4，比2015年上升4个位次。县意杨产业科技园全年实现开票销售17.68亿元、工业增值税4159万元，分别比2015年增长22.82%、26.03%。年内，木业家居产业跻身江苏省特色产业行列，被命名为“泗阳县木业家居产业集群”。江苏省泗阳现代农业产业园突出“聚力创新，聚焦富民”主题，特色产业培育有了新进展，年内建成“国家食用菌工程技术研究中心金针菇种质资源评价和利用基地”，江苏宏源菌业有限公司获批为第四批国家级高新技术企业。2016年，乡镇全民创业园实现开票销售75.47亿元，完成年度任务98.4%，比2015年增长34.59%；实现入库增值税收1.97亿元，完成年度任务103.47%，比2015年增长27.56%；在全县开票销售、入库税收100强企业中，乡镇全民创业园分别占33户、34户。　（蓝　编）

招商引资

【驻点招商】 围绕县“2+1+1”主导产业，合理布局招商重点，实行驻点招商。在全国设立驻广东、福建、北方、浙江、苏南及上海6个分局，各驻点分局通过深耕细作，在工作区域建立起有效的招商资源库。

【中介招商】 借助行业年会、展会等大型活动，广结人脉，挖掘线索，开拓招商渠道。2016年，县招商局分别参加中国食业家年会、成都糖酒会、上海家具协会年会、全国工商联家具装饰商会橱柜年会，积极与相关行业协会加强沟通联络，签订长期合作协议，借助行业协会在行业领域的领导地位开展招商引资工作，年内已分别与广州市白云区科技工业商务和信息化局、宁波汽车零部件产业协会、糖烟酒周刊杂志社、上海市家具协会、中国副食品流通协会休闲食品专业委员会、德国现代橱柜协会等行业协会建立战略合作伙伴关系。

【创新招商办法】 在围绕重点产业定位招商、重点区域定向招商、重点企业定点招商，突出“一对一”“点对点”，持续跟踪的基础上，年内，更多地采用“走出去，请进来”招商办法。县领导多次带队外出开展招商引资活动，推动全县面上工作展开。5月28日，成功举办2016中国·泗阳夏季投资环境说明会，邀请121家企业，142人参会，当场签约项目18个，全部为工业项目，计划总投资25.56亿元。11月2日，召开2016中国·泗阳秋季投资环境说明会，邀请142家企业参会，签约项目13个，计划总投资30.88亿元。全年还围绕四大产业，由县招商局牵头，小规模、多频次开展招商活动，宣传介绍泗阳，打开招商局面。年内在宁波、成都、上海、镇江、张家港、晋江、汕头、福州等地召开专场投资环境说明会10场，受邀客商400余名。

【加大招商力度】 县坚持每月召开一次专业招商工作会议，总结回望上月工作，部署安排下月工作，总结经验，查摆不足，同时利用月度例会，安排经信、发改、供电、工商、金融等部门作相关业务知识培训，提升专业招商人员业务能力，提升全体招商人员专业化水平。全年组织开展“赢在开局”“火热夏季”“拼搏四季度，冲刺总目标”等系列招商活动，不断提升招商引资热度，加大工作力度。

重点招引项目简介

【江苏艾美琳食品有限公司】 该项目由河南省木伦河食品有限公司计划投资2亿元兴建。注册资本5000万元，占地81700平方米，主要生产冰淇淋、雪糕等冷冻饮品。项目总建筑面积5万平方米。一期收购原江苏绿凌光伏新材料有限公司3万多平方米厂房、办公楼和综合楼，于2016年10月底进场改造，预计2017年4月投产。项目建成后可实现年产值5亿元，纳税1200万元。

【江苏仙之宝食品有限公司】 该项目由深圳仙之宝食品有限公司计划投资2亿元兴建，注册资金5000万元。该公司已收购原江苏中正机械制造有限公司厂房和办公楼，主要生产果冻、巧克力、龟苓膏等。公司决定2017年6月进场改造，12月正式投产。项目投产后可实现年产值5亿元，纳税1500万元。

【江苏润洋锂电池有限公司】 该项目由山东润峰集团有限公司计划投资12亿元兴建，建设高端锂离子电动车用高端集成系统及储能集成系统研发生产制造基地，项目引进韩国先进PACK自动化生产设备，生产工艺符合“智能制造4.0”标准化技术各项要求。项目建成后，锂电池主营业务可实现年销售额20亿元，年利税3亿元。

【江苏斯茵纺织股份有限公司】 该项目由香港斯茵集团（国际）投资有限公司计划投资5亿元兴建，注册资本1亿元。公司决定租用江苏吴江（泗阳）工业园投资开发有限公司已建成的3万平方米标准化厂房，新上津田驹喷水织机2000台、整浆并设备8套，主要生产锦纶纺织品。项目投产后，年可实现产值5亿元，税收1500万元。

（卓　建）

园区建设

·江苏泗阳经济开发区·

【概况】 2016年，江苏泗阳经济开发区全年实现业务总收入773.17亿元、地方财政一般预算收入16.75亿元、工业固定资产投资13.3亿元，比2015年分别增长16.73%、12.45%、13.61%；实现进出口总额3.18亿美元，实际到账外资5060万美元。年内，开发区被省文明委授予“2013~2015年度江苏省文明单位”，被市委、市政府授予“2015年度宿迁市文明单位”；被市委、市政府表彰为“开发区建设先进单位”“招商引资考核先进单位”，被县委、县政府表彰为“目标管理全面先进单位”。在省级开发区综合考评中，排名全省83家省级开发区第17位、苏北五市40家省级开发区第9位。

【项目引建】 坚持“产业强区、集聚发展”理念，深化创新“三个结合”招商思路，紧盯全年目标任务不动摇，通过“走出去请进来”办法，成功举办夏季、秋季等系列投资环境说明会，努力在项目招引上实现新的突破。全年落户园区亿元以上项目35个，实现开工项目16个、竣工项目14个，在全市招商引资考核中连续四个季度稳居前列，被评为全市招商引资工作考核先进单位。其中开发区引进的江苏溢彩包装科技有限公司、江苏四两绿食品有限公司、江苏艾美琳食品有限公司、江苏润昌橡胶国际有限公司，交运局引进的江苏稳得福无纺布科技有限公司二期以及结转建设的江苏宝宸科技有限公司、江苏润泰银科技有限公司、江苏大雁纱业有限公司等项目进展顺利，江苏海欣纤维有限公司、晨风（泗阳）服饰有限公司、江苏天合环光伏有限公司等一批大项目、好项目实现竣工投产。

【科技创新】 启动建设区知识产权综合公共服务平台；全年新增专利申请数1605件，其中发明专利申请78件，专利授权数763件；新增省级高新技术企业8家，省级企业技术中心1个、研究生工作站6个；获批省产业前瞻性研究项目1项，新增知识产权管理规范创建备案单位14家，验收合格5家。

【产城共建】 牢固树立“产城共建”理念，启动开发区新一轮总体规划修编，年内启动淮海路标准化厂房改扩建、葛东河路标准化厂房及北京路派出所、消防站建设，完成浙江路东延、文城路东延2条新建道路以及苏州大道等5条续建道路、黄河路等3条道路绿化、吴江路等6条道路路灯工程建设。加强城市管理，按照分片包干、责任到人、强化考核原则，常态化整治乱租乱用、乱搭乱建、乱堆乱放、乱抛乱洒、乱耕乱种“五乱”现象，建立面、线、点三结合城市管理体系，企业内部环境整治，建立健全违规建设管控体系，着力建设整洁有序的东部工业新城。

【非公有制企业党建】 组织“两学一做”学习教育和党的纪律建设年活动，建立书记微信群及各党支部微信群，按月开展“集中活动日”活动。全年召开党组织书记座谈会2次、非公企业党组织书记论坛1次。按照“宜建则建”原则，全年新组建党组织11个，发展预备党员20名，转正党员30名；认真做好党员排查工作，与54名失联党员取得联系并转出党组织关系，转入党员27名，处置不合格党员7名；开展2次党组织书记、党建工作指导员（联络员）、预备党员、发展对象、入党积子集中培训活动；选优配强党组织书记9名，完成16个党组织换届工作；制定《关于建立非公企业党组织负责人津贴制度的实施办法》及《考核办法》，为非公企业党组织书记发放党建工作津贴。全年为党组织活动开展和阵地建设提供经费近6万元，其中为江苏东滢服饰有限公司、江苏新晨化纤有限公司等示范点配备电脑设备等。

【招才引智】 成立人才工作领导小组，制订人才工作规划，注重人才引进、培养和使用。年内赴上海、湖北等地高校参加高层次人才专场招聘会；成立安徽工业大学学生实习基地，对接俞建勇院士筹建纺织研究院。引进“千人计划”特聘专家叶茂到泗投资天工智能制造、张克勤与大雁纱业合作创业，高层次人才魏青松与泗阳县成达制盖有限公司建立技术合作关系等。全年引进本科及以上人才53人，其中引进外协专家12人。

【社会文化事业】 扎实开展领导干部讲学活动，年内共开展8期专题讲学活动。积极向上报送信息，全年被《新华日报》等省市县各层次媒体采用稿件382篇（条）。密切关注农民工工资、企业欠薪等易引发矛盾的问题，有效完善网上舆情收集、研判、控制、处置制度，累计受理各类网络问政舆情583件，办结率100%。落实安全生产宣传培训、机制完善、监管责任“三到位”，实行领导班子及部门负责人“一岗双责”，建立企业安全管理目标考核奖惩机制，推进安全标准化建设和网络信息报送平台建设，全力打造和谐稳定的发展环境；全年召开安全生产工作会议4次。年内成立工会组织8家、劳动争议调解室5家，建立职工之家3家、职工驿站2家，签订女职工专项集体合同10家，登记、帮扶困难党员、职工100余人。结合“三进三帮”活动，扎实做好来安街道东安居委会“联村共建”“结对帮扶”等工作，助其早日脱贫致富。

【管理机构】 根据宿编〔2015〕87号文件批复，开发区管委会设立党政办公室、组织人事局、投资促进局、综合执法局（安全生产监督管理局、食品药品监督管理局）、行政审批局、监察审计局、财政局、经济发展局、规划建设局，正科级建制；投资促进局下设招商局、企业服务局，副科级建制。

表9　　2016年入驻江苏泗阳经济开发区项目签约情况

序号	项目名称	用地情况	投资情况		引资单位	签约时间	进展情况
		项目界址	计划投资总额（万元）	主要产品			
1	江苏四两绿食品有限公司	东至佐佐食品，西至洞庭湖路，南至项目用地，北至文城路	50000	嫩笋休闲食品、冻干食品	开发区	1.6	在建
2	泗阳曙光服饰有限公司	租赁标准化厂房	5000	运动服装	市场监管局	1.30	在建
3	泗阳县远祥纺织科技有限公司	租用原中宝食品厂房	10000	棉纺纱锭、布匹等系列产品	开发区	2.2	投产
4	宿迁惠亨通食品有限公司	东至用地红线，西至魏来路，南至文城路，北至用地红线	10500	韩国技术饼干、点心	裴圩镇	1.30	在建
5	泗阳联裳服装有限公司（暂定名）	租赁原通瑞包装厂房	1600万美元	电脑绣花、服饰加工	开发区	2.20	签约
6	宿迁市爱沃科技纺织有限公司（暂定名）	租赁原宿迁市添锦装饰材料有限公司厂房土地	12000	纺纱、织布	国税局	3.1	在建
7	宿迁市腾发纺织科技有限公司	租赁原江苏舒美特纺织有限公司的厂房（土地）	20000	棉纱、梭织布	张家圩镇	3.9	在建
8	泗阳正奇纤维科技有限公司（暂定名）	租赁原泗阳化纤产业集群有限公司的8幢厂房（土地）	30000	化纤加弹丝、锦纶短纤	财政局	3.10	在建
9	泗阳德妃诺食品有限公司	东至鄱阳湖路，西至项目用地，南至慧凯日用品，北至宏远货架	13500	膨化食品	市场监管局	3.19	签约
10	江苏薛府食品有限公司	东至魏来路，西至好运来饮品，南至金厨娘食品，北至浙江路	10000	方便菜系列产品	吴江（泗阳）工业园管委会	5.4	签约
11	江苏登高新材料股份有限公司	东至用地边线，西至长江路，南至竹络坝干渠及二支渠，北至海光金属	20000	石英石板材系列产品	企业服务局	4.13	签约
12	江苏广亚特种纤维科技有限公司	租赁原泛林实业有限公司的厂房（土地）	12000	氨纶纱	招商局	4.15	在建
13	江苏润泰（宿迁）环保科技有限公司	东至未来路，西至项目用地，南至项目用地，北至吴江路	23600	危废焚烧、固化、物化、综合利用、污水处置	吴江工业园	5.17	签约
14	泗阳申久家纺面料有限公司（暂定名）	租赁原泗阳化纤产业集群有限公司的10幢厂房	15000	涤纶低弹丝及高档家纺面料	开发区	5.19	投产

续表9

序号	项目名称	用地情况	投资情况		引资单位	签约时间	进展情况
		项目界址	计划投资总额（万元）	主要产品			
15	江苏金味泉净化节能有限公司（暂定名）	东至好易纺织，西至太湖路，南至喜临门实业，北至北京路	3200	净化节能设备、饮水机及配件	开发区	5.29	签约
16	泗阳华达织造有限公司	租赁江苏众明纺织科技有限公司的厂房（土地）	10000	印花布	教育局	6.12	签约
17	泗阳县锦诚辉业实业有限公司	东至长江路，西至康乐电气，南至科轮车业，北至广东路	12000	汽车配件、高端粉末涂料、注塑产品	卢集镇	6.12	在建
18	江苏鹏翔新材料科技有限公司	东至用地边线，西至黄河路，南至广东路，北至用地边线	11000	高阻隔多层共挤膜、真空镀铝膜、镭射膜、流延高阻隔聚丙烯膜	李口镇	6.28	签约
19	江苏宜佳诚金属制品有限公司	东至项目用地，西至太湖路，南至海达塑料机械，北至兴能金属	10000	钢制办公家具系列	八集乡	10.26	签约
20	江苏天润真露有限公司（暂定名）	东至用地边线，西至245省道，南至稳德福无纺布，北至文城路	22000	苏打水、维生素饮料、果汁饮料	招商局	7.9	在建
21	江苏明瑞塑业科技有限公司（暂定名）	东至太湖路，西至葛东河，南至用地红线，北至文城路	36000	再生（完全生物降解）农膜	政府办	8.4	在建
22	宿迁好利医疗用品有限公司（暂定名）	东至漓江路，西至项目用地，南至文城路，北至项目用地	11000	无纺布医疗用品	发改局	8.25	签约
23	泗阳意德纺织有限公司（暂定名）	合资，租赁四海伟业5号厂房（地块）	15000	织造（喷水纺织）	环保局	8.29	签约
24	联合家纺科技（暂定名）	租赁海欣纤维	50000	家纺面料	开发区	9.4	签约
25	泗阳瑞丰纺织有限公司	租用原中宝食品	11000	棉纱	王集镇	9.30	在建
26	江苏轩稷实业有限公司（暂定名）	东至太湖路，西至淮泗河，南至桂林路，北至用地边线	3000	锻造铝轮毂	开发区	10.8	签约
27	江苏艾美琳食品有限公司（暂定名）	东至德妃诺食品，西至洞庭湖路，南至项目用地，北至泗水大道	20000	冰淇淋、雪糕等冷冻饮品	招商局	10.8	在建
28	江苏卫德住工科技PC工程有限公司（暂定名）	南至众兴东路、东至科仑车业、西至项目用地	26000	混凝预制构件	住建局	10.14	签约

续表9

序号	项目名称	用地情况	投资情况		引资单位	签约时间	进展情况
		项目界址	计划投资总额（万元）	主要产品			
29	江苏恒天纺织科技有限公司（暂定名）	东至长江路，西至项目用地，南至海欣纤维，北至项目用地	55000	加弹丝	开发区	10.21	签约
30	江苏卫宇食品有限公司（暂定名）	东至未来路，西至项目红线，南至项目红线，北至浙江路	8000	果冻、巧克力、奇趣蛋食品等	招商局	11.2	签约
31	江苏稻花村食品有限公司（暂定名）	东至用地边线，西至魏来路，南至用地边线，北至浙江路	15000	豆制品、休闲食品等	招商局	11.3	签约
32	泗阳红亿纺织科技有限公司（暂定名）	租赁众联纺织	15000	纺织印染布	县委办	11.1	在建
33	泗阳鑫汇达实业有限公司（暂定名）	东至葛东河路，西至用地边线，南至润泰银科技，北至众兴东路	17000	汽车与家电零部件	南刘集	11.13	签约
34	泗阳德赛数码科技有限公司（暂定名）	东至黄河路,西至宏耀纺织,南至福建路,北至衣之杰服饰	11500	数码印刷产品	城管局	11.15	签约
35	泗阳县玉太纺织有限公司（暂定名）	租赁原华泰纺织	12000	棉纺织、棉织造、毛条、毛纱线等	交运局	11.22	签约
36	江苏仙之宝食品有限公司（暂定名）	购买原中正机械	20000	果冻、巧克力、龟苓膏等	招商局	11.23	签约
37	江苏捷威服装辅料有限公司（暂定名）	租赁开发区三期标准化厂房食堂西侧	2000	电脑绣花、织唛、花边制作、织带商标	市场监管局	11.24	签约
38	金谷生物科技（江苏）股份有限公司（暂定名）	东至神枫管业，西至金鸡湖路，南至北岸干渠，北至桂林路，	143400	30万吨小麦麦芽、多维营养餐粉	县委办	12.9	签约
39	江苏奥邦新材料有限公司（暂定名）	东至用地边线，西至南海路，南至用地边线，北至昊锐铝业	10000	汽车内饰材料	教育局	12.13	签约
40	中亚新型材料	东至太湖路，北至吴江路等	15000	新型复合材料、高分子聚合物、PEEK类的板材、棒材、颗粒等，以及终端产品	组织部	12.16	签约
41	江苏泗阳衣之杰服饰有限公司	东至黄河路，西至宏耀纺织，南至用地边线，北至淮滨河	13700	成品服装、针织布	县政协	12.19	签约

（汤业发）

·吴江（泗阳）工业园区·

【概况】 吴江（泗阳）工业园为江苏省南北共建重点园区，总规划面积17.8平方公里，建成区面积15.2平方公里。园区产业定位为纺织服装、汽车零部件、家居制造、食品饮料。园区配套齐全，建有吴江（泗阳）纺织产业园、吴江公舍、园区小学、邻里中心等。至2016年年底，园区共落户企业112家，其中投产企业93家，在建企业19家。实现业务总收入195.69亿元，工业产品销售收入191.09亿元，工业增加值51.13亿元，公共财政预算收入5.89亿元，分别比2015年增长36.79%、37.57%、39.80%和17.41%。吴江（含苏州其他县区）转移到泗阳落户的企业35家，项目计划总投资97.37亿元，其中吴江转移落户的企业达18家，占转移项目数的51.42%。年内在全省45家南北共建园区综合考评中，吴江（泗阳）工业园综合考核排名第4，比2015年上升4个位次。

【交流互动】 2016年两地党政代表团互相交流学习3次，分别是6月13日泗阳县主要领导随宿迁市党政代表团赴吴江考察学习，考察学习期间，吴江、泗阳两地政府签订《关于进一步深化南北挂钩合作的协议》。9月20日，泗阳县委书记徐勤忠率领党政代表团赴吴江考察，考察期间举办吴江泗阳产业转移对接会。12月16日，吴江区委书记梁一波、区长沈国芳率领党政代表团赴泗阳考察，其间就产业转移、标准化厂房建设等相关事宜进行商讨并达成一致意见。2016年初，泗阳选派5名年轻干部赴吴江挂职锻炼3个月，学习先进的发展理念和优秀的管理经验。

【载体建设】 2016年初,吴江、泗阳两地按6∶4的比例出资共建吴江（泗阳）纺织产业园，规划用地21.34万平方米，一期2.74万平方米标准化厂房已竣工，为承接吴江到泗阳的产业转移建起载体平台。为不断做大泗阳吴江板块，加大载体建设力度，加快产业转移步伐，2016年11月，园区向吴江区委、区政府提出申请拨付二期标准化厂房建设资金的报告，吴江区主要领导高度重视，安排区财政一次性拨付2000万元建设资金，定于2017年年初启动建设二期3万平方米标准化厂房。

【招商引资】 2016年，园区新落户项目7个，计划总投资12.8亿元，其中吴江转移项目2个（斯茵纺织、尼特医疗）。斯茵纺织项目由香港斯茵集团投资兴建，该项目总投资6亿元，拥有2000台日本津田驹喷水织机及8套整浆并设备，全部投产后年销售将突破10亿元。（黄正　翟磊）

·泗阳县城南生态新城·

【概况】 2016年，泗阳县城南生态新城围绕县委、县政府建设“富强美高”新泗阳总体目标，继续坚持“规划引领，基础先行，项目带动，质量至上”发展战略，各项工作取得新进展。全年新建、续建重点工程项目7个，总投资11.5亿元，其中政府性投资3.5亿元，企业投资8亿元；建成保障性住房28万平方米、景观绿化22万平方米、商业地产5.5万平方米，商业综合体8.8万平方米。

召开目标管理表彰暨目标责任签状大会

【新城定位与规划编制】 县城南生态新城最终定位为以特色旅游业和现代服务业为支撑，以“城市生态客厅”总体目标为发展方向，建设“宜居、宜业、宜游”生态花园门户城区，塑造“一湖清水绕新城，千倾夭桃映古镇”城市风貌。年内，新城管委会在定位明确的基础上，坚持规划先行，高标准、高层次编制各项规划，至年底，总体规划已报审，控制性详规、核心区城市设计以及给水、排水、供热等多个专项规划已编制，待总体规划批复后逐步实施。

【项目建设】 年内，4万平方米城市综合体红星美凯龙家居广场投入运营，至年底已入驻索菲亚、顾家家居等18家品牌店；4.4万平方米精品街已入驻商户，开始营业；建华苑、康裕人家等保障性住房交付使用，17万平方米南岸明珠小区完工，5.5万平方米桃源绿岛C区主体封顶，二次结构完成。

红星美凯龙项目实景

【基础配套推进】 坚持基础支撑，加快推进城市路网、水电等配套与公共服务设施建设。年内，全长2200米樱花路东段建成通车；完成人民南路与意杨大道交汇处大转盘升级改造工程，修复路面1万多平方米；城林路改造工程稳步推进，全年改建损坏路面25500平方米，维修路面7100平方米，改造人行道11000平方米，扩建道路3100平方米，新增绿化4100平方米，新装路灯60盏，拆除维修安装旧灯48盏。按照“功能齐全、布局合理、交易为主、规范有序”原则，提升改造城厢农贸市场3000平方米。城南污水处理厂正式运营。

【电商快速发展】 通过平台建设、政策扶持、培训宣传等一系列措施，加快电商集聚，在迎宾大道与水杉大道交汇处建成电商产业园。截至年底，该园已入驻电商项目82个，其中传统网商74个，平台电商4个，跨境电商4个，已带动青年就业500多人，年销售额突破亿元，初步形成服装、玩具、食品等为主发展导向。电商产业园先后获批为江苏省信息消费试验区、宿迁市市级创业孵化示范基地、江苏省互联网众创园、江苏省创业孵化示范基地。

【生态环境建设】 在规划设计中优先考虑生态环境建设，在项目建设中同步搞好生态环境建设。2016年，完成樱花路、康裕人家、杨柳路南侧绿化工程，高标准完成城高线、樱花路、康裕人家东南侧、城厢大转盘西南侧、黄河桥等5处绿化节点工程，全年新增绿化面积22万平方米，栽植各类树木100多万株，接待游客4万多人。

（蔡袁新）

·江苏省泗阳现代农业产业园·

【概况】 2016年，江苏省泗阳现代农业产业园突出“聚力创新，聚焦富民”主题，按照“规划设计科学、产业特色鲜明、科技含量较高、物质装备先进、运行机制灵活和综合效益显著”建设标准，坚持市场化、科技化、集约化、设施化、信息化“五化”路径，狠抓特色产业培育、重大项目引建、基础设施提档和优化帮办服务等重点工作，着力推进智慧型现代农业产业园区建设，取得明显成效。

召开泗阳国家农业产业园创建方案汇报会

【特色产业培育】 1.做强食用菌产业。园区集聚12家工厂化食用菌企业，其中江苏华绿生物科技股份有限公司为国家级高新技术企业和上市企业，江苏宏源菌业有限公司为国家级高新技术企业。2016年，园区食用菌企业日产量达350吨，年产量超过10万吨，年产值9亿元，吸纳3000多人就业。2.做精设施果蔬产业。重点推广钢骨架苏式日光温室、单体通用钢管温室大棚、工厂化育苗、滴管节水等技术，新增大禾庄园、国润农业、百春锦蔬菜专业合作社等三个省级园艺标准园，建成6000亩设施果蔬基地，亩均效益超万元。3.做优休闲观光产业。以江苏大禾庄园农业科技有限公司、江苏国润农业科技有限公司、江苏瑞信农业科技有限公司等省级农业龙头企业为重点，培育集工厂化育苗、生产、采摘、科技展示、酒店、住宿、垂钓等功能于一体的休闲农业基地。大禾庄园为“全国休闲农业与乡村旅游示范点”，2016年获“江苏最美百果园”“江苏摄影基地”等称号。

【重点项目引建】 2016年，全县共引进入驻园区项目23个，计划投资12.5亿元，流转土地1.3万亩。园区独立引进项目3个，分别为投资6015万元的华绿三厂扩建项目、1000万元祥农设施蔬菜项目和1000万元博逸果蔬项目。

召开创建国家现代农业产业园座谈会

【基础设施建设】 积极争取财政、农委、农开等部门支持，以省财政资金奖补项目为重点，整合各类涉农资金，稳步提升园区基础设施水平。年内投资200万元，兴建园区生产道路3100米，中沟桥3座，小沟桥14座；投资50万元，新增绿化10万株；投资100万元，建设园区自来水通达工程，铺设输水主管道3900米。至2016年年底，园区已建成道路35千米，疏通水系50千米，架设线路40千米，初步形成路网通达，排灌便捷、供电有保障的水电路网体系。

【人才引进与科技创新】 积极推动校企合作，全年组织园区企业参加高校专场推荐会10余次，江苏华绿生物科技股份有限公司、江苏宏源菌业有限公司等企业引进微生物、食用菌、食品工程相关专业人才25名，其中本科学历17人，硕士研究生8人。主动对接省级科研单位，推动企业自主创新，华绿、宏源成功创建为国家级高新技术企业。其中华绿还被授予“国家食用菌工程技术研究中心金针菇种质资源评价和利用基地”称号。加强校企农联合，园区开展主体研发专利项目15个，与农业科研院所合作项目20个，示范新品种新技术超过40个。

【优化帮办服务】 坚持零距离、一站式、全过程等理念，为园区企业、合作社和种养大户提供保姆式服务。2016年出台《关于在园区开展“服务创新年”活动的通知》等文件，深入开展“服务创新年”活动，重点为恒洲生物科技、华绿三厂、华绿四厂以及康宏生物科技等项目协调土地流转、调整用地性质、项目清障、前期手续办理等提供服务保障。主动对接环保部门，完成园区瑞信、宏源、恒久、康宏等9家企业环保“三同时”验收；扎实推进园区涉燃煤锅炉企业进行锅炉改造、置换工作，现已全面完成9家企业，13台锅炉整治工作；主动对接金融、国土、规划、消防、环保、供电等相关部门，从简从速办理相关手续，为华绿转板上市，宏源、国润、康宏等企业“新三板”上市做好服务保障工作。

【华绿国家食用菌工程技术研究中心金针菇种质资源评价和利用基地建成】 江苏华绿生物科技股份有限公司作为国家级高新技术企业和省级农业产业化龙头企业，年内已在全国中小企业股权转让系统挂牌上市，股票代码为832838。2016年该企业产能稳定增长，年产值达2.4亿元。2016年3月，江苏华绿生物科技股份有限公司与上海农科院合作建成“国家食用菌工程技术研究中心金针菇种质资源评价和利用基地”，揭牌仪式于4月在华绿生物举行。该基地的设立，为全县食用菌企业与国家食用菌工程技术中心搭建了产学研交流桥梁与合作平台。

【宏源菌业获批为国家级高新技术企业】 江苏宏源菌业有限公司成立于2010年，注册资本1100万元，总占地面积4.67万平方米。公司现有45栋菇房，综合菇房540间，日生产菌包5万包，日产新鲜杏鲍菇25吨左右，先后通过ISO9001质量管理体系认证、ISO22000食品安全管理体系认证、ISO14001环境管理体系认证。企业现有职工270余人，其中管理人员20余人，生产一线员工250余人。2016年11月30日，经全国高新技术认定管理工作领导小组认定，江苏宏源菌业有限公司获批为第四批国家级高新技术企业（国科发火〔2016〕32号）。（唐致婷）

·意杨产业科技园·

【概况】 2016年，泗阳县意杨产业科技园以提升载体抓基础设施建设、提升总量抓大项目引建、提升质量抓企业转型升级工作为主线，认真落实县工业发展“333”工程，加快推进家居制造特色产业集聚，园区各项工作平稳有序开展。全年实现开票销售17.68亿元、工业增值税4159万元、固定资产进项税抵扣546.82万元、外贸进出口总额6623万美元，分别比2015年增长22.82%、26.03%、10.24%、54.24%。年内，木业家居产业跻身江苏省特色产业行列，被命名为"泗阳县木业家居产业集群"。

【创建省高新科技园区活动】 2016年，县意杨产业科技园以创建省高新科技园区为统揽，展开各项工作。年初制订高新区创建工作方案，围绕高新区创建44项指标，分解和明确各责任单位职责任务。年内多次组织人员赴吴江、徐州、扬州等地学习创建工作经验；全年两次组织召开创建省级高新区工作推进会，"晾晒"和通报各单位工作进展情况。至年底，完成省高新区申报资料整理收集工作，各项创建活动有序开展。

【坚持规划引领】 围绕创建省高新科技园区要求，高标准定位各项工作，重新修编规划。年内，园区道路、管网建设等专项规划编制完成，总体规划已通过县规审会审核，产业规划完成二稿，家居制造产业和橱柜特色小镇规划正在抓紧编制。

【基础设施建设】 对照省级高新区标准，以实现市政道路、雨水、污水、自来水、电力、电信、燃气等"九通一平"为目标，围绕提升"二横七纵"路网体系，加快基础设施建设。全年完成昇茂路、天目山路、庐山路、凤翔路等道路绿化、亮化工程，新增绿化面积54600平方米，架设路灯348盏，铺设雨水管网2120米，自来水管网5800米，天然气管道9665米，弱电管网7080米，污水管网20.5千米，建成截污点7个。年内，投资4.2亿元的土地收储工作有序开展，5200平方米的科创服务中心启动建设，荣浩天然气项目完成主管网铺设，污水处理厂投入使用，14家重点企业全部接入污水管网。

举行金迪木业开工仪式

【项目引进与建设】 全年外出招商48批次，拜访企业180家，达成意向到泗投资项目6个；接待外单位到园区考察42批次，年内引进江苏谢万家具科技有限公司、宿迁建东木业等亿元项目2个，总投资3.4亿元。年内完成江苏升茂塑胶制品有限公司、宿迁市蓝天科技有限公司等新开工项目9个，总投资16.1亿元；完成江苏麦高新型复合材料有限公司、江苏鑫欧越然家具有限公司等竣工项目5个，总投资9亿元。园区共完成固定资产投资21亿元。

【科技兴区工作】 加强横向交流，建立合作平台，借助科研机构和大专院校技术力量，加快科技成果转化，推动企业转型升级。截至2016年年底，园区已建立南京林业大学研究生工作站1家，省级工程中心1家、省级工程（技术）研究中心1家、市级工程（技术）研究中心7家，1家国家高新技术企业正申报待批。年内还与中国林产工业公司（央企）洽谈共建"苏北国家级木材加工转型升级示范园区"，并签订战略合作协议。

【安全生产】 全年开展拉网式安全生产检查14次，发现86户企业存在一般安全隐患238处，下达整改通知书163份。邀请县安监局、消防大队、市场监督管理局等单位进行安全生产、消防、特种设备管理培训4次。开展锅炉集中整治行动，年内园区87台燃煤锅炉全部改造为生物质锅炉。

【招才引智工作】 发挥企业引才主体作用，结合县"招才引智"百日会战和省高新区创建，带领园区企业先后赴南京林业大学、东北林业大学等高校举办产学研对接洽谈会，达成人才输送和推动产学研结合意向。重视人才培养，全年申报省"双创人才"2名，省"333"工程高层次培养人才2名。

（徐东阳）

交通运输

【概况】 2016年，泗阳县交通运输工作牢固树立“创新、协调、绿色、开放、共享”的发展理念，紧紧围绕县委、县政府决策部署，积极适应经济发展新常态，深入实施交运结构性改革，圆满完成年初确定的交通建设各项目标任务，实现“十三五”发展良好开局。年底，县交运局被县委、县政府表彰为“重大项目推进工作先进单位”，被市交运局评为“全市交通运输系统目标考核先进单位”。县地方海事处、公路管理站建成“省文明单位”，航道管理站建成“市文明单位”。

·交通建设·

【意杨大道改造】 意杨大道拓宽改造工程东起西安路，西接245省道，全长1.72千米，按城市主干道标准建设，路基宽33米、路面宽31.5米，设计时速60千米/小时。配建跨航道桥梁1座，长176米、桥宽31.5米。路桥总投资3000万元，10月建成通车。

【史集大桥重建】 宿众线史集大桥位于史集社区，横跨六塘河。原桥为双曲拱桥，因建成多年，主体结构损坏严重，已不能满足通行要求。2015年，县交通运输局将该桥列入改造计划，重建桥梁采用6米×30米箱梁，下部构造采用桩柱式墩，桩接盖梁式桥台，设计荷载公路–II级，桥面宽0.5米（护栏）+2米（人行道）+16米（主车道）+2米（人行道）+0.5米（护栏），总投资1302万元，2015年8月开工建设，2016年9月建成通车。

【县道维修】 爱穿线穿城段加铺20厘米厚水泥稳定碎石+6厘米厚沥青混凝土面层；处理王穿线等5条公路路面破损严重段，铺设40厘米厚水泥稳定碎石；铣刨一般路段沥青面层，铺设6厘米厚沥青混凝土面层。以上县道维修面积共5万平方米，总投资1200万元，10月全部完成。

【农村公路建设】 全年新建、改建农村公路52条、82千米，改造危桥20座。

表10　　2016年泗阳县新建（改造）农村公路情况

序号	所在乡镇	公路名称	公路长度（千米）	其中		路基宽度（米）	路面宽度（米）	总投资（万元）	补助标准（万元/千米）	总补助（万元）	地方自筹（万元）
				新建（千米）	改建（千米）						
合计			82	27	55			8502.1		4038.2	4463.9
1	庄圩乡	庄胡线	2.9	2.9		12	10.5	1835.7	100	290.0	1546.0
2		双堆线	1.9	1.9		5.5	4.5	171.0	36	68 .0	103.0

续表10

序号	所在乡镇	公路名称	公路长度（千米）	其中		路基宽度（米）	路面宽度（米）	总投资（万元）	补助标准（万元/千米）	总补助（万元）	地方自筹（万元）
				新建（千米）	改建（千米）						
3	庄圩乡	地拐线	0.8	0.8		5.5	4.5	72.0	36	29 .0	43.0
4	高渡镇	南曹线	5.1		5.1	6.5	5.5	346.8	54	275.0	72.0
5	穿城镇	穿砖线	1.8	1.8		5.5	4.5	162.0	32	58.0	104.0
6	史集街道	史张线	4.1		4.1	6.5	5.5	328.0	50	205.0	123.0
7	卢集镇	张卢线	0.8		0.8	6.5	5.5	54.4	54	430.0	11.0
8		卢桂线	1.6		1.6	6.5	5.5	108.8	54	86.0	23.0
9		黄邢线	2.0		2.0	6.5	5.5	136.0	54	108.0	28.0
10	张家圩镇	大颜线	3.6		3.6	6.5	5.5	244.8	50	180.0	65.0
11		张涧线	0.6		0.6	6.5	5.5	48.0	50	30.0	18.0
12		张花线	0.8		0.8	6.5	5.5	64.0	50	40.0	24.0
13	南刘集乡	新石线	4.4		4.4	6.5	5.5	299.2	50	220.0	79.0
14		江庄线	0.9		0.9	6.5	5.5	61.2	50	45.0	16.0
15	裴圩镇	裴大线	3.5		3.5	6.5	5.5	183.6	54	146.0	38.0
16		瓦镇线 1	1.7		1.7	6.5	5.5	115.6	54	92.0	24.0
17		瓦镇线 2	1.7		1.7	6.5	5.5	115.6	54	92.0	24.0
18	三庄乡	夫团线延伸段	0.9	0.9		5.5	4.5	108.0	50	45.0	63.0
19		朱徐线	1.0	1.0		5.5	4.5	90.0	32	32.0	58.0
20	新袁镇	新黄线	3.3		3.3	6.5	5.5	224.4	50	165.0	59.0
21		新建线	0.6		0.6	6.5	5.5	40.8	50	30.0	11.0
22		振兴路	0.5	0.5		6.5	5.5	60.0	50	25.0	35.0
23		天津路	0.3	0.3		13.0	12.0	36.0	50	15.0	21.0
24		黄码河路	0.3	0.3		5.5	4.5	27.0	32	10.0	17.0
25		北京西路	0.4	0.4		12.0	10.0	43.2	50	20.0	23.0
26		田沈线东段	1.5		1.5	6.5	5.5	102.0	50	75.0	27.0
27	八集乡	叶集线	2.8		2.8	6.5	5.5	224.0	50	140.0	84.0
28		前同线	1.8		1.8	6.5	5.5	144.0	50	90.0	54.0
29	爱园镇	爱大线	1.0		1.0	6.5	5.5	68.0	50	50.0	18.0
30		张涧线	1.1		1.1	6.5	5.5	74.8	50	55.0	20.0
31	城厢街道	陶界线	1.7		1.7	6.5	5.5	115.6	50	85.0	31.0
32		新民路	0.7	0.7		5.5	4.5	77.0	50	35.0	42.0
33	里仁乡	丁唐线	1.6	1.6		5.5	4.5	144.0	36	58.0	86.0
34		里朝线	1.8		1.8	8.0	7.0	144.0	54	97.0	47.0
35		创业大道	0.7	0.7		7.0	6.0	84.0	54	38.0	46.0
36		阳河路	2.7		2.7	7.0	6.0	216.0	54	146.0	70.0
37		里樊线	1.1	1.1		5.5	4.5	99.0	36	40.0	59.0

续表10

序号	所在乡镇	公路名称	公路长度（千米）	其中		路基宽度（米）	路面宽度（米）	总投资（万元）	补助标准（万元/千米）	总补助（万元）	地方自筹（万元）
				新建（千米）	改建（千米）						
38	李口镇	罗渡线	2.6		2.6	6.5	5.5	176.8	50	130.0	47.0
39		李罗线	1.7		1.7	6.5	5.5	115.6	50	85.0	31.0
40	农场	徐农线	0.2		0.2	8.0	7.0	16.0	50	10.0	6.0
41		徐农线延伸段	0.3	0.3		5.5	4.5	27.0	32	10.0	17.0
42	众兴镇	大兴南路	0.8	0.8		12.0	10.0	240.0	50	40.0	200.0
43		石材城二路	0.8	0.8		12.0	10.0	160.0	50	40.0	120.0
44	临河镇	条刘路	1.0	1.0		5.5	4.5	90.0	32	32.0	58.0
45		小冯线	1.4		1.4	6.5	5.5	95.2	50	70.0	25.0
46	来安街道	浙江路	0.7	0.7		16.0	14.0	84.0	50	35.0	49.0
47		文城路东延	0.9	0.9		16.0	14.0	180.0	50	45.0	135.0
48		桂庄小区南路	1.6	1.6		7.0	6.0	192.0	50	80.0	112.0
49	王集镇	蒋刘路	3.3	3.3		5.5	4.5	297.0	32	106.0	191.0
50		健康路南延	0.6	0.6		8.0	7.0	72.0	50	30.0	42.0
51		陈圩线	1.0	1.0		5.5	4.5	90.0	32	32.0	58.0
52		蒋桥路	1.1	1.1		5.5	4.5	198.0	32	35.20	160.09

表11　　2016年泗阳县新建（改建）农村公路桥梁情况

序号	所在乡镇	桥梁名称	所属线路名称	桥梁分类	桥梁全长（米）	跨径总长（米）	单孔最大跨径（米）	桥梁全宽（米）	桥梁面积（平方米）	投资（万元）
1	八集乡	张刘桥	石育线	大桥	66	60	20	8	480	153.60
2	庄圩乡	朱庄小桥	庄王线	小桥	32	26	13	8	208	66.56
3		河涯桥	庄胡线	小桥	54	48	16	10	480	153.60
4		庄东河桥	红水线	小桥	25	20	20	12	240	76.80
5	城厢街道	要武小桥	要梁线	小桥	22	16	16	8	128	40.96
6	穿城镇	徐圩桥	集徐线	大桥	66	60	20	8	480	153.60
7	里仁乡	丁尧桥	丁倪路	大桥	45	39	13	8	312	99.84
8	新袁镇	振兴路桥	振兴路	大桥	36	30	10	8	300	96.00
9	卢集镇	桂嘴桥	张卢线	小桥	19	13	13	8	104	33.28
10		黄嘴桥	卢镇线	小桥	16	10	10	8	80	25.60
11		张庄桥	卢薛线	小桥	16	10	10	20	200	64.00
12	三庄乡	二庄桥	二庄线	小桥	26	20	20	8	160	51.20
13	张家圩镇	十斗桥	爱大线	小桥	36	30	10	8	340	108.80
14		十一斗桥	张涧线	小桥	36	30	10	8	340	108.80

续表11

序号	所在乡镇	桥梁名称	所属线路名称	桥梁分类	桥梁全长（米）	跨径总长（米）	单孔最大跨径（米）	桥梁全宽（米）	桥梁面积（平方米）	投资（万元）
15	张家圩镇	邢马河十三斗桥	十三斗线	中桥	44	39	13	8	312	99.84
16		邢马支渠桥	张王线	小桥	18	13	13	8	104	33.28
17	南刘集乡	刘河桥	新石线	小桥	32	26	13	8	208	66.56
18	爱园镇	曙光桥	假路	中桥	35	30	10	8	240	76.80
19	王集镇	港河桥	徐魏线	小桥	36	30	10	8	240	76.80
20		花刘桥	花刘线延伸段	小桥	35	30	10	8	240	76.80

【农村物流服务站点建设】 利用原有的农村乡镇客运站场资源，按照客运站、交管所、农村物流点"多站合一"的模式，因地制宜建设具有客运服务、交通管理、农资及农产品仓储、日用品分拨配送、快递配送等功能的农村综合运输服务站，努力打造上接县、下联村的农村物流中转节点，实现农村物流各类物资"最后1千米"和"最初1千米"的有序集散和高效配送。11月，建成新袁、李口、王集、张家圩、里仁等10个乡镇农村物流服务站点。

【徐宿淮盐铁路泗阳段动工】 徐宿淮盐铁路泗阳段长22.3千米，与宿淮铁路基本平行，途经县境临河、史集、来安、八集4个乡镇（街道），工程红线用地727亩，清障树木50357棵、搬迁坟墓280座、征收房屋255户。年底，完成铁路桩基和便道施工建设等项目。

【330省道泗阳段建设】 330省道泗阳段东起自宿迁、淮安两市交界处的淮泗河，经县境裴圩、高渡、卢集、众兴4个镇，西与245省道交叉，路线全长35.2千米，按二级公路标准建设，路基宽12米，路面宽10.5米，总投资4.28亿元。项目于2013年4月开工建设，至2016年年底，高渡至众兴段22千米已建成通车。裴圩至高渡段全长13.2千米，总投资约1.6亿元，计划于2017年6月开工建设。

【267省道泗阳段勘探】 该项目北起泗阳与沭阳两县交界处，向南跨新长铁路和淮沭河，下穿宿淮铁路，经泗阳县城东跨京杭运河，与淮徐高速公路交叉，止于泗阳裴圩镇南，全长66千米（新建约36千米、改造约30千米）。其中宿淮铁路至新袁段约25千米，按照一级公路标准实施，路基宽度24.5米；其余路段41千米，按二级公路标准实施，路基宽12米。至2016年底，庄圩至魏圩段开始勘探。

【347省道泗阳段设计】 347省道泗阳段起自城西与245省道交叉处，向西经意杨科技产业园，止于临河镇与仓集镇接壤处，长11.04千米，其中老路拓宽改造8.98千米，新建2.06千米。按照双向四车道一级公路标准建设，路基宽24.5米，设计时速为80千米/小时。年底完成施工图设计等。

【迎湖桥建设】 迎湖桥位于成子河航道起点4.92千米处，桥梁及接线全长1455米，其中桥梁长359米，宽12米；接线长1096米，路基宽12米。主桥采用35米+82米+35米的中承式混凝土系杆拱结构，引桥采用空心板梁，设计汽车荷载等级为公路-Ⅰ级。工程总造价3071.7万元，于2014年10月开工建设，年内已完成主桥系梁、中横梁及接线工程。

【京杭运河四桥连接线】 京杭运河四桥连接线起于临郑路，终于丁睢公路，全长2.83千米，路面宽10.5米，按二级公路技术标准设计，新建桥梁一座，年底完成施工图设计等。

【城北停车场建设】 城北停车场位于325省道与众王路交叉口西南角，占地面积4100多平方米，其中公交首末站建设用地900平方米，货运停车场建设用地3200平方米，容纳停靠大型货车120辆，总投资1380万元，年内完成场地回填平整及部分管理站房建设等工作。

·客货运输·

【公共交通】 年内，新开通城市公交线路1条、城乡夜间公交线路3条，优化调整公交线路5条，全县城乡道路客运一体化发展水平被省交通厅评价为AAAAA级。至年底，全县开通省际班线16条、市际班线47条、县际班线4条，拥有营运长途客车110辆；开通城市公交线路12条，总路程186.6千米，投放车辆155台；开通城乡公交线路18条，总路程666.1千米，投放车辆160台；开通16个乡镇镇村公交线路37条，总路程439.6千米，投放车辆45台；县内在营出租车400辆；全年公路客运量87万人次，客运周转量2800万人千米。

【货物运输】 全年新增道路普通货运经营577户、货车1143辆，注销营运黄标车187辆。至年底，全县共有道路普通货物运输经营户4245户、车6021辆、59342载重吨，其中货运企业96户，危险品运输企业3户；有水路运输经营户2户，船舶94艘、87029载重吨。全年货运量480万吨，货运周转量9.51亿吨千米；水路货物运输量12 0万吨，货运周转量3.51亿吨千米。

【宿淮铁路开通泗阳至洛阳班次】 宿淮铁路原共开通3对客运列车，分别为北京至南通（Z139）、南通至北京（Z140），重庆北至南通（K664/1）、南通至重庆北（K662/3），徐州至南通（K8599）、南通至徐州（K8600）。5月15日起，增开泗阳至洛阳列车，该列车（K1142次）08点55分于南通市始发，13点58分在泗阳站停靠，14点01分发车，23点37分到达洛阳。

·行业管理·

【公路养护】 拆除省道建筑控制区内大型非批准标志牌16块、小型非标168块、违章建筑3处和县道跨路龙门架广告牌35块；完成省道沥青路面维修5000平方米、县道沥青路面表处5万平方米；开展农村公路交通安全整治，增设标牌506块、警示桩830根、标线1200平方米，公路设施完好率达90%以上；全年查处超限运输车辆692台，卸驳载22523吨。

【运输市场管理】 先后开展客运市场专项整治、危险品运输以及元旦、春节、中秋、国庆等重要节假日运输市场整治活动，共查处道路运输各类违章案件259起，其中查处“黑车”67辆次。全县拥有一类机动车维修企业6家，二类机动车维修企业16家，三类维修站点152家，快修企业4家，汽车综合性能监测站1个；拥有一类驾校1家，二类驾校5家，三类驾校4家，年培训能力2.4万人次，实际培训驾驶员1.2万人次。

【航道巡查】 全年巡航130次、2100千米，纠正违法行为6起，收取航道赔（补）偿费5600元。

【水上安全监督】 坚持365天巡航制度，大力强化通航水域秩序整治，取水口实行24小时管控。全年查处违规船舶86艘次，检查渡船140艘次。配合水务、水警等部门摧毁洪泽湖水域非法采沙机具20余台套，实施行政处罚2000余起。

【工程质量检查】 落实交通工程质量责任制，健全质量保证体系，全面开展标准化施工管理，全年开展综合督查2次、专项检查4次、飞行检查50余次、工程质量优良率达95%。京杭运河泗阳成子河公路大桥被江苏省交通运输厅评为“江苏省交通建设优质工程”，330省道泗阳三标段被省厅表彰为全省公路工程“示范工地”。（刘治国）

邮　政

【概况】 2016年，泗阳县完成邮政业务总收入7724万元，比2015年增长14.61%。全县共有金融网点22个、纯邮政营业网点4个、村邮站135个、“邮乐购”加盟店328家；有各类邮运投递服务车120余辆、POS机195台、城乡邮路65条，投递路程3422千米。已形成集邮政、金融、包裹、代办公共服务于一体的新型绿色窗口，为广大群众提供集“缴费一站通”“票务通”“邮务通”于一体的综合性服务便民平台。年内，县邮政局被江苏省精神文明建设指导委员会评为“江苏省文明单位”。职工施敏叶获县新华杯“做合格党员演讲比赛”优秀奖；秦岭获县“唱响中国梦·建功十三五”文艺调演一等奖。

【邮政农村综合服务】 年内，分公司整合内外部渠道资源，按照邮政服务“三农”的要求，以提升资源利用效能为原则，合理规划加盟渠道建设布局，构建线上线下相结合的邮政综合服务平台。以公共服务、便民服务、金融服务、电商服务为抓手，量质并举，建成信息系统互联互通、服务方式灵活高效的运营平台。向百姓提供便民服务、政府委托的公共服务、增值服务、邮政服务等。全年累计建成“邮乐购”加盟店328个，其中示范店28个。为加盟店主安装“邮掌柜”系统，在帮助店主现代化进销存管理的基础上设置代收代缴电费、代充值话费、代售汽车票、代理邮政分销商品等便民服务。

【村邮站建设】 年内，分公司共建成村邮站135个，解决农村群众用邮问题，打通城乡邮政服务的“最后1千米”，为广大群众提供函件、报刊、普通包裹投递和受理等基本公共服务及助农金融服务、公用事业费用代收代缴等扩展服务，实现便民服务“零距离”。

【网点改造】 年内，加大邮政网点建设力度，提升网点服务能力。全年新增固定资产及运行设备329万元，并原址重建卢集、黄圩、裴圩、八集等支局营业网点或另处购买、租赁、扩建，改善营业面积1033平方米，提升窗口服务形象。

【营业窗口服务】 分公司领导驻点检查金融网点，发现问题及时整改，并制作问题卡片以减少差错。利用监控系统加大非现场检查，不断完善和加大服务质量的综合检查和整治工作。组织支局长和综柜、普柜、营业、投递人员业务技能学习和远程教育等培训48期、2616人次，提升服务水平和质量、提高客户满意度。针对业务量激增的情况，科学调配营业人员，合理安排员工休息时间，增开、多开服务窗口，保证有足够的窗口和柜台对外服务。

【投递服务】 加大对投递序列人员培训，确保每封邮件准确、规范投递。特别对高、中考录取通知书投递，单独处理、单独存放。严密各类邮件

城厢邮政支局王兴成认真投递报纸

投递手续，严格执行制度，规范邮件投交环节，年内，各类邮件皆准确送达，无一差错。对地址不详或地址迁移等邮件，均与寄出局或有关部门联系，确定后再多次投递，不轻易退回。

【税邮合作】 年内，整合邮政资源，在北京路支局试点设立“税邮共建便民服务窗口”，为国税部门提供媒体宣传、金融服务、发票寄递和电子商务等综合性服务，共同深化社会服务领域、提升服务功能，促进国税、邮政双方优势互补，更好地为客户提供全能服务，全年累计代开税票743张。

【函件业务】 全年以数据库商函、邮资封片、账单为核心，为全县提供社会保险个人权益对账单、“致中考学生一封信”寄递服务，并积极拓展函件新媒体业务，实现函件业务收入261万元，比2015年增长12.41%。

邮税合作签约仪式

【报刊业务】 积极与宣传等部门沟通联系，做好党报党刊征订工作。开展“书香泗阳·全民阅读”图书巡展发行活动，销售图书流转额30余万元。同时做好“宝贝大咖秀”“我是卖报小行家”“我是小小报童”等校园图书漂流等活动，进一步推进报刊零售业务发展，全年实现报刊业务收入404万元。

【集邮业务】 通过召开集邮品鉴会、事前短信、电话等方式，通知集邮爱好者参加现场会，及时获取信息，提供相互交流平台，全年实现集邮收入125万元。

【物流业务】 分公司开展包裹快递业务，积极开拓市场，实现多元化经营，为客户提供免费上门包装、揽件、仓储等附加服务，给客户更多合作选择机会。业务高量期成立“应急工作小组”，调整揽收线路人员，全程流水线作业，提高白天邮件处理量，有效避免晚间集中处理所造成的邮件时

限延误，做到收得来、运得出，确保客户的利益。“双十一”期间，共收寄2.93万件，比2015年增长290.57%；“双十二”期间，共收寄3.29万件，增长293.09%。全年累计实现物流业务总收入892万元，增长83.64%，

【网络业务】 全年提供票务、代收费、代征税款等网络业务，仅在春运期间，代理车票近万张。以“邮乐农品网泗阳馆”上线为契机，积极与县经信局、农委和农工办签署合作协议，携手推进泗阳农产品进城工作。网上“上架”100余种农产品，并开展亲子采摘、寺庙开光、加盟店促销、邮乐产品品鉴会等活动开拓农产品市场，营造农产品进城氛围，并提供优先、优惠、优质的产品仓储、分销配送、信息反馈等服务，全年实现网络分销收入198.53万元，代售桃子4000多公斤。

【金融业务】 大力发展方便群众的“福农卡”“乡情卡”“商易通”和小额贷款等金融服务，发展“邮商联盟”增值服务合作商户180家，涉及超市、药店、饭店、婚纱店、珠宝店等多个行业，让利7至9.8折不等。启动网点销售化转型9个，开展“爽11”“重阳节”“520”“包粽比赛”“美容讲座”等阶段性、个性化活动，实现以产品为中心向客户为中心的经营发展方式转变。全年实现金融业务收入5368万元，比2015年增长8.93%。

【“护蕾”邮路】 在全县邮政开展“护蕾邮路”活动，健全1名党员、1名投递员、1名留守儿童、1条邮路、1片爱心、1面旗帜这“六个一”的日常关爱机制。年内，县邮政局全体党员、职工结对帮扶贫困、留守儿童65名，多次为他们送去学习用品和慰问品等，让孩子们感受到温暖。

表12　　2016年泗阳县邮政支局（分公司）情况

序号	单位	地址	业务范围	负责人	联系电话	邮编
1	开发区邮政支局	泗阳县经济开发区	邮政基础业务，增值业务，附属业务，金融业务，邮购业务及国家邮政局批准开办的其他邮政业务。	何育红	0527-85352386	223700
2	城中邮政支局	众兴镇阳光巴黎城		姜　梅	0527-85230995	223700
3	南刘集邮政支局	南刘集乡刘集街		张　平	0527-85846444	223705
4	里仁邮政支局	里仁乡里仁街		刘海明	0527-85581120	223714
5	城厢邮政支局	城厢街道城厢街		张　洁	0527-85305444	223708
6	高渡邮政支局	高渡镇高渡街		孙　云	0527-85691444	223734
7	葛集邮政支局	来安街道葛集街		樊　敏	0527-85351444	223703
8	黄圩邮政支局	裴圩镇黄圩街		陈　炜	0527-85631444	223736
9	魏圩邮政支局	王集镇魏圩街		陈雅熙	0527-85941444	223712
10	临河邮政支局	临河镇临河街		何明丽	0527-85443444	223723
11	史集邮政支局	史集街道史集街		成　燕	0527-85514120	223707
12	王集邮政支局	王集镇王集街		刘　青	0527-85811120	223711
13	新袁邮政支局	新袁镇新袁街		王　宁	0527-85621444	223731
14	北京路邮政支局	众兴镇北京路		姬玉娟	0527-85271185	223700
15	卢集邮政支局	卢集镇卢集街		洪　枫	0527-85348444	223733
16	八集邮政支局	八集乡八集街		顾　倩	0527-85369120	223704
17	爱园邮政支局	爱园镇爱园街		张　娟	0527-85881444	223715
18	裴圩邮政支局	裴圩镇裴圩街		汪小青	0527-85651444	223735
19	来安邮政支局	来安街道来安街		夏　楹	0527-85371444	223702
20	张家圩邮政支局	张家圩镇张圩街		成业顺	0527-85916120	223717
21	三庄邮政支局	三庄乡三庄街		陈绘竹	0527-85715444	223706

续表12

序号	单位	地址	业务范围	负责人	联系电话	邮编
22	庄圩邮政支局	庄圩乡庄圩街	邮政基础业务,增值业务,附属业务,金融业务,邮购业务及国家邮政局批准开办的其他邮政业务。	周滨海	0527-85891444	223713
23	穿城邮政支局	穿城镇穿城街		李启平	0527-85871120	223716
24	李口邮政支局	李口镇李口街		田　园	0527-85681444	223732
25	淮海中路支局	众兴镇淮海中路		单建艳	0527-85449500	223700
26	淮海东路营业部	众兴镇淮海东路		王昌伦	0527-85230992	223700

（高　燕）

供　电

【概况】 2016年,泗阳县有220千伏变电所4座,容量96万千伏安;110千伏变电所10座容量94.2万千伏安;35千伏变电所6座,容量14.49万千伏安;公用配变4649台,容量159.357万千伏安。有220千伏输电线路14条,共204.429千米;110千伏输电线路25条,共299.811千米;35千伏输电线路16条,共131.583千米;10/20千伏配电线路178条,其中城网87条,农网9条,共3139.14千米。县供电公司设职能部室7个、业务实施机构2个,下辖供电所11个,有员工1000人。全年全社会用电量24.53亿千瓦时,比2015年增长16.60%,增幅比全市11.63%高出4.97个百分点,增幅位列全市第一;工业用电量15.30亿千瓦时,比2015年增长16.34%,增幅比全市9.21%高出7.13个百分点,增幅位列全市第一。网供最高负荷52.47万千瓦,比2015年增长30.91%。服务电力客户37.63万户。截至12月31日,公司连续安全生产10526天,连续16年获江苏省“文明单位”称号。

【安全生产】 立足本职,扎实开展“三查三强化”①及各类安全大检查活动,全年累计排查整治问题隐患1265项,圆满完成“6·13”“6·23”“7·30”暴风雨灾害抢修工作,电网顺利通过迎峰度夏考验。加强电网运维管理,专题会办通道清理5次,清理树木7.9万棵,35千伏及以上输电线路实现“零外破”,配电线路故障比2015年下降34.47%。强化客户端安全管控,联合县经信局、安监局出台客户端评价文件,联动开展安全检查,整改安全隐患17条,实现重要用户双电源供电。开展农村用电安全宣传“六进”②系列活动,未发生社会人员重大涉电事件。

【电网建设】 完善网架结构,建成220千伏泗阳东输变电工程、220千伏泗阳电网加强工程、110千伏北庄至来安开断环入泗阳东工程、110千伏刘桃园至泗港开断环入泗阳东工程、110千伏泗水输变电工程,城区220千伏电网首次实现环网供电。扩建110千伏郑庄变1号主变,更换110千伏众兴变两台老旧主变,实施110千伏王集变、泗水变、临河变主变租赁工程,110千伏变电站全部实现双主变运行。年内,还探索推广“配农网规划鹰眼系统”管理模式,完成项目储备623个,提高配农网工程规划建设水平。

【优质服务】 践行绿色发展、生态立县理念,积极推行“两个替代”③,实现电能替代6100万千瓦时,推广电锅炉24台,建成县首个高速公路充电站至淮徐高速成子湖服务区双向充电站。创新服务模式,深化“互联网+”服务和应用,推广电e宝、微信等互联网平台,推行“线上受理、一站式办理”服务方式。致力苏北最美县城,积极配合市政建设和市容管理,完成电力杆线迁移12处,迁移整改电力线路43.2千米,电缆5.3千米,配电变压器8台,美化配电箱19座。开展“品质苏电、智慧生活”优质服务主题活动,主动走进泗阳经济开发区,为300多家企业单位集中进行“惠企新政策·供电心服务”宣讲。建设5112户电、水多表一体化采集示范工程,提高社会公共服务资源效益。

【创新管理】 开展依法治企“回头看”工作,持续巩固依法治企成效。整合优化财务人力资源,强化集体企业财务监督和管理职能,企业管理更加规范高效。落实“全面创新年”活动要求,精心编制实施方案和“年度创新重点项目进度表”，有序推进8类24项创新（4）工作。积极参加系统内外交流，1项QC成果获首届全国质量创新大赛二等奖，4项获省优秀质量管理小组成果一等奖，1项获二等奖；1项创新成果获国家发明专利授权，1项获“江苏省职工十大科技创新成果”提名奖，1项获省公司立项；1项群众创新成果获省公司年度优秀成果一等奖，3项入围市公司“十佳优秀群众经济技术创新成果”。

【文明建设】 以“三亮三比”为平台，扎实开展“两学一做”学习教育活动，用实际行动落实“四讲四有”要求，史集供电所被县委列为“两学一做”学习教育现场观摩点。规范完成“两委”换届，选举产生公司第一届党委、纪委。深入推进干部员工经商办企业专项治理，廉洁自律氛围愈加浓厚。落实社会责任，积极推进“结对创先”“联村共建”活动，“三进三帮”扶贫活动常态进行。年内，公司运维站输电运检班、营销部营业班、运维检修部配电运检一班分获“全国质量信得过班组”“国家电网公司先进班组”“江苏省质量信得过班组”称号，有3名支部书记在省公司书记业务能力调考中得满分，4篇典型经验入选省公司班组建设典型经验库。职工王军获省电力公司劳动模范及市第三届“十大金牌工人”称号。

【居民电价】 继续执行江苏省居民分时电价政策。

时段划分：每日8:00~21:00为峰段，21:00~次日8:00谷段；

电价标准：峰段电价为0.5583元/千瓦时，谷段电价为0.3元/千瓦时。

表13　　2016年泗阳县供电所情况

序号	供电所名称	办公地点	所辖乡镇
1	爱园供电所	爱园镇	爱园镇
2	城厢供电所	城厢街道	众兴镇、城厢街道、临河镇
3	穿城供电所	穿城镇	穿城镇、张家圩镇
4	来安供电所	众兴镇	众兴镇来安街道、八集乡
5	李口供电所	李口镇	李口镇
6	里仁供电所	里仁乡	里仁乡、庄圩乡
7	卢集供电所	卢集镇	卢集镇
8	裴圩供电所	裴圩镇	裴圩镇、高渡镇
9	史集供电所	史集街道	众兴镇、史集街道、三庄乡
10	王集供电所	王集镇	王集镇、南刘集乡
11	新袁供电所	新袁镇	新袁镇

注释：

①**“三查三强化”**：查责任落实、查基础管理、查风险隐患，强化制度执行、强化反措落实、强化责任追究。

②**用电安全宣传“六进”**：进校园、乡村、社区集市、农户、田间地头、企业工厂。

“全面创新年”：2016年为国网江苏省电力公司“全面创新年”。

“三亮三比”：亮身份、亮职责、亮承诺，比作风、比技能、比业绩。

“两学一做”：学党章党规、学系列讲话，做合格党员。

“四讲四有”：讲政治、有信念，讲规矩、有纪律，讲道德、有品行，讲奉献、有作为。

“三进三帮”：走进乡村，了解资源禀赋，帮助镇村理清发展思路；走进农户，了解收入状况，帮助农民就业创业增收；走进田头，了解生产状况，帮助农民发展高效农业。（王国伟）

城乡规划与建设

·城乡规划·

【概况】 2016年，泗阳县搞好县城规划修编和镇村规划布局调整，启动修编专项规划7个，完善规划方案审批流程并开展规划评审，切实加强城乡规划管理。年内，县组织申报的地下管线管理系统规划获“2016年中国地理信息优秀产业金奖”，是全省唯一获此殊荣的县级单位；中心城区控制性详细规划获“2016年度宿迁市优秀规划设计方案二等奖”“2016年度江苏省优秀规划设计方案三等奖”；绿地系统专项规划获“2016年度江苏省优秀规划设计方案三等奖”；县规划局获“市级文明单位称号”。

【县城规划修编】 县规划局针对县域高铁时代的到来、成子湖旅游度假区的批准等发展条件变化，按照“总规引领、详规控制、专项覆盖”的规划体系构建理念，年内完成中心城区控制性详细规划编制和报批，完善城北片区控制性详细规划调整，指导完成国家级泗阳经济开发区总体规划和泗阳经济开发区意杨产业科技园总体规划的编制工作。

【专项规划编制】 全年围绕加强城市管理、立足民生需求，开展各类专项规划编制工作。先后完成县城“绿地系统”“户外广告”“停车场”“海绵城市”“中心城区地下管线”“绿色建筑发展”“消防”等专项规划编制，并指导有关部门完成各类专项规划的报批工作。

【镇村规划编制】 按照“因地制宜，自下而上，群众参与”的原则，高标准完成新型农村社区村庄规划20个，并通过专家评审，经县政府批准后发至各乡镇实施。完成黄河故道沿线特色村庄规划和卢集特色镇总体规划编制；临河特色镇总体规划正在编制中。

【规划方案审批】 坚持“规划预审批，专家论证，社会公示，政府审批”的四级规划审查程序，全年共召开专家论证会6次，城市规划规审会3次，审核通过方案17个，保证规划的严肃性和科学性。

【城区管理范围调整】 将来安、史集、城厢3个街道及众兴镇木业园区的规划区纳入中心城区统一规划管理，把原149平方千米规划范围调整为174.4平方千米，实行网格化、棋盘式管理全覆盖。全年查处规划违法案例4起，整改到位4起，收缴罚没款17.8万元。

【临时建筑整治】 全年审查县城区在建商住小区76个，依照《中华人民共和国城乡规划法》相关规定，补发临时建设工程规划许可证13份，下发责令整改通知书29份，温馨告知书41份，验收整改意见书14份。

【城区规划执行】 依据《泗阳县户外广告实施管理细则》《泗阳县城区建筑物外立面控制管理办法》要求，严格管控全县在建项目外立面建筑，严格按照文件规定施工。全年审查“金牌大厦”“嘉联紫金城”“天骄名人家园”等10个项目实施效果，保证建筑外立面与规划方案的一致性。

（王 骏）

·城市建设·

【概况】 2016年，泗阳县以巩固国家园林县城创建成果、提升城市品质为目标，以省、市下达的任务为动力，按照做精做细建设工程，做强做实行业管理，做高做优服务效能的工作思路，加快城市建设步伐。强化住房保障能力，提升宜居生态品质，完善市政基础设施；规范建筑行业行为，推进重点工程建设，住房和城乡建设工作取得新的突破。全年完成城市建设投资65亿元，完成融资15亿元；保障性住房、棚户区改造住房超额完成；城区新增绿地面积65万平方米，国家园林县城标准更为完善；建筑市场诚信体系全面建立，城市框架扩展到45.5平方千米，建成区面积增至38.35平方千米，承载能力增至37万人，城市化率提高到55.13%。

【市政道路建设】 全年实施路网加密工程，通过新建支路、改造延伸老路，着力提升城市的承载功能和辐射半径，建设无拥堵城市。

长春路改造工程　该工程为繁荣路至相文路段，长940米。改造前道路宽20米，改造后道路断面形式为10米行车道+2米绿化带×2+3米人行道×2。改造工程由江苏康正建设有限公司承建、江苏华宇工程管理有限公司监理，工程合同价为1522.01万元，4月动工，12月20日建成投用。

银河路东延工程　该工程为泗塘河西至上海路段，全长1498米，宽20米，断面形式为12米行车道+1米绿化带×2+1.5米人行道×2+1.5米绿化带×2 。由江苏恒洪工程建设有限公司承建、淮安市正军工程项目管理有限监理，工程合同价1577.29万元，3月动工，12月15日建成投用。

县实验小学东侧道路　该路为众兴路至中包河段，全长165.69米，路面宽6米。由宿迁市苏杭建筑工程有限公司承建，淮安市正军工程项目管理有限公司监理，工程合同价60.73万元，2月动工，4月30日建成投用。

南京路工程　该工程位于众兴镇南包河东侧和西侧，全长870米，宽11.5米。由江苏楚通建设有限公司承建，江苏中源工程管理股份有限公司监理，工程合同价632.67万元，3月动工，12月31日建成投用。

桃源北路维修改造工程　该工程北起文城路，南至淮海路，维修改造项目包括侧石、沥青路面、道板等，由江苏宏臻工程有限公司承建，徐州市建设工程监理有限公司监理，工程合同价为175.6万元，6月20日动工，9月19日投用。

改造后的南京路

相文路北延工程　该工程南起泗水大道北至城北小学，全长600米，宽20米，道路断面为14米行车道+3米人行道×2，工程合同价 720万元，由江苏裕腾建设集团有限公司承建，江苏泰华项目管理咨询有限公司监理，年底建成通车。

市政零星工程维修　全年修复沥青路面4.4万平方米，混凝土路面0.35万平方米；人行道及小区广场损坏道板砖0.75万平方米，更换路缘石2700米，维修检查井191座。

【海绵城市建设】 年内，改造包括中包河易涝点在内的26处低洼处，参照海绵城市①建设要求，推进泗水河公园项目建设，城北小学建设工程被纳入江苏省海绵城市示范项目。

【园林绿化提质增量】 年内，补植相文中路、巢湖路绿化工程，提档升级徐宿淮盐高速泗阳东、西出口及成子湖公路绿化，泗水河绿化景观东扩工程，更换北京路沿线604棵小老树为胸径15厘米的枫杨。全年共投入绿化资金2785万元，新增绿地面积65万平方米。

现场推进园林绿化工程建设

【城市历史文脉保护】 年内，启动天后宫修缮工程，实施原址保护。建设内容包括天后宫修缮、智善文化广场、智善文化中心、闽商会馆等。在智善文化广场还配建给排水、公厕、地下停车场等相关设施。

【保障性住房建设】 年初，省政府下达县新开工保障性住房建设任务为4000户，全年实现棚改新开工（筹集）5382户，超任务34.55%。争取省政府棚户区改造策应扶持资金3865万元，获棚户区改造国家政策性贷款共30.5亿元，已拨付14.5亿元。全年还发放保障性住房补贴69.80万元，新增廉租房租赁补贴家庭15户，廉租房在保家庭达112户，收缴269户廉租房实物配租家庭租金19.52万元，清退廉租房超标家庭40户。

【数字化审查系统建设】 7月，县住建局启动筹建数字化审查系统中心工作。9月，正式实施数字化审查系统，取消原有传统纸质图纸审查模式，全部转为“软件+电子图纸”数字化审查模式。通过数字化审查系统实现快速接审、分配审查及实时查询等功能，确保项目审查高效流畅。中心还开通手机微信公众号，开辟专门网站查询通道，推动审查项目公开、透明。年底，共接审勘察、设计项目135项，审查面积约72万平方米。

注释:

①**海绵城市**：是新一代城市雨洪管理概念，是指城市在适应环境变化和应对雨水带来的自然灾害等方面具有良好的“弹性”，也可称之为“水弹性城市”。国际通用术语为“低影响开发雨水系统构建”。下雨时吸水、蓄水、渗水、净水，需要时将蓄存的水“释放”并加以利用。

（姜传利）

·村镇建设·

【新型农村社区建设】 指导各乡镇（街道）围绕新型农村社区基础设施建设“十位一体”①功能配套要求逐步完善，全县新型农村社区共完成铺设硬质路面2.8万平方米，敷设管道1.4万米，新增绿化面积5624平方米。

【村庄生活污水治理】 招标确定苏州首创嘉净环保科技股份有限公司为全县村庄生活污水治理设计、施工安装、运行维护等全过程承包单位，全年已争取到省村庄生活污水治理专项资金5224万元，高标准完成村庄生活污水治理专项规划编制并通过专家评审；完成村庄生活污水治理项目建设12个，在建村庄治理项目2个。

注释：

①**“十位一体”即**：一个村民服务中心、一个卫生室、一个“三来一加”创业点、一个幼儿园、一个警务室、一个文体活动广场、一个公交站台、一个电商点、一个托老所、一个红白礼堂公共设施。

（王　骏）

·燃气建设管理·

【泗阳县燃气管理办公室成立】 2014年2月26日，经县机构编制委员会同意，县住建局增挂“泗阳县燃气管理办公室”牌子。编制4人，其中负责人1名，办事员3名。配燃气执法车1辆，执法记录仪2只，并建成液化气远程监控系统。

【燃气工程建设】 年内，新增天然气用户9000户，商业用户11户，工业用户70户，新敷设道路中低压管网90千米，全县居民用气量743万立方米，商业用气量337万立方米，工业用气量2037万立方米，管道总长560.18千米。全县有液化气供气站6座，分别位于爱园镇、新袁镇、庄圩乡、棉花原种场、史集街道和众兴镇。液化气供应能力为12吨/日。天然气供气站有7座，分别位于王集镇、新袁镇和城厢南，县城迎宾大道东侧、众兴东路和城东、城西，天然气供应能力30万立方米/日。

【燃气安全整治】 年内，在“元旦”“春节”“五一”“安全生产月”“夏季高温期”“十一黄金周”等重要节日或时间段，组织燃气安全生产大检查，发现问题限期责令整改并组织复查，落实安全隐患整改闭合管理。全年累计对燃气企业开展安全生产检查6次，对幼儿园及中、小学校开展燃气安全使用专项检查1次，对工商业用户开展燃气安全隐患排查2次，发现问题200多条，下发限期责令整改检查表60份，并督促整改到位，全年燃气安全生产使用无事故。

【液化气非法经营打击】 按照县政府部署，4月12日，由县住建局牵头，组织各乡镇（街道场）及市场监督管理、安监、公安、交运、消防等部门联合执法，共同打击取缔全县无“瓶装燃气经营许可证”非法瓶装液化气销售网点，查扣液化气钢瓶725个。

液化气经营联合执法

【燃气管道质量管理】 强化对县荣浩天然气公司新建燃气管道施工管理，实行安全质量验收，提供安全运行证明。全年验收居民小区燃气管道工程60余处，现场查看老旧管道是否存在安全隐患，管道防腐锈、警示桩栽插工作是否到位等情况，发现问题及时整改，保证管道安全运行。

【燃气管道设施保护】 年内，针对县内燃气管道频繁被修路、供水等施工单位挖坏以及城区部分燃气管道被占压现象，县燃气办组织管道燃气企业开展管道隐患排查行动，并督促企业履行保护燃气设施职责，强化巡检制度，对市政道路的燃气主管道做到每天至少巡检一次，着重查看主支线路上有无挖掘机和顶管作业，有无导致管道可能泄漏的其他施工行为，实现巡检记录每天一报制度。

【燃气安全宣传】 利用县电视台连续滚动播放宣传燃气安全字幕，在城乡主要居住小区、商业广场和街道向市民展示燃气安全宣传牌或散发宣传单，建立燃气安全宣传平台，解答群众燃气安全使用问题，定期走入百姓家中义务示范安全用气并维修灶具。多渠道、全方位开展安全用气宣传活动，增强市民安全正确用气意识。

【夏季应急消防演练】 6月24日下午，县住建局联合消防大队在荣浩天然气气化站内进行夏季燃气消防演练，县市场监督管理局、安监局、众兴镇等有关负责人应邀观摩。演练以LNG储罐泄漏，遇到火花发生灾情为课题，真实演练在大火中组织员工应急疏散、抢救伤员、扑灭火源等处置程序。演练过程县电视台全程跟踪录像，并于次日播放。（姜传利）

·建筑业·

【概况】 2016年，出台《泗阳县促进建筑企业现代化实施意见》，全县完成建筑业总产值169.11亿元，比2015 年增长2%。完成竣工产值151.76亿元，比2015年下降15.5%，房屋建筑施工面积816.09万平方米，比2015年下降10.4%；房屋建筑竣工面积354.62万平方米，比2015年下降24.3%。鼓励县内建筑企业转型升级、拓展外埠市场4个，建筑业从业人员达6.5万人，申报建筑一级总承包企业1家、二级总承包企业2家，全县有注册建筑施工企业88家，其中总承包和专业承包企业57家，国有企业1家，民营企业87家，有总承包一级资质2家，二级11家、三级35家，专业承包一级1家、二级1家、三级8家，其他30家。全年创省级标准化工地13项，超目标任务5项的160%；创市级标准化工地24项，超目标任务15项的60%。

表14　　2016年泗阳县注册建筑施工企业情况

序号	企业名称	性质	资质等级	办公地点	法人代表
1	江苏浩辉建筑工程有限公司	民营	总承包一级	县城文城路瀚学苑22B幢1号	金浩凌
2	江苏嘉隆工程建设有限公司	民营	总承包一级	县城北京西路9号	倪绍兵

续表14

序号	企业名称	性质	资质等级	办公地点	法人代表
3	江苏羽鹏工程建设有限公司	民营	总承包 二级	县城淮海东路	曹士祥
4	江苏盛元公路工程有限公司	民营	总承包 二级	县城人民北路西侧	张南海
5	江苏天途工程有限公司	民营	公路交通工程专业承包 一级	江苏泗阳经济开发区北京西路7号	王中伟
6	江苏恒洪工程建设有限公司	民营	总承包 三级	县城北京东路北侧	罗前进
7	宿迁市苏杭建筑工程有限公司	民营	总承包二级	县城雅典花园	李前秀
8	泗阳县建筑工程有限公司	民营	总承包二级	县城爱园路54号	赵建旭
9	江苏天沛建筑工程有限公司	民营	总承包贰级	县城北京东路2号	石敬登
10	宿迁市叁源建筑工程有限公司	民营	总承包二级	县城众兴东路26号	石　标
11	江苏润恒建设工程有限公司	民营	总承包二级	县城淮海东路丰泰机电城B幢B1-4-19、20号	王　芳
12	江苏铭天建设有限公司	民营	总承包二级	县城南京路东侧（东方名苑附房4幢46号）	吴立闯
13	宿迁市新亚建筑安装工程有限公司	民营	总承包二级	县城北京中路4号	邵传义
14	江苏万厦建设工程有限公司	民营	总承包二级	县城北京中路10号	王振东
15	宿迁市苏北建筑工程有限公司	民营	总承包三级	县城人民路水仙楼	胡继新
16	宿迁华联建筑工程有限公司	民营	总承包三级	县城淮海中路3号	刘之军
17	宿迁市徐淮建筑装饰工程有限公司	民营	总承包三级	县城解放北路2号	唐小兵
18	宿迁市银龙建筑工程有限公司	民营	总承包三级	县城淮海东路丰泰机电城E1区合82079号四楼	何　浩
19	江苏广安建设工程有限公司	民营	总承包三级	县城金城公寓D幢39号	王银潮
20	江苏丰茂建设工程有限公司	民营	总承包三级	泗阳棉花原种场二大队	吴社丰
21	江苏苏丰建设工程有限公司	民营	总承包二级	江苏泗阳经济开发区（宿迁市利爽门窗有限公司院内）	瞿　渊
22	江苏亚通建设有限公司	民营	总承包三级	县城南京路东侧（东方名苑附房2幢44号）	汪　威
23	江苏乾鹏聚建设有限公司	民营	总承包三级	江苏泗阳经济开发区（泗阳中盛金属制品有限公司院内）	李立金
24	江苏恒旺建设工程有限公司	民营	总承包三级	县城淮海西路北侧（泗水古城商业街D段02西10号）	刘功贤
25	江苏宏硕建设工程有限公司	民营	总承包三级	县城人民路东侧（财富广场10号楼第2层北228号）	张其中
26	江苏龙山建设有限公司	民营	总承包三级	县城北京西路，泗水古城商业街B段01幢西2F-28号	仇业胜
27	江苏中伦建筑工程有限公司	民营	总承包三级	县城淮海路11号	常　锐
28	江苏隆硕建筑安装工程有限公司	民营	总承包三级	爱园镇爱园街	张付祥
29	江苏轩盛建筑有限公司	民营	总承包三级	县城淮海东路丰泰机电城D区三楼D1—3—21至25号商铺	盛　雷
30	宿迁东方建设有限公司	国有	总承包三级	江苏泗阳经济开发区管委会	张中华

续表14

序号	企业名称	性质	资质等级	办公地点	法人代表
31	宿迁汇源建设工程有限公司	民营	总承包三级	县城海尚臻品苑	胡开卫
32	宿迁市建宇建设工程有限公司	民营	总承包三级	县城爱园路10号	倪前元
33	泗阳县致远建设有限公司	民营	总承包三级	县城人民路东侧财富广场8幢246号	刘建兵
34	宿迁市荣港建设工程有限公司	民营	总承包三级	县城文城新都农贸市场三楼29号	刘绪亮
35	江苏上匠建设工程有限公司	民营	总承包三级	县城桃源路西侧盛世嘉园5幢	王桂学
36	江苏苏拓建设有限公司	民营	总承包三级	县城淮海路9号	陈　磊
37	江苏创卓建设有限公司	民营	总承包三级	三庄乡全民创业园	陈扶顺
38	泗阳华峰市政工程有限公司	民营	总承包三级	江苏泗阳棉花原种场三大队	倪　丽
39	江苏同瑞工程建设有限公司	民营	总承包三级	县城众兴路51号	田兴国
40	江苏旭东建设有限公司	民营	总承包三级	县城北京东路22号	李　晶
41	江苏远华建设有限公司	民营	总承包三级	县城众兴中路北侧绿都第一城S1幢4号	王　军
42	江苏尼科建筑工程有限公司	民营	总承包 三级	县城淮海东路金三角F幢F-1号	丁　阳
43	宿迁市鑫阳建筑工程有限公司	民营	总承包 三级	县城文城路南侧、华夏中学路西侧解放中路177-7号	王继金
44	江苏通鼎建设工程有限公司	民营	总承包 三级	县城北京路南侧（东方现代城第H2幢合102993号）	季帮正
45	江苏矗立建设工程有限公司	民营	总承包 三级	县城文城路万诚御景园13幢109、209号	刘传翠
46	江苏坦途路桥工程有限公司	民营	总承包 三级	众兴镇	王金中
47	江苏大泽建筑工程有限公司	民营	总承包 三级	县城淮海西路北侧（泗水古城商业街B段合157481号）	夏永青
48	江苏嘉达桥梁工程股份有限公司	民营	总承包 三级	县城北京西路9号	万治林
49	泗阳县区域供水有限公司	民营	总承包 三级	江苏泗阳经济开发区	韩　松
50	宿迁驰远工程建设有限公司	民营	总承包 三级	城县文城西路（霞飞学校北门西侧宿舍楼1号楼）	张国庆
51	江苏八堡人家建材有限公司	民营	预拌混凝土专业承包	李口镇八堡村丹瑞路6号	孙　庭
52	泗阳县兴源农电服务有限公司	民营	建筑机电安装工程专业承包三级	县城众兴东路2号	胡爱波
53	江苏瑞东新型建材有限公司	民营	建筑装修装饰工程专业承包二级	南刘集乡刘集村	徐冬青
54	宿迁和泰建设工程有限公司	民营	电子与智能化工程专业承包二级	县城淮海东路8号	夏　敏
55	泗阳成和建材有限公司	民营	预拌混凝土专业承包	三庄乡杨圩村	潘朝晖
56	泗阳元恒建材有限公司	民营	预拌混凝土专业承包	临河镇杨工村四号桥建材园	沈来园

续表14

序号	企业名称	性质	资质等级	办公地点	法人代表
57	宿迁锦润混凝土有限公司	民营	预拌混凝土专业承包	王集镇南圩村	薛海宇
58	江苏友明建材有限公司	民营	预拌混凝土专业承包	李口镇八堡村三桥连接线	金　磊
59	宿迁古月装饰有限公司	民营	建筑装修装饰工程专业承包二级	城厢街道联合二组	胡剑波
60	泗阳常鑫建材有限公司	民营	预拌混凝土专业承包	李口镇八堡村（运河三桥南侧）	钱泉兴
61	泗阳升茂建材有限公司	民营	预拌混凝土专业承包	众兴镇大兴社区杨工村	张利银
62	江苏天之佳混凝土有限公司	民营	预拌混凝土专业承包	南刘集乡工业集中区	陈维进
63	江苏广界基础有限公司	民营	专业承包二级	县生态科技产业园D栋	吴礼浪
64	泗阳华益混凝土有限公司	民营	预拌混凝土专业承包	江苏泗阳经济开发区	刘晓春
65	泗阳鹏鸿水电机械安装有限公司	民营	专业承包叁级	县城淮海中路20号	成业利
66	宿迁市恒达机电设备安装有限公司	民营	专业承包三级	县城中华广场内	王耀熙
67	宿迁市坤和建材有限公司	民营	预拌混凝土专业承包	江苏泗阳经济开发区淮海路66号	杜银高
68	宿迁市星友混凝土有限公司	民营	预拌混凝土专业承包	三庄乡王口村	葛加祥
69	宿迁市华隆建材有限公司	民营	预拌混凝土专业承包	江苏泗阳经济开发区天津路南端	张　艳
70	宿迁市佳鑫新型建筑材料有限公司	民营	预拌混凝土专业承包	八集乡双桥村	施　云
71	泗阳东方混凝土有限公司	民营	预拌混凝土专业承包	江苏泗阳经济开发区长江路南端	翟立国
72	泗阳县远东起重设备租赁有限公司	民营	专业承包三级	众兴镇大顺公寓1幢	陈业军
73	宿迁市华能变压器有限公司	民营	专业承包三级	众兴镇大兴居委会	单成春
74	泗阳华荣新型建材有限公司	民营	专业承包叁级	临河镇丁睢公路9号	吴晓涛
75	宿迁永泰基础工程有限公司	民营	专业承包三级	县城万佳科技星城S-1幢	颜士军
76	宿迁市上好家装饰工程有限公司	民营	专业承包三级	县城京淮纺织市场	陈红军
77	江苏长江防火保温材料有限公司	民营	专业承包三级	临河镇何庄村	付佑东
78	宿迁泗水筑城混凝土有限公司	民营	预拌混凝土专业承包	爱园镇发展大道北侧（全民创业园）	陈太武
79	宿迁市康翔建设劳务有限公司	民营	施工劳务	县城北京路北侧圣地名门9幢219号	左　康
80	泗阳县正方建筑劳务分包有限公司	民营	施工劳务	县城解放路20号	刘绪涛
81	泗阳县开元建筑劳务有限公司	民营	施工劳务	县城爱园路54号	刘志刚

续表14

序号	企业名称	性质	资质等级	办公地点	法人代表
82	宿迁信达建设劳务有限公司	民营	施工劳务	县城东方名苑2幢	吴立士
83	宿迁市天宇建筑劳务有限公司	民营	施工劳务	县城金康华府B20幢	钟继峰
84	宿迁市中宝建筑劳务有限公司	民营	施工劳务	江苏泗阳经济开发区尼科织造厂院内	刘　勤
85	宿迁兴众建筑劳务工程有限公司	民营	模板脚手架专业承包	县城淮海东路北侧、嘉定路东侧中国丰泰环球机电城第D幢合178006号	毕长领
86	宿迁新壹智能科技有限公司	民营	电子与智能化工程专业承包二级	县城众兴东路工业园区K4路南首东1号	赵志敏
87	泗阳润恒建筑劳务分包有限公司	民营	模板脚手架专业承包	众兴镇泗中路西侧	王艺凝
88	江苏昊达电力工程有限公司	民营	建筑机电安装工程专业承包三级	李口镇灯塔村	魏强胜

【建筑市场管理】 出台《泗阳县城区在建项目“A、B、C”三档分级管理规定》，按照农民工工资是否拖欠、施工现场规范化管理是否达标等情况，分档管理城区46个在建工地，有15个项目被确定为A档，23个项目被确定为B档，8个项目被确定为C档。全面落实建筑市场诚信行为，年内有9家企业、7名个人被记不良行为记录、1家企业、1名个人被列入不诚信单位和个人、1家劳务企业清出县建筑市场。全年共办理勘察设计备案175项，施工合同备案74项，发放施工许可证73项。开展县建筑市场综合大检查，共下发整改通知书200余份，停工通知书6份，完成各类交办单200余件。

【装配式建筑推广】 年内，按照建筑现代化要求，推进建筑业转型升级。依托西湖邻里中心试点，推广装配式建筑面积1万平方米。

建筑工地安全检查

【建筑节能管理】 出台《泗阳县绿色建筑发展实施方案》，鼓励开发企业积极发展星级绿色建筑，塞纳公馆项目获江苏省2016年第五批“绿色建筑评价标识”一星级认证，也是宿迁地区唯一获选项目。福鑫金鼎城项目通过二星级绿色建筑设计认证，全年新增星级绿色建筑50万平方米。

【散装水泥管理】 年内，县城区建筑散装水泥使用率达98%以上，水泥制品（构件）、预拌混凝土生产企业散装水泥使用率达100%。城区在建工程100%使用预拌混凝土。预拌混凝土市下达目标100万立方米，全县使用量116.75万立方米，预拌砂浆市下达目标7万吨，使用量8.42万吨，均超额完成。全年参加市散装水泥执法业务培训1次，参加县行政执法人员考核1次，举办业务讲课5次。全年行政处罚6起，罚金12.38万元。申报天美沙浆企业获2016年度省级散装水泥专项资金扶持项目20万元。

【墙体材料管理】 年内，全县墙体材料使用总量为8.7亿块，其中新型墙体材料为8.5亿块；城区在建工程新墙体材料使用率保持100%，新墙体材料竣工面积108万平方米，占总竣工面积的97%；节能建筑竣工面积110万平方米，占总竣工面积的100%。全年关停窑厂1家，完成“禁黏”示点乡镇1个，宏协建材、西湖邻里中心项目分获2016年度省墙改专项扶持基金90万元和10万元。全年开展墙改综合执法检查6次，检查在建开发项目42家，单体工程230个，下发整改通知书20份，约谈3次，行政处罚1家，下发检查通报1份。开展墙改宣传周活动1次，悬挂宣传横幅50条，发放宣传单500份。全年省墙改网采用稿件22篇，《墙材革新与建筑节能》杂志采用1篇。

【造价管理】 出台《关于取消建设工程安全文明措施费考评的通知》《泗阳县建设工程材料指导价采集办法》等文件。按月召集部分在建项目和造价咨询企业研究县主材价格，全年完成10个工程项目的"建设工程安全文明施工措施费现场考评费"申报工作。

【农民工权益保障】 继续推行建筑工地设立农民工工资专用账户，全县开发企业设立农民工工资专用账户占95%以上，全年缴存农民工工资保证金、农民工工资专用账户资金总额达9830万元。处理丽景河畔、苏农广场等拖欠农民工工资项目13个，清欠农民工工资总额约5000万元，全年未发生一起因拖欠农民工工资造成的集访、越访事件。

【标准化建筑工地创建】 全年创省级标准化工地13项，超目标任务5项的160%；创市级标准化工地24项，超目标任务15项的60%。

表15　　2016年泗阳县获"宿迁市标准化工地"情况

序号	工程名称	建筑面积（平方米）	施工企业	项目经理
1	雨润广场8栋楼	15449	江苏翔森建设工程有限公司	沈根来
2	锦润大厦	25400	中宇建设集团股份有限公司	赖志威
3	罗马都市四号地块（D6、D10、13、D18、D19）栋楼	33787	宿迁市恒华建设工程有限公司	李　春
4	欧洲花园18、22栋楼工程	28732	江西临川建设集团有限公司	周福升
5	水晶国际4、5栋楼	32000	福建省中晟建设投资有限公司	顾　辉
6	新城市花园1、2栋楼	25671	江苏瑞峰建设集团有限公司	王卫东
7	泓熹幸福里	154935	无锡市政建设集团有限公司	张伟初
8	东城一品3、5、12、13、15、16栋楼	26170	江苏建宇建设集团有限公司	汤真标
9	嘉联紫金城D区3、8栋楼	82000	赣州汇丰建设工程有限公司	林南昌
10	塞纳公馆1、6栋楼及1、2栋地库	30901	江苏金土木建设集团有限公司	王继军
11	巴黎都市12、C21、C22、C23栋楼	85000	巨匠建设集团股份有限公司	沈欢伟
12	中福上河园1、2、3、5、6、7栋楼	65721	中国江苏国际经济技术合作集团有限公司	朱登山
13	桃源绿岛11、12、13、15栋楼	31513	江苏铭天建设有限公司	姜雨田
14	南岸明珠1、2、3、4、5、8栋楼	100000	中太建设集团股份有限公司	赵　杰
15	晨风（泗阳）服饰有限公司生产车间A1、A2、B1、B2、C1、C2区、水洗车间、辅助车间、设计研发中心、宿舍楼A-D、食堂、浴室	145619	江苏城东建设工程有限公司	李伟民
16	尚阳国际6栋楼	29099	浙江舜杰建筑集团股份有限公司	张家祥
17	巴黎都市C1、C11栋楼	23314	宿迁市明远建筑安装工程有限公司	蔡雨成
18	厚地和美25、26、27、28栋楼	19000	江苏铭天建设有限公司	吴立明
19	泗阳县西康小学教学楼工程	9494	宿迁瑞源建设工程有限公司	董　红

续表15

序号	工程名称	建筑面积（平方米）	施工企业	项目经理
20	世纪广场5栋楼	32100	江苏弘盛建设工程集团有限公司	师成祥
21	世纪广场18、19、22栋楼	28620	江苏华轩建设工程有限公司	万有忠
22	联炬智慧城工程	15700	南通新华建筑集团有限公司	杨汉军
23	长春路工程	18800	江苏康正建设有限公司	侯勤连
24	中包河改造二期工程	22100	无锡市政建设集团有限公司	杨志贵

表16　　2016年泗阳县获“江苏省标准化工地”情况

序号	工程名称	建筑面积（平方米）	施工企业	项目经理
1	锦润大厦	25400	中宇建设集团股份有限公司	赖志威
2	罗马都市四号地块D6、D10、13、D18、D19栋楼	33787	宿迁市恒华建设工程有限公司	李　春
3	雨润广场8栋楼	15449	江苏翔森建设工程有限公司	沈根来
4	塞纳公馆1、6栋楼及1、2栋楼地库	30901	江苏金土木建设集团有限公司	王继军
5	巴黎都市C12、C21、C22#、C23栋楼	85000	巨匠建设集团股份有限公司	沈欢伟
6	中福上河园1、2、3、5、6、7栋楼	65721	中国江苏国际经济技术合作集团有限公司	朱登山
7	桃源绿岛11、12、13、15栋楼	31513	江苏铭天建设有限公司	姜雨田
8	南岸明珠1、2、3、4、5、8栋楼	100000	中太建设集团股份有限公司	赵　杰
9	晨风（泗阳）服饰有限公司生产车间A1、A2、B1、B2、C1、C2区、水洗车间、辅助车间、设计研发中心、宿舍楼A-D、食堂、浴室	145619	江苏城东建设工程有限公司	李伟民
10	行健开元名都大酒店内装饰工程	3731	南通天诚装饰工程有限公司	王　兵
11	行健开元名都大酒店外装饰工程	1568	南通天诚装饰工程有限公司	王新峰
12	尚阳国际6栋楼	29099	浙江舜杰建筑集团股份有限公司	张家祥
13	巴黎都市C1、C11栋楼	23314	宿迁市明远建筑安装工程有限公司	蔡雨成

（姜传利）

·建设工程质量监督·

【概况】 2016年，推行差异化监管模式，完善交房验收交接制度，探索装配式建筑监管路径，在保证主体结构安全的前提下，重点转向装饰装修安装与建筑节能监管。全年受监工程85个，单体工程319个，建筑总面积255万平方米；分户验收单体工程180个，组织综合执法检查4次，专项巡查8次，日常抽查390余次，涉及有关单位（企业）132家，项目79个，下发巡查通报4份、整改通知单250份、停工通知单7份，约谈相关责任人14次，对2名项目经理、2名总监记不良行为记录，上报行政处罚建议8份。受理各类质量投诉120起，比2015年下降34.2%；全年获江苏省优质工程“扬子杯”奖1个，宿迁市优质工程“项羽杯”奖10个。

【规范基本建设程序】 年内，深入贯彻落实住建部工程建设强制性标准，检查参建各责任主体质量行为及工程实体质量。严格要求各参建单位履行法定建设程序，办理质量监督手续和施工许可证。全县在建工程项目85个，单体工程319个，建筑总面积255万平方米，其中城区项目44个，单体254个，建筑面积210万平方米；泗阳经济开发区项目19个，单体43个，建筑面积41万平方米；乡镇工程22个，单体22个，建筑面积4万平方米。全县新竣工验收单体工程187个，建筑面积62万平方米，备案单体工程187个，备案率均达到100%。

【竣工铭牌设置】 2016年，是省建筑质量治理两年行动的最后一年，全县所有续建的项目均完善五方责任主体授权委托书和终身责任承诺书；新建工程在办理质量监督手续之前均通过文件扫描上传至省新质量监督软件平台。全县竣工单体工程187个，均设置工程永久性竣工铭牌。

【工程质量巡查】 强化巡查、抽查、飞行检查力度，检查内容主要涉及各方主体的质量行为、保障工程实体质量。全年共组织单位综合执法检查4次，开展建筑材料、绿色建筑、市政、民生工程等各类专项巡查8次，科室内部日常抽查390余次，涉及有关单位（企业）132家，项目79个。下发巡查通报4份，整改通知单250份，停工通知单7份，约谈相关责任人14次，信用惩戒项目经理2名、总监2名。

【住宅工程分户验收】 按照《江苏省住宅工程分户验收规程》及各项目设置的样板房标准，增加单体住宅工程抽查户数，严格进行室内开间尺寸复合，确保厨卫间及屋面蓄水、外墙、外窗淋水达标，加大室内外给排水管、智能系统、电气管线、五金配件等质量抽查，不合要求，一律整改处理，不予组织竣工验收。全年分户验收单体工程180个，受理各类质量投诉120起，比2015年下降34.2%，及时回复率100%，业主满意率达95%以上。

【住宅工程质量通病防治】 全年专项治理渗漏、墙体裂缝、空鼓、混凝土表观质量差等质量通病问题活动12次，共抽取钢筋试验样品102组，合格率100%；抽取水泥试样20组，不合格2组，合格率90%；混凝土砌块试样102组，不合格10组，合格率90.2%；防水卷材17组，不合格2组，合格率88.2%；墙体粉刷抗裂网10组，不合格2组，合格率80%。对抽样检测过程中所有不合格的建筑材料一律退场处理，并对已使用的部位拆除重做。

【装配式结构工程质量监督】 2016年，装配式预制结构第一次引入西湖邻里中心一栋住宅工程。县建筑工程质量监督站研讨相关规范标准，并赴南京、南通等市学习监督经验，以保障预制构件和现场安装质量为核心，往返预制厂车间和安装现场抽查，同时以预制构件衔接位置防裂防漏为重点，减少后期通病产生，工程质量总体良好。

【市政基础工程监督】 年内，县新建市政基础设施工程3个，投资1亿元。县质监站严格依据相关法律法规和规范标准，检查工程参建主体行为和工程实体质量，重点抽查道路雨污水管井钢筋绑扎、混凝土浇筑，管道拼接、坡度设置，路基原材料、压实度、沥青配比等关键节点，下发质量整改通知单6份，停工通知书1份，约谈责任人4次，保证新建市政工程的质量达标优质。

【观摩活动及业务交流】 全年共组织建设、施工、监理单位负责人参加施工标准化、样板引路、质量通病防治等观摩会7次，并赴无锡、苏州等地参观鲁班奖项目两次，还与南京、南通、宿迁等地质监机构开展业务交流。

【优质工程创建】 开展创建优质工程、满意工程、放心工程活动，全年共获江苏省优质工程“扬子杯”奖1个，宿迁市优质工程“项羽杯”奖10个。

表17　　2016年泗阳县获省、市优质工程奖情况

序号	工程名称	施工单位	监理单位	获奖名称
1	锦都豪庭13栋楼	金坛建设工程有限公司	南京海宁建设监理有限公司	江苏省优质工程“扬子杯”奖

续表17

序号	工程名称	施工单位	监理单位	获奖名称
2	盛世嘉园49栋楼	南通五建宏业建设工程有限公司	江苏兴盛工程咨询监理有限公司	宿迁市优质工程“项羽杯”奖
3	锦都豪庭10~13栋楼	金坛建设工程有限公司		
4	厚地和美49栋~53栋楼	江苏江阴建设工程集团有限公司	江苏兴盛工程咨询监理有限公司	
5	亿和国际8、9栋楼	泗阳县建筑工程有限公司	江苏兴盛工程咨询监理有限公司	
6	水晶国际4、6、10、12栋楼	宿迁市中厦建设工程有限公司	江苏兴盛工程咨询监理有限公司	
7	水晶国际49栋楼	宿迁市中厦建设工程有限公司	江苏兴盛工程咨询监理有限公司	
8	哥伦布商业广场一期工程	江苏龙坤集团有限公司	江苏兴盛工程咨询监理有限公司	
9	桃源中路（北京路~淮海路）改造工程	江苏建宇建设集团有限公司		
10	吴江路东延（长江路~魏来路）工程	北京城建亚泰建设集团有限公司	江苏兴盛工程咨询监理有限公司	
11	泗阳经济开发区太湖路工程	北京城建亚泰建设集团有限公司		

（姜传利）

·房地产业·

【概况】 2016年，县城区共有房地产开发项目177个，其中已建成项目92个，在建项目85个，全年完成房地产投资64.29亿元，比2015年下降2.4%。实现房地产新开工面积121.84万平方米，竣工面积354.62万平方米，销售面积155.33万平方米（13351套），商品房成交均价4107元/平方米，比2015年分别上升-14.25%、5.54%、40.74%（套数上升40.07%）、0.37%。城区可售商品房面积230.3万平方米，其中，可售商品住宅面积130.50万平方米（11126套），去化周期约11个月，比2015年缩短7个月。争取省政府棚户区改造策应扶持资金3865万元，获棚户区改造国家政策性贷款30.5亿，实现棚户区改造新开工（筹集）5382套，基本建成（筹集）5382套，完成省定任务143.95%、101.63%。完成房地产业业务性收入1835万元，其中事业性收入991.23万元，分别为产权登记办证、抵押收入182.62万元、白蚁防治收入320.08万元、公产房租金144.40万元、房产评估收入44.14万元；完成经营性收入844.75万元，其中存量房419.45万元、安全鉴定分成收入62.24万元、测绘收入213.57万元、网络服务收入122.73万元、物业管理收入26.76万元。不动产登记成功转向国土部门。

【产权交易】 全年共办理商品房所有权初始登9079件、63.33万平方米，所有权转移登记6346件，产权缮证8170件，发放产权证7850件，换发证书30件；发放他项权证7867本，办理抵押登记6165户，注销登记3283户，归档9476户，企业抵押316户。受理二手房各类业务3674宗，其中存量房交易2822宗，继承、赠予、析产、法院裁定等其他转移登记及补、换证、变更、注销登记计852宗，二手房监管资金403笔6536.89万元，首套房证明17586件；完成园区企业初始登记及其他类型需实地现场勘查186次。

【保障性住房建设】 2016年，省政府下达县棚户区改造新开工任务4000户，基本建成2220户。在省任务基础上，新增4个项目1348户，全年调整为15个项目5348户。实现棚改新开工（筹集）6506户、6506套。争取中央预算内棚改扶持资金1390万元，争取省策应扶持资金3865万元，获棚户区改造国家政策性贷款共30.5亿，已拨付14.5亿元。全年共发放补贴69.8万元，常规收费管理廉租房实物配租家庭269户，全年收缴租金19.52万元，清退廉租房超标家庭40户。通过省保障性住房专项审计。

【白蚁防治】 完成新建房屋白蚁预防单位107个，预防面积98.48万平方米，收取白蚁防治费

300余万元。签订白蚁预防合同71份，出具白蚁预防竣工报告29份，现场宣传白蚁危害知识，发放宣传资料2000余份，接受群众咨询100余人。

【测绘工作】 全年完成商品房预测绘面积90万平方米，竣工面积95万平方米，工业产房竣工测绘面积114万平方米，完成到账产值210万元。

【房屋安全鉴定】 印发《关于开展2016年度老旧建筑安全排查整治工作的通知》，培训业务人员安全鉴定知识，完成房屋安全鉴定业务252件，其中公共娱乐场所1件，危险房屋安全鉴定186户、无验收证明的生产用房65件，全年房屋检测鉴定面积70余万平方米，实现经济收入67.07万元。

【维修资金管理】 开通应急维修绿色通道，商品房维修实现日常维修与应急维修同步。全年缴存专项维修资金5085万元；专项维修资金使用审批16笔，计347万元。 （姜传利）

国有土地上房屋征收

【概况】 2016年，泗阳县国有土地上房屋征收工作围绕县棚改领导小组的统筹部署，精心组织，扎实推进，全年累计启动征收项目33个，推进扫尾项目5个，涉及被征收户3529户，完成征收面积73.3万平方米。年底，县征收办获县委、县政府目标管理完成奖、社会管理（信访稳定）、重大项目推进奖。市住建局考核全市住房保障（棚户区改造）工作，泗阳县位列同类县区第一名。

【项目推进】 狠抓新项目启动和结转项目扫尾清零，切实加大工作推进力度，确保按时净地交付。全年相继完成“泗水河公园”“瑞禾阳光生态停车场”“城北停车场”等12个市政及公益性基础设施项目和“望湖名都”“运河名门府”（二期）等11个重点商住开发和土地收储项目。完成“雨润广场”“福鑫金鼎城”“名流望府”等跨年度结转项目清除，保障项目顺利开工建设。

【征收安置】 坚持“以人为本”“群众至上”理念，坚持做到“保障为先”，充分保护被征收户的合法利益，得到绝大多数被征收户的高度认同。对于程序不合法、规划未通过、房源未提供、资金未到位的项目坚决不予启动。全力督促开发企业加快产权调换房建设进度，全年累计督促开发企业按时交付产权调换房1613套。

【安全拆除】 围绕全年拆除安全无事故目标，狠抓安全管理，对拆除项目一律实行交纳安全保证金及人身保险金制度。定期召开拆除安全形势分析会，建立安全逐日巡查台账，全年未发生一起拆除安全责任事故。投入10万余元购买防尘网，覆盖管理未及时清运建筑垃圾，投入20余万元,实体围挡沿街拆除项目。

【矛盾化解】 牢固树立“征收房屋，信访稳定工作是第一责任”的意识，全年共接待来访登记226件，县委宣传部、县政府办、信访局等单位交办96件，均按时处理到位。回复网络舆情312条，处理省委书记、省长信箱交办单6件，全年无一例因房屋征收矛盾去京、赴省、到市上访案件。

【征收监管】 年内，始终把党风廉政建设和反腐败工作列入征收房屋全过程，逢会必讲廉政，警钟时刻长鸣。坚持有案必查、有腐必惩、违纪必究，以零容忍态度严肃查处违纪违法案件。全年配合上级纪检部门先后查处违纪违法案件4起，处理党员3人，依法移送追究刑事责任2人，给予党内警告处分1人，行政记过处分1人。

【“两学一做”教育】 年内，县征收系统干部以学党章，学习近平系列重要讲话，做合格党员为抓手，深入推进问题查摆整改以及短板“找、补、强”活动，各项工作效率显著提升。按程序做好发展党员、民主评议党员和处置不合格党员工作。全年发展预备党员1名，转正预备党员6名。开展“党员进社区”志愿活动，支部37名党员在众兴镇红光社区走访慰问贫困户11户，在史集街道双渡村建立党建工作联系点，联村共建、结对帮扶贫困户33户。 （史春雨）

城市管理

【概况】 2016年，泗阳县围绕打造“苏北最美县城”目标，全面践行“百姓城管、科学城管、法治城管”理念，突出创建“江苏省优秀管理城市”重点，城市管理整体水平和对外形象得到明显提升，连续5年获全市目标管理考核第一名。5月，在全省城市环境综合整治推进会上，泗阳县作典型经验介绍。

【江苏省优秀管理城市创建】 年内，泗阳县进一步加大“江苏省优秀管理城市”创建力度，将创成“江苏省优秀管理城市”列入县重要工程和目标考核内容，成立以县长为组长的创建工作领导小组，出台创建实施办法。县政府专门召开推进会议5次，相关单位向县领导递交责任状。县创优办和督查室巡查问题3万余件，下发交办单2000余份，编发督查通报10期，按期办结率96.9%。3月，完成江苏省优秀管理城市申报，6月后，接受省暗访和调研，主要开展以下工作：

创建宣传　召开宣传工作交办会，制订宣传方案，印发《致广大市民一封信》共20多万份，通过城区各电子显示屏滚动播放创建内容，张贴创建宣传标语3000多条，粉刷墙体标语400多条，电视台跟踪专题报道60多期，编发宣传简报16期，形成浓烈的宣传氛围。

建立资料台账　编制泗阳县创建优秀管理城市目标责任书，完成创建省优秀管理城市台账资料收集整理，共计建立台账20余方面近百本。

全面完成考核指标　年内，县全面完成江苏省优秀管理城市的4类28项考核指标。重点完成城市管理中长期规划、城区环卫专业规划、餐厨垃圾处置规划等，6月21日，顺利通过省专家组评审；完成城区丰泰机电城、汽配城、装饰城、金三角、海尚臻品苑、华希广场、碧云商城共7块高立柱广告牌和镂空字110块拆除工作；完成锦州路等8条主干道路灯LED灯头改造和电视塔亮化改造；在省级示范路人民路、淮海路、北京路设置分类果皮箱260个，并进一步规范生活垃圾分类收集；完成城东渣土处置场建设；建成城市排水排污地理信息GIS系统，建立城区地下综合管线管理系统信息平台，实现地下管线综合管理，有效降低管网漏损率，应急防灾能力大幅提升，为打造海绵城市、智慧城市奠定良好基础；引进一体化清扫冲洗车3辆，环卫保洁实现市场化工作，城区主要道路实现环卫机械化清扫、冲洗；城区环卫工人工资达到宿迁市最低工资保障线1540元要求。

【数字化城市管理】 全年县数字化城市管理中心巡查上报案件26238件，立案25791件，立案率98.3%；派遣25791件，派遣准确率96.81%；到期应结案24919件，结案24707件，结案率为99.15%，按期结案23739件，按期结案率为95.26%。核查率100%，按时核查率95.84%，该项工作受到省、市有关部门充分肯定。

【城管督办】 全年县城管委下发城市管理通报12期，持续开展“城市管理大家评”“最美城市大家来找茬”等活动。

【示范创建】 年内，桃源中路、府苑社区分别创建为省级示范路、示范社区；建凌中路、银河中路和东光社区、杨圩社区分别创建为市级示范路、示范社区。

【环境管理】 实现城区49条主次道路440万平方米路面机械化清扫；全力推行洗街工程，在每天两个时段，全面冲洗城区所有主次道路及北京路、人民路等两侧公共广场；不断加大环卫设施管理和城市"牛皮癣"清理力度，强化垃圾中转站、投放点及垃圾桶、果皮箱管理；搞好户外摊点、广告字牌、水面河道、农贸市场管理，全面提升城市美化、亮化、净化水平，

【路灯亮化】 全年共完成数字城管指挥中心交办路灯亮化事项100余项，维修北京路、上海路、人民路、泗水大道、文城路等路段路灯电缆故障80余处；修复众兴路、北京路、淮海路等路段路灯控制柜40余台，更换钠灯、金卤灯、节能灯泡3000余个，镇流器600余个，控制箱25个；拆除路灯杆违章广告牌10余块，维护无线监控终端50余个；完成锦州路、建凌路、双拥路、长春路、银河路、迎宾大道、朝霞路、相文路等8条道路721盏LED灯头改造和电视塔亮化改造，完成城厢街道路灯杆出新65根。完善路灯智能监控系统，严格开闭时间，城区路灯覆盖率达100%、设施完好率98.2%、亮灯率达99.3%。

【公厕管理】 严格落实"三定一保"②"五无一净"③要求，实行"一人一厕，跟踪服务"管理方式，坚持每天不间断保洁，每月对公厕消毒4次，每两月对化粪池清理1次，安排专职疏通工3名，对公厕堵塞及时疏通。全年处理粪便3800多吨，无害化处理率达100%。新建第三代公厕3座，每座占地面积300平方米、建筑面积200平方米。

【公共自行车管理】 新建公共自行车站点20个、锁车器400个，新投入公共自行车300辆，10月30日通过验收，全城公共自行车总数达2100辆。严格坚持每周一次日常考核、每月一次集中考核，实行百分制计分，并根据管理服务合同，兑现管理经费。

【城乡生活垃圾体系运行】 严格按照国家规范要求，认真抓好城乡生活垃圾收集、运转和无害化处理，对城区垃圾桶垃圾实行每天2次收运，确保不满溢、不过夜；对乡镇垃圾每天及时运转处理；对场区垃圾重点抓好计量、日填埋、日覆盖，每日消杀3次以上，有效控制臭味扩散和"四害"产生；对库区产生的渗滤液，及时抽回调节池密封处理，邀请省环卫专家业务指导，由县环保部门每半年定检一次，渗滤液排放达到国家标准。投入500万元扩容改造县生活垃圾卫生填埋场，在城区朝霞路和黄圩、穿城新建压缩式垃圾中转站3座。全年共处理生活垃圾16.33万吨，日均处理生活垃圾量446.37吨。

【农村环境卫生巡查】 4月起，县将农村环境卫生巡查考核工作由县规划局移交城管局负责。城管局抽调5名人员负责农村环境卫生巡查考核工作，制订"工作方案"和"考核细则"，实行分片负责制度，全面强化巡查督查，邀请县人大代表、政协委员参与考核，并利用媒体专题报道正反面典型。全年共出动巡查车辆246台次，巡查交办问题1476件，办结1238件，整治自然村庄225个，下发通报12期，查处、调离、调整保洁员127名。全年共清运农村生活垃圾106.11万吨，发放保洁员工资1272.24万元。

【城区洗车点管理】 全年重点抓好大型综合洗车场集中管理，将主城区零散洗车店按照A、B、C分类管理，对经营不规范，沉淀池、隔油池不达标和露天临时搭建的洗车点，加大巡查管理力度，坚决取缔占道洗车、店外经营等现象，引导不符合经营标准的洗车店入驻上海路洗车广场经营。

【城区违建管控】 加大重点地区违建管控力度，始终保持高压态势。坚持做到早发现、早制止、早处理，扩大巡查范围，充分发挥社会监督作用，做到发现一处、上报一处、查处一处，切实将各类违规建设问题解决在萌芽状态，有效避免产生和激化矛盾，维护社会和谐稳定。全年共发现违章建筑109户、面积10060平方米，拆除107户，拆除率达98.16%，违建面积比2015年下降13.16%。

【城管行政执法】 严格践行"百姓城管、科学城管、法治城管"理念，坚持"服务+管理+执法"模式，用服务解决70%的问题，用管理解决20%的问题，用执法解决10%的问题，形成以服务促和谐、以管理促执法、以执法促管理的良好局面。全年完成一般程序性案件612件，简易程序卷宗案件482件，结案率100%。所有卷宗办理均符

合法律条款和法律程序，没有出现一例行政复议、诉讼变更案件。

【策应扶持】 全年完成城管策应扶持项目5个，其中县生活垃圾卫生填埋场渗沥液扩容工程590万元，泗塘河综合整治工程1583万元，市县联动城市规划建设管理工作奖补资金40万元，城市环境综合整治416万元，市级村庄环境整治奖补资金66万元。全年共完成城管策应扶持资金2695万元，超额完成任务130.8%。

【垃圾焚烧发电】 年内，县生活垃圾焚烧发电项目确定建在意杨产业科技园区，已完成考察学习、相关数据搜集、调研报告、方案制订及报批工作。8月18日，经县党政联席会议讨论通过。11月4日，由“中国光大国际有限公司”中标，年底，签订“特许经营权协议”④。

【成立城西城管执法分局】 根据县编委《关于同意成立县城市管理局（行政执法局）城西分局的批复》要求，年内，已组建成立城西分局（股级建制）。

【城管宣传】 全年共有430余篇（条）城管宣传稿件被各级媒体采用，其中江苏省住建厅网站刊登22篇、宿迁日报发表10篇、宿迁城管网刊登16篇、网上泗阳刊登168篇、县广电台“泗阳新闻”播出223条、“1890民生新闻”播出120条、泗阳纪检监察网发稿5条、杨树人家网发稿162篇。

注释：

①**“三定一保”**：三定是定人、定岗、定时间；一保是保证内外环境整洁。

②**“五无一净”**：五无是无异味，无积灰，无蛛网，无尿碱，无蚊蝇；一净是周边环境净。

③**“特许经营权协议”**：指特许人拥有或有权授予他人使用的注册商标、企业标志、专利、专有技术等经营资源的权利。（吴　坤）

城区物业管理

【概况】 2016年，县城区有入住居民小区154个，新增15个，总建筑面积约2100万平方米，已入住户数近7万户，入住人口近20万人。其中有115个居民小区由物业企业提供服务，39个老旧居民小区由社区实施准物业服务。有67个居民小区成立业主委员会，全年换届业主委员会17个，有11个居民小区建立党支部。在县城区实施物业服务的企业有49家，其中有国家一级资质11家、二级资质7家、三级资质25家。有物业从业人员4000余人，持有“物业岗位证书”的398人、特种行业操作证书185人，物业服务范围涵盖居民小区、机关企事业单位、商场超市、医院、公园、酒店等。年内，按照“条块结合、以块为主、重心下移、属地管理”的原则，以县城区物业管理办公室为主，众兴镇城市管理服务中心为辅，实行“两块牌子，一套班子，条线管理，责任到人”的三级管理体制，开展一站式服务模式，强管理、建配套、抓创建、促规范，推动县城区物业管理平稳健康发展。

【物业管理机制】 年内，建立县城区物管办、社区居委会和物业企业的“三级管理”责任传导机制，实行分层交办，逐级落实，考核回访等办法，强化各级物业管理的责任意识；统一规范居民小区的物业服务台账、设施维护、秩序管理等管理服务行为，建立完善物管办、社区、城管、业委会、物业企业共同为居民小区业主服务的“五位一体”物业服务模式，进一步维护居民小区业主合法权益，确保业主的合理诉求得到及时受理解决，将物业矛盾化解在基层；制定《物业服务企业信用评价管理办法》，将物业企业的服务纳入诚信系统，引入第三方进行评价，信用评价成为接洽项目的前置条件，形成信用淘汰机制；制定《物业服务分档考核评比制度》，根据小区建设规模、服务等级、建成年限等因素，将县城区居民小区分为A、B、C、D档，实行分档考核，同档竞争，末位淘汰。江苏华龙物业管理有限公司获“江苏省物业企业综合实力50强”称号，成为泗阳物业行业的领头羊。年内，本土江苏居安物业管理有限公司、江苏洁神物业管理有限公司晋升为国家一级资质企业，江苏明悦物业管理有限公司、江苏云景物业管理有限公司、江苏晨宇物业管理有限公司晋升为国家二级资质企业。

【技防设施建设】 投入1200余万元，完成41个居民小区门禁、监控系统改造，实现门禁系统车辆自动抓拍，实行监控与公安110平台网络连接。改造后的居民小区进出车辆蓝牙自动放行，人员刷卡通行，达到人车分流，有效提升安全系数和便行秩序。年内，文城新都居民小区被评为“江苏省安全文明示范居民小区”。

【基础设施维修】 投入600余万元，完成学府名苑、海天·康庭名苑、东方名苑、远景时代等居民小区的屋面、道路、排水管网、绿化、路灯等维修改造工作。全年累计重铺硬化主次道路6000多平方米、更换铺砖2000多平方米、维修路牙石1万多米、更换路灯800余盏；维修改造疏浚排水管网3万余米、更换窨井盖3500余个；维修屋面2万余平方米；种植草种800公斤、补植乔灌木3万余株。

【物业管理收费】 年内，县城区物业费收取标准在每月每平方米0.20元至0.86元之间，其中有68个居民小区在每月每平方米0.45元以下，有47个居民小区在每月每平方米0.45之上，平均约每月每平方米0.45元左右；收缴率平均约70%，年物业服务收费约2500万元。

【物管事项处理】 建立“物业管理交办投诉处理监管中心”，及时处理各级政府及城管委交办的物业管理事项和居民来访、来信、来电、网络问政等渠道的物业服务诉求。截至12月底，完成处理上级交办、网络投诉、来信来访共计17430件，受理率100%，办结率97.7%，群众满意率92%。根据举报、交办、巡查等途径查处违章建筑114户，拆除违章建筑面积951平方米；制止、整改违规装修300余起；整改油烟扰民200余起，安装油烟净化器200余家；取缔违章广告、摊点400余个，查处张贴小广告行为150起；组织5000余人次清理毁绿种菜面积1.8万多平方米。

表18　　2016年泗阳县城区物业管理服务企业情况

序号	物业名称	物管企业名称	资质等级	法人代表	服务电话	项目负责人	联系电话	所属社区
1	星宇花园	东光社区物业管理公司		颜绍荣	13852825092	葛华林	13951097090	东光
2	玫苑新村	东华社区物业管理公司		张同华	13805243619	王　军	13815727868	东华
3	世纪广场	高邮宏基物业管理有限公司	二级	董跃平	14751295989	董跃平	14751295989	东华
4	繁荣公寓	淮安康弘物业管理有限公司	三级	杨学龙	18851537779	周同喜	13951375098	东光
5	黄金广场一期	江苏华龙物业管理有限公司	一级	管　玉	15366986868	冯良喜	13511783967	众东
6	黄金广场二期					张广军	18036901208	众东
7	京淮服装城					张　平	18751050930	众东
8	左岸逸品					王建明	15951293905	五里
9	银泰花园					薛其山	13852820769	詹庙
10	京淮服装城商铺					江士桥	15150724177	众东
11	上海城					陈　青	13815746388	西康
12	香缇花园					徐　飞	13511783400	西康
13	恒茂凯旋城					夏玉国	18036905218	西康
14	中汇广场					刘　勇	18762171567	东光
15	新城市花园					陈　青	13815746388	东光
16	欧洲花园					赵军师	18036903978	府苑
17	众兴一品					朱海静	15366980718	众东
18	德华逸墅					朱海洲	18036900858	府苑
19	隆升嘉园					支干生	18036903098	周庄

续表18

序号	物业名称	物管企业名称	资质等级	法人代表	服务电话	项目负责人	联系电话	所属社区
20	金康华府二期	南通晨星物业管理有限公司	一级	傅立军	15261268408	傅立军	15261268408	前进
21	水晶国际	淮安茂华物业管理有限公司	一级	梁士强	18936389711	梁 媛	15861738393	府苑
22	亿阳国际	淮安茂华物业管理有限公司	一级	梁士强	18936389711	梁 媛	15861738393	红光
23	圣地名门	淮安鹏宇物业管理有限公司泗阳分公司	二级	朱军凯	13915127747	卢道祥	13655243259	前进
24	逸景嘉园	淮安鹏宇物业管理有限公司泗阳分公司	二级	朱军凯	13915127747	陈少华	18251050506	众东
25	逸景苑	淮安鹏宇物业管理有限公司泗阳分公司	二级	朱军凯	13915127747	马广章	13605243108	开发区
26	运河名门府	江苏春雨物业管理有限公司	一级	费 伟	18936901115	王森栋	18751091180	西湖
27	京华苑	江苏春雨物业管理有限公司	一级	陈前德	18151086062	刘华东	18662774937	前进
28	金康华府一期	江苏佳恒物业管理有限公司	二级	张宏权	13082580575	吴凯元	15751182786	前进
29	锦都豪庭	江苏佳业物业管理有限公司	三级	纪伟建	15851172303	左于广	13905247569	红光
30	锦绣江南	江苏金帝物业管理有限公司	一级	王红兵	18952322999	刘 淮	13905243898	红光
31	阳光水岸	江苏金帝物业管理有限公司	一级	王红兵	18952322999	王 东	13815753029	开发区
32	东方现代城	江苏居安物业管理有限公司泗阳分公司	二级	陈 波	13815721982	张 浩	15189074133	东华
33	嘉联紫金城	江苏居安物业管理有限公司泗阳分公司	二级	陈 波	13815721982	姜广忠	13951459068	红光
34	马德里花园	江苏居安物业管理有限公司泗阳分公司	二级	陈 波	13815721982	陈 波	13815721982	西康
35	新世界花苑一期	江苏居安物业管理有限公司泗阳分公司	二级	陈 波	13815721982	张则虎	15252427185	府苑
36	新世界花苑二期	江苏居安物业管理有限公司泗阳分公司	二级	陈 波	13815721982	朱其国	15996745299	府苑
37	天骄名人家园	江苏居安物业管理有限公司泗阳分公司	二级	陈 波	13815721982	嵇孝春	13382929811	东华
38	雨润广场	南京雨润物业管理有限公司	一级	石硕军	18036936670	朱中霞	18762138155	红光
39	中胜翡翠城	南京克胜物业管理有限公司	三级	王成龙	15050989229	汪传金	13082582886	前进
40	郎润花园	南京名城物业管理有限公司	一级	朱洪锐	15996777611	左世军	15358373539	众东
41	翰学苑	前进社区物业管理公司		刘兆金	13852828650	马洪安	15951392179	前进
42	清华园	前进社区物业管理公司		刘兆金	13852828650	高胜怀	15371398899	前进
43	未来城	前进社区物业管理公司		刘兆金	13852828650	高胜怀	15371398899	前进
44	万诚御景园	前进社区物业管理公司		刘兆金	13852828650	胡继全	18751093055	前进
45	滨河花园	上海采林物业管理有限公司泗阳分公司	一级	叶家军	15896342255	霍 林	13852827582	东光
46	金色家园	上海采林物业管理有限公司泗阳分公司	一级	叶家军	15896342255	彭如来	15996726611	杨圩
47	丽景河畔	上海采林物业管理有限公司泗阳分公司	一级	叶家军	15896342255	韦正耀	13951097207	前进
48	名流雅居	上海采林物业管理有限公司泗阳分公司	一级	叶家军	15896342255	李海宁	13951393976	五里
49	名流新天地	上海采林物业管理有限公司泗阳分公司	一级	叶家军	15896342255	房 泽	15996765727	东华
50	西湖半岛豪庭	上海采林物业管理有限公司泗阳分公司	一级	叶家军	15896342255	王 秋	13851384770	五里
51	厚地和美	淮安物业管理有限公司泗阳恒发分公司	一级	陈 忠	13511789996	仓 文	13701407826	前进
52	绿都第一城	淮安物业管理有限公司泗阳恒发分公司	一级	陈 忠	13511789996	刘 军	15951392167	东光
53	盛世嘉园	淮安物业管理有限公司泗阳恒发分公司	一级	陈 忠	13511789996	徐 静	13862271005	红光

续表18

序号	物业名称	物管企业名称	资质等级	法人代表	服务电话	项目负责人	联系电话	所属社区
54	金康华府二期	南通晨星物业管理有限公司	一级	傅立军	15261268408	傅立军	15261268408	前进
55	阳光名邸					傅立军	15261268408	红光
56	桃源明珠					王业顺	13815746610	府苑
57	中央商城	泗阳华康物业管理有限公司	三级	刘　延	15298334933	刘　延	15298334933	红光
58	陶然亭					胡丽娟	13815746936	西湖
59	陶然雅居					胡丽娟	13815746936	西湖
60	金地广场	泗阳华康物业管理有限公司	三级	刘　延	15298334933	刘　延	15298334933	西湖
61	金都尚品	泗洪金辉物业管理有限公司	三级	罗　辉	15996751009	王苏平	15851175784	西康
62	桂庄小区	泗阳嘉华物业管理有限公司	三级	陈　忠	13511789996	刘　军	13151827262	开发区
63	江淮美地					李　平	13815758201	杨圩
64	泗水人家					王创业	13961859301	西康
65	桃源新村					赵开封	15161215862	东光
66	太阳城					唐存磊	18036416777	府苑
67	万诚国际广场					徐宜忠	13327857198	詹庙
68	运河人家					顾　磊	13655249686	詹庙
69	紫荆花园					刘益凯	13851373395	东光
70	西湖名郡					魏从金	18251066350	西湖
71	望湖名都					韩秋林	13905247206	西湖
72	金三角	泗阳金三角物业管理有限公司	三级	赵　雷	13951459408	魏晓峰	13951459408	詹庙
73	大顺公寓	泗阳金泰物业管理有限公司	三级	李国宝	13515280069	庄永飞	18036908288	众东
74	京杭公寓					李宝华	15250702309	西湖
75	碧云商城	泗阳水清木华物业管理有限公司	三级	仓文翠	13404197829	史家尚	13773974738	西湖
76	振兴商贸城					史家尚	13773974738	西湖
77	城北花园三期	泗阳天诚物业管理有限公司	三级	杨定富	18936932236	杨定富	18936932236	周庄
78	文城新都					杨定富	18936932236	前进
79	东方名苑	泗阳贤达物业管理有限公司	三级	刘之鹏	15151132521	刘之鹏	15151132521	东华
80	文苑雅居					刘之鹏	15151132521	东华
81	江淮农贸	宿迁鑫隆物业管理有限公司	三级	高开启	15261267987	高开启	15261267987	杨圩
82	桃源绿岛	泗阳阳光物业管理有限公司	三级	陈成侨	85215233	陈成侨	85215233	城南
83	汽配城	泗阳银泰汽摩配城物业管理有限公司	三级	金晓霞	15151171058	钱建华	13852828307	詹庙
84	金地如意里	宿迁常青物业管理有限公司	三级	叶常青	15896331166	庄美玲	15305247919	西湖
85	东湖新城	宿迁晨宇物业管理有限公司	二级	周守连	15189086333	周守连	15189086333	开发区
86	丰泰嘉园					杨帮文	13515283007	众东

续表18

序号	物业名称	物管企业名称	资质等级	法人代表	服务电话	项目负责人	联系电话	所属社区
87	弘熹幸福里	宿迁晨宇物业管理有限公司	二级	周守连	15189086333	周守勇	13951293097	众东
88	巨源尚城	宿迁晨宇物业管理有限公司	二级	周守连	15189086333	唐春丽	13951293097	东光
89	新港湾花园	宿迁晨宇物业管理有限公司	二级	周守连	15189086333	王　山	18762101265	东华
90	阳光巴黎城（艾米影城）	宿迁诚信物业管理有限公司	三级	宋建亚	13815758936	宋建亚	13815758936	西湖
91	财富广场	宿迁德成物业管理有限公司	三级	叶庆安	18936971608	毕绕书	13951297726	西湖
92	世纪华庭	宿迁德成物业管理有限公司	三级	叶庆安	18936971608	徐海梅	13773970915	东华
93	金地商都	宿迁东成物业管理有限公司	三级	陈学东	13773973800	乔　英	13511786077	西湖
94	吉达广场	宿迁东成物业管理有限公司	三级	陈学东	13773973800	陈学东	13773973800	西湖
95	福润嘉园	宿迁吉盛美嘉物业管理有限公司	三级	孙　和	13776459699	姜田礼	15250799322	西康
96	海天·康庭名苑	宿迁吉盛美嘉物业管理有限公司	三级	孙　和	13776459699	焦大忠	18936900914	东光
97	京宁名居	宿迁吉盛美嘉物业管理有限公司	三级	孙　和	13776459699	吴良宝	15152866709	东华
98	学府名苑	宿迁吉盛美嘉物业管理有限公司	三级	孙　和	13776459699	鲍　春	13815745202	前进
99	龙庭花园	宿迁龙庭物业管理有限公司	三级	谷　江	13773985001	沈　群	15996768285	东华
100	莱茵河畔	宿迁龙庭物业管理有限公司	三级	谷　江	13773985001	胡家虎	13655245599	詹庙
101	凤凰苑	宿迁明润物业管理有限公司	三级	费　伟	18936901115	周耀先	13773972559	西湖
102	颐景泽第	宿迁左邻右舍物业管理有限公司	三级	郭长海	13852828591	郭嫦娥	13815757557	府苑
103	海尚臻品苑	宿迁泗水人家物业管理有限公司	三级	王锦凤	13951195723	朱德富	18851372404	东光
104	万豪国际广场	宿迁明悦物业管理有限公司	二级	徐宜忠	13327857198	黄达宏	18261118457	西湖
105	万佳科技星城	宿迁明悦物业管理有限公司	二级	徐宜忠	13327857198	岳士清	13515289712	前进
106	远景时代（学林春天）	宿迁明悦物业管理有限公司	二级	徐宜忠	13327857198	黎银成	18360120313	前进
107	城东装饰城	宿迁明悦物业管理有限公司	二级	徐宜忠	13327857198	戴彩平	13196878235	詹庙
108	桃州名都	宿迁远航物业管理有限公司	三级	张宏权	13082580575	陈　娟	15951290399	西湖
109	阳光巴黎城	宿迁远航物业管理有限公司	三级	张宏权	13082580575	陈　娟	15951290399	西湖
110	神龙小区	五里社区物业管理公司		刘　柏	13805243400	俞荣华	13951247881	五里
111	华城公寓	西湖社区物业管理公司		邵　宇	13776459554	秦其军	13852824488	西湖
112	金城公寓	西湖社区物业管理公司		邵　宇	13776459554	秦其军	13852824488	西湖
113	骡马古街	西湖社区物业管理公司		邵　宇	13776459554	秦其军	13852824488	西湖
114	西苑小区	西湖社区物业管理公司		邵　宇	13776459554	秦其军	13852824488	西湖
115	中华广场	西湖社区物业管理公司		邵　宇	13776459554	秦其军	13852824488	西湖
116	西康佳苑（京西小区）	西康社区物业管理公司		李前伦	13852820788	郭成中	13951378096	西康
117	雅典花园	徐州恒通物业管理有限公司	一级	李宁生	18036900169	卢　勤	15851172533	西康

续表18

序号	物业名称	物管企业名称	资质等级	法人代表	服务电话	项目负责人	联系电话	所属社区
118	城东花园	詹庙社区物业管理公司		刘须明	13815741798	高学清	18851379638	詹庙
119	巴黎都市	浙江佳源物业管理有限公司泗阳分公司	一级	严　建	15850420789	许玉超	18251063538	东光
120	罗马都市					许玉超	18261081976	西康
121	周庄小区	周庄社区物业管理公司		陈　飞	13905243750	叶思平	15850956833	周庄
122	城北花园一、二期					叶思平	15850956833	周庄
123	东城一品	高邮宏基物业管理有限公司	二级	董跃平	14751295989	董跃平	14751295989	众东

环境保护

【概况】 2016年，泗阳县以创建国家级生态县为目标，以改善环境质量、保障群众健康、促进经济发展为目的，加大环境监管，严格环境准入，强化重点污染源整治，实施区域环境综合治理，切实履行环境监管职责，全县环境质量保持稳定并持续改善，圆满完成上级下达的各项工作目标任务。年内，泗阳县通过国家级生态县考核验收，被市委、市政府表彰为"全市生态文明建设考核先进单位"；县环保局被省政府办公厅表彰为"十二五"时期全省重点流域水污染防治先进单位。

【国家生态县创建】 11月9日至10日，受国家环保部委托，省环保厅副厅长蒋巍带领专家组，考核验收泗阳县创建国家级生态县工作。考核验收小组在进行现场分组检查、观看专题片、听取汇报后一致认为，泗阳县国家级生态县创建工作组织有力、措施到位、工作扎实、成效显著，技术评估中提出的整改意见整体落实到位，各项建设条件和基本指标达到国家级生态县考核指标要求，同意泗阳县通过国家级生态县考核验收，并按程序报环保部审核批准。

【环保执法】 全年出动环保执法人员1000余人次，开展环境突出问题、废旧物资加工、畜禽养殖污染、危险废物检查和百日亮剑等"五大环保执法专项行动"。采取不定时间、不打招呼、直奔现场、直接检查或通过明察暗访、日常巡查、突击检查等方式，开展环境执法行动，确保环保监管无缝隙、全覆盖。全年执行行政处罚90起，罚款200余万元，责令整改企业100余家，取缔关停违法企业26家。

【大气污染防治】 整治列入省计划的燃煤锅炉68台，整治列入市计划燃煤锅炉13台、列入县计划的燃煤锅炉105台；淘汰黄标车1526辆、老旧车501辆；完成列入省大气污染防治8项重点工程项目。全年秸秆"双禁"工作继续保持国家、省卫星监测"零"火点，秸秆综合利用率达98.43%，在全市"双禁"工作考核中继续获一等奖。

【村级污水治理试点】 年内，在实现乡镇污水处理全覆盖的基础上，牵头开展村级污水设施建设试点，实施村庄污水治理"1+2"模式，即在建设一个污水处理设施的同时，配套建设一个公共厕所、一个生态水塘，实现污水治理的生态微循环。年内，全县已建成村级污水设施14个。

【环境问题整治】 坚持问题导向，抓好违法违规项目清理工作，全年共清理整治企业600多个，排查出环保突出问题违法违规企业25个，整改环保突出问题42个。

【环境信访查处】 健全环境信访工作机制，加强环境信访问题查处。各类环境信访举报件，按属地原则调查处理，做到任务到部门，责任到个人，并严格考核。全年累计办理环境信访350件，处理率100%、办复率100%。

【环境宣传教育】 广泛营造环境保护宣传氛围，开展"六五世界环境日"宣传活动，通过设置拱门、悬挂横幅、发放宣传资料、环保购物袋、围裙等方式，引导市民牢固树立保护生态理念，增强节约意识、环保意识、生态意识，养成健康环保的生活方式。

【"绿色学校"创建】 年内，组织泗阳经济开发区小学、史集小学参加市级绿色学校创建工作，并顺利通过市级验收。组织全县中小学校教师参加省厅组织的"绿色学校"环境优秀教案评选活动，泗阳县获优秀组织奖。

【环保自身建设】 挂牌成立"泗阳县环境监督管理站"，明确机构性质、编制及人员，配备专职环保工作者25名，兼职巡查人员86名。投资400多万元建成第二个大气自动检测站，购买抑尘车1辆及相关大气防治装备。全年参加各类培训24人次，提高环保队伍素质。

表19　　2016年泗阳县城区环境综合整治指标情况

项　目	单位	指标值
一、环境质量指标：		
1、可吸入颗粒物年日平均值	0.085mg/m3	0.070mg/m3
2、二氧化硫年日平均值	0.022mg/m3	0.060mg/m3
3、二氧化氮年日平均值	0.023mg/m3	0.040mg/m3
4、饮用水水质达标率	100%	100
5、城市地面水水质达标率	100%	100
6、区域环境噪声平均值	58.7db(A)	52.4
7、交通干线噪声平均值	65.5db(A)	65.5
二、污染控制指标：		
8、水污染物排放总量削减率（COD）	%	2.97
9、大气污染物排放总量削减率	%	4.2
10、烟尘控制区覆盖率	%	100
11、工业废水排放达标率	%	100
12、工业固体废物综合利用率	%	99.93
13危险废物处理率	%	73.4
三、环境建设指标：		
14、城市污水处理率	%	84
15、城市气化率	%	
16、生活垃圾处理率	%	
17、建成区绿化覆盖率	%	
四、环境管理指标：		
18、污染防治设施正常运行率	%	95
19、城区空气污染指数		4.5
20、工业污水处理量	万吨	380.88
21、工业污水排放量	万吨	395.73

财 政

【概况】 2016年，泗阳财政以支持"强富美高"全面小康新泗阳建设为工作主线，主动适应经济发展新常态，积极履行财政职能，强化金融服务，加强国资管理，各项目标任务如期完成。全年实现财政总收入610143万元，比2015年增长0.3%。税收总收入362925万元，比2015年增长2.6%；一般公共预算收入333405万元，比2015年下降1%。地方税收收入254555万元，比2015年下降10%。全县财政总支出947699万元，比2015年增长4.71%，其中一般公共预算支出726494万元，比2015年增长4.6%。先后获省文明单位称号、全省财政预算绩效管理工作优秀县级财政部门、全省法治财政标准化建设示范点先进单位、政府采购监管考核三等奖、村级公益事业建设一事一议财政奖补一等奖。县财政局被市委、市政府授予"市级文明单位"称号、获得2016年度全市财政工作目标考核二等奖、2016年度金融工作先进单位；被县委、县政府表彰为2016年度绩效考评工作全面先进单位、"十二五"时期脱贫奔小康工程先进单位。

【收入管理】 强化收入管理。密切关注财政经济形势，面对"营改增"带来的政策性减收，主动作为、提前应对，会同国地税部门强化收入征管，运用综合治税平台，加强重点税源监控，开展纳税服务百日行动，查找征管薄弱环节，堵塞跑冒滴漏，通过查补，共清欠、补缴各类税收1.89亿元；强化非税收入征管，着力推进财政票据电子化、网络化建设，充分发挥"以票控收""以票促收"的源头控管作用，严格执行"收支两条线"规定，全年完成非税收入7.88亿元，比2015年增长45.66%。

【策应扶持】 做好与省厅沟通协调工作，县财政部门全年累计争取各类补助资金9.35亿元，占目标任务的106.5%，增长10.9%。全年争取省转贷地方政府债券资金32.01亿元，其中新增地方政府债券资金7.3亿元、存量债务置换债券资金24.71亿元，策应扶持工作得到县委县政府充分肯定，被表彰为策应扶持工作先进单位。

【民生支出】 坚持为民聚财、为民理财、为民用财，让全县百姓共享改革发展成果，全县民生支出累计达44.5亿元，占比超70%。拨付校安工程、校舍维修改造资金1.08亿元，拨付义务教育公用经费9843万元，拨付教育现代化及均衡教育创建资金3500万元；发放义务教育困难生助学金1873万元、普通高中困难生助学金及学前教育政府资助453万元、职教助学金994万元；提高养老保险待遇水平，全年为2.38万名企业退休人员发放基本养老金5.3亿元；扩大城乡居民养老保险覆盖范围，为14.24万名城乡居民发放基础养老金1.95亿元；关爱困难弱势群体，为2.33万户6.28万名低保对象发放城乡低保2.28亿元，拨付4468名"五保"供养对象补助资金2396万元；推进城乡医疗服务水平均等化建设，城乡居民医疗保险基金支出达3.9亿元，302万人次享受城乡居民医保待遇；落实大病救助制度，提高救助报销比例和范围，全年累计救助困难群众3.9万人次，累计拨付救助资金4222万元；加大农田水利基础设施投入，安排农业综合开发资金8975万元，拨付水利工程建设资金1.25亿元；安排资金8737万元，支持优质稻米、桃树、食用菌、畜禽养殖等特色农业产业做优做强；推进农村公益事业建设，安排村级“一事一议”财政奖补资金2996万元，拨付农桥建设资金1300万元；深入开展联村共建、结对帮扶以及“三进三帮”等系列活动，加强扶贫开发工作，安排脱贫致富奔小康资金8169万元、安排1800万元支持经济薄弱村发展；拨付农民进城购房补贴3511万元；拓宽扶贫资金筹集渠道，县金融办牵头协调组织部分金融机构共同设立泗阳县阳光扶贫基金，首批募集基金1430万元。

【财政管理】 1.以财政资金规范、有效使用为监督重点，先后检查33家预算单位的预算执行情况和会计信息质量。2.围绕社会热点和群众关注焦点，对城乡低保、“五保”供养、免费婚检等16个项目进行专项检查，发现并处理问题32个，提出整改建议35条。3.制定出台国有企业财务、重大事项、绩效考核等管理办法，开展国有资产清查，盘活国有闲置资产，确保国有资产保值增值。4.将所有预算单位收支预算纳入绩效评价范围，对金额在30万元以上的项目支出进行重点跟踪监管，2016年共审核退回不合规项目36个，节约支出1020万元，财政资金使用效益得到有效提高。财政绩效管理工作连续第五年获得全省考评先进单位。

【金融服务】 1.强化金融服务，助推经济发展，推动金融供给侧结构性改革。加大直接融资力度，全年发行企业债12亿元、公司债20亿元。2.加大重点企业培育力度，江苏凤凰电气在新三板成功挂牌上市，全县上市企业累计达6家。3.继续开展银企合作，全年新增各类贷款45.8亿元，其中工业贷款11.03亿元，举办银企项目洽谈会4次，签约项目253个，协议贷款36.55亿元。4.继续完善担保服务体系，推动实体经济发展，全县担保公司在保余额达49.31亿元，企业互助联保基金规模达2.6亿元。金融工作保持全市领先，2016年度获全市金融管理工作先进单位。

【招商引资】 2016年，固定资产总投资17.4亿元的海欣纤维、总投资1.04亿元的尼特医疗和总投资1.08亿元的三联印染等3个工业项目通过市和县竣工考核验收，并顺利投产运营。上述3个项目固定资产总投资达19.5亿元，占全县25个亿元以上竣工投产项目总投资额的34.5%。竣工项目数及固定资产投资额在全县均处于领先，在全县年度考评中被表彰为招商引资工作先进单位。

【队伍建设】 深入开展“两学一做”等一系列主体教育活动，学习贯彻中共十八届六中全会精神，全面落实从严治党要求，牢牢扛起全面从严治党主体责任，坚持挺纪在前、抓早抓小，严守政治纪律和政治规矩。加大干部交流轮岗力度，2016年全系统提拔干部24人、交流干部职工49人，优化财政队伍结构，做到人尽其才，才尽其用。构建源头治本的公共财政体制制度防线，推进部门预算、“收支两条线”管理、国库集中收付以及政府采购等财政管理制度改革；构筑对财政权利运行的制约监督防线，规范权力运行工作，不断增强财政干部的工作责任心，确保财政资金运行的规范性、有效性、安全性。

表20　　2016年泗阳县一般预算收支决算情况

单位：万元

一般预算收入决算				一般预算支出决算			
预算科目	2015年决算数	2016年决算数	增减%	预算科目	2015年决算数	2016年决算数	增减%
一、税收收入	282706	254555	-9.96%	一、一般公共服务	49505	49006	-1.01%
增值税	16094	40884	154.03%	二、国防	427	413	-3.28%
营业税	184439	103044	-44.13%	三、公共安全	20648	23189	12.31%
企业所得税	8705	9945	14.24%	四、教育	135228	112785	-16.60%
个人所得税	4954	5188	4.72%	五、科学技术	13970	15390	10.16%

续表20

一般预算收入决算				一般预算支出决算			
预算科目	2015年决算数	2016年决算数	增减%	预算科目	2015年决算数	2016年决算数	增减%
资源税	995	3401	241.81%	六、文化体育与传媒	11250	13337	18.55%
城市维护建设税	12060	11446	-5.09%	七、社会保障和就业	80050	87515	9.33%
房产税	4954	8441	70.39%	八、医疗卫生	56155	64189	14.31%
印花税	3686	5300	43.79%	九、节能环保	24429	31283	28.06%
城镇土地使用税	5709	8298	45.35%	十、城乡社区事务	42960	57173	33.08%
土地增值税	24049	35557	47.85%	十一、农林水事务	204392	161718	-20.88%
车船税	1445	1745	20.76%	十二、交通运输	8280	21990	165.58%
耕地占用税	267	7	-97.38%	十三、资源勘探电力信息等事务	11253	49109	336.41%
契税	15349	21299	38.76%	十四、商业服务业等事务	6268	3044	-51.44%
二、非税收入	54074	78850	45.82%	十五、金融监管等事务	185	116	-37.30%
专项收入	15749	13605	-13.61%	十六、国土资源气象等事务	2776	16353	489.09%
行政事业性收费收入	23164	11796	-49.08%	十七、住房保障支出	24077	10191	-57.67%
罚没收入	11265	15426	36.94%	十八、粮油物资储备事务	834	1624	94.72%
国有资源（资产）有偿使用收入	3890	37974	876.20%	十九、国债还本付息支出	1681	7725	359.55%
其他收入	6	50	733.33%	二十、其他支出	80	100	25.00%
				二十一、债务发行费支出	172	244	41.86%
一般预算收入合计	336780	333405	-1.00%	一般预算支出合计	694620	726494	4.59%

（邵冬蓉）

国家税务

【概况】 2016年，泗阳县国家税务局紧紧围绕税收现代化目标，始终坚持深化改革不停步，依法治税不懈怠，强化党建不动摇，圆满完成“营改增”试点、金税三期上线和推进国地税征管体制改革等重大工作任务，积极投入“两学一做”“三进三帮”、文明创建、招商引资等活动，全县国税工作得到长足发展。年内，被省国税局评选为“税收管理改革综合示范点”，被县委、县政府表彰为“绩效考评工作全面先进单位”与“招商引资工作先进单位”。

【组织收入】 在2016年营业税改征增值税重大税制转换的关键时期，始终遵循应收尽收、不收过头税的原则，依法组织税收收入。全年共组织国税收入13.39亿元，比2015年增长39.7%。实现地方公共预算收入4.51亿元，比2015年增长87.9%。

【“营改增”试点】 2016年5月1日起，在全国全面推行营业税改征增值税税制改革试点，涉及全县营改增纳税人4807户，其中“营改增”增值税一般纳税人368户。以“能申报、会申报、申报准”为目标，克服时间紧、任务重等困难，通过集中办公、集中辅导、一对一讲解等方式，保证所有“营改增”纳税人5月1日后顺利完成税制转换。

【金税三期优化版上线】 从8月份开始，经过大双轨运行、系统切换准备、系统单轨切换、到单轨运行四个阶段，累计完成补录信息2296条，完成核心征管系统实测业务7831笔，外围系统功能实测业务672笔，案例测试业务2086笔。10月1日，全国金税三期优化版征管软件在泗阳正式上线运行，泗阳国税的所有涉税业务流程全部通过此平台进行操作。

【国、地税征管体制改革】 8月，以“泗阳税务”为品牌的国、地税联合办税厅在县行政服务中心投入使用，全县纳税人的所有涉税需求在此均可及时办理，实现国、地税办税服务从“互派互驻”到“一号同办、一窗通办”的转变。同时，在泗阳国税、地税联席会议制度框架下双方对《国地税合作工作规范》51个合作事项进行解构整合，梳理出62项具体落实事项和工作要求,进一步明确改革举措落实突破口。国地税双方协商签订了双向、多边委托代征框架协议，协同开展双定户核定工作，税收联合征管能力不断增强，税收共治基础不断完善。

【税收风险管理】 按照江苏省国家税务局最新风险管理平台流程要求和模板完成岗责匹配，坚持风险应对竞标管理，完善集体审议制度，全年实施风险应对150户次，累计实现应对成效5032万元，跟踪质疑成效182万元。明确第二税务分局为专业化欠税追征分局，全年清理欠税810户次，实现当年欠税数额不增反降，在全省97个县级单位中欠税发生额排名第94名，得到省局的肯定。

【纳税服务】 以国地税联合办税场所建设为先导，实现了办税服务的程序统一和标准统一。拓展服务经济举措，率先启动“税邮合作”，实现优势互补，协作共赢。扩大“税银合作”，与建设银行等多家商业银行签订“税银合作”协议。稳步推行实名制办税，全年完成6541名纳税人信息采集，夯实服务与执法基础。

表21　　2016年泗阳县入库国税收入55万元以上企业情况

单位：万元

纳税企业名称	入库税款	纳税企业名称	入库税款
泗阳县洋河包装服务有限公司	15785.12	江苏东滢服装有限公司	1238.31
江苏泗阳农村商业银行股份有限公司	12808.99	江苏晶瑞玻璃有限公司	1227.83
国网江苏省电力公司泗阳县供电公司	7861.58	江苏泗阳东吴村镇银行有限责任公司	1223.41
泗阳蓝图酒类运营有限公司	4014.95	江苏吉福新材料股份有限公司	1167.42
宿迁市天之蓝商贸有限公司	3626.79	泗阳信峰置业有限公司	1148.11
江苏福联钢铁资源有限公司	3459.22	江苏智善包装有限公司	1119.7
宿迁市烟草公司泗阳分公司	2897.54	泗阳华东再生资源有限公司	1119.17
泗阳宝源塑胶材料有限公司	2760.40	江苏恒瀚达纺织有限公司	1098.37
泗阳苏北再生资源有限公司	2750.09	泗阳凯源福实业有限公司	1009.58
江苏恒浩达服装有限公司	2715.62	泗阳县鸿基房地产开发有限公司	976.52
泗阳县成达制盖有限公司	2247.11	江苏苏丝丝绸股份有限公司	945.26
江苏浩华房地产发展有限公司	2124.25	江苏马可笔业有限公司	884.92
江苏千仞岗服饰有限公司	2123.86	中国移动通信集团江苏有限公司泗阳分公司	867.16
泗阳瑞泰光伏材料有限公司	2052.45	江苏甬创工程机械有限公司	866.03
江苏升茂塑胶制品有限公司	1993.24	泗阳雨润中央购物广场有限公司	856.56
江苏金之彩集团有限公司	1798.49	江苏瑞好制版有限公司	847.32
泗阳捷锋帽业有限公司	1359.04	江苏苏云众康医疗器材有限公司	823.46
江苏嘉联置业有限公司	1242.27	江苏德华兔宝宝装饰新材有限公司	815.44

续表21

纳税企业名称	入库税款	纳税企业名称	入库税款
泗阳联成电子有限公司	768.56	泗阳县秀本金属材料有限公司	391.00
江苏名流置业有限公司	751.91	南京厚地置业发展有限公司泗阳分公司	390.73
泗阳阳光置业有限公司	716.81	江苏海光金属有限公司	389.47
福建省中晟建设投资有限公司	714.42	江苏省永淞兴实业有限公司	383.48
江苏嘉隆工程建设有限公司	706.05	江苏建达恩电子科技有限公司	382.93
泗阳县民康农村经济发展有限公司	704.27	泗阳县展锦实业有限公司	363.13
泗阳县三联担保有限公司	693.13	泗阳县德美纺织科技有限公司	347.31
江苏千仞岗置业有限公司	640.28	江苏新晨化纤股份有限公司	345.60
江苏金鹭置业发展有限公司	630.76	泗阳化纤产业集群有限公司	342.32
宿迁市佳源房地产开发有限公司泗阳分公司	622.24	浙江舜杰建筑集团股份有限公司	331.66
泗阳秀达玩具有限公司	593.63	泗阳华彩包装有限公司	324.86
泗阳县俊宏纺织有限公司	584.44	泗阳银泰置业有限公司	322.21
中国石化销售有限公司江苏宿迁泗阳石油分公司	567.07	泗阳高传机电设备制造有限公司	318.49
晨风（泗阳）服饰有限公司	561.40	泗阳万旭电子元件有限公司	316.28
江苏好彩头食品有限公司	559.75	宿迁新盛工艺制品有限公司	315.38
泗阳荣浩天然气发展有限公司	546.69	泗阳县中福置业发展有限公司	315.07
泗阳大润发商业有限公司	539.64	泗阳顺风交通运输有限公司	308.86
泗阳县远祥纺织有限公司	515.93	福鑫置业（宿迁）有限公司	296.92
泗阳多林置业有限公司	508.39	江苏城东建设工程有限公司	296.05
泗阳丰源房地产开发有限公司	501.97	宿迁禾记木制玩具有限公司	290.50
宿迁金科房地产开发有限公司	499.75	江苏兴能金属制品有限公司	287.61
泗阳县兴源农电服务有限公司	495.97	江苏晟宇地板有限公司	282.76
泗阳群鑫电子有限公司	486.01	泗阳润恒建筑劳务分包有限公司	279.22
宿迁三润服装有限公司	479.44	江苏赛尔密封科技有限公司	274.87
泗阳县鑫泰房地产开发有限公司	464.18	江苏裕强金属制造有限公司	269.94
宿迁市前程木业包装有限公司	458.04	江苏翔森建设工程有限公司	269.32
江苏辰鸿纺织科技有限公司	435.61	天野酶制剂（江苏）有限公司	259.72
江苏弘盛建设工程集团有限公司	431.50	宿迁德华房地产开发有限公司	256.03
泗阳县众能实业有限公司	427.55	泗阳联发制衣有限公司	254.52
江苏安禾置业有限公司	426.48	泗阳华峰木业有限公司	254.12
泗阳县众源农电有限公司	416.27	江苏奇鹰家纺有限公司	251.00
江苏东洲服装有限公司	415.04	泗阳县交通运输投资有限公司	250.92
厦门闽海兴工程建设有限公司泗阳分公司	412.06	江苏晨耀置业有限公司	250.00
泗阳县亚欧木业有限公司	400.77	宿迁市大杨树木业有限公司	243.68
泗阳县祥和木业有限公司	396.08	泗阳县鼎鑫货物运输有限公司	243.42

续表21

纳税企业名称	入库税款	纳税企业名称	入库税款
泗阳县亚都房地产开发有限公司	243.13	江苏铭天建设有限公司	174.75
宿迁市菱好木业有限公司	242.82	泗阳县国润包装有限公司	174.38
江苏天沛建筑工程有限公司	242.34	江苏深水水务有限公司	173.38
北京市新港永豪水务工程有限公司	238.26	江苏隆安置业有限公司	172.19
宿迁市固特安鞋业有限公司	234.59	泗阳县御珍酒业销售有限公司	171.27
泗阳荣浩交能加气有限公司	228.67	泗阳开泰纺织有限公司	168.69
宿迁优克电子有限公司	228.66	泗阳凯普电子科技有限公司	167.28
泗阳县北林工贸有限公司	226.87	江苏昊隆换热器有限公司	163.01
江苏润恒建设工程有限公司	226.01	江苏晟佳置业有限公司	162.10
宿迁汇林木业有限公司	225.90	江苏金三角置业有限公司	161.46
宿迁市豹子头服饰科技有限公司	225.66	泗阳华希房地产开发有限公司	161.39
江苏中物联再生资源有限公司泗阳分公司	224.88	上海皇冠建筑工程有限公司	161.24
宿迁市苏杭建筑工程有限公司	224.78	宿迁市龙捷纺织科技有限公司	160.82
宿迁市美琪纺织科技有限公司	220.85	泗阳荣浩管输天然气有限公司	160.49
江苏凤凰电气股份有限公司	215.77	宿迁市徐淮建设工程有限公司	158.50
泗阳晨茂木业有限公司	215.65	泗阳县时代房地产开发有限公司	157.05
泗阳美如意帽业有限公司	213.62	泗阳县新袁镇宏兴木制品厂（普通合伙）	156.39
宿迁越美鞋业有限公司	209.11	宿迁市新亚建筑安装工程有限公司	154.46
泗阳县嘉泰纺织有限公司	207.44	泗阳信安置业有限公司	152.54
泗阳县东光玻璃制品有限公司	206.59	宿迁亚东货柜配件有限公司	150.19
宿迁市吉达置业有限公司	203.89	泗阳国泰服装有限公司	149.40
江苏金乐蓄电池有限公司	199.51	江苏纳川管材有限公司	149.23
宿迁浤伟木业有限公司	198.56	江苏五星电器有限公司泗阳大卖场	148.42
泗阳圣雅服饰有限公司	198.02	泗阳绅信纺织有限公司	147.88
泗阳大华胶合板厂	192.39	深水海纳水务集团股份有限公司泗阳分公司	147.16
江苏建宇建设集团有限公司	192.11	泗阳县甬禾置业有限公司	147.14
江苏卫民药房连锁有限公司	191.39	江苏煜康照明有限公司	146.28
江苏泗阳欣宏电子科技有限公司	190.27	泗阳华顺纺织有限公司	145.17
上海芊润服饰有限公司泗阳分公司	187.75	宿迁市众缘时装有限公司	144.36
宿迁市立威照明电器有限公司	187.40	江苏行健投资有限公司泗阳开元名都大酒店	143.49
江苏名源置业有限公司	186.19	泗阳县亨通纺织有限公司	142.33
中国江苏国际经济技术合作集团有限公司	182.90	泗阳县杉杉家纺有限公司	139.96
江苏泗水纺织有限公司	182.63	泗阳恒茂房地产开发有限公司	139.75
宿迁欧润包装有限公司	179.24	宿迁市振国木业有限公司	138.08
安徽勤丰建设工程有限公司	174.76	泗阳耀德商贸有限公司	137.93

续表21

纳税企业名称	入库税款	纳税企业名称	入库税款
宿迁儒林工贸有限公司	135.08	泗阳顺泰置业有限公司	112.07
泗阳东方混凝土有限公司	134.24	江苏亿联化纤有限公司	111.04
宿迁市蓝凯纺织科技有限公司	134.12	江苏北方大发木业有限公司	110.10
泗阳县荣达光电科技有限公司	133.25	江苏国信泗阳太阳能发电有限公司	108.60
泗阳联兴金属制品有限公司	133.24	泗阳县强龙木制品厂	107.61
泗阳富艺木业有限公司	133.12	泗阳城南新城开发股份有限公司	106.03
常州市城晖劳务有限公司	132.00	江苏福华置业有限公司	105.83
中信环境水务（泗阳）有限公司	131.92	江苏恒发时装有限公司	105.40
浙江万峰建设集团有限公司	131.50	泗阳润泓熹置业有限公司	104.72
赣州汇丰建设工程有限公司	131.07	江苏傲农生物科技有限公司	103.62
玉茗建设集团有限责任公司	131.07	宿迁市绿润房地产开发有限公司	102.30
泗阳县顺洋木业有限公司	130.7	江苏尤佳木业有限公司	102.11
宿迁市亚泰房地产开发有限公司	130.57	泗阳顺乐电源有限公司	101.90
江苏迪可衣服饰有限公司	130.03	苏果超市（宿迁）有限公司泗阳分公司	101.69
泗阳县双马木材加工厂	129.95	江苏民裕投资有限公司	99.50
江苏吴江农村商业银行股份有限公司泗阳支行	128.95	江苏金亚美铝业有限公司	98.48
宿迁创欣服饰有限公司	125.53	江苏华仑电子有限公司	97.97
泗阳县水利建筑安装工程公司	124.14	泗阳红亿纺织科技有限公司	97.65
江苏新安驰铝业有限公司	122.37	泗阳县第二建筑工程有限公司	97.22
泗阳申久家纺面料有限公司	121.75	江苏华轩建设工程有限公司	96.87
淮安市淮阴区市政工程公司	121.06	宿迁市诚臣木业有限公司	96.79
宿迁市旭宇人力资源有限公司	120.42	泗阳盛翔包装制品厂	96.75
泗阳艾特服饰有限公司	118.92	泗阳升茂建材有限公司	96.33
江苏艾曼蝶纺织有限公司	118.86	宿迁市三盈纺织科技有限公司	96.10
泗阳雨润中央购物广场有限公司百货分公司	118.43	江苏翔森建设工程有限公司	95.21
江苏兴厦建设工程集团有限公司	117.96	泗阳县新世界房地产开发有限公司	95.03
泗阳海欣毛毯有限公司	116.74	泗阳东奥服饰有限公司	94.35
福建省莆田市洪盛建筑工程有限公司	116.50	宿迁苏宁云商销售有限公司泗阳众兴中路店	94.31
泗阳县方正包装材料有限公司	116.38	江苏斯莱特电器有限公司	94.20
宿迁广历投资有限公司	115.23	宿迁市金板木业有限公司	94.13
江苏淮阴水利建设有限公司	114.74	江苏佛力建设工程有限公司	93.89
泗阳县兴誉木业有限公司	113.42	泗阳县翔宇包装材料厂	93.53
泗阳县运河新城投资开发有限公司	113.19	泗阳县华海水处理有限公司	93.48
泗阳县青云精细化工有限公司	112.45	泗阳捷创电子科技有限公司	93.11

续表21

纳税企业名称	入库税款	纳税企业名称	入库税款
宿迁凯龙木业有限公司	92.64	泗阳春信纺织有限公司	76.57
江苏龙坤集团有限公司	91.35	泗阳东方置业有限公司	76.50
江苏盛元公路工程有限公司	89.43	江苏凯烽照明电器有限公司	76.36
江苏勇仕照明股份有限公司	88.77	江苏绿杨木业科技有限公司	76.13
宿迁市创元装饰材料有限公司	88.75	泗阳县意路达纺织有限公司	76.04
泗阳县雨蝶服饰辅料厂	88.72	泗阳经济开发区物业管理有限公司	75.85
江苏正冉人造板有限公司	88.63	江苏高亘机械有限公司	75.83
江苏远丰木业有限公司	88.12	安徽兴创建筑劳务有限公司	75.73
中国石油天然气股份有限公司江苏泗阳来安加油站	87.87	泗阳新华隆木业有限公司	74.84
泗阳县龙腾房地产开发有限公司	87.75	泗阳县巨茂商贸有限公司	74.74
通州建总集团有限公司	87.38	泗阳佳美纺织有限公司	74.45
泗阳县精英建材有限公司	86.68	江阴市华厦建设工程有限公司常州分公司	74.29
中冶天工集团天津有限公司	86.50	江苏和益房地产开发有限公司	73.27
泗阳金汇得日用品有限公司	86.36	江苏省苏盐连锁有限公司泗阳分公司	73.00
宿迁市新腾鞋业有限公司	85.70	江苏金土木建设集团有限公司	72.82
江苏恒旺建设工程有限公司	85.49	江苏中木建设有限公司	72.82
江苏世纪新城房地产开发有限公司	85.08	泗阳县华昇置业有限公司	71.80
泗阳嘉陵木制品厂	84.70	浙江万厦建设有限公司	71.10
宿迁东顺异型板厂	82.91	宿迁高盛房地产开发有限公司	70.93
江苏骏兴建设工程有限公司	82.88	泗阳县东腾鞋业有限公司	70.28
宿迁市锦隆置业有限公司	82.47	无锡云丰市政工程有限公司	69.90
泗阳佳利福彩印包装有限公司	81.66	泗阳县新启纺织有限公司	69.50
江苏瑞峰建设集团有限公司	81.55	宿迁市天和木业有限公司	69.06
泗阳县富豪木业有限公司	80.94	江苏瑞宏市政建设工程有限公司	68.83
泗阳嘉益置业有限公司	80.84	宿迁好利来纺织科技有限公司	68.68
泗阳顺风城乡公交客运有限公司	80.81	泗阳百隆服饰有限公司	68.61
江苏康来福肥业有限公司	80.32	泗阳唯格儿童用品有限公司	68.54
泗阳县春辉纺织有限公司	80.03	泗阳县嘉苑木制品厂	68.40
泗阳通邑照明电器有限公司	79.98	泗阳诚顺服装有限公司	67.98
江苏润基新材料有限公司	79.52	宿迁恒大置业有限公司	67.96
泗阳县丝纤维制品厂有限公司	79.30	江苏高生生物饲料有限公司	67.45
江苏兴水建设工程有限公司	79.13	江苏羽鹏工程建设有限公司	67.01
宿迁市丰腾木业有限公司	78.95	江苏地亚建筑有限公司泗阳分公司	66.88
泗阳金顺台板厂	78.38	泗阳县盛浩木业有限公司	66.88
泗阳县建筑工程有限公司	78.24	泗阳通明照明电器有限公司	66.53

续表21

纳税企业名称	入库税款	纳税企业名称	入库税款
宿迁同步房地产投资顾问有限公司	65.60	江苏台安迪环保科技有限公司	60.10
宿迁卓依服饰有限公司	65.48	鸿赫科技宿迁有限公司	59.94
宿迁市优高木业有限公司	64.77	泗阳力聚装饰材料有限公司	59.69
泗阳县源富木材加工厂	64.45	泗阳县新荣木制品厂（普通合伙）	59.60
泗阳县汇源木业有限公司	64.24	泗阳县穿城镇成达电子厂	59.01
泗阳县富康木业有限公司	64.12	宿迁市华能变压器有限公司	58.98
南通景扬建设工程有限公司	64.08	江苏远华建设有限公司	58.70
泗阳凯尔时装有限公司	63.97	江苏中星彩膜有限公司	58.50
宿迁市三源建筑工程有限公司	63.77	江苏省恒通市政建设有限公司	58.38
张家港市后塍建筑安装工程有限公司	63.44	江苏联康电子有限公司	58.34
泗阳五菱汽车销售服务有限公司	63.20	福建省涵城建设工程有限公司	58.25
浙江萧云建设有限公司	63.06	泗阳旭升鞋业有限公司	57.90
泗阳元恒建材有限公司	62.73	江苏旭东建设有限公司	57.79
泗阳县大同胶合板厂	62.56	泗阳艺尔特包装材料厂	57.67
江苏省水利建设工程有限公司	62.05	江苏东腾木业有限公司	56.69
泗阳县鑫汇体育用品有限公司	62.03	宿迁市耀光钢化玻璃有限公司	55.62
宿迁市三泰木业有限公司	61.53	江苏顺风电动车有限公司	55.13
江苏金厦建设集团有限公司上海分公司	61.26	泗阳县建设工程质量检测中心	55.05

（刘　耀）

地方税务

【概况】 2016年，宿迁市泗阳地方税务局紧紧围绕“拼搏奋进、狠抓落实”工作主题，牢固树立“有为才能有位”的使命意识、“善为才能上位”的责任意识和“无为就得让位”的危机意识，坚持项目为王，实干为先，圆满完成全年目标任务，实现了“十三五”时期良好开局。全年累计组织各项收入33.58亿元。其中：入库地方税收25.48亿元，自然口径比2015年下降11.49%，同口径比2015年增长38.51%；公共预算收入20.94亿元，自然口径比2015年下降18.76%，同口径比2015年增长36.71%。入库其他收入8.11亿元，其中入库社会保险费6.77亿元，比2015年增长1.64%。

【税收管理改革】 围绕“营改增”全面推开，科学制定方案，健全财税协调机制，圆满完成4973户试点纳税人的数据移交、委托代征、业务衔接等项任务，营业税专项清理入库税款18268.24万元。通过数据整备、双轨运行、测试验证，“金三”系统顺利上线。开展了“强基础、促转型”劳动竞赛，征管基础工作质效持续提升。实施中等风险应对“管办分离”模式，共应对入库税款1.72亿元，税收贡献率为7.3%，实地核查面达到55%，两项指标稳居全市第一。推广应用综合治税信息管理新平台，有效利用第三方信息11万余条，实现收入1.56亿元。

【税收法治建设】 加大执法处罚力度，中等风险应对实地核查处罚率达100%，采取强制执行措施68起，千万元以上大要案共查补入库税款、罚款、滞纳金共6954万元。加强税收执法督察，组织案卷评查，税收执法行为进一步规范，成功创建省局法治税务示范基地、市级依法行政示范点。

【纳税服务建设】 围绕服务企业、服务项目、服务园区，持续开展走进企业“三个一”专项服务①、“财税百日服务行动”。全面落实扶持小微企业发展、固定资产加速折旧等各项优惠政策，为1322户纳税人减免税款2900万元。建立国、地税常态化合作机制，统筹推进5大类26

项重点合作事项。以“共建、共治、共享、共赢”为目标，打造国、地税办税服务厅合作共建“泗阳模式”，实现了涉税业务“一号同办、一窗通办、一厅统办”，被中央、省级新闻媒体宣传报道，得到省、市局的肯定和表扬。先后开展“营改增”、白酒行业税收等专题调研，按季编发《税收看经济》简报，《“营改增”对我县地方财税收入的影响分析》等3篇调研报告得到县委县政府主要领导批示。

【助推经济发展】 出台《泗阳地税局招商引资考核办法》，成立招商办，先后邀请澳瑞家居、富利能源等企业到泗考察，投资3600万元的绅信纺织项目正式投产。完成全年策应扶持目标任务，实际争取到账资金280万元。扎实开展联村共建、结对帮扶、“三进三帮”等工作，启动实施诚德包装、源美电子、傲翔玩具等5个帮扶项目，挂钩村全年实现集体经济收入18.06万元。

【干部队伍建设】 组织开展岗位大练兵、业务大比武、“四个一”学习培训②、轮岗锻炼，干部业务能力持续提升。推行“心本管理”③，实施“三感两心”工程④，建好“智慧大讲堂”⑤，先后举办依法行政、心理疏导等4期专题讲座。建立绩效管理“六个一”责任落实模式⑥，对全年6项重大工程、26个重点项目实施项目化管理，实行“两推进两考核”工作机制⑦，出台“不落实、慢落实”重点工作推进制度，全系统干事创业、争先进位氛围愈加浓厚。

注释：

①**走进企业“三个一”专项服务**：指以提高纳税服务效能、提升企业服务水平为主题，开展一次走访调研、启动一个服务项目、解决一个实际问题的活动，切实为企业送服务、解难题。

②**“四个一”学习培训**：每天自学一小时、每周上好一次课、每月组织一次考、每季开展一次比。

③**“心本管理”**：就是把“心”作为管理内容中的根本来对待，不仅要尊重被管理人的内心感受，而且要善于影响被管理人的心灵，从而让员工自觉自发地参与管理，并积极主动工作，以达成管理目标。

④**“三感两心”工程**：经常性开展丰富多彩的文体活动，以组织文化促进干部职工的归属感；激发干部职工工作热情，营造积极向上良好氛围，鼓励探索创新，以严管善待促进干部职工的责任感；建立正向激励和负面惩戒机制，大力宣传表彰群众公认的先进典型，以奖优惩怠促进干部职工的荣誉感。坚持倾情带队，落实“五必谈五必访”制度，设立职工大病基金，做好困难职工帮扶，努力打造“暖心”工程；推行“一线工作法”，县局领导定期走访调研基层单位，及时了解干部思想动态，掌握干部基本诉求，切实帮助干部排忧解难，努力打造“亮心”工程。

⑤**“智慧大讲堂”**：邀请经济、政治、税务、文化等各个领域的专家学者讲授最新最前沿的知识，丰富干部职工知识储备，拓宽干部职工视野。

⑥**绩效管理“六个一”责任落实模式**：对关键绩效指标项目实行“一个重点项目、一个分管领导、一个责任部门、一个工作团队、一个倒排工期计划、一竿子抓到底”的管理模式，

⑦**“两推进两考核”工作机制**：对年度重点项目由绩考办牵头负责，实行按月督办推进、按月考核通报，以序时节点倒逼进度，以责任压实加快落实；对年度重大工程，由县局领导班子成员挂钩负责，实行按月会办推进、按季考核通报，全面营造抓推进、抓落实的浓厚氛围。

表22　　2016年泗阳县入库地税收入55万元以上企业情况

单位：万元

纳税企业名称	入库税额	纳税企业名称	入库税额
江苏民裕投资有限公司	10890	泗阳城南新城开发股份有限公司	5089
泗阳县民康农村经济发展有限公司	7650	泗阳县运河新城投资开发有限公司	5014
江苏民乐投资有限公司	7616	江苏泗阳农村商业银行股份有限公司	4114
宿迁众兴城市建设投资有限公司	7450	泗阳东方置业有限公司	3907

续表22

纳税企业名称	入库税额	纳税企业名称	入库税额
泗阳经济开发区园林绿化工程有限公司	3374	江苏泗阳经济开发区实业有限公司	1108
泗阳兴临房地产开发有限公司	3201	赣州汇丰建设工程有限公司	1081
江苏万绿园林绿化工程有限公司	2960	泗阳县城兴置业有限公司	1049
江苏浩华房地产发展有限公司	2858	泗阳海欣君悦实业有限公司	1009
泗阳蓝图酒类运营有限公司	2568	江苏昌润城建开发有限公司	983
江苏金鹭置业发展有限公司	2420	南京厚地置业发展有限公司泗阳分公司	970
泗阳永达投资有限公司	2188	江苏鑫康置业有限公司	912
宿迁民旺置业有限公司	2147	宿迁三祥投资发展有限公司	885
泗阳县众能实业有限公司	1956	宿迁金科房地产开发有限公司	870
宿迁康盛置业有限公司	1930	中国工商银行股份有限公司泗阳支行	865
泗阳信峰置业有限公司	1909	江苏安禾置业有限公司	797
宿迁富民投资有限公司	1897	泗阳县交通运输投资有限公司	794
泗阳丰源房地产开发有限公司	1896	泗阳县洋河包装服务有限公司	747
泗阳县民享投资有限公司	1874	宿迁民尚投资有限公司	732
江苏嘉联置业有限公司	1857	江苏新华晋铝制品有限公司	726
泗阳县水务发展有限公司	1849	百通宏达热力(泗阳)有限公司	703
泗阳名亘实业有限公司	1839	江苏邦德置业有限公司	698
江苏古博投资开发有限公司	1729	中国建设银行股份有限公司泗阳支行	675
宿迁市佳源房地产开发有限公司泗阳分公司	1715	宿迁东方投资有限公司	652
泗阳县鸿基房地产开发有限公司	1657	宿迁市三源建筑工程有限公司	649
泗阳县欣裴置业有限公司	1529	江苏晨耀置业有限公司	641
江苏洋河酒厂股份有限公司	1461	泗阳县鑫泰房地产开发有限公司	626
国网江苏省电力公司泗阳县供电公司	1432	泗阳县中福置业发展有限公司	572
泗阳阳光置业有限公司	1363	江苏城宇建设集团有限公司	563
泗阳县中汇置业有限公司	1355	江苏晟佳置业有限公司	555
泗阳丞颂实业有限公司	1337	江苏德铭铝业有限公司	552
中国人民财产保险股份有限公司泗阳支公司	1327	泗阳县亚都房地产开发有限公司	521
泗阳安厦实业有限公司	1301	泗阳润权实业有限公司	507
泗阳泰恒实业有限公司	1295	中国银行股份有限公司泗阳支行	504
宿迁市民丰投资有限公司	1250	泗阳多林置业有限公司	501
浙江舜杰建筑集团股份有限公司	1197	泗阳宏亘实业有限公司	497
宿迁东方建设工程有限公司	1196	浙江明杰建设有限公司	486
泗阳县甬禾置业有限公司	1179	宿迁德华房地产开发有限公司	478
泗阳县高湖投资有限公司	1172	泗阳信安置业有限公司	466
泗阳雨润中央购物广场有限公司	1125	江苏千仞岗置业有限公司	464

续表22

纳税企业名称	入库税额	纳税企业名称	入库税额
泗阳县时代房地产开发有限公司	460	江苏恒浩达服装有限公司	214
泗阳润泓熹置业有限公司	455	江苏泗阳东吴村镇银行有限责任公司	210
中国农业银行股份有限公司泗阳县支行	451	江苏同瑞工程建设有限公司	210
江苏银行股份有限公司泗阳支行	446	泗阳县中医院有限公司	210
泗阳华希房地产开发有限公司	437	泗阳县新世界房地产开发有限公司	196
泗阳康达医院	426	泗阳荣浩管输天然气有限公司	193
福建省中晟建设投资有限公司	419	宿迁市绿润房地产开发有限公司	192
江苏隆安置业有限公司	414	中国平安财产保险股份有限公司泗阳支公司	191
中国人寿保险股份有限公司泗阳支公司	413	中国邮政储蓄银行股份有限公司泗阳县支行	189
厦门港航建设有限公司泗阳分公司	393	江苏千仞岗服饰有限公司	189
浙江万厦建设有限公司	382	常州金坛建设工程有限公司	186
宿迁市苏杭建筑工程有限公司	357	泗阳县人民医院	185
江苏名源置业有限公司	350	江苏吴江农村商业银行股份有限公司泗阳支行	185
深水海纳水务集团股份有限公司泗阳分公司	348	江苏华轩建设工程有限公司	185
浙江万峰建设集团有限公司	347	泗阳县建筑工程有限公司	184
宿迁市新亚建筑安装工程有限公司	344	天野酶制剂（江苏）有限公司	182
厦门闽海兴工程建设有限公司泗阳分公司	337	江苏森友食品有限公司	181
江苏天沛建筑工程有限公司	335	江苏和益房地产开发有限公司	180
江苏天阳房地产开发有限公司	332	泗阳荣浩天然气发展有限公司	180
江苏润恒建设工程有限公司	330	江苏绿凌新材料有限公司	179
泗阳银泰置业有限公司	284	泗阳吉顺置业有限公司	177
江苏福华置业有限公司	284	江苏新安驰铝业有限公司	175
江苏名流置业有限公司	278	江苏海欣申禾纺织股份有限公司	174
江苏盛元公路工程有限公司	278	江苏东滢服装有限公司	168
泗阳县康景园林绿化有限公司	276	杭州高运园林绿化工程有限公司	167
泗阳嘉益置业有限公司	270	江苏福联钢铁资源有限公司	165
江苏行健投资有限公司	261	江苏恒旺建设工程有限公司	164
江苏铭天建设有限公司	251	宿迁市烟草公司泗阳分公司	164
江苏苏丝丝绸股份有限公司	250	江苏瑞宏市政建设工程有限公司	163
泗阳县众源农电有限公司	247	江苏国信泗阳生物质发电有限公司	163
泗阳县龙腾房地产开发有限公司	238	盐城市苏厦建设集团有限公司	161
江苏奇鹰置业有限公司	227	泗阳捷锋帽业有限公司	156
南通五建宏业建设工程有限公司	227	宿迁中厦建设工程有限公司	155
中国人寿财产保险股份有限公司泗阳县支公司	224	江苏聚润纺织科技有限公司	151
宿迁市徐淮建设工程有限公司	221	江苏淮阴水利建设有限公司	151
江苏省钟星消防工程有限公司宿迁恒强分公司	217	江苏奥立比亚纺织有限公司	150

续表22

纳税企业名称	入库税额	纳税企业名称	入库税额
江苏中伦建筑工程有限公司	146	江苏瑞泰房地产开发有限公司	104
江苏昇茂木业有限公司	146	江苏金牌厨柜有限公司	103
江苏乾鹏聚建设有限公司	145	泗阳县丰盛房地产开发有限公司	102
泗阳顺泰置业有限公司	145	晨风（泗阳）服饰有限公司	102
江苏恒洪工程建设有限公司	143	泗阳海欣置业有限公司	101
江苏好彩头食品有限公司	142	江西临川建设集团有限公司	101
宿迁市吉达置业有限公司	139	江苏荣马新能源有限公司	101
泗阳致远中学	136	江苏德华兔宝宝装饰新材有限公司	100
江苏省永淞兴实业有限公司	134	江苏凤凰铜业有限公司	99
中国太平洋财产保险股份有限公司泗阳支公司	134	江苏建宇建设集团有限公司	98
江苏晶瑞玻璃有限公司	133	宿迁恒大置业有限公司	98
泗阳经典包装制品有限公司	132	泗阳县三联担保有限公司	97
泗阳恒茂房地产开发有限公司	132	江苏弘盛建设工程集团有限公司	96
泗阳瑞泰光伏材料有限公司	130	江苏朗润置业有限公司	96
宿迁市四通建筑工程公司	129	江苏杰茂实业有限公司	93
江苏万诚置业有限公司泗阳分公司	129	江苏嘉隆工程建设有限公司	93
福鑫置业（宿迁）有限公司	126	中国电信股份有限公司泗阳分公司	92
北京市新港永豪水务工程有限公司	124	宿迁市盛恒达木业有限公司	91
紫金财产保险股份有限公司泗阳支公司	123	泗阳新华书店有限责任公司	90
中国移动通信集团江苏有限公司泗阳分公司	122	江苏苏云众康医疗器材有限公司	89
宿迁市锦隆置业有限公司	122	江苏鼎旺工程建设有限公司	89
江苏广拓建设工程有限公司	122	江苏隆硕建筑安装工程有限公司	88
江苏吉福新材料股份有限公司	120	江苏马可笔业有限公司	88
宿迁市添锦装饰材料有限公司	118	上海皇冠建筑工程有限公司	88
江苏行健投资有限公司泗阳开元名都大酒店	116	泗阳新世界大酒店有限公司	87
江苏启安建设集团有限公司	114	宿迁市苏北建筑工程有限公司	87
安邦财产保险股份有限公司泗阳支公司	114	江苏福斯得纺织有限公司	85
中国大地财产保险股份有限公司泗阳支公司	112	泗阳县方圆测绘有限公司	84
江苏海欣纤维有限公司	112	江苏华绿生物科技股份有限公司	84
宿迁市佳源房地产开发有限公司	109	泗阳仁慈医院	83
泗阳县成达制盖有限公司	108	北京江南建安建筑工程有限公司	83
江苏昊威建设工程有限公司	107	泗阳来安污水处理有限公司	83
泗阳宝源塑胶材料有限公司	106	江苏世纪新城房地产开发有限公司	82
宿迁市亚泰房地产开发有限公司	105	江苏金之彩集团有限公司	81
江苏新晨化纤股份有限公司	104	中国江苏国际经济技术合作集团有限公司	81

续表22

纳税企业名称	入库税额	纳税企业名称	入库税额
泗阳碧桂园阳光置业有限公司	81	江苏海光金属有限公司	66
河北舜天建筑工程有限公司	80	长安责任保险股份有限公司泗阳支公司	66
泗阳北一实业有限公司	79	江苏高兴建设工程有限公司	65
江苏升茂塑胶制品有限公司	79	泗阳广电网络有限公司	65
海达塑料机械江苏有限公司	79	泗阳万旭电子元件有限公司	65
泗阳化纤产业集群有限公司	79	江苏甬创工程机械有限公司	64
宿迁市恒生房地产开发有限公司	79	中华联合财产保险股份有限公司泗阳支公司	64
泗阳凯源福实业有限公司	78	江苏恒瀚达纺织有限公司	64
江苏晶鼎电子材料有限公司	77	泗阳国丰投资管理有限公司	64
中国邮政集团公司江苏省泗阳县分公司	76	宿迁瑞源建设工程有限公司	64
江苏华阳制药有限公司	76	阳光财产保险股份有限公司宿迁中心支公司泗阳营销服务部	62
江苏瑞峰建设集团有限公司	75	泗阳建鹏实业有限公司	62
江苏浩辉建筑工程有限公司	74	江苏金三角置业有限公司	62
泗阳经济开发区物业管理有限公司	73	江苏泗阳欣宏电子科技有限公司	61
宿迁电力设计院有限公司泗阳分公司	73	江苏联脉化纤有限公司	61
江苏地亚建筑有限公司泗阳分公司	73	泗阳联成电子有限公司	61
宿迁瑞源建设工程有限公司	72	江苏省勇仕照明有限公司	61
泗阳顺风交通运输有限公司	71	江苏建达恩电子科技有限公司	61
泗阳新源房地产开发有限公司	71	宿迁同步房地产投资顾问有限公司	60
江苏正冉人造板有限公司	71	江苏凤凰电气股份有限公司	60
江苏凯达纺织有限公司	70	泗阳县水务投资有限公司	59
宿迁驰远工程建设有限公司	70	江苏省泗阳船闸管理所	58
泗阳县兴源农电服务有限公司	69	泗阳苏农市场投资发展有限公司	58
天安财产保险股份有限公司宿迁中心支公司泗阳营销服务部	69	泗阳星美置业有限公司	58
宿迁市天之蓝商贸有限公司	68	泗阳县创辉投资有限公司	57
宿迁市银龙建筑工程有限公司	68	宿迁中厦建设工程有限公司	57
江苏汇丰远土木工程有限公司	68	宿迁永泰基础工程有限公司	56
江苏康正建设有限公司	68	泗阳县甬禾置业有限公司运河印象分公司	56
江苏智善包装有限公司	66		

（万　妍）

综　述

2016年，全县金融运行总体平稳。人民币贷款稳步增长，基础设施和房地产贷款较快增长；人民币各项存款高位增长，广义政府存款及地方政府融资平台类存款增长较快。

1.人民币各项贷款稳步增长，基础设施和房地产贷款增长较快。2016年年末，全县金融机构人民币各项贷款余额314.93亿元，比2015年增长17.02%，增速高于同期4.98个百分点。比年初增加45.80亿元，同比多增19.88亿元。从全市三县情况看，信贷增速位居三县第二，比沭阳低2.09个百分点，比泗洪高8.48个百分点。主要特点：①基础设施贷款快速增长。在稳增长背景下，受金融风险上升等因素影响，金融机构对具有政府隐性信用担保的基础设施领域信贷投放持续加快。从贷款增量看，全年与基础设施投资紧密相关的四个行业（电力、热力、燃气及水生产和供应业；交通运输、仓储和邮政业；租赁和商务服务业；水利、环境和公共设施管理业，下同）共计新增贷款20.92亿元，比2015年多增11.73亿元；增速达125%。从份额占比看，基础设施新增贷款占对公贷款新增额的61.7%。②房地产贷款增长较快。2016年年末，全县房地产贷款余额125.52亿元，比年初增加18.28亿元，同比多增9.8亿元；占全县各项贷款新增额的39.9%，同比上升10.6个百分点。房地产贷款中，房地产开发贷款比年初增加2.34亿元，增幅39.13%，高于各项贷款平均增速22.11个百分点。个人住房贷款比年初增加16.27亿元，增长17.4%，同比多增5亿元。在国家一系列“去库存”利好政策以及市政府“房六条”政策刺激下，全县房地产销售增势强劲，2016年商品房销售面积155.33万平方米，比2015年增长40.7%，带动房地产行业贷款持续稳定增长。③制造业贷款降幅明显。2016年，全县制造业贷款减少7.63亿元，比上年多降9亿元。年末，全县制造业贷款余额47.86亿元，比2015年下降13.75%，回落16个百分点，受经济下行压力影响，全县银行业金融机构对制造业的信贷支持有所乏力。④小微企业贷款增速放缓，涉农贷款平稳增长。年末，全县小微企业贷款余额34.5亿元，比年初增加1亿元，增长3.03%，低于各项贷款平均增速14个百分点，分别低于大、中型企业贷款增速257个百分点、22.35个百分点。2016年年末，全县涉农贷款余额230亿元，比年初增加36.85亿元，同比多增12.82亿元；增长19.2%，增速比2015年高5个百分点，高于各项贷款平均增速2个百分点。

2.人民币各项存款高位增长，企业存款大幅多增。2016年年末，全县金融机构人民币各项存款余额320.87亿元，比2015年增长21.88%，增速比2015年快6.67个百分点；比年初增加57.61亿元，比2015年多增22.95亿元，增量增速均创近4年新高。主要特点：①人民币存款增量、增速创近4年新高。从增量看，新增人民币存款57.61亿元，分别比2015年、2014年、2013年同期多增22.85亿元、53.13亿元和38.77亿元。从增速看，存款增长21.88%，分别比全市、沭阳、泗洪高0.58、4.96和2.18个百分点，分别比前三年上升6.67个、18.54个和12.66个百分点。②企业存款同比大幅多增。2016年年末，全县金融机构企业存款余额92.64亿元，比年初增加23.41亿元，同比多增20.12亿元，占全县存款新增额的40%；比年初增长32.85%，高于各项存款平均水平11个百分点。企业存款新增额主要集中在政府背景的各类平台、类平台企业以及少数存款大户企业。受平台类公司贷款大幅增加因素影响，以企业派生存款增加为主。③广义政府存款上半年增长较快，下半年有所减缓。2016年年末，全县金融机构广义政府存款余额36.27亿元，比年初增加16.72亿元，同比多增11.3亿元，增长85.5%，高于各项存款平均水平54个百分点。其中，财政性存款增加1.38亿元，同比多增1.3亿元；机关团体存款增加15.34亿元，同比多增10亿元。上半年，受地方政府发债及用于债务置换的资金带动，广义政府存款较快增长。三季度以来，随着债务置换的进度逐步推进以及财政资金的有效盘活，广义政府存款有所减少。④个人存款增速放缓，活期存款快于定期存款。2016年末，住户存款余额195.03亿元，比年初增加20.72亿元，同比少增4.7亿元；增长11.43%，同比下降7.5个百分点。其中，住户活期存款增加11.50亿元，同比多增4.11亿元；增长15.71%，住户定期及其他存款增加9.22亿元，同比少增8.81亿元；增长8.57%，同比回落4.5个百分点。住户存款增速有所放缓主要是受存款利率下行、房地产市场活跃居民购房意愿增强等因素影响。

2016年，统计中国人民财产保险股份有限公司泗阳支公司和中国人寿保险股份有限公司泗阳支公司全年合计完成保费收入5.01亿元，比2015年增长30.13%；理赔支付1.18亿元，比2015年增长21.38%。（张克全）

中国人民银行泗阳县支行

【概况】 2016年，中国人民银行泗阳县支行认真贯彻落实上级行的决策部署，团结一心，精准发力，各项工作稳步推进。年末，全县金融机构人民币各项存款余额320.87亿元，比年初增加57.61亿元，增长21.88%；人民币各项贷款余额314.93亿元，比年初增加45.8亿元，增长17.02%。

【货币政策贯彻】 及时向党政领导汇报新近出台的各项货币信贷政策及金融形势，争取地方党委政府对人民银行工作的重视和支持。按季召开全县金融形势分析会、货币信贷联席会、银行机构行长联席会等，及时分析辖内金融运行情况，有针对性地提出货币信贷指导意见或改进建议。

【信贷结构优化】 协助或组织召开市级金融机构服务实体经济泗阳行暨泗阳重点项目推介会、金融支持制造业发展专题银企对接洽谈会，引导银行机构抢抓政策机遇，扩大信贷投放，保证重点项目和重点产业的信贷资金需求能够及时满足。进一步加大对“2+1”支柱产业的信贷投入，促进工业产业集聚升级、工业企业提质增效。会同出台降低实体经济企业成本意见，鼓励银行机构加强信贷产品创新、给予企业贷款贴息、规范企业融资中介收费等措施，推动降低企业融资成本。

【货币政策工具运用】 1.发放扶贫再贷款，全年对2家法人金融机构投放扶贫再贷款4500万元，充分发挥扶贫再贷款利率低、期限长的特点，切实降低贫困片区涉农贷款利率水平。2.加强对法人金融机构政策宣导和业务核查，确保信贷投放在数量、用途、利率等方面符合扶贫再贷款管理要求。3.配合开展信贷资产质押再贷款评估等工作，完善央行抵押品框架，保障央行资产安全。

【农村“两权”抵押贷款落实】 认真落实总行“两权”抵押贷款管理办法，全面推进“两权”抵押贷款工作，指导辖内地方法人金融机构制定信贷管理办法，抓好“两权”抵押贷款推进工作。至年末，全县农村土地承包经营权抵押贷款余额4684万元，比年初增加2876万元，全年发放45笔，金额计4025万元。

【金融扶贫开发】 在全市率先出台《泗阳县金融精准对接扶贫工作实施意见》，紧紧围绕“精准扶贫、精准脱贫”，全面改进和提升扶贫金融服务，增强扶贫金融服务的精准性和有效性。至年末，辖内金融机构对成子湖、涟沭泗结合部省两大重点扶贫片区的5个乡镇贷款余额达18亿元，比年初增加2.7亿元，增长17.65%。成子湖片区的12个省定经济薄弱村有9个实现新“八有”，2.45万低收入人口有2.19万人实现脱贫。

【金融调研信息】 加大货币政策调研和信息反馈力度，下达信息调研任务，任务明确到人。2016年报送信息60余篇，被《金融时报》录用6篇；报送调研文章70余篇，被总、分行刊物录用5篇，被分行网站录用10篇。在中心支行召开的信息调研工作推进会上，泗阳支行作了经验交流发言。

【金融风险防范】 以专报件形式向政府报告金融风险，并牵头制定出台企业信贷风险分类处置意见，稳妥做好"担保圈"等金融风险的处置和化解工作。会同县金融办、组织部、公安局、宣传部及辖区金融机构等单位，认真开展金融风险突发事件应急演练工作，评估修订金融风险突发事件应急处置预案，进一步提高金融风险突发事件应急处置水平。

【金融生态建设】 落实分行《2016~2020年江苏省县域金融生态环境建设规划》，组织做好2015年度金融生态县考核、评估工作。加大与金融稳定工作协调小组成员单位的联系，分析研判全县金融生态环境发展变化情况，进一步落实金融生态环境创建工作责任。2016年省金融稳定工作协调小组公布了2015年度全省县域金融生态环境综合评估情况，泗阳县位列40名，比上年提升8名，支行被省金融稳定工作协调小组授予"金融生态县创建工作先进单位"称号。

【农村信用体系建设】 在全市率先出台农村信用体系建设工作方案，实施"征信+信贷+金融生态建设"工程，推进泗阳农商行"阳光信贷"深化工程，采集客户信息94935户，完成150个行政村授信评议；发放农户信用贷款200余笔计850万元；评定"农村青年信用示范户"1682户，发放贷款3.15亿元，相较其他农户贷款利率优惠近2个百分点。支行相关做法《五个支持，推进农村信用体系建设》《设立农村征信义务宣传站》被《金融时报》宣传报道。

【金融监督管理】 督促金融机构认真执行重大事项报告制度，充分发挥其揭示金融风险的基础性作用。在存贷业务宣传、理财产品宣传、国债宣传、征信管理业务等方面，约见相关金融机构负责人谈话，进一步规范金融机构工作开展。开展专项执法检查，进一步规范金融机构执行人民银行政策的严肃性。落实存款保险制度，协助做好存保评级工作，确保存款保险评级管理规范开展。

【支付结算管理】 开展农村金融综合服务站管理"回头看"工作，2016年组织抽查辖内40个农村金融综合服务站。牵头组织泗阳农商行开发农村金融综合服务站信息管理系统，得到上级行高度肯定。规范行政许可事项，全年共办理核准类账户3943户,销户1656户，办理因"三证合一"号码变更3500余户。组织开展防范电信诈骗、"身边支付红黄绿"等主题宣传活动。

【国库服务】 严格操作规程，进一步推进国库基础工作规范化管理，实现国库业务全年无差错。坚持国库账务定期核对制度，确保各级预算收支数据准确一致，配合地方财、税部门圆满完成各级预算收支任务。2016年共办理国库会计核算业务238478笔，金额210.18亿元。组织编制《人行国库惠民生》宣传快板书，积极开展国库惠民利民知识宣传活动，相关经验做法得到分行金融消保处肯定。

【货币金银管理】 在全市率先建立首家小面额货币兑换服务点,至年底，2个兑换服务点共兑换小面额货币86831枚（张），合计金额达223240元。持续开展"反假、兑残、兑零"进村入户活动，2016年共发放反假宣传材料10000余份，兑付残、零币近200万元。组织开展全额清分专项检查，选派2名选手参加"江苏省第四届银行业金融机构现金服务安全知识与技能竞赛决赛"，获理论知识竞赛和点钞识假竞赛三等奖。

【征信管理】 积极参与社会信用体系建设，发布金融领域严重失信黑名单，促进社会诚信意识提高。积极推进应收账款质押融资，2016年共引导400余户企业上线注册，办理37笔应收账款质押融资，金额44.96亿元。购置安装征信报告自助查询机，方便群众征信查询工作。全年办理个人信用报告查询约24000笔、企业信用报告查询约1900笔，办理机构信用代码2138个。

【金融消费权益保护】 借助"3·15""金融知识普及月""12·4"等重要时点、节点，组织辖内金融机构广泛开展金融知识宣传和金融消费者教育。全年累计受理人民币、征信、支付结算等各类金融消费者咨询达121人次，受理金融消费者投诉10件，均得到妥善处理，获得消费者的认可和肯定。

【外汇管理】 举办跨境人民币政策宣讲和产品推

介活动，进一步提高社会公众对外汇政策法规的认识。配合中心支行外管科对1户违规办理结售汇企业及经办银行进行提醒谈话。2016年，支行外汇服务窗口共办理资本项目及经常项目业务26笔，接受外资外贸企业业务咨询55次。

【领导班子和干部队伍建设】 1.研究制定《2016年党组中心组理论学习计划》和《2016年学习型党组织建设实施意见》，并认真抓好落实。2.认真执行民主集中制，凡重大财务开支、人事安排、基建维修等都经集体研究决策。3.坚持正确的选人用人导向，年内选拔任用股级干部2人，选派1名青年职工援藏。4.制定实施《员工业务培训计划》，先后组织业务骨干赴合肥、郑州参加培训。5.加强岗位练兵，积极参加中心支行各类劳动竞赛，在中心支行会计财务竞赛中获得团体第一名，公文知识竞赛获得团体第二名。组织参加中心支行"党章·党规·党史"知识竞赛，获得团体第一名。6.深入推进作风建设。制订《"四风"问题整治情况"回头看"活动工作方案》，做到查摆情况不遮掩、解决问题不拖延、化解矛盾不积压，加强对纪律执行情况的监督检查。2016年，中国人民银行泗阳县支行在全县31家同类单位政行风评议中位居第5位。 （张克金）

中国工商银行股份有限公司泗阳支行

【概况】 2016年，中国工商银行股份有限公司泗阳支行认真贯彻落实上级行战略决策部署，紧紧盯牢质量与效益两大核心目标，持续加大信贷投放力度，调优结构夯实盈利基础，严控风险保持质量稳定，完善机制加快经营转型，全行经营管理业绩突出。负债业务市场占比同比提升并实现增额占比领先，资产业务得到快速发展。至年末，各项存款余额26.75亿元，新增4.45亿元；各项贷款余额38.49亿元，新增6.18亿元；比年初分别多增2.71亿元和4.11亿元。全年实现中间业务收入4651万元，比2015年多增698万元，增幅达15%，高于全市工行系统平均水平。

【业务经营】 1.经营效益保持优良。全行营业收入达1.57亿元，比2015年增收1101万元；实现拨备前利润1.32亿元，比2015年增收2240万元，增幅20.4%。2.业务结构均衡优化。大零售方面，认真落实市行大零售业务指导，坚持围绕重点市场滚动推进项目排队，并以强化私银客户营销维护为抓手，加快优质客户扩容和结构优化。年末，个人金融资产较年初新增2.78亿元；储蓄存款余额16.24亿元，新增1.92亿元，完成任务106%，保持市行系统内领先水平；大零售营业贡献度超过52%，新增中高端客户910户，完成计划100%，实现批量营销项目的有效落实和中高端客户拓展的有序推进。对公存款方面，进一步强化全行联动配合，突出抓好重点板块、重点项目和重点客户营销拓展，狠抓日均提升和重点项目拉动，年末对公存款余额达10.5亿元，新增2.53亿元，日均新增3.58亿元，为实现公存突破和资产优化形成有力支撑。

【资产经营】 以突出大项目投入为抓手，切实做好资产业务经营和管理，不断提升信贷经营管理能力，全年各项人民币贷款新增6.18亿元，比年初多增4.11亿元；其中公司贷款新增3.77亿元，个人贷款新增2.41亿元，保持了合理的投放结构和有效增长。1.大项目运作能力实现突破。以重点项目贷款为抓手，形成服务实体经济和公共民生事业信贷支撑，做到研究项目、寻找项目、营销项目，有效推进项目运作能力进一步增强，全年累计营销发放项目贷款7.2亿元，包括开发区及东南部管网工程、黄河路环境整治、开发区产业提升、部分乡镇新农村土地整理等项目。同时储备泗阳海欣纤维3亿元等项目，为重点项目贷款可持续发展和优化信贷结构奠定坚实基础。2.加强个贷投放。突出抓好重点按揭楼盘和二手房按揭以及个人类创业贷款营销，克服个贷到期还款和指标增长双重压力，个贷投放提速明显，年末个人贷款余额23.66亿元，新增2.41亿元，比年初多增5100万元；持续推进信用卡分期付款业务，包括汽车、家装和客户自助消费等重点分期业务，全年服务分期付款消费达2.8亿元，为活跃全县城乡消费市场做出积极贡献。3.风险把控能力增强。以强化资产质量控制为抓手，抓实重点行业调研分析，狠抓潜在风险防控和不良转化，多举措落实公司类潜在风险贷款退转并取得良好成效。同时加大个人不良贷款、不良分期清收力度，个贷不良季末余额1260万元，个贷清收和不良率均达到上级行要求标准。至年末，全行各项贷款不良率为1.7%，资产质量控制在上级行规定范围之内。3.大力拓展互联网金融市场。以“融惠万家、e动工行”宣讲和“一月一品”活动为抓手，积极开展互联网金融体验推广，着力营造互联网金融线上线下环境，互联网金融业务发展出现良好开端。

【基础管理】 1.加强党建和党风廉政建设。完善县行党建一系列制度建设和机制建设，对下辖党支部进行改选并推行党建目标责任制，扎实推进“三会一课”“两学一做”“510”廉洁文化宣传教育月、警示教育、廉政讲座、廉洁文化建设和民主评议党员等一系列活动，切实加强县行党组织建设和党风廉政建设。2.强化内控案防。以省、市行组织开展的“回归本源、防控风险”基础管理年活动为主线，切实加强合规文化建设和传导。扎实开展“两加强、两遏制”①回头看自查自纠、“屡查屡犯”问题专项治理、重要风险点治理和网点现场管理等系列活动，有效完善内控案防长效管理机制。加强安保和舆情管控，完善突发事件应急管理，继续保持平稳有序的经营环境。3.加快渠道和人力资源优化。大力推进网点智能化改造，实现所有网点智能化改造全覆盖，并以此为抓手，加快网点人力资源优化。通过深化网点运营标准化管理改革、投产组合服务流程改革、优化信贷流程，调整网点岗位设置，合理配备柜口，优化作业时间和设置信贷受理绿色通道等一系列措施，组织干部员工开展技术练兵，各专业人员和网点柜员素质得到同步提升，服务社会经济和公众金融需求能力得到有效增强。

注释：

①**两加强、两遏制**：加强内部管控、加强外部监管，遏制违规经营、遏制违法犯罪。

（石电波　刘红旗）

中国农业银行股份有限公司泗阳县支行

【概况】 2016年，中国农业银行股份有限公司泗阳县支行，聚焦发展重点，认真落实“两个责任”①，立足“两个战场”②，抓好“两大业务”③，开展“三个宣战”④，突出党建引领，以打造苏北服务三农“特色银行”为总领，以“三高一优六特色”⑤为抓手，深入实施“城乡联动、双轮驱动”发展战略，立足县域，不断加大贷款投放力度，积极支持县域主导产业、重点企业和“三农”业务，全力服务县委县政府重点工程、民生工程，履行金融部门的职能，为泗阳经济社会进步，提供有力的金融支持。年末各项存款余额27.49亿元，比年初增加5.19亿元，其中个人存款余额20.64亿元、比年初增加1.47亿元，对公存款余额6.87亿元、比年初增加3.78亿元。各项贷款余额25.33亿元，比年初增加4.22亿元，其中个人贷款18.9亿元、比年初增加1.9亿元，对公贷款6.43亿元、比年初增加2.32亿元。实现中间业务收入3667万元，比2015年增加1972万元。实现拨备后利润8173万元，比2015年增加3071万元，拨备后利润完成市行下达年度计划的174.7 %。

【环境发展】 2016年，该行在当地社会和系统内的形象和影响力不断提升。4月，马二林被省行表彰为优秀团干部、被总行表彰为优秀团员；5月，泗阳县支行被江苏分行团委表彰为营销宣传活动“优秀突击队”；7月，爱园支行被省银行业协会授予“江苏省普惠金融乡镇五星级网点”，成为宿迁农行唯一一家银行业协会五星级网点；10月，王红梅被江苏省银行业协会表彰为江苏省银行业普惠金融文明规范服务先进个人；11月，爱园支行被宿迁团市委授予青年文明号称号；12月爱园支行又被授予“2016年度江苏银行业普惠金融文明规范服务优秀示范单位”，是宿迁市银行业唯一一家获此殊荣的单位；12月，县支行被江苏省分行推荐上报总行表彰“五一劳动奖状”单位，全省农行系统唯一。

【信贷投放】 1.加快个人信贷业务拓展。至年末，个人贷款18.9亿元，比年初增加1.9亿元，稳居全市农行系统首位。2.支持民生工程、城市基础设施建设工程及小微企业。2016年，该行牵头组建5亿元银团贷款，承贷4亿元支持“泗阳县城乡同质供水工程”项目；牵头组建5.8亿元银团贷款，承贷4.8亿元支持泗阳县2016年棚户区改造一期工程项目；实现小微企业信贷投放7300万元，位居全市农行系统首位。

【基础管理】 2016年，先后完善落实网点、信贷、财会、内控、新业务等多项管理制度和办法，全行的内部管理进入制度化、程序化、规范化轨道。运营财会“三化三铁”创建：泗水支行、众兴支行经复验达到总行级“三铁”单位，银信支行以全市农行系统第一名的优异成绩免于验收，被省行认定为“三铁”单位；营业部、桃源支行、爱园支行创建“三化三铁”良好单位。安全保卫“三化三达标”创建方面：持续实现优秀单位全覆盖，县支行及6个营业网点均被评为优秀单位。信贷“三化三无”创建方面：县支行信贷管理2012年至2016年，连续五年被农行江苏省分行授予“三化三无”单位称号。

【内控管理】 1.信用风险管理持续向好，资产质量明显改善。至年末，不良贷款余额为882万元，比年初上升376万元，其中法人不良为0，个人不良882万元，不良占比为0.35%，实现稳控资产质量的目标。2.操作风险管控步入正轨。全年成功堵截各类诈骗案件12起，组织各类集中培训17次，培训人数达221人次，在省分行组织的柜面业务技能大赛中，全行有2位选手入围省分行决赛，取得宿迁分行历史最好成绩。3.全面实施员工行为“责任区”管理工作。对照责任区划分原则对全辖104名员工划定21个责任区。形成以综合管理部牵头负责的常态化督查机制，做到责任区管理台账完整，秩序规范。

【党建工作】 1.认真组织开展“两学一做”教育，组织召开9次集中学习会议，深入学习贯彻习近平总书记系列重要讲话精神，开展机关作风建设、党建征文比赛、警示教育、“一优两先”⑥评比、“我的服务故事”演讲比赛等活动，进一步强化党员身份意识，保持发展党的先进性和纯洁性。2.扎实开展“四风”问题回头看活动，出台《中国农业银行泗阳县支行公务接待管理实施细则》等5项规章制度，确保制度、机制进一步完善。3.持续做好中央巡视组反馈问题整改工作，扎实落实好“两个责任”。4.常态化开展党建工作，召开党建工作座谈会，抓好党务知识培训，补好基层党支部建设薄弱短板，提升基层党组织建设水平。5.强化二级支行纪检委员履职督导，根据人员工作变动情况，及时调整二级支行纪检委员，并下发履职表，纪检委员每月5日前报县行，并向县行纪委书记报告上一月工作情况。

注释：

①**“两个责任”**：党委主体责任、纪委监督责任。

②**“两个战场”**：服务“三农”为基础，城市业务为主导。

③**“两大业务”**：零售业务、对公业务。

④**“三个宣战”**：向成本宣战、向风险宣战、向案件宣战。

⑤**三高一优六特色**：高速度、高质量、高回报，服务优，服务“三农”“劳模特色银行”、服务“三农”金融扶贫特色银行、服务“三农”平台特色银行、服务“三农”团队特色银行、服务“三农”金融服务网络特色银行、服务三农产品特色银行。

⑥**“一先两优”**：先进基层党组织，优秀共产党员、优秀党务工作者。

（张学成）

中国建设银行股份有限公司泗阳支行

【概况】 2016年，中国建设银行股份有限公司泗阳支行全面按照省、市行的营销战略布局和工作要求，始终突出“拼、新、控、转、快、严”主题，适应引领经济新常态，自觉践行发展新理念，加快转型发展。年末各项存款余额24.77亿元，各项贷款余额36.91亿元，中间业务收入4228万元、增速38.21%。拨备前利润1.01亿元、增速18.56%。不良贷款在控制目标范围内。

【渠道建设】 1.年内发展助农取现点16个，市辖首批6家助农取款服务点正常运行；智慧泗阳·供销一卡通项目正式运行。2.2月19日，新开业的众兴路支行正式投入运营，网点布局和服务覆盖范围更加合理。3.新建设的亿阳国际、桃源小区、经济开发区、金色家园、圣地名门等5处自助银行相继投入运行。4.汽车站、金康华府等自助银行网点的老旧设备更新到位。所有物理网点均配备智慧柜员机，较大程度地减轻柜面压力，延伸了服务半径。

【公司业务】 1.县域土储项目、区域供水项目等贷款落地投放，全市首笔资产收益权类理财产品全部投放到位。2.成功营销首笔“外汇期权”业务、办理首笔跨境融资性风险参与业务和首笔“智选汇盈”养老保障产品。3.小企业业务有序推进。建立"小微企业银税互动服务平台",为成功营销大数据产品提供保障。

【风险防控】认真落实"合规管理年"各项工作,全年开展内外部审计、检查15次,加强发现问题整改力度,整改力度达100%。积极配合做好银监分局及上级行现场检查工作3次,做好自查方案,开展全方位的自查自纠工作;深入推进"平安建行"创建工作,在全行范围内开展"安全生产大检查"工作2次,加强安防设施建设,规范委托事务管理,全年未发生重大恶性案件、重大安全责任事故、重大群体性事件,确保了全行的安全稳定运营;开展"练内功 促管理 争先创优保平安"专项活动以及"加强柜面人员管理 防范案件风险"专项整治活动。

【文明创建】强化"十小文明""青年文明号"等创建意识和力度。加强"党员之家""职工小家"和"青年园地"共建工作,在行内树立积极向上的良好风气。年内,支行营业部、城东分理处分别被授予总行级"青年文明号"、省分行级"青年文明号"。积极引导青年员工提高技能和创新争优活动,倪前法被省分行表彰为"先进党务工作者";施婷被江苏省金融工委表彰为"江苏金融系统职工职业道德建设标兵个人"和省分行十佳全能服务能手;葛迪在省分行组织的"新锐"员工技能大赛中取得点钞专项三等奖;在总行举办的金点子大赛中,张泽人的"存单(折)使用二维码优化支取手续及网银手机登录方式"获得大赛一等奖,同时获得产品创意三等奖。

表23　2016年中国建设银行股份有限公司泗阳支行营业机构情况

序号	机构名称	业务范围及服务内容	营业地点	办公电话	负责人	备注
1	营业部	本外币存款及贷款、结算业务;电子银行业务、代理保险、代理基金等	北京东路100号	0527-85214025	黄忠祥	
2	众兴路支行	本外币存款及贷款、结算业务;电子银行业务、代理保险、代理基金等	众兴东路51号	0527-85215596	谢宗磊	2016年2月19日开业
3	淮海路支行	本外币存款及贷款、结算业务;电子银行业务、代理保险、代理基金等	淮海中路55号	0527-85213058	乔学丰	
4	城东分理处	本外币存款及贷款、结算业务;电子银行业务、代理保险、代理基金等	繁荣路与北京路交汇处	0527-85213252	李海波	

(陈官平)

中国银行股份有限公司泗阳支行

【概况】2016年年末,中国银行股份有限公司泗阳支行本外币存款全口径余额为168937万元,比年初下降13259万元。其中公司存款余额59986万元,比年初下降18978万元;储蓄存款余额108951万元,比年初新增5718万元。全口径贷款余额为28.51亿元(不含公司贸易融资及外币贷款),其中公司贷款余额5.95亿元,个人贷款余额22.57亿元。至年末,实现营业收入10722.1万元,其中公司条线实现3997.8万元,个金条线实现6724.3万元。(徐业中)

中国农业发展银行泗阳县支行

【概况】2016年,中国农业发展银行泗阳县支行按照年度工作部署和工作目标,全行员工凝心聚力,进一步强化政策性银行职能,全面落实从严管党治行,提升基础建设水平,全行各项工作取得新进展,至年末,存款规模达5.03亿元,贷款规模13.33亿元,比2015年年末增加5.03亿元。

【支持粮食收购】 2016年，坚持政策导向，保持支农定力，强化信贷投放，全年累计投放粮食购销储贷款2.79亿元，比2015年增加1.43亿元，贷款余额创历史新高。创新支农途径，延伸服务链条，支持县粮食购销总公司申请仓储设施贷款1500万元，继续支持苏派、中意、贵嘴等本土粮食加工企业做大做强，全年投放加工企业流动资金贷款1.55亿元，工业贷款余额4.56亿元，比年初增加0.42亿元。

【中长期贷款投放】 3月，投放全市首笔4亿元的PSL棚户区改造贷款，6月份放2.8亿元PSL同城供水项目贷款，全省仅有4个市争取到此类贷款。10月份又经省行与省政府协调通过公开发行债券置换贷款38750万元，大大降低了融资成本。

（朱浩鸣）

江苏泗阳农村商业银行股份有限公司

【概况】 2016年，江苏泗阳农村商业银行股份有限公司（以下简称泗阳农商银行）坚持“三农”市场定位不动摇，积极履行服务实体经济职责，持续加快改革转型步伐，牢牢把握“三大战略”① 布局，各项工作稳中有进，稳中向好。至年末，各项存款余额131.32亿元，比年初增加18.10亿元，增幅15.99%；各项贷款余额达106.50亿元，比年初增加12.07亿元，增幅12.78%;全年累计发放贷款150.50亿元，比2015年多投放9.26亿元。成立上海产品研发中心，资金业务总规模达41.53亿元。二级资本债券项目顺利启动。由泗阳农商银行主发起的安徽五河永泰村镇银行各项存款11.07亿元，比年初增加3.57亿元；各项贷款8.73亿元，比年初增加2.2亿元。被五河县政府授予“金融支持县域经济发展先进单位”，并获评“中国服务县域经济十佳村镇银行”。2016年泗阳农商银行先后获“中国服务小微企业最佳县域银行”等称号；获“江苏省五一劳动奖状”“江苏省三八红旗集体”称号、连续五年获江苏省“安康杯”竞赛优胜单位；连续七年获“江苏省文明单位”和“江苏省工人先锋号”。获县委、县政府服务地方经济发展“突出贡献奖”、“六五”普法先进单位。庄圩和南刘集两家支行被授予“乡镇网点文明规范服务四星级网点”。

【业务发展】 至2016年年末，全行借记卡存量72.23万张，累计发行圆鼎贷记卡1.45万张。手机（网上）银行存量客户7.4万户，全年实现交易量223万笔、金额773亿元；第三方支付累计签约21万户；“瑞优生活”电商平台本地注册用户11.47万人，平台累计入驻商户720户；农村金融综合服务站特约商户260户；POS机商户2659户；自助柜员机等机具共计180台，单台月均交易量达2802笔；电子银行业务柜面替代率76.5%。

【资金组织】 1.提前谋划，做好宣传营销。安排专人跟进，保证春节期间宣传工作有序开展。利用广播电视台等传统媒介，集中宣传金融产品；主动到车站等人流量较大的场所进行流动宣传；开展书法家送春联活动，提升宣传档次；与移动公司、超市、医院等群体合作，通过布放展架、宣传折页的方式，联动宣传泗阳农商银行的各项产品。2.提升服务，吸引客户上门。继续开展服务营销转型项目PK赛，建立营销服务体系，做好内外协调营销，提升客户的满意度；根据柜面业务量，设立存款绿色通道，减少存款客户等待时间；及时总结营销方面做法和典型，编发简报供全行参考。3.分析市场，开展专项营销。端午节期间，赠送礼品给办理业务的客户，提升客户体验度；开展“午季”营销宣传，到田间地头进行重点营销，提升农户的认可度；开展社群营销，由城区各单位根据自身实际情况拟定特色群体营销方案并组织实施；扎实开展小区营销，重点宣传贷款申请流程、产品信息和客户经理联系方式等；与泗阳中学等开展银校合作，为学校提供“一站式”金融服务，有效归集校园资金。

【信贷服务】 1.实施信贷架构改革。认真贯彻落实省联社和银监局管理要求，结合泗阳农商银行信贷工作实际，出台事业部制管理制度，试点事业部制管理模式，全面推行信贷改革。2.创新信贷产品和文本管理。针对不同类型的客户，先后推出“爱房贷”“爱车贷”“乡情贷”等产品，满足城乡居民日益增长的金融需求。对现有借款合同进行系统性修改，补充部分条款、完善相关内容，解决以往合同文本“多、杂”的现象。3.优化信贷结构管理。坚持“支农支小”方向，持续调优信贷结构，有效防范单户大额贷款、关联企业贷款和重点行业贷款集中度风险，切实落实增量扩面工作要求。

【科技支撑】 1.建成投用新中心机房。2015年启动新中心机房建设，2016年正式投入使用。2.上线视频会议系统。视频会议系统10月份正式投入使用，为全行会议提供系统支撑。3.数据存储整合调整。根据统一规划，先后完成事后监督系统、数据仓库、数据下发、信贷工厂等系统的存储规划与实施工作，有效保障各系统业务连续性。4.优化调整DMZ区架构。对DMZ区网络架构进行调整，在不降低DMZ区安全性的前提下，解决了DMZ安全配置烦琐、路由透明访问、流媒体无法通过VPN接入内容等问题，堵塞信息安全管理工作漏洞。

【业务创新】 1.以“青年卡”为媒介，推进校园一卡通合作项目落地；上线圆鼎卡小额免密功能以及圆鼎卡手机云闪付服务，进一步提升圆鼎卡服务应用。2.联合县公安局建立泗阳首家警银亭自助银行，提升服务形象。3.上线POS商户预警系统，通过系统支撑，进一步提升业务管理水平和风险防范能力。4.做好信贷工厂系统建设。2015年下半年启动信贷工厂系统建设，于2016年8月上线。5.上线电商平台及积分系统。通过建立电商平台进一步获取商户和消费者的物流、资金流和信息流信息。6.做好风险产品双录系统建设工作，实现风险产品销售的双录，有效防范风险。

【案件防控】 制定下发《泗阳农商银行2016年度案防工作实施方案》，将会计、信贷、安保、科技、审计等各领域案防项目计划分解落实，并制定年度案件风险排查计划，对案防工作进行重点推进。通过落实责任部门，制定具体工作举措，明确完成时限。认真落实“三防一保”②工作要求，提高客户自我保护意识。

【安保管理】 定期开展现场检查、非现场抽查以及夜间突击检查，通过全面高频的安全检查和严格的问责查处制度，提高员工执行制度的自觉性。在全辖开展防范通信网络诈骗专项宣传活动，全年成功堵截5起通信网络诈骗案件，为客户减少经济损失11.9万元。西康支行成功防范一起客户持假存折冒领案件。严格按照新GA38标准和135规划要求，加大安保经费投入，保证安防设施建设达到新水平。总行被宿迁市公安局授予“集体嘉奖”。

注释：

①**三大战略：**深耕传统业务、拓展金融市场、拥抱互联网金融。

②**三防一保：**防诈骗、防盗窃、防抢劫，保护人生安全。

（赵海林）

表24　　2016年泗阳农村商业银行营业机构情况

序号	机构名称	业务范围	机构地址	联系电话	单位负责人
1	泗阳农商银行	一、吸收公众存款、发放贷款；二办理国内结算、票据贴现；三、代理其他银行金融业务、代理收付款项及受托代办保险业务、代理发行、代理兑付、承销国债和政策性金融债券；四、买卖国债和政策性金融债券；五、按规定从事同业拆借；六、提供保险箱业务；七；经中国银行业监督委员会批准的其他业务。	众兴镇北京中路21号	85275001	朱彩涛
2	泗阳农商银行庄圩支行		泗阳县庄圩街	85891154	刘　浩
3	泗阳农商银行里仁支行		泗阳县里仁街	85581058	费　彬
4	泗阳农商银行爱园支行		泗阳县爱园街	85881683	王一恒
5	泗阳农商银行穿城支行		泗阳县穿城街	85871041	高鑫鑫
6	泗阳农商银行三庄支行		泗阳县三庄街	85715104	陈　强
7	泗阳农商银行张家圩支行		泗阳县张家圩街	85916169	刘耀武
8	泗阳农商银行王集支行		泗阳县王集街	85811568	张卫星
9	泗阳农商银行魏圩支行		泗阳县魏圩街	85941095	胡传进
10	泗阳农商银行南刘集支行		泗阳县南刘集街	85546039	孟　靖
11	泗阳农商银行史集支行		泗阳县史集街	85514128	谢金成
12	泗阳农商银行八集支行		泗阳县八集街	85369093	赵环宇

续表24

序号	机构名称	业务范围	机构地址	联系电话	单位负责人
13	泗阳农商银行来安支行	一、吸收公众存款、发放贷款；二办理国内结算、票据贴现；三、代理其他银行金融业务、代理收付款项及受托代办保险业务、代理发行、代理兑付、承销国债和政策性金融债券；四、买卖国债和政策性金融债券；五、按规定从事同业拆借；六、提供保险箱业务；七；经中国银行业监督委员会批准的其他业务。	泗阳县来安街	85371167	陈　罕
14	泗阳农商银行裴圩支行		泗阳县裴圩街	85651241	徐绍营
15	泗阳农商银行高渡支行		泗阳县高渡街	85693998	李前兴
16	泗阳农商银行新袁支行		泗阳县新袁街	85621006	王志明
17	泗阳农商银行李口支行		泗阳县李口街	85681159	郑顺先
18	泗阳农商银行卢集支行		泗阳县卢集街	85348039	张　维
19	泗阳农商银行城厢支行		泗阳县城厢街	85305040	薛春雨
20	泗阳农商银行临河支行		泗阳县临河街	85443269	王召宇
21	泗阳农商银行大兴支行		泗阳县众兴镇大兴街	85441160	谢海涛
22	泗阳农商银行城南支行		泗阳棉花原种场	85395047	徐业丹
23	泗阳农商银行黄圩支行		泗阳县黄圩街	85632705	朱文祥
24	泗阳农商银行众兴支行		众兴镇人民中路39号	85212475	马凌冬
25	泗阳农商银行银星支行		众兴镇众兴中路30号	85216025	陆　丹
26	泗阳农商银行金桥支行		淮海东路名豪国际大厦	85281055	刘　烨
27	泗阳农商银行城西支行		众兴镇众兴西路63号	85215773	刘　兵
28	泗阳农商银行桃源支行		众兴镇淮海中路21号	85211447	杜　昊
29	泗阳农商银行诚信支行		众兴镇丰泰机电城	85212325	刘昊磊
30	泗阳农商银行营业部		众兴镇北京中路21号	85215773	束明岭
31	泗阳农商银行开发区支行		北京东路开发区蓝领公寓	85268171	王海波
32	泗阳农商银行运河支行		众兴东路桂庄小区	85188869	崔　青
33	泗阳农商银行西康社区支行		城西西康菜场南门西侧	89661609	张　玉
34	泗阳农商银行金地支行		淮海路国际广场西侧	85199110	赵　霞
35	泗阳农商银行滨河支行		众兴路滨河CBD开元广场	85257128	周　钰
36	安徽五河永泰村镇银行		五河县城关镇国防路1号	0552-5060188	毛　岭
37	安徽五河永泰村镇银行营业部		五河县城关城淮海路16号	0552-5033130	朱运仁
38	安徽五河市永泰村镇银行沫河口支行		沫河口镇沫河口村	0552-5507678	任　娟
39	安徽五河永泰村镇银行大新支行		大新镇大新街	0552-5503789	屈付庆
40	安徽五河永泰村镇银行新集支行		新集镇新集街	0552-5567678	郑梦哲
41	安徽五河永泰村镇银行双忠庙支行		双忠庙政府对面	0552-5020567	阙亚楠
42	安徽五河永泰村镇银行国防路支行		五河县城关镇国防路1号	0552-5501008	梁　军
43	安徽五河永泰村镇银行小圩支行		小圩镇中学对面	0552-5856678	沈　浩
44	安徽五河永泰村镇银行头铺支行		头铺镇头铺街26号	0552-5880789	陈亚兵

中国邮政储蓄银行股份有限公司泗阳县支行

【概况】 2016年，中国邮政储蓄银行股份有限公司泗阳县支行认真贯彻落实省、市行各项方针政策，围绕“均衡发展”总体目标，持续推进“精细化管理”，不断调整经营策略，以转型促发展，以质量促效益，全面完成全年各项经营发展目标。2016年，中国邮政储蓄银行庄圩支行先后获得省、市分行“2016年优秀服务支行”荣誉。至年末，县行储蓄存款余额34.45亿元，比年初增加2.49亿元，增长7.7%；各项贷款余额22.68亿元，比年初增加5.98亿元，增长35.81%。

【业务发展】 1.个金业务加快推进。以跨年度竞赛为抓手，开展旺季业务宣传，举办夏粮收购专项营销及贵金属展销会等活动，大力拓展信用卡普特惠商户，加强支行外拓营销指导。2016年个人金融总资产净增1.9亿元，其中自营储蓄余额8.86亿元，比年初净增1.18亿元，增幅15.33%；信用卡发卡新增3385张，结存激活卡量9241张；电子银行累计激活2.32万户，柜面可分流交易分流率90.8%，全年新增短信客户1.63万户。2.个贷规模显著提升。全年按月扎实推进信用村创建活动，开展个贷集中宣传月和商贷专项营销活动，定期维护一手房、二手房客户，创新开展消费类贷款精细化管理活动，年末个贷余额首次突破20亿元大关，达20.78亿元，当年新增5.72亿元。其中，小贷余额3.41亿元，当年新增2364.71万元；商贷余额2.79亿元，当年新增1122.76万元；房贷余额12.07亿元，当年新增4.78亿元；综合消费贷款余额2.5亿元，当年新增5895.87万元。3.公司业务全面发展。公司存款年末余额5.34亿元，比年初净增3.33亿元，全年日均余额4.06亿元，比年初净增2.45亿元。票据业务发展迅猛，全年累计签发低风险银行承兑汇票2.44亿元，贴现11.37亿元，实现收入332万元，全市排名第一。全年累计结售汇金额334万美元，结售汇金额全市第一。小企业贷款余额1.9亿元，全省排名第25位；本年净增2727万元。公司条线各项业务均衡发展，提前两个月超额完成全年收入计划指标。

【风险管控】 1.合规整改。开展自营网点综合整治检查、“两加强、两遏制”回头看活动，每月定期检查，并加大网点现场、非现场检查力度，对管理薄弱网点开展驻点帮扶检查，对网点整改情况及时进行跟进和通报。全年填写合规检查工作底稿151份，下发整改通知书136份，网点检查覆盖率达100%；全年下发风险提示书10份，对高风险环节的相关制度进行再提示、再要求。2.流程管理。加强流程管理，提升全面风险管理能力。①加强贷前管理，严把入口关，最大限度控制好新增不良的发生。②强化拓展部门、贷后管理岗及逾期清收岗对业务发展的支撑服务能力，拓展部门每周到营业网点及信贷服务点进行现场业务指导，定期组织贷前贷中贷后交流学习，对贷款环节中存在的问题及时进行沟通交流，统一风险偏好，加强风险环节控制。2016年共清收不良贷款410笔，金额660余万元。

【员工能力提升】 以“丰富培训内容、提升培训效果”为抓手打造专业人才队伍，扎实推进“能力建设年”活动。1.提升客户经理的专业技能。强化业务制度学习，利用旬会组织新产品、新业务以及流程优化方面的培训，以此加强客户经理业务办理的熟练程度。2.提升客户经理的风险识别能力。加强逾期不良分析学习，通过从案例中找问题、从案例中发现风险点，最终从案例中找到解决风险的办法。3.提升客户经理的综合业务水平。加强综合营销培训，个金、个贷及公司条线每月开展业务交叉培训，重点培训信贷、信用卡、商易通、公司等业务营销知识。4.下半年聘请外部讲师开展网点能力提升活动，提升网点综合营销水平。

【配置理财经理专属手机】 县支行创新管理思路，为加强营业网点客户管理，提升VIP客户维护效率，下半年， 在各营业网点配置理财经理专属手机和专属号码，将手机与网点绑定，理财经理变动仅需办理交接手续，有利于保持客户信息连续性和稳定性，不断加强个人客户精细化管理水平。

【企业文化建设】 1.加强基层工会建设促进企业发展。加强“两家”建设，定期检查网点职工小家、小食堂建设情况，增强基层工会组织活力。2.维护职工权益，开展帮扶活动。节日期间开展慰问活动，在员工生日、结婚、住院时进行慰问，帮扶困难职工，组织员工加入大病医疗保障会，全行正式、劳务以及退休员工均100%入会，为患病员工捐款41600元并申请大病医疗补助金30000元。3.丰富员工业余生活。组织职工开展采摘、趣味运动会、“迎七一”歌咏比赛、游泳比赛、摄影采风、乒乓球比赛、足球比赛等活动，丰富员工业余文化生活，提升员工归属感。

（蔡美玲）

江苏银行股份有限公司泗阳支行

【概况】 2016年，江苏银行股份有限公司泗阳支行坚持“特色发展、内生增长、创新驱动”的战略方针，积极抢抓发展机遇，大力深化改革创新，全面推进战略转型，积极做好挖潜力、塑特色、调结构、控风险等重点工作，各项工作呈现出整体推进、重点突破的良好发展态势。年末，支行各项存款余额26.2亿元，比年初新增3.91亿元；各项贷款余额22.56亿元，比年初新增4.26亿元。实现中间业务净收入2994万元，其中公司业务中收为2508万元，零售业务中收为486万元。全年实现净利润6705万元，人均利润257万元。各项监管指标总体平稳。

【零售业务】 1.以党员进社区活动为契机，持续深化社区经营。支行将社区化营销与“党员进社区”活动有机结合，不断探索方法和思路，围绕特定客户群开展针对性活动，打通获取客户信息的渠道，提升营销效果。全年共与八堡人家党支部、金康华府党支部、红光社区支委会、东华社区支委会、来安街道办事处等5个社区签订结对共建协议，确立结对共建关系，联合社区开展金融知识宣传、客户沙龙、结对帮扶贫困户等活动，有效促进了支行品牌形象的提升和零售业务的发展。至年末，支行联合结对社区举办客户沙龙12场，开展金融知识宣传活动21场，获取有效客户信息408户，吸引社区155户客户到行办理业务，社区新增金融资产1086万元。2.开展客户提升活动，有效实现内生增长。支行持续开展存量客户贡献度提升活动，抓好重点客户的维护工作，进一步提升存量客户的贡献度，促进存量客户的提档升级。①开展“以老带新”活动，出台方案鼓励老客户推介新客户到行办理存款、理财等业务，并赠送老客户鸡蛋券、贵金属红包等礼物，活动中共吸引508名新客户6795万元资金；②开展“星级提升”活动，通过理财经理电话拜访、赠送礼品、邀约客户参加支行增值活动等方式，制定实行客户阶梯式礼品配送方案，星级提升越高，则配送的礼品价值越大，吸引潜力客户资产转存，实现了506名客户的提档升级；③开展“强基工程”活动，组织员工认真学习总行、分行强基工程活动方案，积极推动、狠抓落实，加大基金、保险、贵金属等代理产品的推介力度，为客户尤其是VIP客户量身设计金融方案，助其实现财富增值目标。3.开展客户细分，举办沙龙活动。牢固树立“以客户为中心”的理念，对内实施客户细分、潜力挖掘，强化大数据的支撑作用，完成1747名准VIP、467名VIP客户、38名财富类客户的细分，又针对3万~5万元潜力较大的726户零星级客户进行梳理，建立起丰富翔实的客户信息数据库，并不断加以完善，为精细化服务和精准化营销奠定基础。依靠数据库，积极搭建平台，加强合作，全年举办多场客户沙龙活动，中高端客户数量稳步提升。

【公司业务】 1.着力抓好实贷投放工作。坚持实贷优先的原则，优先保证实贷指标。抓好四两绿、聚润纺织、瑞好制版、惠亨通食品等企业授信跟进工作；持续关注已签约企业的工程进度，加大公司实贷营销储备；落实已批的1.5亿元政府平台流贷投放工作，早投放、早收益；跟进2.5亿元政府贷项目。坚持信贷资源向教育、健康、文化、旅游以及先进制造业、节能环保产业倾斜，推动绿色金融提速发展。助推泗阳经济开发区、木业园区建设，支持“2+1+1”主导产业布局。积极稳妥退出“僵尸企业”，稳步压降落后产能和国家限制类行业信贷。2.强化新产品拓展运用。具有“全自动、全信用、全天候、全覆盖、全线上”特点的“税e融”，作为江苏银行泗阳支行借助互联网大数据支持小微企业发展的创新型产品，积极强化与县国税局的沟通对接，根据县国税局提供的优质客户名单，客户经理主动上门营销，并于7月份组织“税e融”产品推介会。至年末，共办理“税e融”业务26笔，金额计1496万元；商e融2户，金额计49万元；办理新农贷5笔，金额计210万元。

【特色业务】 1.小微金融发展势头良好。积极转变思路，着眼于小微金融的优化发展，聚焦批量化经营和渠道建设，做优平台、做实产品，2016

年成功营销开源羊业“一县一品”平台类项目，年内发放平台贷款7笔；严控核心风险，不断探索更为有效的经营模式，将市场拓展方向转向农业、零售批发业和服务业，加大对农业大户、烟酒经营部、鞋包专卖店、车行等专业市场的宣传力度，强化对“Pos贷”“人才贷”“苏科贷”“银+保”涉农贷款等新产品的批量化营销力度。2.消费金融发展开始提速。以结构调整为重点，积极摆脱传统的零售贷款增长模式，以消费贷款为主要突破口，重点做好扩总量、打品牌等工作。深入分析2016年业务发展形势，确定差异化营销方案，明确短期及长期营销目标，成立营销小组，细分目标市场，除了保持对行政事业单位、垄断性国企等单位的营销，同时强化对“金三角国际家具广场”“泗阳装饰城”“泗阳国际汽配城”“泗阳丰泰机电城”四大专业市场以及“财富广场”“中华广场”“振兴商贸城”“阳光巴黎城”“碧云商城”五大商业圈个体工商户的营销，并将卡易贷、消费分期、汽车分期等产品作为拓展重点。3.国际业务继续保持强势。开展国际结算客户座谈会，实现国际结算量1.09亿美元，实现中间业务收入77万元，完成率为102%；开立FTE账户1个，国结新客户3户。

【风险管理】 全面风险管理考核获得满分，荣获分行2016年度风险管理一等奖，逾欠息不良380万元，比计划多控80万元；逾欠息率0.18%，较分行平均水平低0.83个百分点，保持了资产质量长期稳定。1.严格按照分行要求，大力宣导深植合规理念，强化合规教育，组织开展“内控案防学习季”“合规守纪”大讨论、“学先进、提技能、防风险”等活动。强化执规检查和违规问责，开展合规排查、“两加强、两遏制”回头看自查。2.把好准入关，严格落实授信评审小组集体决策制度；把好管理关，定期开展风险大排查，制定出台对公授信工作质量考核办法，按季进行通报；把好处置关，定期召开资产质量分析会，严格落实“快、准、狠、活”要求。

（杨　程）

江苏泗阳东吴村镇银行有限责任公司

【概况】 2016年，江苏泗阳东吴村镇银行有限责任公司牢固树立“风险第一、效益第二、规模第三”的经营理念，紧紧围绕“一小一村一电”① 工作主线，主动适应经济金融发展新常态，紧扣风险防控主题，持续推进改革转型。至年末，存款余额90491万元，贷款余额54451万元，贷款不良率为0.89%，净利润2313万元。年内，先后获得“全国百强村镇银行”“江苏省支农支小优秀村镇银行”“十佳业务创新银行”称号，员工王康、王玮分别荣获“江苏省村镇银行服务明星”“建市20周年宿迁银行业‘最美银行人’”称号。

【信用村建设】 围绕“客户再下沉、业务再下沉、市场再下沉”方针，主攻农村市场，抢占农村客户，提供农村金融服务，强化服务三农的草根银行、亲民银行形象，坚持“走村串户、走近农民”的工作方式，建立农民信息档案，覆盖业务拓展的“真空地带”，以农村为载体，全面开展信用村建设活动。至年末，已建成信用村15个，共收录信息3684户，授信8007万元，用信1869.6万元，户均用信7.89万元。

【打造旗袍银行】 倡导“专业化、特色化、亲民化”的服务理念，为客户提供真诚贴心的个性化服务，打破“西服才是职业装”的固有思维，规定营业部女员工每逢周五全天着旗袍上岗，打造特色支行——“旗袍银行”。10月21日，旗袍银行首次精彩亮相，并将丰富的中国风元素融入厅堂服务中，如茶艺表演、韵味品茗、古乐演奏等充分展示中国传统文化。活动吸引了本地头条、泗阳电视台等媒体的关注，通过媒体渠道的宣传报道，“旗袍银行”引起了极大的社会关注度。

【特色信贷产品】 围绕泗阳“泗水古国、意杨之乡、新兴纺都、生态家园”特色产业定位做文章，在板材加工行业集中的临河支行推出“易富通”刨切加工贷款，全年已惠及241户，放贷2363万元；针对全县葡萄园、草莓园、桃园等生态农业及复合型生态农业不断发展的趋势，积极调整信贷资金投向，主动对接资金需求，并积极为创业者联系专业技术辅导，牵头成立微信互助群，提供交流种植养殖心得和经验的平台，全年累计为县域5户农业龙头企业投放流动资金1470万元。经过市场调查研究，2016年还推出精英贷、个人理财产品质押贷款、微小企业“便捷通”、个人汽车消费贷款和个人二手住房贷款，受到广大客户的青睐。

注释：

①**“一小一村一电”**：小微技术、信用村建设、电商服务。

（薛溯塑）

吴江农村商业银行股份有限公司泗阳支行

【概况】 2016年，吴江农村商业银行股份有限公司泗阳支行认真贯彻落实总行各项工作部署及要求，结合支行实际，围绕年初制定的工作目标和措施，狠抓落实，坚持从严治行、存款立行的准则，加大市场拓展力度，支行各项工作得到健康发展。年末支行存款余额11.59亿元，比年初增加1.39亿元；贷款余额12.31亿元，比年初增加1.21亿元。全年实现营业收入6941万元，比上年减少1920万元。

【发展新业务】 2016年，支行立足于未来发展的定位和目标，结合自身实际，紧紧围绕“以客户为中心、以市场为导向”的经营理念，不断开拓新型业务市场空间。1.4月，为宿迁市华宇信息科技有限公司成功办理全行首笔4000万元的电子银行承兑汇票业务。2.满足客户大额贴现需求。制定工作方案和考核办法，组织客户经理组成营销小组，深入挖掘客户的资金需求，努力多揽票、多完成，为全行效益的增长做出突出贡献。2016年，完成票据直贴额11200余万元。3.坚持金融机构服务实体经济工作，全年发放借新还旧贷款2.91亿元，为客户节省过桥资金成本近200万元，同时超额完成支行年初1亿元的任务目标。

【风险防范】 1.内控管理。认真做好各项内控管理和案件防控，集中精力，突出重点抓“两违”① “两加强、两遏制”和“回头看”工作。领导班子多次召开专题会议对自查工作进行部署，将案件防控理念和意识融入支行各业务条线。行领导定期或不定期的抽查和调阅监控录像，检查柜面业务、对账等方面的合规性，不断提高优质服务水平。并针对检查中发现的问题与不足，督促各部门积极限期整改，对查出的问题认真落实整改并追究相关责任人员的责任，给予通报批评、经济处罚等。2.信用风险防范。①按月制定客户经理贷后检查计划，在总行要求的贷后检查频率的基础上，加大贷后检查次数，同时要求以影像等形式实时传送企业生产情况，以此来提高贷后检查效果，确保贷后检查不流于形式。②要求客户经理每月结息日前主动出击，确保客户利息到账，结息日未到账的，及时上门讨息，全年收息率一直维持在97%以上。③坚持客户经理每周不少于1次晚上集中学习，提高理论水平和风险识别技能，防范各类操作风险。

注释：

①**“两违”**：违法、违规。

（朱长城）

江苏民丰农村商业银行股份有限公司泗阳支行

【概况】 2016年，江苏民丰农村商业银行股份有限公司泗阳支行始终坚持以“民熙物阜，丰裕城乡”为使命，以“同创共赢”为核心价值观，以助力中小微企业、服务“三农”发展为信贷工作主线，各项业务稳步发展。至年末，各项存款余额为23582万元，比2015年净增22382万元，其中，对公存款净增20335.76万元；各项贷款余额为47437万元，比2015年净增44776万元，其中，对公贷款净增32215万元。

【基础建设】 1.优化信息化建设，改良客户关系管理系统、管理会计系统、运营管理系统、不良资产管理系统等，增强科技支撑。2.壮大员工队伍，加强员工培训力度，2016年吸收大学生3名。

【金融服务】 坚持以市场为导向，以客户为中心的原则，加强“益农存”“手易贷”“易贷通”等产品宣传力度，有效满足客户日益多样化的金融服务需求。全力推进“绿能贷”，按照国家宏观调控政策要求，严格控制产能过剩、污染行业的信贷投放，重点加大节能减排、降耗环保类产品扶持力度，助力生态文明建设。

【案件防控】1.根据监管部门及总行的案防要求，加强员工案防警示教育培训，组织员工学习“十二条高压线”，严防员工道德风险及操作风险，规范员工八小时外的日常行为，严禁员工参与非法集资、民间借贷等行为，提高内控管理水平。2.组成安全防范领导小组，制定消防突发事件应急预案。全年开展，消防安全自查4次，排查风险隐患1处，并及时整改。组织全体员工进行消防演练6次，确保安全运营无事故。

（吴　琼）

中国人民财产保险股份有限公司泗阳支公司

【概况】2016年，中国人民财产保险股份有限公司泗阳支公司团结奋进，目标明确，业务发展和服务水平取得长足进步，对全县各项经济社会事业的保障、促进作用不断提升。年末有员工62人，其中大专学历以上的占总数的93.5%以上，中级职称以上技术人员6人。全年实现保费收入1.86亿元，比2015年增长9.6%；赔偿支出1.05亿元，比2015年增长10.43%。

【新险种承保】公司大力发展安责险、计划生育保险、医疗责任险、建筑工程险等行业性险种。2016年，又相继承保扶贫综合保险、电动车保险、电梯责任保险等新险种。累计承担风险责任总额达550亿元，承保各类险种总数量62411单，基本涵盖社会生产生活的各个方面。全年处理各类赔案11172件，较好地发挥了保险行业的补偿作用。

【代征车船使用税889万元】公司积极开展协税护税工作，大力宣传引导本地车辆在本地投保，维护县内保源、税源。2016年共上交地方财政税收1793万元，其中为地方财政代收车船使用税889万元。

（李　雪）

中国人寿保险股份有限公司泗阳支公司

【概况】2016年，中国人寿保险股份有限公司泗阳支公司始终坚持“成己为人，成人达己”的企业文化理念，不断加强作风建设，全力推进公司的稳定长远发展。2016年，实现保费收入3.15亿元，比2015年增长38%，市场份额58.59%；满期给付7479万元，赔款支出1338万元。

【业务发展】公司在个险、团险、银保三大销售部门，建立健全目标和职能指标考核体系，在对照考核指标开展工作的同时，面对市场，积极参与竞争。个险渠道首年期交保费收入6132万元，比2015年增长74.64%；团险渠道短期险保费收入1051万元，比2015年增长3.8%；银保渠道新单保费收入5705万元。是全省系统业务增长率TOP10的县支公司。

【优抚保险】1.继续承保重点优抚对象保险，虽2015年赔付率高达110%，2016年公司继续承担社会责任，为其提供医疗补充，使其享受国家政策福利。2.继续实行“安康关爱行动”工程，为60周岁以上老人提供意外伤害保险，全年理赔近240万元，受益老人892人。

【规范经营】2016年，公司紧跟“互联网+”时代，推出一系列创新业务，本着长远稳健发展的基本要求，坚守保险行业的诚信底线，保持公司经营规范。1.在承保、核保、理赔等业务操作过程中，严格执行条款要求和实务流程，保证业务的签单质量。2.严格执行反洗钱制度，提高意识，做到信息认真核对，可疑交易立即上报，保证公司的良性发展。3.积极参加金融企业防范风险活动，每月在部门间进行风险案例学习，增强案件防范预警。

（武飞翔）

商 务

【概况】 2016年，泗阳县紧紧围绕拓展大经贸，构筑大流通，推进大开放目标任务，新批外资企业6家，到账外资5060万美元，进出口贸易额3.53亿美元，加强和改善粮食宏观调控，加快粮食流通产业发展，参加2016中国·宿迁经贸洽谈和境内外展销会，办好第五届平价年货大集暨首届网商年货节，电子商务持续发展。年底，泗阳县被评为“江苏省农村电子商务示范县”“全省粮食行业安全生产工作先进单位”；县商务局被评为“全省粮食系统内部审计工作优胜单位”“2016年度全市粮食工作目标管理先进单位”；获县委、县政府“2016年度招商引资工作先进单位”“2016年度社会治理（信访稳定）工作先进单位”称号。

【到账外资5060万美元】 2016年，全县新批外资项目6家，分别是江苏泗阳衣之杰服饰有限公司、宿迁惠亨通食品有限公司、宿迁枫华丽致酒店泗阳加盟有限公司、江苏宿迁润泰环保科技有限公司、江苏宜佳诚金属制品有限公司和江苏旸谷新能源科技有限公司，协议注册外资8283.85万美元，实际到账外资5060万美元，排名全市第二。

【进出口贸易3.53亿美元】 年内，全县新增进出口经营权企业36家，与2015年持平；全年共有进出口实绩企业101家，累计完成进出口贸易额3.53亿美元，比2015增长1.12%；其中，出口3.43亿美元，比2015年增长0.61%；进口1035万美元，比2015年增长21.4%。全县出口超百万美元企业已有47家，比2015年增长9.3%，进出口额达3.37亿美元，占全县出口总额的95.59%。其中出口500至1000万美元企业8家，比2015年增1家；超千万美元企业9家。

表25　　2016年泗阳县进出口总额超百万美元实体企业情况

单位：万美元

企业名称	累计出口	累计出口增减%	累计进口	累计进口增减%	累计进出口	累计进出口增减%
江苏恒浩达服装有限公司	5045	14.02%	0		5045	14.02%
江苏升茂塑胶制品有限公司	4580	39.15%	0	–100.00%	4580	39.15%
宿迁市美沃进出口有限公司	2310	25.59%	2	–26.16%	2312	25.52%
泗阳捷锋帽业有限公司	2191	–15.43%	7	40.04%	2198	–15.33%
江苏千仞岗服饰有限公司	1961	–32.20%	0	–71.47%	1961	–32.21%
泗阳县晨光家具有限公司	1661	4.43%	0		1661	4.43%
江苏谷宇国际贸易有限公司	1621	16.29%	1	4.33%	1623	16.28%

续表25

企业名称	累计出口	累计出口增减%	累计进口	累计进口增减%	累计进出口	累计进出口增减%
江苏新安驰铝业有限公司	1102	2.93%	0		1102	2.94%
泗阳好利医疗用品有限公司	999	129.77%	39	-27.93%	1039	112.20%
江苏吉福新材料有限公司	967	-26.11%	4	-61.15%	971	-26.37%
江苏宏耀纺织有限公司	835	3.24%	0		835	3.24%
泗阳伊伲佳国际贸易有限公司	778	-44.44%	0	-100.00%	778	-44.54%
江苏名乐地板有限公司	778	49.78%	0		778	49.78%
宿迁新盛工艺制品有限公司	748	-10.95%	0	-100.00%	748	-11.46%
江苏苏丝丝绸股份有限公司	637	-1.42%	54	17.66%	691	-0.15%
江苏马可笔业有限公司	608		0		608	
江苏奥立比亚纺织有限公司	530	198.31%	0		530	198.31%
泗阳群鑫电子有限公司	341	198.04%	118	9.55%	459	106.73%
天野酶制剂（江苏）有限公司	436	-3.23%	0	-12.09%	436	-3.23%
江苏联康电子有限公司	27	384.64%	304	420.98%	331	417.79%
宿迁市创元装饰材料有限公司	318	15.73%	0		318	15.73%
江苏金硕国际贸易有限公司	316	75.17%	0		316	75.17%
宿迁禾记木制玩具有限公司	287	-7.09%	0		287	-7.09%
泗阳威诺斯蒂进出口有限公司	286	33.70%	0		286	33.70%
江苏天鼎精密机械有限公司	272	692.79%	13	12758.28%	285	728.58%
江苏誉扬家纺有限公司	262		0		262	
江苏丰拓进出口有限公司	251	-22.38%	0	-100.00%	251	-22.43%
迈迪康医疗用品江苏有限公司	219	-31.50%	0		219	-31.45%
泗阳圣雅服饰有限公司	201	-70.02%	0		201	-70.02%
泗阳驰泰进出口有限公司	187	-45.90%	7		194	-43.82%
泗阳联兴金属制品有限公司	193	-11.75%	0		193	-11.75%
宿迁英挪唯铝业有限公司	188	196.87%	0		188	196.87%
江苏华绿生物科技股份有限公司	0		182	401.01%	182	401.16%
江苏稳德福无纺科技有限公司	178		0		178	
宿迁越美鞋业有限公司	166	11.94%	0		166	11.94%
宿迁大汉纺织有限公司	152	-41.92%	0		152	-41.92%
泗阳腾奥纺织有限公司	150	-49.45%	0		150	-49.45%
泗阳博鸿服装有限公司	143		0		143	
江苏利宇剃须刀有限公司	142	-7.66%	0		142	-7.66%
江苏新晨化纤股份有限公司	0		129	11.12%	129	11.12%
江苏省荣马家具有限公司	128	-0.37%	0		128	-0.37%
江苏辰鸿纺织科技有限公司	80		47		127	

续表25

企业名称	累计出口	累计出口增减%	累计进口	累计进口增减%	累计进出口	累计进出口增减%
江苏宝浦莱半导体有限公司	10	561.42%	114	61.84%	124	72.72%
江苏欧尚户外用品制造有限公司	123	-51.53%	0		123	-51.53%
江苏宿迁摩欧贸易有限公司	120	1383.33%	0		120	1383.33%
泗阳县森大木业有限公司	117		0		117	
宿迁儒林工贸有限公司	114	-3.35%	0		114	-3.35%

【第五届平价年货大集暨首届网商年货节】 2月12日至15日，在市民广场举办第五届平价年货大集暨首届网商年货节。此次活动引进“醉美泗阳”“智慧泗阳”等优质电商平台，开展以“轻轻动指间，年货送到家”为主题的线上线下网购活动，实现线上线下同步销售。此次活动销售的商品从绣花针、棉线、磨刀石这些平时少见的“稀缺物”，到彩电、冰箱等“高大上”精品家用“大家伙”，以及土鸡、草鸡蛋、花生、蒲公英等“土掉渣”的农家货样样俱全，吸引县内外传统商户491家,其中外地客商80余家和苏花花生、乐兜家居等网络商户120多家参加活动，免费提供摊位643个，销售商品包括纺织服装、糖酒副食、儿童用品、风味小吃等万余种，3天销售总额2150余万元，让利总额约400余万元，创造良好的经济效益和社会效益。中央电视台、江苏卫视、人民网、新华日报及地方媒体报道活动盛况。

【参加2016中国·宿迁经贸洽谈会】 9月，按照2016中国·宿迁经贸洽谈会和第四届中国绿色建材产业合作论坛暨宿迁建市20周年成就展组委会要求，配合有关部门，邀请境内外客商30人参加2016中国·宿迁经贸洽谈会和第四届中国绿色建材产业合作论坛暨宿迁建市20周年成就展，其中代表性人物3人，标志性企业代表3人，主导性产业代表8人，会间签约项目7个，项目总投资20.2亿元。

【参加展销会】 向企业传达省商务厅2016年重点展会信息，先后组织江苏恒浩达服饰有限公司、泗阳驰泰进出口有限公司、江苏谷宇国际贸易有限公司、江苏吉福新材料有限公司等48家企业参加“华交会”“广交会”“中国进出口商品博览会”等活动，争取春季广交会展台17个、秋季广交会展台20个。

【参加宿迁首届厨师节暨宿迁市“当家菜”评选活动】 10月29日，组织“名店”“大禾庄园”“桃源春”等9家餐饮企业，参加由宿迁市烹饪协会举办的宿迁首届厨师节暨宿迁“当家菜”评选活动。此次活动共有来自全市的100多名厨师，“黄狗猪头肉”“水晶山楂糕”“乾隆贡酥”“新袁羊肉”等300多道宿迁名菜厨师参加“金牌厨师”评选，经过激烈角逐，泗阳县名店大酒店总经理陈丽娟获“宿迁餐饮行业领军人物”称号；泗阳县名店大酒店的“水乡豆腐丸”、李口十大碗酒店的“十大碗菜”、县机关食堂的“红枣焖羊肉”、泗阳大唐一品膘鸡店的“泗阳膘鸡”等13道热菜和意杨之乡大酒店的“萝卜丝豆渣饼”被评为“宿迁当家菜”。

【商业单用预付卡管理】 年内，县全面检查重点商业发卡单位的单用途预付卡发行、受理、服务、系统保障、资金管理、有效期设置等方面情况，全年共出动执法人员300余人次，约谈企业8家，发放限期整改通知书1份。

【粮食购销管理】 年内，实施新建3万吨三庄、穿城粮库，扩建新袁粮库1.5万吨、卢集粮库1万吨项目，增加库容能力。启动庄圩粮库烘干房项目，保证入库粮食质量。全年共收购入库粮食21.08万吨，其中小麦12.64万吨（托市小麦1.21万吨），稻谷7.66万吨（托市稻谷1075吨）。

【电子商务】 见216页

【市场运行监测】 全县有生活必需品、生产资料和重点流通监测样本企业共52家，其中：生活必需品样本企业9家、重点流通企业31家、重要生产资料企业6家、应急商品数据库监测企业2家、蚕丝绸监测企业2家和酒类监测企业1家，信息泵监测点1家，定时准确反映全县市场运行情况。

【策应扶持】 全年共争取策应扶持项目10个，争取到粮食财务调查补助经费、社会粮油统计调查经费、外向带动战略相关奖励资金等共5060.75万元，完成全年目标任务的161.94%，其中财政到账3941.15万元，完成年度目标任务的139.07%。（云 峰）

供 销

【概况】 2016年，泗阳县紧紧围绕“三农”工作大局，按照“改造自我、服务农民”的要求，深化全县供销体制机制改革，实施基层供销合作社重组改造，加强农村专业合作社和省定经济薄弱村综合服务社建设，发展新农村现代流通服务网络，建设农产品电子商务项目，主动把供销合作事业融入全县经济社会发展大局中，不断促进农业发展、农民增收、农村繁荣。

【供销经营】 通过推进“新网工程”建设，领办农民专业合作社，提档升级为农服务社，积极开展农村电子商务项目建设等举措，促进全县供销经营持续发展。全年累计实现购进总额55.75亿元，比2015年增长5.4%；销售总额79亿元，比2015年增长16.3%；实现利润总额1377万元，比2015年增长16%；资产总额4.32亿元，比2015年增长5%；全县系统所有者权益6372万元，比2015年增长18%。

【基层社建设】 按照“三体两强”①和“六有”②标准，因地制宜、分类改造基层社，逐步将基层社办成以农民为主体的合作社，实现农民得实惠、基层社获发展的双赢目标。年内，对高渡、八集等条件较好的基层社，加快提档升级步伐，扩大服务领域，积极发展生产合作、供销合作、消费合作、信用合作，打造基层社发展的“泗阳模式”；对三庄、临河等实力较弱的基层社，采取政策引导、联合社帮扶、龙头企业带动等多种方式，支持恢复发展经营服务，强化与农民的联合合作；对城厢、李口等体制转轨过程中产生的基层社空白网点，通过开放办社的形式，建立适合的利益联结机制，将其纳入全县供销合作社经营服务体系，逐步提高自营比例，不断壮大为农服务组织基础。

【为农服务】 在“三体两强”示范基层社建设和薄弱基层社改造中，县供销总社把为农综合服务中心建设作为核心要素来完成，八集、高渡、卢集、爱园供销合作社分别建成3000多平方米的综合服务中心，服务功能包括日用品超市、农资销售、测土配方施肥、农机服务、电子商务培训等。同时，鼓励基层社积极领办和创办农民合作社及其联合社，健全农村合作经济组织体系，联合发力，夯实基础，强化功能，为农服务的能力不断提升。截至年底，全系统领办、创办、联办农民合作社170家，入社成员2.2万户，带动农户13万户。泗阳点豆电子商务有限公司投入90多万元购置6台测土配肥机器，将测土配肥销售点设在村组，把方便送到农户门口，实现“测、配、产、供、施”一条龙服务，实现化肥零增长，提高肥料利用效率，减少环境污染。卜湖农场、孙家湖农场融入供销组织体系后，服务的内容更加广泛，从育苗、播种、田间管理、收割、收购到仓储等均实现一体化服务。

【参加镇江展销会】 年内，县供销总社挑选8家农产品企业和电商单位，参加2016海峡两岸（江

提档升级后的八集供销社

2016年海峡两岸（江苏）名优农产品展销会

苏)名优农产品第八届镇江展销会，扩大优质农产品影响，推动农产品走向市场，促进农产品经纪人交流，助推泗阳县“强富美高”建设。

【农村电子商务发展】 年内，全面实施供销系统电商企业基层服务网点信息化改造，加快推进供销电子商务体系建设，支持供销通、供销网城、点豆网络科技等供销系统电子商务企业参与农村基层服务网点信息化改造，鼓励供销系统企业与知名网络平台对接，主动融入全国供销社现代化流通网络，引领全县智慧城乡发展。结合“一村一品一店”工程，依托“供销e家”、苏宁易购、地平线商城等电商平台，拓展线上经营规模和深度。牵头创建全国供销农村电子商务示范县和电子商务示范村工作。全年举办农产品电子商务营销培训班12期，为农村电子商务发展提供行业信息咨询、专业培训、资源整合、合作交流等服务。举办泗阳供销“一卡通”高端客户联谊会，邀请30多名企业家出席，搭建银企合作平台，拓宽客户服务渠道，创建金融服务生态圈，实现银企双赢双荣。举办全国供销总社对外贸易公司精准扶贫农产品采购信息发布会，邀请“淘宝”讲师编写电子商务技能培训手册，专业培训如何开设淘宝网店知识，培训农业信息员、大户、合作社、农业企业电商650人次。全年实现农产品网上交易额22.81亿元，比2015年6亿元增长280.16%，年新增销售额50万元以上农产品网店有81家。

【策应扶持】 全年争取到策应供销扶持项目5个，其中：省级新农村现代流通及供销合作发展引导资金328万元，食用菌多极循环种植及菌糠再利用项目资金100万元，省新农村流通网络工程及供销合作发展引导资金(为农服务社)10万元，省扶贫资金26.4万元，供销网城发展资金27万元，全年共争取到策应供销扶持资金491.4万元，

【驻村扶贫】 按照县委、县政府要求，县供销合作社系统与裴圩镇陈集村结对挂钩帮扶，深入村组了解村情、民情，以走访、集中座谈、上门约谈等方式，与村民交心，组织召开村组干部会、党员座谈会。并通过走进农户、走到田头，详细调查摸排农村资源、农民收入、农业发展、百姓诉求和社会矛盾等情况，按照“一村一档”“一户一卡”的要求，做好信息采集，解决农户生产生活、就业创业、医疗服务、社会救助、基础设施等方面的问题。争取50万元资金，解决村办公场所建立电商服务站简陋问题，通过加盟电商企业或依托网上超级供销社，为居民提供服务；利用供销系统的优势和特点，发挥百年苏花食品有限公司的优势，流转土地300亩，种植彩色花生；利用村闲置房屋与满嘴香食品有限公司共同投建冷冻食品加工企业，培训劳动力40人，并介绍务工14人。

挂钩扶贫点陈集村综合服务社

注释：

①**“三体两强”**：三体，指自主经营主体、农民社员主体、合作经济组织联合体；两强，指经济实力强、为农服务能力强。

②**“六有”**：指有证照、有场所、有标识、有人员、有收入、有为农服务项目。

(张文明)

盐　务

【概况】 泗阳县全年销售盐产品6306吨，完成年计划6353吨的99.26%；实现营业性收入1541万元，完成年计划1700万元的90.64%；实现利润44.5万元，完成年计划44万元的101%。全县有盐务管理在职干部员工15人，拥有终端客户1800余户。

【食盐销售】 年内，按照以服务促销售、以服务促网络的策略。将全县食盐市场划分为众兴、卢集、王集、桂庄四个片区并组织专人配送，保障全县食盐销售市场全覆盖和安全稳定。根据地理位置、商店规模及信用度等条件，吸收选配商

家、超市作为食盐销售点。在全县范围开设非碘盐供货点25个，满足甲状腺等特殊人群的需求。全年共销售绿色食盐产品海藻碘盐、低钠盐小包装计1960吨，品种盐占73%。销售雪菜等腌制盐1597吨，支持特色产业发展。

食用盐检查

【盐业市场管理】 开展"3·15"消费者权益日和"5·15"防治碘缺乏病日等宣传活动，联合有关部门开展专项执法行动5次，全年共出动盐政执法人员2574人次，查处盐业违法案件162起，查获私盐14.87吨，罚款10.57万元，保障县盐业市场稳定和安全。（刘玲丽）

烟草

【概况】 2016年，全县烟草专卖行业以"宿迁率先、苏北争先"为目标，"撸起袖子加油干"，圆满完成年度各项工作任务。全年销售卷烟20781箱，实现税利1.28亿元，比2015年增长3.06%。年内，先后获"江苏省文明单位""江苏省放心消费行业""江苏省守合同重信用企业""宿迁市文明单位""全市烟草系统先进集体""宿迁市青年文明号"等称号。

【卷烟销售】 大力宣传吸烟有害健康常识和公共场所严禁吸烟法规，全年实现卷烟销售20781箱，比2015年减少1895箱，完成市局下达的销售目标任务。实际单箱结构24612元，比2015年上升6.91%。

【市场监管】 全年查获各类涉烟案件135起，其中假烟8起；查扣卷烟124.16件，案值126.72万元。全县发生万元以上案件22起，其中5万元以上案件4起。全年共办结省公安厅挂牌督办上报符合国标的假烟网络"1·31""5·27"案件2起，在侦2起，移送公安部门案件8起。县公安机关刑事拘留11人、检察机关批捕3人、法院判刑3人。县烟草局李前勇被评为2016年度"全市卷烟打假工作先进个人"。全县卷烟市场净化率99.29%，排名全市第一。

【成本效益】 根据定额标准编制年度预算，坚持没有预算不得开支，预算执行率保持在98%以上。全年主要成本费用合计1955.45万元，比2015年1882.11万元增长3.90%。累计实现税利1.28亿元，比2015年增长3.06%。（王　岭）

石油

【概况】 2016年，泗阳县共有石油加油站38个，销售成品油5.62万吨，比2015年增长7.9%，实现销售收入3.86亿元元，增长5.8%。其中：成品油零售企业共销售汽油3.39万吨，增长21.9%，销售收入2.62亿元；销售柴油2.23万吨，下降9.4%，销售收入1.24亿元；非油品销售收入977万元。

【成品油市场整顿】 8月中旬，按全市统一部署，在全县范围内开展成品油市场专项整治，依法查处证照不齐、超范围经营的加油站（点、船），取缔无证经营加油点3个、加油船1艘。进一步规范成品油经营行为，建立成品油市场秩序管理长效机制。（云　峰）

计划和物价管理

【概况】 2016年，全县计划和物价工作坚持以“项目为王、实干为先、稳字为基”，深入推进供给侧结构性改革，各项工作取得一定成效：2个列省重大项目计划总投资65亿元，年度计划完成投资20亿元，实际完成投资26.5亿元；46个列市重大项目计划总投资220.5亿元，年度计划完成投资117.1亿元，实际完成投资128.8亿元。29个产业集聚项目通过市考核认定，其中新开工项目17个、计划总投资65.3亿元，新竣工项目12个、完成投资32.8亿元。全年新增省级以上新兴产业企业创新平台3个，新兴产业全年实现销售231亿元，完成年度目标115.5%。

2016年，泗阳县被市委、市政府表彰为“全面深化改革工作先进单位”“重大项目建设工作先进单位”“产业集聚发展工作先进单位”，县发展和改革局被授予“2013~2015年度江苏省文明单位”，被表彰为“全省发展改革系统综合先进单位”，泗阳县“‘12345’热线及网络问政办理工作先进单位”“2016年度全县政务信息工作先进单位”；获全省价格系统平价商店管理奖、全市发改工作先进集体奖和产业集聚工作、策应扶持工作单项先进奖、全市价格认定工作先进奖和平价商店管理奖、2016年度县人才工作先进奖。

【重大项目推进】 2016年，泗阳县2个列省重大项目计划总投资65亿元，年度计划完成投资20亿元，实际完成投资26.5亿元，完成目标任务133%；46个列市重大项目计划总投资220.5亿元，年度计划完成投资117.1亿元，实际完成投资128.8亿元，完成目标任务110%，在全市位列第二。

【产业集聚】 年内，全县有29个产业集聚项目通过市考核认定，其中新开工项目17个、计划总投资65.3亿元，新竣工项目12个、完成投资32.8亿元。泗阳县产业集聚综合得分在全市三县两区中排名第一。

【新兴产业】 全县有新兴产业企业180家，其中，新能源企业22家，新材料企业43家，节能环保企业45家，生物技术与新医药企业13家，新一代信息技术与软件企业21家，高端装备29家，智能电网7家，新能源汽车2家，2个列省重大项目计划总投资65亿元，年度计划完成投资20亿元，实际完成投资26.5亿元；新兴产业全年实现销售231亿元，占全年销售目标任务115.5%。年内，全县新增省级以上新兴产业企业创新平台3个，分别为江苏晨电太阳能光电科技有限公司技术中心、江苏华绿生物有限公司技术中心、江苏省（晟宇）速生材创新利用工程技术研究中心。

【招商引智】 全年拜访企业52家，接待莅泗访企业家考察7批38人次。年内招引的泗阳热电联产项目获省发改委批复，计划投资1.1亿元的金利医疗器材有限公司项目，已与开发区正式签约并缴纳土地出让金。招引的国家“千人计划”人才姚祥入选江苏省“双创人才”，江苏荣马新能源朱姚培于2016年4月获苏北创业领军人才奖，江苏晨电科技有限公司董事长张晨入选省“333高层次人才培养工程”第三层次培养对象。

【策应扶持】 全年争取项目1157个，确认资金计50.92亿元（含垂管部门），比2015年增长2.06%，完成年度目标任务99.83%；财政账户实际到账32.79亿元，比2015年增长0.8%。县发展改革局单独争取资金12137.46万元，超额完成全年目标任务。

【南北挂钩合作】 至2016年底，累计落户吴江（泗阳）工业园各类企业112家，其中投产企业93家，在建企业19家。2016年,在全省45家南北共建园区综合考评中，吴江（泗阳）工业园综合考核排名第4，比2015年上升4个位次.

【光伏扶贫】 在国家能源局、国务院扶贫办下发的《关于下达第一批光伏扶贫项目的通知》（国能新能〔2016〕280号）文件中，共下达江苏省35MW光伏扶贫项目，泗阳县获批15MW,为全省最大。

【行政审批】 全年审批项目261个、核准项目26个、备案项目241个，总计528个。完成规模以上固定资产投资425.34亿元，比2015年增长25.1%，固定资产合理用能评审率达100%。更新重大项目库三年滚动投资计划，及时将各类项目统计入库，已入库项目122个。全年接受咨询3000余人次，核准、审批，节能评估审查办结率100%。建立大数据和定期调研机制，全年分析全县经济运行情况12次。

【服务业发展】 2016年，服务业增加值占GDP比重达35.8%，3个服务业项目入选省“十百千”项目库，26个项目入选市项目库。全年新增服务业重点项目20个，新培育服务业重点企业20个。阿里跨境电商宿迁服务中心进驻泗阳，泗阳县正式成为阿里巴巴“千县万村”计划项目落地县。

【农民工返乡创业】 年内，泗阳县被国家发展改革委等10部门批准为结合新型城镇化开展支持农民工等人员返乡创业第一批试点地区。通过推送2016年返乡创业就业人员优惠政策红包、举办创业创新活动周、在人力资源市场常态设立创业政策咨询摊位等举措，鼓励返乡人员投身创业实践。至2016年年底，全县返乡创业农民工达13500余人，其中成功创业884人。阿里研究院研究发布，在第一批90个试点地区排行榜中，泗阳县名列第12位。

【平价商店建设】 按照《泗阳县农副产品平价商店考核办法》，协同财政局、商务局强化对平价商店综合考核。在全县平价商店打造“网店+基地+平价商店”销售模式，鼓励蔬菜种植专业合作组织与平价商店对接，通过网店的建立，实现农副产品无缝式网上销售，为全县各平价商店制作、悬挂“泗阳县平价商店互联网实体店”牌子，使全县平价商店的网店建设工作达到全覆盖。2016年，在全省价格系统绩效考核中，获全省价格系统平价商店管理奖。

【资源要素价格改革】 根据工业企业用量的大小，确定分档用量、分档价格，阶梯式下浮。对水、气、热开展交易，天然气参与大用户合同交易的工业企业有江苏晶瑞玻璃有限公司等10家，优惠气量1360万立方米，占工业用气量65%，平均让利0.07元/立方米，年优惠金额近100万元；供热方面参与交易的企业有洋河集团等5家，优惠汽量364290.71吨，占工业用气量的73.50%，平均让利13.5元/吨，年优惠金额近500万元。从2016年元月1日起，调整城区自来水价格，实行三档阶梯水价，实现各类用水到户价格全市最低。

【价格认定】 全年受理各类价格认定案件297件，其中涉案物品价格认定案件245件，标的额1812万元；交通事故财产损失认定13件，标的额3.4万元；涉纪价格认定案件2件，标的额10.3万元；涉税价格认定案件3件，标的额610万元，其他各类认证业务36件。全年无一错案及复议案件。

【价格监测与调解】 围绕承担的20个类别113个品种在全县设立16个价格监测点，每月6次上报相关数据，遇有重大节日实行一日一报制度。全年撰写价格分析材料77篇，提供市场价格数据1.5万余个。在全县16个乡镇、3个街道成立价格争议调解服务点，全县价格争议调解处理工作组织网络全部建立。

【成本监审】 规范成本监审程序，严格执行相关规定和制度，成立价格监测监控预警机构，设立预警值班电话，按时保质保量完成省、市各类监测数据的上报。根据市场情况及工作需要，年内组织开展蔬菜市场价格调研和生猪市场价格调查、泗阳县保安服务公司道路清障救援成本调查和居民用气阶梯气价成本监审。

【价费管理】 出台《泗阳县政府定价管理的涉企

行政审批前置性中介服务收费目录清单》，取消、免征、免收和放开部分经营服务性收费项目，取消19项、免征18项、免收10项和放开21项经营服务性收费。在全市率先规范校车服务收费行为，与县财政局、县教育局联合印发《关于规范我县校车服务收费管理的意见》《关于推进我县垄断性服务价格改革的意见》等文件，并提请县政府审议通过。在全省率先实施自来水"价费分离"政策，年内，共接收企业排放工业污水约100万吨，缴纳污水处理费250万元。

【价格专项检查】 全力推进价格监管"两随机一公开"制度，先后组织开展春运客运票价专项检查、涉企收费检查、药品价格专项检查、停车收费和物业服务收费专项检查、重要节假日市场巡查等，全年查处各类案件35件，收缴罚没款84.24万元；受理各类举报（投诉、咨询）63件，其中职业举报（投诉）11件，立案查处2件，罚款1500元，退还多收价款970元；办理各类网络舆情390件。

【结对帮扶】 全面落实精准扶贫、精准脱贫措施，扎实开展建档立卡、"联村共建"工作。年内，协调相关单位在穿城镇砖井村（挂钩单位）投资64万元，建成80千瓦光伏电站，每年为村集体创收10万元。中秋节，局给帮扶户送去节日慰问金1万余元。（张　瑜）

市场监督管理

【概况】 2016年，县市场监督管理工作坚持深化改革，强化监管，优化服务，各项工作取得良好进展。县市场监督管理局被省文明委授予"2013~2015年度江苏省文明单位"，被市委、市政府授予"2015年度宿迁市文明单位"。获评省"放心消费创建信息报送先进单位""全省物品编码工作先进集体"，市质监"工作先进集体"，市药监"信息工作先进单位"，县"信访稳定工作先进单位"，获市食品安全工作一等奖。

【行政许可】 严格执行江苏省工商局"前置48项、后置165项"行政审批项目，建立涉企审批目录清单，做到清单以外无行政审批。降低创业门槛，除法律、行政法规对市场主体住所（经营场所）另有规定外，由申请人信用承诺后提交住所（经营场所）信息材料即可登记。全面推行简易注（撤）销程序，引导符合简易注销登记条件的"僵尸企业"、低端产能亟待转型企业有序退出市场。在"三证合一"基础上，积极推进"三证合一"向"多证合一"转化，全面实施"多证合一、一照一码"，发放加载统一社会信用代码营业执照。建立完善企业全程电子化登记服务体系，全县凡符合条件的企业登记均实现全程电子化。全面推行首问责任制、一次性告知制、限时办结制、服务承诺制、AB岗工作制等工作制度，出台《泗阳县市场监督管理局窗口服务业务规范》，规范窗口人员服务行为，提升服务质量和服务水平。全年办理各类业务12289件，核发食品经营许可证1359家，其中食品销售单位978家，餐饮服务单位330家，单位食堂51家；共对19家食品生产企业进行许可核查，整改3家。

【服务县域产业】 1.做好品牌培育申报工作。全县有注册商标430件，其中驰名商标1件、省著名商标21件、市知名商标33件，省名牌产品21个，市名牌产品32个。年内申报江苏名牌产品15家次，申报宿迁名牌产品14家次，申报工业企业质量信用等级评价AA级、AAA级各1家。申报市长质量奖1家。申报驰名商标1件（御珍），著名商标2件（八集花生、同德塑业），知名商标4件。新申报市级守合同重信用企业6家。2.强化质量技术监督，重点做好工业产品许可证审核发放工作，指导5家企业向省局递交工业产品生产许可证申证（或换证）申请，并配合专家组完成现场审查验收。3.改革工业类产品生产许可证制度，对照工业类产品生产许可暂停行使类、先证后核类、暂时保留类三个目录，分别汇总企业数

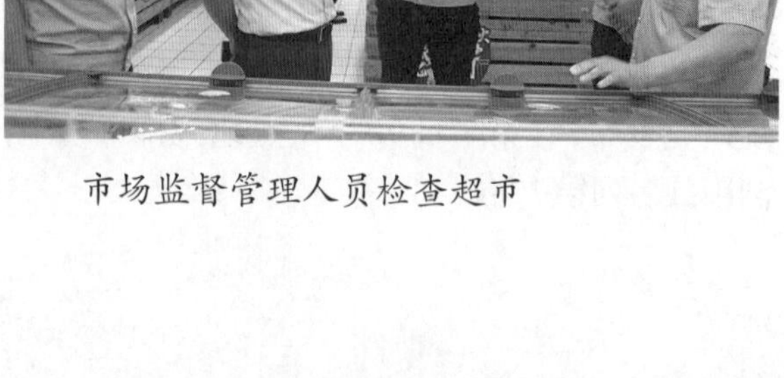

市场监督管理人员检查超市

据，召开企业座谈会，宣传贯彻改革精神和方案。4.做好质量抽验和不合格产品处理工作，全年抽检商品37类280批次，发现经销不合格产品企业（商户）14家，均妥善进行处理，有2家生产企业被立案查处。

【省级食品安全城市创建】 1.围绕省级食品安全城市创建，立足部门职责，当好参谋和助手。全年组织召开全县食品安全工作专题会议6次，食安委成员单位工作例会11次，下发各类文件26份，印制省级食品安全城市创建各种材料10万份。2.建设食品安全管理体系，夯实食品安全基础。构建科学合理的目标管理体系，覆盖全县的检验检测体系，全天监测的风险管理体系，反应迅速的应急管理体系，齐抓共管的社会共治体系，全程监管的溯源管理体系，监督有力的管理监督执法体系等“十大体系”。3.落实“四个最严”，严厉打击违法犯罪。组织开展以肉制品、禽畜水产品、餐饮具集中消毒等为重点内容，以集贸市场、城乡接合部等为重点场所一系列综合治理和专项整治，全年移交公安机关追究刑事责任9人。食品安全创建工作受到省、市食安委充分肯定，年底顺利通过省、市考核。

【助推食品饮料产业发展】 配合县食品饮料产业发展指挥部，搞好食品饮料产业调研。组织人员到江南大学食品工程学院实地考察，探索在泗阳县设立国家技术转移中心泗阳分中心可行性，并与江南大学食品工程学院签订战略合作协议。摸清家底，发放调查表126份，重点围绕企业年度产值、销售额、税收、产品、用工、设备和厂房建设投入，分类确定招商目标企业，细化分类并扩充靶向企业，确立50家重点招商企业。举办产业发展报告会，邀请江南大学产业技术研究院副院长王立莅泗作食品产业发展报告，全县有462人参加报告会。

【食品安全专项整治】 全年组织开展食品安全专项整治12次，检查食品生产企业76家次，经营单位1560家次，养老机构食堂46家次，学校食堂55家次，餐饮具集中消毒单位8家次，对检查中发现的问题责令限期整改，对涉嫌违法的依法予以立案查处。

【食品安全事故应急演练】 8月12日，联合公安、交通、卫计委和疾控中心、城管、商务局、李口医院等部门，在城子河服务区，开展食品安全事故应急演练，演练过程中按照应急预案，开展快速检测、应急救援、及时处置等活动。做到组织、人员、车辆三到位，参与演练人员40人，出动车辆15辆，为应急预案处置积累经验。

【药品安全监管】 全年审批药品零售企业68家，医疗器械零售企业10家，医疗器械经营备案84家。审核药械经营许可证换证12家、变更53家，完成执业药师注册80人次。开展药品安全专项整治8次，检查涉药单位560家次，发责令改正通知书17份。完成国家基本药物检品数220批，检出不合格药品1批，合格率99.8%。

【特种设备安全监管】 全县有特种设备4168台，其中锅炉327台，压力容器（钢瓶除外）731台，电梯2111台，起重机械651台，专用机动车辆325辆，大型游乐设施23台，压力管道220千米，各类钢瓶6万余个。全面落实安全责任制，始终将“底数清、状态清、措施清”作为特种设备安全监管工作目标，消除特种设备安全隐患，实现特种设备安全检查全覆盖。全县特种设备定期检验率达90%，注册登记率87.5%，作业人员持证上岗率89%。全年组织各类专项检查11次，检查使用单位1280家，检查各类特种设备4850台次，发现各类隐患1337条，涉及各类特种设备1720余台。

【基本药物监管】 全面加强基本药物生产、流通、使用环节监管，搞好对江苏华阳制药有限公司厂房设施、生产设备、物料管理、实验室管理、工艺验证、文件管理等相关内容的日常监管。该公司有国家基本药物品规58个，省增补品规9个，年内有4个品规正常生产。局工作人员以药典标准执行情况、生产工艺和处方、物料平衡等为重点，严格检查4个在产品种，检查中发现一般性问题8个，均及时进行整改。

【零售药店监管】 全年办理行政许可药品零售企业68个、医疗器械零售企业10个，医疗器械企业备案84个，执业药师注册80人次。

严格规范药品购销票据管理，严查“挂靠经营”和“走票”等行为，规范购药渠道，严防假劣药品流入。制定日常监督检查计划，加大检查频次和监管力度，严格监督检查全县246家药品零售企业和2家批发企业。全县涉药涉械企业日常监管覆盖率达100%。

【特殊药品监管】 从人员管理、安全设施、安全管理三个方面，按季度督查全县特殊药品经营批发和零售企业，确保特殊药品管理达到“三有三双”，即有特殊药品管理专职人员，有特殊药品专柜，有特殊药品专用账册；药品入库双人验收、保管双人双锁、出库双人复核。实现连续多年特殊药品保管无事故。

【新版GSP认证工作】 采用分类指导方法，做好新版GSP认证工作。对新开办的药品零售企业，严格按照文件要求和新版GSP标准认证；对已开办的药品零售企业，采取先培训后认证办法，安排人员到企业对新版GSP进行解读，动员企业内部开展新版GSP培训，督促其限期通过新版GSP认证；对延期通过新版GSP认证仍无望的企业，主动对接帮扶，引导企业加盟连锁、转行或退出药品经营市场。全年通过新版GSP认证企业18家。

【药品不良反应监测】 组织“安全用药、合理用药”集中宣传活动，普及药品不良反应监测知识。全年收集上报药品不良反应652例、医疗器械不良事件280例，均按要求及时报告和反馈。

【化妆品监管】 开展化妆品经营企业量化分级工作，推荐5家化妆品经营企业创建市A级单位。组织面膜、抗痘、祛粉刺类化妆品检查，全年出动执法人员406人次，检查化妆品经营企业203家，抽检化妆品15批次，快筛化妆品50批次。

【药品安全专项整治】 开展春节期间药品安全、夏季冷链药品、中药材中药饮片质量安全、含麻黄碱类复方制剂、肉毒素使用等专项整治，全年出动执法人员1600人次，检查企业560家次，发整改通知书17份，完成国家基本药物检品数230批，检出不合格药品1批。做好药品快筛工作，全年筛查药品200批次。实现药品安全无事故。

【消费维权服务】 积极受理消费者投诉，妥善解决消费纠纷。全年接受消费者咨询7962人次，受理消费者投诉举报2006件，处理率100%，调解成功率96%，为消费者挽回经济损失151.16万元。在乡镇（街道）和社区设立消费维权联络站，年内，全县32个站点处理消费投诉921件，结案率100%，为消费者挽回经济损失3.2万元。

【纪念“3·15”国际消费者权益日】 3月15日，全县以“你消费 我做主”为主题，开展纪念“3·15”系列活动。全县各有关单位摆放消费维权展牌46块，展示各类假冒伪劣商品52种，接受消费者咨询820人次，发放各类宣传资料10000余份。市场监管局将2015年度查获的价值30.96万元食品、药品、鞋服、酒类、肉类、燃气灶具、钢材等假冒伪劣商品，集中展示和销毁；在哥伦布广场举行“百企千店”放心消费宣誓签名仪式，并组织3辆LED传媒宣传车，在全县城乡巡回宣传。在县城悬挂宣传横幅80条、设立拱门5个，在各乡镇、街道各悬挂横幅50条。

【计量器具检定】 全年免费检定村级卫生室血压计（表）420台，医疗机构医疗计量器具473台，计划生育指导站计量器具64台，检定全县52家集贸市场4638台计量器具，强检计量器具受检率达100%。

【品牌建设】 通过对全县企业排查筛选、精心培育，帮助15家企业申报江苏名牌产品，14家企业申报宿迁名牌产品，1家企业申报工业企业质量信用等级评价AA级，1家企业申报AAA级，1家企业申报市长质量奖。协调县志办，将地理标志商标纳入《泗阳年鉴》；协调商标代理机构，设计地理标志商标图案，联系检测机构检测地理标志产品。

【标准化创建】 年内，泗阳县现代农业产业园农业标准化示范区创建，通过市质监局审核、省质监局专家组验收；泗阳县残疾儿童康复中心标准化示范点和李口山羊养殖示范区创建，通过省质监局中期验收；江苏加华种猪有限公司种猪养殖农业标准化项目，获得省质监局农业标准化项目立项，拨付创建经费8万元；为6家企业13项企业标准办理标准备案。

【省级诚信计量示范单位创建】 开展省级诚信计量示范单位创建活动，苏果超市（宿迁）有限公司泗阳分公司、泗阳县王集镇振兴加油站、泗阳宝岛眼镜店获得省级诚信计量示范单位称号。年内，上报省级诚信计量示范单位4家、市级3家。

【开展“守合同重信用”活动】 举办培训班，印发宣传资料，引导企业参与“守合同重信用”创建。年内，申报市级“守合同重信用”企业6家，复查县域市级“守合同重信用”企业34家。

【抵押登记】 助企融资，通过动产抵押登记，资本运作，加速企业资金融通，促进企业快速发展。全年办理抵押登记76份，担保主债权10.92亿元。

【格式合同监管】 检查供水、供电、租赁等领域合同格式条款，分行业、分领域整治，重点检查强势垄断性企业，无视民生诉求运用"霸王条款"，强制民众消费，造成民众投诉、纠纷等严重问题。全年处理格式合同纠纷12起，为消费者挽回经济损失40.3万元。

【商品条码工作】 根据《江苏省商品条码管理办法》有关规定，指导食品、玩具、肥料等企业申办条码。全年新注册条码33家、续展37家，超额完成省下达指标任务，获"全省条码小片制作优秀奖"和"全省二维码推广应用优秀奖"。

【网络交易监管】 依据国家工商行政管理总局《网络交易管理办法》（第60号令），开展"工商网监"电子标识申领发放工作。全县有网站主体403家，符合网络交易监管73家，审核通过19家。凡通过审核的一律悬挂"工商网监"标识。

【农贸市场创卫】 1.强化组织实施。召开农贸市场创卫工作推进会，认真梳理农贸市场创卫标准和任务，加强对一线创建工作的督促指导，督促市场主办方落实主体责任。2.强化氛围营造。组织市场主体制作创卫宣传横幅、创卫宣传栏、LED显示创卫标语等。3.推进农贸市场升级改造。年内投入20万元，建成农贸市场食品安全检测室7个；完成广源农贸市场、江淮农副产品批发市场、文城农贸市场、上海路农贸市场、副食品商城升级改造和解放北路菜场搬迁工作，并为4家农贸市场配齐检验检测设备。4.强化问题整改。对照市场创卫任务和创卫标准，细化问题清单、整改清单、责任清单，通过"三单制"明确整改牵头领导、牵头单位和责任单位，按周推进问题整改落实。5.抓好专项整治。深入推进农贸市场环境卫生治理，建立健全农贸市场长效管理机制。

【放心消费创建】 采取先易后难，先行示范，逐步推开方法，推进放心消费示范单位创建。选择以众兴镇等4个乡镇为放心消费示范乡镇，带动其他乡镇投入创建；以蔬菜、食品、药品、烟草、食盐、旅游、农机、电信、汽车修理、餐饮等10个行业为示范行业，带动其他行业参与创建；以广源菜场、文成路菜场为示范市场，带动其他专业市场创建。全年创建省级放心消费先进（示范）单位5个、市级放心消费先进（示范）单位11个。全县经省、市创建办命名的先进（示范）单位达131家。

【专项检查】 开展"春耕"期间涉农计量器具专项检查，检查计量器具83台/件；开展新闻出版单位计量专项督查，检查电视台新闻稿件112件，对不规范使用计量单位予以督促整改；开展端午节、八一、中秋节期间米、面、食用油专项计量检查，检查76批次；开展生产环节纸巾纸、卫生纸、洗衣粉等日用消费品，教育装备产品生产领域儿童玩具、儿童卫生用品，以及煤气灶具、电动自行车、成品油和农村道路交通安全等专项整治。全年出动执法人员316人次，检查经营户3216家，立案8件，罚没金额7.1万元。

【质量监管】 年内抽检小家电、饮水机、电动自行车、木地板、手机、成品油等37类商品280批次，立案查处不合格经销企业（商户）14家、生产企业2家。

【投诉举报办理】 及时受理和办理群众举报，全年受理各类投诉举报1706件。根据群众举报，年内查处泗阳县方圆液化石油钢瓶测站和宿迁市东森液化石油钢瓶检验有限公司未按安全技术规范要求检验、检测案；查处江苏利宇剃须刀有限公司生产销售侵权剃须刀案，没收侵权剃须刀4032把、包装盒3600个、包装袋29200个，货值41290元；查处葛某销售侵犯JOMOO商标专用权坐便器案，查扣侵权商品172个。

【案件查处】 年内查处各类违法案件329件，罚没入库384.44万元；其中立案查处72件，罚没入库128万元。组织质检利剑、清风行动，打击假冒伪劣产品。全年开展专门执法行动4次，检查各类经营户260家，立案查处违法案件50件。执行大要案会审制度，对罚没金额5万元以上以及有重大影响的案件，由局案件审理委员会集体审查。全年召开案审会14次，审理案件95件。

【法规建设】 整理原工商行政管理局、质量技术监督局、食品药品监督管理局的有关法律法规及规章制度，集中编印《市场监督管理法律法规汇编》，总数180万字。修订完善《行政执法程序》《行政处罚案件集体审理制度》，制定《"双随机"

抽查监管工作实施方案》和《“双随机”抽查监管工作办法》，建成随机抽查事项清单和随机抽查执法检查人员名录库。

【争取扶持资金304万元】 加强政策研究，吃透上级扶持政策，了解和把握上级的支持重点，积极主动与省市部门联系和沟通，捕捉项目信息，及时掌握资金投向，争取上级部门更多扶持。全年争取策应扶持资金304.88万元，资金实际到账249.9万元，实物到账54.975万元。

【民意征询发布会】 3月14日，举行“您点题，我治理”食品安全放心消费民意征询发布会，市食品安全办公室负责人、全县各乡镇、街道和机关等食品安全委员会52家成员单位负责人、6家金融行业和部分食品行业代表参加发布会。《中国食品安全报》《中国报道》和《宿迁日报》、泗阳电视台、广播电台、网上泗阳、杨树人家网、速新闻等13家新闻媒体记者出席发布会。

【普法宣传】 6月16日，利用食品安全宣传周发放宣传材料3万份，展出宣传牌50个，悬挂横幅20条，展示假冒伪劣商品32个，接待消费者咨询近千人次，咨询服务现场受理消费者申诉、投诉18件。

【信息宣传】 组织人员撰写和及时上报各类信息，全年在国家级新闻媒体上稿23篇（条）、省级上稿24篇（条）、市级上稿124篇（条）、县级上稿260篇（条），全年累计在各类媒体上稿431篇（条）。

【理论调研】 组建理论研究队伍，布置理论调研课题，开展理论研究。全年刊发理论性文章19篇，居全市三县两区之首。其中，《江苏市场管理研究》刊登2篇，《江苏市场》刊登2篇，《宿迁工商研究》刊登13篇。完成县政府布置的调研课题2篇。

【党风廉政建设】 开展日常教育，集中学习《习近平关于严明党的纪律和规矩论述摘编》，邀请县委党校老师作“全面从严治党、提升服务水平”讲座，进行专题辅导。开展节点教育，7月1日建党节前，组织全体干部职工集中观看警示教育片《挺纪在前、警钟长鸣》，局党组书记、局长袁广利为干部职工上《学党章，守纪律，争做优秀党员》廉政党课。中秋、国庆前，在局微信群发预警提醒10条。开展主题教育，组织学习《尺·度》动漫读本，开展“严守纪律 把握尺度”主题教育系列活动和“寻找身边的老严”征文活动，共收到征文11篇、廉政书画作品33幅，其中有17幅上报省局参加评选。

【扶贫工作】 年内结对帮扶三庄乡夫庙村，落实“一对一”帮扶117户，先后为该村实心田改造、河塘整治、购买农机具出资10.8万元。同时开展“三进三帮”活动，组织局机关全体工作人员做好农户信息采集工作，年底完成农户信息采集800余户，完成率达75%以上。

【文明单位创建】 开展文明单位创建活动，召开创建交办会，设立道德讲堂和善行义举榜，张贴文明标语，发放职工文明手册、规范职工文明行为。注册成立局志愿者协会，组织参加“泗水先锋”党员志愿服务活动、文明交通劝导活动和周六清扫活动。全年参加“泗水先锋”党员志愿服务活动900人次、参加文明交通劝导活动1500人次，参加周六洁净家园清扫活动240人次。年内，县市场监督管理局被表彰为省级文明单位。

（周相文）

国土资源管理

【概况】 2016年，全县国土资源工作围绕“双提”“双降”①这一工作主线，做好“整合、激活、尽责、素质”四篇文章，推动八项重点工作，较好完成市局党组和县委、县政府交给的工作任务。年内，县国土资源局被省精神文明建设指导委员会授予“2013~2015年度江苏省文明单位”，被县委、县政府表彰为“策应扶持工作先进集体”，获县2016年“社会经济发展特殊贡献奖”。

【“53321”土地综合整治工程实施】 继续以土地综合整治为抓手，搞好与城乡统筹和精准扶贫相结合，重点在成子湖片区、涟沭泗片区以及宿淮高速、省道330、267、245、325沿线两侧开展土地综合整治，全面实施“53321”土地综合整治工程，即全县完成增减挂钩5000亩，在众兴镇、临河镇分别进行同一乡镇建设用地布局调整试点3000亩，实现耕地占补平衡3000亩，盘活存量2000亩，工矿废弃地复垦1000亩。截至年底，土地增减挂钩、同一乡镇建设用地布局调整利用试点、耕地占补平衡、盘活存量及工矿废弃地复垦全部按期完成，经市级验收确认新增耕地

10768亩，位居全市各县区之首。其中：城乡建设用地增减挂钩和同一乡镇建设用地布局调整利用试点工作实现搬迁6836户，新增耕地7177亩；工矿废弃地复垦新增耕地2273亩；耕地占补平衡项目新增耕地1334亩。

【土地执法监察】 强化日常国土资源动态巡查，健全完善“预防为主，防查结合”国土资源执法机制，充分利用国土资源综合执法手段，深化违法用地“四告”制度，出台《泗阳县加强执法监管十条措施》，构建大家用大家管执法机制，有效遏制违法用地现象。加大国土资源违法案件查处力度，切实防止违法用地反弹。全年立案查处各类违法用地28宗，处结24宗，收缴罚没款183万元；申请强制执行8宗，移送公安案件6宗，责令退还土地面积104亩。

【卫片执法检查】 按照部省要求，认真做好2015年度土地变更调查和涉及违法用地查处整改工作，变更的调查数据上报顺利通过省和国土资源部审查。泗阳县连续4年实现“双零”目标②。

【指标争取及用地报批】 结合城乡建设用地增减挂钩、同一乡镇范围内村庄建设用地布局调整试点、工矿废弃地复垦等工作，积极争取用地指标。全年争取各类用地计划指标8442亩，其中：增减挂钩指标2200亩、年度国家计划指标1370亩、同一乡镇村庄建设用地布局调整试点指标1126亩、万顷良田指标478亩、单独选址指标2923亩和点供指标345亩。严格执行省政府93号令要求，出台《泗阳县被征地农民社会保障实施细则》，推进被征地农民刚性进保。全年累计上报17个批次（含5个单独选址项目）用地材料和4个只转不征批次材料，报批面积4335亩，累计批回12个批次和4个只转不征批次，批准面积3200亩，保障了全县100项重点工程和县经济开发区、木业园区、乡镇全民创业园工业项目用地。

【三优化三清理】 开展“三优化三清理”③工作，对2008~2016年批准的45000余亩土地逐一明确供地对象，完善供地手续，全县供地率上升至70%，居全市前列。全年盘活闲置低效用地2300亩，日常性规划调整修改面积4000亩，争取规划流量指标1.2万亩。

【土地收储出让】 加强土地推介，先后赴南京、浙江舟山等地开展土地推介活动，发放土地推介手册、泗阳政区图、泗阳城区图等宣传资料5000余份。全年出让经营性土地3期，成交9宗，面积310亩，成交额3亿元；工业用地挂牌出让9期，成交101宗，面积约1550亩，成交额约1.5亿元。

【不动产登记工作】 县不动产登记局和县不动产登记服务中心成立，不动产登记系统建成并投入运行。6月15日，第一本“不动产产权证书”发至市民手中。截至年底，全县受理不动产登记17714件，其中证书（证明）11000件，注销、查封类业务714件，查阅档案6000余件。

注释：

① **“双提”“双降”**：“双提”即提升节地水平，提升产出效益；“双降”即降低亿元GDP耗地率、降低土地开发强度。

② **“双零”目标**：即零约谈、零问责。

③ **“三优化三清理”**：优化农用地结构布局、优化建设用地空间布局、优化镇村居住用地布局；清理闲置低效工业用地，清理问题房地产项目用地和清理农村空置用地。（毕乃政　张冬）

审计监督管理

【概况】 2016年，泗阳县共完成审计项目69个，查出违规金额10123万元，管理不规范金额32504万元，促进税收和各项规费收缴1500多万元，移送案件线索28件。年内，县审计局被国家审计署中国时代经济出版社评为“2016年度全国审计通联宣传工作先进单位”，被省审计厅评为“2016年度审计通联工作成绩突出单位”；被省文明委授予“2013~2015年度江苏省文明单位”，被市委、市政府授予“2015年度宿迁市文明单位”，获泗阳县2016年度绩效考评工作全面先进单位、县2016年度作风建设评议先进单位、县“六五”普法先进单位、县2016年度社会治理（信访稳定）表彰单位、县“十二五”脱贫奔小康工程先进单位、县尊师重教先进单位、2016年度党委信息工作先进集体、2016年度政务信息工作先进集体、2016年度全县宣传文化工作先进单位等。

【财政预算执行审计】 年内审计2015年度县财政局预算执行、县地税局2015年度税收征管、江苏泗阳经济开发区预算执行、众兴镇2015年度财政收支等情况，同时开展县卫生局、人社局、教育局、科技局、农委、水务局、住房和城乡建设局、交通运输管理局等12家单位及所属二级预算单位2015年度部门预算执行和其他财政收支情况审计。审计发现问题29个，查处违规金额1.19亿元。针对存在问题，县政府召开专题交办会，部署审计整改工作。县纪委、县监察局和审计局联合组成专项监督检查组，监督检查整改情况，使所发现问题得到较快解决。

【政府投资工程审计】 进行徐宿淮盐铁路征收审计，开展市民中心、行政服务中心、妈祖文化园、成子湖公路桥梁等政府重点工程跟踪审计。全年审计政府投资工程185个，完成工程结算审计项目88项，审计工程结算金额9.07亿元，通过审计核减工程价款1.75亿元，核减率达19.24%。

【领导干部任期经济责任审计】 年内开展城厢街道党工委、县统计局、党史办、体育局、档案局、安监局、南刘集乡等单位7名领导干部任中经济责任审计，并开展原县农委副主任、现代农业产业园管委会主任陈前虎，原县农机局局长李效军，原县供销总社主任郑维双，原泗阳县中等专业学校副校长刘波（主持工作）等4名领导干部离任经济责任审计。审计共查出违规资金8963万元，移交案件线索13个。

【专项资金审计】 审计现代农业产业园、科技专项资金、基本卫生公共资金和就业创业补助资金等4种不同类型的专项资金。审计查处违规资金1863万元元，移送案件线索3个。

【国有企业审计】 年内开展民康公司、运河新城公司、交通投资公司、东方投资公司、城南新城公司和三联担保公司等6家国有公司2015年度资产负债损益情况审计。审计发现企业损失浪费、工程款拨付不规范、融资成本偏高、会计核算管理工作不规范等问题45条，查出问题金额1.12亿元，提出审计意见和建议18条，出具审计报告6份，促进国有企业健康发展。

【上级交办项目审计】 3月，市审计局统一组织审计县（区）经济开发区土地绩效使用和区域供水情况两个项目。在土地绩效审计中查出无证用地、土地节约集约利用水平不高、养老保险、税收缴纳、经济效益等五方面12个问题，并提出12条整改意见。在区域供水审计中发现9个问题，已全部整改到位。

【县交办项目审计】 根据县委、县政府交办，县审计局开展2016年县重点工程过程性跟踪审计、临河镇政府资产负债损益情况审计、城乡用地增减挂钩项目补助资金审计和妈祖文化园资产负债损益情况审计，同时进行农商行科技类小微贷款资金审计调查、东方投资公司融资审计调查、2014年至2015年度城市公交和镇村公交运营亏损情况审计调查等。全年完成县委、县政府交办的审计项目33个，发现违规资金2812万元。

【信息宣传】 全年在各类报刊、网站等媒体上稿、信息446篇（条），其中被国家级媒体采用112篇（条），省级采用131篇（条），市级采用203篇（条）。年内，被中国审计报社评为“全国审计宣传工作先进单位”，被《中国审计》杂志编辑部评为“全国审计通联宣传工作先进单位”，被省审计厅评为“2016年度审计通联工作成绩突出单位”。

表26　　　　2016年审计情况汇总

序号	项目类型	审计单位（个）	审计查处金额（万元）		审计发现问题（个）	问题整改（个）	备注
			违规金额	不规范金额			
1	财政预算执行审计	12	11900	20353	29	29	
2	固定资产投资审计	88	90700（送审金额）	17500（审减金额）			不参与合计
3	经济责任审计	11	8963	19233	23	23	
4	专项资金审计	4	1863	10230	16	16	
5	国有企业审计	7	11200	31002	45	45	

续表26

序号	项目类型	审计单位（个）	审计查处金额（万元）		审计发现问题（个）	问题整改（个）	备注
			违规金额	不规范金额			
6	上级审计机关交办	2					查处情况由上级机关统计
7	领导交办项目审计	33	5112	12156	56	56	
合计		69	39038	92982	169	169	

（胡广生）

安全生产监督管理

【概况】 2016年，泗阳县认真贯彻落实中央、省、市安全生产工作部署，牢固树立安全发展理念，坚守红线意识，以固本强基为重点，加强源头管控，狠抓责任落实，扎实整改安全隐患，夯实安全生产基层基础，安全生产形势稳步好转，为建设“强富美高”新泗阳提供了有力安全保障。年内，全县发生各类安全生产事故96起，死亡55人，受伤65人。危险化学品、烟花爆竹、建筑、校车、旅游、燃气、电力、农机等行业领域均未发生安全生产死亡事故。全县安全生产形势总体平稳可控。2016年，泗阳县安全生产监督管理局被评为省“安全生产月”活动优秀单位、全省职业健康监管工作先进单位、全市安全生产执法队伍岗位练兵先进单位、全市安全生产先进单位；被泗阳县政府评为全县绩效考评工作全面先进单位。

县委书记徐勤忠带队检查安全生产

【安全隐患排查与整改】 建立健全“党政同责、一岗双责、失职追责”安全生产责任体系，强化部门监管责任，深化企业安全生产主体责任落实，促进部门和企业主动进行安全生产隐患排查和整改。全年共出动检查人员400人次，检查单位950家，下发隐患整改通知书530份，县安委会挂牌督办14处重大隐患，与13家责任部门签订隐患整改责任书。

【重点行业领域专项整治】 狠抓重点行业和领域专项治理，全年共开展重点行业领域安全生产专项整治13项，停产停业整顿危化品使用企业2家，责令进行基础建设改造的加油站3家，收缴非法烟花爆竹10000余件，勒令停产停业整改企业2家，立案查处特种设备使用单位89家、非法运营车辆52台，查处超限车辆692台，约谈建设、监理、施工单位15家，暂停使用塔吊6台，勒令拆除高处作业吊篮2台，查扣非法液化气钢瓶725只，查处地下黑气点126个。

【宣传教育培训工作】 全年举办生产经营单位、建筑安全、烟花爆竹、校车安全等各类培训班27期，培训人员2000余人。发挥8个安全生产微信群作用，编印发放《习近平总书记关于安全生产重要论述》200余份、《隐患相册》60余册。

【应急体系建设】 全年开展消防综合性应急救援演练2次，进行教育、卫生、危险化学品、水上交通等专项应急演练4次。全县应急队伍达到3500人，其中泗阳经济开发区以人武民兵为主组建的应急救援队伍达到75人。启动新袁、王集二级消防站建设。

【基层基础工作】 执法检查装备保障有力。年内，县政府增核安监局执法车辆编制2辆，现有3辆，保障了执法用车。乡镇安全监管队伍素质普遍提升。乡镇分管领导和安全员分批分期参加省、市、县培训，安全监管执法能力有所提高。基层监管监察资金投入不断加大。南刘集、史集、城厢、王集、新袁等分局通过省级机构能力建设

验收，分别获专项资金10万元。全县创建安全文化示范乡镇3个、村居1个、学校1个、医院1个、企业7个。 （刘　磊）

统计工作

【概况】 2016年，全县统计工作秉持统计重在服务理念，强化职能、开拓创新，较好地完成县委、县政府交给的各项任务。全年编纂出版《统计年鉴》（2015）卷1部，编发《统计分析资料》58期，编印《统计信息》44份。围绕国家GDP核算制度改革，主动开展“三经普”课题研究，撰写分析报告6篇，其中5篇得到县领导批示和表扬。年内还完成各项专业年定报、规模以下工业抽样调查、工业品价格、城乡住户、人口和劳动力等常规调查，为领导决策提供了依据。

泗阳县第三次全国农业普查培训会

【第三次全国农业普查启动】 1.按照“统一领导、分工协作、分级负责、共同参与”原则，制定县第三次全国农业普查实施方案。2.组建普查机构。全县成立各级农业普查机构21个，选调骨干97人，并建立各级普查办公室。3.做好前期准备工作。全县划分小区2191个，选调“两员”2428人，业务培训3211人次，发放PDA237个，各种物资2200套（件），并将普查员补贴、工作费用纳入县乡财政预算。4.开展农普宣传活动，发放“致农户一封信”等宣传资料20万份，利用各类媒体宣传普查知识和政策，提高农普知晓度和配合率。5.运用PDA现场采集数据，普查员携带数据终端直接到田间地头实地监测、核查，实现现代信息技术与传统经验无缝衔接。

【统计指标监测】 围绕国家GDP核算制度改革，加强核算基础数据跟踪监测。1.成立主要统计指标监测领导小组，由局领导任组长，局分管领导及各科室业务责任人为成员，具体负责主要指标统计监测工作。2.加强基础工作。通过对22家基层单位经常性检查督促，确保把统计监测工作落到实处；通过对902家网上直报企业联网培训，保证一线数据的准确及时性。3.关注统计监测内容。通过对“GDP、工业及R&D、投资及房地产、居民收入、贸易、服务及文化产业、1%人口抽样调查”等情况监测，根据指标变化，及时提出警示和应对措施。

【企业统计规范化建设】 全年查看全县122家重点服务业企业统计原始记录203本、基础台账222本，帮助服务业企业规范统计质量，建立考评机制，加强数据质量控制，提升了服务业统计数据支撑力。

【“一套表”上报工作】 重视投资“一套表”上报工作，做好投资现有制度向投资“一套表”制度的过渡与对接工作，加强投资领域数据监测分析，提高新情况、新问题的预判前瞻。年内重点帮助40家亿元以上在建项目法人单位审核确认及资料上报工作。

【“三经普”课题研究】 主动开展“三经普”课题研究，充分利用“三经普”获得的数据，结合县实际情况，进行综合分析，撰写一批有观点、有内涵、有建议的分析报告。全年撰写分析报告6篇，有5篇报告引起领导高度重视。

【基层基础工作】 依托县域统计工作管理模式，以片区统计工作站为责任区、诚信统计企业为示范，通过责任到人、数据管家等制度的进一步落实，结合统计检查等日常工作载体，扎实加强统计“双基”工作。县乡两级统计机构通过对基层企业抓创建强基础，使企业更好地依法履行统计义务，提高统计能力、提高统计数据质量。

【挂村扶贫工作】 局党员干部经常深入庄圩乡红旗村访贫问苦，为28户特困户送去帮扶物资；局组织全体人员到223户农家开展三进三帮，赠送化肥，帮助农户发展瓜蒌种植等。 （李　斌）

科学技术

本栏编辑　李昌富

科技工作

【**概况**】 2016年，泗阳县科技工作围绕创建省级创新型县有利契机，以科技创新为导向，以重点项目为支撑，以科技服务为抓手，不断提高自主创新能力，有序推进各项工作的开展，取得良好的工作成绩。泗阳县被市委、市政府表彰为科技创新工作先进单位；县地震局在全省市县防震减灾综合评比中，被省地震局表彰为“2016年全省防震减灾工作县级优秀单位”；县知识产权局被省知识产权局表彰为“江苏省知识产权宣传培训工作先进单位”、被县委组织部表彰为“2016年度全县人才工作先进单位”。泗阳县成功创建为省级可持续发展实验区，泗阳县现代农业星创天地入围科技部第一批星创天地名单。

【**项目申报**】 全年获批省级以上科技计划项目12项，争取资金2120.9万元。其中，获批省重大科技成果转化项目1项，争取资金800万元；获批产业前瞻与共性关键技术研究1项，苏北富民强县专项10个。

【**高新技术企业认定**】 全年获批国家高新技术企业14家，省民营科技型企业32家，新增省高新技术产品25个。全县高新技术产业产值占规模以上工业产值比重23%。

表27　　2016年泗阳县获国家高新技术企业认定情况

序号	企业名称	序号	企业名称
1	江苏华绿生物科技股份有限公司	8	江苏联康电子有限公司
2	江苏宝浦莱半导体有限公司	9	江苏金牌橱柜有限公司
3	江苏海光金属有限公司	10	江苏升茂塑胶制品有限公司
4	江苏海丰机械科技有限公司	11	泗阳瑞泰光伏材料有限公司
5	江苏赛尔密封科技有限公司	12	江苏吉福新材料股份有限公司
6	江苏通瑞包装有限公司	13	江苏苏丝丝绸股份有限公司
7	宿迁市豹子头服饰科技有限公司	14	江苏宏源菌业有限公司

表28　　2016年泗阳县获批省高新技术产品情况

序号	项目类别	产品名称	企业名称
1	省高新技术产品	高性能JD-Fe干簧管玻璃	江苏建达恩电子科技有限公司

续表28

序号	项目类别	产品名称	企业名称
2	省高新技术产品	高性能JD-200电子玻璃粉	江苏建达恩电子科技有限公司
3	省高新技术产品	新型环保抗腐蚀硅藻泥浮雕板材	江苏吉福新材料股份有限公司
4	省高新技术产品	新型耐热耐腐蚀皮革贴面装饰板材	江苏吉福新材料股份有限公司
5	省高新技术产品	高性能水性聚氨酯UV装饰板材	江苏吉福新材料股份有限公司
6	省高新技术产品	多功能电动工具推杆组件	泗阳德福来五金制品有限公司
7	省高新技术产品	具有高承载能力的新型电动推杆	泗阳德福来五金制品有限公司
8	省高新技术产品	高性能环保型透明导电镭射转移卡纸	江苏维格新材料科技有限公司
9	省高新技术产品	新型OPP、PET涂布防伪镭射转移膜	江苏维格新材料科技有限公司
10	省高新技术产品	120支绢/羊绒/染色绢丝65/30/5混纺纱	江苏苏丝丝绸股份有限公司
11	省高新技术产品	新型环保阻燃高光一体吸塑板材	江苏吉福新材料股份有限公司
12	省高新技术产品	新型丝网3D烫金板材	江苏吉福新材料股份有限公司
13	省高新技术产品	防湿防潮涂布转移离型纸	江苏维格新材料科技有限公司
14	省高新技术产品	绿色环保型opp100d圆点防伪横纹光柱膜	江苏维格新材料科技有限公司
15	省高新技术产品	新型减震高散热型PCB板	江苏联康电子有限公司
16	省高新技术产品	新型高性能安全型PCB板	江苏联康电子有限公司
17	省高新技术产品	新型多功能FPC排线	江苏联康电子有限公司
18	省高新技术产品	玻封低功耗开关二极管	泗阳群鑫电子有限公司
19	省高新技术产品	玻封低功耗稳压二极管	泗阳群鑫电子有限公司
20	省高新技术产品	玻封低功耗双向触发二极管	泗阳群鑫电子有限公司
21	省高新技术产品	安全高效船用LNG加注机	江苏蓝色船舶动力有限公司
22	省高新技术产品	低成本低能耗轮毂压铸模具	泗阳敏于行精密机械有限公司
23	省高新技术产品	液压泵橡塑密封材料	江苏赛尔密封科技有限公司
24	省高新技术产品	SKYF1550-6低风速型双馈异步风力发电机	泗阳高传电机制造有限公司
25	省高新技术产品	新型耐磨阻燃抗静电PVC塑胶地板	江苏升茂塑胶制品有限公司

表29　　2016年泗阳县获市科学技术奖项目情况

序号	完成单位	奖项名称	级别
1	江苏荣马新能源有限公司	低成本高效黑硅太阳能光伏电池关键技术研发及产业化	二等奖
2	江苏吉福新材料股份有限公司、扬州大学	水性高性能快干UV光固化涂料树脂的开发及应用研究	三等奖
3	泗阳瑞泰光伏材料有限公司	1200kg级铸锭炉（G7）高效率多晶硅锭工艺的研发及产业化	三等奖
4	江苏华绿生物科技股份有限公司	白酒糟复合培养基工厂化栽培金针菇关键技术研究	三等奖
5	泗阳县人民医院	腹腔镜下卵巢囊肿水垫加吸引器水分离法与开腹卵巢囊肿手工剥除法的对比研究	三等奖

续表29

序号	完成单位	奖项名称	级别
6	泗阳县人民医院	淋巴免疫表型及趋化因子检测在复发性流产中应用的临床研究	三等奖
7	泗阳县人民医院	显微镜结肠炎的临床病理学诊断体系的建立及治疗研究	三等奖

【创新载体建设】 全县有省级以上企业研发机构41个，省级科技企业孵化器2个，省级科技服务超市及便利店3个，省级科技创新平台8个，省研究生工作站34个，其中，2016年新增名乐地板等企业研究生工作站12个。众兴镇、卢集镇、新袁镇获批省创新型试点乡镇。大中型工业企业和规上高企业研发机构实现全覆盖。江苏晟宇地板有限公司、江苏晶鼎电子有限公司获批省工程技术研究中心，市工程技术研究中心备案21个。

表30　　2016年泗阳县获批省工程技术研究中心

序号	项目类别	项目名称	企业名称
1	江苏省工程技术研究中心	江苏省（晟宇）速生材创新利用工程技术研究中心	江苏晟宇地板有限公司
2	江苏省工程技术研究中心（绩效考评）	江苏省（晶鼎）单晶硅太阳能工程技术研究中心	江苏晶鼎电子材料有限公司

【人才培养与引进】 全年入选省双创人才计划18名，其中双创人才4名，科技副总13名，医院创新类1名。

【产学研合作】 先后组织江苏苏丝丝绸股份有限公司、江苏荣马新能源有限公司、江苏吉福新材料股份有限公司等企业赴西南大学、东北林业大学、扬州大学等高校开展产学研对接。建立校地合作关系2个，与西南大学签署全面合作协议，搭建校企联盟10个。

【知识产权工作】 2016年全县专利申请量2004件，授权量1067件，申报省知识产权战略推进计划项目3项，获批标准化示范创建先进单位1个、省标准化示范创建备案企业14个；争取2016年度省级专利资助专项资金、市专利奖项目14项，争取各类资金62万元。组织辖区内企业参加省、市知识产权内审员业务、专利运营等知识培训5期，培训人数300多人次。搭建南京经纬专利有限公司与泗阳经济开发区知识产权托管服务平台，提升泗阳知识产权工作整体水平。在3·15“国际消费者权益日”和4·26“国际知识产权日”期间，联合有关部门开展多种形式知识产权宣传活动，全年组织知识产权服务机构到全县企业开展专利申请活动20余次。

【防震减灾】 年初，县地震局在省地震局指导下，对泗阳测震台仪器设备进行调试，并正式开通测震台，泗阳测震台信号与省市测震台联网，改变了泗阳无高科技地震监测设施的历史。5月12日全国防灾减灾日期间，县地震局到裴圩小学指导开展地震应急演练。9月1日，县地震局与公安局、教育局等单位在县公安局指挥中心开展地震应急桌面推演。对4个建设工程开展抗震设防要求管理服务。安排专人指导裴圩小学开展创建防震减灾科普示范学校工作。在第八个全国防灾减灾日和防震减灾宣传周期间，向社区、乡镇、学校赠送防震减灾知识宣传挂图40套，宣传光碟90张，发放防震减灾知识宣传资料500多份，悬挂宣传横幅3条。开展纪念唐山地震40周年活动，向社会民众宣传防震减灾知识，全年共开展大型广场宣传咨询5次。

（黄　研）

气象工作

【概况】 2016年，泗阳县气象局（简称县气象局）认真抓好气象服务工作，重视重大灾害性天气预警，为全县国民经济和社会发展保驾护航，为全县人民生活、工作提供气象保障。被省精神文明建设指导委员会表彰为“2013~2015年度江苏省文明单位”；获评2015年度宿迁市文明单位；殷华被省气象局表彰为气象综合业务标兵和市优秀预报员、综合气象观测业务技术能手，并获宿迁市重大气象服务奖。

【气候概况】 2016年，全县平均气温16.0℃，比常年偏高1.2℃；年极端最高气温37.9℃，出现在7月25日；年极端最低气温-12.6℃，出现在1月24日；年降水量917.9毫米，比常年偏多43.1毫米；日最大降水量为97.9毫米，出现在6月23日；年日照总时数2079.4小时，比常年偏多30.2小时；全年高温日数为14天，7月、8月出现持续性高温，高温对人民生产生活带来不利影响；全年暴雨日数为2天，最大降雨量97.9毫米；全年多轻雾、霾天气。

【地面观测】 1~12月份常规观测传输及时率100%，区域站传输率99.96%；台站数据综合质量达99.98%，高于全省平均水平，位列全市第二。殷华参加江苏省综合业务技能竞赛获得全省第七名，被表彰为“江苏省气象综合业务标兵”。

【气象服务】 全年共发布重大天气预警信号17次，春运专题5期、高考专题2期、春耕春播6期、夏收夏种15期、天气周报37期、天气公报12期、手机短信25万余条、政府微博600余条，服务微信群25个。4月6日泗阳进行人工增雨作业，县气象局从方案制订、气象服务到具体实施全权负责，降雨作业收到预期效果，受到县领导表扬。泗阳人工降雨作业宣传稿件被《中国气象报》刊用。

【汛期气象服务】 2016年，泗阳自5月1日进入汛期，县气象局认真落实汛前各项准备工作，成立汛期气象服务领导小组，局长袁志勇亲任组长、各科室负责人为组员。严格执行领导带班（值班）制，严格实行24小时守班和信息报告制度。6月23日晚，暴雨突袭泗阳，城区、开发区道路及部分居民小区积水严重。县委书记徐勤忠、县委副书记、代县长马伟带领相关部门负责人连夜到县气象局了解气象情况，局长袁志勇详细汇报全县汛期雨情及天气趋势，并提出应对措施。对暴雨天气过程的准确预报和应对方案，县气象局在整个汛期的主动服务，得到县委、县政府领导充分肯定，县委书记徐勤忠多次在全县大会上予以表扬。

【农业气象服务】 年内，该局与县农委等相关农口部门一起，就全县新型农业对气象服务的愿望和需求开展联合调查，深入经营主体和种植大户、深入到田间地调研头，详细了解农业气象服务需求，与县农委等部门联合会商2次，为农业、多种经营大户提供气象服务菜单，并建立微信群，及时提供“保姆式”气象服务。

【气象工作纳入县网格化环境监管体系】 依据省委办公厅、省政府办公厅《关于建立网格化环境监管体系的指导意见》，年初，县政府制定《泗阳县网格化环境监管实施方案》，把气象工作作为重要方面纳入其中。根据该方案，县气象局主要担负2个方面工作：一是气象监测，会同县环保局及时做好气象、环境研判，特别是做好重污染天气预警及信息发布工作。二是增强和提高应急气象服务能力，当好天气哨兵和政府参谋，及时提请县政府开展人工影响天气作业，改善空气环境质量。

【预警中心扩建】 经过县气象局领导争取、县发改局立项，泗阳县天气环境监测预警中心年内开工扩建。工程施工和监理等按规定实行招标，县有关部门及时跟踪审计，市气象局纪检组全程参与监督。工程土建已于年底完成转入装修。

【防雷审批改革】 根据国家与地方行政审批制度改革相关文件要求，取消防雷行政审批制度，取消防雷装置技术评价服务费，妥善处理好相关遗留问题，5名防雷岗位外聘人员签订解聘合同。出台防雷技术服务跟踪办法，完善监管制度，规范检测行为，开放市场，引入竞争机制，鼓励具备相关资质的社会组织和个人参与防雷技术服务，推动防雷技术服务市场化。

【气象宣传】 开展防灾减灾宣传，县气象局全年接待县级以上媒体采访10次，央视录用1期，省电视台录用2期、泗阳电视台录用10期。省局办公网上稿40篇，《江苏气象》杂志上稿1篇，《中国气象报》上稿7篇。

【扶弱济贫】 年初，县气象局按县委安排，与来安街道陈祠堂居委会8户低户挂钩扶贫，该局将帮扶任务到个人，实行公职人员与贫困户“一对一”结对并立即对接，在春节、端午等重大节日登门走访慰问，送给现金和实物资助。年底，又筹措落实帮扶资金1万元。

【创建活动】 坚持不懈抓文明建设，内强文明素质、外树文明形象，塑造“廉洁务实，文明办公，高效服务”的形象。7月，县气象局被市委、市政府授予“2015年度宿迁市文明单位”称号；9月，被省精神文明建设指导委员会授予“2013~2015年度江苏省文明单位”。

【党建工作】 开展“两学一做”学习教育，组织全体党员参观“中国共产党在泗阳”历史展览。全年组织召开全体党员会议4次，集体学习8次，专题讨论4次，举办道德讲堂4期。年内，夏子晴转为中共正式党员。殷华被评为市优秀预报员，张家耀被评为县优秀党员。

表31　　2016年泗阳县逐月地面气象资料主要项目统计表

项目＼月份		一	二	三	四	五	六	七	八	九	十	十一	十二	全年
极端最高气温	极值	16.5	18.8	21.8	29.4	30.4	34.8	37.9	35.4	33.5	27.5	23.2	16.9	37.9
	日期	3	10	2天	14	12	19	25	11	2	4	5	5	25/7
极端最低气温	极值	–12.6	–5.7	–0.5	5.2	11.1	15.2	20.1	18.7	14.4	6.1	–3.5	–2.8	–12.6
	日期	24	1	9	4	16	5	5	27	29	30	24	2天	24/1
平均最高气温		5.8	10.4	15.8	22.4	25.0	29.1	32.1	32.3	28.5	20.0	14.4	10.1	20.5
平均最低气温		–1.8	0.7	5.9	12.9	16.2	20.9	25.0	24.8	20.2	14.5	6.2	1.9	12.3
降水量		12.3	19.4	22.1	63.0	110.5	194.0	121.0	41.9	40.6	217.8	32.5	42.8	917.9
日最大降水量	量	3.9	17.7	19.7	22.1	35.4	97.9	43.9	25.8	17.9	42.9	11.2	20.1	97.9
	日期	22	13	8	16	28	23	1	6	30	1	7	21	23/6
一日降水量≥25.0日数						2	2	1	1		3			
一日降水≥50.0日数							2							
日照时数		155.3	181.7	209.6	198.3	191.2	172.6	185.7	225.3	198.3	57.7	143.9	159.6	2079.4
冰雹日数														
最大积雪深度	深度	4	0									4		4
	日期	2天	1									23		3天/2个月
最大风速及其风向	风速	6.1	5.1	6.6	6.4	6.9	5.3	6.1	4.5	5.0	5.0	5.4	4.8	6.9
	风向	WNW	WNW	NE	NE	NNE	WNW	S	W	NNE	E	NNE	N	NNE
	日期	24	15	8	3	12	23	20	31	28	6	22	5	12/5
极大风速及其风向	风速	11.8	10.9	12.4	12.5	15.8	10.0	12.4	9.1	12.0	9.9	11.6	10.7	15.8
	风向	WNW	N	ENE	ENE	NNE	WNW	W	ENE	NE	NE	NNE	N	NNE
	日期	24	14	8	2	12	23	26	5	28	22	22	5	12/5

续表31

项目＼月份		一	二	三	四	五	六	七	八	九	十	十一	十二	全年
大风日数														
极端最高地面温度	极值	20.2	29.1	38.3	42.2	47.1	49.6	48.8	52.7	56.2	35.4	26.4	19.2	56.2
	日期	3	27	31	30	12	20	2天	30	2	3	5	5	2/9
极端最低地面温度	极值	–4.8	–4.4	–1.7	3.6	8.2	13.5	20.3	17.8	14.1	6.3	–1.1	–1.1	–4.8
	日期	19	6	1	4	16	5	16	30	20	30	24	16	19/1
最大冻土深度	深度													
	日期													

	上年	上年	本年
雪	初日 2015年11月 24日	终日 2015 年 1月31日	初日 2016年11月 22 日
霜	初日 2015 年 11月 26日	终日 2015年3 月9日	初日 2016年11月 26 日

表32　　2016年泗阳县异常气象年表

极值名称	历史记录			更新记录	
	极值	出现年月日	记录年代	极值	出现月日
降水量	112.7	1999.10	1981–2010	217.8	2016.10
极端最高地面温度	49.6	2010.9.21	1981–2010	56.2	2016.9.2

（李秀玲）

【概况】2016年，全县有各级各类学校62所，其中，普通高中4所、职业中学2所、独立初中21所、小学30所（含双语学校东校区、南校区和南京路校区，实验小学分校区，众兴实验小学老校区；不含村完全小学12所、教学点44所）、九年一贯制学校3所（育才双语学校、开发区学校、致远小学）、特殊教育学校1所、县幼儿园1所。全县有在校学生181388人，其中，普通高中学生15555人、职业中学学生6152人、初中学生34826人、小学学生90249人、在园幼儿34606人、特殊教育学校学生118人。全县公办中小学在编教职工6600人，专任教师6017人。全县学前教育入园率95.6%、义务教育巩固率99%、高中阶段入学率95.3%。年内，全县教育工作以提高学生素质为中心，以提高教育质量为核心，以立德树人为重心，以促进教育公平为重点，以深化教育教学改革为动力，以基本实现教育现代化为总任务，加强依法治教，提高教育治理水平，全面提升教育为经济社会发展和人的素质全面提高的服务能力，着力打造优质、特色的泗阳教育品牌。泗阳县被国务院确认为“全国义务教育发展基本均衡县”，被省政府授予“江苏省促进义务教育均衡发展先进县”“江苏省中小学校责任督学挂牌督导创新县（市、区）”。县教育局获江苏省第十六届中学生作文大赛（初中组）优秀组织奖，宿迁市人民政府“县区教育局高中教育质量奖特等奖”，职业教育高考对口升学质量贡献奖。被评为市安全生产月活动优秀单位。

【各类教育协调发展】学前教育规范发展：2016年，新创建省优质园3所，全县省优质园达49所、市优质园20所。义务教育均衡发展：通过联建、共建，城乡、校际差距进一步缩小，高分通过全国义务教育发展基本均衡县验收，被省政府表彰为促进义务教育均衡发展先进县。高中教育优质发展：本学年高考本二以上达线率69.06%、四年蝉联全市第一；考取“985”“211”重点高校277人。职业教育创新发展：省职业教育技能大赛、信息化知识竞赛等取得历史性突破，获金牌7枚。特殊教育稳步发展：坚持“特教特办”原则，配齐、配强特教教师，在保障特教办学经费的前提下，县政府每年专门拨付特教学校学生营养早餐费5万元，特殊教育基本普及残疾儿童少年免费教育。民办教育趋势发展：出台进一步支持民办教育发展、加强民办教育学校师资队伍建设等政策，将民办学校纳入教育发展总体规划，切实加大扶持力度；截至2016年年底，全县共有民办中小学13所、民办幼儿园44所（不含办园点54所），在促进教育结构优化、保障教育公平等方面发挥了重要作用，较好满足了人民群众多样化的教育需求。

【集团办学推进】制定《泗阳县基础教育集团化·联盟化办学实施方案》《关于进一步推进集团化·联盟化办学实施意见》《泗阳县教育集团化·联盟化办学目标管理及考核办法》3份文件，推进集团化·联盟化办学。年内，全县已建立教育集团6个、教育联盟7个。被市局表彰为集团化办学先进单位。11月18日，市第二届集团化办学论坛在泗阳举办，泗阳县经验得到市局领导和兄弟县区的肯定和赞扬。

【大阅读工程实验】 2月，以实验初中、双语实验学校等14所中小学四、五、七年级语文教学为实验样本，作为大阅读工程实验试点。9月，县教育局发文系统确立大阅读实验年级和实验操作方案，以“悦读、海量、全科”推行大阅读工程。同时压缩教材教学课程，以科学的操作规程和评价体系，实施课内外阅读链接，优化语文教学。实验在全县6所初中、8所小学取得预期效果，并在全县推广。

【师资队伍建设】 严格教师资格准入制度，坚持教师“凡进必考”原则，全年面向社会招考本科以上学历教师170名，全县小学、初中教师本科及以上学历分别占60%、95%。实施教师素质提升工程，开展“五个一”活动，提升教师专业素养。年内，全县新增省特级教师1名、省教育名师1名，市学科带头人76名；评选出学生最喜爱教师60名，年度师德标兵10名、教师队伍素质全面提升。强化师德师风建设，组织“优秀教师事迹巡回演讲”活动，在全县中小学举办报告会45场次。

【教师队伍均衡配置】 通过竞聘分流重组教师队伍，在全县范围内实施优秀教师资源均衡配置。2015~2016学年，区域、城乡、校际间交流教师409人，一定程度上缓解教师队伍结构性缺编问题和优质老师资源配置不平衡问题。

【校长队伍建设】 加强校长队伍建设，健全校长公开选聘、轮岗交流和考核评价制度，做到竞争择优、能上能下。2016年，调整和重新配置中小学校长、副校长46名。由教师、学生评选，在全县评选出最满意校长10名。

【办学条件改善】 继续加大教育投入，公办义务教育学校财政经费拨款标准由725元/生提高到1025元/生，公办中专学校财政经费拨款标准提高至1000元/生。统筹实施教育布局调整、校舍危房改造等工程。全年投入资金2.95亿元，有23个项目完成并交付使用。教育信息化和装备现代化工程加快，覆盖全县的教育城域网，“校校通”“班班通”分别达100%、65%，40%，义务教育学校均达到省定现代化办学标准。加快城区学校建设，西康路小学主要教学设施土建工程完工、城北小学土建工程过半。

【教育服务创优】 搭建教育互通“立交桥”，推进合作助学，成功挂牌民盟省委教育帮扶合作基地。启动实施“烛光牵手、师能帮扶、高考帮教”和“互联网+教育”工程，与广东全通教育股份有限公司牵手，建成县“学业测评中心”，发挥“智阅卷”项目数据在教学管理中的作用，实现考评管理数据化。强化负面清单管理，摸排系统内安全、廉政风险点，详列负面清单，制定预防措施，开展“正行风、转作风、树新风”教育行风专项整顿加强教育服务，激发正能量。

【校车管理】 出台《泗阳县校车安全管理暂行办法》，同步配套出台《泗阳县校车驾驶员考核办法》《校车安全分管校长考核细则》和《随车照管人员考核细则》等一系列制度文件，强化制度约束。强化管理措施，严格按照“八定”“三严”①和“三结合”②的要求，抓好行为规范。注重常态管理，将校车安全教育和安全应急演练工作常态化，对校车驾驶员、管理员、乘车学生每月进行一次交通安全教育，每月进行一次安全应急演练。通过签订“三书”③、填齐“四表”④方式和开展“六必讲”⑤活动，强化安全责任。实行奖惩激励，将校车安全运行考核评比和奖励工作常态化，每学期对分管校车安全管理工作校领导、校车驾驶员、随车管理人员进行考核评比，对优秀的人员给予表彰奖励，对考核不合格的校车驾驶员、照管人员予以辞退。

【食堂管理】 投入210万元，在学生食堂建成食品安全快速检测室，安排专人，对食堂每天所购食材“安检”，并签字备考。建立微信管理后勤平台，将学校分管后勤工作副校长、后勤主任、食堂负责人、食堂采购人员、食材验收人员全部纳入管理，发现问题随时整改，及时通报，实行学校食品安全年终考评“一票否决”。联合县市场监督管理局每年对全县学校食堂进行一次全面考核。连续两次评为A级的学校及食堂责任人给予通报表彰；连续两次评为C级的学校及食堂责任人给予通报批评并追究责任。

【社会活动】 在全县所有学校开展社会主义核心价值观、“宿迁市文明20条”等宣教活动，组织师生参与“文明交通劝导”活动。每周六组织局机关人员开展洁净家园志愿活动，全年组织党员进社区开展环境整治、文明劝导等活动10次。

【法治教育】 围绕全县普法工作目标，结合教育系统实际，开设法治教育课程，请公安、司法等部门到学校举办法律讲座，运用身边典型事例加强青少年法治教育。县教育局被县委、县政府评为2016年度“全县‘六五’普法工作先进单位”，44所中小学成功创建成宿迁“市级依法治校示范校”。

【策应扶持】 全年争取省策应扶持资金28440.58万元，超额完成县委、县政府下达28153万元任务指标，年度目标完成率101.02%。

注释：

①“八定”“三严”：定时、定点、定人、定线、定车、定检、定趟、定照管人员；严格校车准入、严把校车驾驶员入口关、严格遵循校车驾驶员和照管人员操作规程。

②“三结合”：校车管理实行部门监管、学校管理、群众监督三结合。

③“三书”：校车安全管理责任书、学生安全乘车责任书、道路安全工作责任书。

④“四表”：校车安全系统与卫生逐日检查表、随车照管人员检查记录表、分管领导巡查记录表、校车GPS视频监控抽查记录表。

⑤“六必讲”：季节交替时必讲、第一节课前必讲、放学前必讲、出现安全事故必讲、遇见家长必讲、班会课时班主任必讲。 （王晓文）

学前教育

【概况】 全县有成型幼儿园76所，其中省优质幼儿园49所，市优质幼儿园20所。有教职工2973人，其中专任教师2031人；在园幼儿34606人，入园率95.6%。

【财政投入增长】 2016年，泗阳县将学前教育经费列入财政预算，全年财政拨给学前教育经费6000万元，比2015年增长6%；拨给民办园创建省优质园奖励资金540万元；将贫困地区学前教育列为重点帮扶目标，全年发放民办幼儿园帮扶经费100万元。

【幼教基地引领】 2016年，全县设立县幼儿园、众兴实验小学幼儿园、众兴镇中心小学幼儿园、三庄中心小学幼儿园、新袁中心小学幼儿园、来安中心小学幼儿园等6个幼教示范基地，引领学前教育事业发展提档升级。全年在基地幼儿园举办幼儿园管理、教师、保育员等分类培训班40多期，培训人员近1000人次。5月，在全市幼儿园优秀教育活动评比中，全市设一等奖4个，泗阳获得2个。

【教师培训普及】 实施幼儿教师和管理人员分层培训：全年选派园长、教师参加省市专题培训，赴南京、苏州、无锡等地参观学习100多人次。举办县级培训、幼教基地各类专题培训、校本课程培训256场，参加人员1200多人次；举办幼儿园保育保健人员培训班，培训人员774人次。年内，有668人通过考核取得保育保健人员职业技能培训证书，全县幼儿园保育保健人员县考核过关率86.3%。

【课程设置优化】 按照“贴近幼儿的身心发展水平、贴近幼儿生活和学习特点、贴近幼儿兴趣和需要”“三个贴近”要求，根据学科课程标准，推进课堂教学改革。实施幼儿园教育游戏化建设工程，建立内容配置优化并具有选择性、开放性、拓展性、灵活性的课程结构，充分挖掘和利用当地民间游戏、歌谣和手工艺品等本土资源，因地制宜构建城乡特色课堂。举办“幼儿园课程游戏化”研讨会，总结推介先进经验。全年举办专题研讨会3期，参加人员200多人次。年内，全县建成省级课程游戏化项目园2个，市级课程游戏化项目园7个。县幼儿园和来安中心小学幼儿园在全省幼儿园课程游戏化项目建设答辩中，高分通过有关考核。 （王晓文）

重点幼儿园介绍

·泗阳县幼儿园·

【概况】 泗阳县幼儿园占地面积23330平方米，建筑面积20000平方米，绿地面积8000平方米。2016年，有教职工136名，教学班38个，在园幼儿1380名。是江苏省幼儿教育课程游戏化项目园，是全县唯一一所省级示范幼儿园。县幼儿园继续坚持“爱与教育同行”办园理念，坚持走“优质化、特色化、示范化”办园之路，倾力打造

“和”文化特色校园。年内，被市委、市政府授予“2015年度宿迁市文明单位”，被市教育局、交通局表彰为“文明交通示范学校”。

【教师学习培训】 注重教师专业培训，鼓励教师不断学习，提高水平。1.抓好书本知识学习。组织教师重点学习通读《3—6岁儿童学习发展指南》《游戏—儿童发展与早期教育》等专业理论书籍。在通读原著基础上，全年举办读书心得、教育沙龙、案例分享、问题研讨、经验交流等专题研讨会10期。2.注重专家引领。从全省各地邀请幼教专家20多名，到县幼儿园开办讲座，确保全园教师不出园门，每月都可以听到专家授课。3.派员外出参观学习，拓宽视野。全年派遣幼儿园管理人员和教师到上海、南京、苏州、无锡等地参加学习100多人次。4.搭建QQ群，给教师架起学习交流的平台。全年在平台上发表读书心得与体会文章30多篇，交流、分享教学、保育工作中的经验体会。

【教学环境布局调整】 年内，县幼儿园从幼儿教育实际需要出发，调整园内教学环境布局，努力创设儿童参与的大环境。1.室外环境调整。该园聘请市幼教专家现场指导，在园中心区域创设幼儿户外活动“快乐大本营”，营区设立表演区、建构区、探险区、涂鸦区、沙土区、寻宝区、交通安全区等区域，布置“都市小田园”等户外游戏体验区。让孩子在与沙土、农耕亲密接触中体验田园生活和劳动的快乐；在表演、探险和涂鸦等活动中，让思想和创造力插上智慧的翅膀。2.室内环境调整。本着班级活动小型化、教学课程游戏化的精神，对教室空间布局、墙壁立面、教室阳台等进行重新布局，改变以前幼儿教育小学化的桌椅摆布方式。活动室中间留有集体活动区域，四周设置为开放的游戏区域，给孩子提供更为开放、更为宽敞的空间，幼儿在园内、在教室，自主选择自己喜欢的游戏项目，自由自愿参与。3.功能室环境调整。在原有功能室基础上，添设生活体验馆，提供各种用具或食材，或者是小田园中自己种植的瓜果蔬菜，培养孩子们动手能力。在儿童小厨房内，孩子们自己洗菜、包包子、包饺子等，通过愉快的活动过程，幼儿们既学习生活技能，又体验到生活的乐趣。

【教学资源挖掘】 1.设立专用资源库，根据老师教学需要，及时采购或自己动手制作教具、器具。各年级组和各班级也都设有资源室或资源区，平时留意收集各种教学资源。2.开发利用附近社区资源，文化资源，将课堂和游戏活动向社区延伸。3.组建家长团队，利用家长资源，动员孩子、家长和老师共同收集提供教学资源。

【系列活动组织】 4月，县幼儿园邀请县消防大队官兵为全体师幼举行消防安全知识讲座，组织消防车与全体师幼零距离接触，并组织消防演练、火灾安全避险演练等活动。6月，举办“缤纷六一、快乐六一”系列活动，其中包括托小班的“阳光、欢乐、亲子情”体智能活动，中班的“童心童趣、快乐游园”亲子游园活动，大班的“七彩童年、快乐成长”幼儿素质展示活动等。组织DIY亲子蛋糕制作比赛。与县电视台《快乐大舞台》栏目组合作，进行户外游戏“爸爸去哪儿亲子游戏”“庆六一”“幼儿绘本阅读”等节目拍摄，并在县电视台播出。

【示范作用发挥】 12月，面向全县幼儿园举行幼儿游戏教学观摩示范活动，参加教学观摩活动的有幼儿园园长或分管教学业务副园长100多名、幼儿园骨干教师500多名。年内，县幼儿园还先后派出13名骨干教师，指导张家圩、三庄等乡镇中心幼儿园开展省优质园创建工作；派出6名骨干教师协助来安街道中心幼儿园加强课程游戏化设置，迎接省优质园验收。全年在市级以上相关刊物发表论文36篇，其中有8篇论文获奖。在全县幼儿教育教学评比中，县幼儿园获1个一等奖，1个二等奖；在市教师教学工作评比中，获1个一等奖。 （周　娟）

义务教育

【概况】 2016年，全县有完全小学34所（含九年一贯制学校3所）、教学点46个，其中省级实验小学4所；初中24所，其中省级示范初中9所；特殊教育学校1所。义务教育阶段有教职工5780人，其中专任教师5500人；在校学生125075人，入学率100%；小学、初中巩固率分别为100%和99.58%，初中毕业生升学率98%。2016年，泗阳县在全市率先创建成全国义务教育发展基本均衡县，并被省政府表彰为“江苏省促进义务教育均衡发展先进县”。

部分义务教育学校介绍

·泗阳县双语实验学校·

【概况】 泗阳双语实验学校建于2002年，有一校四区，分别是校本部、上海路校区、南京路校区和人民南路校区，教职工总数550人，在校学生11000人。教师中有特级教师2名，市名教师2名，市领军人物5名，市学科带头人23名，市骨干教师35名，市教学能手45名，市教坛新秀51名；省优质课教师20名，市优质课教师30名。学校始终坚持“文化立校、内涵发展”，在“让生命灿若阳光”的育人目标引领下，师生携手，努力用坚实的行动去实现教育的憧憬和理想，形成儒雅、智慧的教师气质和健美、阳光的校园生活。2016年，学校努力实施名校引领工程，在本部校区示范带动下，各校区根据自身实际，努力构建和丰富双语教育理念新内涵，取得一定的成绩，先后被省教育厅、省委教育工委评为江苏省教育工作先进集体、宿迁市基础教育集团先进单位、泗阳县教育工作先进单位等。

泗阳县双语实验学校正门

【德育教育】 内容丰富、形式创新，是县双语学校本学年度德育教育的新特色。结合阅读节、艺术节、体育节和春秋两季社会实践等活动，先后开展“我把书香送给您”阳光移动书屋活动、励志训练营~北京游学活动、“美丽仲夏夜”校园星光露营活动、“儿童梦想剧场”—每周佳片有约活动等。多彩活动，丰富了学生的校园生活。学校还在学生中开展“文明积分卡”活动，让学生的一言一行纳入校园文明建设。

【师能建设】 年内，围绕全县教育工作三年崛起计划，结合本校实际，组织实施“读书引航、名师引领、科研引擎”“三引工程”，全年举办教师读书交流会6场。实施教师阅读引航工程，要求教师每人年读书不得少于5本。实施名师引领工程，从南京、苏州等邀请全省知名专家张晓华、吴忠豪、陈洪杰、张肇丰等到校讲学；开设七彩大讲坛，组织外出培训教师回校后开设专题讲座。实施科研引擎工程，提倡、鼓励教师结合自己的教学实践，总结教学经验，撰写学术论文。全年在省级以上刊物发表论文11篇。

周淑青老师在上课

【学生大阅读工程试点】 2月，按照县教育局安排部署，在学校四、五年级语文教学中，以“阅读、海量”为目标，开展学生大阅读工程试点，适当压缩教育教学课程，优化语文教学，扩展学生的阅读量，实施课内阅读与课外阅读相互链接，让学生在大量的阅读、悦读中，开阔视野，丰富知识，陶冶情操，营造浓郁的校园书香。探索制订学生大阅读工程的操作规程和评价体系，并在全县推广。

【承办市基础教育论坛】 11月，宿迁市基础教育论坛在该校举行。参加会议的有来自全市各县区教育局长、中小学校长400多人。与会人员参观了县双语实验学校的长廊文化、创客街区、观摩了学生的社团活动、经典诵读、戏剧课程，欣赏了航模表演。在创客街区，学生们有创意、创想、创新、创造的活动受到了与会领导称赞。宿迁市教育局局长汤成军、泗阳县人民政府副县长史明霞参加会议。

（陈　刚）

·泗阳县实验小学·

【概况】 泗阳县实验小学有3个校区，在编教师380名，其中特级教师2名，市名校长1名，省级骨干教师13名，省优质课教师27名，市优质课教师69名，县优质课教师196名。设教学班125个，在校生7000余名。学校践行“把最美的教育献给孩子”的教育理念，着力构建“致美”的校园文化，把培养学生“会学习，会健体，会实践，会创新，会关爱，敢担当”作为教育目标，以精干高效的管理团队、敬业儒雅的师资队伍、全面发展的学生素质和优异的教学质量，打造独具自身特色的教育品牌。2016年，学校先后获评“江苏省教育工作先进集体”“江苏省文明校园”“江苏省生态文明示范学校”“江苏省生态文明科普教育实验学校”“江苏省优秀红领巾小社团”；获2016年金钥匙“迈博”杯校园之间智力竞技活动团体一等奖；被市委、市政府授予“2015年度宿迁市文明单位”，被市政府授予“宿迁市教育系统先进集体”等。

【教师专业素质培育】 年内，学校实施教干示范工程，每位教干给全校教师上一节“专业汇报课”，推动教学质量的提高。实施“青蓝工程”，组织新老教师结对，促进青年教师快速成长。开展名师进校园活动，从全省范围聘请专家、名师到学校授课、讲学。组织区域联盟名师到校就大阅读背景下的“1211”读写双线提速实验上研究课2次；邀请江苏教育杂志社专家张俊平、王昱到校，对学校开设的专业示范课进行现场点评；邀请盐城市教师发展中心主任蒋爱东及其团队到校开设专业课，并对快速提高青年教师专业水平献计献策。全年学校有市级以上在研课题7项，其中省重点课题3项，省立项课题1项，市在研课题3项。

【学生德育工作】 抓学生优良行为习惯养成，组织学生学习背诵八礼四仪、社会主义核心价值观，学习学校的纪律规章，在学生中开展雏鹰争章与积分卡活动。加强常规监管力度，坚持日检查、周公布、月评比，把学生的养成教育落到实处。继续开展完美教室创建，重点抓好班级外显文化的打造，深入推进“普乐课堂”与经典电影欣赏。年内，三、四、五年级已完成普乐课堂教学2个单元，经典电影欣赏分低中高三个学段各欣赏电影3部。组织主题教育活动：9月以庆祝教师节为主题；10月以“祖国我为你骄傲”为主题；11月以“感恩”等为主题开展教育活动。12月，进行“杨树好少年积分卡”和“杨树少年雏鹰争章”等活动评比。少先队工作紧密配合学生德育教育活动，9月举行文明路队评比；10月组织“放飞心情，拥抱金秋”秋游；11月邀请消防大队给师生讲解消防安全知识，并手把手教师生火灾防护技能；12月开展“小手拉大手，文明齐点赞”活动。

【管理平台搭建】 年内，学校设立教师微信群、飞信群等平台，将学校制订出台的《泗阳县实验小学教职工量化积分管理办法》《泗阳县实验小学年级组量化积分方案》《泗阳县实验小学卫生管理制度》等有关规章制度在平台上全文刊出，供全校教师学习对照。校长办公室及政教、体卫、少先队、艺教等各部门对各年级、各班级以及每一位教师及时进行考评，并将考评情况在平台及时发布，全年发通报、图文上万篇，有力促进学校管理力提升。

【家校共育推行】 认真做好学生家访，全年教师走进学生家庭900多人次。组织开好家长会，全年召开家长会200多场，参会学生家长1000多人次。举办第19期家长学校、第3届家长讲堂开展“户外亲子时光”、六一亲子劳作大赛等活动，密切家校关系。

【推进双语阅读】 制定《泗阳县实验小学全科阅读方案》，全力贯彻全科阅读的理念，把阅读指导贯穿于各门学科教学之中，要求所有教师把学科相关阅读内容纳入教学任务，构建学科阅读体系。在全校开展《好书伴我成长》读书活动，学校利用宣传栏、电子屏幕、有声电子读物、室外图书架、流动图书车等各种形式和工具，努力营造处处飘逸书香的校园环境。举办2016年阅读节系列活动，分年级举办图书贸易节，孩子们自己动手制作海报，购买、交换图书。

【科普教育】 组织学生阅读《少年科普报》《科学大众》等报刊，开展讲科幻故事、绘科幻图画、科幻模具手工制作等活动，组织学生参加江苏省科普活动竞赛、江苏省“校园之间”科技竞赛，创造各种机会让学生参与，培养浓厚的科学兴趣，

提升科技素养。年内，学校被评为江苏省科技教育示范学校。（倪义宝）

·泗阳县众兴实验小学·

【概况】 泗阳县众兴实验小学（简称县众兴实小）建校于1952年，2002年被省教育厅确立为省实验小学。学校有东、西两个校区，教学班106个，学生6350名。教师280人。教师中有特级教师2人，全国优秀教师2人，全国中小学优秀班主任1人，省优秀班主任1人，中学高级教师20人，市名教师2人，市学科带头人、骨干教师39人。学校坚持"处处问学、事事立心"的教育理念，形成独具自身特点的"问学求源、敏而好学"的学风、"问学求真、业精于勤"的教风和"用心做好每件事"的校风。年内，学校被评为江苏省"青少年科技教育先进学校"、江苏省"田径传统项目学校"、被市委、市政府表彰为"2015年度宿迁市文明单位"，并被评为"宿迁市书香校园"。

【教学管理】 学校制订严格的教学规范，并建立教导处、年级组、值日组三位一体的巡课制度，对课堂教学进行巡查管理，教导处坚持每日检查、当日通报，发现问题，及时纠正；学校实行教师教学随时推门听课制度，校领导、部门领导和教学骨干组成的听课小组随机听课。从教师教案设计、课堂多媒体使用、学生参与程度、教学实际效果等方面对课堂教学作出评价，并及时填写"评价表"。

【校园阅读】 4月，学校举办以"畅游书海、乐享阅读"为主题的校园阅读节。组织古诗、童谣诵读、书签制作、诗配画、课本剧、现场作文、英语短剧表演等多场比赛活动，开展阅读评比，表彰"书香班级"12个、"书香少年"600名、"书香教师"16名，"书香家庭"350个。在全县中小学读书活动评比竞赛中，经典诵读《百善孝为先》获一等奖，四年级学生杨景尧在讲故事比赛中获一等奖，教师张晓鸽指导的学生绘画"爱上阅读、放飞梦想"在儿童绘本大赛中获一等奖，臧玲、王慧获课外阅读优课评比二等奖。教师房元品、万家喜、严敏、陈中、石晓梅、云丽等6人被评为县"书香教师"，房元品当选市全民阅读促进会理事，其家庭获2016年度宿迁市"书香家庭"称号。

【教育科研】 学校鼓励教师认真搞好教育科研，并积极参加县内外各项评比、竞赛活动。年内，教师刘璐在市美术优课评比中获第一名，并被推选代表宿迁市参加全省比赛，获二等奖。郑军、傅沿在县小学数学优课评比中获一等奖，张雷老师在县小学科学优课评比中获一等奖，教师韩爱波、庄娟获县小学语文优课评比一、二等奖，葛志国在县教干优课评比中获一等奖，房先芹、陈莹在县"五个一"素养大赛中分别获一、二等奖，庄玉梅、石晓梅在县班主任基本功比赛中获特等奖、一等奖，朱红桂、谢巧云、葛正华、赵云在县信息化教学能手比赛中获一等奖。在县2016年"一师一优课、一课一名师"优课比赛中房芳等19位老师获奖，张弛、刘希莲、周京梅等在县品德、英语、体育基本功大赛中获奖。学校承担的《五环三步教学研策略研究》《苏北小学生享受阅读策略研究》等2项省规划课题顺利结题，教师王琳、张前侠等人4项课题被市立项，29项县级微型课题被立项。

【社团活动】 2016年，学校成立书法、篮球、绘画、葫芦丝、舞蹈、淮海戏、羽毛球等校级社团20个，年级、班级开设社团或兴趣小组100多个，每个学生都参加1个以上社团或兴趣小组。课余时间，学生依照个人兴趣参加各个社团活动，校园生活丰富多彩。年内，淮海戏社团参加县学生素质展演获一等奖，并参加市学生素质展演、县"五一"晚会和文化遗产日淮海戏专场演出；笛子社团、舞蹈社团参加县素质展演获二等奖；田径队、羽毛球队、围棋队蝉联县冠军；魏施宇、刘静怡、金典获县儿童绘本比赛一等奖；教师李前安、王迎凯指导的机器人社团参加省教育厅、省科协主办，科学大众杂志社承办的2016省凤凰EQ教育机器人大赛，获1个一等奖和2个二等奖。在第28届全国中小学生（江苏地区）金钥匙科技竞赛中，六年级学生唐慧翔、胡雨彤、刘航、王诗娜获个人一等奖，张芯琳、金典、司艺获个人二等奖，校长杨波获江苏省"优秀青少年科技教育校长"称号，王迎凯获江苏省"优秀青少年科技辅导员"称号，学校被评为江苏省"青少年科技教育先进学校"。

【"大阅读"实验】 年内，学校在四五年级开展

“一主两辅三结合”主题阅读实验。实验以教材为主体，学校编写的《大阅读·主题训练》《大阅读·经典诵读》校本教材为辅助，采取课内与课外、“短线”与“长线”、阅读与写作相结合办法推进阅读实验。学校承办县大阅读实验研讨会，教师尤颖囡、庄玉梅开设“主题链接课”“诵读指导课”等新课型，受到与会老师欢迎。学校获县教师演讲比赛一等奖、学生美文诵读比赛一等奖等。

【教育联盟成立】 12月6日，学校召开“众兴实验小学教育联盟”工作座谈会，爱园小学、南刘集小学等联盟学校领导参加会议，会议制定《教育联盟工作章程》，宣告众兴实验小学教育联盟正式成立。年内，联盟举办“区域联盟读写链接专题研讨会”，主任王素梅作《打造读写链接的有效平台》专题讲座。年内，还组织教师到爱园、南刘集小学开办讲座，交流教学经验。

【淮海戏特色教育研讨会召开】 11月12日，学校召开淮海戏特色教育研讨会，著名表演艺术家、国家一级演员、中国戏剧家协会会员、淮海戏研究会副会长杨秀英和多位戏剧教育专家应邀参加。专家们对淮海戏走进校园的重要意义、对学校的淮海戏教学、对校本教材的编写、曲目的选取、版式的设计进行深入研讨。（房元品）

普通高中教育

【概况】 2016年，全县有普通高中4所，其中省四星级普通高中2所，省三星级普通高中2所。有教职工1330人，其中专任教师1280人，在校学生15555人。

部分普通高中简介

·泗阳中学·

【概况】 江苏省泗阳中学创建于1927年。学校占地面积20万平方米，建筑总面积11万平方米，校舍面积8万平方米，有教学班101个，学生5528名。2016年，学校有专任教师411名，全部具有本科及以上学历，学历达标率100%。其中，具有硕士学位或研究生学历26人，在读研究生10人，占专任教师总数8.76%；专任教师中，教授级高级教师2人，高级教师242人、中学一级教师119人。具有中、高级技术职称的教师占专任教师总数88.32%；省特级教师4人，市级学科带头人68人、市骨干教师60人，县级学科带头人108人。年内，被市委、市政府表彰为2015年度宿迁市文明单位；被省精神文明建设指导委员会评为“江苏省文明校园”。

【教学科研】 年内，学校承担省级实验项目1个，在研和结题的省级课题5个，省辖市教改课题18个，有160篇教育教学论文在省级刊物上发表，其中9篇获奖，参与省级教材或教辅资料编写的教师有62人。学校被评为江苏省教育科研先进集体，2位教师获评江苏省“教科研先进个人”，6位教师获评宿迁市“教科研先进个人”。

【德育教育】 年内，学校组织专人编印、规划本校德育教材和系列活动课程。全年德育活动由“年级教育”“传统节日”“主题教育”三大系列组成。在年级教育阶段，主要根据各年级学生学习、成长特点安排活动：高一年级开展“立志、规划、养成”系列教育，为高中三年发展注入动力和奠定品行基础；高二年级开展“养成、关爱、方法”教育，提高学生精神境界和发展能力；高三年级重点开展“励志”教育，激励学生奋力拼搏，向高考目标冲刺，为更好的未来奋斗。学校利用主题班会、升旗仪式、毕业典礼、成人宣誓仪式、军训、模拟法庭、演讲比赛、辩论会、作文竞赛等形式，开展理想教育、礼仪教育、心理健康教育、诚信教育、感恩教育；还组织歌咏比赛、文娱演出、图片展览、手抄报交流、红五月晚会、秋季运动会、学生家长会、开展书香校园阅读、宿迁市优秀高中生“环境文化节”等活动；加强思想品德教育，激发学生立志、向善、向上。

【高考实绩】 2016年，该校参加高考学生总数2157人，二本以上达线1618人，达线率75.12%。总分400分以上12人。全县文理科第一名均出自该校；全县文理科前5名，该校各占4名。考取清华大学、北京大学和香港中文大学各1名。

【市数学教学研讨会】 10月19日，市2016—2017学年度高中数学教学研讨会在泗阳中学举行，市高中数学学科基地专家组全体成员、全市各县区高中数学教研员及各县区高一、高三数学备课组长共100多人参加。泗阳中学教师王波、沭阳中学教师钱文奇、马陵中学教师李毅给与会人员上展示课。宿迁市教研员、高级教师卓斌，连云港市高中数学教研员、高级教师王弟成作专题讲座。泗阳中学高一、高二、高三全体数学老师参加。

【市高中生环境文化节】 11月12日至13日，宿迁市优秀高中生环境文化节在泗阳中学举行。此次活动由北京大学环境科学与工程学院、宿迁市教育局联合举办，泗阳中学承办。江苏省宿迁中学、江苏省泗阳中学、江苏省沭阳中学、江苏省泗洪中学等全市各县区共11支代表队参加，泗阳中学师生和有关部门代表600多人参会。在进行“环境知识竞赛”后，代表队部分学生在北大师生带领下到洪泽湖湿地、众兴镇垃圾填埋场、泗阳县污水处理厂调研并形成调研报告，对加强环境保护，正确处理经济发展与环境保护提出意见、建议。

【学生家长会】 年内，泗阳中学多次召开学生家长会，全年到会家长近6000人，到会率97.5%。校长王述超代表学校向学生家长汇报学校的教学、管理情况，诚恳征求家长意见。全年收到家长对学校工作的意见、建议60多条。 （刘兆波）

·泗阳县众兴中学·

【概况】 泗阳县众兴中学有教职工310人，其中中高级教师260人，省市县优质课教师150人，市县名教师及学科带头人、骨干教师25人；有教学班78个，学生4660人。2016年，学校先后获市政府“普通高中教学质量奖一等奖”，市教育局、财政局“学生资助工作先进单位”；县政府“教育工作先进集体”；县教育局“高中教学质量奖”“书香校园”等荣誉，获县中小学生围棋赛高中组第一名。

【校园文化建设】 运用国旗下讲话、班会课、每天五分钟主题教育、广播板报、手抄报、大屏幕等形式，加强学生行为习惯养成教育，评比文明教室、文明宿舍、文明学生。

【教师培训】 学校积极组织实施青蓝工程、名师工程，要求教师认真撰写教学随笔和阶段性教学总结，鼓励老师多写教育教学论文。根据县教育局课堂提质的总体要求，每周安排校内公开课，并提早公布课表，鼓励教师多听课。利用学校被纳入泗中教育集团平台优势，聘请泗中校本部等校名师到校传授教学经验，开设公开课。开展校内优质课评比，选拔优秀教师参加县市优课比赛。年内，有1项国家级课题结题，25位教师在市县教学大赛中获奖。 （王公球）

职业教育与继续教育

·职业教育·

【概况】 2016年，全县有普通中等专业学校2所，即江苏省泗阳中等专业学校和泗阳县霞飞中等专业学校。有教职工535人，其中专任教师457人，在校学生6152人。

·泗阳中等专业学校·

【概况】 江苏省泗阳中等专业学校（以下简称泗阳中专）是全县唯一公办职业学校，是国家改革发展示范学校，江苏省高水平现代化职业学校。学校有教师294人，均为本科以上学历，学历达标率100%。其中省“333”工程培养对象1人、省领军人才3人；市职教名师2人、学科带头人6人、骨干教师20人，省、市职教教研中心组成员16人；技师36人，企业兼职教师59人，外聘教师48人。“双师型”教师比例达92%。2016年，全日制教育招生1828人，继续教育招生1039人，学员总数7719人；毕业学生1056人，短期培训学员7200人。年内，被省教育厅、省委教工委评为江苏省教育工作先进集体、江苏省法治文化建设示范点；获市政府职教技能大赛省赛金牌奖、市高考对口升学质量奖二等奖；市教育局2016年办学实绩考评二等奖、技能培训工作先进单位。县“2015~2016年度教育工作先进集体”、全县教育系统新闻信息工作先进单位。

【专业设置】 该校以机电、电子、服装、烹饪、汽修、计算机等为骨干专业，同时开设建筑、动漫设计、艺术等专业。在办学实践中专业设置不断创新发展。在机电专业开办了五年制高职、“3+4”中职、本科院校直通等教育。汽修专业开办中职教育、“3+3”中高职衔接教育。服装专业开设中职教育、五年制高职教育。学校实行学历教育和短期培训并重方针。有开放教育本专科、网络教育本专科、函授教育本专科、联办本专科、五年制大专、中专、短期培训等各种培养教育层次。全日制教育开设数控技术应用、电子电工、计算机技术应用、工艺美术、汽车运用与维修、电子商务等17个专业；开放教育、网络教育、函授教育共开设70个专业，拥有通过省级专家评估验收的机电现代化专业群。其中机电技术应用、电子技术应用、服装设计与工艺、烹饪工艺4个专业是省品牌专业；机械加工、计算机技术应用、服装设计与工艺、财会、建筑工程施工5个专业是市示范专业。

【现代化教学设施建设】 加强信息化教学设施建设，所有教室都装有多媒体教学设备；配备专业机房40多个，生均拥有计算机0.28台，基本满足信息化教学需要。智慧校园建设基本建成，校园信息实现有线、无线网全覆盖。计算机专业省高水平示范性实训基地建设通过网评验收。学校生均实训设备值达8400元。机电专业省现代化专业群创建通过省验收。

【教师培训】 全年教师出国培训1名，参加国家级培训4名，省级暑期培训36名，网络培训26名。学校每学期举办校本培训，教师培训参与率达100%。

【校企联合办学】 泗阳中专实施“学校理论教学+企业教学实习+学生顶岗实践+学生毕业就业”的校企合作培养模式。学校按照企业人力资源配置计划，与企业签订协议，根据企业需求招生并为学生量身定制培养计划，实施订单培养。年内，与3家企业合作定向培养“冠名班”，和2家企业合作建立现代学徒制。聘请企业在学校设立专家工作室，企业技术专家参与学校相关专业的教学、教研活动，上专业课。学校教师定期到企业研修、顶岗，了解新技术、新工艺。学生定期到企业实习。年内，先后与宿迁可成科技有限公司、泗阳千仞岗服饰有限公司等企业共建培训基地。

【省市技能大赛获奖】 年内，泗阳中专选派学生参加省2016年度职教技能大赛，获金牌1枚、银牌6枚、铜牌13枚，是全市唯一连续8年参加省赛年年获金奖的学校，被市政府授予“技能大赛省赛金牌奖”。参加省第七届创新大赛，获一等奖2个，二等奖1个，入围奖2个。参加市职教技能大赛获金牌12枚、银牌17枚、铜牌15枚。服装专业获一等奖6个，位居全市榜首。参加省“文明风采”赛，获金牌2枚、银牌10枚、铜牌11枚；学校获优秀组织奖。

【学生实习与就业】 年内，学校先后选送机电专业学生30人到江苏新安驰铝业有限公司实习，服装专业学生40人到江苏恒浩达服装有限公司、江苏欧尚服饰有限公司、江苏东滢服饰有限公司实习，中餐烹饪专业学生35人到开元大酒店、新世界大酒店顶岗实习。2016年职高毕业学生1056名，100%取得本专业或国家相关职业四级以上资格证书，其中221人获得三级资格证书。学校采取推荐和学生自主择业等多种方式安排学生就业。690名职高毕业学生当年实现就业675人，就业率97.8%。

【对口单招】 2016年，对口单招考试本科达线率连续三年蝉联全市第一；高职部学生参加专转本考试，80%被金陵科技学院、晓庄学院和三江学院录取。

【学费减免】 全学年学生享受减免学费9278人次，学费减免总额1020万元；享受助学金831人次，总额83.1万元。学校还设立奖学金、爱心基金和勤工助学岗位，为贫困学生提供资助。每学期为单亲特困生免除就餐费100名、资金资助100名。年内，学校被市教育局评为学生资助工作先进单位。

【社会培训】 先后与县财政局、劳动局、人社局等部门联合开展财政支农政策培训、会计人员继续教育培训、建筑工程初级职称培训等，培训人数4400人次。为全县8个乡镇40余个行政村开展农业技术培训，培训人数1800余人。为泗阳大酒店、江苏万旭电子有限公司等企业培训员工1000余人次。年内，与西藏日喀则职业学校结成对口帮扶学校。

（徐胜金）

民办教育

【概况】 2016年，全县有各级各类民办教育机构77所，其中，民办中、小学13所，民办幼儿园41所（不含办园点54所），民办早教机构10所，非学历教育培训机构13所。民办教育机构从幼儿园到高中在校生总数为54772人，占2016年在校生总数31.23%。其中，民办学校高中在校生7725人，占全县高中在校生总数49.66%。全县民办教育机构拥有教职工总数4760人，其中，专职教师2914人。

主要民办学校简介

·泗阳县致远中学·

【概况】 泗阳县致远中学创办于2001年，是一所股份制民办完全中学。学校占地20万平方米，设繁荣路校区和上海路校区，总资产3.3亿元，是江苏省规模最大的民办中学，江苏省四星级高中。设教学班201个，学生10490人，其中：初中教学班112个，学生5600人；高中教学班89个，学生4890人。2016年，学校被江苏省教育厅、省委教育工委表彰为"江苏省教育工作先进集体"、校团委被共青团江苏省委表彰为"2015年度江苏省五四红旗团委"；获市人民政府"宿迁市普通高中教育质量奖一等奖"、"泗阳县教育工作先进集体"。

【教师队伍】 学校有教师648人，其中；研究生7人、本科以上学历581人；教授级特级教师1人，高级职称151人，中级职称408人；市级学科带头人26人、骨干教师62人；县级学科带头人182人。全年有27名教师在省市县各级各类教学赛课中获奖。13人被派往国外学习进修。2016年，学校组织实施省级教科研课题1个，省级实验项目1个；市级教科研课题4个，进行中的教学改革实验4个。

【高考实绩】 2016年高考，参考学生1689人，二本以上达线1182人，升学率70%，其中应届生991人，完成县指标116%。高三（9）班（董事长班）、高三（10）班（理科实验班）重点本科达线率90%，本科达线率100%。全县理科前20名，该校占9名；文科前10名，该校占4名。徐佳文以423分被清华大学录取，刘璇以420分被北京大学录取。

【省教育督导室主任到校调研】 7月6日，省教育督导室主任赵桂丽、主任科员蒋明星到校调研。赵桂丽一行详细查看校园后，听取校长张云超关于学校管理和教学等方面情况汇报。县政府副县长李大明、县教育局党委书记、局长傅荣生、副局长胡茂斌等陪同调研。

【一级作家到校作专题讲座】 4月1日，国家一级作家、江苏大众文学学会常务副会长吴光辉到上海路校区作题为《创新地表达你的发现》专题讲座。致远中学全校师生及全县高中语文骨干教师，县教育局局长傅荣生，教研室主任葛庆中参加听课。

【北大教授到校讲学】 11月18日，国际产业生态协会会员、中国环境科学学会会员、北京大学环境科学与工程学院教授韩凌到校讲学。讲座由副校长葛彩峰主持，高二年级学生代表聆听讲座。

【南师大党委书记到校考察】 12月22日，南京师范大学党委书记宋永忠一行到校考察。宋永忠一行深入班级听课，并与教师、学生及家长代表座谈交流。县委副书记、代县长马伟参加座谈，并在教师、学生及家长代表座谈会上讲话。副县长史明霞陪同考察。

【特优生课程探索】 学校充分发挥完全中学办学优势，集中优质资源，系统探索优生培养机制，实行"从初中起步，高初中联动"的六年规划。开设"董事长班"和理科实验班12个，招收特优学生500多名。将教学内容前置，教学进度比正常班级快一个学期左右，初三全面转入高一课程，学校以优秀教师和优质教育资源，全力种好特优生班这块"高初中联动"试验田。

【生本课堂活动深化】 该校深化"生本课堂"教育理念，按照"自主、合作、探究"的原则，着力构建以"先学后教、问题引领、分层训练"为核心的"四学式生本课堂"（个体自学、同伴互学、教师导学、训练固学），还课堂于学生，还学习于学生。通过学生自主学习、主动探究、同伴讨论、课堂活动和多项训练，使课堂以活动为载体，实现课程活动化。

【主题体育活动开展】 该校主动与县体育中心结盟，向体育专家求教，探索构建"科学健身"的学生体育活动主题，开发出多种体育活动、拓展课程，供学生选择。年内供学生选修的体育课程有：篮球、羽毛球、游泳、乒乓球、健美操等多项。学生体育活动以兴趣为导向，突出个性化发展。

课程的自由选择提高学生体育课程的满意度，增强学生参加体育活动的兴趣，促进校园体育活动的广泛开展。（尤宇杰）

泗阳县桃州中学

【概况】 泗阳桃州中学是由高级教师王业科于2003年筹资创办的一所民办完全中学。地处风景宜人的城南生态新城，总投资1.4亿元，占地5.5万平方米，总建筑近6万平方米，为江苏省三星级普通高中。2016年有初中教学班36个，高中教学班42个，在校生5000余人。9月，学校获宿迁市政府颁发的“普通高中教育质量奖一等奖”；被宿迁市教育局表彰“2015~2016学年全市基础教育集团化办学先进集体”、获泗阳县“教育教学先进单位”称号。

【教师队伍】 2016年，学校有教师230人，其中研究生学历5人、本科以上学历210人。全年有22名教师获评省、市、县级优质课。

【高考成绩】 2016年，学校高中部优生保持率、指标完成率均居全县前列；高考二本以上达线总数271人、文化类达线数居全县第三名。9月，学校被宿迁市人民政府授予普通高中教学质量一等奖。

【“慕课”教室创建】 校领导注重用现代教育教学理论、新课改理念武装教师，促进教师在教学实践中努力运用现代化的教育信息技术提高教学水平提高，提升教学质量。2015年年底，学校斥资50余万元高标准配备相关电教设备，创建“慕课”教室2间。2016年，在全体高中教师中全面学习、推广这一先进的教育模式。校级以上公开课、骨干教师示范课都在“慕课”教室举行。年内，学校承担省级教科研课题1个，市级教科研课题3个，并在“慕课”教室多次承办片区或全县学科教研活动。

【德育活动路径拓宽】 2016年，学校进一步拓宽德育教育路径，开展一系列极具校本特色的德教活动。两校区初中部先后开展初一年级军训汇报表演、开学第一课、红色电影进校园、迎国庆班级合唱比赛、班主任管理论坛、“我的教育故事”演讲比赛等形式多样的德育教育活动。还组织校园阅读文化节、14岁青春仪式、18岁成人仪式、“文明礼仪伴我行”等一系列主题教育活动，营造浓郁的德育文化氛围，提升学生的道德文化素养。

【体艺特色学校打造】 学校积极打造体艺教育特色，每年均有一批学生迈进各类体艺高校的大门。2016年，学校排球队在宿迁市阳光运动联赛中获第一名；男子篮球队两次参加县联赛均获全县第一名；田径队连续四年蝉联全县中小学田径运动会第一名，男子组获100米、200米、400米、800米第一名，女子组获200米、400米、800米第一名。

【人大附中教育专家到校讲学】 年初，学校邀请中国人民大学附属中学副校长沈献章、高级教师肖远骑到校讲学。两位专家就如何从教学管理中要教学质量、什么样的教育是好教育、什么样的教师是好教师等问题作深刻阐述。两校区教学管理人员及全体教师参加听课。

【县委书记到校视察】 5月底，县委书记徐勤忠在副县长史明霞、教育局长傅荣生陪同下到校调研。在听取校长王业科关于学校情况汇报后，徐书记对学校的教育教学管理、对高考备考工作给予充分肯定，并对学校的长远发展提出指导性意见。

【校科技节举办】 3月7~18日，隆重举办学校科技节。科技节期间，学校利用多媒体教室对全体学生播放多部科教片，各班级科技辅导老师利用班会课对全体学生作科普知识讲座。学校还举办科技创作和金钥匙科技竞赛等活动，举办科技幻想画竞赛、小制作比赛、科普手抄报比赛等，在校园营造浓郁的科学氛围，培植学生学科学、爱科学精神。

【新生军训结训仪式暨表彰大会举行】 8月25日上午，学校在田径场隆重举行2016级新生军训结训仪式暨表彰大会。参加人员有学校领导、老师、全体新生及家长4000余人。在学生军训成果汇报表演结束后，常务副校长段方、副校长刘家明、新阳中学校长宋长川等校领导分别宣读表彰决定，对军训中表现突出的学生予以表彰奖励。此次表彰的学生占初一新生总数的30%，同时发放奖金40余万元。（刘家明）

信息·传媒

本栏编辑 刘须春

综 述

2016年，全县网络建设继续推进，建成并开通4G基站（电信、移动、联通）1000多座，4G网络覆盖每一个乡镇。年内，电信部门实施项目382个，投入资金4564.47万元。全县固定电话用户82395户，比2015年减少15605户；固定宽带用户173746户，普及率达65%；移动电话用户635199户，户均拥有手机2.36部；互联网电视用户99233户，为2015年的2.2倍。全年实现电信业务总收入4.92亿元，比2015年增长2%。

电子政务正常开展。县出台《关于进一步加强政府信息公开工作的实施意见》，全年“网络问政”接受群众咨询投诉60382件，日均受理165件，回复率达100%。县政务服务中心全年开设网办事项100多项，办理行政审批和便民服务事项136.6万件，窗口办结率和群众满意率均达100%，荣获省青年文明号，并顺利通过市长质量奖复评，连续三年被表彰为市“目标管理先进集体”。

电子商务快速发展。县继续实行关于促进电商发展的一系列优惠政策，着力推进电子商务和网络创业。全年新增网店2738家，实现网络销售15.64亿元，新增年销售50万元网络创业带头人54名，新增年销售10万美元跨境电商企业39家；建成网络创业专区17个，入驻网店316家；网络创业街区24条，入驻电商456家；全县85%以上村（居）网络创业中心挂牌工作。年内，泗阳县获评为第二批江苏省农村电子商务示范县；李口镇八堡村、八集乡集南村获省第四批农村电子商务示范村称号。全年创建市级网络示范乡镇4个、网络创业示范村（居）5个。

传媒业稳步推进。全县数字电视用户达13.75万户，比2015年净增8623户。县委办公室全年编发《四办通报》18期；县政府办公室全年制作专题41个，编发《政务信息》47期，刊载信息610余条；县广播电视台开设广播频率1个、电视频道4个、“杨树人家”网站1个、“多彩泗阳”公共微信平台1个、“泗阳手机台”1个，全年编播稿件5958篇，制作宣传片40多部，完成大型录直播40多场。宿迁日报社泗阳记者站全年编辑出版《泗阳快报》163期。县委宣传部、县文艺联合会年内编印出刊文艺杂志《林中凤凰》6期，编纂出版《林中凤凰全国短小说征文入围作品集》1本。（蓝 编）

电子政务

【概况】 2016年，泗阳县电子政务中心按照国务院办公厅、省政府办公厅关于加强政府网站信息内容和集约化建设的工作要求，以服务县域经济社会发展、致力宣传推介泗阳为己任，坚持“精品、精致、精细”办站理念，致力打造一流政府门户网站，信息发布、政务服务、互动交流、建设管理等工作均取得明显进步。

【制作专题41个】 围绕县委、县政府中心工作，及时开辟专栏，全面、准确地宣传县委、县政府重大决策部署、发展思路、发展战略和重大项目、重点事项的推进情况。全年共制作专题41个，其中“展望2016”“2016年两会”“拼搏2016”“区域供水‘通村达户’”“辉煌十二五泗阳新成就”等多个专题被省政府网站采用。

【展示图片新闻156篇】 立足门户网站窗口功能，精心设计“走进泗阳”等栏目，全年制作图片新闻156篇，全方位宣传推介泗阳基本概况、历史文化、风土人情、城市面貌、产业发展等，营造县域经济社会发展良好氛围。

【新闻稿件“零差错”】 继续坚持实行“五审一挑错”（采编人员自审、报道人员互审、责任编辑审核、中心负责人审核、分管领导审核、上稿后挑错）审核发布流程，确保新闻稿件质量。2016年累计报道县内重大活动1500余次，更新信息35000余条，被新华网、人民网、新浪网等主流网站采用超过600条。年内所发新闻稿件未出现任何差错。

【信息报送与发布】 制定政府门户网站内容保障工作方案，建立内容采编、审核、报送等相应工作制度；县出台《关于进一步加强政府信息公开工作的实施意见》，建立健全信息发布、网站安全等配套制度，确保上网信息安全有效公开。全年向省政府网站报送各类专题和信息811条，被采用97条，其中专题类信息6条；向群众发布信息5200余条。

【新媒体应用】 充分利用微博、微信等新媒体技术，发布权威信息、回应社会关切、提供民生服务，着力把“双微”打造成为网络行政“快车道”。全年发布微博7835篇，微信626篇。

【互动交流】 围绕现行的政策措施、重点事项、发展规划、热点问题、民生问题等，在网上通过问卷调查形式，广泛征求网民意见、建议，提高政府工作透明度和公众参与度。全年先后开展网上民意调集4次、新闻发布会5次、网上调查6次、重大会议网上直播7次、在线访谈10次。

【网络问政】 及时处理群众提出的问题和诉求，保证一般问题在24小时内给予回复，复杂问题回复周期不超过3个工作日，同时在24小时内予以解释并及时告知网民具体办结时间与运转流程。全年网络问政接受咨询投诉60382件，平均每日受理165件，回复率达100%。

【专题调研】 针对全县发展的重大事项、发展规划、热点问题、民生问题等开展专题调研，力争现场解决问题。同时组织部分网民成立调查小组，调研重大问题解决过程和事后绩效，确保群众提出的问题落到实地。全年开展民生实事、国家卫生城市、城管执法等专题调研11项，提交各类问题170余个。

（刘克兵）

电子商务

【概况】 2016年，泗阳县认真贯彻执行宿绩效办发〔2016〕2号文件和《关于加快推进2016年乡镇（街道）“五大工程”建设的通知》泗办发〔2016〕6号文件，进一步推进电子商务和网络创业工作。全年新增网店2738家，完成年度目标152%；实现网络销售额15.64亿元，完成年度目标120.3%；新增年销售50万元网络创业带头人54名，完成目标任务108%；新增年销售10万美元跨境电商企业39家，完成目标任务115%；建成网络创业专区17个，入驻网店316家；网络创业街区24条，入驻电商456家；新增网络销售企业157家，完成目标任务100.5%。2016年，泗阳县获评为第二批江苏省农村电子商务示范县；李口镇八堡村、八集乡集南村获省第四批农村电子商务示范村称号；全县还创建市级网络示范乡镇4个（李口、裴圩、卢集、八集）、市级网络创业示范村（居）5个，分别是临河镇临河村、王集镇王集居委会、庄圩乡庄圩村、穿城镇圩河村、八集乡集南村。在电子商务示范县、示范镇、示范村三级示范工程建设方面，全县共获省165万元资金扶持。

泗阳县数字企业创建推进暨企企通行业解决方案交流会

【政策扶持】 继续执行县政府出台的《关于促进电商发展的八条意见》和《泗阳县电子商务（网络创业）竞赛活动考核办法》，加大对网络创业者的扶持力度。全年发放网络创业发展资金1500万元，实现创业小额贷款担保金3000万元，新增网络私营企业1784家。

【载体建设】 认真落实市创建标准，狠抓网络创业载体建设，督促乡镇建成“一园一基地”。到年底，全县乡镇网络创业园区面积达2.4万平方米，入驻年网络销售额50万元项目54个；建成网络孵化基地1.5万平方米，入驻年网络销售额5万元项目272个。乡镇（街道）网络创业专区覆盖率达100%，85%以上村（居）网络创业中心挂牌工作。积极发展电子商务众创空间。县电商产业园、西康网络创业园，乡镇街道网络创业街区、电子商务示范街区，县级电子商务合作社、乡镇街道电子商务合作联社等一批电子商务众创空间发展迅速。1.2万平方米县电商产业园建成并投入使用；8000平方米西康网络创业园已入驻电商100余家。

【跨境电子商务发展】 发展跨境电子商务。7月，阿里巴巴跨境电商宿迁服务中心正式入驻泗阳电商产业园。采取对入驻阿里巴巴国际站平台企业给予补贴的办法，引导本地企业进入跨境电商馆。至年底，全县有28家企业入驻跨境电商馆。2016年，全县外贸进出口总额35339万美元，其中通过阿里巴巴国际站跨境电子商务平台交易额达5650万美元。

【“一村一品一店”建设】 有序推进“一村一品一店”建设，积极打造“互联网+现代农业”模式。围绕八集双桥草坪、小花生，李口渔网，众兴五堆蔬菜，三庄邵道果蔬，卢集和穿城优质大米，高渡庆江水产，裴圩营顶秋葵，临河云渡桃雕，张家圩树强莲藕，新袁羊肉等村居特色产业，做大做强“一品”“一店”，发挥农村电商孵化器功能，为富民强村创造新的经济增长点。至年底，全县238个行政村（居）共建成网店530个、“一村一品一店”标准村134个，标准村覆盖率达56.3%。

【网络人才培育】 年内，全县开展网络创业培训81期，培训学员5198人（次）；其中初始培训63期4189人（次），技能提升培训15期925人（次），精英培训3期84人（次）。同时还与阿里巴巴共同组织跨境电子商务培训6次，培训人员达500余人。组织人员积极参加网络创业大赛，推进火线练兵，实干练兵。在第三届“金种子”网络创业大赛中，泗阳县有6名选手获奖，1名获市选手网店设计大赛十强选手称号。

（陈飞　云峰）

网络建设与服务

·中国电信股份有限公司泗阳分公司·

【概况】 2016年，中国电信股份有限公司泗阳分公司（简称电信泗阳分公司）有合同制员工144人，派遣制员工5人，外包员工179人。电信泗阳分公司下辖4个城市支局，24个农村支局；拥有各类营业网点135个，其中农村支局门店93个、城市支局门店15个，核心商圈卖场27个。年内，电信泗阳分公司积极推行精确化管理，牢固树立“用户至上，用心服务”理念，抓好经营发展、电信服务、工程建设、网络维护、安全生产等各项工作。全年实现业务总收入1.3亿元，比2015年增长2%；天翼用户达12.2万户，比2015年增长20%；互联网宽带用户10.1万户，比2015年增长31%；ITV用户6.8万户，比2015年增长84%。

2016年，电信泗阳分公司被江苏省精神文明建设指导委员会授予“2013~2015年度江苏省文明单位”，被宿迁市委、市政府授予“2015年宿迁市文明单位”；被电信宿迁分公司党委表彰为“2015 年度党建思想文化先进单位”，被电

召开天翼4G发布会

信宿迁分公司评为“2016年度服务工作先进集体”“防汛救灾优秀团队”，获电信宿迁分公司“经营发展先锋奖”“决胜宽带”劳动竞赛一等奖、“2016年度以店包片”一等奖、“精品网络”专项行动一等奖、“决胜4G”劳动竞赛一等奖等诸多奖项。

【争取资金4564万元】 2016年，电信泗阳分公司以推动地方信息化建设为己任，加大投资力度，策应地方发展。全年完成策应扶持项目382个，争取资金4564.47万元。其中完成管道项目12个，争取资金99.05万元；完成FTTH建设工程29个，争取资金643.48万元；完成搬迁及其他项目104个，争取资金814.79万元；完成4G光缆项目65个，争取资金665.29万元；完成中继光缆项目1个，争取资金19.2万元；完成客户响应项目126个，争取资金942.05万元；完成4G无线项目4个，争取资金32.71万元；完成设备购置项目38个，争取资金1245.6万元；完成农村支局营业厅装修项目3个，争取资金102.3万元。

【4G站点建设】 全年新建4G站点353个，全县4G站点总数达573个，初步实现县城至乡镇无线网络深度覆盖，农村无缝覆盖。年内还建成4G室内分布系统站点20个，有效提高重点楼宇深度覆盖水平。

【全光网建设】 认真抓好信号补盲工作，年内新增滴灌站点10个，解决弱覆盖区域15个，搞好枫华丽致、华泰人寿、梅兰宾馆等13个WLAN无线商机网点覆盖。全年完成南刘集、卢集等16个全光网乡镇建设，H用户占比达96.11%（含FTTB）。

【助力县重点工程】 积极配合县重点工程建设，年内为黄河故道改造、高铁建设、李口等乡镇集镇改造等工程，及时做好相关线路迁改工作。投入大量资金，用于中央商场、泗阳中等专业学校、全县重点住宅小区的无线、宽带、电视等通信网络基础设施建设，保障社会通信需求。积极支持数字城管建设，全年接县工单345张，完成率达100%。

【创新复制项目】 2016年，公司开发“综合机柜在FTTH工程中改造利用”和“快速进行退铜勘测设计”原创项目两个，年节约资金300万元。两个项目年内已被中国电信江苏分公司选入创新成果库，并被其他4个公司应用到生产中。

【通讯保障工作】 开展“精品网”活动，全年完成政企网隐患整治22处、宽带网24处、无线（传输）网12处、线路网76处、动力专业30处。全力做好县重要活动、重大节假日及政府视频会议通信保障工作，实现全年零事故。

【“智慧校园”建设】 年内，电信泗阳分公司与县教育局签订《泗阳县教育城域网光纤接入协议》。针对教育改革与创新的实际需求，公司“以应用创新为核心，以服务师生为宗旨”，充分运用宽带网、电话网、互联网融合优势，以校园应用为核心，全面助力学校规范管理，推动泗阳中学、泗阳双语实验学校、泗阳中等专业学校等校“智慧校园”建设。

【服务质量提升】 年内，公司秉承“服务领先战略”，围绕提升客户感知这个中心，抓好营业窗口规范化服务，以做好上门装移机、障碍查修等具体工作，促进客户感知不断改善。全面提升营业窗口形象，全年装修改造合作营业厅29个、智慧家庭营业厅26个、全网通营业厅12个、农村支局自有营业厅15个。搞好服务检查，全年检查窗口120余个，发服务工作通报12期，现场责令整改问题50余个。年内，电信泗阳分公司被电信宿迁分公司授予“2016年度服务工作先进集体”称号。

（张文秋）

举行客户恳谈会

·中国移动通信集团江苏有限公司泗阳分公司·

【概况】 2016年，中国移动通信集团江苏有限公司泗阳分公司（简称移动泗阳分公司）有员工168人，其中合同制员工167人。公司拥有各类营业网点（含自有渠道和合作渠道）149家，其中核心商圈21家，手机卖场69家。年内，泗阳移动公司坚持“发展创优、转型创先”理念，全力推进4G网络建设，实现手机通信用户、4G活跃用户数持续增长，4G网络规模持续扩大。2016年，泗阳移动公司被省文明委授予江苏省“2013~2015年度江苏省文明单位”，获“宿迁市工会职工书屋示范点”“宿迁市职工文化建设示范单位”“宿迁市文明单位”等称号；综合楼旗舰店获市级“巾帼文明岗”“青年文明号”称号。

【移动4G网络覆盖全县】 泗阳移动公司积极争取投资，4G网络建设进度领跑全省。2016年新建基站/室分340个，全县4G基站总数达970个，4G网络覆盖全县每一个乡镇。

【移动光宽带发展】 全年新增宽带用户9.5万户、区光纤改造3.2万户，全县整体移动宽带覆盖率达85%，宽带平均速率达20M以上，可办理50M移动宽带小区达78%以上。

【信息化发展】 年内，泗阳移动公司大力攻坚信息化项目，成功中标政务云平台。在该项目中首创智慧管网模式，获江苏省最佳实践案奖。全年开通药房监控、电子防盗车牌、民政专网、供销一卡通和公安技防城专线等信息化项目。

【“数字城管”助力城市管理】 泗阳移动公司与县城市管理局合作搭建数字化城市管理系统。该系统包含监督指挥、综合评价等九大子系统，监督指挥子系统通过网络接入数字化城市管理平台，工作人员通过指挥中心大屏幕直观地了解泗阳县各街镇、市场开发区等重点区域的城市部件信息、问题处理信息、评价信息等内容，可以直观的掌握全县城市管理状况。“数字城管”系统实行24小时案件流转机制，通过综合巡检、视频监控和派单等方式第一时间受理各类城市管理问题，每月办结的案件量是以前人工处理的五倍左右。

【移动通信保障】 提前与主办方对接，勘察活动场地，结合长期活动保障经验，制定周密保障方案，申请应急通信保障车，使用4G小区分裂、负荷分担等新技术手段，完成活动场地应急保障小区开通。全年完成大型通信保障15次，小型通信保障51次，确保活动场地网络运行稳定。

【服务质量提升】 每月定期召开服务攻坚专题会议，落实各项服务提升工作。年内，4G客户规模迅速扩大，NPS持续改善，网络部门弱覆盖投诉解决率达83.5%。 （董　迁）

·中国联合网络通信有限公司泗阳县分公司·

【概况】 中国联合网络通信有限公司泗阳县分公司（简称联通泗阳分公司）承担着中国联通在泗阳县的业务经营、客户服务和网络建设维护等工作。公司现有员工60余人，平均年龄31岁，大专及以上学历的专业人员占员工总数90%。公司下设5个销售营销网格（城区、运南、运北3个公众网格、集团销售网格和校园网格）和建设维护、支撑服务两个中心。2016年，联通泗阳分公司在全县设立营业厅65家，便民服务点148家。聚焦市场发展，打造“责任、激情”企业文化，2016年，该公司通过领导班子优化和队伍深化调整，自加压力，基础管理进一步加强，较好完成全年主营收入指标，实现主营收入3646万元。

【网络建设】 全年新增4G基站40个，区域内无线物理站点达到298个，逻辑站点达到576个，基本实现全区4G网络全覆盖。传输网工程稳步推进，新建光缆干线120千米，县城区主干光缆达100千米；县城区、各乡镇和开发区均实现光缆接入。年内新接入光纤到户国标小区42个，城区区域覆盖小区达120个，在王集、新袁等7个重点乡镇同步接入光纤跨带，面向镇区用户覆盖约11000户。助力地方政府城镇建设要求，全年完成线路迁改20千米，更换省干线、本地网络铠装光缆20千米。牵头通信协会工作，加强各成员单位协作，落实通信小区、管道共建工作要求，2016年联合住建局和各级政府完成城区、王集、里仁等20条道路18千米共建管道建设，加快新建小区图审和开通工作，全年共办理20个小区1.3户的小区会审，并开通建华苑等42个小区。

【客户服务】 全年新建一级合作厅12家、零售网点8家、社区店4家。全县共设立营业厅65家，便民服务点148家，初步完成全区域服务网点建设,为便捷便民服务奠定了基础。联通泗阳分公司把追求客户满意服务作为经营宗旨，持续开展客户感知提升，打造更优客户体验。2016年月均投诉45件/万户，达全省均值，在全市排名第二；

营业厅满意度为97.6%，全市排名第一。

传媒业

·泗阳县广播电视台·

【概况】 2016年，泗阳县广播电视台（简称县广电台）充分发挥县委、县政府的“喉舌”作用，高歌主旋律、弘扬正能量，为建设“强富美高”全面小康新泗阳营造良好舆论环境。全年在中央电视台用稿108篇，其中《新闻联播》用稿6篇；在省广电总台电视用稿680余条，其中《江苏新时空》用稿105条，在省台电视用稿数量名列全省93个县、市、区前列，再次获江苏电视新闻最高奖——“繁荣奖”。

【节目创优】 年内在省、市优秀广播电视节目评审中，共有49篇新闻作品获奖，其中省“金帆奖”“金鹿奖”各1篇，省二等奖2篇、省三等奖6篇，市一等奖6篇，二等奖14篇，获奖数量位列全市三县两区前列。

【聚焦各类创建】 配合全县各类创建活动，全年开辟《创建江苏省优秀管理城市》《创建江苏省食品安全城市》《创建江苏省书香之县》《创建全国文明城市》和《城市管理大家来找茬》等专栏5个，及时报道各单位创建工作动态以及特色亮点，曝光工作不力的单位及不文明现象，推动创建工作开展。

【关注农民致富】《泗阳新闻》开辟《脱贫攻坚在行动》《秋收的故事》等专栏，及时报道南刘集乡万亩芡实、八集乡苏花花生、裴圩镇秋葵、成子湖青虾、庄圩乡瓜蒌、张家圩镇莲藕发展情况，关注农民致富，展示扶贫成效。

【助力网络创业】 开辟《电商扬帆起航》《聚焦网络创业就业》专栏，及时报道鸿丰果蔬、百年苏丝、苏花花生、凤丝壁纸等企业加强网上营销，抢占市场销售份额做法与经验，展示网创典型。

【引领文明风尚】 开辟《身边的榜样》《为好人点赞》专栏，聚焦身边敬业奉献、乐于助人、孝老爱亲、诚实守信、见义勇为的好人好事，通过大力宣传，汇聚道德力量，引领文明风尚。

【广播实现全天候播放】 随着机动车辆普及，广播听众不断积聚。从2016年1月1日起，县广电台将广播节目改版为全天候播放。其中，自办节目11小时30分钟（《音乐前线》《回味经典》《车行天下》《生活嘉年华》和《健康久久》五档直播节目5小时35分钟），广告文艺8小时25分钟，合作节目《广播书场》《小说连播》3小时05分钟，转播节目1小时30分钟。五档直播节目基本安排在黄金时间段。为丰富节目内容，年内新增录播节目《阅读时光》，合作节目《时尚新主播》，以增强广播节目文艺欣赏性、娱乐性。

【录直播40余场】 年内完成县委工作会议、人大、政协“两会”、房展会、华康之夜大型综艺晚会、2016新年音乐会、团县委纪念“五四”97周年青春诗会、创业青年大赛、“三八”颁奖晚会以及市民讲坛、县委中心组理论学习会、百名专家学者千场文艺讲座、信访听证会等在内的40多场录直播。

【制作宣传片40多部】 全年制作宣传推介片《水波绿处近泗阳》《水绿泗阳·生态桃源》，为江苏泗阳经济开发区制作发展情况片《筑梦泗阳·共赢未来》，为推进乡镇人大规范化制作建设片《凭风借力好扬帆——踏浪前行谱新篇》，为创建省级食品安全城市制作汇报片《食安泗阳》，为加强城乡建设管理制作汇报片《苏北明珠·最美泗阳》，为反映书香城市创建制作汇报片《书香满溢润桃源》等40多部，得到相关领导充分肯定。

【新媒体发展】 积极推广应用新媒体，增强宣传效果。手机台在2015年上线运行基础上，2016年新开设点播频道，手机用户可以随时随地点播收看广电台生产的节目。年内，手机台还多次组织图文直播，实时报道各类大型活动，如春节团拜会、流行音乐节、电视房展会、全县乡镇“六大工程”观摩等。截至年底，泗阳手机台点击量共有470万人次，日均点击量达1.29万人次。

【文化惠民活动】 年内先后举办房展会、全民消费节、泗阳鲜桃争霸赛、中福杯第二届少儿才艺大赛、第五届泗阳流行音乐节等多个大型文化惠民活动，实现社会效益与经济效益双提升。

【增收节支工作】 年内多渠道搞好增收节支工作，缓解发展困境。1.巩固与老广告客户合作，减少广告流失。2.开展“三产创收”，如代理“双沟牡丹酒”泗阳地区销售，与宿迁长三角旅行社合作经营等。3.通过搞大型活动创收。在利用房展会、家居建材展销会、少儿才艺大赛创收的基础上，还承办“赛桃会”、协办“刘能走进泗阳演唱会”等增加收入。4.利用新媒体创收。在泗阳手机台和“多彩泗阳”公众微信号上开设“泗阳广电商城”，实现网上销售泗阳产品，增加收入。5.加强单位车辆管理，实行办公用品集中采购，取消各部门办公经费等，减少不合理开支。

表33 2016年度省市优秀广播电视节目获奖情况

类别	等级	名称	作者
市广播新闻奖	一等奖	情暖骨癌男孩杨太满	颜利娟、王公瀚、周文娟
		让“农家书屋”书香飘万家	颜利娟、陈朝阳
	二等奖	“空巢老人”刘水的“快乐之家”	颜利娟、王公瀚
		“好人有好报”“泗阳好人”刘彩霞的女儿获救治	颜利娟、周文娟
		“雪中送炭”助学妈妈张矾——访2015年“江苏最美巾帼人物”	颜利娟、周文娟
	三等奖	高渡镇首推机械入股扶贫菜单 实现“民、企、村”共赢	颜利娟、陈朝阳
		妻子患病 丈夫不离不弃三十载	王　丽、孙亚丽、陈朝阳
市电视新闻奖	一等奖	爱的力量	郑　安、严　涛、徐　徐、陈　文
	二等奖	空巢老人的快乐之家	李　智、刘　墨
市电视新闻奖	二等奖	泗阳新闻	陈　文、葛晓辉、王汝环、戴　萌、刘艳秋
	三等奖	“好人”美德乡里传 女儿患病众人援	纪　延、董力源、郑　巍
		保安队员勇救落水儿童	王晓燕、刘雨琪
		志愿者们当“鸭倌”助圆孩子上学梦	罗婷婷、田　昂
		民意会客厅——物管办	王兴浩、王　璇、严　涛、史　浩
		一位抗战老兵的信仰	史　浩、张传柏、王　轩
		江苏最美巾帼人物——张矾	陈　文、史　浩、王兴浩、王光林、王　璇、徐　亮
市广播社教奖	二等奖	二十二年义务修桥补路的“中国好人”唐奎之	颜利娟、周文娟
	三等奖	雏鹰翅膀上的“家园”——讲述13岁“美德少年”高明 瘫痪爸爸的故事	王　丽，陈朝阳
		载入史册的泗阳——中国杨树之乡	颜利娟、周文娟
市电视社教奖	一等奖	老井	张传柏、朱以保、史　浩、王　轩
	二等奖	全民阅读书香泗阳	张　松、刘鹏飞、朱亚洲
	三等奖	王玉珍的爱心路	王光林、孙幼娟
		宿迁市第四届运动会开幕式	王兴浩、王　璇、徐　亮、王光林、严　涛、谈一峰、王　轩、李　由、张传柏
		张生春妙笔生春、韩娟为爱唱歌、刘之兵歌唱着生活	张传柏、王　轩、王光林、徐　亮、史　浩、张筱秋
		健康聊聊吧——家庭急救常识	王　璇、王兴浩、徐　亮、张筱秋、史　浩

续表33

类 别	等 级	名 称	作 者
市广播播音与主持奖	二等奖	让“农家书屋”书香飘万家	陈朝阳
	三等奖	载入史册的泗阳——中国杨树之乡	周文娟
市电视播音与主持奖	二等奖	张矾的鸭馆情缘	李珊珊
	三等奖	泗阳新闻	李珊珊、倪鹏鹏
		1890民生直通车	贾 哲、马盈盈
市广播剧广播文艺奖	一等奖	淮海新戏绕梁时《乡村好人》谱芳华	王 丽、周文娟
	三等奖	看海	颜利娟、于 芳、李蕊菊、嵇 婧、王公瀚、周文娟、倪鹏鹏
		走进中国近代地理学家张相文	凌 艳、王公瀚
市电视文艺奖	一等奖	拆楼记	王 璇、史 浩、徐 亮、王光林、王 轩、李 由
	二等奖	丝路廻想	杨春林、王光林、严 涛、史 浩、戴开连
	三等奖	水绿桃源 生态泗阳	王兴浩、史 浩、马 利
省广播新闻奖评论	三等奖	让“农家书屋”书香飘万家	颜利娟、陈朝阳
省电视新闻奖长消息	三等奖	空巢老人的快乐之家	李 智、刘 墨
省广播文艺、广播剧奖戏曲.曲艺节目	二等奖	淮海新戏绕梁时《乡村好人》谱芳华	王 丽、周文娟
省广播剧单本剧（含短剧）	三等奖	《看海》	颜利娟、于 芳、李蕊菊、嵇 婧、王公瀚、周文娟
2015-2016年度江苏电视文艺奖艺术片	二等奖	《水绿桃源 生态泗阳》	王兴浩、史 浩、马 利
2015-2016年度江苏电视文艺奖戏曲节目	三等奖	《淮海小戏 拆楼记》	王 璇、史 浩、徐 亮、王光林、王 轩、李 由
省电视节目技术质量奖金帆奖	三等奖	江苏省道德模范与身边好人（宿迁泗阳）现场交流活动暨第二届泗阳好人颁奖典礼	王兴浩、王 璇、朱以保、王光林、徐 亮、严 涛、谈一峰、王 轩、李 由
省电视节目技术质量奖金鹿奖	三等奖	《爱的“谎言”》	王公瀚、陈 冲、卜 翔
宿迁市广播电视节目技术质量奖金鹿奖	语言类三等奖	《连续报道 情暖骨癌男孩杨太满》	王公瀚、周文娟、李后功
	戏曲类二等奖	《淮海新戏绕梁时 乡村好人 谱芳华》	周文娟、李厚功
	广播剧三等奖	《看海》	王公瀚、陈 冲、李后功

续表33

类 别	等 级	名 称	作 者
宿迁市广播电视节目技术质量奖金帆奖	标清新闻二等奖	《泗阳新闻》	陈 文、王汝环、刘艳秋
	标清综合文体优秀奖	《水绿桃源 生态泗阳》	王兴浩、史 浩、王 璇、马 丽

（王金婷）

·泗阳广电网络有限公司·

【概况】 2016年，泗阳广电网络有限公司有干部员工223人，下设综合办公室、公众客户部、运维播控中心、工程技术部、财务资产部、集团客户部等6个部门和18个乡镇（街道）有线电视服务中心。年内新建城区营业厅2个，全县累计开设营业厅22个，开设业务代办点103个。2016年，全县净增数字电视用户8623户、宽带用户2308户、高清互动用户5266户，全县数字电视用户达13.75万户，全年实现营业收入4383万元，比2015年增长4.3%。年内，泗阳广电网络有限公司综合办公室被共青团宿迁市委授予“市级青年文明号”称号；运维播控中心和穿城有线电视服务中心被江苏有线宿迁分公司评为“2016年度先进集体”。

【服务质量提升】 年内，泗阳广电网络有限公司从缩短报修服务响应时间，要求社区工程师12小时内办结，接线班100%回访报修业务两方面入手，保证服务质量，提升用户满意度。同时开通微信、电视支付渠道，并在城乡设立103个业务代办点，方便用户缴费。明确工作责任，安排专人负责督办数字城管案件，年累计处理派单142次，案件处理率达100%。加强工作督查，全年下发工作通报4期，处置服务不规范、不到位现象6起。

【集客业务开拓】 加大集客业务开拓力度，成功中标泗阳应急广播“村镇通”工程，至2016年年底，该工程已进入综合验收及全网移交阶段。年内，公司还承担县医院336个终端和海欣俱乐部50个终端基本收视业务。

【提高安播保障能力】 立足全年安全播出零事故，努力提高安播保障能力。

年内完成中心机房、名流机房和王集机房动力环境建设，全县19个乡镇（街道）机房进行OLT设备扩容，同时中心机房和乡镇（街道）机房都更新UPS电源。制定省市干线巡线制度，全年处理省市干线光节点以上线路故障350起，保障了省市干线安全传输。定期巡检县乡机房和线路，排除安全隐患，全年处理乡镇信号、数据故障700余次。

【网络基础建设】 年内，对新建小区一律实现FTTH网络光纤入户，对老旧网络按年初规划实施网改网优工程。全年新增FTTH光纤入户覆盖24591户，新增网改网优覆盖6007户，新增新建小区EPON+EOC模式覆盖11485户，全县双向网覆盖达14.66万户，双向网络覆盖率达54.7%。

【配合县乡工程建设】 积极配合县重点工程建设，年内完成黄河故道干河、宿淮盐高铁、330省道等约4.5千米线路管网改造。助力乡镇小城镇建设，完成繁荣路、长春路、裴圩通湖路、爱园小康路、三庄光大路、卢集人民路等线路提升整改工程。

（王 琼）

·宿迁日报社泗阳记者站·

【概况】 2016年，宿迁日报社泗阳记者站（简称泗阳记者站）围绕泗阳县委、县政府中心工作，积极开展新闻宣传报道工作，为泗阳经济社会发展鸣锣开道，为建设“强富美高”全面小康新泗阳擂鼓助威。该站再次受到宿迁日报社党委表彰，连续四年蝉联“先进集体”；郑明高获宿迁市“十佳记者”称号，受到市委宣传部表彰；徐贻林、颜崇旺作品《一个人 一辈子 一棵树——记一生奉献杨树引培事业的泗阳县林业高级工程师王昌全》获2016年江苏绿化好新闻二等奖；徐贻林作品《大湖鱼鲜》获“聚焦全市现代生态农业”摄影大赛二等奖。

【队伍建设】 以提高员工素质，培育一支过硬新闻工作者队伍为目标，扎实加强队伍建设。年初，根据新形势、新要求，制定《全年学习方案》，将日常学习融变为每个人的工作生活习惯。在全站开展“每人一课、每月一题”新闻业务知识学习活动，并制定完善《采编出版考核办法》，鼓励人员多出作品、出好作品、力争精品。

【新闻采编无差错】 按照“内鼓士气，外树形象，引领风尚，留存历史”原则，用心做好新闻策划。坚持每周四新闻策划会制度，通过策划会确定新闻选题、安排采访，使值班编委提前知晓稿件、版面大概情况，在值班过程中做到心中有数，统筹安排。同时在每期稿件编辑出版前召开发稿碰头会，就重点稿件位置摆放、版面设计等集思广益，力争将最耐读、最精美的《泗阳快报》呈现给广大读者。2016年相继推出“触摸泗阳，精彩故事——2016融媒体新闻采访行动”“来自全县电商一线的报道”“学习贯彻十八届六中全会精神”“聚焦县乡人大换届选举”“创业故事”和“2016泗阳温度”等10余个系列报道专栏，报道县委县政府中心工作推进，盘点民生实事成效，追求新闻宣传的深度、广度和力度，放大和扩大新闻影响力，受到领导和受众的充分肯定。全年编辑出版《泗阳快报》163期，无一例政治性差错，版面文字差错率始终控制在万分之一以内，远低于国标。

【副刊色香味俱全】 以“新闻引客，副刊留客”为目标，极力打造具有浓郁地方味的精美副刊，突出表现地方历史文化和地域特色。

版面有“色”。按不同内容将版面敷之以多样的色彩，同时注重版面格局和细节的装饰，在有限空间内尽量发挥插图、花边、底纹等烘托元素视觉张力。整体的版面设计则着眼于图文并茂、巧妙留白、疏密有致等，让报纸的“面孔”靓丽起来。

版面有“香”。一份副刊，有适合一般文学爱好者口味的传统文学版《泗水流韵》，有反映泗阳本土面貌和社会风情的《桃源寻芳》，有可供读者共鸣深思的《记忆》《书香》，有反映普通群众生产生活、泗阳风景风光或是政府重大活动的《影像》等。对于副刊中的每一篇具体文章，在选择和编辑时坚持“内容第一、文采第二”，让读者“不虚此读”而“齿颊留香”。

版面有“味”。副刊努力在语言的优美、雅致、形象、生动等方面下功夫，大多强调文章的“文艺性”，讲究遣词造句、文采修饰，始终抓住“语言有味”这一副刊必需的标准不放，从而使副刊越办越出色，许多读者十分欣赏副刊在语言方面带给他们的“味觉上的享受”。

【媒体融合】 认真运维新媒体，将“触摸泗阳”微信公众号、“速新闻”泗阳模块和《泗阳快报》并列为泗阳宣传的“一报一微一端”三驾马车。利用“速新闻”泗阳模块进行平原林海自行车赛现场直播，现场朋友圈刷屏，关注数过万。“触摸泗阳”始终做到内容抢鲜、标题抢眼、关注抢点，许多“有温度”内容很好地宣传了泗阳，尤其得到许多在外地泗阳人的关注和转发。3个媒体在融合方面，努力做到新媒体内容与报纸共用共融，时效与深度互补互长。新媒体全年发稿突破5000条。

【乡贤读报团铺开】 在认真总结2015年创新“乡贤读报团”试点经验的基础上，2016年该站将“乡贤读报团”工作在全县范围内铺开。以各乡镇（街道、场）的村居为单位，聘请长期居住在村居、在群众中威望高的离退休老干部、老教师等参加，同时每个村居选定一个乡贤读报团集中阅报点。乡镇（街道、场）党委政府采取集订赠阅等方式，将需要的各级党报和当地生活休闲类报刊分送至“乡贤读报团”集中阅报点和成员们手中，由他们先看先阅，再将其中党和政府的方针政策、民生实事和各种与群众生产生活密切相关的内容讲述扩散给其他群众。此举对社会治理创新起到推动作用，同时深化了农村精神文明建设。宿迁市新闻杂志《西楚传媒》作“乡贤读报团的泗阳实践”专题宣传，封面导读，突出推介这一做法。

（王晓东）

文　化

【概况】 2016年，泗阳县大力实施文化惠民战略，进一步健全基层公共文化服务设施，扎实开展丰富多彩的群众性文化活动，加强“泗水讲坛”“泗阳县读书节”等文化品牌建设，加强文物保护和文化执法，在全市率先实现全县应急广播“村村响”。年内，顺利通过省“公共文化服务体系示范区”和“书香城市”验收；创作排演的群舞《老酒坊》获江苏省第十二届“五星工程奖”舞蹈类银奖。文化部党组副书记、副部长杨志今、省文化厅厅长徐耀新先后莅泗调研，对泗阳县文化工作给予高度评价。本年，被市委、市政府授予“文化建设工作先进县”。

【基层文化中心站建设】 年内，将乡镇（社区）基层文化中心升级改造列为全年工作重心，强化措施，加强督查，开展评比，促进平衡发展。到年底，全县已完成19个乡镇（街道）文化中心站，29个村（社区）综合文化服务中心提升改造，增配电脑81台、书架170节、阅览桌椅63套、音响41套、锣鼓25套。

【农家书屋提升改造】 加强数字农家书屋建设。年内，新增与县图书馆联网村居农家书屋120家。到年底，全县16个乡镇农村图书分馆、240个村居农家书屋全部与县图书馆联网，实现在全县范围内图书通借通还。开展村居农家书屋图书管理志愿者招聘试点，首批招聘村居农家书屋图书管理志愿人员26名。

【自助图书馆建成】 年内，在众兴镇西康社区建成全县首家社区24小时自助图书馆，馆舍建筑面积100平方米，首期藏书10000册。集RFID技术、网络技术及自动控制技术于一体，为读者提供全天24小时办证、查询、预约、借书、还书等图书自助借阅服务。

【群众文化活动】 2016年元旦、春节期间，开展多种群众文化活动，宣传党的方针政策，活跃群众文化生活：组织2016年泗阳县民间文艺活动季汇报演出、泗阳县第四届庆元旦·迎新春群众文化演出月、第五届平价年货大集广场文艺演出。举办历时1个多月的泗阳县少儿读者新春才艺展示活动，参加人员1000多人，观众累计15万人。在妈祖文化园举办2016年元宵灯谜有奖竞猜和吉祥中国·中国传统吉祥文化展，爱我中华·中华民族风情展，三国演义人物图片展，首届丝绸之路摄影作品展，泗阳县文化干部迎春书画展等。开展“我眼中的春节”摄影大赛，还举办泗水秋韵重九书画作品展、“辉煌征程”长征主题书画展。全年举办“周末大舞台·欢乐大家唱”广场演出20场，观众4万多人。

【文化“三下乡”活动】 3月29日，泗阳县2016年文化“三下乡”活动仪式在王集镇中心大街广场举行，拉开全县文化“三下乡”活动帷幕。活动期间，县淮海剧团送戏下乡演出64场，政府公益性演出100余场；县图书馆送图书下乡23420册，县电影公司送电影下乡2965场。

【应急广播村村通工程】 从8月20日至11月30日，用100天时间建设应急广播村村通。建成广播县级平台1个、乡镇（街道）平台19个、行政村（居）平台240个，安装音柱1200只，高音喇叭1440只。12月30日，全县县乡村三级应急广播"村村"通顺利开通。

【全民读书节举办】 抓住4月23日"世界读书日"和泗阳县第五届全民读书节有利契机，举办泗阳县读书擂台赛、"全民阅读·全民共享"读书征文演讲赛、讲童话故事赛、首届"古韵诗词·墨染风华"古诗词大赛、"书香泗阳·非同凡响"创意设计大赛等活动。举办"我的书屋我的梦"农民读书征文。同时在全县开展"图书馆服务宣传周"活动。

【办好泗水讲坛】 全年邀请知名专家、学者到泗阳举办"泗水讲坛"28场，播放专题讲座视频17场，举办优秀影片展映5场，现场听众、观众14000余人次。开展"泗水讲坛"视频播放社区行，全年到社区专题播放专家学者讲座视频12场。

【地方戏精品演出】 县淮海剧团全年排练、演出《回娘家》《赶集》《背媳妇》等淮海戏剧目3台，并到乡镇巡演。在县淮海剧团秀英剧场，长年坚持每月2场淮海戏等地方精品戏曲演出，弘扬、普及、保护本土文化。全年共演出24场，观众10000多人次。

【文艺新品创作排练】 全年创作排练戏剧小品《夫妻小闹剧》《新柜中缘》，舞蹈《茉莉花》《美人吟》《鲜花献给祖国》《魅》，歌舞《中国歌最美》《春天的使者》《舞动青春》等剧目10多部。移植排练戏剧小品《大接访》《老北京改行》以及相声《信访科长》、儿童相声《我爸、你爸、他爸》等文艺作品5部。县淮海剧团创作排演的以酒文化为背景的群舞《老酒坊》获第十二届江苏省"五星工程奖"舞蹈类银奖。

【文化遗产保护】 做好县级以上非遗项目传承保护：组织云渡桃雕艺术项目传承人参加"江苏省非物质文化遗产传统美术、传统技艺展""长三角城市非物质文化遗产传统技艺南通展"。组织云渡桃雕、灰堆字、剪纸等项目传承人以及穿城大饼、泗阳膘鸡等传统美食项目传承人参加宿迁市"非遗大集"展演。组织泗阳民间传统舞蹈跑驴、莲湘、水族舞以及淮海戏等非遗项目进校园，在青年学生中宣传、普及本土文化。组织开展第40个"国际博物馆日"活动，提高民众文物保护意识。在市民广场举办泗阳民间收藏与文物图片展。年内，三庄汉墓群保护规划正式申报国家文物局立项。

【文化市场监管】 全年开展扫黄打非、"护苗保苗""清源2016""秋风2016""净网2016"等网吧专项整治活动8次，巡查歌舞娱乐场所121家次，出动执法车辆480台次，执法人员2800多人次，查处网吧违规接纳未成年人46批次，收缴非法出版物3400余本，非法音像制品300余盘。取缔假记者站1个，查封非法小报1家。对全县演出场地和文化娱乐场所、网吧、印刷企业等开展消防安全检查，并签订消防安全责任状。

【"小村春晚"举办】 2016年2月8日（农历正月初一），由黄恒丰艺术团主办的"小村春晚"在张家圩镇新民村继续举办。全国少儿戏曲小梅花"金花奖"得主刘诗云、参加过央视《越战越勇》栏目竞技的靳笑笑等人到场助阵，现场观众5000多人。63岁的当地村民黄恒丰从20世纪90年代中期组织一班文艺爱好者，自编自导淮海戏、歌舞、说唱等类节目，自己筹钱办"小村春晚"，已连续办22年，成为泗阳一张文化品牌。

（潘　斌）

旅　游

【概况】 2016年，全县旅游工作按照"整合提升资源禀赋，打造特色生态旅游名县"的总体目标，坚持"高起点总体规划，分步骤有序推进，始终注重特色品质"的工作思路，大力实施旅游业加快发展五年行动计划，加快项目建设，完善基础配套，加强品牌推广，强化行业监管，各项工作均取得较好成绩。妈祖文化园获批国家AAAA级旅游景区；国润农业大观园创建省五星级乡村旅游点通过省专家组初评；盛世桃源成功创建成省四星级乡村旅游点和省四星级农家乐；名店、西塘人家成功申创成三星级社会餐馆，苏丝、苏花2家门店被评为旅游购物放心店，妈祖文化园被评为平安景区。县旅游局被市委市政府表彰为2015年度宿迁市文明单位；被市政府表彰为2015年度旅游工作先进集体，旅游促进科王子榛被市政府表彰为第十三届宿迁市十大杰出青年；行业管理科李弦被市政府表彰为"旅游服务明星”。全年接待省内外游客165万人次。实现旅游收入15.7亿元。

【旅游规划编制】 年内，由北京土人景观艺术规划设计院编制的黄河故道建设实施方案、三庄汉墓群规划保护方案已完成规划评审；对接江苏省“十三五”旅游规划，将泗阳旅游融入全省旅游大规划，泗阳县“十三五”旅游规划编制完成并通过评审；成子湖入湖口旅游详细规划编制完成。

【旅游项目建设】 成子湖旅游度假区重点实施退圩还湖、挖河造岛、水系整理、道路建设以及绿化、美化等配套工程。两河生态文化廊道重点实施堤防建设、水系改造、赛车场建设等工程以及绿化美化等项目提升工程。八堡乡村旅游点完成200亩二月兰种植、蝉鸣世界景区保护及相关标识牌设置。盛世桃源乡村旅游点完成餐饮、住宿、停车场以及卫生间等配套设施建设。天后宫特色旅游街区建设基本完成房屋征收工作。洋河酿酒工业旅游点完成五里神井景区、来安陈列馆、酿酒区、品酒区、展示区以及葛东河景观带等项目建设。建成中国杨树博物馆组培室、品种园、游客中心、旅游厕所，并顺利通过省专家组AAAA级旅游景点复评。完成农业大观园游客中心、客房、会议室以及旅游厕所改造提升工程。

【策应扶持工作】 超额完成县委、县政府下达的对上争取资金年度目标任务，全年争取省旅游业发展专项资金250万元，列全市第二。成子湖度假区一期项目获评全国优选旅游项目，并获国家补助资金330万元。大禾庄园成功申请江苏省旅游产业基金1000万元。

【泗阳旅游形象宣传】 1.邀请中央电视台纪录频道《大运河》栏目组、中央电视台《发现之旅》栏目组到泗阳拍摄运河文化及泗阳旅游专题片《醉美泗阳》。3月，该片在中央电视台《发现之旅》频道及网络同步播出。中央电视台纪录频道大型纪录片《大运河》泗阳段也在同月播出。2.在“泗阳旅游”微信平台、县政府门户网站“网上泗阳”设置专栏，每周向受众推送泗阳旅游相关信息6期，全年发布信息300多期。3.持续举办为期近1个月的泗阳县乡村文化旅游节活动，推出“体验乡村、快乐乡村、畅游乡村、走进乡村”等乡村旅游节9大系列活动。节会期间，全县旅游景区接待南京、淮安、宿迁、盐城、连云港、徐州等地团队及自驾车3028辆次，省内外游客37.21万人次，旅游综合收入近5亿元，星级酒店客房出租率达95%、经济型酒店客房出租率达98.6%。4.开展清明节及五一节促销，举办风鸢春晓、妈祖文化园游园庙会以及鲜果采摘、景区骑游等活动；举办洋河酒厂名酒封藏大典、泗阳县首届赛桃会、第五届青虾美食节等节庆活动。5.推选泗阳地方美食参加在宜兴举办的2016江苏省乡村美食大赛，李口十大碗大酒店制作的“泗阳美食第一菜”获金奖，新袁郑老八大酒店制作的“新袁羊肘”获银奖。

【旅游基础设施建设】 以服务游客为中心加快旅游设施配套建设，改、扩建AA级以上旅游景区厕所8座；国家AAAA级旅游景区妈祖文化园、中国杨树博物馆、省四星级乡村旅游区（点）大禾庄园、国润大观园景区实现无线WIFI全覆盖；联合交通部门更新、完善全县所有旅游景点交通标志标牌，县内所有A级景区与乡村旅游点均设有指示牌。通过泗阳县数字城市管理系统对所有景区及交通沿线实时监控；加强旅游景区停车场建设，新建、扩建洋河酒厂来安基地、棉花博物馆、梨园春秋、大禾庄园、中国杨树博物馆等停车场7个。全县5个AAA级以上旅游景区、8个三星级以上乡村旅游点，建成停车位3287个，总面积3.8万平方米，即便在旅游高峰期也能满足游客停车需求。

【规范旅游行业管理】 召开2016年旅游产业发展座谈会，听取各界对发展泗阳旅游业的意见建议；出台《泗阳县旅游业服务上台阶工作考核办法》，推动旅游服务再上新台阶；与各旅游企业签订《泗阳县旅游企业2016年安全生产目标管理责任书》，树立安全至上意识，确保游客安全；出台《泗阳县解说员管理办法（试行）》、加强导游和解说人员管理；制订《县旅游局关于加强景区管理工作的通知》，对景区日常管理进行量化考核评比，考核结果与物业管理经费直接挂钩；结合“5·19中国旅游日”举办《旅游法》、消防安全、食品安全等知识培训，进行安全生产演练等活动，发放《江苏省旅游条例》《文明旅游倡议书》等旅游宣传手册、精品旅游线路海报1600余份，赠送旅游纪念品200余套，接受游客现场咨询800余人次。

泗阳县部分乡村旅游景区景点简介

1.盛世桃源

盛世桃源位于县城西郊，紧临245省道。占地460亩，其中水产养殖260亩，陆地栽植优质桃果。主要从事生态畜禽、水产、果蔬生产。是集瓜果采摘、休闲垂钓、科普教育等旅游观光项目于一体的多功能综合性现代农业项目。2015年，被评为国家级休闲渔业示范基地，2016年创成江苏省四星级乡村旅游点。

2.天仙岛乐园

天仙岛生态乐园，位于三庄街南200米，紧临宿泗路，交通便利。内设生态养殖区、餐饮垂钓区、农园体验区、拓展娱乐区，是集餐饮、垂钓、游泳、农事体验于一体的休闲乐园，主要经营农家乐。餐饮部设有包间和高档餐厅，可容纳300人同时就餐；烧烤、三庄八大碗为主打品牌，本地风土味、野味让游客真正体会农家餐饮风味。游泳池设有高档成人池和儿童池，可同时接待泳客600人。2016年创成省三星级乡村旅游点。

3.王集生态园

王集生态园紧临原245省道，位于王集街繁华路段北京路，地理位置优越，交通便捷。占地110亩，建筑面积6200平方米，设特色餐厅18间，标准客房双人间40间，豪华双人间20间，商务套房6间。园区还设有健身房、台球室、乒乓球室和垂钓池。是省三星级乡村旅游点。

4.八堡人家

八堡村（八堡人家）位于泗阳县城东南角、李口镇东北部，东依京杭大运河，西临古黄河，地势起伏，水系纵横，树木葱茏，自然条件优越，具有典型的苏北古村落特色。其垂钓中心占地40余亩，麋鹿园占地100余亩，有麋鹿7头。在八堡人家可以品尝到最地道的泗阳农家菜，感受最淳朴的泗阳民风，是休闲度假好去处。2016年创成省三星级乡村旅游点。

5.梨园春秋

梨园春秋位于爱园镇境内，有百年老梨树上百棵。每年4月梨盛开花，一望无际的玉树银花，与掩隐其中的农家庭院，勾画出一幅唯美的春的画卷。园区还设有农耕体验、水果采摘、休闲垂钓、植物认养和奇特果品展示等游客参与项目，配套提供观光旅游、餐饮服务。2016年创成省三星级乡村旅游点。

（王子榛）

地方志鉴

【概况】 2016年，泗阳县地方志办公室编辑出版《泗阳年鉴》2016年卷、《中国共产党泗阳县历史大事记（1994~2013）》两卷。

【《泗阳年鉴》2016年卷】 该卷年鉴年初由县委办公室、县政府办公室联合发文征稿，2月底启动，7月下旬完成初稿。随后，各编辑人员经过3次互相阅稿、修改，11月与县《统计年鉴》相关数字核准以后定稿，12月出版发行。全卷设特载、大事记、县情概览、党政机关、社会团体、武装、政法、农业、水利、工业、招商引资·园区建设、交通·邮政·供电、城乡建设与管理、环境保护、财政·税务、金融、商贸服务、经济监督管理、科学技术、教育、信息·传媒、文化·旅游、卫生和计划生育、体育、社会民生、乡镇（街道、场）概况、人物·荣誉栏、统计资料、附录、索引等30个栏目，139个分目、81个子分目、1291个条目、68个图表。

【党史大事记编写】 编辑出版《中国共产党泗阳县历史大事记》第3卷。该书采用编年体和记事本末体编写体例，全书共约35万字，收集从1994年1月1日至2013年12月31日中国共产党在泗阳活动的主要会议、主要事件、主要人物、主要活动以及与此相关的政治、经济、军事、文化等方面的重大事件，是泗阳县党的建设、政权建设、经济建设、军事建设和文化建设的真实记录。2014年10月接受任务，2015年年底编撰完成。送县领导审阅并取得准印证后，2016年6月由江苏农垦机关印刷厂有限公司承印，内部发行。（李昌富）

卫生和计划生育

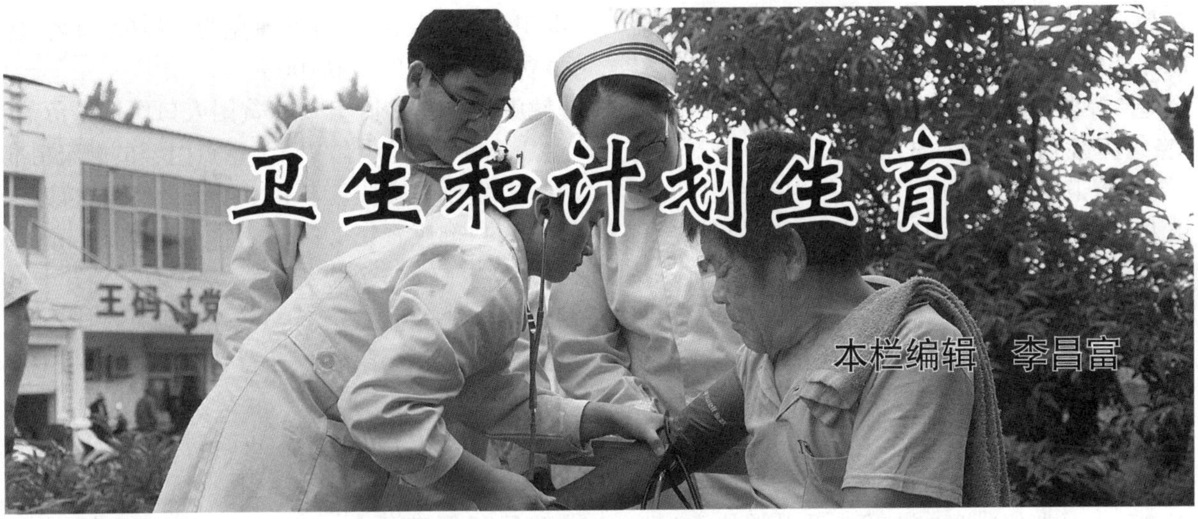

本栏编辑　李昌富

【概况】 2016年，泗阳县卫生和计划生育工作以提高人民群众健康水平为工作中心，努力加强全县疾病预防控制，抓好公共卫生和医疗服务，加强乡镇医卫改革和村卫生室建设，推进分级诊疗试点改革，提高新型农村合作医疗覆盖率，实施健康精准扶贫。完整准确执行国家计划生育政策，努力抓好计划生育。年内，泗阳县被评为江苏省人口协调发展创建工作先进县、县卫生和计划生育委员会（简称县卫计委）被评为2013-2015年度江苏省文明单位、2015年度宿迁市文明单位、江苏省农村改厕示范县；2014~2015年全省计划生育系列保险工作先进集体、宿迁市卫生计生行政部门综合目标管理先进单位优良奖。

【乡镇医卫改革完成】 年初，县卫计委成立泗阳县深化医改暨综合医改工作领导小组，并制定详细实施方案。将乡镇（街道）医院与计划生育服务中心整合，挂牌组建"乡镇（街道）卫生和计划生育服务中心"，乡镇（街道）医院挂牌"乡镇（街道）卫生院"，接受乡镇卫生和计划生育服务中心监管。到6月底，全县所有乡镇（街道）卫生和计划生育服务中心全部组建完成。7月1日，各乡镇卫生和计划生育服务中心与乡镇（街道）卫生院签订协议，将基本公共卫生服务以购买的形式交给乡镇（街道）卫生院组织实施。

【基本药物采购制度落实】 年内，全县医疗卫生系统基本药物采购实现全覆盖。7~12月，全县30个乡镇（街道）卫生院网上采购基本药物总金额5472.81万元。全年全县村卫生室集中采购基本药物4364.25万元。实行基本药物制度后，病员医疗费用大幅降低。2016年全县医院门诊次均药品费用34.65元，比上年下降31.89%；住院平均药品费用1020.98元/次，比上年下降18.49%。

【村卫生室建设和使用】 加强村卫生室标准化建设，已建成的在原有基础上提档升级。年内，新创成省级示范村卫生室4个。将村卫生室医药费补偿结报纳入全县系统，方便病员药费结报。2016年到村卫生室就诊并给予新农合补偿210.63万人次，补偿总金额2594.16万元。病员到村卫生室就诊个人自付部分次均费用11.12元，较上年大幅降低。补充、调整、优化村卫生室医务人员结构，为村卫生室补充招聘工作人员55名。为村卫生室医务人员组织预防接种、慢性病护理、中医药适宜技术等培训14场6000多人次。

【新农合工作】 2016年全县新农合以村（居）为单位覆盖率100%，参合总人数71.1万人，参合率99%。制定下发《泗阳县2016年新型农村合作医疗管理办法》，提高门诊补偿标准、县内住院补偿标准和门诊特殊病种补偿限额。实施农村20类重大疾病保障。全年享受医药费用补偿281.1万人次，补偿总金额3.44亿元，住院费用报销比例达76.9%。推进异地联网结报，完成与省管理平台软件接口开发，实现与省平台系统联网。与淮安82医院、淮安市第一人民医院实行点对点实时结报。

【分级诊疗试点推进】 制定出台《泗阳县卫计系统分级诊疗试点工作实施方案》，在临河镇、史集街道办启动分级诊疗及家庭医生签约试点。制订下发《关于2016年医疗联合体建设工作实施方案》，全县4个二级医院分别与30个一级医院签订合作协议，从名医坐诊、医技培训到病员转诊支持等多方面带动乡镇（街道）卫生院发展。

【等级医院创建】 年内，黄圩、八集、南刘集等7个乡镇卫生院创建成国家一级甲等医院，在乡镇卫生院建成县级临床重点专科7个、复核专科28个。县中医院创建国家三级中医医院工作按计划稳步推进，扩建工程完成土地征收和房屋拆迁，投资2.5亿元、建筑面积5万平方米的新楼已于10月开建。

【疾病预防与控制】 强化传染病疫情、突发公共卫生事件及相关信息的报告和管理，全年累计报告乙、丙类传染病1646例，无甲类传染病病例报告。强化慢性病综合防控和严重精神障碍患者管理。拓宽食品安全宣传覆盖面。全年上报食源性疾病303例，食源性疾病事件上报率达100%。县疾病预防控制中心与县人民医院分别被确认为省级食品安全风险监测县级中心、省食源性疾病监测哨点医院。

【公共卫生服务】 全县建立城乡居民健康电子档案69万份，实施健康管理老年人80610人，规范管理高血压患者55983人、糖尿病患者16175人。全年开展城乡居民饮用水安全、学校卫生、非法行医和非法采供血等实地巡查2629次。

【妇幼卫生服务】 投入2000万元、分三批次在全县推进数字化预防接种门诊和妇幼健康门诊建设，建成规范化门诊19个。普及孕前叶酸补服，全年农村孕妇叶酸补服4264人。推进农村孕产妇住院分娩，并给予一定经济补助。全年农村孕产妇住院分娩并给予补助4112人。免费开展农村妇女“两癌”筛查，全年进行“两癌”筛查农村妇女27240人。

【计划生育优质服务】 2016年是国家实施“全面两孩”政策第一年。全年办理生育服务登记10061人，其中一孩生育登记4036人，二孩生育登记6025人。为自愿终身只生一个孩子的夫妻审定发放《独生子女父母光荣证》2213份。为新婚夫妇免费进行孕前优生健康检查3316对。全年给符合计划生育奖励扶助对象4597人发放奖扶资金244.28万元。免费开展流动人口儿童预防接种、传染病防控、孕产妇儿童保健、健康档案、计划生育及避孕节育措施落实等6类基本公共卫生计生服务，留守儿童免费体检2.5万名，建立贫困母亲救助档案100名。

【健康精准扶贫】 开展以贫困人口医保全覆盖、健康全管理、医疗有保障为重点内容的健康精准扶贫，发放健康扶贫卡1.26万张，义诊2.24万人次，入户健康查访7.9万人次。在19个乡镇（街道）卫生院及4个二级医院设立扶贫床位350张，实施“三免两减”优惠政策（即免收挂号费、诊疗费、专家会诊费；医药费、仪器检测费按10%收取），医疗机构门诊收治贫困户患者4823人次，住院治疗1228人次，双向转诊295人次，全年累计减免诊疗费用51.27万元。

【政风行风建设】 按照“三好三有”①、“五个一”②的标准，8个民营医院党组织建设全部组建到位。建立常态化行风监督，投诉举报机制，在各医疗卫生单位设立投诉信箱和电话。开展明察暗访10次，集中巡查3次，通报批评医疗单位20家。

注释：

①**“三好三有”**：建好党员活动室、装备好电教设备、配备好报刊书籍；有党员活动室标牌、有学习宣传栏、有党支部工作制度。

②**“五个一”**：有一面党旗、一副书报架、一套制度牌、一块党员荣誉榜、一套远程教学设备。

（张　静）

部分医疗卫生机构简介

·泗阳县疾控中心·

【概况】 泗阳县疾病预防与控制中心（简称县疾控中心）设办公室、免疫规划科、急性传染病防治科、慢性传染病防治科、慢性非传染性疾病防治科、寄生虫病（地方病）防治科、环境卫生科、职业卫生科、健康教育科、检验科、质量管理科、预防医学综合门诊部等科室12个。在职人员64人，其中在编55人。在编人员中，本科20人、大专10人、中专22人、高中及其他3人；高级技术职称9人、中级技术职称14人、初级技术职称31人。2016年，获省健康教育协会“2015年度卫生科普先进集体”；被市委、市政府表彰为2015年度宿迁市文明单位、被市卫计委表彰为“2015年度全市疾病预防控制工作先进集体”并获得“宿迁市2015年度疾病预防控制工作二等奖”；被县卫生局表彰为“2015年度信息宣传工作先进单位”。被省健康协会授予2016年度卫生科普先进单位。张宇被省卫生和计划生育委员会表彰为“全省疾病预防控制工作先进个人”，陈继军为“江苏省优秀免疫规划（预防接种）工作先进个人”；李进被省疾病预防控制中心表彰为2015年度江苏省重点职业病监测与职业健康风险评估先进个人，唐美霞被省健康教育协会表彰为卫生科普先进个人；李红霞获得“全市疾病预防控制工作先进个人”。

【传染病防控】 2016年，全县设疫情网络直报单位30个，疫情网络直报覆盖率100%。收到传染病疫情预警信息60条，均按规定在2小时内调查核实上报，及时审核上报率100%；传染病疫情报告质量合格率100%。全年报告乙丙类传染病16种1646例，其中，乙类传染病11种，1192例；丙类传染病5种，454例；无甲类传染病病例报告。甲乙类传染病报告发病率为139.7219/10万，甲乙丙类传染病报告发病率为192.9382/10万。死亡4例,病死率0.2430%，死亡率0.4689/10万，报告发病率与上年同期相比下降10.2292%，死亡率与上年同期相比上升100.2990%。全年报告手足口病390例，采集手足口病病例标本60份，重症病例3例，无死亡病例。

【计划免疫预防接种】 2016年是预防接种规范管理年，县疾控中心对照标准，从全面自查自纠入手抓好儿童计划免疫和预防接种工作。全年完成计划免疫接种常规疫苗11种 22万剂次，应上传儿童数222291人，实际成功上传222281人，上传成功率99.99%。应查验幼儿园、学校138所，实际查验138所。新入托、入学儿童17553人，验证17553人，其中无证593人，及时补证593人；应补种2190人，实际补种2088人，查验率100%，疫苗补种率95.34%。为适龄儿童新建卡建证11249人。利用4.25卫生宣传日开展儿童计划免疫宣传，消除山东假疫苗事件恶劣影响，提高公众对疫苗接种的积极性和主动性。举办预防接种培训班5期，培训预防接种骨干450人次。年内，众兴镇卫计服务中心被评为江苏省优秀免疫规划（预防接种）先进单位，该中心黄素珍被评为江苏省优秀接种医生，刘平、陈继军被评为江苏省优秀免疫规划（预防接种）工作先进个人。

【慢病防治】 建立健全居民健康档案，及时录入居民就诊情况，更新完善居民健康档案信息。2016年全县常住人口84.09万人，建立居民健康电子档案649441份，建档率77.23%。65岁及以上老年人93581人，建档86945人，年底完成体检录入68594人。高血压患者登记建档63111人，纳入管理57919人，规范管理并定期随访52334人，规范管理率90.4%。糖尿病患者登记建档19568人，纳入管理17665人，规范管理并定期随访15271人，规范管理率86.5%。全年检出重性精神病患者3148人，患者检出率3.62‰；登记建档3148人，登记建档率100%；在册患者3092人，在管患者2978人，检出患者管理率96.31%。建立35岁以上人群首诊测血压制度，测血压率100%，登记率100%。死因监测信息收集全年网报死亡病例4823例，及时审核4727例，死因审核及时率98%。根据2014~2016年死因监测结果显示，泗阳县人口死因排序前三位依次是心脑血管病、恶性肿瘤和呼吸系统疾病等慢性非传染性疾病。

【寄生虫和地方病防治】 年内，县疾控中心开展疟疾病防控知识师资培训、疟原虫镜检人员培训。搜集整理中华人民共和国成立后泗阳县60多年来疟疾病防治资料、图片及相关数据，完成《泗阳县消除疟疾资料汇编》上、下两册编纂上报；高分通过省市消除疟疾达标考核验收。碘盐食用方面：全县居民户合格碘盐食用率94.67%，达到国家关于碘缺乏病地区居民碘盐食用标准。按照省市要求和监测方案，对全县2015~2016年底未监测过的水厂进行水体含碘量采样监测，监测结果均达到国家碘缺乏病消除标准。在3个改水村开展儿童氟斑牙病情监测，3个村降氟改水工程正常运转且水氟含量符合国家标准。实地检查8~12岁儿童281人，检出氟斑牙患者46例，氟斑牙检出率为16.37%，氟斑牙指数为32.03。其中可疑病例36例，占全部受检儿童的12.81%；极轻度25例，占全部受检儿童的8.90%；轻度16例，占全部受检儿童的

5.69%；中度5例，占全部受检儿童的1.78%；重度0例。在3个改水村开展成人X线氟骨症检查。氟骨症患病检查165人，检出氟骨症病例28例，检出率为16.70%；其中轻度病例28例，检出率为16.70%；中度病例0例；重度病例0例。尿氟范围0.47–8.52mg/L，几何均值为1.63mg/L。

【卫生监测工作】 严格按照质控标准开展卫生检测，年内完成省理化检测（水碘、尿碘、盐碘）6份18项，生活饮用水理化检测482份13741项，微生物检测429份1534项。检测游泳池水7份14项，餐饮具49份147项，公共场所内的公共用具356份1068项，食品污染物检测25份82项。检测辖区医院室内空气质量、消毒质量及污水排放等样品592份882项。对加工企业检测盐碘198份，尿氟167份，水氟193份；居民户盐碘300份。对饮食服务行业从业人员体检15468人次。

【健康教育工作】 以卫生宣传月、健康教育月为契机，开展健康教育宣传，印发宣传单11万份，接受群众咨询4560人次；开展慢性病防治知识宣传，印发“养成良好生活习惯，预防高血压病”等宣传单5000份，接受咨询义诊近800人；印发以《健康素养基本知识与技能》为主要内容的入户资料72万余份；设置健康教育宣传栏381个，并定期更换、更新栏次4600余次。开展公众健康宣传咨询110台次，在乡镇举办健康知识讲座209场，村级讲座1260场，播放音像资料3000余场次。

（胡立彬　李子建）

·泗阳县人民医院·

【概况】 2016年，泗阳县人民医院开设临床科室26个，医技科室8个，司法鉴定所1个。开放床位800张。感染性疾病科、妇产科是市临床重点专科，妇产科是市级临床重点建设单位，麻醉科、肿瘤科、疼痛科是市临床重点专科建设单位。普外科、骨科、重症医学科、麻醉科、妇产科、肿瘤科等21个科室是县级临床重点专科。医院职工总数1029人，其中专业技术人员876人；专业技术人员中高级职称113人，中级职称214人（含在徐州医学院兼职副教授9名、讲师21名）。省“333高层次人才工程”培养对象2人，省拔尖人才2人，市“135”工程培养对象4人；国家级学术团体委员2人，省级以上学术团体委员14人，常务理事1人，市级学术团体副主任委员以上职位52人。2016年，全年门急诊接待病人427959人次，比2015年增长9.9 %，出院病人27726人次，与上年度持平。手术病人11082例，比2015年增加6.0%。年内，医院被市委、市政府表彰为“2015年度宿迁市文明单位”，院党总支被县委表彰为先进基层党组织。党总支书记、院长颜杯安被江苏省人民政府授予“江苏省劳动模范”称号；副院长、妇产科主任穆春华被省委宣传部、省文明办、省卫生计生委表彰为第三届江苏“百名医德之星”。

【等级医院创建】 2016年，县人民医院继续坚持“以创促建、以创保稳”的工作思路，按照创建三级医院评审标准，持续开展创建工作。每周院长行政查房必查创建台账逐项落实情况，领导班子每月召开1次工作推进会，会办创建工作中存在的问题。为进一步推动创建工作落到实处，创建办组织2次模拟检查，发现问题及时督促有关科室整改，推动医院管理及医疗质量、医疗安全、医疗服务持续改进。

【人才队伍建设】 2016年，县人民医院加大人才招引力度，累计招聘各类技术人员85名，包括临床医师24名，医技人员13名，护理人员40名，其他技术人员8名。严格执行《临床医护人员教育培训年度积分管理办法及实施方案》，强化医护人员业务培训。全年举办院内学术讲座88次，邀请省级医院专家到院开展学术讲座10次。选派15名临床医师到省内外著名三甲医院进修，2名护理人员参加省级专科护士培训，3名护理人员参加市级专科护士培训。选派133名临床科室主任、护士长、医疗护理骨干到南京医科大学第二附属医院轮训。安排专业技术人员200人参加各级各类学术会议或培训班学习。鼓励职工参加学历再教育，与徐州医科大学联合举办在职研究生学位课程辅导班，有35人参加学习，4人通过研究生同等学历考试。有20项继续教育项目被列为市管项目，2项被市卫计委表彰为医学继续教育优秀项目。有19名卫技人员通过高级职称评审，其中主任医师4人，主任护师1人，副主任医师7人，副主任护师5人，副主任检验师2人。

【临床科研】 全年开展临床新技术新项目科研

攻关20项。年底，通过市级课题科技成果鉴定7项。3项科技成果获得宿迁市科学技术奖三等奖。医护人员发表论文54篇，其中在核心期刊发表论文10篇。

【公益活动开展】 年内，为中、高考，“三城一县”创建及其他县级活动提供临时性医疗保障30次；完成高校招生体检3100人次，看守所和拘留所入监人员体检1458人。在卫生宣传日组织医务人员到街头、敬老院义诊25次，接待群众3000余人，发放健康宣教材料6000余份。医院4个党支部每月组织医务人员下乡村进社区义诊。在县第28届科普宣传周期间，抽调15名内、外科医生和5名护士组成科普宣传服务队，到金地如意里、京杭公寓等5个小区开展科普宣传，举办健康知识专题讲座2场，发放宣传资料1500份，提供义诊和市民健康咨询300多人次。年内，有131名职工义务献血40400毫升。

【健康扶贫】 年内，医院向全县贫困户实行“三减两免”，全年 累计减免医疗费用4.7万元。与卢集、裴圩、临河、李口4个乡镇16个省定经济薄弱村定点挂钩，实施健康扶贫，组建8支专家医疗队，定期到挂钩村卫生室免费为村民义诊或提供健康服务，为5户家庭上门义诊，给10个特困户家庭每户送医疗卡3000元，为贫困户捐款5.5万元。

【支援乡镇医院】 医院长年与新袁、王集等医院结成对口支援对子。年内，安排到两所医院长期对口支援的医务骨干36名，成立由医教、护理、控感等管理人员和临床专家组成的指导小组6个，轮流到乡镇医院指导。免费接受18名乡镇医院医生到医院进修，接收26名乡镇住院医师到医院进行规范化培训，46名乡镇医生、27名乡村医生到医院实习进修。

【医院文化建设】 年内，邀请南京纽益思企业管理咨询有限公司高能培训师张钦到院作《医院感恩文化建设》讲座，录制完成院歌MV，元旦、5·12国际护士节期间举办文艺演唱会、演讲比赛和体育比赛。 （孔凡耀）

·泗阳县中医院·

【概况】 2016年，泗阳县中医院共有职工686人，其中医技人员563人。医技人员中，医学博士1人，医学硕士14人，大学本科学历247人。其中正高级职称7人，副高职称43人，中级职称86人；国家基层名老中医、江苏省名中医、宿迁市名中医各1人；江苏省基层优秀中医4人；泗阳县名老中医5人。医院设有临床科室24个，其中江苏省重点专科建设单位1个，市级重点专科1个，县级重点专科8个。医院拥有各种医疗设备600余台（套）。被市委、市政府表彰为2015年度宿迁市文明单位，获宿迁市2016年度民办医疗机构“以奖代投”第三方评价二等奖；被评为2016全国优秀民营医院。全年门诊38万人次、出院病人2.1万人次、业务收入1.72亿元。年内，医院通过江苏省和宿迁市三级中医医院评审。

泗阳县中医院

【门诊综合楼奠基】 计划投资2.5亿元，建设建筑面积5万平方米的门诊综合楼。年内，完成土地征收、房屋征收拆迁、地质勘探以及图纸设计等工作。10月，医院门急诊综合楼工程举行开工奠基仪式，土建工程全面开工。

【专业人才引进】 2016年县中医院网上举办面向各医学院校的人才招聘会，招聘临床本科及以上学历应届毕业生22名，其中本科学历17名、硕士学历5名。按专业划分，其中中医类11名，临床医学3名，麻醉学2名，药剂学2名，影像学3名，医技1名。年内，医院还引进成熟型医技人才17名，其中主任中医师1名，副主任中医师1名，主治中医师1名，执业医师4名，主管中药师1名，主管技师1名，检验师1名，药师2名。护理人员中，引进主管护师1名，护师4名。

【人才培训】 全年举办江苏省农村适宜中医技

术培训班1期；宿迁市继续教育项目讲座16场，“西学中”培训班1期，培训医护人员104名。参加各级各类学术会议187人次。选派4名医师到省级大医院长期进修，选派14名科室主任及技术骨干轮流到东南大学附属中大医院短期进修。选送14名医师到东南大学附属中大医院、市中医院规培，选送2名医师到江苏省中医院进修。年内，医技人员中晋升副主任医师5人，晋升主治医师6人，取得执业医师资格19人；护理人员中晋升副主任护师1人，晋升为主管护师2人，晋升护师19人。

【科研与重点专科建设】 年内，县中医院肿瘤科被批准为江苏省基层医疗机构中医特色专科建设项目；针灸推拿科蒋磊的《小针刀配合浮针治疗神经根型颈椎病》获批江苏省适宜技术推广项目；检验科的《功能半导体纳米结构材料在血糖和肿瘤标志物检测中的应用研究》获2016年度江苏医学科技奖三等奖；内分泌科的《生肌愈疡油治疗糖尿病足溃疡》获第八届江苏中医药科学技术奖。2016年，医院原县级重点专科感染性疾病科、肿瘤科、内分泌病科、骨伤科、妇产科5各科室全部通过验收复评，心病科、普外科2个科室新创成县级重点专科。全年在省级以上刊物发表学术论文32篇，其中核心期刊发表7篇。顺利通过南京中医药大学专家组评审验收，正式成为南京中医药大学教学医院。

【中医药特色医院建设】 医院发挥中医药特色优势，努力打造中医药品牌医院。推广中医治未病，全年接受冬病夏治的“三伏贴”及夏病冬治的“三九贴”穴位贴敷治疗群众3000余例。举办第四届膏方节，制作膏方800余料。各临床科室均配备中医综合治疗室，根据临床需要为患者提供中医技术服务。购置全县唯一1台中医体质辨识仪，对1000余名65岁以上老年人进行中医体质辨识，跟踪进行有针对性的中医养生保健指导。完成健康体检16万人次，为60岁以上老人建立慢性病患者健康档案10000多份。十病区免费为住院患者提供中药养生茶；肿瘤科对放疗、化疗的肿瘤病人，运用中医护理技术给病人耳穴压豆、穴位按摩、中药泡脚、中药湿敷以减轻病人放化疗副作用。医院还自制能预防糖尿病足的生肌愈疡油，开设中医刮痧护理门诊等。投入30万元，在院内建150米长中医药文化宣传长廊。

【秘方挖掘整理】 县中医院发挥中医优势，注重民间秘方挖掘整理。年内，由院名医堂医生、省首批农村优秀中医、门诊部主任陈如松牵头，根据泗阳县著名老中医陈洪干祖传秘方，整理出治疗痈疽的陈氏痈疽疗毒“化毒丸”、治疗蛇串疮的丹霞膏和治疗面神经麻痹的“牵正散坚丸”等3副秘方上报，已入选首批国家传统医学传承项目。

【对外合作】 东南大学附属中大医院在县中医院设立诊疗中心，每周有6名专家在医院教学、坐诊、手术或查房；医学博士、副主任医师姜雪松亲任医院肿瘤科主任。省肿瘤医院放疗科主任何侠等专家定期到医院肿瘤科坐诊。年内，县中医院以70%的份额控股泗阳协和医院，并将其重新命名为泗阳县中医院北院。与全县12家一级医院建立帮扶关系。（王立安　刘须忠）

·泗阳县仁慈医院·

【概况】 泗阳仁慈医院位于文城东路101号，始建于2001年3月，为泗阳县首家大型综合性民营股份制医院，是汇集40多名各科技术精英的集医疗、教学、科研、预防、保健、康复、急救为一体的国家二级综合性医院。医院占地面积83亩，一期建设面积2.8万平方米，二期病房楼9000平方米年内建成并装修完毕。2016年，医院有职工520人，其中卫技人员418人；卫技人员中高级职称36人，中级职称 85人。医院开设床位320张，年门、急诊11万余人次，住院病人1.3万余人次，年业务收入8000多万元。

【特色专业】 医院开展的“CT定位锥颅加尿激酶溶解冲洗治疗高血压性脑出血手术”、无痛肠胃镜诊断治疗术、食道癌根治术、肝癌切除手术、胰腺癌切除手术、无痛分娩术、烧伤整形术、妇科肿瘤清扫根治术、腹腔镜在外科、妇产科的应用等项技术均达省内先进水平。

【医疗设备】 医院拥有德、美、日等国进口的先进医疗设备，主要医疗设备有东软核磁共振、德国西门子螺旋CT机、日本东芝双床双球管500MAX数字胃肠机、日本东芝DR、全自动化分析仪、全自动多功能细胞分析仪、电子肠胃镜、电视腹腔镜、四维彩超机等。有万元以上仪器设备

140多台(套),总价值5000多万元。其中CT、核磁共振等设备处于地区领先水平。

【对口支援】 医院与县内14家一级医院签订技术帮扶协议。年内,医院采取派专家实地指导坐诊、加强双向专业交流、接受受援单位人员到院进修培训、扶持重点学科发展、建立危重症患者转诊绿色通道等多种措施帮扶受援单位。

【行风建设】 医院成立行风办公室,专门负责行风建设。在医院门诊大厅、住院处等处设立投诉电话和意见箱,行风办每月给各科室和患者发放调查表,发动群众监督。收集的情况一月一汇总并逐月通报,督促整改。年内,患者满意度达97%。

【医疗质量管理】 严抓医生病历填写,并定期检查与督导,对不合格病历及时整改,确保甲级病历率不低于90%,杜绝丙级病历。成立护理质量管理委员会,下设4个专门小组,定期考核护理人员操作技能及应知应会理论知识,并将考核结果纳入个人年终考评。坚持护士长长年总值班,发现问题及时处理上报。 (贾 凌)

·泗阳县康达医院·

【概况】 2016年,泗阳县康达医院开设临床科室26个,设置床位475张。有职工555人,其中卫技人员493人。高级职称38人,中级职称93人,全年门急诊量31.3万人次,比2015年增长7.12%;住院人数17214人次,比2015年增长10.5%;病床使用率76.43%。住院手术5994例,比2015年增长9.3%。全年业务总收入13595万元,比2015年增长20.82%,其中医疗收入7995万元,占总收入的58.8%;药品收入5600.2万元,占总收入的40.2%。120救护车出诊3000次。年内,获评江苏省示范性医疗机构、宿迁市十佳民办非企业、宿迁市放心消费先进单位。院长魏兴学被评为县优秀共产党员、妇产科主任医师田荣被评为全县公民道德建设先进个人、团支部书记胡贾获评全县优秀团干部。

【对外合作】 年内,与淮安市一院、南京市一院、泉医生集团等知名医院建立技术协作关系,每周都有十几位协作医院的专家教授到医院门诊、查房、会诊、手术或举办专题讲座。与城厢卫生院、裴圩卫生院、南刘集卫生院、高渡卫生院、八集卫生院、大兴儿童医院、爱心医院、同济医院和中山医院等全县9家一级医院签订合作协议,建立医疗联合体。通过义诊、查房、会诊、手术示范、学术讲座等形式帮助合作医院提升技术水平。

【新技术新项目研究】 全年开展新技术、新项目创新15项,有骨科的3D打印人工髋关节手术、关节镜下治疗关节退变、骨性关节炎、滑膜炎、关节内骨折、微创植骨术治疗股骨头坏死、微创椎间孔镜手术治疗腰椎间盘突出症;肿瘤科的放射性粒子植入治疗肿瘤技术;普外科、妇产科的腹腔镜下各种微创手术;消化科的胃镜肠镜下各种治疗和手术;内分泌科强直性脊柱炎的规范化治疗;妇产科宫腹镜下子宫疤痕妊娠诊断和治疗;超声科的超声介入治疗囊肿及良性肿瘤;检验科的唐氏筛查、耳聋基因检测、叶酸代谢能力基因检测;病理科的肿瘤细胞DNA检测等。护理部、保卫科的4项实用新型国家发明专利代表全市卫生系统参加第九届国际发明展览会。

【人才培养】 有8名新招聘大学生送到南京市一院、淮安市一院培训;全年开展市级继续教育项目18项,举办业务学习、岗前培训88场,操作示范培训43场,应急演练11场。在全县医护人员"三基考试"中,该院医生代表队获得团体第一名;在全县院前急救知识和技能竞赛上,该院代表队获团体一等奖,并代表泗阳参加全市急救技能竞赛。有8名医护人员晋升高级职称,7名医生被聘进入宿迁市医学会医疗鉴定专家库,妇产科副主任李莉入选江苏省第五期"333高层次人才培养工程"培养对象,普外科、呼吸科被评为全县重点专科。 (刘建军)

·泗阳县妇幼保健所·

【概况】 泗阳县妇幼保健所承担全县妇幼保健、重大妇幼卫生指导、监督、培训等工作。2016年,设办公室、妇女保健科、儿童保健科、婚检处等4个科室,23个配套科室,职工63人,其中卫生技术人员51人,占80.95%。卫技人员中高级职称4人,中级职称24人,初级职称24人。本科学历8人,大专学历22人,中专学历22人。2015年7月由解放中路处所迁至俞杨中路新建的县公共卫生服务平台,新办公室业务用房4500平方米,办公条件大为改观。年内,县妇幼保健所加强服务能力建设，配备自动生化分析仪、微量元素测定仪、听力测试仪、唐氏筛查仪、心电监护仪、乳腺治疗仪、视力测试仪、彩超等设备。开展全县农村适龄妇女宫颈癌、乳腺癌筛查、婚前医学检查、学龄儿童入学入园健康检查及妇幼重大公共卫生服务项目等。获评江苏省优秀管理示范单位，2015年度宿迁市文明单位、县信息化工作先进单位。被江苏省广电总台表彰为江苏省优秀管理示范单位。

【妇幼重大卫生服务】 全县农村孕产妇住院分娩补助3925人，补助资金196.25万元，农村妇女增补叶酸7994人。为12603名产妇进行艾滋梅毒检测，为12611名产妇进行表面抗原检查，检出阳性人数644人。为乙肝表抗阳性产妇所生新生儿免费注射乙肝免疫球蛋白646支。为25000名农村适龄妇女开展“两癌”筛查，查出宫颈癌前病变1253例，宫颈原位癌7例，浸润癌6例，乳腺癌4例，各类妇科及乳腺疾病5759例。

【妇女保健】 免费为12505名早孕人员建卡，早孕建册率98.16%。系统管理人数12455人，管理率97.76%，住院分娩率100%；高危产妇发生率38.57%，高危产妇管理率100%，高危住院分娩率100%；剖宫产率51.54%，全年无一例孕产妇死亡。

【儿童保健】 全县出生活产数9034个，新生儿访视数8957个，访视率99.15%。听力筛查8862例；新生儿死亡23人，死亡率2.54‰；7天内死亡15人，死亡率1.66‰。

【婚前免费体检】 加大婚前体检工作宣传力度，充分发挥婚检在婚姻登记工作中第一窗口的作用。制作有关婚检的版报、标语和宣传挂图，向结婚登记对象宣传婚检知识，发放宣传资料，充分宣传婚检的意义，动员和告知准备结婚的男女青年在结婚登记之前首先要进行免费婚检，促使结婚登记对象自觉接受婚前医学检查。同时为婚检对象提供便民服务，规范婚检服务流程。全年免费婚检6212对，婚检率达85.05%，查出各种疾病1474人，疾病检出率23.73%。

【出生医学证明办理】 进一步规范“接产证明”办证流程，加强对各助产单位所出具的“接产证明”督查。全年办理“出生医学证明”14967份。按照省市卫生计生委对出生医学证明进行整顿的要求，组织人员对2013年以前出具的10余万份的“出生医学证明”进行电子档录入，促进出生医学证明办理工作制度化，常态化。

【人员培训】 年内，先后选送4批14人次到省、北京进修学习培训，4批280人次到市集中学习培训。每月召开1次妇儿保健工作例会，对全县18家卫生院妇儿保健工作专干、31个助产机构产科负责人进行业务培训，全年参加培训人员达790余人次。（朱　环）

综　述

2016年，泗阳县有体育总会1个、国民体质监测中心1个、体育协会22个、体育健身俱乐部6个。其中省级社区体育健身俱乐部2个，有社会体育指导员2185名。其中国家级16人、一级132人、二级851人、三级1186人，每万人拥有社会体育指导员26名。年内，全县体育工作围绕全民健身这一中心，狠抓群众性体育健身活动的推广和普及，促进全县人民健康水平的提升。学校体育工作以抓好体育课和大课间活动为重点，推动中小学生体育锻炼时间落实；以举办多种体育赛事为抓手，促学校体育活动开展。全年承办全国性体育赛事1项，省级体育赛事2项，因组织严密，赛事圆满，均获得好评。派员参加省内体育赛事获金牌8枚。体育设施建设明显加快。全县19个乡镇（街道）均建成群众体育活动中心，240个行政村全部建成“10分钟健身圈”，县体育馆等新4大体育工程建成投用，体育活动平台有了较大发展。县支持体育工作的力度逐年加大，县财政全年拨给体育经费3405万元，比2015年增长5.58%。年内，泗阳县成功创建“江苏省公共体育服务体系示范区”，被省体育局表彰为“江苏省县级体育工作先进单位”，被市体育局评为“县区体育工作目标管理先进单位”，被县委、县政府评为“全面先进单位”；全县16个乡镇均被评为“江苏省体育强乡（镇）”。

群众体育

【群体活动开展】 全年结合重大节日庆典举行大型全民健身活动4次，开展全民健身志愿服务活动10次。群众体育活动和单项健身活动月月有主题，城镇居民全民健身普及率达100%。年内，全县举办的较大型全民健身活动14场次。

【传统健身活动】 全县有常年坚持活动的太极拳、武术等中国传统健身团体近40个，其中太极拳锻炼团体30个，武术团体2个。年内，省、市举办中国传统体育健身项目教练员、指导员培训班20期，参加培训人员800多人。

【广场舞】 广场舞已成为全县普及最广、最受中老年人欢迎的群众体育锻炼项目。截至年底，全县城乡有相对固定的广场舞场地300多处，常年坚持参加广场舞锻炼有6000多人。年内，市、县举办排舞、秧歌舞等培训班12期，参加培训人员1200多人。

【步行锻炼】 徒步健身是全县流行最广、群众参加最多的又一群众健身方式，绝大多数人采取自由锻炼方式，清晨、工余、饭后，操场、公园、路边，或慢跑，或疾行，或漫步。尤其是每天晚饭后，城乡所有公园和健身场所，到处都是徒步健身人群。截至年底，全县有初步登记的暴走团、疾行队、步行协会等群众徒步健身团体20多个，常年参加徒步健身锻炼人员50000多人。

表34　　2016年泗阳县群众体育活动开展情况

单位：人

月份	活动内容	参加运动人数
一月	元旦长跑 钓鱼比赛	700 100
二月	全民健身大拜年	600
三月	全县三级社会体育指导员健身舞培训班	300
四月	江苏省青少年乒乓球冠军赛 太极拳、太极剑团体大奖赛	300 400
五月	职工羽毛球比赛 “市民绿色健身日”自行车骑游	100 700
六月	承办全国（泗阳）自行车越野公开赛暨绿色健身骑游活动	800
七月	承办江苏省体育传统项目学校小学生田径夏令营（苏北赛区）	260
八月	全民健身日系列展示活动	1000
九月	职工足球比赛	300
十月	职工篮球比赛	300
十一月	职工拔河比赛	200
十二月	全县指导员、裁判员培训班	200

竞技体育

【竞赛成绩提升】 年内，泗阳县派代表队参加省内赛事，共获金牌8枚、银牌10枚和铜牌11枚，竞赛成绩比2015年稳步提升。县田径队在全省2016年田径锦标赛65个县区组比赛中排名第14位，比2015年上升10个位次。

【运动员训练】 年内，田径、篮球、乒乓球等3个项目运动员训练实现训练、学习、生活“三集中”。田径训练场地设在县体育管理中心，篮球训练场地设在县实验小学，乒乓球训练场地设在县双语实验学校。训练场地、运动设施与器材、运动员生活有充分保障。全年坚持训练的总人数1100人左右，集中训练时间300天以上。

【全国赛事承办】 年内，成功承办第三届全国（泗阳）平原林海山地自行车公开赛。6月5日，该赛事在泗阳县平原林海山地自行车赛场举行。比赛分为男子35公里山地组、男子21公里山地组、女子14公里山地组3个项目。严雪、周书红、马娇分别获得女子14公里组前三名，张俊、王权刚、夏立新分别获得男子21公里组前三名，封宽杰、余光伟、项林分别获得男子35公里组前三名。

【承办省青少年乒乓球冠军赛】 4月8日~10日，由江苏省体育局、江苏省教育厅等单位联合举办、泗阳县政府承办的2016年江苏省青少年乒乓球冠军赛（第一分站赛）在泗阳县举行。比赛设9~10岁组和11岁组两个组别，分男、女单打2个项目。参赛选手来自南京、无锡、徐州、常州、苏州、南通、宿迁、镇江等全省13市共200多名。经过2天角逐，常州郑宸卓和南京刘昕冉获得9~10岁组男、女单打冠军，无锡王卿伊和南京张翔宇获得11岁组男、女单打冠军。

【省阳光体育运动联赛暨传统项目夏令营】 7月18日~19日，由泗阳县政府承办的2016年江苏青少年阳光体育运动联赛暨2016年江苏省小学生体育传统学校田径夏令营（苏北赛区）在泗阳县体育管理中心体育场举行。运动员来自苏北地区8个地级市31个县（市、区）35所学校共计219名。比赛分4个年龄组，包含60米、100米、200米、400米、800米、1500米赛跑及跳高、跳远、垒球、铅球、迎面接力等41项次。扬州市邗江区实验学校以127分获团体总分冠军、泗阳县众兴实验小学以114分获团体总分第二名、仪征市实验小学以101分获团体总分第三名。泗阳县众兴实验小学以6枚金牌、5枚银牌、2枚铜牌获奖牌榜冠军；沭阳县南湖小学以6枚金牌、1枚银牌、2枚铜牌获奖牌榜第二名；扬州市邗江区实验学校以5枚金牌、8枚银牌、2枚铜牌获奖牌榜第三名。

学校体育

【时间落实】 全县中小学除全部按照中小学生体育大纲要求，开足开齐体育课外，同时注意抓好上、下午两节课之间的体育大课间。对大课间活动开展好的县双语实验学校、众兴实小，组织全县中小学校分管领导集体观摩学习1次。高中生特别是高三学生学习任务重，体育锻炼时间难以保障。在上、下午大课间时间，各校普遍对高三学生实行教室人员清场。并在高三学生中推广跳绳、慢跑等灵活锻炼方式。

【田径运动会召开】 10月12~13日，在县体育中心召开全县中小学田径运动会。本届运动会设100米、200米、400米、800米、1500米和4×100米接力赛等男、女径赛项目6项，跳高、跳远、三级跳远、铅球、垒球等男女田赛项目5项。全县中小学有运动队130支，运动员1100多名参加比赛。

【"市长杯"三大球联赛获奖】 11月11~18日，泗阳县中小学组队参加宿迁市"市长杯"三大球联赛并取得较好成绩。县实验初级中学、县实验小学、新袁小学分别获得篮球初中女子组第一名、小学女子组第一名、小学男子组第一名；桃州中学、县经济开发区学校分别获得排球初中男子组第二名、初中女子组第二名，经济开发区学校同时获得排球小学女子组第二名；县实验小学西校区获得足球小学女子组第三名。

【体育赛事举办】 年内，教育主管部门在抓好全县中小学常规体育课基础上，举办多项赛事，促进学生体育运动广泛开展，促进运动水平提高，增强学生体质。

表35　　2016学年泗阳县中小学体育赛事

时间	比赛项目
3月	中小学生足球联赛
	象棋围棋比赛
	中小学生篮球总决赛
4月	体育中考
4~5月	宿迁市"市长杯"三大球联赛
5月	中小学生足球总决赛
	中小学生排球比赛
	中小学生羽毛球比赛
6月	中小学生男子排球比赛
	中小学生乒乓球比赛
10月	中小学生田径运动会
	小学生足球联赛
11月	初中生足球联赛
	中小学生乒乓球比赛
12月	中小学生羽毛球比赛

【体育社团】 全县中小学生根据本人爱好，自愿组织篮球、田径、棋类、武术、健美等8类体育社团近600个，全年举办各类社团校际交流、比赛1100多次。

【足球进校园】 按照教育局统一要求，全县所有初中、小学均组建由本校学生组成的足球队。小学生足球队由运动员22名、初中生足球队由运动员16名组成，同时配有领队、教练、管理人员。据统计，全县拥有中小学生校园足球队共120多支。年内举办全县中小学生足球联赛、足球总决赛2次。

【足球裁判员培训】 9月19~20日，县教育局主办为期2天的全县中小学体育教师、足球教练员、裁判员培训班。参加培训人员深入学习国务院印发的《中国足球改革发展总体》方案，交流、探讨在中小学进一步普及足球运动以及加强青少年校园足球运动健康、规范发展，提高中小学足球运动水平等问题。参加培训人员200多名。

体育设施建设

【《全民健身条例》贯彻】 贯彻落实《全民健身条例》。年初，县长刘海红在《政府工作报告》中，把抓好全民健身工作列为县政府当年一项重要工作目标，将全民健身事业特别是公共体育设施建设纳入县国民经济和社会发展规划。2016年县财政实拨体育经费3405万元，比2015年3225万元增长5.58%。

【群众体育基础设施建设】 推进体育基础设施建设，全县19个乡镇（街道）均建有“三室二场一路径”和群众体育活动中心。13个乡镇（街道）建成体育公园。全县240个行政村全部建成农民体育健身工程“两室一场一路径”。群众体育锻炼“10分钟健身圈”全部建成，城乡群众不管住在什么地方，只要步行10分钟都可以找到健身场地，群众体育设施实现全覆盖。年内，全县16个乡镇全部被评为江苏省体育强乡（镇）。

【大型体育健身工程建成投用】 2016年年初，县政府规划体育设施建设泗阳县体育馆、泗阳县游泳馆、泗阳县田径场和泗阳县全民健身中心新四大体育工程。到年底，新四大工程全部建成并投入使用。泗阳县体育场、奥林匹克生态公园、西康路全民健身中心、泗阳县开放式运动场、平原林海山地自行车赛道等工程建成投入使用。

表36　　2016年泗阳县大型体育设施统计

项目名称	数量	地址
体育馆	1	上海北路1号
体育场	1	上海北路1号
游泳馆	1	上海北路1号
全民健身中心	1	市民东道西侧（县政府办公楼东侧）
西康健身中心	1	长春西路北侧

【体育产业发展】 全年新增体育产业企业5家，全县注册登记的体育生产经营企业11家、体育用品销售企业5家、体育服务企业（健身场馆）17家。体育彩票发售点110个，全年发售体育彩票8200万元。组织申报省市体育产业发展引导资金资助项目5个，获得资助金额45万元。

（蒋智　陈春雨）

人民生活

【**概况**】 2016年，全县居民收入稳步增长，人均可支配收入18510元，比2015年增长9.2%；其中工资性收入9315元、经营性净收入3612元、财产净收入839元、转移净收入4744元。人均生活消费支出12728元，其中食品支出4430元、衣着支出998元、居住支出2126元、家庭设备用品及服务支出813元、交通和通讯支出1061元、教育文化娱乐服务支出2310元、医疗保健支出650元、其他商品和服务支出340元。

【**城镇居民生活**】 据抽样调查，城镇居民人均可支配收入23535元，比2015年增长8.4%；其中：工资性收入11792元，经营性收入4676元、财产性收入1006元、转移性收入6061元。人均生活消费性支出15028元，比2015年增长7.2%，其中食品消费支出5176元，占34.4%、衣着支出1072元、居住支出2566元、家庭设备用品及服务支出981元、医疗保健支出817元、交通和通讯支出1283元、教育文化娱乐服务支出2748元、其他商品和服务支出385元。城镇居民人均住房建筑面积为50.7平方米。

表37　　2016年泗阳县城镇居民家庭平均每百户耐用消费品拥有量

指标名称	单 位	数 量	指标名称	单 位	数 量
1.摩托车	辆/百户	18	11.微波炉	台/百户	64
2.阻力车	辆/百户	136	12.空调器	台/百户	128
3.家用汽车	台/百户	12	13.淋浴热水器	台/百户	96
4.洗衣机	台/百户	97	14.消毒柜	台/百户	3
5.电冰箱	台/百户	88	15.健身器材	部/百户	3
6.彩色电视机	台/百户	155	16.固定电话	部/百户	60
7.计算机	台/百户	74	17.移动电话	部/百户	242
8.组合音响	套/百户	14	18.接入互联网的移动电话	台/百户	117
9.摄像机	架/百户	4	19.接入有线电视网络的电视机	台/百户	121
10.照相机	架/百户	13	20.接入互联网的计算机	台/百户	46

【农村居民生活】 2016年，农村居民人均可支配收入13952元，比2015年增长9%，其中：工资性收入7172元，家庭经营性收入2654元、财产性收入655元、转移性收入3470元。人均生活消费性支出10599元，比2015年增长11.4%，其中食品消费支出3705元、衣着支出957元、居住支出1728元、家庭设备用品及服务支出652元、医疗保健支出496元、交通和通讯支出890元、教育文化娱乐服务支出1888元、其他商品和服务支出282元。农村居民人均住房建筑面积46.2平方米。

表38　　2016年泗阳县农村居民家庭平均每百户耐用消费品拥有量

指标名称	单　位	数　量	指标名称	单　位	数　量
1.洗衣机	台	100	9.家用汽车	台	15
2.电冰箱	台	93	10.固定电话	部	45
3.空调机	台	114	11.移动电话	部	264
4.抽油烟机	台	6	其中接入互联网的	部	110
5.微波炉	台	46	12.彩色电视机	台	156
6.热水器	台	94	其中接入有线电视网的	台	108
其中太阳能热水器	台	85	13.照相机	架	4
7.助力车	辆	163	14.家用计算机	台	37
8.摩托车	辆	21	其中接入互联网的	台	34

民　政

【概况】 2016年，泗阳县以“现代民政示范县”创建为引领，以“两学一做”活动为抓手，认真履行“以民为本、为民解困、为民服务”的宗旨，始终把解决民生、落实民权、维护民利放在首位，齐心协力，锐意进取，发挥民政工作在全县社会经济社会中的保障作用，民政事业发展取得新成绩。年底，泗阳县被省民政厅授予“现代民政示范县”称号；县民政局获市民政局“2016年目标考核优秀奖”；被县政府表彰为“12345热线及网络问政办理工作先进单位”，被县党风廉政建设责任制领导小组评为“作风建设评议合格单位”；获县社会治安综合治理委员“社会治理（信访稳定）考核奖”。

【城乡低保】 深入开展城乡低保工作专项整治，实现动态管理下的应保尽保、应退尽退，全年累计新增低保2450户、8267人，退出低保2842户、8127人。从7月起，城乡低保标准每人每月分别提高到490元、390元；全年共为低保家庭23375户、63836人发放城乡低保金2.24亿元。

【医疗救助】 全年共救助医疗对象45080人次，支出救助经费4224.46万元；资助72775名城乡低保对象、农村五保户、孤儿等民政服务对象参加新型农村合作医疗或城市居民基本医疗保险，缴纳两项资金共1091.62万元。

【慈善救助】 组织全县爱心捐款活动，为孝老爱亲好人刘彩霞募集爱心善款42.17万元，为见义勇为好青年赵成全募集爱心善款74.39万元，为阜宁县受龙卷风、暴雨、冰雹等灾害的灾民募集爱心善款41.12万元。全年慈善救助218人次，救助支出103.46万元。

【普惠型福利】 免除贫穷户殡葬服务费210万元；保障事实无人抚养孤儿（含机构抚养）453人基本生活，集中供养孤儿提高标准至每人每月1600元，分散供养提高标准至每人每月1000元，全年发放供养经费524.99万元；为全县21855名80周岁以上老年人发放尊老金1521.70万元，

【拥军优抚】 投入162万元，为武警县中队铺设室内训练场400多平方米；投入1900万元，用于消防业务经费和消防设备建设。元旦、春节期间，走访慰问宿迁军分区、驻泗部队、县人武部及军干所重点优抚对象，发放慰问金60.28万元；发

放全县优抚对象春节补助经费78.93万元，抚恤补助经费4700万元；为全县2868名重点优抚对象办理农村新型合作医疗和住院医疗保险86.04万元，住院医疗理赔人数达1275人次，理赔金额115.47万元；落实优抚对象抚恤补助标准的自然增长抚恤补助经费1169.22万元；为42名伤残军人发放在职伤残金73.25万元；为32名伤残军人安装假肢；做好年内新增268名60周岁以上退役士兵老年生活补助上报、审核、审批工作，发放生活补助617.62万元；全县义务兵家庭优待金实行城乡一体化，优待金标准年提高到9770元，比2015年8960元增加810元；发放军人家属和大学生优待奖励金共671.88万元；组织重点优抚对象赴市疗养院疗养4批184人，巡诊441人。

【城乡退役士兵安置】 不断创新城乡退役士兵安置办法，实行综合积分、排序择岗安置。对岗位安置的转业士官，坚持“三公开一监督”的原则，县纪委全程参与监督。积极鼓励退役士兵自谋职业、自主创业，实行货币化安置。全年符合条件转业士官2人，已选岗1名。全年共接收2016年秋、冬季城乡退役士兵314人，除9名复学外，其余均报名参加中高级免费职业技能培训；接收2016年秋季、冬季退役士兵314人，认真落实退役士兵职业技能培训政策，参训率达90%以上，获证率和就业率巩固在95%以上。全年发放退役士兵一次性经济补助955.67万元。

【老龄工作】 制定《泗阳县加快养老服务业发展实施意见》和《泗阳县社会养老服务体系资金补贴暂行办法》，全年为7.5万名80周岁以上老年人投入意外伤害保险323.40万元，其中公办养老机构综合责任保险实现全覆盖；为全县21855名80周岁以上老年人发放尊老金1521.70万元；城市“三无”老人、农村“五保”集中和分散供养经费分别提标到10000元、6500元和5500元。全年共发放农村“五保”和城市“三无”老人供养资金2478.43万元。全年共投入392.80万元，提升改造35家养老机构消防设施，出台《泗阳县养老机构食堂食品安全建设管理规定》，专题督办日常安全规范化管理4次，举行养老机构消防安全知识培训和消防安全知识考试3次，下达整改交办单51件，年内全部整改到位。

【基层政权建设】 大力开展省级和谐社区创建工作，各乡镇（街道）新建或改扩建1个以上社区综合服务中心，科学设置“五室一厅一栏一广场”①，推行“一站式服务”；深化基层民主自治，各乡镇（街道）结合自身特点，开展形式多样的基层协商，围绕“村务监督委员会建设”，创新组建“小村监事会”，有效破解农村发展难题，全县226个“小村监事会”已监督2500余起村级重大决策事项制定与落实，成功调处化解信访积案3700余起，实事求是推动增评低保户2256户，助力流转土地13.56万亩，村民满意度达99.5%，卢集镇郝桥村的“六个一”②工作法，得到省委书记李强高度评价及省民政厅副厅长刘亚军的批示肯定；深入推进“政社联建”，保障基层民主权利，加快政府职能转变，促进政府依法行政，扎实开展社区减负增效，全年社会组织注册登记1447个，每万人拥有社会组织达14.5个。参与等级评估的社会组织数占社会组织总数75%以上，创成专业社会工作服务机构2家；依法开展第十一届村（居）委会换届选举工作，完成19个乡镇（街道）、240个村（居）委会换届选举，共登记选民642017人，实际参加选举545714人，参选率为85%，共选出村委会班子成员1295人，其中主任233人，副主任216人，委员846人。

【社会事务办理】 全年新批社会组织42个，总数达1553个；办理婚姻登记16267对，合格率100%；救助社会流浪乞讨人员1250人次、无主精神病人75人，支出救助经费120万元；全年火化遗体5748具，火化率100%。

【福彩销售与策应扶持】 全年销售福利彩票7300万元,比2015年增长5%;争取省级各类民生策应扶持资金2.73亿元，比2015年增长7.8%。

【队伍建设】 开展“两学一做”学习教育，每月20日为党员活动日，每周五组织各支部集中学党章、学习近平系列讲话；以民政QQ群、支部微信群、微信公众号等载体，多形式开展帮学助学活动。对照党章，采取领导点、同事提、群众评、自己找等多种办法，持续深入查找局党委、局机关支部和全体党员在理想信念、宗旨意识、工作作风等方面存在的突出问题。局党委及班子成员共查找问题49条，局机关支部和党员共查找问题150条，形成问题清单35个，做到边查边改、即知即改。机关全体人员实行挂牌服务，当好表率，营造浓厚的以学促改氛围。

注释：

①“五室一厅一栏一广场”：即综合办公室、综合活动室、综治警务调解室、图书阅览室、卫生计生室、一站式便民服务大厅、村居务公开栏、文体活动广场。

②“六个一”工作法：一本记录群众“急难愁”事项的办理登记台账，一张覆盖全村的服务网格图，一张联系群众的便民服务卡，一本联系服务群众的民情日记，一组公开透明的公示栏，一座沟通干部和群众的桥梁。

（葛晓芹　刘俊　洪芹）

社会保障

【概况】 2016年，泗阳县认真做好社会保障各项工作，全年各类社会保障参保人数和当年扩面新增人数均完成市下达任务，各类保险金均按时足额发放。

【企业职工基本养老保险】 全县企业职工基本养老保险参保人数104823人，完成市目标任务10.48万人的100.02%，比2015年增长3.15%。企业职工养老保险基金征缴收入4.34亿元，完成市目标任务4.62亿元的93.94%，比2015年减少1.14%。发放企业离退休人员养老金6亿元，比2015年增长20.94%。完成企业养老保险参保单位实地稽核31165人，完成市目标任务21300人的146.31%。

【机关事业单位职工养老保险】 全年机关事业单位养老保险基金征缴收入2.66亿元。发放机关事业单位离退休人员养老金3.11亿元，按时足额发放率达100%。

【城镇职工医疗保险】 年内，全县城镇职工基本医疗参保人数10.98万人，基金收入19150万元，全年住院14037人次，基金支出17427万元。

【城镇居民医疗保险】 全年城镇居民基本医疗保险参保人数145129人，基金收入8445万元，全年城镇居民住院17205人次，基金支出6777万元。

【工伤保险】 全县工伤保险参保人数9.25万人，工伤康复人数5人；工伤基金收入1904万元，工伤保险基金支出1426万元。

【生育保险】 全年生育保险参保6.6万人，基金收入1141万元；享受保险待遇1638人次，基金支出1353万元。

【失业保险】 全县失业保险参保人数62049人，征缴基金2338.60万元，为6730人次失业人员发放失业保险待遇767.72万元，发放率100%。

【城乡居民基本养老保险】 全县城乡居民基本养老保险扩面续保人数24.63万人，收缴保费7709.07万元。为全县14.24万名60周岁以上符合条件的城乡居民发放养老金2.01亿元，按时足额发放率100%。

（县人社局）

扶　贫

【概况】 2016年，泗阳县按照省、市统一部署，深入推进扶贫开发工作，凝聚扶贫合力，健全帮扶制度，建档立卡，联村共建，实施督查制度，重点攻坚低收入人口脱贫和经济薄弱村增收，国家扶贫改革试验深入开展，着力改善两大片区贫困面貌，取得良好效果。

【凝聚扶贫合力】 年内，调整充实县扶贫开发工作领导小组，将扶贫开发工作作为全县目标考核的重要指标，县、乡、村分别签订脱贫攻坚责任状，逐级传导扶贫开发的责任和压力。19个乡镇（街道）全部设立扶贫办，选任19名扶贫专干，选派58名扶贫书记，加强扶贫开发工作力量。

【帮扶制度探索】 注重探索、固化精准帮扶制度，推动扶贫开发迈向深入。县直58个单位“一把手”任经济薄弱村“第一书记”，采取不脱贫不脱钩方式，确保结对全覆盖，帮扶无死角。每月第一个周六确定为结对帮扶走访日，所有帮扶责任人到结对户家中走访慰问，分析致贫原因，了解实际困难，现场解决问题。

【督查制度实施】 县设立电视“督扶”专栏，实况公布28个经济薄弱村“联村共建”进展情况，接受群众监督。年度综合考评“第一书记”整体和个人结对帮扶情况，全面总结其他乡科级领导班子成员年度个人结对帮扶情况，均写入个人《述职述廉述法述德述扶报告》，填入《工作实绩登记表》，县乡机关、事业单位干部职工帮扶情况实事求是填入《年度考核登记表》。加大考核基层村（社）党组织书记扶贫开发力度，在村级组织分档竞赛百分制考核中，将脱贫分值提高到40分，重点考核低收入人口脱贫、村集体经济增收、主体责任落实等内容。

【低收入人口脱贫】 针对低收入农户不同致贫原因，扎实开展送岗位、送项目、送政策、送温暖为主的精准扶贫行动。全县11013名县乡干部、371名扶贫志愿者与低收入农户结对，常态开展“聊家常，送温暖，促脱贫”走访慰问活动，为因病、因学、因灾、因残四类特殊群体送去医疗、教育、救助和关爱。通过购买859个公益性岗位和建设59个“家门口”就业项目，为3700余个低收入劳动力送去工作岗位。实施精准扶贫“菜单”项目1.59万个，发放扶贫小额贷款2.2亿元。

【经济薄弱村增收】 以农业结构调整为抓手，通过万顷良田、土地整治、千亿斤粮食等重点工程建设，完善提升基础配套设施，全县新增流转土地6.7万亩，增加村集体经济收入500余万元。盘活池塘、集体用地等存量资产，新建标准化厂房，通过出租获取稳定收益。18个经济薄弱村和19个发展滞后村年获收益260万元。充分整合帮扶资金，就近入股农业合作社、龙头企业和“三来一加”等项目，按照不低于10%的比例保底收益分红，其中50%量化分红到贫困户，另外50%作为村集体经济收入。全年实施项目5307个，年获分红170万元。策应24家省级“五方挂钩”单位帮扶，资助到位发展资金2121万元，实施产业类帮扶项目50个；在县内深化社会化“联村共建”活动，优选100家县乡机关和100家规模以上企业，与58个省定经济薄弱村和42个发展滞后村结成共建“对子”，共实施项目222个，其中产业类项目106个。

【两大片区帮扶】 4月13日、5月5日，省委、省政府分别召开成子湖和涟沭结合部两个片区新一轮整体帮扶工作会议。县委、县政府把握国家级扶贫改革试验区建设契机，系统编制两个片区帮扶规划，重点编排基础设施、产业发展、民生改善等3大类项目110个，总投资11.89亿元，其中成子湖片区60个，总投资约6.6亿元；涟沭结合部片区50个，总投资5.29亿元。成子湖片区以旅游扶贫开发项目为重点，全面推进330省道、3万亩优质稻米基地、5000亩青虾养殖基地等项目建设；涟沭结合部片区以关键性工程267省道为重点，高标准建设205国道至245省道连接线、分淮入沂、千亿斤粮食、1.5万亩优质稻米基地等工程项目。

【精准扶贫行动】 落实中央和省各项教育资助政策，春秋两学期共资助各学段贫困学生35270人次，累计发放帮扶资金2132.14万元。免除建档立卡家庭经济困难学生1295人学杂费，补助资金103.6万元。全面落实“四免两减”政策，推进“三险一站式”结算服务，设立扶贫床位350张，收治低收入患者4634人次，住院治疗959人次，双向转诊258人次，结报及减免诊疗费用41.54万元。发放健康扶贫卡1.26万张，义诊2.24万人次。全县2000余名医务人员与3990名患有大病和长期慢性病的低收入人口结对，入户随访达7.9万余人次。全年发放扶贫小额贷款1.53亿元，受益农户11014户。投入资金515.2万元，为全县所有建档立卡低收入农户，按每人每年80元标准投保大病补充保险，确保报销比例不低于85%，全年赔付50余万元。

【国家扶贫改革试验】 年内，泗阳县国家扶贫改革试验各项工作全面有序推进，出台《泗阳县“家门口”就业工程实施意见及考核办法》，新增“家门口”就业项目69个，带动低收入劳动力3500多人。在涟沭结合部庄圩乡水庄村实施土地综合整治试点，出台《泗阳县土地流转管理服务费和基础设施使用费收取使用管理办法（试行）》，鼓励新型农业经营主体集中连片流转土地，全年累计新增土地流转面积6.7万亩；同时在该村开展村级土地股份合作社试点工作，入股面积825亩，入股农户559户，村入股资金290万元。在成子湖片区推进旅游扶贫项目实施，完成成湖湾清淤、新庄嘴水系整理、滨湖公路南延及入湖口周边景观绿化等10项工程建设。

（县扶贫办）

民族宗教工作

【概况】 2016年，县民族宗教工作紧紧围绕上级民宗部门部署，结合开展“两学一做”学习教育活动，以促进民族团结进步、维护宗教和谐稳定为目标，创新活动载体、把握工作重点，圆满完成各项目标任务，为推进全县经济社会发展发挥积极作用。

【县民族宗教工作领导小组调整】 年内，县委、县政府及时调整县民族宗教工作领导小组，组长由县委常委、统战部部长担任，共有23个成员单位组成，明确各成员单位工作职责，建成以党委、政府牵头，部门各司其职的民族宗教工作机制。

【宗教财务管理】 依据国家《宗教事务条例》相关规定，围绕建立管理组织、编制年度预算、管理收入支出、设立对公账户、实施公开公示、接受检查监督、落实定期报告等方面内容，出台《泗阳县宗教活动场所财务管理八项规定》，并不定期检查各宗教活动场所财务，提高财务管理规范化、制度化水平。举办财务专题培训班，提高会计能力和水平。

【宗教团体班子建设】 年内，县宗教局出台《全县宗教团体领导班子年度述职和民主评议实施意见》，按照平时考察、公开述职、民主测评、综合评议的方法和程序，民主评议全县所有宗教团体领导班子近30名成员。并将考核评价结果与工作补贴挂钩，按照多做事多补贴，不做事不补贴的原则，努力建设一支"政治上可信，作风上民主，工作上高效"的宗教领导班子队伍。组织宗教团体开展"同心·致富"工作，全县结对帮扶贫困信众家庭210户、897人；宗教团体举办各类适用技能培训班3期，其中有5户家庭通过发展致富产业，实现脱贫致富。结合"宗教慈善周"活动，宗教团体先后为舍己救人英雄赵成全家捐款近10万元，为贫困学生、敬老院老人、病灾家庭捐款6万余元；帮助贫困户提供义工劳动200余人次，使宗教团体成为党和政府联系广大信教群众的桥梁和纽带。

【宗教领域安全防范】 县综治办印发《关于在全县民族宗教领域开展安全隐患和不稳定因素排查处置工作的通知》，部署安排全年宗教领域消防安全防范工作。举办宗教领域消防知识专题培训，把消防安全工作做细做实，提高安全防范意识，预防和遏制火灾事故发生。举办宗教团体、教职人员、场所法人、民族宗教代表等培训4批次、1010人，邀请省基督教负责人、县信访局、公安局国保大队负责人等集中授课，增强民族宗教领域自我管理水平。全年共排查民族宗教领域矛盾纠纷10起，化解10起；排查宗教活动场所安全隐患6处，全部及时整改 。

【少数民族村致富】 年初，紧紧抓住中央和省级少数民族发展项目资金契机，按照省民委的项目申报要求，结合民族村实际情况，组织相关人员深入村组实地考察，项目涉及种植业、养殖业和少数民族特色村寨保护与发展，邀请专家评审并报县政府批准后逐级申报。全年共编报项目5个，获批扶持资金265万元。其中众兴镇杨集村特色村寨建设项目获扶持资金第一期120万元，第二期70万元；泗绢集团获民贸企业民品贷款贴息资金58.24万元。获批项目数量和争取到项目资金总量均列全市三县两区第一。年内，县民宗局与财政局联合出台《泗阳县民族村扶贫项目和资金管理办法》，切实加强少数民族扶贫项目和资金管理，提高项目运行质量和资金使用效益。张家圩镇大元村种植瓜蒌、南刘集乡花井村栽植浅水藕等项目，带动少数民族群众就近就业200余人。

【少数民族政策落实】 积极落实省民委、财政厅、人社厅、商务厅等四部门《关于妥善解决回族等10个少数民族群众清真饮食问题的意见》，从1月1日起，凡户籍、《居民户口簿》及居民身份证均认定为回族、维吾尔族、哈萨克族、塔吉克族、乌孜别克族、柯尔克孜族、塔塔尔族、东乡族、撒拉族、保安族共10个少数民族其中之一的城乡居民，均享受清真食品补贴每人每月11元。全县符合条件的少数民族共8946人，县财政补贴资金118万元。按照国家少数民族中、高考优惠政策，全年共审核少数民族考生成份认定70人；办理少数民族群众变更民族成分3人。

【清真食品企业管理】 依据《江苏省清真食品监督保护条例》，扎实做好全县清真食品企业"清真标志"的审核认定工作，年内，新认定批准清真食品企业1家，全县累计共有清真食品企业20家。年内，县民宗局联合伊斯兰教协会，深入全县清真食品生产企业，开展食品安全检查，从购进的原材料，到食品内外包装等方面仔细查看，严格把关，发现问题，限期整改，确保少数民族吃上放心的清真食品。

【国家级特色村寨创建】 年内，众兴镇杨集村按照国家级特色村寨建设方案，从新老民居外立面改造、门牌坊升级、文化长廊布局、民族文化氛围营造等方面进行细化建设，全村呈现出"树在水中，居在林中""回汉共融，功能完善，生活舒适，环境优美”的宜居乡村。8月，杨集村已申报创建国家级少数民族特色村寨。

【“双创”活动开展】 在全县宗教界组织开展创星级宗教场所、创平安宗教场所“双创”活动，通过召开创建工作推进会、观摩会、组织验收检查等形式，动员全县所有宗教活动场所、所有宗教教职人员和广大信教群众积极参与“双创”活动工作。全年先后评选出来安东安教堂、穿城中心教堂等一星级平安宗教场所10个；悦来寺、清真寺、史集教堂、西湖教堂等二星级平安宗教活动场所10个。

【反邪教宣传活动】 年内，县民宗局与县公安部门联手，召开全县宗教界反邪教警示教育大会，播放反邪教录像片，县公安局国保大队讲解异端邪教的危害。组建反邪教宣讲组，集中宣讲11场次，接受教育群众约1.3万人。在里仁乡大庄教会开展“抵制异端，反对邪教”从我做起签名活动，签名信众近1000人。全县开设反邪教活动室200多个，拉横幅180多条，展出反邪教宣传展板150余块，发放反邪教宣传资料1.5万份。

【“宗教慈善周”活动】 年内，在宗教界开展“宗教慈善周”活动，共募集款物近20万元。开展助学、助贫、助老、助残等活动，受益弱势群体人数1000余人。

【宗教社会服务】 围绕县委、县政府2016年夏季秸秆禁烧禁抛与综合利用工作会议精神，组织开展宗教界秸秆禁烧禁抛与保护环境工作动员暨万人传递签名活动仪式，全县225个宗教场所近万人参加签名，有40万名信教群众主动参与“秸秆禁烧禁抛”活动。（杨炎邦）

关心下一代

【概况】 2016年，泗阳县按照省、市关心下一代工作委员会要求，深入开展党史国史主题教育，充分发挥各级关工委组织和“五老”优势，积极参与社会教育和法治社会建设，巩固发展基层关工委建设成果，推动关心下一代工作创新发展，促进青少年健康成长。

【主题教育】 组织“五老”人员编写党史、国史宣讲材料，到全县60多所中小学校宣讲，对学生进行爱国主义教育。爱园镇关工委组织优秀学生代表到“周恩来纪念馆”参观，学习周总理“鞠躬尽瘁，死而后已”的革命精神；众兴、裴圩、卢集、穿城、农场等镇场关工委在清明节组织青少年到县烈士陵园、洪泽湖革命斗争烈士陵园凭吊革命烈士，进行祭英烈活动；裴圩、南刘集等乡镇关工委组织中小学生参观“中国共产党在泗阳展览馆”“中国地质馆”“中国杨树博物馆”等；高渡镇关工委在镇中心小学开展“童心向党·梦随心飞”主题活动，并进行电子小报制作比赛。

【普法教育】 县关工委召集政法、教育系统关工委及县司法局有关负责人参加的座谈会，传达省、市普法工作会议精神，部署全县“关爱明天·普法先行”工作。将《以案促法法治教育故事丛书》（青少年版）《常用法律知识100问》《中华人民共和国未成年保护法》等普法教育丛书发放到学校社区。组织部分师生到县看守所参观，对青少年进行法治警示教育。

【校外教育辅导站建设】 落实市、县关工委拨发的电子阅览室建设专项经费，新配置电脑10多台下发电子阅览室。各电子阅览室基本达到管理有制度、活动有记录、资料有档案、辅导有专人。城厢街道关工委主动与街道中心小学联系，开展校站共建校外教育辅导站活动，校长多次参加辅导并组织10名党员教师加入志愿者队伍，正常到辅导站开展活动。

【“七彩夏日”活动】 暑期，全县校外教育辅导站均组织中、小学留守儿童到校外辅导站进行暑期安全教育，上好假期第一课。教育内容包括交通、用电、游泳、食品安全等知识和注意事项等。还开展丰富多彩的读书、书法、下棋、乐器、歌舞、参观游览等文体活动，内容丰富、形式多样。张家圩镇关工委组织中、小学生开展“看家乡，夸家乡，爱家乡”写作活动。众兴、里仁、八集、穿城等乡镇关工委组织中、小学生到敬老院帮孤寡老人梳头、剪指甲、扫地等。

【义务网吧监督】 教育、引导网吧业主守法经营，杜绝接纳未成年人进入网吧。众兴镇关工委组成3个检查小组，对城区的近50家经营性网吧明察暗访，杜绝接纳未成年人进入网吧的现象。裴圩、里仁、南刘集、来安等乡镇街道关工委组织“五老”义务监督检查辖区内网吧。

（林光友）

乡镇（街道、场）概况

本栏编辑 李昌富

表39　　2016年泗阳县各乡镇主要经济指标

乡镇名称	总面积（平方公里）	耕地面积（公顷）	人口（人）	国内生产总值（万元）	财政收入（万元）	粮食总产量（吨）	农民人均纯收入（元）
众兴镇	262.00	12060	293859	1200021.00	75037.00	109731	23535
王集镇	85.31	4844	77046	284557.00	10895.00	43066	14949
新袁镇	53.59	3061	47214	168479.00	7437.00	24132	14520
庄圩乡	48.76	2856	41104	121838.00	3712.00	30977	13361
里仁乡	44.82	2693	38748	111919.00	5464.00	25489	13362
爱园镇	45.01	3576	58029	169779.00	6820.00	33897	14575
穿城镇	54.36	3331	40470	115015.00	5718.00	36136	13860
张家圩镇	57.64	3524	41129	121252.00	6450.00	32400	13418
南刘集乡	58.50	3184	30908	108289.00	5443.00	24700	13893
三庄乡	65.88	4156	44465	97518.00	2800.00	43303	13412
八集乡	42.50	2367	28005	83567.00	6822.00	19029	13841
李口镇	65.85	3297	53873	153779.00	7509.00	31386	14713
裴圩镇	76.86	3965	63971	221567.00	8759.00	38178	14659
高渡镇	52.71	3699	37442	94834.00	5386.00	27018	14648
卢集镇	80.40	5544	44086	123099.00	6568.00	52946	14463
临河镇	58.75	2840	50786	179011.00	9219.00	25680	14978

（统计局）

众兴镇

【概况】 众兴镇是泗阳县人民政府驻地镇，镇域面积262平方公里。年末户籍人口293859人。2016年，实现500万元以上固定资产投资22.3亿元，比2015年增长8.3%；居民人均纯收入23535元，比2015年增长8.37%。年内，被江苏省精神文明建设指导委员会授予“2013~2015年度江苏省文明单位”，被省委组织部、省委宣传部表彰为2015~2016年度全省基层党员冬训工作示范乡镇，获省级充分转移就业乡镇；被市委、市政府表彰为“全市全民创业工作优秀乡镇”，获市政府“十二五”人口和计划生育工作先进单位、尊师重教先进集体等称号。

【工业经济】 2016年，完成工业开票销售21.81亿元，工业入库增值税4687万元，引进江苏谢万家居科技有限公司和江苏鑫欧越然家具有限公司2个投资总额超亿元项目，江苏迪鑫商业展示设备有限公司、江苏邦格包装有限公司、泗阳鼎嘉木制品厂等4个投资总额3000万元以上项目，新增规模以上工业企业4个。年开票销售超亿元企业5家，税收超百万元企业20家。

【财政收支】 2016年度实现财政收入75037万元。财政支出18413.37万元，其中：环卫支出273.95万元，环境整治127.18万元，社区建设1178.53万元，农业水利支出289.31万元，招商引资支出54.11万元，民政支出1022.1万元，其他支出15468.19万元。

【电子商务】 出台“四免一减”优惠政策，解决小微电商企业资金、人才、场地不足瓶颈，引导群众开展电商创业。年新增网店656家，网上销售企业20家。“一村一品一店”构建网络代产、代销、代购、代缴、代订“五代”服务模式，村居覆盖率100%。建成西康电子商务孵化基地1.5万平方米，仓储2000平方米，聚集电商100家，带动就业600余人。建成农村淘宝服务站6个。电子商务布局形成网创专区、网创街区、“一村一品一店”“三来一加”网络销售中心和电子商务服务点“五大板块”。全年实现网上销售3亿元。

【新型社区建设】 杨集新型社区以创建“民族特色村”为载体，突出基础设施建设、服务功能配套、人与自然和谐等重点，致力建设幸福家园。年内，建成拦水坝2条，多层住房6栋，低层住房12栋；建成回民饭店、社区党群服务中心、生态停车场。立路沿石420米、栽果树500棵、建廊架50米、新架路灯30盏。界湖新型社区五期工程建成安置房11栋计4.7万平方米，投资300余万元完成道路、绿化、下水道等基础设施配套建设。

【居民危房改造】 组织专业技术人员排查全镇居民危旧住房，共查出危房143户、429间、7802平方米。排查后立即分类进行拆除、维修、重建。对其中低保户21户、“五保户”4户、残疾人家庭2户、建档立卡贫困户13户的危旧住房，镇拨专款进行修建，年内全部消除隐患。

【农村道路建管】 强化农村公路配套建设和管理。年内，投资150万元，铺设渔场路、渔姚路、东风路、骆湾二路、南武二路、河堆路、大兴居委会第4、6组出庄路等道路7条，长5.5公里。维修道路1152平方米，复土3200立方，修复涵洞1个、道路两侧绿化2公里，安装标志牌77套。新增道路养护人员2名。

【防治空气污染】 全年完成企业10蒸吨/小时以下燃煤锅炉整治68家，关停废品回收粉粹加工厂3家。严禁秸秆焚烧，立下“不着一把火、不冒一处烟、不污一条河”、捍卫蓝天白云从我做起誓言，以镇干部分片包干，村组干部包干到户方法加强管理，全年未发生一起焚烧秸秆事件。

【城乡同质供水】 以“农村供水城市化，城乡供水一体化”为目标，做好2016年区域供水通村达户工作。年内，共铺设各种供水管网451.5千米，安装入户水表11528户。全镇城乡同质供水通达率100%。

【农田水利维修】 全年投入农田水利建设资金395万元，整治汪塘7个，疏浚中沟5条，完成土方9.7万立方米。新建农桥6座，生产桥7座，涵洞23座，小水闸口3座。建成姚圩引河生态护坡700米。

【特色农业】 以规模设施农业和区域特色农业为重点，建成沿黄河故道二桥、杨集、姚圩等居委会水产经济带，扩大特色水产套养面积1500亩；在成子河沿线，以五堆居委会无公害蔬菜为主线建成城郊菜篮子经济带，新扩五堆蔬菜基地、丰源设施桃果等设施农业面积1200亩，林下种养面积4900亩。新增家庭农场12个，专业合作社8家、种养大户43户。全年创建“五红”蔬菜、“鸿丰”食用菌和姚圩优质大米等无公害品牌农产品13个。

【土地确权】 做好农村土地确权过程中的农户信息登记、土地测量、确权颁证、资料整理归档等各项工作，确权登记于10月底按县要求如期完成，发放农户经营权证书4206份，发证到户率99.9%，并如期通过县土地确权验收和资料整理归档工作。

【安全生产】 年初，镇政府分别与条块分管领导、辖区21个居委会及各企业主要负责人签订安全生产责任状，并建立健全安全生产日查月报制度。全年定期或不定期检查隐患40批次，举办安全知识培训10期，参培人数396人次，全年安全生产无事故。年内，被评为市安全文化建设先进单位，县消防安全先进单位和食品安全先进单位。

【信访稳定工作】 全年接待来信来访316批1301人次，化解处理各种信访案件302批次；民事调解处理8批次，协助信访人提起诉讼4起，申请上一级行政机关复查2起，结案率100%，全年未发生到市以上机关越级上访事件。年内，五里居委会、西康居委会先后两次为市委工作会议提供处理信访工作观摩现场。镇分管信访工作负责人立三等功1次，并被评为市信访工作先进个人。

【反腐倡廉】 组织党员干部认真学习《党章》《廉洁自律准则》《纪律处分条例》《党内监督条例》《问责条例》等党纪党规，到县党风廉政教育基地、看守所等地接受警示教育，组织观看《挺纪在前警钟长鸣》《重拳出击惩贪腐》等警示教育片。镇纪委全年立案查处党员干部违纪案件22件，给予党内警告处分3人、党内严重警告处分1人，开除党籍18人。

【群众文化工作】 全镇21个居委会均建有农家书屋，拥有图书5.12万册。西湖、西康、前进等居委会建有文化活动室、文艺舞台。全镇成立文艺演出队15支，全年开展文艺演出36场；配合“科技、文化、卫生、法律”进社区活动演出58场。年内，镇获评“江苏省公共文化服务体系示范区”；镇文化站获江苏省“乡镇文化站工作目标考核一等奖”。

表40　　2016年众兴镇各居委会情况

居委会名称	居民小组/个	年末户籍户数/户	年末户籍人口/人	耕地面积/公顷	居委会党支部书记	居委会主任
东　光	5				颜绍荣	颜绍荣
红　光	7				吴绍忠	施月芹
前　进	9	7239	25138		刘兆金	刘兆金
五　里	10	2552	8082		刘　柏	刘　柏
西　康	15	1906	7053	0.00	李前伦	李前伦
杨　圩	14	1155	4481	70.00	翟正国	翟正国
周　庄	6	388	1860	69.00	陈　飞	陈　飞
众　东	11	4861	15231	240.00	刘绪明	刘绪明
东　华	9	3256	11482		张同华	张同华
运　南	8	1024	3507	34.00	徐体勇	徐体勇
五　堆	4	834	3230	173.00	郑宏先	郑宏先
大　兴	8	1352	6517	305.00	夏玉国	仲兆祥
姚　圩	11	712	3363	225.00	姚　安	姚　安
界　湖	11	1388	6398	517.00	曹月志	曹月志
杨　集	10	950	4465	290.00	黄卫国	鲍建国
二　桥	7	1118	5084	259.00	万霞军	万霞军
詹　庙	11	1311	5892	48.00	王恒信	王恒信

续表40

居委会名称	居民小组/个	年末户籍户数/户	年末户籍人口/人	耕地面积/公顷	居委会党支部书记	居委会主任
东　祥	3	607	2598	15.30	司家玉	司家玉
林苗圃	1	133	447	25.00	于陈军	于陈军
西　湖	0				邵　宇	邵　宇
府　苑	0				曹慧娟	曹慧娟

（王守成）

王集镇

【概况】 王集镇辖区总面积85.31平方公里，耕地面积72660亩，辖14个行政村、3个居委会、1个社区，年末户籍人口77046人。2016年，实现地区生产总值284557元，人均36933元，比2015年增长8.24%；财政收入10895万元，增长2.26%；农民人均纯收入14949元，增长8.81%。年内，被省精神文明建设指导委员会授予“江苏省文明乡镇”；被市委、市政府表彰为“2015年度文明乡镇”；被省委组织部、省委宣传部联合表彰为“2015-2016年度全省基层党员冬训工作示范镇”；被市政府表彰为“十二五人口和计划生育工作先进单位”；被市商务局、财政局联合表彰为“宿迁市农村电子商务示范镇”；镇统计站被省统计局表彰为“2016年度江苏省乡镇统计规范化建设百佳单位”。

【工业经济】 全年实现工业开票销售4.94亿元，比2015年增长22.89%；完成工业企业增值税入库税收2069万元，增长4.58%。年内，引进泗阳瑞丰纺织制造有限公司、江苏腾飞橡胶手套有限公司、江苏伟劲特种陶瓷有限公司、至尚服饰泗阳有限公司等项目14个，其中投资3000万元以上项目9个，投资超亿元项目1个，即泗阳瑞丰纺织制造有限公司。新增规模以上企业2个，新增一般纳税人企业17个，新增500万元以上固定资产投资额10.5亿元。

【镇村建设】 扩宽改造人民路，将王集大街南延，架设LED路灯100盏；改造振兴路商业示范街、完成六斗渠景观护坡；整治通往15个村居的干道沿线环境；卫生改厕2550座。年内，镇被市爱国卫生运动委员会表彰为“2016年度宿迁市农村改厕先进集体”、镇人武部部长徐升龙被表彰为“2016年度宿迁市农村改厕先进个人”。完成草危房改造29户，面积2500平方米；编制完成武集、魏圩两个新型社区规划。

【脱贫攻坚】 年内，镇通过建档立卡、结对帮扶、联村共建、股份+项目等措施推进脱贫攻坚。对4个省定经济薄弱村，组织党员干部进村入户调查摸底超过5000次，投入扶贫资金1900多万元，对特困户折价帮扶物资25万元，确定帮扶共建项目21个，年内完成19个，介绍贫困户就业400人。

【特色农业】 年内，建成较大规模的特色农业产业带3条，分别是面积均超5000亩的林果产业带和蔬菜产业带，面积超过4000亩的特色水产产业带。建成张坝家庭农场集群服务中心和面积2000亩的油用牡丹园。建成徐渡村特色水产养殖，梨树、古墩两村茭白莲藕种植、珍珠养殖，花园村草皮种植等特色农业项目。全年完成土地流转7000亩，新增家庭农场6个。建成“一村一品一店”11个。

【土地增减挂钩】 年内，实施土地增减挂钩工程一期项目搬迁农户237户，新增耕地194.2亩；二期项目搬迁农户300多户，新增耕地600亩。投入资金5000多万元，再整治魏圩片7个村居土地30000余亩，项目受益人口覆盖36000人。

【镇村两级换届】 按照县委统一安排部署，镇党委、镇人大、镇政府和村居“两委”换届工作从5月开始，11月顺利完成。调整村居支部书记6名，新任村居书记中有大学生村干部2名；调整村主任6名，新任村居主任有中大学生村干部2名。

【民生实事】 投入资金470多万元，升级改造农村道路4条，总长5.43千米；投入资金160多万元，铺设农路5条，总长5千米。全面建成区域供水一体化工程，铺设管网40千米，自来水通村达户率达100%，年内顺利通过市检查组验收。建成武集、魏圩、南圩、曙光4个示范村党群服务中心。全镇新型农村合作医疗参保63759人，参加率达99.8%；新型农村养老保险参保25155人，参加率达92%。

表41　　2016年王集镇各村（居、社区）委会情况

村（居）委会名称	村民小组/个	年末户籍户数/户	年末户籍人口/人	耕地面积/公顷	村（居）党支部书记	村（居）委会主任
花园村	8	789	3540	227.00	张东伍	刘金之
曙光村	7	627	2604	213.00	刘　高	史广学
跃进村	8	670	3018	234.00	张银生	王前乔
前胡村	6	850	3789	245.00	张海波	尹进展
刘滩村	10	703	3005	241.00	王　君	石　磊
武集村	6	1041	4689	284.00	侯卫军	侯卫军
南圩村	7	1170	5169	334.00	王冰峰	岳红亮
前圩村	7	1083	4528	262.00	庄恒军	张敏敏
古墩村	15	765	3276	237.00	王建强	王宝玉
梨树村	7	806	3225	253.00	潘中杰	周云祥
张坝村	7	793	3480	261.00	任守勤	张友正
大同村	9	742	3231	257.00	刘须马	岁廷虎
徐渡村	8	950	4235	261.00	刘全军	胡修东
魏圩村	6	959	3728	207.00	王　跃	丁　硕
王集居委会	10	2006	6501	71.00	王绍源	王松华
集东居委会	7	738	3034	197.00	高东阳	马付华
直属居委会	9	947	4237	245.00	汤雪山	汤雪山
刘湾社区	23	2544	11757	793.00	刘厚江	刘诚成

（吴　颖）

新袁镇

【概况】 2016年，新袁镇牢牢把握加快发展主题，统筹推进稳增长、调结构、促改革、惠民生，积极作为，真抓实干，实现财政收入7437万元；工业企业增值税入库税收1700万元，增长12.96%；实现工业企业开票销售5.2亿元，增长26.83%。被授予“2013~2015年度江苏省文明单位”“2015年度宿迁市文明单位”；被市委、市政府表彰为科技创新工作先进单位，新型城镇化建设工作先进单位；被市委表彰为全市先进基层党组织、2015年度法治建设先进单位；被市政府表彰为“十二五”时期人口和计划生育工作先进单位；获市2015~2016年度全民健身十佳体育乡镇，县目标管理考核先进乡镇、招商引资先进乡镇。

【招商引资】 全年引进固定资产投资2亿元项目1个，即江苏联脉化纤有限公司二期，年底完成设备安装。引进固定资产投资3000万以上项目4个，即江苏隆华纱线有限公司、江苏创凌非晶科技有限公司、江苏典辰机械有限公司、江苏中天信诺包装有限公司；引进固定资产投资500万元以上工业项目12个。年内全部竣工投产。新增使用

标准化厂房27000平方米。全年新增500万元以上固定资产投资10亿元，比2015年增长19%。

【企业转型升级】 围绕园区木业加工、照明灯具、纺织等主导产业，出台鼓励企业发展措施，促小微企业上规模、规模企业上台阶。筛选16家企业，实行“一企一策”扶持。年内新增开票销售超9000万元企业1家，开票销售超2000万元企业2家，税收超400万元企业1家。

【电商发展】 投资49万元，建成面积2000平米网络创业专区，引导企业主动适应互联网络经济发展，实现网上和网下融合。打造网创一条街，全年新增网上销售企业35家，新开网店131家，工业企业实现网络销售1.03亿元。

【园区配套】 抓好园区基础设施配套，铺设仁和路，宽13米，长750米；投入资金15万元，在道路两侧兴建宽2米的绿化带，总长1500米；安装路灯20盏，铺设供排水管3000米。开展优化发展环境专项治理，进一步营造亲商、安商、富商氛围，对入住园区企业实行“一站式”“保姆式”帮办服务。

【中心镇建设】 投资500万元，铺设黄码河干道（二期）；投资800万元改造北京西路（二期），全部建成中心机动车道13米、两侧绿化带2米、非机动车道4米的高标准道路。整治众裴路的天津路至振兴路段，更换不规范广告牌，取消店外店。沿街区道路划设指定停车位100个。

【新农村建设】 推进农村环境整治，增配乡村保洁员148名，垃圾桶300个，农村道路沿线和村庄保洁常态化。在三徐、灯笼湖、葛圩、白水、马庄等5个村（社区）新建一事一议财政奖补项目道路5条，总长4780米。按照“小规模组团化、微田园生态化”目标，高标准规划建设于湾新型农村社区，年内已有78户搬入新居。年底，该小区通过省美丽乡村验收。收购小水厂11座。铺设供水管网48000多米，更换水龙头818个。年内，辖区所有村居实现城乡同质供水。改造草危房30户。

【土地确权】 将土地确权登记与颁证工作作为本年度农村工作重点。年内，村民小组整体完成确权登记和颁证工作的已有86个，占53.75%；已经领取土地确权证书农户有9177户，占农户总数97.86%。

【土地流转】 按照依法、自愿、有偿原则继续推进农村土地流转，推动土地集约经营，提高土地效益。全年流转土地2800亩，并建立起完备的土地流转档案。

【社会治理】 年内，该镇以构建和谐社会为目标，加强社会治理。1.加强组织领导，落实责任考核。年初，根据人事变动及时调整落实镇村综合治理领导小组成员。建立严格的检查考评制度，将考评结果纳入个人年终考评。2.建立镇社会服务管理平台，设专人、专职、专门机构，矛盾问题及时化解。镇平台全年调处各类矛盾纠纷190余件。3.强化基层责任，制订《新袁镇基层平安创建活动工作方案》，坚持小问题不出村，大问题不出镇。

【于湾党群活动中心建成】 年内，建成于湾村“党建+”党群活动中心。中心建筑面积450平方米，设党员活动室、文化室、卫生室以及便民服务大厅，附设群众活动广场等设施。村民文化活动、卫生服务、低保办理、信访调解等均在村居党群活动中心办理。

表42　　2016年新袁镇各村（居）委会情况

村（居）委会名称	村民小组/个	年末户籍户数/户	年末户籍人口/人	耕地面积/公顷	村（居）党支部书记	村（居）委会主任
白水村	6	815	3725	322.00	徐兴松	蔡　元
三岔村	14	861	3576	237.00	刘德云	刘正华
于湾村	9	1158	4874	333.00	吴绍金	于恒家
马庄村	7	783	3343	208.00	赵必猛	马广娇
三徐村	7	942	4116	301.00	严光明	严光明
葛圩村	7	874	3820	293.00	张铭真	李行久
灯笼湖社区	21	2679	11758	923.00	田乃富	化登科

续表42

村（居）委会名称	村民小组/个	年末户籍户数/户	年末户籍人口/人	耕地面积/公顷	村（居）党支部书记	村（居）委会主任
新东社区	8	1115	4143	188.00	侯建波	侯建波
新集社区	7	988	3562	127.00	项　寅	王军明
袁集社区	7	1344	4242	129.00	朱发成	袁志勤

（赵　杨）

庄圩乡

【概况】 庄圩乡辖5个村，1个居民委员会，1个社区，154个村民小组，年末户籍人口41104人。2016年，该乡抓住纳入江苏省涟沭泗扶贫开发片区机遇，大力推进农业产业结构调整，流转土地16600亩。全年实现地区生产总值121838万元，比2015年增长7.97%；财政收入3712万元；农民人均纯收入13361元，增长9.09%。被省人力资源和社会保障厅评为2015年度省级充分转移就业乡镇；被市委组织部、宣传部授予基层党员干部冬训工作示范镇。被县委、县政府表彰为农业农村工作、脱贫攻坚工作、新型城镇化和“六五”普法工作先进单位。

【省长到乡调研】 4月15日上午，省长石泰峰到庄圩乡调研，并主持召开精准扶贫工作座谈会，听取市、县脱贫攻坚工作汇报和部分乡镇的意见建议。石泰峰强调，市县乡工作要紧紧围绕全省脱贫致富奔小康的既定目标扎实工作，大力实施精准扶贫。要因人因村施策、因贫困原因施策、因贫困类型施策，提高脱贫精准度和实效性。为加快庄圩乡脱贫，省政府决定将庄圩乡纳入江苏省涟沭泗扶贫开发片区，作为该片区8个扶贫开发重点乡镇之一。

【省市县领导聚焦庄圩扶贫】 自该乡被省政府纳入涟沭泗扶贫开发片区8个重点乡镇之一后，省民政厅厅长候学元、市委书记魏国强、市长王天琦多次到庄圩乡调研。县委书记徐勤忠亲自蹲点，指导贫困户建档立卡工作，多次深入村组、农家，了解情况，研究对策，并明确提出要一个不落，应扶尽扶，绝不让一个贫困户和低收入农户在脱贫道路上掉队。县委副书记刘立新、副县长史明霞等，也多次到庄圩调研指导扶贫工作。

【居家养老平台建成】 年内，水庄村居家养老管理平台建成并投入使用。依据该平台，全村20名五保老人，21名优抚对象，3名低保失能老人在居家养老的同时，同样享受在养老院同样的医疗、护理服务。4月28日，省民政厅厅长候学元到庄圩乡养老院和水庄村考察、调研，对该乡养老工作创新和水庄村居家养老管理平台建设给予充分肯定。

【粮食物流产业园通过论证】 根据省粮食局《江苏省“十三五”粮食发展规划》和《江苏省粮食仓储物流设施建设规划》，庄圩乡粮食物流加工产业园作为全省32个粮食物流节点之一被纳入省“十三五”规划、县重点工程。年内，庄圩乡粮食物流加工产业园建设已完成技术论证和一期工程土地征用工作。

【招商引资工作】 该乡制定出台《泗阳县庄圩乡招商引资考核办法》《泗阳县庄圩乡招商引资优惠政策》，按照“招大、引强、择优”原则推进招商引资工作。全年引进投资3000万元以上项目3个，即泗阳引绅信纺织有限公司、泗阳荣欣纺织有限公司和泗阳诚利纺织有限公司，全部建成投产。年内，在县招商引资工作考核中被评为第一名。

【新型社区建设】 按照新型社区建设“新八有”要求，高标准建设大楼新型社区，已建成可容纳208户的一期工程，年底已入住178户，包括拆迁的110户；基本建成可容纳住户120户二期工程，年底已入住50户。

【产业结构调整】 全乡流转土地面积16600亩，建成大楼社区瓜蒌种植基地1000多亩、水庄村草坪产业基地1000多亩、农科村“水八仙”种植基地3000多亩和优质稻米栽植基地10000多亩等一批产品特色化、生产标准化、管理工厂化的特色农业村。优质稻米成功注册“绿丰”商标。

【集群服务中心建成】 由泗阳县苏杨柳粮食种植家庭农场牵头，在水庄村建成农村集群服务中心。中心包括497平方米的粮食烘干房，5700平方米的粮食仓储房、农机库，1000平方米的晒场及生活办公用房，安装20吨烘干机6台。

【校安改薄工程】 全年完成中、小学校舍改造22700平方米。其中校舍加固13000平方米，新建9700平方米。投资 648万元建成中心小学幼儿园新教学楼，建筑面积3600平方米。

【推进精准扶贫】 按照“六个一”标准推进贫困户建档立卡。做到操作程序一个不省，规定时间一点不乱，六方签字一个不代，活动资料一份不少，包保责任一个不免，扶贫对象一个不错。一年2次对低收入农户进行“动态盘点”。全乡建档立卡低收入农户1800户，6454人。其中扶贫开发户（一般贫困户）673户2985人；低保贫困户869户3192人；“五保”贫困户258户277人。分别低收入户不同情况，实行“一户一策”有针对性的帮扶。对低保贫困户和五保贫困户实行政府兜底。对扶贫开发户（一般贫困户）采取介绍就业务工、提供公益性岗位、发放扶贫小额贷款、实用技能培训、发展种植（养殖）业、土地入股合作社等形式帮扶。对因病、因学、因灾、因残致贫的低收入农户，针对具体情况，形成目录，分别采取健康扶贫、教育扶贫、救助扶贫和关爱扶贫等四项不同扶贫措施。全乡一般贫困户673户2985人在结对帮扶人的指导下，全部选定扶贫菜单项目，年底，已有 148户1251人实现脱贫目标。

【土地增减挂钩工作】 3月，开始在全乡推进土地增减挂钩零散村庄搬迁。到年底完成涉及43个图斑，33个自然村庄共298户农户拆迁，支付补偿款1668万元，净增耕地433亩，复垦土地800亩。

【刘河桥竣工】 6月底，坐落于该乡境内的宿迁市分淮入沂整治工程刘河桥正式竣工。该桥2012年立项，开工不久按上级要求进行建设标准调整：航道标准由二级提高到四级，通航孔净宽由22米扩大为55米，净高由4.5米增高为7米。桥梁总宽5米，长度由235米调整为428米。设计安全等级为二级。采用公路–II级汽车荷载，抗震设防类别为C类。

【党群服务中心建设】 年内，投资35万元新建淮河村党群服务中心，建筑面积450平方米；投资30万元改建水庄村党群服务中心，建筑面积420平方米。全乡7个村居（社区）党群服务中心，通过异地新建、原地改建以及置换等方式全部建成。

【土地规模经营】 11月，投资2300万元，在庄圩、水庄、大楼、淮河、农科等5个村居连片开发，兴建千亿斤粮食工程。清理树木6800株，电力线杆1根，拆除房屋1500多平方米。铺设防渗渠36千米，疏浚河道35千米。新建电灌站17座、节制闸1座，桥涵150座。全乡土地规模流转面积23000亩，占全乡耕地总面积52.89%。

【市容示范街创建】 富民路位于庄圩乡镇区中心区，全长800米。年内，投入175万元在道路两侧新建绿化带1000平方米，栽植大叶女贞60棵，紫薇60棵，红叶石楠30棵，增设护栏420米；完成商铺外墙立面改造950平方米，拆除店外店15家，更换门头字牌78家；修复路面50平方米，铺设“三水”管网1600米；迁移弱电线杆45根，改建强弱电线路共计2500米；增设垃圾桶16个，新增路灯30盏。10月，富民路顺利通过市容示范街验收。

表43　　2016年庄圩乡各村（社区）委会情况

村（社区）名称	居民小组/个	年末户籍户数/户	年末户籍人口/人	耕地面积/公顷	村（社区）书记	村（社区）委会主任
庄圩居委会	27	2161	7945	374.00	杨金山	杨金山
王码村	15	722	3165	289.00	庄恒千	庄恒千
水庄村	22	1134	4791	354.00	姜汉武	姜汉武
淮河村	22	899	4006	276.00	李锦州	李锦州

续表43

村（社区）名称	居民小组/个	年末户籍户数/户	年末户籍人口/人	耕地面积/公顷	村（社区）书记	村（社区）委会主任
红旗村	12	653	3061	275.00	陈红军	陈红军
农科村	37	1189	5760	399.00	庄爱军	庄召年
大楼社区	19	2669	12466	889.00	陈建军 任会成	

（朱光乾　姬贵扬）

里仁乡

【概况】 里仁乡位于泗阳县北部，面积44.82平方公里，辖9个行政村，2个居委会，176个村民小组，年末户籍人口38640人，耕地面积36000亩。2016年，实现地区生产总值111919万元，比2015年增长7.34%；财政收入5464万元，增长2.23%；农民人均纯收入13362元，增长8.97%。年内，被省科协表彰为2016年江苏省优秀科普惠农服务站，乡关工委被省关工委表彰为全省关心下一代工作先进集体；乡司法所获2014~2016年全市司法系统“四个覆盖”工作先进司法所。

【扶贫工作】 2016年脱贫攻坚核定建档立卡低收入户1797户5954人，低保户791户2350人，五保户209户212人。年内，引进里仁乡在外创业成功人士回乡创办企业18个，带动群众家门口就业550人，就业人员人均年工资收入20000多元。其中吸纳低收入人口就业260人。

【产业调整】 投资420万元，在园区铺设主干道1100米，自来水主管道660米，新建道路两侧绿化带1100米。关停高污染企业6家；“去产能”整改拆除钢铁企业1家，即泗阳县展锦实业有限公司。年内招商引资签约项目9个，建成投产5个，其中江苏万颗生物燃料有限公司和泗阳县高仕线业有限公司2个项目，投资均超3000万元。全年园区工业企业实现开票销售收入1.1亿元。

【高效农业】 采取“公司+农户”的形式，在267省道，钱爱线、十二斗线等公路沿线发展规模农业、高效农业。投资230万元在徐营村建成果蔬连栋大棚150亩，红豆村种植山药370亩，朱家圩村种植莴苣1000亩，幸福村种植草坪170亩。引进上海盛达食品有限公司在里仁、朱家圩、朝阳3个村居种植甜叶菊2200亩，当年实现农民务工增收70万元，村集体收入8.8万元。

【镇村建设】 投资160万元在人民路两侧铺设人行道1600米，安装路灯120盏，新建绿地8000平方米。铺设农村水泥混凝土路面3条，总长7.01千米。建成54套、建筑面积8000多平方米的朱家圩村新型农村社区，18户拆迁户全部于当年迁入新居。

【返乡创业】 出台优惠政策，在园区搭建返乡创业平台，鼓励在外创业成功人士返乡创业。乡政府建有“里仁乡在外创业成功人士信息库”，乡党委、政府、人大三套班子领导分工包干定期联系拜访，推介创业项目，介绍回乡创业优惠政策。定期深入返乡创业企业了解情况，帮助解决遇到的问题。年内，在外创业成功人士回乡创办企业18个，带动群众家门口就业550人。

表44　　2016年里仁乡各村（居）委会情况

村（居）委会名称	村民小组数（个）	年末户籍户数（户）	年末户籍人口（人）	耕地面积/公顷	村书记	村主任
幸福村	23	1020	4662	394.00	陈炳辉	唐善柱
晏钱村	8	996	4586	296.00	范明文	刘　伟
丁尧村	12	537	2404	192.00	裴开刚	李业龙

续表44

村（居）委会名称	村民小组数（个）	年末户籍户数（户）	年末户籍人口（人）	耕地面积/公顷	村书记	村主任
张郑村	19	717	3012	243.00	张　林	张同举
河滨村	19	748	3319	263.00	王维武	黄紫月
徐营村	11	908	4042	275.00	庄业江	庄业江
大庄村	14	522	2580	159.00	王维军	王　正
朱家圩村	19	635	2819	292.00	张克林	马　洁
红豆村	22	757	3359	217.00	胡维雨	胡维雨
朝阳居委会	19	686	3016	215.00	胡良飞	张志帮
里仁居委会	10	814	4346	134.00	胡号军	王善喜

（庄永召）

爱园镇

【概况】 爱园镇位于泗阳县最北部，与沭阳县接壤，辖12个村（社区、场），126个村民小组，年末户籍人口58029人。2016年，实现地区生产总值169779万元，比2015年增长8.98%；财政收入6820万元；农民人均纯收入14575元，增长8.95%。工业企业开票销售2亿元，工业增值税入库税收900万元。被省人力资源和社会保障厅表彰为2015年度充分转移就业乡镇；被县委、县政府评为依法行政工作先进单位。爱园镇“泗阳百年果园”被省旅游局、中国江苏网评为2016江苏“最美百果园”。

【乡村文化旅游节举办】 4月12日，举办爱园镇第二届乡村文化旅游节。开幕式主会场设在乡重要旅游景点、省三星级旅游景区“梨园春秋”。旅游节期间，15千米果林观光路花市如海，游人如织，开展民俗文化广场、品评农家乐、地方戏欣赏等10多种旅游项目活动，吸引游客16000多人次，创造旅游收入110万元。包括央视在内的近10家媒体进行跟踪报道。

【招商引资】 引进泗阳俊拓玩具有限公司和春晖纺织、新启纺织、意路达纺织、信皇纺织等纺织企业，其中投资3000万以上项目3个，年内竣工投产2个。吸引回乡创业人员兴办企业14个，带动当地人员就业1216人。

【工业园区建设】 改造发展大道、富民路、创业路，总长3500米。铺设供水及排污管网并接入各企业，总长5400米。新建园区职工活动中心、幼儿园、停车场、公共卫生间以及垃圾中转站等。

【扶贫工作】 2016年，全镇建档立卡低收入农户2161户，7642人。其中一般贫困户1013户，4369人；低保贫困户916户，3019人；五保贫困户232户，254人。按照“五精准”①要求，针对不同致贫原因，实行“一户一档一策”，通过介绍贫困人口就业、提供公益性岗位、发放小额贴息贷款、专业技能培训等多种措施，选定“扶贫菜单”，排好工作进度，并且在上、下半年各安排一次对低收入户的“动态盘点”。年底，已有387户1701人摆脱贫困。省定经济薄弱村洪园村和经济滞后村松张口社区全面达到脱贫目标。

【土地增减挂钩】 3月开始在全镇推进土地增减挂钩零散村庄拆迁工作，到年底完成农户拆迁涉及39个图斑12个自然村庄230户，支付补偿款1600万元。净增耕地228亩，复垦土地140亩。

【新农村建设】 年内，改造张涧路、爱大路、爱刘路总长2500米，形成全镇“五横五纵”路网体系。改建农厕3000座，建设松张口社区、管庄村、季圩村等生活污水处理点5个，铺设污水管网17.8千米，形成2000吨/天污水处理能力；投入资金2200万元，实施区域同质供水工程，铺设自来水管47千米，装水龙头12460个。年底，全镇村（居）同质供水覆盖率100%、入户率达90%。

【土地流转】 按照“群众自愿、规范有序、沿线沿路、集中连片”的原则，推进土地规模经营，全年流转土地2500亩，果树品种改良3660亩，全镇林果总面积达28000亩；年内，建成爱勇、大康、韵花桃树专业合作社3个，新建家庭农场7个。

注释：

①“五精准”：贫困户确定要精准、帮扶项目选择要精准、帮扶资金使用要精准、扶贫措施落实要精准、帮扶人员确立要精准。（李 威）

表45 2016年爱园镇各村（社区）委会情况

村（社区）名称	居民小组/个	年末户籍户数/户	年末户籍人口/人	耕地面积/公顷	村（社区）书记	村（社区）委会主任
果树实验场	13	1610	6782	67.00	沈新龙	沈新龙
爱园社区	8	1859	5831	139.00	张苏阳	张苏阳
松张口社区	20	1880	8556	788.00	张志怀	贺家虎
洪园村	13	1198	5640	245.00	王昌桂	周 西
南岗村	10	812	3829	285.00	王 军	王 军
条河村	8	843	4041	253.00	张 赛	张 赛
史荡村	10	781	3679	253.00	张国生	程海燕
季圩村	9	986	4714	355.00	常学宏	季文军
唐圩村	9	922	4519	248.00	张前超	唐善悦
涧河村	6	732	3263	201.00	刘 威	张海洋
官庄村	9	999	4581	395.00	刘立德	葛兴国
张唐村	11	567	2594	168.00	张永齐	胡 震

穿城镇

【概况】 穿城镇位于泗阳县西北部，北与沭阳县毗邻，西与宿豫区接壤，面积54.36平方公里。辖10个村（居）委会，191个村民小组，年末户籍人口40470人，耕地面积49965亩。2016年，全镇实现地区生产总值115015万元，比2015年增长8.53%；财政收入5670万元，增长6.36%；完成固定资产投资5718万元，增长7.26%。居民人均纯收入13860元、增长8.96%。年内，被县委、县政府表彰为工业经济转型发展工作先进单位、新型城镇化工作先进单位；获县委、县政府年度目标管理工作完成奖、社会治理工作考核奖和作风建设评议奖；被表彰为宣传思想文化工作先进集体。圩河村民张冬梅被江苏省文明办评为“江苏好人”。

【工业经济增长】 2016年，引进投资总额3000万元以上项目2个，即泗阳县金源天泽纺织有限公司和泗阳县久久服饰有限公司，两企业均于年底竣工投产。镇全民创业园入驻企业总数已达34家，形成以宿迁邦德金属制品有限公司、泗阳县久久服饰有限公司、泗阳县金源天泽纺织有限公司、泗阳县久发纺织有限公司等机械配件、纺织服装为主导产业的骨干企业。2016年实现工业生产总值达5.2亿元，实现销售收入2.99亿元，入库税收443.9万元。工业用电量突破900万千瓦时、比2015年增长80%。

【镇村建设】 投资180万元提升改造汉唐南路，硬化道路两则非机动车道4000平方米，植绿700平方米，植树70棵，铺设排水管网4000米，架设路灯56盏。拆除破旧门牌150户，重新制作门头字牌200户。建成占地面积3.4万平方米、建筑面积3.1万平方米的穿城聚福嘉园小区。静波新型社区建成新型农居18套。

【民生实事】 建成镇域同质供水工程，铺设供水管网32000米，安装水表7916户，到年底，全镇农户通水率92%；投入171.36万元，改造农村公路4000米；铺设奖补农路5条，总长5670米；硬化出庄道路6200米。新建电灌站3座，桥涵90座，铺设防渗渠道13000米。投入27万元，加固穿城中学实验楼600平方米。

【特色农业建设】 新增土地流转面积4000亩，全镇土地适度规模经营面积达2.2万亩，占耕地总面积44.38%。建成优质稻米基地4000亩，种植芡实220亩、瓜蒌100亩。

【土地增减挂钩】 组织实施省万顷良田土地整治项目，工程涉及河北、河西、圩河、新桥、窑湾、砖井等6个村，整治面积2.31万亩，通过整治新增耕地356亩。完成静波、新桥等村土地增减挂钩工作，搬迁农户165户、复垦土地175亩。

【弱势群体扶助】 全镇有建档立卡低收入户1815户、6258人。年内，投入扶贫资金276万元，购买公益性岗位36个，安排贫困人员就业312人、特困扶持户兴办农业和多种经营项目17个，量化入股21户。开展群众扶贫助学募捐活动，募集资金4.6万元。为20名低收入户大学新生每人提供助学金6000元、为52名在读低收入户大学生每人提供助学金1000元。

【基层党建】 成立“两学一做”学习教育领导小组，制订详细的学习计划。建立穿城镇党员学习教育专用微信群，支部、党员通过分享“微感悟”进行学习交流。加强阵地建设，建成河西、河北2村党群服务中心。落实“三会一课”、党员民主评议等项制度。全年各支部集中上党课4次以上，召开民主生活会2次以上。

表46　　2016年穿城镇各村（居）委会情况

村（居）委会名称	村民小组/个	年末户籍户数/户	年末户籍人口/人	耕地面积/公顷	村（居）党支部书记	村（居）委会主任
穿城居委会	18	1756	5976	213.00	席　涛	席　涛
路东居委会	15	681	2815	215.00	王　刚	王东政
静波村	20	787	3496	362.00	史福超	朱华国
圩河村	16	669	2864	232.00	倪　沛	倪绍富
油坊村	16	861	3732	363.00	丁　军	丁　军
新桥村	21	995	4513	345.00	喻德济	周　帆
河北村	24	877	3726	458.00	葛玉龙	葛志学
窑湾村	27	2107	5233	409.00	徐雅浩	孙以军
河西村	16	961	4091	408.00	朱祥标	吴　宣
砖井村	18	921	4024	326.00	徐家学	张林训

（张贵喜）

张家圩镇

【概况】 张家圩镇辖8个行政村、1个居委会、1个新型社区，镇域面积57.64平方公里，年末户籍人口41129人。2016年，实现地区生产总值121252万元，比2015年增长9.06%；财政收入6450万元。农居民人均收入13418元，增长9.42%。被省精神文明建设指导委员会表彰为“2013~2015年度江苏省文明单位”，获评“2015年度全市平安建设先进单位”“泗阳县安全生产工作先进单位”。马洪村民颜崇珍被江苏省文明办评为“江苏好人”。

【创业平台打造】 以经济建设为中心，一手抓招商引资，一手抓现有企业做大做强。建成集管委会办公室、电子商务中心、招商服务中心、人才交流中心为一体的镇创业服务平台，为创业者提供帮办代办、人才招聘、技能培训、网络销售等全方位服务。投入80万元改造镇创业园区南北主干道张冒路，铺设排水管网1500米、路牙石6000

米，新植绿化带1.2万平方米，栽植花卉苗木15万株，园区实现“六通一平”。

【工业发展】 年内，引进工业项目16个，其中：亿元项目宿迁腾发纺织科技有限公司入驻县经济开发区；投资5000万元的太阳能光伏项目入驻镇全民创业园；投资3000万元的三创电子、富强家具、德棉纺织、斯美达箱包等4个项目一期工程已投产。镇创业园区工业企业年实现开票销售3.45亿元，入库税收1640万元，标准化厂房新增利用面积1.9万平方米。

【电子商务发展】 全年新培育网络创业人员230人，新开网店90家。镇电子商务中心入驻网店14家，网络创业专区入驻网店15家，电商一条街入驻网店20家，全镇电子商务年出单量26万单，网络销售额突破5000万元。新增年销售50万元网络创业带头人4人，新增年销售10万美元跨境电商企业2家。树强、向阳、金星、小史集、张圩、大元、颜圩、农庄、马洪等9个村（居）均建成“一村一品一店”。

【现代农业和特色产业】 加快土地流转和农业产业结构调整，2016年，新增适度规模经营4900亩，流转土地总面积达2.6万亩；新增专业合作社4家、家庭农场29家。培育特色产业：建成对虾养殖场马洪精养塘650亩，优质稻米基地示范方5000亩，生态荷藕基地3270亩，优质桃果3000亩。

【春季绿化】 完成四旁植树、农田林网建设、成片林栽植等春季绿化工程，栽植优质杨树苗11万株，完成县下达目标任务的125%，全镇绿化覆盖率39%。

【新型社区建设】 树强社区有自然村庄10多个，人口4640人，面积5666.7亩。年内，按规划对社区中心村刘庄进行配套建设，拆除旱厕、猪舍186座、移除杂物152处，安装栅栏200米、太阳能路灯38盏，建成生态停车场2000平方米，栽植果树及绿化苗木8000余株。完成村民宅基地调整、规划工作。

【大元社区】 年内，建成集警务室、议事堂和托老所于一体综合配套用房500平方米、水冲式公厕及垃圾中转站各1座、村民活动广场5000平方米；拓宽道路500米，硬化停车场300平方米；栽植榉树、银杏及各种苗木15000株。社区道路大颜线、源盛路两侧栽植桂花树450株，铺设草坪4000平方米。

【市容示范街创建】 以镇区张刘路为中心创建镇市容示范商业街，铺设沥青路面300米，更换店铺招牌300平方米，粉刷沿街房屋外主面墙体840平方米，迁移弱电线600米，改造街道两侧“三水”管网1560米。

【道口景观工程】 投入资金100万元，启动省道S245道口景观工程建设。工程占地101.6亩。年内，土方工程全面开工。

【农村道路建管】 升级改造张涧线、大颜线、张花线等农村道路3条总长4960米。加强镇村道路养护，铺设路肩3250米，排水沟2300米，设立安全标志牌85块，维修道路25处，路旁植绿1.5万株。在全镇10个村居设立道路安全劝导站，建成安全宣传栏10个，整治道路安全隐患35处。

【脱贫攻坚】 2016年全镇有建档立卡贫困户1727户、5955人，其中一般贫困户772户，3327人，低保贫困户821户，2491人，五保贫困户134户，137人。镇采取“联村共建”促就业办法帮助脱贫。全年建成基础设施项目4个、产业发展项目7个，安排就业300多人。全年落实脱贫奔小康奖补资金267.2万元，其中股份量化35.79万元，公益性岗位28.08万元，股份+项目108.41万元，购买设备87.95万元，单户发展5.41万元，特困扶持1.56万元。年底实现脱贫1100人。

表47　　2016年张家圩镇各村（居）委会情况

村（居）委会名称	村民小组/个	年末户籍户数/户	年末户籍人口/人	耕地面积/公顷	村（居）党支部书记	村（居）委会主任
大元村	18	793	3520	311.00	杨新光	杨兴光
颜圩村	15	602	2800	251.00	颜晓舟	颜晓舟
马洪村	20	854	3994	401.00	潘家生	颜　磊

续表47

村（居）委会名称	村民小组/个	年末户籍户数/户	年末户籍人口/人	耕地面积/公顷	村（居）党支部书记	村（居）委会主任
小史集村	16	754	3600	281.00	史以亮	史以亮
农庄村	18	909	4204	442.00		丁厚军
向阳村	16	707	3254	252.00		
金星村	16	800	3728	262.00	王昌宏	王昌宏
集体村	24	930	4414	392.00	王建国	王建国
张圩居委会	21	2179	5424	364.00	周　强	张　军
树强社区	27	1336	6191	568.00	胡亚东	胡亚东

（王　琼）

南刘集乡

【概况】 南刘集乡位于泗阳县城北，辖区总面积58.50平方公里，辖7个行政村、1个居委会、1个社区，人口30908人。2016年，实现财政收入5443万元；新增500万元以上固定资产投资项目9个，新增投资额4.83亿元；新增一般纳税人企业11个。年末贷款余额14703万元，比2015年增长16%；工业用电999万千瓦时，增长9.37%。全年实现企业销售收入4.5亿元，增长21.9%；工业增值税入库税收986万元，增长1.1%；农民人均纯收入14077元，增长10.59%。全年出口1080万美元，首次突破1000万美元。被市委、市政府表彰为反腐倡廉和作风建设工作先进单位。

【全民创业园建设】 年内，园区铺设发展大道、创业大道等道路2条，总长2600米，架设路灯42盏；铺设下水道、排污管道3200米，实现“五通一平”。园区全年实现企业开票销售4.5亿元，入库增值税986万元，外贸出口1080万美元，用工4300多人。

【招商引资】 根据乡创业园产业特点和优势，注重引进沙发、家具等产业配套项目。年内，成功引进投资3000万元以上项目4个，即泗阳北林工贸有限公司、泗阳活力海绵有限公司、宿迁欧沐玻璃有限公司、泗阳晨明纺织有限公司，4家企业年内全部建成投产。

【电子商务发展】 设立乡电商服务中心，确定1名乡领导专抓电子商务发展。年内建成建筑面积2600平方米电商创业一条街，入驻电商20家。设立“南刘集百家汇”网货代销平台，全年实现网络销售2000万元。

【镇村建设】 乡中心集镇建设以“完善功能、提升品位”为指导思想，将中心集镇建设与周围乡村居民点建设作为整体统一编制土地使用、基础设施建设、生态环境保护等发展规划。投入1200多万元建设农村安全饮水工程，铺设供水管网30千米，安装水表7300多只。年底，全乡9个村居全部实现统一供水。投入200多万元，新铺农村道路5条总长11千米；投入200多万元整治乡域环境，改厕2000座；建成标准化村卫生室9个。投资79万元，改造史老庄小学，加固校舍1100平方米。

【产业特色村建设】 加快产业特色村建设，沿245省道两侧栽植桃树9万株，建成桃树产业带，总长7100米；沿六塘河建成水产养殖带，总长1000米，面积800亩。年内，花井生态猪养殖场、庄黄服装加工示范村、石渡手工艺品加工和刘集网络创业等都已形成规模。

【脱贫攻坚】 在省定经济薄弱村石渡、石圩、赵陈等6个村兴建企业8家，新建厂房4700平方米，安排贫困人口201人就地就业。乡成立脱贫互助协会，吸引804户贫困户参加。会员互相交流信息，介绍经验，相互扶助。乡设立“自强不息奖”，对脱贫致富典型予以表彰。年内，庄卫汉、王业情、陈伏喜等3人获南刘集乡第二届“自强不息”奖。

【道德模范评选】 连续六年开展道德模范评选

活动。2016年，经过自下而上层层推选、评议，最终选出刘凯、张其东为“南刘集好人”，并在全乡范围内大张旗鼓宣扬其先进事迹，弘扬社会正能量。

【土地确权登记】 2016年底，全乡有40425.31亩土地完成土地确权，7475户农户拿到确权证书，土地确权登记工作全面完成。

【土地规模经营】 年内新流转土地2000多亩，全乡累计建成各类农业专业合作社106家，家庭农场83个，流转土地总面积达5500亩。

表48　　2016年南刘集乡各村（居）委会情况

村（居）委会名称	村民小组/个	年末户籍户数/户	年末户籍人口/人	耕地面积/公顷	村（居）党支部书记	村（居）委会主任
庄滩村	15	773	3198	322.00	庄业化	章　健
庄黄村	18	922	3940	330.00	成为学	成　峰
河边村	14	1028	4380	439.00	朱　波	
新华村	19	789	3345	345.00	陈绍权	陈绍权
花井社区	26	1723	6980	602.00	丁必全	祁国成
石渡村	16	823	3553	321.00	沈正兴	沈　鼎
石圩村	17	811	3473	155.00	史倩楠	石健全
赵陈村	19	763	3128	197.00	赵礼涛	赵礼涛
刘集居委会	30	1734	7083	473.00	刘　敏	汪士兵

（葛　杭）

三庄乡

【概况】 三庄乡位于县城西北部，宿泗公路、325省道、刘三公路纵横交汇其间，交通便捷。乡域面积65.88平方公里，年末户籍人口44465人，辖11个村和2个居委会。2016年，实现财政总收入2800万元；农民人均纯收入13412元，增长9.04%。完成500万元以上固定资产投资7.2亿元，增长16.13%。实现工业开票销售2.7亿元，工业增值税收350万元。被评为“2016年度法治宿迁建设先进单位”。乡村镇建设档案室被评为“江苏省特级村镇建设档案室”。

【招商引资】 全年引进投资总额3000万元以上项目9个，分别是江苏卓威纺织有限公司、江苏富梓民轮胎有限公司、泗阳县红星管业有限公司、宿迁众合洁具有限公司、江苏联创泡塑有限公司、泗阳县金福米业有限公司、泗阳美阳服饰有限公司、江苏蓝天伞业有限公司、宿迁铭仁光电科技有限公司。年内竣工投产7个，在建2个。推动绿色建材、食品加工两个优势产业集聚，打造园区特色。到年底，园区已拥有建材企业23家、食品加工企业10家。

【“家门口”就业工程】 积极招引和鼓励兴办“家门口”就业工程，扩大就业，增加农民收入。将园区部分体量小、单位产出效益低的企业迁出，作为“家门口”就业工程安置到各村居。全乡13个村居已拥有“家门口”就业工程24家，可同时吸纳就业600多人。

【镇村建管】 投入98万元，改造光大路商业街，新建人行道250米、架设路灯20盏、设立分类垃圾筒30个，粉刷墙体1800平方米，统一安装金属三维扣板广告牌56块。完成华富路、长安路绿化提升工程和湿地生态公园改造工程，新建派出所和三庄小学综合楼。

【村庄环境整治】 持续开展村庄环境综合整治，重点治理梨园、黄徐、毕滩3个行政村21个自然村庄。全年出动劳力3680人次，机械170余次，整治路边沟32千米，河塘56个，拆除废弃猪圈、农厕2022个，清理草堆5000余个，墙体绘画3200平方米，刷白墙体4.1万平方米。新建垃圾房（池）30座，处理垃圾1200余吨。加强城乡环境监管，全乡配备城管、环卫队员187名。加快杨圩新型社区公共服务配套工程建设，完成村卫生室、幼儿园、文体活动中心、电商点等7项工程建设和出庄道路扩建。

【供水工程】 投资1800万元实施城乡同质供水工程，铺设自来水管道58千米，安装水笼头9500个。到年底，全乡所有自然村庄全部通上自来水，实现城乡同质供水。

【特色农业】 全乡有耕地5.1万亩，实现流转和规模经营1.8万亩，占全乡耕地面积35.29%。年内，以土地流转推动特色农业打造。初步形成以花卉苗木、金针菜、浅水藕、特色稻米等四大特色农业产业。建成富硒农产品稻米生产基地1000亩，青虾养殖200亩，多肉植物花卉培植和金针菜种苗繁育基地70亩。成功注册富硒稻米品牌"田中情"。全年申报无公害农产品4个，获农业部认定3个。

【农村电商发展】 鼓励网络创业，全年新增网上销售企业12家，网店80家，培育年销售50万元以上网络创业带头人2人，年销售10万美元跨境电商企业2家。加快"一村一品一店"建设，推动农副产品主动"触网"。依托苏宁易购资源，建成邵道电商专业村、杨圩"一村一品一店"示范村。注册农产品销售网店11家。

【社会治理】 完善机制，落实责任，实行全乡社会平安治理每月一通报，每季一评比，一年一考核。充分发挥乡调解中心、村民事调解人员作用。全年乡调解中心和信访办调处矛盾纠纷和信访案件33起，村（居）调处民事纠纷23起。实现全年无越级上访。增加技防投入。投入资金6万余元，在镇全民创业园及关键路口安装摄像头20个。

【基层党建】 按照市委、县委要求，深入开展"基层党建责任落实年"活动，举办大型教育活动2场，专题讨论43场，组建党员微信群19个。发放便民联系卡7000余张，收集建议31条，投入400万元解决群众反映的突出问题，兴办实事项目40个。

表49　　2016年三庄乡各村（居）委会情况

村（居）委会名称	村民小组/个	年末户籍户数/户	年末户籍人口/人	耕地面积/公顷	村（居）党支部书记	村（居）委会主任
槐树村	15	574	2488	332.00	李　辉	李　辉
夫庙村	13	589	2675	349.00	朱以高	朱以高
杨圩村	21	754	3379	408.00	侍行虎	侍行虎
黄徐村	14	808	3521	418.00	王守帮	王守帮
稽集村	11	475	2132	232.00	任常青	范家齐
江渡村	21	1078	4435	261.00	崔盈盈	张伏建
费渡村	11	606	2537	176.00	毕余书	毕余书
毕滩村	14	893	2772	205.00	毕校昌	毕校昌
王口村	15	649	2823	226.00	陈　瑜	刘洪通
尤圩村	14	731	3192	378.00	云守正	云守正
梨园村	21	1043	4672	361.00	杜其好	杜其好
团结居委会	19	1332	5143	343.00	胡　威	胡　威
邵道居委会	18	1073	4696	377.00	顾凤英	顾凤英

（党政办）

八集乡

【概况】 2016年，八集乡实现地区生产总值83567万元，比2015年增长6.63%；财政收入6822万元；农民人均纯收入13841元，增长9.20%。年内，被省妇联评为江苏省巾帼电商服务示范基地，被省工商联授予"全省工商联商会组织先进集体"，乡村镇建设档案室被省住房和城乡建设厅评为"江苏省一级村镇建设档案室”；获“县目标管理工作完成奖”。八集村被省精神文明建设指导委员会授予江苏省文明村，桥南村被省商务厅表彰为江苏省农村电子商务示范村。

【工业经济】 全年引进项目10个，分别为引进投资总额1.2亿元台资企业江苏宜佳诚金属制品有限公司落户县经济开发区；引进3000万元以上项目5个落户乡全民创业园，即泗阳聚良谋硅胶有限公司、泗阳卓创工艺品有限公司、泗阳恒联五金有限公司、宿迁信和纺织有限公司和宿迁乐新塑胶有限公司，均于年内竣工投产；新签约项目4个，盘活利用闲置厂房3万平方米。新增开票销售超2000万企业2家。全年工业企业开票销售2.58亿元，比2015年增长78.12%；工业企业增值税743.13万元，增长10.45%；工业用电量1002万千瓦时，增长5.47%。

【电商经济发展】 40000平方米乡电商产业园建成，入驻电商企业4家，天猫店5家、跨境电商1家。全乡电商发单量第一季度日均500单，第四季度已突破5000单，全年网络销售额1.10亿元。年内，乡电商产业园被评为“江苏省巾帼电商服务示范基地”，集南村被评为“江苏省农村电子商务示范村”“宿迁市农村电子商务示范村”。

【镇区市容示范街建设】 投资100多万元，建成以八集街人民中路为中心的市容示范街，铺设下水道300米，硬化人行道路面800平方米，植绿750平方米，外墙喷涂3500平方米，制作安装门头字牌1500平方米。

【供水工程建设】 投入1000多万元建设城乡同质供水工程，共铺设供水管道45千米，安装自来水表6120个。年底通水6120户，入户通水率达100%。

【康居示范村建设】 年内，乡党委、政府按照泗阳县康居示范村要求规划建设六塘村，全年铺设村庄道路500米，下水道400米，植绿800平方米，清理、整治河塘2个。建成便民服务中心、幼儿园、警务室等1300平方米；建成村民健身广场和村入口景观。10月，六塘村获评泗阳县康居示范村。

【特色农业】 以土地流转为契机，推广连片种植，发展特色农业。2016年，全乡已建成6000亩花生、5000亩雪菜、3000亩草坪3个特色农业连片种植区。

【基层党建工作】 年内，该乡开展“基层党建责任深化落实年”活动，各支部都建立学习微信群，党委、支部提出问题，党员参加讨论。核发“党员证”，组织党员宣誓，重温入学誓词。苏花花生专业合作社党支部开展“挂党员标识、亮党员身份”活动，得到市、县委领导肯定。全力推进“书记实事项目”工程，群众关心的大事、难事，都作为乡村党组织的急事，按月梳理后于每月5号前挂牌公示，优先解决。全年解决大事30件，群众急难事200余件。

【“脱贫攻坚”工程】 全乡有建档立卡贫困户378户，1448人。通过结对帮扶、股份量化、发展特色产业、实施“家门口”就业等措施，促进贫困户和贫困人口增加收入。年内实现脱贫167户、635人。

表50　2016年八集乡各村（居）委会情况

村（居）委会名称	村民小组/个	年末户籍户数/户	年末户籍人口/人	耕地面积/公顷	村（居）党支部书记	村（居）委会主任
八集居委会	15	1436	5523	299.00	骆正宝	骆正宝
六塘村	18	956	3573	284.00	盛习建	盛习建
董荡村	21	1061	3850	406.00	董家友	董家友
大石渡村	21	921	3516	318.00	韦正军	韦正军
双桥村	14	806	3170	344.00	周建中	周建中
集南村	22	1021	4146	374.00	王业亮	王业亮
前荡村	24	966	4227	350.00	葛其和	钱　琪

（王　勇）

李口镇

【概况】 李口镇位于泗阳县城东南，东与淮安市隔运河相望，京杭运河、古黄河流经境内，水资源丰富；徐盐高速、众裴路、农李路贯穿境内，交通便利。镇域面积65.85平方公里，年末户籍人口53873人，耕地面积49455亩，辖13个行政村、3个居委会。2016年实现地区生产总值153779万元，比2015年增长8.19%；财政收入7509万元，增长8.68%；农民人均纯收入14713元，增长9.18%。被省商务厅表彰为2016年度江苏省农村电子商务示范镇；被市委、市政府授予宿迁市网络创业工作先进单位、基层党建工作先进单位；获评县目标考核全面先进单位。

【招商引资】 2016年引进入驻泗阳经济开发区亿元项目1个；入驻镇全民创业园3000万元以上项目6个、500万—3000万元项目10个，招引项目均于年内建成投产。

【工业经济】 全年实现工业开票收入6.9亿元，比2015年增长46.12%；入库税收2370万元，增长6.52%，用电量1975万千瓦时，增长13.82%。到年底，全民创业园已累计入驻企业71家，用工4450人。

【网络创业】 年内，镇电子商务创业中心和李口电商产业园相继建成投用，入驻淘宝电商52家，企业注册网店38家,实现网络销售9500万元。2016年获评“江苏省农村电子商务示范镇”荣誉称号，李口居委会被评为宿迁市“一村一品一店”示范村。

【镇村建设】 紧紧围绕“一区三园”调整土地利用规划，中心镇区面积扩大到3平方公里，人口1.5万人。建成丽舍名都、锦绣新城小区2个。改造提升学府路、府前路、乐业路、富民路等镇区道路5条，铺设总里程8.5千米。年内，李庄村新型社区建设在全县农村新型社区建设工程评比中获第一名。

【特色农业】 着力打造渔网编织、山羊养殖、果蔬种植3张名片，加快培育特色农业主导产业。年内，建成乐业路渔网市场一条街，入驻渔网经营大户31家、电商12家，新培育渔网经纪人26人，全镇从事渔网编织农户超过5000户，直接带动就业6000余人；山羊存栏10万头，年出栏20万头；全镇流转土地6000亩，建成农业专业合作社16家，家庭农场8个。

【社会事业】 全年新铺设乡村水泥路17条，总里程15.5千米。投入资金2000万元，建成供水工程，入户通达率100%，实现城乡同质供水。疏浚其虎中沟2000米；配套改造谭坝、葛庄、渡口等电灌站3座；全镇16个村居标准化卫生室全部建成，镇敬老院创成省“三星级”敬老院，镇文化站顺利通过省公共文化示范区初评。

【脱贫攻坚】 年内，完成全镇贫困户和低收入户建档立卡工作。对1100户有劳力而无资金、无技术的贫困户，给予资金支持或项目支持；对因学致贫的贫困户，实施资金扶助，给75名新入学和在校大学生发放助学金20.5万元。采取渔网经营大户带动低收入农户，全年组织渔网编织技能培训班4期，安排、带动贫困农户200余人编织渔网，每人每年可增加收入10000多元。全年实现脱贫284户1080人。

【信访工作】 全年处理群众信访案件236件，回复、办理群众网络问政862件，群众矛盾调解率100%、成功率98%。

表51　　2016年李口镇各村（居）委会情况

村（居）委会名称	村民小组/个	年末户籍户数/户	年末户籍人口/人	耕地面积/亩	村（居）党支部书记	村（居）委会主任
李口居委会	12	1322	4535	163.00	蔡大军	田玉林
葛庄居委会	7	609	2548	136.00	葛　东	张如生
其虎居委会	13	796	3476	176.00	魏品祥	魏乐祥
凌孟村	17	923	3839	229.00	刘　通	侯游龙
渡口村	13	844	3757	217.00	马　勇	薛传宝

续表51

村（居）委会名称	村民小组/个	年末户籍户数/户	年末户籍人口/人	耕地面积/亩	村（居）党支部书记	村（居）委会主任
农李村	14	953	4079	207.00	葛继洋	谢国贤
李庄村	13	781	3903	209.00	张同喜	李东成
吴集村	20	889	3710	258.00	魏其柱	李先桂
卢塘村	17	1046	4477	389.00	金　勤	金　勤
八堡村	16	780	3364	212.00	刘庆礼	张继祥
南运河村	15	843	3491	267.00	郑恒先	杨立军
谭坝村	10	580	2628	156.00	程财进	海　超
崔陈村	13	584	2540	212.00	张如庆	杨竹宝
灯塔村	8	515	2235	131.00	石维权	张　鹏
罗圩村	12	730	3066	143.00	罗前进	刘庆宝
臧梨园村	11	688	2851	912.00	陈复明	王东岩

（宋长双）

裴圩镇

【概况】 裴圩镇地处泗阳县城东南，洪泽湖北岸，东与淮安市接壤，西与高渡镇毗邻，北与新袁镇相连。镇域面积76.86平方公里，耕地面积59475亩。辖11个行政村，5个居委会，1个社区。年末户籍人口63971人。2016年，全镇实现地区生产总值221567万元，比2025年增长7.23%；财政收入8759万元，增长13.69%。被省精神文明建设指导委员会授予“2013~2015年度江苏省文明单位”，被省委组织部、省委宣传部表彰为2015–2016年度全省基层党员冬训工作示范镇；获市政府“十二五”人口和计划生育工作先进单位；县工业经济转型发展工作先进单位、宣传思想文化工作先进单位；获县2016年度目标完成奖。

【招商引资】 年内，采取“走出去、请进来”办法，加大招商引资力度，全年多次组团前往浙江、上海、苏州等地招商，邀请外地客商到裴圩考察15批次，签订投资意向协议5个。投资1.05亿元的宿迁惠亨通食品有限公司落户泗阳经济开发区；投资3000万元以上的宿迁刚华照明股份有限公司，投资500万元泗阳飞扬彩印有限公司和泗阳靓足袜业有限公司均于年内建成投产。

【精准扶贫】 全镇有贫困户2010户，分三种类型采取不同的扶持措施：1.对有劳力但无文化、无技能、无门路的1330户，采取办班培训，教会一技之长。全年向企业推介300人就业帮助脱贫；兴办家门口就业项目5个，安排就业300多人。2.对有一定的文化和技能，本人也有创业愿望，但缺乏创业资金的328户、镇政府通过借贷方式帮助、扶持创业，全年发放扶贫小额贷款100万元。3.对既无劳力又无技能的147户和因病、因灾、因残、因学等原因致贫的215特困户，镇政府制订详细的扶贫菜单，因户施策、因人施策，实施“一站式”救助服务。全年办理低保110户326人、给予大病医疗救助102人，补助金额68.2万元；给予学费补助262人计19.8万元。

【乡镇重点工程推进】 流转土地540亩，在众裴路两侧建成白萝卜、秋葵连片种植区。西沙村建成万亩优质稻米种植基地；完成陈集、陈石2个示范村建设规划和图纸设计，并上报县规划局审批；完成新四社区水系治理及环境整理，建成污水处理厂2座，栽植苗木10000多株。铺设黄圩幼儿园下水道1000米。

【推广网络问政】 投入资金3万元建成镇政府门户网站《魅力裴圩》，安排2名工作人员专门负责及时公布政府信息，收集发布县12345政风热线、民意直通车等网站信息。党委、政府定期召开网络问政联席会议，及时办理群众反映较为集中或涉及面较广的意见建议。全年办理网络问政606件，群众满意率90%。

表52 2016年裴圩镇各村(居)委会情况

村(居、社区)委会名称	村民小组/个	年末户籍户数/户	户籍人口/人	耕地面积/公顷	村(居)党支部书记	村(居)委会主任
大众村	10	502	2050	153.00	王乃林	王乃林
倪东村	12	646	2762	189.00	李效飞	李效飞
营顶村	8	908	3970	257.00	于成波	于成波
陶万村	7	542	2370	180.00	孟凡兵	孟凡兵
陈集村	10	554	2272	135.00	李　伟	陈太顺
瓦房村	11	726	3190	483.00	周崇林(副)	张登如
和平村	11	1025	4256	318.00	陈业虎	周道兵
陈石村	9	944	3928	208.00	唐　飞	陈太前
西沙村	7	899	3276	188.00	黄志中	黄志中
东南村	8	873	3650	308.00	付晶晶	张林国
砂嘴村	9	923	3460	328.00	李国明	李国明
裴圩居委会	8	1398	4320	136.00	葛生发	葛生发
单庄居委会	9	1378	5175	215.00	史少谦	陈　军
三和居委会	14	1157	4796	270.00	陈　伟	王玉林
黄圩居委会	8	792	2594	137.00	汪正刚	汪正刚
东高居委会	8	946	3734	201.00	赵学军	徐化康
新四社区	16	2105	8168	255.00	邵以干	王铁山

（张福君）

高渡镇

【概况】 高渡镇位于泗阳县最南端，镇域陆地面积52.71平方公里，耕地55485亩。水域总面积100平方公里，约占洪泽湖面积15%，湖岸线长36千米，是水资源极其丰富的滨湖小镇。辖8个行政村，1个居民委员会，年末户籍人口37442人。2016年，实现地区生产总值94834万元，比2015年增长6.54%；财政收入5386万元，增长15.43%，农民人均纯收入14648元，增长8.92%。年内，被省经信委、省委组织部等五个部门联合表彰为“2016年度江苏省农村信息化应用示范基地”，被江苏省放心消费创建活动办公室表彰为“江苏省放心消费创建先进区域”；被市委市政府表彰为“重点敏感时期信访积案化解工作先进集体”；获市安监局“2015年度安全生产先进单位”。

【工业经济】 制定出台《泗阳县高渡镇招商引资考核办法》，引进投资3000万元以上工业项目2个，即宿迁凯越彩印有限公司、宿迁瀚荣控股有限公司，两企业年内全部建成投产。全年工业实现开票销售2.68亿元，比2015年增长104.58%，开票税收782.13万元，增长93.60%，增速全县第一。全年新增个人网店80家，企业网店10家，实现网络销售额0.4亿元。

【中心政区建设】 编制《泗阳县高渡镇高渡新型农村社区建设规划》，采用集约发展模式。年内，拆除危房236户，新建幼儿园1座，面积650平方米、厂房500平方米、礼堂兼公共活动室600平方米、配套建设绿地广场1500平方米。

【镇村道路建设】 年内，投资72.48万元改造太湖路、建设路，铺设沥青路面13797平方米；投资235万元，改造总长4960米的南曹路。路宽从3.5米改造为5.5米。成子湖西路架设路灯12盏。南王集至曹嘴段330省道开工建设。

【供水工程建设】 投资1375.33万元，实施供水“通村达户”工程。铺设供水管网35.95千米，安装水表5841户，户通水率达100%，实现城乡同质供水。

【土地整治】 在全镇实施土地增减挂钩、工矿废弃地复垦等土地整治工程。全年共搬迁农户527户，新增耕地面积636.96亩，复垦工矿废弃地60.8亩，实现占补平衡467亩，工程共计获补偿款4869万元。

【幼儿园建设】 投资470.43万元，新建中心小学幼儿园教学楼3000平方米。配套建设城保育楼、传达室、下水道、围墙、篮球场。扩建后幼儿园可开设教学班12个，接纳幼儿350名。

【特色农业建设】 全年流转土地5000亩，，引进泗阳新玖农业有限公司、泗阳懿轩果蔬有限公司等农业企业7个，建成沿湖青虾、鳗鱼、大闸蟹养殖水产养殖区5000亩，有机稻米种植区3000亩、特色果蔬种植区15000亩。新增专业合作社13个，家庭农场16个。投资1000万元、占地700亩的生态循环农业项目泗阳瑞普特生态农业科技有限公司被列为市委工作会议观摩点。

【农田水利建设】 年内，投资1432.27万元，在高集、镇北、南大滩3个村居建成高标准农田12000亩。清理树木20000株，移电力线杆5根，拆除房屋70多平方米，铺设防渗渠31千米，疏浚河道27千米。新建电灌站10座、节制闸2座，桥涵100座。

【扶贫开发】 全镇有南王集、高渡、吴勒3个省定经济薄弱村居和曹嘴、颜勒2个县经济发展滞后村。有建档立卡户1889户，人口5585人，其中扶贫户652户，2322人；低保户1116户，3129人；五保户121户，134人。全年安排资金208.8万元实施菜单扶贫，其中“股份量化”项目402户，带动人数1191人，安排资金87.99万元；“购买公益性岗位”项目36户，安排人数158人，安排资金25.92万元；“股份+”项目128户，带动人数524人，安排资金56.344万元；“购买设备”项目108户，带动人数440人，安排资金37.626万元；“特困扶持”3户，带动人数11人，安排资金0.92万元。全年为1500个低收入农户协调发放小额扶贫贷款1700万元。通过产业扶贫、家门口就业、土地流转、发展电商等一系列举措，全镇有246户930人如期脱贫。高渡村实现全村整体脱贫，被市委市政府表彰为2016年度扶贫开发工作先进村（居）。

表53　　2016年高渡镇各村（居）委会情况

村（居）委会名称	村（居）民小组/个	年末户籍户数/户	年末户籍人口/人	耕地面积/公顷	党支部书记	村委会主任
高集村	16	1238	5669	652.00	苗　杰	王学波
周岗嘴村	18	861	4058	404.00	刘为忠	杨太波
镇北村	19	810	3720	414.00	李　永	汪厚安
南大滩村	12	1003	4111	409.00	刘金亮	周业青
高渡村	10	986	3968	415.00	周春涛	周　雪
颜勒村	14	842	3919	334.00	刘　飞	刘道才
吴勒村	15	604	3120	278.00	张　欢	朱启军
曹嘴村	12	687	3115	318.00	李月红	刘传才
南王集居委会	18	1320	5762	475.00	唐乃新	周炳春

（王昌昌）

卢集镇

【概况】 卢集镇位于泗阳县城南，辖区总面积152.02平方公里，其中陆地面积80.40平方公里，水域面积71.62平方公里，湖岸线长27.3千米，耕地面积83160亩。辖8个村，1个居委会，1个社区，95个村民小组，年末户籍人口44086人。2016年，实现地区生产总值123099万元，比2015年增长9.66%；财政收入6568万元，比2015年增长18.86%；农民人均纯收入14463元，比2015年增长8.97%。年内，被江苏省洪泽湖渔业管理委员会评为“2016年度洪泽湖渔业协管工作先进集体”，被省人力资源和社会保障厅评为2015年度省级充分转移就业乡镇；乡党委被市委表彰为“全市先进基层党组织”；被县委、县政府评为“招商引资工作先进单位”。镇卫生院儿科医生张明亮被江苏省文明办评为“江苏好人”。

【脱贫攻坚】 2016年，全镇有建档立卡贫困户1812户4805人，其中一般贫困户408户、1519人，低保户1223户、3097人，五保户181户、189人。扶贫工作采取“五式”联动方式：一是“就业式”扶贫。建成“家门口”就业工程6个，带动低收入农户就业240人，年人均增收1.9万元。二是“创业式”扶贫。全镇排查出小工厂、小物流、小网点、小农场、小服务等“五小创业”项目1318个，编印成创业目录，向低收入农户推介。给低收入户发放小额扶贫贷款1230万元，并转化为创业资本，带动低收入户127户自主创业，年内每户平均增收2万元。三是“结对式”扶贫。安排县乡两级干部486人与626户贫困户结对帮扶；安排党员、大户、致富能人、乡贤468人与1404户低保、“五保户”结对帮扶，送岗位、送项目、送政策、送温暖，做到扶贫户思路有人理，项目有人找，脱贫有人帮。四是“股份式”扶贫。在薛嘴、桂嘴和范家湖3个村实施“股份+农机合作社”扶贫菜单，省级扶贫发展资金通过股份入股，171户低收入户资金变资产，年底股份分红户均8.8万元。在成子湖社区、镇东、卢集、郝桥、陈洼、潘集、新庄等7个村（居）实施“股份量化”，年底415户贫困户户均分红9.32万元。五是“救助式”扶贫。年内有因病、因灾、因残、因学致贫的贫困户316户，其中因病致贫232户、因灾致贫13户、因残致贫37户、因学致贫34户。全年发放各类助学金11.7万元，减免医疗费用2.96万元。

【招商引资】 年初制定《卢集镇2016年全民创业要点》，两周召开一次招商引资推进会，镇主要领导轮番外出招商。年内，引进亿元项目1个，即泗阳县锦诚实业有限公司，已竣工；3000万元以上项目2个，即宿迁市润茂塑胶制品有限公司、宿迁市鹏昌塑业有限公司，年内，已竣工投产；500万元以上工业项目4个，即泗阳县双鑫服饰有限公司、泗阳县开元医疗有限公司、泗阳县双元医疗有限公司、泗阳县洋河古酿酒业包装厂。全年实现工业开票销售2.7亿元，增值税501万元。

【网络创业】 在镇区城市花园商业街建成占地2600平米的电商创业中心，入驻电商21家，全年实现网上销售1000余万元。

【企业服务】 实行镇领导班子成员“挂钩帮办”制度，重点对企业用工、融资等实施精准化、精细化帮办服务。全年为泗阳县群鑫电子有限公司、泗阳县国泰服装有限公司、泗阳县好利医疗有限公司等企业招工600余名。

【镇村建设】 加快推进宿迁市生态经济示范镇试点建设，聘请省规划设计院制订生态经济示范镇建设总体规划，确定镇村路网建设、水系整治、新型社区建设等5大类32个建设项目；聘请杭州春木建筑景观设计院详细规划镇区形象节点；聘请县规划设计院完成郝桥（三期）、薛嘴、成子湖等3个村居新型社区规划方案编制。年内，成子湖、郝桥新型社区建设已经完成，薛嘴新型社区建设已经启动。

【土地增减挂钩】 出台“进城入镇留村”优惠政策，按照“自愿—补偿—安置—拆迁”工作顺序，创新安置机制，推进土地增减挂钩工作。年内，完成10个村居、1008户搬迁，新增耕地1228.65亩。卢集镇土地增减挂钩“九个一”（即一份实施方案、一份民意调查表、一份公开信、一份宣传材料、一份申请书、一份丈量表、一份测算表、一份协议书、一份公示表）经验获县政府在全县推广。

【特色农业】 围绕“三路一河”规划建设特色农业项目：在330省道、城高路、卢李线两侧集中连片流转土地6000余亩，建成优质林果产业带，长12.78千米，招引特色农业项目10个；在高淞河两岸建成桃果基地650亩；在卢李路两侧建成连片精品果蔬种植区，栽植红葱380亩、甜枣180亩。建成“一村一品一店”店铺7家，全年销售签单近10000单，销售总额67.5万元。年内，成功举办卢集镇首届水果采摘节。

【社会治理】 深化干部“一人联百户”直接联系服务群众制度，探索实施“村居民意零盲点，群众诉求零间隔，矛盾纠纷零激化，村居服务零距离，关爱帮扶零缺失，共驻共建零障碍”的“六个零”

工作法；在潘集村试点将原有的警务室、综治办公室、调解室三室合一，成立“名人调解室”，聘请当地3名老党员担任调解员，做到矛盾纠纷不出村；深化郝桥村网格化管理，依托镇综治信息化平台，将全方位协调、沟通、服务延伸到家家户户。

【基层党建工作】扎实开展“两学一做”学习教育活动，将部分学习内容结合文化“三下乡”活动，编成快板、小品等文艺节目，以通俗易懂形式把文件精神传递给基层每一位党员，镇业余演出队联合县淮海剧团、成子湖社区老年艺术团组织2批次8场学习教育演出、将党员干部学习教育与精准扶贫、秸秆禁烧、土地增减挂钩、区域同质供水等重点工作紧密结合，以党员先进性与模范性带动中心工作落实。七一期间，召开庆祝中国共产党成立95周年纪念大会，给建国前老党员发纪念章，表彰一批先进典型，走访慰问生活困难党员，增强凝聚力和向心力。围绕创建村（居）民主治理和服务型党组织目标，推进党务、村务、财务“三公开”。郝桥村党支部还建立群众“急难事台账”，群众要求件件有登记，交办到专人，结果有着落。7月25日，省委书记李强在卢集视察时，对郝桥党支部的做法给予肯定。

表54　　2016年卢集镇各村（居）委会情况

村（居）委会名称	村民小组/个	年末户籍户数/户	年末户籍人口/人	耕地面积/公顷	村（居、社区）党支部书记	村（居、社区）委会主任
薛嘴村	9	1275	5494	541.00	陈前超	薛加留
镇东村	7	702	3064	461.00	谷文光	戴传伟
范家湖村	10	912	3947	522.00	邢宗胜	伍金玉
卢集居委会	8	1844	5794	469.00	黄　勇	陈开生
郝桥村	7	799	3643	372.00	张再广	方乃龙
陈洼村	9	1010	4212	458.00	张　坤	李大军
桂嘴村	8	607	2831	662.00	桂礼军	周永旺
新庄村	9	890	4116	596.00	刘　涓	金正银
潘集村	9	743	3620	361.00	庄　猛	
成子湖社区	18	1631	7466	1102.00	朱勤喜	吴士国

（屈乐乐）

临河镇

【概况】临河镇位于泗阳县城西南，北依大运河，东接众兴镇，325省道、盐徐高速公路和宿淮铁路穿境而过，交通便捷。面积58.75平方公里，耕地面积42600亩；辖12个行政村、2个居委会，111个村民小组、10501户，年末户籍人口50786人。有初级中学一所，小学一所，教学点2个，幼儿园6所，在校生总数5575人，教职工总数380人；民营医院2家，病床139张，医生28人。镇建成区面积3.5平方公里，人口8862人。2016年，全镇实现地区生产总值179011万元，比2015年增长7.78%；实现财政收入9219万元，增长0.6%；农民人均纯收入14928元，增长11.19%。被省精神文明建设指导委员会授予“2013~2015年度江苏省文明单位”，被市爱卫办评为卫生改厕工作示范乡镇；被县委、县政府表彰为招商引资工作先进单位、工业经济转型发展工作先进单位。

【工业经济】2016年，全镇有工业企业258家，其中列统企业30家，列统企业工业总产值37亿元，工业增加值10亿元。年新增500万元以上固定资产投资项目26个，固定资产投资额10.4亿元。外贸进出口总额160万美元。

【招商引资】年内，全镇引进项目4个，其中固定资产投资额亿元以上项目1个，3000万元以上项目3个，项目总投资2.95亿元。投资1.2亿元的江苏睿腾货架有限公司6月竣工投产；投资3000万元以上项目江苏菲拉凯恋新材料有限公司、江苏雪业集团泗阳分公司、泗阳蓝天能源科技有限公司等3个项目于11月竣工投产。

【电子商务】 年内，该镇举办网络创业知识、网创技能、电商运营、企业电子商务知识等培训班4期，培训人员280人（次）。积极打造镇、村二级网络创业平台，全镇从事网络创业人员达1000多人。新增网上销售企业20家，网店总数已达210家，年销售额5260万元。

【脱贫攻坚】 2016年，全镇建档立卡低收入户1875户，其中一般贫困户802户，3343人。党委、政府根据贫困户具体情况，实施菜单扶贫，精准到户。购买公益性岗位56个、带动脱贫就业人口239人；实施教育扶贫，给99名贫困学生发放扶贫助学金22.9万元；实施特困户资金扶持40户，带动脱贫人口189人；实施“股份+”项目684户，发放扶贫分红资金18万元。年内实现脱贫217户，893人。

【镇村建设】 修订完善《2011~2020年临河镇总体规划》，制订控制性详规，缜密地设计路道、排水、绿化、管线、环保等相关配套设施。在镇区路面两侧补植苗木，新增绿化面积1200平方米，架设路灯72盏，增置垃圾箱16个。改建冯庄村王庄路、曹码村和平路、胡庄村油坊路、校东路、王三庄村房庄路、熊码村江沈路等“一事一议”财政奖补道路10条；拓宽小冯路1350米，新建条河路长980米，年新增水泥路总长7300米。

【民生实事兴办】 新建云渡小学教学楼640平方米；新型农村合作医疗保险参加人数40838人，超额完成县下达指标；所有村居卫生室全面推行基本药物制度，降低群众看病费用；改造危房13户；改造村（居）供水管网，全镇居民城乡同质供水通达率100%。

【社会风尚引领】 开展临河好人评选，评选出周桂珍、陈宇、孙海、张兵、毕光、丁友美、盛元伏等“最美临河人”7名，并大张旗鼓宣传、表彰，引领社会风尚。临河镇“夕阳红”艺术团全年到各村居巡回演出48场。央视《远方的家》摄制组拍摄的专题片《云渡桃雕》在中央电视台播出；年内，临河镇顺利通过省文明委考核验收，被命名为江苏省文明乡镇。

表55　　2016年临河镇各村（居）委会情况

村（居）名称	居民小组/个	年末户籍户数/户	年末户籍人口/人	耕地面积/公顷	村（居）党支部书记	村（居）委会主任
何庄村	8	592	2853	183.00	张立冬	印顺利
胡庄村	9	930	4264	196.00	孙修剑	孙修剑
冯庄村	3	238	1070	205.00	张　春	王昌文
曹码村	6	907	4167	324.00	厉　益	孙昌桥
西稍村	8	110	2773	159.00	熊月乔	刘家强
小店居委会	8	825	3795	199.00	王　西	白中秋
临河居委会	11	1372	4484	118.00	叶进超	叶　闯
熊码村	8	763	3443	153.00	李业松	李业松
王三庄村	8	777	3462	221.00	房立松	胥灵秀
沈圩村	10	532	2449	154.00	李　刚	李　刚
房湖村	8	1006	4513	297.00	张　建	郭爱红
杨工村	8	790	3691	181.00	樊章国	张守佐
曹渡村	9	758	3394	189.00	孙永耀	谢立涛
云渡村	7	1052	4730	261.00	云冬先	云冬先

（徐　江）

城厢街道

【概况】 城厢街道位于县城南，辖区面积40.5平方公里，耕地面积29000亩，辖11个居委会，75个村民小组，年末户籍人口37855人。2016年实现财政总收入3880万元；农民人均纯收入18040元，增长10.00%。被江苏省人力资源和社会保障厅评为2015年度省级充分转移就业乡镇；被县委县政府表彰为农业农村工作先进单位、安全生产工作先进单位。

【同质供水建设】 投入1600万元，重新铺设自来水管道40多千米。年内，辖区11个村（居）的9000多户居民全部接通供水，实现城乡同质供水。

【农路建设】 投入161万元，在建南、城南、小圩、联合、东风、南门园等6个村居铺设农路8条，即陈石路、方庄路、条堆河路、长青路、世勋路、臧庄路、东周路、龙南路，总长5635米。投入68.32万元，升级改造新民路714米。

【新型社区建成】 投入2300万元，建成卜湖新型社区。新建住房176套，面积22840平方米；铺设道路2800米、供排水管网3000米，建设生态湿地6000平方米，污水处理站1座。

【街区建管】 年内，拆除长期占道经营摊点、私搭乱建用房43处、危旧跨街广告牌3处、大型楼顶危旧广告牌13处。沿街外立面出新11300平方米，更新商铺门头字牌80块约1500平方米。投入1400万元，改造人民南路、城林路，新装高杆路灯125盏。投入170余万元，改造街道农贸市场，铺水泥地坪3000平方米、铺设下水道600米，配套新建公厕1座，新建大棚2206.6平方米。场内设有百货区、蔬菜区、干货区、水产区、活禽宰杀区等多种功能区。

【联村共建】 在省委驻泗帮扶工作队、省信访局、县城管局等单位支持下，投入资金170万元，建成建筑面积2250平方米的陶圩村群众服务中心，中心配有卫生室、图书室、娱乐活动室、便民超市、农贸市场等。其中便民超市、农贸市场、门面房等年租金收入15万元。投入24万元，建标准化厂房503平方米，安排低收入农户60人在家门口就业，每人年工资收入2万元以上，村集体年增加租金收入2万元。

【零散坟墓搬迁】 4月，投入资金40.6万元，按照“平迁结合，以迁为主”的原则，搬迁辖内县乡主干道两侧坟墓835座，平整无主老坟墓3016座。

【大学生奖励】 8月26日，街道举行部分家长、学生会议，奖励辖区内本年度考取一本以上院校的陶圩村臧海霞、东风村胡文浩、联合村董佳奇等12名大学生，每人发给奖金2000元。

【村居“两委”换届】 8~12月，街道开展村居党组织和第十届村（居）民委员会换届选举工作。通过村党组织公推直选、无候选人直选等方式，选出政治素质好、“双带”能力强、群众信得过的村居“两委”班子成员85名。其中，南门园、建华、城南、建南、卜湖5个村居选出新的党支部书记，陶圩、南门园、东风、建南、城南、小圩6个村居选出新的村（居）委主任。

【鲜桃获“桃王”称号】 6月15日，县首届鲜桃争霸赛在市民广场举行，来自全县果园的19个候选鲜桃接受专家和大众评审。经现场称重，外观评审，由城厢街道金贤果树合作社黄岩培育、命名为“F1黄金蜜”、重量达697克的第18号鲜桃以外观圆润、色泽金黄获得泗阳县“桃王”称号。

表56　　2016年城厢街道各村（居）情况

村（居）委员会名称	村民小组/个	年末户籍户数/户	年末户籍人口/人	耕地面积/公顷	村（居）支部书记	村（居）委会主任
联　合	6	1229	4249	130.90	姜传腊	谭永泽
城　南	6	978	4184	246.00	刘以碧	刘以碧
南门园	6	861	3644	132.00	戈　兵	李龙耀
南　园	6	865	3311	108.50	潘士军	潘士军
卜　湖	8	790	3467	302.00	卢　玥	陈如金
陶　圩	9	1178	5063	346.27	刘前松	陶化刚

续表56

村（居）委员会名称	村民小组/个	年末户籍户数/户	年末户籍人口/人	耕地面积/公顷	村（居）支部书记	村（居）委会主任
东　风	8	1258	5238	324.00	臧　艺	吴士军
龙　门	10	1021	4269	214.00	苏　仪	周平增
小　圩	6	741	2688	32.00	袁　亮	袁　亮
建　华	4	853	3503	34.33	顾　涛	顾　涛
建　南	6	390	1673	180.62	曾　跃	高其武

（朱士伍）

来安街道

【概况】 来安街道办事处地处泗阳东大门，东与淮安市淮阴区接壤，北面是八集乡，南临京杭大运河，江苏省泗阳经济开发坐落街道辖区境内。区域面积80.9平方公里，辖2个社区，18个居民委员会，年末户籍人口56193人。2016年，全年实现财政收入4573万元；农民人均纯收入15274元。被省人力资源和社会保障厅评为2015年度省级充分转移就业乡镇，被省经信委表彰为“2016年完成禁粘①任务乡镇”。

【服务县重点工程】 围绕江苏省泗阳经济开发区企业用地需求，2016年启动江苏傲龙生物科技有限公司、江苏贤哥食品有限公司、江苏四两食品有限公司、吴江工业园等4个拆迁项目，征用土地350亩，征收房屋6000平方米；徐宿淮盐高速铁路红线内征用土地108亩，征地拆迁涉及3个村共36户。以上项目全部在规定时间内完成签约、拆迁。

【保障性住房建设】 年内，建成未来花园四期，面积15.2万平方米，可安置1006户；在东安上城名苑建成安置房11.34万平方米，可安置806户。投资7280万元，开工建设占地10.67万平方米、建筑面积6.5万平方米、可安置农户450户的桂庄小区五期。

【土地增减挂钩】 在胡集、朱楼、葛二、葛集、同兴、姜丰、贾庄、来安、东安、东和平、张東、陈祠堂和魏湾等13个村居实施土地增减挂钩工程。涉迁农户731户，拆除房屋7500平方米，到年底全部拆迁安置完成。发放补偿资金6213.5万元。通过该项目的实施，复垦增加耕地690亩。

【美丽乡村创建】 筹资390万元，建设乡村道路6条，总长30千米，修水泥路1500平方米，养护农村水泥路80千米，新设置交通标牌85个，警示桩150根。铺设出庄道路38千米，清理汪塘65个，搬运土方26.3万立方米。拆除废弃猪圈、旱厕8137座，建成全线贯通的路边沟和排水沟118千米。

【民生实事兴办】 新农保参保人数15005人，征收新农合资金615.4万元。为16户18名孤儿发放生活补助9万元；集中供养五保老人55人，分散供养222人，全年发放养老资金150万元。

【信访工作】 实行领导干部公开接访和信访包案制度，全年接待来访群众400多批次，化解以拆迁安置、征地款分配、承包地权属、农民工工资发放等问题为主的矛盾纠纷590余起，调处成功率97%。

注释：

①禁粘：禁止使用粘土烧制砖瓦。

表57　　2016年来安街道各居委会情况

村（居）委会名称	村民小组/个	年末户籍户数/户	年末户籍人口/人	耕地面积/公顷	村（居）党支部书记	村（居）委会主任
陈祠堂	12	637	2738	331.00	赵丽霞	赵丽霞
葛　集	13	1034	3587	148.00	佴为虎	佴为虎
葛　二	10	503	2227	182.00	陈　杰	陈　杰
胡　集	13	486	2008	135.00	胡兴安	胡兴安

续表57

村（居）委会名称	村民小组/个	年末户籍户数/户	年末户籍人口/人	耕地面积/公顷	村（居）党支部书记	村（居）委会主任
朱　楼	11	504	2016	148.00	王　碧	王　碧
陈大元	9	655	2773	6.00	姜安妮	姜安妮
东和平	24	966	4277	340.00	吴宗访	吴宗访
蚕　桑	12	710	2867	78.00	赵文高	赵文高
双　安	17	804	3520	——	董正跃	董正跃
东　安	12	622	2636	259.00	孙兴喜	孙兴喜
刘集圩	14	616	2548	105.00	赵士发	赵士发
徐　元	10	531	2295	155.00	吴建中	吴建中
姜　丰	16	724	3193	243.00	陈业清	陈业清
魏　湾	21	820	3565	231.00	郑　东	郑　东
来　安	19	1356	5187	306.70	刘　刚	刘　刚
张　束	20	1044	4436	451.00	张　皓	张　皓
同　兴	21	983	4259	273.00	黄宏兵	黄宏兵
贾　庄	15	824	3631	282.00	魏天廷	魏天廷

（丁必胜）

史集街道

【概况】 史集街道地处泗阳西北部，辖区面积66.45平方公里，耕地面积3.9万亩，下辖15个居委会，年末户籍人口49367人。2016年实现地区生产总值11亿元，比2015年增长10.00%；实现财政收入3337万元。工业企业全年开票销售1.1亿元，工业企业增值税收入264万元，新增固定资产投资4.05亿元。年内，街道获市政府“2011~2015年度全市法治宣传教育工作嘉奖”；滚坝前刘村民黄宝英被江苏省文明办评为“江苏好人”。

【脱贫攻坚】 2016年，街道共有建档立卡贫困户2057户、7295人，其中低保户1000户、2876人。街道、居委会和县地税局、征收办、政务办等8个单位挂钩扶贫人员一起，与帮扶对象结对，在走访摸底的基础上制订详细的扶贫菜单，发放脱贫奖补资金338.16万元。到年底，实现脱贫1271人，增收3361人。民主、姜桥2个居委会集体经济收入18万元，按计划实现脱贫目标。

【招商引资】 年内，引进投资3000万元以上工业项目2个，其中投资7500万元的泗阳天乐乐器有限公司项目已于年内建成投产。

【网络创业发展】 街道大力推进电子商务和“互联网+”，全年举办网络创业培训班4期，培训161人次。年内新增网店84家、网上销售企业6家、跨境电商企业2家；电子商务示范街区入驻电商20家，网络创业专区入驻电商15家。全年实现网上销售3500万元。

【社区建设】 高标准建设孙李居委会花台小区。年内，小区道路、水电全部铺设、安装到位，小区主干道两侧绿化、亮化等配套工程全部完成，村综合服务中心、超市、广场、幼儿园投入运营。

【城乡同质供水工程】 年内，投资2000万元，铺设管网总长47.66千米，安装水表9773只，辖区居民全部实现城乡同质供水。10月21日，同质供水工程顺利通过县验收。

【支持高铁建设】 配合徐宿淮盐高铁建设，完成辖区内民房征收154户；为建设城北停车场征收民房15户。完成8个居委会土地位移，工作涉及面积768.8亩，需搬迁农户850户，到年底，完成搬迁806户，复垦土地710亩，实现占补平衡119.3亩。

【特色农业发展】 建成盛世桃源、尚然农场、民主居委会果蔬产业园等“一村一品”项目11个，其中，盛世桃园年内建成江苏省四星级乡村旅游点。在程道、双渡两个居委会注册新建家庭农场10个。投资445万元建成农业集群服务中心。中心有农机专业服务队，粮食烘干和仓储设施，为农民提供农机存放、农产品网络销售等服务。

【土地确权登记工作】 年内，已完成辖区内14个居委会、199个小组、9705户农村土地承包经营权确权登记工作，其中11个居委会完成土地确权颁证，并通过县验收。

【弱势群体扶助】 街道内有五保老人206人，集中供养42人，分散供养164人，全年支付五保老人供养资金107.62万元。街道有残疾人1069人，其中纳入重残补助53人，固定残疾护理补助72人，无固定残疾补助的113人。

【信访工作】 紧扣县委提出的"稳字为基"方针，年内，街道领导挂帅处理重大信访案件，及时化解社会矛盾。全年接待来信来访案件168件，办结处理完成164人次，办结率达97%。全年收到网络问政信访件715件，市级交办信访件207件，网络舆情25条，所有件信访件年内全部办结，办结率达100%。

【基层党政建设】 开展"重温入党誓词""书记领读党章""家风村风大讨论"等特色党员活动40余次。发放党员证1452本。各支部通过微信群撰写交流"两学"心得600多条。15个居委会全部建立居民监督委员会，在区域供水、农路铺设等工程中发挥监督作用。年内，15个居委会党支部换届，新选任支部书记5人，新任居委会委员28人。所有支部书记学历均达到高中以上，平均年龄比上届下降4.5岁。年内，培养入党积极分子126名，发展党员25名。

表58 2016年史集街道各居委会情况

居委会名称	村民小组/个	年末户籍户数/户	年末户籍人口/人	耕地面积/公顷	居委会党支部书记	居委会主任
程道	15	681	2920	192.00	乔济龙	乔济龙
双渡	18	835	3810	206.00	刘　建	徐乃良
滚坝	21	873	3899	214.00	王　耀	张　闯
姜桥	11	617	2920	183.00	包献飞	包献飞
刘桥	11	799	3470	114.00	刘　军	田千银
红星	10	441	2096	163.00	高祥林	王学良
民主	17	773	3606	238.00	王　力	任家昌
史集	17	1371	5613	245.00	颜怀波	谢正喜
凌城	12	649	2954	213.00	姜辉田	边华军
孙李	17	839	3920	218.00	胡　径	孙　宇
桃源	4	767	2627	68.00	谷士兵	刘士元
顾集	12	580	2327	230.00	胡继广	胡继广
朱圩	18	835	3526	258.00	李前春	王梅林
洪南	15	832	3516	259.00	桂新春	桂新春
叶庄	14	626	2836	215.00	何爱元	叶良法

（胡　亮）

泗阳棉花原种场

【概况】 泗阳棉花原种场位于泗阳县城南郊、城南生态新城腹地，毗邻徐盐高速东西出口，交通便利。面积4.3平方公里，人口4000多人。建场50多年来，坚持走育、繁结合道路，先后培育出棉、稻、麦、豆、油菜新品种40多个，其中25个品种获得省和国家级审定、奖励，5个品种被列入国家级重大科技成果推广计划。

【"书记项目"落实】 6月，场党工委在充分听取党内外群众意见基础上，成立由生活居住在泗阳棉花原种场的老干部、老党员、复原退伍军人、老教师和老职工组成的场"居民议事协商委员会"。该场的场内重大事情都由委员会协商。年内，县委将该场的"建立健全党群议事协商机制"作为"书记项目"向全县推广。

【集体经济收入】 把好国有耕地、三产等各类租赁项目审核，做好租金回收。全年实收土地及三产租赁收入220万元。按政策规定搞好本场资金运作，服务全县经济社会发展，增加集体收益，全年实现资金收益300万元。

【文化大院建设】 利用泗阳棉花原种场中心小学校舍建成场文化大院。大院配有图书阅览室、共享功能室、群众娱乐室等，还配备专职的管理员，常年对群众开放。投资6.7万元建成场史陈列室，系统陈列、介绍建场以来先辈们在荒沙滩上艰苦创业的光辉业迹，全年吸引来自全省各地的参观人群上万人。

【兴办民生实事】 投入29万元，修建场区道路1090米，铺设下水道564米。发放大病救助金20.76万元，助产互助金9.61万元，尊老敬老补助42.4万元，困难学生补助3.81万元，以及现役军人家属优扶、丧葬慰问等各类惠民资金97.6万元。

（乔继仁）

泗阳农场

【概况】 泗阳农场辖区土地面积8520亩，其中耕地面积2650亩。辖2个社区居委会，7个居民小组，年末户籍人口4377人。2016年，人均收入13000元，与2015年持平。

【民生实事】 全年发放低保资金29.2万元。大病救助15人次，发放救助金10.7万元。发放优抚补助金7.8万元、养老金8.3万元。发放种粮直补、农资综合补、农作物良种补贴计12万元。发放小麦"一喷三防"药物930袋。投资53万元重铺场内道路456米。

【计划生育管理】 健全全员人口信息系统，完成所有育龄妇女综合信息采集，为所有育龄妇女免费开展孕前检查、孕期体检。全年出生人口35人，其中男孩18人，女孩17人，无计划外超生。兑现独生子女奖励9人，特抚3人；办理独生子女保险241人。

【水电建管】 投资30万元改造供电线路2.6千米，增建400KVA变压器3台.新增居民电用户55户、动力电用户10户，全年用电700万千瓦/时，比2015年增长10%，线损率为10%。新铺自来水支管道100米。

表59　　2016年泗阳农场各居委会情况

居委会名称	居民小组/个	年末户籍户数/户	年末户籍人口/人	耕地面积/公顷	居委会党支部书记	居委会主任
第一居委会	4	768	3791	84.00	倪前国	刘　静
第二居委会	3	558	1873	192.00	史硕义	张银国

（刘　敏）

人　物

·新任县领导·

马　伟　男，汉族，1968年5月出生，安徽灵璧人，党校研究生学历，1989年8月参加工作，1991年7月加入中国共产党。现任泗阳县委副书记、县人民政府党组书记、代县长。

1985年9月南京师范大学淮阴师专中文本科班学生，1989年8月任泗洪县委党校教师，1991年7月任泗洪团县委干事，1992年9月任泗洪团县委学少部副部长，1993年1月任泗洪县委组织部组织员，1994年7月任泗洪县委组织部组织科副科长，1997年4月任泗洪县委组织部组织科科长（副科级），1998年9月任宿迁市纪委副科级纪检员，2000年10月任宿迁市纪委办公室副主任（其间：2003年6月至2006年7月在江苏省委党校政治经济学研究生班学习），2004年11月任宿迁市纪委副秘书长、办公室副主任，2006年12月任宿迁市综治办副主任，2008年9月任泗阳县李口镇党委书记（副县级），2011年1月任泗阳县委常委、李口镇党委书记，2011年3月任泗阳县委常委、众兴镇党委书记，2012年2月任泗阳县委常委、众兴镇党委书记、人大主席、众兴工业园区（木业园区）党工委书记，2013年10月任沭阳县委常委、县人民政府党组副书记、常务副县长，2016年6月任泗阳县委副书记、县人民政府党组书记、代理县长。

殷其国　男，汉族，1974年1月出生，江苏沭阳人，大学学历、硕士学位，1997年8月参加工作，2000年6月加入中国共产党。现任泗阳县委常委、县人民政府党组副书记、常务副县长。

1992年9月北京大学考古学系博物馆专业学生，1997年8月任宿迁市文化局办事员，1998年10月宿迁市纪委党风室借用，2000年4月任宿迁市纪委办公室干事，2002年6月任宿迁市纪委副科级纪检员，2005年8月任宿迁市纪委正科级纪检员（其间：2005年12月取得南京大学公共管理硕士学位），2007年2月任宿迁市纪委办公室副主任，2010年11月任宿迁市纪委办公室主任，2011年5月任泗洪县委常委、县纪委书记，2016年6月任泗阳县委常委、县人民政府党组副书记、常务副县长。

李启旺　男，汉族，1973年6月出生，河南长垣人，党校研究生学历、

硕士学位，1997年8月参加工作，1995年11月加入中国共产党。现任泗阳县委常委、县纪委书记。

1993年8月东北大学金属材料与热处理专业学生，1997年8月任宿豫县关庙乡工业干事，1999年10月任宿迁市委组织部办公室科员，2003年6月任宿迁市委组织部机关干部处副科级组织员，2004年12月任宿迁市委组织部机关干部处副处长，2006年4月任宿迁市委组织部机关干部处副处长、正科级组织员，2007年11月任宿迁市委组织部干部监督处处长（其间：2007年12月取得南京大学公共管理硕士学位），2012年5月任宿迁市纪委派驻纪检十一组组长、市人口计生委党组成员、市科协党组成员、市科技局党组成员、市体育局党组成员，2015年3月任宿迁市纪委派驻纪检十七组组长、市卫生计生委党委委员、纪委书记，2016年4月任泗阳县委常委、县纪委书记。

吴俊宁 女，汉族，1974年11月出生，安徽金寨人，大学学历、硕士学位，1998年9月参加工作，1996年6月加入中国共产党。现任泗阳县委常委，县委统战部部长。

1994年9月 武汉大学思想政治教育专业学生，1998年9月任泗洪县梅花镇妇联干事、副主席，1999年5月泗洪县委组织部办公室借用，2001年7月任宿迁市粮食局组织人事科科员，2004年4月任宿迁市粮食局办公室副主任，2004年10月任宿迁市委宣传部部长助理，2007年11月任宿迁市科技局党组成员、副局长（其间：2011年2月取得中国矿业大学公共管理硕士学位），2016年4月任泗阳县委常委、县委统战部部长。

胡中华 男，汉族，1973年3月出生，江苏苏州人，在职大学学历、学士学位，1991年12月参加工作，1995年11月加入中国共产党。现任泗阳县委常委、县人武部政治委员。

1991年12月任江西省军区司令部战士，1994年7月任中国人民解放军军事交通学院学员，1997年7月任南京军区上饶第一军械仓库技术员（技术14级），1999年11月任南京军区上饶第一军械仓库勤务队副政治指导员，2000年5月任南京军区上饶第一军械仓库政治处副连职干事，2002年5月任南京军区报废武器弹药销毁站政治处正连职干事，2004年6月任南京军区报废武器弹药销毁站一室副营职副主任，2004年9月任南京军区装备部直属工作部政工处副营职干事，2006年6月任苏州军分区第一干休所副营职助理员，2006年9月任苏州军分区后勤部副营职助理员，2007年3月任吴江市人武部后勤科科长，2009年12月任常熟市人武部后勤科科长（其间：2007年4月至2011年6月在中国人民解放军南京政治学院经济与行政管理专业本科班学习），2011年6月任苏州军分区后勤部副团职助理员，2015年3月任泗阳县人武部政治委员，2016年6月任泗阳县委常委、县人武部政治委员。

王业珍 女，汉族，1960年12月出生，泗阳县高渡镇人，党校大学学历，1981年7月参加工作，1991年12月加入中国共产党。现任泗阳县人大常委会党组书记、主任。

1979年9月淮阴供销学校商业财务会计专业学生，1981年7月任泗阳县土产公司总账会计，1984年11月任泗阳县土产公司财会股副股长，1988年5月任泗阳县废旧回收产品公司股长，1990年12月任泗阳县审计局审计员，1993年12月任泗阳县审计局工交股副股长，1994年11月任泗阳县洋河镇镇长助理，1995年1月任泗阳县史集乡乡长助理（其间：1995年9月至1997年12月在中央党校党政管理专业本科班学习），1997年2月任泗阳县统计局局长助理，1997年5月任泗阳县统计局副局长，1998年8月任泗阳县统计局副局长、县农调队队长，2000年3月任泗阳县统计局局长，

2003年3月任泗阳县众兴镇党委书记、人大主席，2003年12月任泗阳县委常委、众兴镇党委书记、人大主席，2004年12月任泗阳县委常委、众兴镇党委书记，2006年3月任泗阳县委常委、县政法委书记，2011年5月任宿迁市司法局党组副书记、局长，2013年5月任宿迁市司法局党组书记、局长，2013年12月任宿迁市住建局党委书记、局长，2015年12月任泗阳县人大常委会党组书记，2016年1月任泗阳县人大常委会党组书记、主任。

臧　涛　男，汉族，1979年8月出生，宿迁市宿豫区人，党校研究生学历，1989年11月参加工作，1995年4月加入中国共产党。现任泗阳县人民政府党组成员、副县长。

1993年9月常州技术师范学院机电专业学生，1998年11月任宿豫县龙河乡团委办事员，2001年2月任宿豫县龙河镇副股级组织干事、团委副书记，2002年11月任宿豫县洋北镇组织委员，2003年1月任宿豫县委组织部组织员，2003年6月任宿豫县委企业工委办公室副主任，2004年1月任宿豫县委组织部干部科副科长、青干科科长，2005年11月任宿豫县委组织部副科级组织员、干部科副科长、调研科科长，2006年7月任宿豫区委组织部副科级组织员、办公室主任、调研科科长、区招商十三局副局长，2008年12月任宿豫区侍岭镇党委副书记、镇长（其间:2010年9月至2013年7月在江苏省委党校社会学专业研究生班学习），2011年12月任宿豫区侍岭镇党委书记、宿迁生态化工科技产业园党工委副书记，2014年1月任宿豫区关庙镇党委书记，2016年4月任泗阳县人民政府党组成员、副县长。

李庆峰　男，汉族，1967年1月出生，江苏泗洪人，党校大学学历，1989年8月参加工作，1994年11月加入中国共产党。现任泗阳县人民政府党组成员、副县长，县公安局党委书记、局长、督察长。

1986年9月江苏公安专科学校内勤专业学生，1989年8月任泗洪县公安局刑警队民警，1996年5月任泗洪县公安局刑警队技术中队副中队长，1997年1月任宿迁市公安局刑警队科员，1997年5月任宿迁市公安局政治部公安干校科员，2000年12月任宿迁市公安局政治部公安干校校长，2002年8月任宿迁市公安局政治部组教处副处长、宿迁市人民警察培训中心副主任（其间：2002年9月至2004年12月在江苏省委党校法律专业本科班学习），2003年8月任宿迁市公安局宿豫分局副局长（挂职），2004年10月任宿迁市公安局行动技术处处长，2012年1月任宿迁市公安局刑警支队政委，2005年12月任宿迁市公安局刑警支队支队长，2016年11月任泗阳县人民政府党组成员、副县长、县公安局党委书记、局长、督查长。（县委组织部）

·先进人物·

张佳胜　男，汉族，1967年9月出生，江苏泗阳人，本科学历，1987年7月参加工作，1990年7月加入中国共产党。现任泗阳县委农村工作办公室主任、县扶贫办公室主任。

张佳胜自2010年5月任县委农工办、扶贫办主任以来，带领一班人认真落实上级扶贫工作相关要求，紧紧围绕“低收入人口脱贫、经济薄弱村增收和片区集中帮扶”三大重点，以“帮农民增收致富，促县域经济发展”为己任，加快扶贫开发整体进程。2013年6月，张佳胜经充分调研，建议率先开展扶贫改革试验，获泗阳县委高度重视，于同年11月，成立全国首家实体化运行的成子湖扶贫改革试验区管委会，创新实施电商扶贫等12个改革试验项目。2015年年初，泗阳成子湖片区获批国家级扶贫改革试验区，争取到关键性工程项目资金5300万元。经三年努力，成子湖片区面貌极大改善。

创新实施精准扶贫到户“菜单”项目。截至2015年底，泗阳累计实施“菜单”项目4.38万个，确保了15.89万扶贫开发对象增收脱贫。2014年起在全县推广建设“家门口”就业项目123个，带动相关村增收500余万元，6000余名低收入劳动力就近就业，实现“一人就业，全家脱贫”，此经验已在全国推广。2013年起，张佳胜还担任卢集镇郝桥村“第一书记”。三年任职期内，累计协调帮扶资金1560万元，完成新型社区“十位一体”建设，改造中低产田1900亩。2016年底，郝桥村人均纯收入13665元，集体经济收入从零跃升到42.8万元，顺利达到江苏新“八有”标准。

2015年底，泗阳县顺利通过江苏省脱贫奔小康考核验收，全县20.11万低收入人口年家庭人均收入全部超过4000元江苏省标准，61个经济薄弱村全面建成新“八有”。2010~2015年，张佳胜多次被中共江苏省委农工办表彰为全省扶贫系统先进个人、全省农工办系统先进个人；2016年10月，被国务院扶贫开发办公室表彰为全国扶贫系统先进工作者。（县委农工办）

王兴成 男，汉族，1963年5月出生，大专学历，中共党员，泗阳县城厢邮政支局投递员。王兴成坚持安全投递26年，投递总路程超过60万公里，投送包裹、信件近70余万件，投送报刊340余万件，从未发生延误、丢失、毁损等情况；先后为8户贫困家庭捐赠款物12000多元，《宿迁日报》《扬子晚报》等媒体多次进行报道。入选2014年“感动宿迁”十佳人物。2015年5月，被宿迁市人民政府授予“市劳动模范”；2015年6月，被宿迁市委表彰为“群众身边好党员”；2016年4月，被省人民政府授予“江苏省劳动模范”。

（县总工会）

朱勤喜 男，汉族，1975年10月出生，本科学历，中共党员，泗阳联兴金属制品有限公司锻压车间主任。2013年8月，公司投资300万元新上3条锻压生产线，朱勤喜刻苦钻研锻压车间生产业务知识，创新优化，将原装电路及设备重新梳理检查，缩短了产品生产周期且降低能源消耗，年节电26万元。根据客户要求改进工艺，年增加产量245万套，100个集装箱货柜，年增效益130万元。2015年4月，被江苏省总工会授予“五一劳动奖章”；2016年4月，被省人民政府授予“江苏省劳动模范”。

（县总工会）

范静芳 女，汉族，1982年4月出生，大专学历，泗阳县聚丰生态农业发展有限公司董事长。范静芳在成子湖畔投资“贵嘴生态园”项目，开发300亩富硒丰产桃果园，建立家禽养殖场及林下中草药基地。公司使用当地农村留守人员60人，现有研发成功的优质育苗基地50亩、高标准设施果蔬基地50亩、绿化苗木基地500亩。整个园区的生态循环过程是养殖业粪污与作物秸秆配合堆积经发酵后用作种植业生态肥，种养结合，实现畜禽养殖废弃物的减量化、再使用、再循环。2015年4月，被宿迁市人民政府授予“市劳动模范”；2016年4月，被省人民政府授予“江苏省劳动模范”。（县总工会）

史修银 男，汉族，1971年7月出生，大专学历，中共党员，泗阳县爱园镇修银养殖专业合作社理事长。史修银在经营过程中，发现家禽散养户疫情控制能力有限，养殖风险较大，决定通过扩大养殖规模，提供技术支持的方式帮助合作社成员解决养殖中的困难，把所掌握的养殖技术在全镇进行推广。2016年年底，合作社已吸纳成员100余户，解决300余名群众就业，年出栏商业鸡100万余只，实现利润50余万元，同时，无偿为当地低收入家庭提供鸡苗饲料、技术一条龙服务，带动乡亲脱贫致富。2015年4月，被宿迁市人民

政府授予“市劳动模范”；2016年4月，被省人民政府授予“江苏省劳动模范”。（县总工会）

马广春 男，汉族，1969年2月出生，中共党员，泗阳县纪委副书记、县监察局局长。马广春近年参与组织突破大要案200余件，累计查处违规违纪案件近4000件，协调指挥查处了一大批“夹生案、案中案”等疑难复杂案件，挽回经济损失1.32亿元。推进“权力阳光运行”工程，牵头压缩行政审批事项946项，在全国率先探索开展县级层面“常态巡察”工作，先后查处各类违反作风建设规定案件735个，党政纪处分460余人，下发通报178期。同时，成功化解疑难信访问题100余件。多次被省、市表彰为先进工作者，荣立集体二等功1次、三等功1次。2016年4月，被省人民政府授予“江苏省劳动模范”。（县总工会）

颜怀安 男，汉族，1962年1月出生，本科学历，中共党员，泗阳县人民医院院长、主任医师。颜怀安从医30多年，先后在省级以上杂志发表论文20余篇，获市级科技进步奖4项。创建市第一家司法鉴定所，并被评为“全省司法鉴定先进集体”。认真履行人大代表职责，积极建言献策。严于律己，自觉抵制不正之风，拒收病患者红包及药商回扣。近年先后获得“全国司法鉴定先进个人”“江苏省优秀共产党员”、宿迁市“劳动模范”“优秀科技专家”等荣誉。2016年4月，被省人民政府授予“江苏省劳动模范”。（县总工会）

·道德模范·

赵成全 男，汉族，1988年8月出生，泗阳县畜牧兽医站职工。

2016年6月7日晚9时30分左右，一名孕妇不慎落入泗阳县城森林公园湖中，眼看女子逐渐

沉入水中，此时，路过的赵成全一边呼喊着“快救人！”一边毫不犹豫地纵身跳入河中。公园湖水面宽60多米，深约4米。赵成全跳下去之后，奋力游向落水女子，用力将其推向岸边。由于湖岸边都是垂直的水泥护墙，水泥墙上还有护栏，这给赵成全和被救女子上岸造成了极大困难。赵成全只能潜入水底用力托举该女子，经岸上合力营救，该女子被120急救车迅速送往医院抢救挽回了生命。

由于赵成全救人过程中消耗大量体力，女子被救上岸后他却沉入了水底，经迅速组织营救未果，待消防队员赶到现场，用专业工具将赵成全打捞上岸时，他已经永远停止了呼吸。赵成全之前曾两次救人。其中一次一女子欲撞车轻生，赵成全一个箭步冲上去，把女子推开，轻生女子得救了，而赵成全的胳膊却被车子撞伤了。

赵成全，成全了别人，却献出了自己宝贵的生命，他以实际行动诠释了自己名字的朴实。人民网、新华网、凤凰网、《新华日报》、江苏卫视、《扬子晚报》等众多媒体报道了赵成全的英勇壮举。2016年7月，被中央精神文明建设指导委员会办公室评为“见义勇为中国好人”。

（县文明办）

马学平 女，汉族，1967年10月出生，泗阳县裴圩镇人，本科学历，1988年3月参加工作，1994年8月加入中国共产党。现任泗阳县信访局局长。

2010年5月，马学平任泗阳县信访局局长。六年多时间，她带领一班人在信访工作实践中勇于创新，“两条线工作法”、“八合一”维稳工作机制、《民意会客厅》等创新举措在省市推广运用，省办信工作暨无理信件认定终结、市信访信息化建设工作等现场会在泗阳召开，泗阳信访工作得到上级党委政府的充分肯定，先后获省、市级表彰和荣誉18次，连续

五年获评省信访工作绩效考核优秀等次，并受到特别嘉奖表彰，获得“省信访工作先进单位”“省信访系统优秀集体”“省信访积案化解工作先进单位”“省信访工作创建活动‘三无’县区”“全省社会治安综合治理先进集体”“市信访工作先进集体”“市维稳工作先进集体”等荣誉称号。

在信访局任职期间，马学平多次获省信访工作先进个人、杭州G20峰会信访保障工作先进个人、市信访工作先进个人，公务员考核连续六年被评为优秀等次，并被市政府授予“五一”劳动奖章。2016年10月，被评为“江苏最美信访干部”。

（县信访局）

穆春华 女，汉族，1966年6月出生，江苏泗阳人，在职研究生学历，主任医师，1990年8月参加工作，2009年8月加入中国共产党。现任泗阳县人民医院副院长、妇产科主任。

穆春华从事妇产科工作27年，勤于学习，不断钻研妇产科诊疗新技术及管理知识，多次到江苏省人民医院、新疆医科大学附属肿瘤医院进修妇产科业务，曾两次到新加坡参加医院管理高级研修班及韩国首尔各大医院参观学习。擅长妇产科常见病及女性不孕症、生殖系统损伤修补、妇科恶性肿瘤等疑难病的诊治。

穆春华平常几乎没有节假日，经常因为有急诊、危重患者而放弃休息。曾因为过度疲劳积劳成疾，患上了颈椎病等疾病而卧床，可她却在病区值班室打点滴两个月坚守岗位。穆春华不仅对疾病的诊疗精益求精，还特别注重科研，《选择性子宫动脉栓塞治疗子宫肌瘤的临床研究》《宫腔镜下电切术联合腹腔镜治疗不孕症的临床研究》《左炔诺酮宫内节育器治疗功能失调性子宫出血的临床研究》等9项科技成果通过市鉴定，有5项获得宿迁市科技进步奖。她在省级、国家级医学杂志上发表论文30余篇，并出版了50万字的专著《子宫内膜癌的诊治与典型病例》。

精湛的医技和良好的医德，使穆春华成为宿迁市“135工程”培养对象，被宿迁市委表彰为“群众身边好党员”，被宿迁市人民政府授予劳动模范、优秀科技专家，被评为泗阳县“十佳杰出女性”“三八红旗手”“巾帼服务明星”“风采女性”，连续多年被市、县卫计系统和单位表彰为先进工作者。2016年12月，被江苏省委宣传部、省文明办、省卫生计生委联合表彰为第三届江苏“百名医德之星”。

（县人民医院）

张明亮 男，汉族，1990年1月出生，泗阳县卢集镇卢集卫生院儿童保健科医生。

2016年2月28日下午1点半左右，卢集镇潘集村村民潘守健驾驶三轮车，带着4名儿童一起回家，当车子行驶到村里一条水泥路的急转弯路口时，因驾驶不慎，车辆直接冲入路边2米多深的河水中。此时张明亮正好开车路过此地，赶紧停车，脱去外衣，不顾河水寒冷刺骨，纵身跳入河中，与三轮车主迅速把4个孩子一一抢救上岸。被救的4个孩子，最大的7岁，最小的仅1岁半。张明亮来不及换下湿衣服，把4个孩子抱上自己的车子取暖，并送回家中，又为孩子和三轮车主进行身体常规检查，得知无大碍后，悄然离开，继续回医院接诊病人。

江苏卫视、《宿迁日报》、现代快报、扬子晚报、人民网、腾讯网等众多主流媒体对张明亮事迹进行了宣传报道。2016年4月，被江苏省精神文明建设指导委员会办公室评为“江苏好人”。

（县文明办）

颜崇珍 女，汉族，1957年3月出生，泗阳县张家圩镇马洪村二组农民，小学文化。

1980年，颜崇珍与张家圩镇马洪村马明涛结为夫妻。1986年，马明涛因拉水泥板的平板车侧翻将其压在车下，造成脖子以下高位瘫痪。而肇事者家一贫如洗，颜崇珍当年选择了原谅并放弃经济赔偿，为了给丈夫治疗，家里因此欠下了巨额债务。丈夫瘫痪后，本来就体弱的公婆经此打击精神更加不好，一双儿女大的才3岁，家里家外的大小事情都要颜崇珍去张罗。孝顺年迈的公婆，直至2000年、2010年婆婆、公公安详离世；抚育幼小的孩子，如今一双儿女已成人走上工作岗位；30年如一日悉心照料全瘫丈夫的日常生活，特别是2010年底颜崇珍因病导致手脚部分截肢，她不顾自己身体的不适和不便，生怕对丈夫照顾不周，而倾注了更多的心血。

只有小学文化的颜崇珍，用孱弱的双肩撑起了全家的整片天，用朴实的行动诠释着相濡以沫的夫妻真情，以凡人善举体现着孝老爱幼的人间亲情。先后被评为感动宿迁人物、泗阳好人、美德农民；2016年5月，被江苏省精神文明建设指导委员会办公室评为“江苏好人”。（县文明办）

张冬梅 女，汉族，1966年9月出生，泗阳县穿城镇圩河村四组农民，初中文化。

张冬梅因小儿麻痹症导致双腿残疾，靠双拐助行。她嫁入穿城镇河圩村喻德宇家两年后，基本没有劳动能力靠捡破烂为生的大伯子喻德双娶了智障的嫂子于春阳。因智障，于春阳不认路，三天两头“离家出走”。公婆因对大伯子亲事不满意而对于春阳“出走”不关心，大伯子没能力问事，自己丈夫在外打工无法问事。于春阳第一次出走，张冬梅不忍心她流落在外忍饥挨饿，又怕被人欺负，不顾雨天路滑，靠着一副拐杖深一脚浅一脚四处找寻，终于在于春阳出走后的第三天，在离家20多千米的邻镇找到她。第二次、第三次...几年来，双腿残疾的张冬梅因为找嫂子，不知吃了多少苦，跑遍泗阳县周边的沭阳、涟水、淮阴等地的20多个乡镇。后来，张冬梅干脆就每天带着嫂子形影不离，不论下地干活、外出赶集，自此没让于春阳一次独自离家。于春阳生活不能自理，张冬梅十几年来冬春秋三季每周两次带于春阳到镇上洗澡，夏天利用太阳能热水器在家每天为嫂子擦洗一次。

一个本需别人照顾的残疾人张冬梅，却把智障的嫂子照顾得无微不至，就是健全人都属不易。可在2009年张冬梅又把于春阳年迈的父母从淮安市淮阴区王营镇接到家中，这一住就是7年，让二老在她家里安享晚年的幸福。

张冬梅、于春阳虽然没有血缘关系，却相处的比亲姐妹还亲，演绎了27年感人至深的妯娌深情。2015年，张冬梅被评为泗阳好人，泗阳县美德农民；2016年6月，被江苏省精神文明建设指导委员会办公室评为“江苏好人”。

（县文明办）

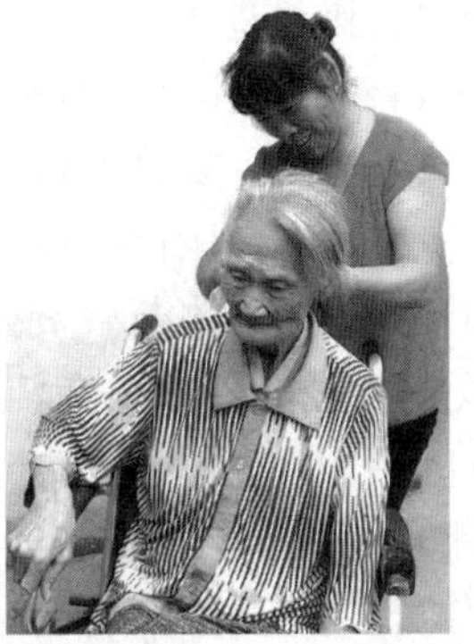

黄宝英 女，汉族，1969年9月出生，泗阳县史集街道滚坝前刘村农民。

1989年，黄宝英与刘立记结为夫妻，育有一儿一女，与婆婆一起一家人过着简单而温馨的日子。1996年，丈夫在一起车祸中意外身亡，此时其母亲66岁，一双儿女一个7岁、一个5岁，从此整个家庭生活的重担就落到了黄宝英一个人身上。时年27岁的黄宝英在丈夫去世后，悉心照料婆婆，拉扯一双儿女成长。婆婆王述兰看黄宝英太艰辛，就劝黄宝英趁年轻找个人家再嫁，但黄宝英纠结于一方面想有个人能帮助自己照顾家庭，另一方面又舍不得扔下婆婆不管，后黄宝英就带着婆婆和孩子与情投意合的刘宝安组成了一个新的家庭。如今婆婆已86岁，度着安享的晚年，儿女也都相继学校毕业，走上工作岗位。积善之家必有善报，黄宝英与王述兰不是母女却胜似母女，婆媳亲情感人至深，赢得乡邻有口皆碑。2015年，黄宝英被评为泗阳好人，泗阳美德农民、美满家庭；2016年8月，被江苏省精神文明建设指导委员会办公室评为“江苏好人”。

（县文明办）

·逝世人物·

（以卒月为序）

张　浩 男，汉族，1929年2月出生，泗阳县爱园镇人，大专文化，1947年2月参加工作，1948年7月加入中国共产党。历任泗阳县爱园乡史荡小学教师，爱园乡张吉村小学负责人，裴圩区砖井小学校长，泗沭干训班学员，泗阳县裴圩区公所文书，里仁区民政副助理，泗阳县人民法院案件审理员，泗阳县公安局预审干事、股长、秘书，南京大学附属速成高中学员，南京大学中文系一年级学生，沭阳县人民检察院秘书，泗阳县监察委员会监察员，涟水、灌南、灌云、泗洪社教工作队队员，泗阳县卫生局局长，泗阳桃源果园革委会主任，泗阳果园书记，泗阳县林柴场书记，泗阳县纪律检查委员会副书记，泗阳县政协常委兼文史委主任。1990年3月经批准离休，享受县（处）级政治、生活待遇。2016年2月因病逝世。

颜作华　男，汉族，1944年5月出生，泗阳县庄圩乡人，高中文化，1964年8月参加工作，1966年8月加入中国共产党。历任泗阳县庄圩区任鑑小学代课教师，庄圩区公所民政办事员，泗阳县民政局办事员，外交部出国储备人员在江苏交际处培训学员，泗阳印刷厂秘书，县土产公司文书、县商业局文书，县糖烟酒公司副股长、副经理，泗阳县经济技术协作办公室股长，泗阳县物资局副局长、局长、党组书记，泗阳县人大教科文委、财经委主任，泗阳县人大财经委主任科员，2005年2月经批准退休。2016年2月因病逝世。

许宝柱　男，汉族，1933年10月出生，宿豫区洋河镇人，初中文化，1973年1月参加工作，1953年11月加入中国共产党。历任泗阳县洋河镇庄西大队、新化大队党支部书记，洋河镇党委副书记、主任、书记，泗阳县委副书记兼革委会副主任，泗阳县委副书记兼副县长，泗阳县委常委、副县长，泗阳县政协主席。1995年2月经批准退休。2016年3月因病逝世。

张其茂　男，汉族，1928年2月出生，泗阳县爱园镇人，大专文化，1945年9月参加工作，1947年3月加入中国共产党。历任泗阳县裴圩小学教师，庄圩民校校长，苏州工农速成中学学生，江苏师院政专科学生，扬州水校教师，泗阳县委党校教员，县委整党工作队队员，王集公社宣传委员，庄圩公社组织委员，刘集公社、爱园公社副书记，县委党校副校长。1983年3月经批准离休，享受县级政治、生活待遇。2016年7月因病逝世。

徐　钧　男，汉族，1928年10月出生，泗阳县王集镇人，高中文化，1948年3月参加工作，1946年7月加入中国共产党。历任宿迁县刘集小学、邵店小学教员，宿迁县邵店区文书，泗阳中学学生，解放军河北张家口工程学校学员，中央办公厅机要局科员，水电部印刷厂工会主席，地质部印刷厂党支部书记，泗阳县林柴场副书记，泗阳县印刷厂副书记。1983年5月经批准离休，享受县级政治、生活待遇。2016年9月因病逝世。

张贻宝　男，汉族，1926年12月出生，江苏新沂人，初中文化，1943年10月参加工作，1946年11月加入中国共产党。历任淮海三支队卫校学员，宿北县警卫团卫生员，淮海独立旅三团卫生队见习医生，八十九师卫生部医干班学员，二六五团三营卫生所所长，二六五团卫生队医政干事，中国人民志愿军二十军特务团医政干事，泗阳县红十字会副会长兼站长，泗阳县卫生防疫站第一副站长，洋河医院院长，泗阳县半农半医卫生班主任，城厢卫生院院长，泗阳县卫生局副局长。1985年4月经批准离休，享受县级政治、生活待遇。2016年9月因病逝世。

杨定龙　男，汉族，1926年3月出生，泗阳县李口镇人，小学文化，1948年1月参加工作，1948年6月加入中国共产党。历任泗阳县李口区联防队队员，李口区卢圩乡公所助理员，李口区粮食分局会计，营门区公所经费会计、农林助理，庄圩区委宣传科副科长，泗阳县农林科科员，泗阳县林业科副科长，泗阳县新袁区驻队书记，新袁及黄圩片农技站站长，泗阳县农业科副科长，泗阳县抽水机站副站长，泗阳县中扬公社副书记，仓集片农技站站长，八集区农技站站长，泗阳县拖拉机站副站长，泗阳县庄圩公社副主任、副书记，泗阳县畜牧兽医站站长。1993年6月经批准离休，享受县级政治、生活待遇。2016年12月因病逝世。　（县委组织部　县人社局）

荣誉栏

·泗阳县获国务院、部、省、市级表彰先进集体·

表60　　2016年度泗阳县单位集体获国务院、部、省、市级表彰情况

获奖单位名称	授予机关	授予文号或时间	荣誉称号	获奖名次
泗阳县	国务院教育督导委员会	2016年1月	全国义务教育发展基本均衡县	
	国家发改委、工信部	2016年2月26日	农民工等人员返乡创业试点地区	
	住房和城乡建设部	2016年3月2日	全国农村生活污水治理示范县	
	环境保护部	2016年11月	国家生态县	
	江苏省委、省政府	2016年9月	江苏省法治建设示范县	
	江苏省人民政府	2016年4月	江苏省促进义务教育均衡发展先进县	
	江苏省人民政府办公厅	2016年2月5日	2015年度全省政务信息工作先进单位	
	江苏省农业委员会	2016年2月5日	全省畜牧工作先进县	
	江苏省信访工作联席会	2016年2月	2015年全省信访工作先进县	
	江苏省委组织部、省委宣传部	2016年2月	2015年度全省基层党员冬训工作示范县	
	江苏省人口和计划生育领导小组	2016年4月8日	江苏省人口协调发展创建工作先进县	
	江苏省商务厅	2016年4月	江苏省2016~2017年度农村电子商务示范县	
	江苏省铁路办公室	2016年6月	平安铁路县	
	江苏省农机局、省财政厅	2016年8月4日	2016年度省粮食生产全程机械化整体推进示范县	
	江苏省社会治安综合治理委员会	2016年8月31日	2015年度平安县	
	江苏省体育局	2016年9月29日	江苏省公共体育服务体系示范区	
	江苏省财政厅	2016年11月14日	2013~2015年度法治财政标准化建设示范点先进单位	
	江苏省卫计委、省财政厅、省爱卫办	2016年11月16日	江苏省农村改厕示范县	
	江苏省科学技术厅	2016年12月9日	江苏省可持续发展实验区	
	江苏省人民政府教育督导委员会	2016年12月27日	2016年度江苏省中小学校责任督学挂牌督导创新县	
	江苏省农业委员会、省海洋与渔业局、省财政厅	2017年1月10日	全省发展现代高效农业成效显著县	

续表60

获奖单位名称	授予机关	授予文号或时间	荣誉称号	获奖名次
泗阳县	江苏省体育局	2017年1月	2016年江苏省县级体育工作先进单位	
	江苏省民政厅	2017年1月	现代民政示范县	
	江苏省人民政府法制办公室	2017年1月	江苏省行政复议工作规范化建设示范单位	
	江苏省农业委员会	2017年2月15日	全省兽医工作先进县	
	江苏省人才工作领导小组	苏人才（2016）2号	2015年人才工作成绩突出县	
	宿迁市委、市政府	宿委（2016）50号	全民创业工作先进县	
	宿迁市委、市政府	2017年1月26日	2016年度目标管理考评奖	一等奖
	宿迁市委、市政府	2017年1月26日	产业集聚发展工作先进单位	
	宿迁市委、市政府	2017年1月26日	开发区建设工作先进单位	
	宿迁市委、市政府	2017年1月26日	重大项目建设工作先进单位	
	宿迁市委、市政府	2017年1月26日	全面深化改革工作先进单位	
	宿迁市委、市政府	2017年1月26日	工业经济转型发展工作先进单位	
	宿迁市委、市政府	2017年1月26日	科技创新工作先进单位	
	宿迁市委、市政府	2017年1月26日	农业农村工作先进单位	
	宿迁市委、市政府	2017年1月26日	文化建设工作先进单位	
	宿迁市委、市政府	2017年1月26日	信访稳定工作先进单位	
	宿迁市委、市政府	2017年1月26日	生态文明建设工作先进单位	
	宿迁市委、市政府	2017年1月26日	基层党建工作先进单位	
	宿迁市委、市政府	2017年1月26日	网络创业工作先进单位	
	宿迁市委、市政府	2017年1月26日	新型城镇化建设工作先进单位	
	宿迁市委、市政府	2017年1月26日	安全生产工作先进单位	
	宿迁市人民政府	2016年7月15日	2015年度全市发展建筑业工作综合先进	一等奖
	宿迁市人民政府	2017年2月	2016年度金融工作先进县区	
泗阳县工商业联合会	中华全国工商业联合会	2016年5月	2015年全国“五好”县级工商联	
	江苏省工商业联合会	2016年8月	省“五好”县级工商联	
泗阳县供销合作总社	中华全国供销合作总社	供销厅合字（2016）26号	2015年度全国供销合作社系统百强县级社	
	江苏省供销合作总社	苏供发（2016）9号	2015年度全省供销合作社系统基层建设优胜单位	
江苏百年苏花食品集团有限公司	农业部、国家发改委、财政部、商务部、中国人民银行、国家税务总局、中国证监会、中华全国供销合作总社	2016年10月14日	农业产业化国家重点龙头企业	
泗阳县绿谷农业投资有限公司	科学技术部	2016年11月18日	泗阳现代农业星创天地	
泗阳县家耀农机专业合作社	农业部	2016年10月9日	全国农机合作社示范社	

续表60

获奖单位名称	授予机关	授予文号或时间	荣誉称号	获奖名次
泗阳妈祖文化园	全国旅游景区质量等级评定委员会	2016年1月8日	国家AAAA旅游景区	
	宿迁市委、市政府	2016年6月1日	2015年度宿迁市文明单位	
泗阳县规划局（城区地下管线管理系统）	中国地理信息产业协会	2016年11月	2016中国地理信息产业优秀工程	金奖
泗阳县规划局	宿迁市委、市政府	2016年6月1日	2015年度宿迁市文明单位	
泗阳县环保局	江苏人民省政府办公厅	2017年1月	“十二五”全省重点流域水污染防治先进单位	
	江苏省环保厅	2016年9月	“十二五”环境质量报告书	三等奖
	江苏省环保厅、省财政厅	2016年12月	2015年度省级生态红线区域监督管理考核奖	全省第四名、全市第一名
	宿迁市委、市政府	2017年2月	生态文明建设考核先进单位	
	宿迁市综禁办	2016年9月	2016年夏季秸秆禁烧与综合利用工作	一等奖
泗阳县公安局	江苏省公安厅	苏公传发（2016）330号	全省县级公安机关执法质量考评优秀单位	
	宿迁市委、市政府	2016年2月5日	2015年度重点敏感时期信访稳定工作先进集体	
	宿迁市委、市政府	2016年6月1日	2015年度宿迁市文明单位	
泗阳县公安局法制大队	江苏省公安厅	2017年1月8日	连续5年被评为执法质量优秀等次嘉奖	集体二等功
泗阳县公安局城东派出所	江苏省公安厅	2017年1月8日	连续5年被评为一级派出所嘉奖	集体二等功
泗阳县公安局禁毒大队	宿迁市人民政府	2016年11月18日	全市禁毒工作奖	集体三等功
泗阳县人民检察院	江苏省精神文明建设指导委员会	2016年9月	2013~2015年度江苏省文明单位	
泗阳县人民检察院刑事检察科	江苏省妇联、省维护妇儿合法权益联席会议暨平安家庭创建活动领导小组	2016年10月	江苏省维护妇女儿童权益示范岗	
泗阳县司法局	江苏省委宣传部、省法制宣传教育工作领导小组办公室	2016年6月	普法工作先进单位	
	江苏省委宣传部、省司法厅	2016年8月	2011~2015年全省普法工作先进单位	
	宿迁市人民政府	2016年11月	2011~2015年全市法制宣传教育工作嘉奖	二等功
泗阳县国家安全领导小组办公室	江苏省国家安全领导小组办公室	2016年12月	省优秀国安办	
泗阳县委宣传部	江苏省哲学社会科学界联合会	2017年1月	2016年度省社科联系统工作创新奖	
	宿迁市人民政府	2016年11月	2011~2015年全市法制宣传教育工作嘉奖	二等功

续表60

获奖单位名称	授予机关	授予文号或时间	荣誉称号	获奖名次
泗阳县审计局	审计署中国时代经济出版社、《中国审计》编辑部	2016年11月2日	2016年度全国审计通联宣传工作先进单位	
	江苏省精神文明建设指导委员会	2016年9月28日	2013~2015年度江苏省文明单位	
	江苏省审计厅	2016年10月18日	2016年度审计通联工作成绩突出单位	
	宿迁市委、市政府	2016年6月1日	2015年度宿迁市文明单位	
泗阳县气象局	江苏省精神文明建设指导委员会	2016年9月	2013~2015年度江苏省文明单位	
	宿迁市委、市政府	2016年6月1日	2015年度宿迁市文明单位	
泗阳县地震局	江苏省地震局	2016年11月22日	2016年度全省防震减灾工作县级优秀单位	
泗阳县知识产权局	江苏省知识产权局	2017年1月16日	2016年度江苏省知识产权宣传培训工作先进单位	
	江苏省知识产权局	苏知发（2016）13号	2015年度知识产权政务信息工作先进集体	
泗阳县人力资源和社会保障局	江苏省农民工工作领导小组办公室	2016年5月	全省农民工综合服务中心示范单位	
	宿迁市委、市政府	2016年6月1日	2015年度宿迁市文明单位	
	宿迁市人民政府	2016年11月	2011~2015年全市法治宣传教育工作嘉奖	
泗阳县人社局人力资源市场服务岗	江苏省总工会	2016年3月	江苏省五一巾帼标兵岗	
泗阳县住房和城乡建设局	江苏省住房和城乡建设局	苏建园（2016）135号	全省风景园林工作先进单位	
	江苏省住房和城乡建设局	苏建科（2016）74号	建筑节能与绿色建筑工作先进集体	
	江苏省住房和城乡建设局	苏建档（2016）705号	省示范城建档案馆	
	江苏省民防局	苏防（2016）78号	全省人民防空先进单位	
	宿迁市委、市政府	2016年6月1日	2015年度宿迁市文明单位	
	宿迁市人民政府	苏政发（2016）64号	建筑业转型升级管理先进单位	
泗阳县安全生产监管局	江苏省安全生产监督管理局	苏安监（2016）38号	2015年全省安全生产宣传工作先进单位	
	江苏省安委会办公室	苏安办（2016）81号	2016年全省“安全生产月”活动优秀单位	
泗阳县卫生和计划生育委员会	江苏省精神文明建设指导委员会	2016年9月	2013~2015年度江苏省文明单位	
	江苏省卫计委、省总工会	2016年12月24日	省基层卫生岗位练兵和技能竞赛总决赛奖	团体一等奖
	宿迁市委、市政府	2016年6月1日	2015年度宿迁市文明单位	

续表60

获奖单位名称	授予机关	授予文号或时间	荣誉称号	获奖名次
泗阳县交通运输局	江苏省精神文明建设指导委员会	2016年9月	2013~2015年度江苏省文明单位	
	江苏省交通运输厅	苏交运（2016）41号	省交通运输业“十二五”镇村公交发展工作先进集体	
	宿迁市委、市政府	2016年6月1日	2015年度宿迁市文明单位	
泗阳县市场监督管理局	江苏省精神文明建设指导委员会	2016年9月	2013~2015年度江苏省文明单位	
	江苏省食品药品监督管理局	苏食药监稽（2016）119号	2015年重大案件查处工作先进单位	
	宿迁市委、市政府	2016年6月1日	2015年度宿迁市文明单位	
泗阳县发展和改革局	江苏省精神文明建设指导委员会	2016年9月	2013~2015年度江苏省文明单位	
	宿迁市委、市政府	2016年6月1日	2015年度宿迁市文明单位	
	宿迁市委、市政府	2017年1月26日	产业集聚发展工作先进单位	
泗阳县教育局	江苏省教育厅	2016年11月	“苏教国际杯”江苏省第十六届中学生作文大赛（初中组）优秀组织奖	
	宿迁市人民政府	2016年9月	县区教育局高中教育质量奖	特等奖
	宿迁市人民政府	2016年9月	职社教研室高考对口升学质量贡献奖	
泗阳县体育局	江苏省体育局	苏体办（2017）7号	2016年全省县级体育重点工作苏北地区第4名	
泗阳县农业委员会	江苏省农业委员会、省财政厅	苏农质（2016）2号	2015年度全省农产品质量安全绩效考评结果第二等次	
泗阳县商务局	江苏省粮食局	2017年1月	2016年度全省粮食行业安全生产工作先进单位	
泗阳县国土资源局	江苏省精神文明建设指导委员会	2016年9月	2013~2015年度江苏省文明单位	
共青团泗阳县委	共青团江苏省委	2016年7月15日	2016年度全省团属报刊宣传工作先进单位	
	共青团江苏省委	2017年1月	2016年度全省共青团工作创新创优成果奖	二等奖
	共青团江苏省委	团苏委联（2016）75号	2015~2016年度江苏省银行业金融机构优秀青年干部赴县级团委挂职工作先进单位	
泗阳县档案局（馆）	江苏省档案局、省档案学会	2016年8月26日	2016年度档案宣传工作先进集体	三等奖
	宿迁市委、市政府	2016年6月1日	2015年度宿迁市文明单位	
泗阳县财政局	江苏省精神文明建设指导委员会	2016年9月	2013~2015年度江苏省文明单位	
	江苏省财政厅	2016年5月26日	2015年度县（市）政府采购监管工作奖	三等奖
	江苏省财政厅	2016年5月10日	2015年度预算绩效管理工作优秀县级财政部门	

续表60

获奖单位名称	授予机关	授予文号或时间	荣誉称号	获奖名次
泗阳县财政局	江苏省财政厅	2016年3月4日	2016年村级公益事业建设一事一议财政奖补	一等奖
	江苏省教育厅、省财政厅	2016年7月31日	2015年度全省学生资助绩效评价良好单位	
	宿迁市委、市政府	2016年5月31日	尊师重教先进集体	
	宿迁市委、市政府	2016年6月1日	2015年度宿迁市文明单位	
泗阳县国税局	江苏省国家税务局	2016年8月11日	全省国税系统税收管理改革综合示范点	
	江苏省精神文明建设指导委员会	2016年9月	2013~2015年度江苏省文明单位	
	宿迁市委、市政府	2016年6月1日	2015年度宿迁市文明单位	
泗阳地税局	江苏省精神文明建设指导委员会	2016年9月	2013~2015年度江苏省文明单位	
	江苏省地方税务局	2016年11月4日	2016年法治税务示范基地	
	江苏省地方税务局	2016年11月7日	全省地税系统税收执法督察案例评选奖	三等奖
	江苏省人民政府 残疾人工作委员会	2016年7月7日	2015年度按比例安排残疾人就业工作先进单位	
	宿迁市委、市政府	2016年6月1日	2015年度宿迁市文明单位	
	宿迁市人民政府	2016年11月21日	2011~2015年全市法治宣传教育工作先进集体	
泗阳地税局稽查局	江苏省精神文明建设指导委员会	2016年9月	2013~2015年度江苏省文明单位	
	宿迁市委、市政府	2016年6月1日	2015年度宿迁市文明单位	
泗阳地税局第四分局	江苏省总工会	2016年1月	模范职工小家	
	宿迁市委、市政府	2016年6月1日	2015年度宿迁市文明单位	
泗阳县公共资源交易中心	江苏省精神文明建设指导委员会	2016年9月	2013~2015年度江苏省文明单位	
	宿迁市委、市政府	2016年6月1日	2015年度宿迁市文明单位	
泗阳县总工会	江苏省总工会	苏工办（2016）80号	2015年度县以上工会财务会计工作竞赛奖	二等奖
泗阳县残疾人联合会	江苏省残疾人联合会	苏残工委（2016）4号	2015年度按比例安排残疾人就业工作先进单位	
	宿迁市委、市政府	2016年6月1日	2015年度宿迁市文明单位	
泗阳经济开发区	江苏省精神文明建设指导委员会	2016年9月	2013~2015年度江苏省文明单位	
	宿迁市委、市政府	2016年6月1日	2015年度宿迁市文明单位	
	宿迁市委、市政府	2017年1月26日	招商引资工作先进单位	
吴江（泗阳）工业园	江苏省苏北发展协调小组	苏北协调发（2016）2号	2015年度共建园区评价结果排名第四	

续表60

获奖单位名称	授予机关	授予文号或时间	荣誉称号	获奖名次
泗阳县文联	江苏省文学艺术界联合会	2016年12月	江苏省基层文联工作先进单位	
泗阳县电信公司	江苏省精神文明建设指导委员会	2016年9月	2013~2015年度江苏省文明单位	
	宿迁市委、市政府	2016年6月1日	2015年度宿迁市文明单位	
泗阳县移动公司	江苏省精神文明建设指导委员会	2016年9月	2013~2015年度江苏省文明单位	
泗阳县烟草专卖局（分公司）	江苏省精神文明建设指导委员会	2016年9月	2013~2015年度江苏省文明单位	
	江苏省工商行政管理局	2016年10月28日	江苏省守合同重信用企业	
	宿迁市委、市政府	2016年6月1日	2015年度宿迁市文明单位	
泗阳县供电公司	江苏省精神文明建设指导委员会	2016年9月	2013~2015年度江苏省文明单位	
泗阳农村商业银行	江苏省精神文明建设指导委员会	2016年9月	2013~2015年度江苏省文明单位	
泗阳县广播电视台	江苏省新闻出版广电局	2016年12月	2015年度江苏省电视新闻“繁荣奖”	
	宿迁市委、市政府	2016年6月1日	2015年度宿迁市文明单位	
泗阳县公路管理站	江苏省精神文明建设指导委员会	2016年9月	2013~2015年度江苏省文明单位	
	宿迁市委、市政府	2016年6月1日	2015年度宿迁市文明单位	
泗阳县人民法院执行局	江苏省高级人民法院	2016年7月14日	执行工作先进集体	
泗阳县社会保险基金管理中心	江苏省精神文明建设指导委员会	2016年9月	2013~2015年度江苏省文明单位	
	宿迁市委、市政府	2016年6月1日	2015年度宿迁市文明单位	
泗阳县劳动就业管理处	江苏省总工会	2016年3月	江苏省五一巾帼标兵岗	
	江苏省精神文明建设指导委员会	2016年9月	2013~2015年度江苏省文明单位	
	宿迁市委、市政府	2016年6月1日	2015年度宿迁市文明单位	
泗阳县妇幼保健所	江苏省广播电视总台（集团）	2016年8月	江苏省优秀管理示范单位	
	宿迁市委、市政府	2016年6月1日	2015年度宿迁市文明单位	
泗阳县疾病预防控制中心	江苏省健康教育协会	2016年10月10日	2016年度卫生科普先进集体	
	宿迁市委、市政府	2016年6月1日	2015年度宿迁市文明单位	
中国邮政集团泗阳县公司	江苏省精神文明建设指导委员会	2016年9月	2013~2015年度江苏省文明单位	
中国邮政储蓄银行泗阳县庄圩支行	中国邮政储蓄银行江苏省分行	2017年1月22日	2016年度优秀服务支行	
中国农业银行泗阳县爱园支行	江苏省银行业协会	2016年5月27日	江苏省银行业五星级营业网点	
	江苏省银行业协会	2016年12月8日	2016年度江苏省银行业普惠金融文明规范服务优秀示范单位	

续表60

获奖单位名称	授予机关	授予文号或时间	荣誉称号	获奖名次
中国人民银行泗阳县支行团支部	共青团中国人民银行委员会	2016年4月	2015年度五四红旗团支部	
泗阳县致远中学	江苏省教育厅、省委教育工委	2016年6月	江苏省教育工作先进集体	
	宿迁市人民政府	2016年9月	普通高中教育质量奖	一等奖
泗阳县致远中学团委	共青团江苏省委	2016年4月	2015年度江苏省五四红旗团委	
泗阳中学	江苏省精神文明建设指导委员会	2016年9月	2013~2015年度江苏省文明校园	
	宿迁市委、市政府	2016年6月1日	2015年度宿迁市文明单位	
泗阳县实验小学	江苏省精神文明建设指导委员会	2016年9月	2013~2015年度江苏省文明校园	
	江苏省教育厅、省委教育工委	2016年6月	江苏省教育工作先进集体	
	江苏省教育厅、省科协、省文明办、省科技厅	2016年4月	2016年金钥匙“迈博杯”校园之间智力竞技活动奖	团体一等奖
	江苏省少工委办公室、省少年儿童研究会	2016年11月	江苏省优秀红领巾小社团	
	江苏省生态学会	2016年12月	江苏省生态文明示范学校	
	江苏省生态学会	2016年12月	江苏省生态文明科普教育实验学校	
	宿迁市委、市政府	2016年6月1日	2015年度宿迁市文明单位	
	宿迁市人民政府	2016年6月	宿迁市教育系统先进集体	
泗阳双语实验学校	江苏省教育厅、省委教育工委	2016年6月	江苏省教育工作先进集体	
	江苏省精神文明建设指导委员会	2016年9月	2013~2015年度江苏省文明校园	
泗阳中等专业学校	江苏省教育厅、省委教育工委	2016年6月	江苏省教育工作先进集体	
	宿迁市人民政府	2016年9月	技能大赛省赛金牌奖	
	宿迁市人民政府	2016年9月	高考对口升学质量奖	二等奖
泗阳中专青少年法制宣传教育基地	江苏省司法厅、省教育厅	2016年9月28日	省级法治文化建设示范点	
泗阳县计划生育协会	江苏省计划生育协会	2016年10月	2014~2015年全省计划生育系列保险工作先进集体	
泗阳县阳光心港未成年人成长关爱协会	江苏省民政厅	2017年2月6日	江苏省优秀志愿者组织	
泗阳县阳光爱心协会	江苏省民政厅	2017年2月6日	江苏省优秀志愿者组织	

续表60

获奖单位名称	授予机关	授予文号或时间	荣誉称号	获奖名次
泗阳县春晖民间助学协会	江苏省民政厅	2017年2月6日	江苏省优秀志愿者组织	
泗阳县老科技工作者协会	江苏省老科技工作者协会	2016年3月	2014~2015年度先进科普讲师团	三等奖
泗阳县渔业协会	江苏省科学技术协会、省财政厅	2016年9月12日	2016年度江苏省基层科普行动计划先进单位	
泗阳县苏发花生专业合作联社	江苏省科学技术协会、省财政厅	2016年9月12日	科普示范基地	
大禾庄园	江苏省旅游局、中国江苏网	2016年12月	2016江苏"畅游江苏多彩乡村"评选活动"最美百果园"	
盛世桃源	江苏省旅游局	苏旅综（2017）1号	2016年度省四星级乡村旅游区	
泗阳县新袁镇	江苏省精神文明建设指导委员会	2016年9月	2013~2015年度江苏省文明单位	
	宿迁市委、市政府	2017年1月26日	科技创新工作先进单位	
	宿迁市委、市政府	2017年1月26日	新型城镇化建设工作先进单位	
	宿迁市委	宿委（2016）22号	2015年度全市法治建设先进单位	
	宿迁市委	2016年7月	全市先进基层党组织	
	宿迁市人民政府	2016年5月	"十二五"人口和计划生育工作先进单位	
	宿迁市全民健身工作指导委员会	2016年8月	2015~2016年全民健身十佳体育乡镇	
泗阳县王集镇	江苏省委组织部、省委宣传部	2016年7月	2015~2016年度全省基层党员冬训工作示范镇	
	江苏省精神文明建设指导委员会	2016年9月	2013~2015年度江苏省文明乡镇	
	宿迁市委、市政府	2016年6月1日	2015年度宿迁市文明乡镇	
	宿迁市人民政府	2016年5月	"十二五"人口和计划生育工作先进单位	
泗阳县王集镇统计站	江苏省统计局	2017年1月	2016年度江苏省乡镇统计规范化建设百佳单位	
泗阳县高渡镇	江苏省放心消费创建活动办公室	2016年3月	江苏省放心消费创建先进区域	
	江苏省经信委、省委组织部、省委农工办、省农委、省商务厅	2016年12月6日	2016年度江苏省农村信息化应用示范基地	
	宿迁市委、市政府	2016年2月	重点敏感时期信访积案化解工作先进集体	
泗阳县李口镇	江苏省商务厅	2016年1月	2016~2017年度农村电子商务示范镇	
	宿迁市委、市政府	2017年1月26日	基层党建工作先进单位	
	宿迁市委、市政府	2017年1月26日	网络创业工作先进单位	

续表60

获奖单位名称	授予机关	授予文号或时间	荣誉称号	获奖名次
泗阳县李口镇八堡村	江苏省精神文明建设指导委员会	2016年9月	2013~2015年度江苏省文明村	
泗阳县卢集镇	江苏省洪泽湖渔业管理委员会	2017年2月	2016年度洪泽湖渔业协管工作先进集体	
	江苏省人力资源和社会保障厅	苏人社发（2016）37号	2015年度省级充分转移就业乡镇	
	宿迁市委	2016年7月	全市先进基层党组织	
泗阳县卢集镇郝桥村	江苏省精神文明建设指导委员会	2016年9月	2013~2015年度江苏省文明村	
	宿迁市委、市政府	2016年6月1日	2015年度宿迁市文明村居	
泗阳县爱园镇	江苏省人力资源和社会保障厅	苏人社发（2016）37号	2015年度省级充分转移就业乡镇	
泗阳县爱园镇（泗阳百年梨园）	江苏省旅游局、中国江苏网	2016年12月	2016江苏“畅游江苏多彩乡村”评选活动“最美百果园”	
泗阳县众兴镇	江苏省委组织部、省委宣传部	2016年7月	2015~2016年度全省基层党员冬训工作示范镇	
	江苏省精神文明建设指导委员会	2016年9月	2013~2015年度江苏省文明单位	
	江苏省人力资源和社会保障厅	苏人社发（2016）37号	2015年度省级充分转移就业乡镇	
	宿迁市委、市政府	2016年5月	全市全民创业工作优秀乡镇	
	宿迁市人民政府	2016年5月	“十二五”人口和计划生育工作先进单位	
	宿迁市人民政府	2016年5月31日	尊师重教先进集体	
泗阳县众兴镇文化站	江苏省文化厅	2016年3月	全国乡镇综合文化站评估定级“一级文化站”	
泗阳县众兴镇界湖村	江苏省精神文明建设指导委员会	2016年9月	2013~2015年度江苏省文明村	
泗阳县众兴镇杨集村	江苏省精神文明建设指导委员会	2016年9月	2013~2015年度江苏省文明村	
泗阳县众兴镇五里社区	江苏省精神文明建设指导委员会	2016年9月	2013~2015年度江苏省文明社区	
	宿迁市委、市政府	2016年6月1日	2015年度宿迁市文明社区	
泗阳县众兴镇西湖社区	江苏省精神文明建设指导委员会	2016年9月	2013~2015年度江苏省文明社区	
	宿迁市委、市政府	2016年6月1日	2015年度宿迁市文明社区	
泗阳县临河镇	江苏省精神文明建设指导委员会	2016年9月	2013~2015年度江苏省文明单位	
泗阳县张家圩镇	江苏省精神文明建设指导委员会	2016年9月	2013~2015年度江苏省文明单位	
	宿迁市委	宿委（2016）22号	2015年度全市平安建设先进单位	

续表60

获奖单位名称	授予机关	授予文号或时间	荣誉称号	获奖名次
泗阳县张家圩镇树强村	江苏省精神文明建设指导委员会	2016年9月	2013~2015年度江苏省文明村	
泗阳县裴圩镇	江苏省委组织部、省委宣传部	2016年7月	2015~2016年度全省基层党员冬训工作示范镇	
	江苏省精神文明建设指导委员会	2016年9月	2013~2015年度江苏省文明单位	
	宿迁市人民政府	2016年5月	“十二五”人口和计划生育工作先进单位	
泗阳县八集乡	江苏省妇女联合会	苏妇协（2016）9号	省巾帼电商服务示范基地	
	江苏省工商业联合会、省总商会	2016年12月	全省工商联商会组织先进集体	
	宿迁市委、市政府	2016年5月	全市全民创业工作优秀乡镇	
泗阳县八集乡村镇建设档案室	江苏省住房和城乡建设厅	2016年1月	省一级村镇建设档案室	
泗阳县八集乡电商产业园	江苏省妇联、省妇女“双学双比”竞赛活动领导小组	2016年7月	江苏省巾帼电商服务示范基地	
泗阳县八集乡集南村	江苏省商务厅	2016年7月	江苏省农村电子商务示范村	
泗阳县八集乡八集村	江苏省精神文明建设指导委员会	2016年9月	2013~2015年度江苏省文明村	
泗阳县庄圩乡	江苏省人力资源和社会保障厅	苏人社发（2016）37号	2015年度省级充分转移就业乡镇	
泗阳县里仁乡	江苏省关心下一代工作委员会	2016年6月	全省关心下一代工作先进集体	
泗阳县里仁乡农技服务中心	江苏省科学技术协会	2016年11月29日	2016年江苏省优秀科普惠农服务站	
泗阳县城厢街道	江苏省人力资源和社会保障厅	苏人社发（2016）37号	2015年度省级充分转移就业乡镇	
泗阳县城厢街道龙门村	江苏省精神文明建设指导委员会	2016年9月	2013~2015年度江苏省文明村	
泗阳县来安街道	江苏省人力资源和社会保障厅	苏人社发（2016）37号	2015年度省级充分转移就业乡镇	
	江苏省经济和信息化委员会	苏经信节能（2016）834号	2016年完成“禁粘”任务乡镇	
泗阳县地方海事处	江苏省精神文明建设指导委员会	2016年9月	2013~2015年度江苏省文明单位	
	宿迁市委、市政府	2016年6月1日	2015年度宿迁市文明单位	
泗阳县政务服务中心	江苏省精神文明建设指导委员会	2016年9月	2013~2015年度江苏省文明单位	
	宿迁市人民政府	2016年1月	2015年度宿迁市市长质量奖	
泗阳县新华书店	江苏省精神文明建设指导委员会	2016年9月	2013~2015年度江苏省文明单位	

续表60

获奖单位名称	授予机关	授予文号或时间	荣誉称号	获奖名次
泗阳闸站管理所	江苏省精神文明建设指导委员会	2016年9月	2013~2015年度江苏省文明单位	
	宿迁市委、市政府	2016年6月1日	2015年度宿迁市文明单位	
泗阳县南刘集乡	宿迁市委、市政府	2017年1月26日	反腐倡廉和作风建设工作先进单位	
泗阳县史集街道	宿迁市人民政府	宿政发（2016）119号	2011~2015年全市法制宣传教育工作嘉奖	
泗阳县政法委员会	宿迁市委、市政府	2017年1月26日	依法治市（社会治安综合治理）工作先进单位	
泗阳县委办公室	宿迁市委、市政府	2016年6月1日	2015年度宿迁市文明单位	
中国农业银行泗阳县支行	宿迁市委、市政府	2016年6月1日	2015年度宿迁市文明单位	
泗阳县妇女联合会	宿迁市委、市政府	2016年6月1日	2015年度宿迁市文明单位	
泗阳县信访局	宿迁市委、市政府	2016年6月1日	2015年度宿迁市文明单位	
泗阳县旅游局	宿迁市委、市政府	2016年6月1日	2015年度宿迁市文明单位	
	宿迁市人民政府	2016年4月	2015年度旅游工作先进集体	
泗阳县科技局	宿迁市委、市政府	宿委（2016）11号	2015年度科技创新工作先进单位	
泗阳县经信局	宿迁市委、市政府	2017年1月26日	工业经济转型发展工作先进单位	
泗阳县委党校	宿迁市委、市政府	2016年6月1日	2015年度宿迁市文明单位	
泗阳县人民法院	宿迁市委、市政府	2016年6月1日	2015年度宿迁市文明单位	
泗阳县众兴中学	宿迁市人民政府	2016年9月	普通高中教育质量奖	一等奖
泗阳县众兴实验小学	宿迁市委、市政府	2016年6月1日	2015年度宿迁市文明单位	
	宿迁市全民阅读活动领导小组	2017年1月	宿迁市书香校园	
泗阳县国税局稽查局、第一分局、第二分局、第三分局、第四分局、第五分局	宿迁市委、市政府	2016年6月1日	2015年度宿迁市文明单位	
泗阳地税局风险控制局、第一分局、第二分局、第三分局、第五分局	宿迁市委、市政府	2016年6月1日	2015年度宿迁市文明单位	
泗阳县城镇职工医疗保险处	宿迁市委、市政府	2016年6月1日	2015年度宿迁市文明单位	
泗阳船闸管理所	宿迁市委、市政府	2016年6月1日	2015年度宿迁市文明单位	
泗阳县房地产管理处	宿迁市委、市政府	2016年6月1日	2015年度宿迁市文明单位	
泗阳县人民医院	宿迁市委、市政府	2016年6月1日	2015年度宿迁市文明单位	

续表60

获奖单位名称	授予机关	授予文号或时间	荣誉称号	获奖名次
泗阳县航道管理站	宿迁市委、市政府	2016年6月1日	2015年度宿迁市文明单位	
泗阳县图书馆	宿迁市委、市政府	2016年6月1日	2015年度宿迁市文明单位	
泗阳县消防大队	宿迁市委、市政府	2016年6月1日	2015年度宿迁市文明单位	
泗阳县中医院	宿迁市委、市政府	2016年6月1日	2015年度宿迁市文明单位	
泗阳县穿城医院	宿迁市委、市政府	2016年6月1日	2015年度宿迁市文明单位	
太平洋保险泗阳支公司	宿迁市委、市政府	2016年6月1日	2015年度宿迁市文明单位	
泗阳县幼儿园	宿迁市委、市政府	2016年6月1日	2015年度宿迁市文明单位	
泗阳县军干所	宿迁市委、市政府	2016年6月1日	2015年度宿迁市文明单位	
紫金财产保险泗阳支公司	宿迁市委、市政府	2016年6月1日	2015年度宿迁市文明单位	
泗阳县卫生监督所	宿迁市委、市政府	2016年6月1日	2015年度宿迁市文明单位	
泗阳县烈士陵园管理处	宿迁市委、市政府	2016年6月1日	2015年度宿迁市文明单位	
泗阳县城建档案馆	宿迁市委、市政府	2016年6月1日	2015年度宿迁市文明单位	
泗阳县来安小学	宿迁市委、市政府	2016年6月1日	2015年度宿迁市文明单位	
泗阳县众兴镇文广中心	宿迁市委、市政府	2016年6月1日	2015年度宿迁市文明单位	
泗阳县众兴镇财政所	宿迁市委、市政府	2016年6月1日	2015年度宿迁市文明单位	
泗阳县众兴小学	宿迁市委、市政府	2016年6月1日	2015年度宿迁市文明单位	
泗阳县大兴小学	宿迁市委、市政府	2016年6月1日	2015年度宿迁市文明单位	
泗阳县张家圩镇颜圩村	宿迁市委、市政府	2016年6月1日	2015年度宿迁市文明村居	
泗阳县里仁乡朱家圩村	宿迁市委、市政府	2016年6月1日	2015年度宿迁市文明村居	
泗阳县李口镇农李村	宿迁市委、市政府	2016年6月1日	2015年度宿迁市文明村居	
泗阳县众兴镇西康社区	宿迁市委、市政府	2016年6月1日	2015年度宿迁市文明社区	
泗阳县众兴镇界湖社区	宿迁市委、市政府	2016年6月1日	2015年度宿迁市文明社区	
泗阳县众兴镇红光社区	宿迁市委、市政府	2016年6月1日	2015年度宿迁市文明社区	
泗阳县众兴镇大兴社区	宿迁市委、市政府	2016年6月1日	2015年度宿迁市文明社区	
泗阳县众兴镇周庄社区	宿迁市委、市政府	2016年6月1日	2015年度宿迁市文明社区	
泗阳县众兴镇姚圩社区	宿迁市委、市政府	2016年6月1日	2015年度宿迁市文明社区	

·泗阳县获国务院、部、省、市级表彰先进个人·

表61　　2016年度泗阳县个人获国务院、部、省、市级表彰情况

姓　名	工作单位	授予机关	授予时间	荣誉称号	获奖名次
张佳胜	泗阳县农村工作办公室	国务院扶贫开发办公室	2016年10月	全国扶贫系统先进工作者	
卜贤良	泗阳县公安局	国务院防范和处理邪教问题办公室	2016年1月23日	全国防范和处理邪教工作奖	二等功
赵成全	泗阳县畜牧兽医站	中央文明办	2016年7月	“见义勇为”中国好人	
王兴成	泗阳县城厢邮政支局	江苏省人民政府	2016年4月	江苏省劳动模范	
朱勤喜	泗阳联兴金属制品有限公司	江苏省人民政府	2016年4月	江苏省劳动模范	
范静芳	泗阳聚丰生态农业发展公司	江苏省人民政府	2016年4月	江苏省劳动模范	
史修银	泗阳县爱园镇修银养殖专业合作社	江苏省人民政府	2016年4月	江苏省劳动模范	
马广春	泗阳县监察局	江苏省人民政府	2016年4月	江苏省劳动模范	
颜怀安	泗阳县人民医院	江苏省人民政府	2016年4月	江苏省劳动模范	
马学平	泗阳县信访局	江苏省信访局	2016年10月31日	江苏最美信访干部	
穆春华	泗阳县人民医院	江苏省委宣传部、省文明办、省卫生计生委	2016年12月	第三届江苏“百名医德之星”	
张明亮	泗阳县卢集镇卫生院	江苏省文明办	2016年4月	江苏好人	
颜崇珍	泗阳县张家圩镇马洪村	江苏省文明办	2016年5月	江苏好人	
张冬梅	泗阳县穿城镇圩河村	江苏省文明办	2016年6月	江苏好人	
黄宝英	泗阳县史集街道滚坝前刘村	江苏省文明办	2016年8月	江苏好人	
刘后金	泗阳县公安局	江苏省公安厅	2016年6月29日	2015年度全省公安调研工作先进个人	
李　敬	泗阳县公安局	江苏省公安厅	2016年12月15日	全省公安机关G20峰会安保工作成绩突出个人	
张　宇	泗阳县疾病预防控制中心	江苏省卫生和计划生育委员会	2016年2月	全省疾病预防控制工作先进个人	
陈继军	泗阳县疾病预防控制中心	江苏省卫生和计划生育委员会	2016年9月19日	全省免疫规划“预防接种”工作先进个人	
刘　平	泗阳县城厢卫计服务中心	江苏省卫生和计划生育委员会	2016年9月19日	全省免疫规划“预防接种”工作先进个人	
陈　琼	泗阳县科技局	江苏省科技厅、省知识产权局	2017年1月16日	2016年度知识产权工作先进个人	
殷　华	泗阳县气象局	江苏省气象局	2016年9月9日	气象综合业务标兵	
何月光	泗阳县财政局	江苏省人力资源和社会保障厅	2016年4月25日	全省财政系统先进工作者	
张　赛	泗阳县财政局	江苏省财政厅	2016年11月16日	全省财政“六五”法治宣传教育先进个人	

续表61

姓 名	工作单位	授予机关	授予时间	荣誉称号	获奖名次
沈锋杰	泗阳县金融办公室	国家开发银行江苏省分行	2016年1月23日	2016年度优秀交流干部	
马二林	中国农业银行泗阳县支行	共青团中国农业银行委员会	2016年5月26日	2014~2015年度中国农业银行优秀共青团员	
王红梅	中国农业银行泗阳县支行	江苏省银行业协会	2016年10月10日	江苏省银行业普惠金融文明规范服务先进个人	
赵从新	泗阳县来安街道	江苏省关工委、省文明办	2016年6月	省关心下一代工作先进个人	
黄素珍	泗阳县众兴镇卫生院	江苏省预防医学会、省疾病预防控制中心	2016年4月25日	江苏省优秀接种医生	
李 进	泗阳县疾病预防控制中心	江苏省疾病预防控制中心	2016年3月16日	江苏省重点职业病监测与职业健康风险评估先进个人	
唐美霞	泗阳县疾病预防控制中心	江苏省健康教育协会	2016年10月10日	2016年度卫生科普先进个人	
王 康	泗阳东吴村镇银行	江苏省银行业协会	2016年3月	江苏省村镇银行服务明星	
朱永凯	泗阳地税局	江苏省政府残疾人工作委员会	2016年7月7日	2015年度按比例安排残疾人就业工作先进个人	
刘 健 魏永健 周 洲	泗阳地税局	江苏省地方税务局	2017年1月10日	2016年度省局大企业税收风险管理工作先进个人	
王克琦	泗阳县来安街道	宿迁市委、市政府	2017年1月	党管武装工作先进个人	
李 波	泗阳县来安街道	宿迁市委、市政府	2017年1月	安全生产工作先进个人	
姜 兵	泗阳县委办公室	宿迁市委、市政府	2017年1月26日	招商引资先进个人	
陈 飞	泗阳县南刘集乡	宿迁市委、市政府	2017年1月26日	综合先进个人	
董国宏	泗阳县财政局	宿迁市委、市政府	2017年1月26日	综合先进个人	
王治国	泗阳县住房和城乡建设局	宿迁市委、市政府	2017年1月26日	综合先进个人	
康士燕	泗阳县公安局	宿迁市委	2016年6月30日	全市优秀共产党员	
王 阳	泗阳县公安局	宿迁市人民政府	2016年10月19日	全市禁毒工作先进个人	二等功
陆新启	泗阳县金融办公室	宿迁市人民政府	2017年2月14日	2016年度金融工作先进个人	
王子榛	泗阳县旅游局	宿迁市人民政府	2016年4月	第十三届宿迁市十大杰出青年	
李 弦	泗阳县旅游局	宿迁市人民政府	2016年4月	旅游服务明星	
胡雅石	泗阳县民政局	宿迁市人民政府	2016年11月	全市法治宣传教育工作先进个人	

（各部门、单位，各乡镇、街道、场）

工作报告

县委工作报告（摘要）

深化改革创新 加快转型升级 为建设“强富美高”全面小康新泗阳而努力奋斗

——2016年7月17日在中国共产党泗阳县第十二次代表大会上

中共泗阳县委书记 徐勤忠

中国共产党泗阳县第十二次代表大会，是在“十三五”开局之年，泗阳建设全面小康、加快转型升级的关键时期召开的一次具有深远意义的重要会议。这次大会的主要任务是：认真总结县第十一次党代会以来的工作，进一步明确今后五年的奋斗目标和主要任务，选举产生中共泗阳县第十二届委员会和纪律检查委员会，动员全县各级党组织、全体党员和广大干部群众，进一步解放思想，务实苦干，深化改革创新，加快转型升级，为建设“强富美高”全面小康新泗阳而努力奋斗。

全面小康建设道路上的生动实践

县第十一次党代会以来，面对宏观环境的复杂变化和重大挑战，我们在中央和省、市党委的正确领导下，全面贯彻党的十八大和十八届三中、四中、五中全会精神，深入落实习近平总书记系列重要讲话特别是视察江苏重要讲话精神，根据“四个全面”战略布局和“五个迈上新台阶”战略部署，紧紧围绕实现全面小康奋斗目标，大力实施“六项提速提升提效行动计划”，扎实推进“五化协调并进”，认真做好稳增长、促改革、调结构、惠民生、防风险各项工作，圆满完成了县第十一次党代会确定的各项目标任务，为泗阳全面建成小康社会奠定了坚实基础。五年来，我们的主要工作和成效是：

突出跨越赶超，综合实力稳步提升。始终坚持发展第一要务，经济社会保持健康有序发展态势，“十二五”实现圆满收官，地区生产总值达到362.2亿元，年均增长11.8%；一般公共预算收入达到33.68亿元，年均增长21.9%；实现规模以上工业增加值140亿元、工业增值税4.39亿元，分别是2010年的3.5倍、2倍；工业用电量增速连续4年全市第一；省定小康核心指标全面达标。“十三五”取得良好开局，今年1~6月，规模以上工业总产值、工业增加值同比分别增长15.8%、11.5%，新增固定资产进项税抵扣额、工业增值税同比分别增长92.5%、24.9%，工业用电量同比增长16.7%，继续保持全市领先。

突出调优结构，转型步伐不断加快。三次产

业结构持续优化，二三产占比提高4.5个百分点。集聚规上企业超过300家，3家企业“新三板”成功挂牌，国家级高新技术企业增至33家，国家级开发区创建迈出坚实步伐，吴江（泗阳）工业园位列全省共建园区第4位。“2+3”特色产业体系加快构建，获批两个省级现代农业产业园区，荣获全国粮食生产先进县、中国洪泽湖·青虾之乡。“一村一品一店”稳步发展，获评“江苏省农村电子商务示范县”，杨树博物馆、妈祖文化园创成国家4A级旅游景区，成子湖旅游度假区获批省级旅游度假区。

*突出统筹发展，城乡面貌焕然一新。*坚定不移推进新型城镇化，城镇化率提升至53.2%。最美县城亮点纷呈，运河风光带、成子河旅游公路等重点工程建成投用，城市绿化覆盖率达41.5%，省级“四城同创”、国家级“三城一县”创建全面告捷，获评“中国最美丽县”、“中国十佳宜居县”。城乡发展协调并进，小城镇“九个一”工程顺利完成，乡镇“五大工程”深入实施，乡镇污水处理“1+1”工程和城乡生活垃圾收运、秸秆综合利用“两大体系”实现全覆盖，16个乡镇全部创成国家级生态乡镇。

*突出民生优先，群众生活日益改善。*始终把改善民生作为一切工作的出发点和落脚点，每年组织实施一批重点民生实事；五年中城乡居民收入年均分别增长11.8%、12.8%，2015年分别达21720元、12800元；乡镇全民创业园建成标准化厂房面积达527万平方米、新增项目466个，创成“省级创业型城市”。“医教水住行”等民生实事加快推进，“六合一”公共卫生服务平台建成投用；高考本二以上达线率连续四年蝉联全市第一，荣获全国义务教育发展基本均衡县；实现城乡供水一体化；住房保障体系逐步健全；宿淮铁路泗阳站、运河泗阳港开通运营。群众文化生活不断丰富，社会风尚向上向善，“泗阳好人”品牌不断彰显，获评省文化先进县及苏北唯一“书香之县”。“十二五”脱贫攻坚任务全面完成，人民群众获得感满意度持续提升。

*突出改革创新，发展动力持续增强。*坚持问题导向、需求导向、民生导向，始终以改革的思路破解发展难题，以“一年一定”方式出台改革要点，深入推进“三大领域”和供给侧结构性改革，“三证合一”和“一企一码”全面推行，“联村共建”帮扶和土地流转增收机制全省推广，县政务服务中心获评“国家级行政服务标准化示范单位”和“江苏省质量奖”。依法行政持续加强，社会治理精细规范，“政社联动”治理模式常态施行，六度蝉联省法治创建先进县，连续十三年获评省级平安县。

*突出从严治党，党的建设全面加强。*牢固树立“抓好党建是最大政绩”理念，党的群众路线教育实践活动、“三严三实”专题教育、“两学一做”学习教育等党内教育渐次深入。订立从严管理干部“约法三章”①和“一岗三责”负面清单，创新推行换届考察“五进五访”②，干部分类调整机制得到中组部肯定。扎实开展“基层党建责任落实年”等活动，常态化推进基层党建“书记项目”，乡镇党委换届顺利完成，分层组团服务模式获评全省组织工作创新创优案例。严格落实“两个责任”，持续加强作风建设，深入践行“四种形态”，创新推行常态巡察，扎实做好中央和省委巡视反馈问题整改，强化责任追究，全面营造风清气正、务实干事的浓厚氛围。同时，积极支持人大、政协依法开展工作，党校、统战、民宗、侨务、人武、档案、党史、老干部和群团等各项工作取得新进展。

五年来的实践，进一步坚定了我们加快建成全面小康社会的信心和决心，也使我们积累了一些宝贵经验。一是必须坚持以解放思想为先导。五年来，我们始终高举解放思想这面旗帜，与时俱进，开拓创新，根据内外环境的变化与实际，及时完善发展思路和路径，牢固树立大干快上、创先争优的意识，激发了内生动力，加速了发展进程。二是必须坚持以经济建设为中心。五年来，我们始终坚持工业强县、产业兴县，全力做好扩总量、优存量、提质量“三篇文章”，着力提高经济发展质量和效益，在加快转型升级、创新驱动中推动经济平稳健康发展。三是必须坚持以执政为民为宗旨。五年来，我们始终把群众的安危冷暖放在心上，持续加大民生投入，扎实开展“三进三出、三年挂村”、“联村共建”、“结对帮扶”等活动，广大党员干部深入基层、访贫问苦、兴办实事，树立了党在群众心目中的良好形象。四是必须坚持以责任落实为保障。五年来，我们紧扣加快发展这个主题，大力弘扬实干精神，自觉践行落实文化，一任接着一任干，一级领着一级干，全面推行“两观摩两推进”工作机制，固化深化“微信群五晒”落实法，切实做到一切工作项目化，以坚定的执行力把美好蓝图变为生动现实。五是必须坚持以党的建设为引领。五年来，我们始终把党的建设摆在突出位置，全面加强党的思想、组织、作风和制度建设，充分发挥党委的领导核心作用、基层党组织的战斗堡垒作用、广大党员的先锋模范作用，为经济社会发展提供了坚强保证。

五年的成就是辉煌的，五年的经验是宝贵的。但我们没有任何理由骄傲自满，没有任何理由停滞不前。必须清醒地看到，当前我县经济总量不大、居民收入不高、公共服务不优、脱贫攻坚难度加大等短板依然突出，党风廉政建设、机关效能建设等方面还存在一些薄弱环节。这些都需要我们在今后的工作中坚持问题导向，强化责任担当，保持发展定力，切实加以解决。

建设“强富美高”全面小康新泗阳的美好蓝图

今后五年，是泗阳迈向全面小康社会的重要历史时期，也是全面深化改革、转变发展方式、推动转型升级的关键攻坚期，既面临新的发展机遇，也将面对诸多困难挑战，必须坚定信心，勇担责任，积极适应新常态，主动引领新常态，奋力铸就泗阳发展新辉煌。

今后五年工作的指导思想是：高举中国特色社会主义伟大旗帜，以邓小平理论、“三个代表”重要思想、科学发展观为指导，深入贯彻习近平总书记系列重要讲话特别是视察江苏重要讲话精神，紧扣“四个全面”战略布局和“五个迈上新台阶”战略部署，牢固树立和践行五大发展理念，围绕建设“强富美高”全面小康新泗阳奋斗目标，坚持以“三抓三促”[③]为主线，以“项目为王、实干为先、稳字为基”为引领，大力推进供给侧结构性改革，在产业集聚提速、特色农业提质、镇村面貌提升、脱贫攻坚提效、社会治理提档上实现“五个新突破”，努力开创殷实泗阳、美丽泗阳、和谐泗阳新局面。

今后五年工作的奋斗目标是：在提高发展平衡性、包容性、可持续性的基础上，经济保持中高速增长，地区生产总值年均增速高于全国3个百分点以上，居民收入增长与经济增长同步，实现“两翻番两确保”[④]，经济强、百姓富、环境美、社会文明程度高的全面小康新泗阳建设实现新提升。

——围绕经济强，综合实力实现新提升。经济总量持续扩大，财政收入稳步增长。到“十三五”末，实现工业企业开票销售、工业增值税、工业增值税超千万元企业数“三项”指标翻番，经济发展质量和效益不断提高。

——围绕百姓富，生活水平实现新提升。完善保障体系，拓宽就业渠道，人民收入稳步增长。到“十三五”末，城乡居民收入达到2.7万元左右，城乡居民基本养老保险和基本医疗保险覆盖率均达98%，失业保险覆盖率达100%。

——围绕环境美，人居环境实现新提升。培育生态文明意识，完善生态基础设施，提升生态环境质量。到“十三五”末，城镇绿化覆盖率达43%左右，城镇污水达标处理率达90%左右，创成国家生态文明示范区。

——围绕社会文明程度高，人文内涵实现新提升。社会主义核心价值观更加深入人心，实现人文健康向上、政务规范透明、社会诚信有序。到“十三五”末，社会信用体系基本健全，公众安全感和满意度超过90%。

实现上述奋斗目标，需要全县上下充分做好攻坚爬坡的思想准备，一抓到底，务求必胜，奋力在“强富美高”全面小康新泗阳建设征程中赢得主动、赢得优势、赢得未来。

第一，毫不动摇推动发展理念转型升级。理念是行动的先导。习近平总书记强调，实现“十三五”时期发展目标，破解发展难题，厚植发展优势，必须牢固树立创新、协调、绿色、开放、共享的发展理念。这五大发展理念，创造性地回答了在经济发展进入新常态、全面建成小康社会进入决胜阶段的历史条件下，要实现什么样的发展、怎样实现发展的重大问题，为我们谋划新思路、推动新发展、引领新常态提供了根本遵循和行动指南。全县上下要深刻理解新发展理念的深刻内涵，以理念的转型升级引领发展的转型升级，把五大发展理念融入贯穿到经济社会各个领域、各个方面、各个环节，始终以项目攻坚作为践行新发展理念的支撑点和落脚点，崇尚创新，注重协调，倡导绿色，厚植开放，推进共享，努力走出一条更高质量、更有效率、更加公平、更可持续的发展之路。

第二，毫不动摇拉长补齐全面小康短板。全面建成小康社会，实现“两翻番两确保”的发展目标，是“十三五”时期全县工作的总方向、硬任务。作为省定重点帮扶县，泗阳发展仍然面临诸多短板，其中尤以“四大短板”最为突出。在经济总量方面，2015年一般公共预算收入、规上工业增加值分列苏北第15、16位，地区生产总值仅占全市的17%，基数小、底子薄的县情还没有根本性改变；在居民收入方面，城乡居民收入比省、市平均水平分别低1.5万元、513元，农民收入比苏北平均水平低881元，长效稳固的增收基础尚未形成；在公共服务方面，乡镇社会事业发展相对滞后，社会保障水平相对偏低，特别是在办学水平和医疗服务上还不能满足群众需求；在扶贫开发方面，仍有占到全市18%左右的低收入人口以及成子湖、涟沭泗结合部两大重点片区，实现新一轮脱贫任务依然十分艰巨。但同时也要看到，我们还面临着“一带一路”、长江经济带、沿海开发等多重叠加机遇，正迎来高铁时代、运河开发时代等千载难逢的发展契机。我们要始终突出“短板就是重点、短板更是难点、短板必须突破”战略指向，既正视面临的问题挑战，更把握难得的时代机遇，把功夫下在补缺、补短、补软、补齐上，全力抓好招商引资、城乡统筹、脱贫攻坚等重点工作，真正让我们所追求的全面小康，成为群众满意、人民认可、普得实惠的小康。

第三，毫不动摇精准发力深化改革创新。近年来，在宏观环境复杂多变、经济下行压力较大的情况下，全县保持了稳中有进、稳中向好的发展态势，很大程度得益于我们善用改革的思维、创新的办法，破解了难题，激发了活力，拓展了空间。“十三五”期间，我们仍然要把改革创新作为加快发展的内生动力，坚持向改革要“红利”、向创新要动能，使全县经济社会在更高水平上行稳致远。要强化改革创新的导向性，正视泗阳发展中的热点难点问题，把握“三大领域”和供给侧结构性改革的战略方向，突破思维定势，创新方式方法，施治有序，善作善成；要强化改革创新的实效性，针对改革创新实践中的具体问题，由浅入深，研机析理，找准问题症结所在，明确工作发力点、突破口，抓好改革任务落地落实；要强化改革创新的示范性，我们讲的改革创新，只要符合县域发展的大方向，符合转型升级的基本要求，符合全县人民的根本利益，就要抓紧干，不迟疑，在用好政策、创新机制、探索路径上先行先试，为全市全省积累经验、作好表率。

第四，毫不动摇锻造泗阳干部鲜明特质。当前，全县干部队伍风气总体是好的，但少数同志担当干事、狠抓落实的能力有所欠缺，应对挑战、破解难题的办法不多，甚至不想干事、不愿负责、为官不为，等等，都与加快发展的要求格格不入。我们要牢牢把握新时期干部的实践准则和奋斗方向，精塑干部队伍的精气神，践行实干担当的行动力，真正使“抓落实、见成效、创特色”成为新时期泗阳干部的鲜明特质。抓落实就是要大力发扬“马上就办、真抓实干”的优良作风，深入实际、深入一线，立说立办、一抓到底，以“项目为王、实干为先、稳字为基”的生动实践，朝着共同的目标奋力前行；见成效就是要秉承“少说多做看结果”的工作导向，以创新的理念和思维开展工作，拿得出精品，出得了亮点，见得到实效，不辜负组织的信任和人民的重托；创特色就是要紧紧围绕“竞相发展创特色”主题，充分激发敢于梦想、追逐梦想的昂扬斗志，充分展现善思笃行、独具匠心的精神风貌，锲而不舍，绵绵用力，以特色促发展，以发展增特色，一步一个脚印把美好蓝图变成现实模样。

建设“强富美高”全面小康新泗阳的重点举措

今后五年，加快建设“强富美高”全面小康新泗阳，既是宏伟蓝图、奋斗目标，也是百万人民的期盼，更是全县各级党组织和广大党员干部义不容辞的职责和任务。我们必须以更加强烈的使命感和责任感，咬定目标不放松，聚焦“五个主抓手”，主动作为，砥砺奋进，全力推进经济社会健康有序发展。

（一）围绕工业强县，突出质量效益，坚定不移推进工业经济转型升级。始终把工业经济作为发展之基、立县之本，牢牢抓住招商引资和转型升级两大关键，深入实施工业强县“333”计划⑤，做到发展不减势、量增质更优。

一要在招大引强上下功夫。牢固树立“项目为王”理念，坚持问题导向、产业方向，聚力招引一批大项目、好项目，全力打造招商引资“升级版”。招商方向要更精准。建立健全项目审核联动机制，严把环境保护、投资强度、税收贡献关，严禁低端、污染、无效产能准入。围绕补链强链壮链，紧扣“2+1”主导产业和食品饮料及包装产业发展方向，紧盯“四类重点企业”[6]，不断提升招商实效。更加注重外向型经济发展，集中力量打好外资引进和进出口贸易攻坚战。“十三五”期间，确保新引进亿元以上工业项目竣工个数和实际利用外资总额位居全市前列。招商力量要更精干。进一步强化专业招商、招商团招商、乡镇招商“三条线”招商力量，积极运用以商引商、委托招商等方式，更加注重专业招商队伍建设，着力抓好专业人才选拔和招商业务培训工作，努力打造一支素质高、能力强、有干劲的招商尖兵，确保专业招商实绩每年完成全县招商任务的60%以上。招商考核要更精细。实行更加严格、更加精细化的过程考核，坚决杜绝假招商、招假商，通过定期“亮”成绩、“晒”问题，让招商不力、实绩不佳的单位“红脸出汗”，确保招商天数、人次、效果“三个到位”；更加注重结果运用，坚持把考核结果与单位评优、干部使用挂钩，真正以项目论英雄、凭实绩用干部。

二要在产业集聚上下功夫。加快产业集聚，才能形成特色、增创优势。始终把产业集聚和特色发展作为主攻方向，深入对接“中国制造2025”战略部署和“一中心”“一基地”[7]建设，努力把产业特色优势和规模竞争优势提升到一个新高度。强化全产业链打造。围绕特色产业集聚集群，用好产业发展引导基金，从垂直和水平两个维度，进一步细分产业发展方向和重点，全面提升特色产业完整度、耦合度。加大轮毂产业园、化纤长丝织造产业园、食品产业园等特色产业园建设力度，力争“十三五”末泗阳化纤产业创成省级出口基地。强化重点企业培育。以“511”工程为抓手，深入实施“大企业大集团”培育计划，统筹推进兼并重组、股改上市、技术改造等重点工作，引导企业树立“百年老店”追求，发扬工匠精神，坚持质量立身，提升品牌价值，推动更多的企业上规模、增效益、成龙头，力争“十三五”末形成“十百千”工业经济板块[8]。强化科技创新驱动。深入实施“两大计划”[9]，鼓励引导企业建立产学研协同创新机制，加快建设科技研发、孵化和服务平台，加快集聚一批能够突破关键技术、具有自主知识产权的创新创业人才，不断强化科研成果转化力度，“十三五”末新增国家级高新技术企业40家以上。

三要在园区建设上下功夫。坚持“五有三转”[10]发展思路，创新管理模式和运营方式，加快向生态型、创新型、特色型、集约型园区转型，实现结构优化、质量提高、效益提升。突出提档升级。按照“产业集聚、功能分区、基础配套、内涵提升”要求，不断完善道路交通、水电气热等基础配套，积极招引工业设计、现代物流等服务机构，加快提升园区整体环境和承载能力，力争经济开发区2年内跻身国家级开发区行列，意杨产业科技园“十三五”期间创成省级高新区，乡镇全民创业园标准化厂房利用率保持在95%以上。突出节约集约。严格执行资源节约和环境准入制度，深入开展闲置土地“三清理三盘活”专项行动，不断提高能源资源利用效率，让绿色集约成为园区发展的鲜明特征，力争“十三五”末经济开发区创建成国家级生态园区。突出服务保障。按照“小政府大社会、小机构大服务”原则，创新园区管理服务体制、投融资机制等，不断提升园区行政效能和服务水平。牢固树立“服务是第一投资环境”理念，建立健全工业经济转型升级“六项行动”[11]政策体系，深入开展“三服务三促进”活动，及时高效解决企业在建设、发展过程中遇到的问题。

（二）围绕强农富民，突出生态高效，坚定不移推进农业结构调整。始终把农业供给侧改革放在重要位置，大力实施农业强县“1234”发展方略[12]，积极推进农业结构调整，促进农民增收致富，推动现代农业发展提质增效。

一要把握农业结构调整方向。围绕“生态、高效、特色、现代”发展定位，重点在产业、载体、渠道等方面创特色、增后劲。推动特色农业规模发展。顺应农业产业化发展趋势，坚持因地制宜、种养协调、市场导向，持续推进“2+3”特色产业区域化分布、规模化发展，加快打造“四大产业带”[13]，年内建成果蔬特色村20个以上，

"十三五"末建成优质稻米基地15万亩、成子湖青虾养殖面积3.5万亩。推动特色农业融合发展。坚持把产业链、价值链等现代产业组织方式引入农业，重点发展农产品精深加工和休闲观光农业，促进一二三产互动互融。鼓励发展网上直销、直供直销、连锁配送等现代流通业态，年内打造有产业支撑的"一村一品一店"标准村100个，"十三五"期间创成全国农村电子商务示范县。推动特色农业品牌发展。从供给和需求两端发力，更加注重推进农产品品牌和质量安全体系建设，加快"三品"认证、中国驰名商标创建和地理标志农产品申报步伐，"十三五"末全县农产品"三品"产量占总产量比重超55%。

二要培育新型经营主体。围绕"谁来种地"这一核心，加快新型主体培育，构建新型经营体系。强化龙头企业引培。持续放大两个省级现代农业产业园的示范带动作用，加快启动建设一批产品研发中心、检验检测中心等载体平台，重点引培一批体量大、效益好、科技含量高的农业龙头企业，"十三五"期间实现国家级农业龙头企业零突破。培育新型职业农民。实施"新型农民塑造工程"，大力发展家庭农场、种养大户等经营主体，"十三五"末新型农民培育比例达50%以上。加快推广全程托管、土地股份、联耕联种等经营模式，"十三五"末家庭农场经营面积占比达35%以上。推动合作组织发展。更加注重农民专业合作组织发展，重点在农资经营、农机作业、病虫防治、烘干仓储等领域，鼓励创办各类社会化服务组织，积极开展"一社一群一中心"试点，大力完善家庭农场集群服务中心功能，加快形成多元化农业服务体系。

三要加强农业服务保障。服务保障体系建设是农业发展的重要支撑，也是促进农业提质增效的重要途径。推进土地有序流转。按照沿路沿线、集中连片、群众自愿、规范有序原则，坚持"先找主体后流转，先交费用后使用"，积极推进农村土地经营权规模流转，"十三五"末适度规模经营比重超过全省平均水平。加快农业基础设施建设。以现代农业示范方建设为抓手，切实整合涉农基础设施项目和资金，加快建设灌排设施配套、土地平整肥沃、田间道路畅通、农田林网健全、生产方式先进、产出效益较高的高标准农田，"十三五"末高标准农田占比85%以上。提高农业科技水平。围绕科技兴农、富民增收，大力推进农业科技创新体系建设，探索运用新品种、新技术、新模式、新装备，加快推进农业信息服务全覆盖，"十三五"末实现主要农作物生产全程机械化。

（三）围绕城乡统筹，突出魅力特色，坚定不移推进美丽泗阳建设。

一要打造精致活力县城。立足县城发展实际，更加注重内涵提升，既塑造城市之形、更铸就城市之魂；既增强功能、更彰显气质，不断擦亮苏北最美县城品牌。突出品位提升城市规划。认真抓好城市总规修编和片区控详规编制，科学确立城市发展边界，充分发挥"文脉悠远、水绿相依、河城相融"城市特质，加快建设运河文化廊道、骡马街历史文化街区等重点工程，引导建设一批有内涵有特色的标志性建筑，不断彰显泗阳的城市个性。突出活力提升城市建设。牢固树立"经营城市"理念，围绕积极稳妥去库存，打通保障房商品房通道，支持合理性多样化住房消费，力争3年内完成棚改任务。大力发展城市经济，重点抓好"一廊两轴三厅"⑭的建设提升，推动城市功能提档升级。加快推进枢纽型重大基础设施建设，"十三五"期间徐宿淮盐城际高铁、267省道泗阳段全面通车。突出宜居提升城市管理。强化以创促建、以创促管，进一步完善"大城管"格局，加快推进海绵城市、智慧城市建设，持续推行城市"五微"改造，推动城市管理向背街小巷、城郊结合部延伸，不断提升城市管理动态管护和物业管理规范化水平，年内创成省级优秀管理城市。

二要培育特色魅力镇村。坚持把特色打造作为新型城镇化的重要基础，深入贯彻市特色镇村营建导则，把"规模控制、特色彰显、产业优先、生态保护"落到实处。抓特色增强乡镇竞争力。突出乡镇连接县城和农村的纽带作用，按照宜工则工、宜农则农、宜游则游原则，加快推进乡镇特色化打造，因地制宜建设一批工业强镇、旅游名镇和特色小镇。严控乡镇开发规模，重点做好镇区在建工程消化扫尾工作，切实解决好房屋去库存和人口集聚问题。抓统筹增强村居内生力。结合土地增减挂钩和农民建房需求，按照规划先行、试点先行、近村先行思路，突出田园风光、乡土气息、幸福生活定位，切实加强新型农村社区的建设和统筹，重点在自然生态、人文历史、苏北民居、休闲旅游等方面培育特色，“十三五”末每个乡镇建成特色村2个以上。抓配套增强发展支撑力。大力推动优质公共服务资源向镇村延伸，重点抓好县乡快速通道、镇村公共交通、教育卫生等方面城乡衔接工作，加快推进金融、物流、电子商务等现代服务业向农村布局，全面构建现代化的基础设施支撑体系。

三要涵养绿色文明生态。牢固树立“绿水青山就是金山银山”理念，着力促进城乡发展与生态建设相辅相成，让生态成为泗阳最鲜明的特色品牌。扎实开展生态创建。积极推进生态环境保护规划与国民经济发展总体规划及各专项规划“多规合一”，加快推进城区园林化、道路林荫化、农村林果化，全力构建泗阳“绿色生态门户”，确保“十三五”期间建成国家生态文明示范区。持续推进生态整治。大力实施“天蓝、地绿、水清”工程，深入开展城乡环境综合整治，持续加强成子湖、黄河故道等重点生态功能区的保护修复和林相改造，不断健全大气污染监测和防治体系，加快建设资源节约型、环境友好型社会。大力发展生态旅游。深入实施旅游业发展五年行动计划，大力推进成子湖旅游度假区建设，“十三五”末建成国家4A级旅游景区；有机整合妈祖文化园、运河风光带、平原林海等旅游资源连珠成串，做深做透农家餐饮、休闲观光、互动体验等乡村旅游文章，加快打造华东知名生态旅游目的地。

（四）围绕民生幸福，突出为民宗旨，坚定不移推进社会事业发展。

一要全力打好脱贫攻坚战役。精准扶贫、精准脱贫是“十三五”扶贫开发的基本方略。要在巩固深化精准识别、精准结对的基础上，集中力量推进脱贫攻坚“1236”行动计划[15]，倾力做好这项德政工程和民心工程。围绕“联村共建”精准帮扶到村。聚焦村居建设“新八有”薄弱环节，全面夯实责任体系，科学制定发展规划，加快推进项目建设，力争通过四年努力，100个省定经济薄弱村和县定发展滞后村全面建成“新八有”。围绕“菜单扶贫”精准帮扶到户。坚持因户制宜、分类施策，紧扣贫困户实际需求，精准制定扶贫“菜单”，通过帮助就业务工、购买公益岗位、发展特色种养加项目、推广“股份+”等举措，让低收入户稳定收益、长期受益，有效提升自主脱贫能力。围绕“政策救助”精准帮扶到人。针对因病、因学、因灾、因残致贫四类特困群体，分类建立“一卡四名录”，大力实施健康、教育、救助、关爱四项扶贫行动，积极推行“医贫结对”、“师生结对”、“双月走访”三项常态帮扶制度，全面实施医疗补充保险，探索开展扶贫综合保险试点，确保如期实现脱贫目标。围绕“项目带动”精准帮扶到片区。按照两大片区“十三五”整体帮扶规划，加快推进片区基础设施、产业发展、民生改善等三大类重点项目建设，积极稳妥开展片区“三先三后”[16]城乡统筹试点，力争通过3~5年的努力打造全市“六个根本性变化”典型样板。

二要全力拓宽增收致富路径。始终把增加收入作为民生幸福的重要基础，发挥就业创业在富民增收中的关键性作用，千方百计增加城乡居民收入。推进充分就业。进一步完善公共就业服务体系，强化职业技能培训，加大购买服务力度，充分发挥县公共人力资源市场和就业服务平台功能，每年培训劳动力1万人次以上；进一步激励农村富余闲散人员主动就业，每年开展充分就业村评比活动，鼓励到乡镇全民创业园或在家从事“三来一加”项目等实现就地就近就业。推进全民创业。抓住“大众创业万众创新”时代机遇，拓宽路径，创新服务，深入实施乡村能人带领创业、青年新锐网络创业、外出人员返乡创业、大学生自主创业“四大行动”，鼓励和引导各类主体投身创业致富火热实践，每年新增自主创业者5000人以上。

三要全力提升公共服务水平。公共服务水平的高低直接关系着群众生活的幸福指数，要顺应群众期待，不断提升公共服务质量和均等化水平。聚焦民生事业发展。扎实推进县人民医院、中医院三级医院创建和乡镇医改，不断健全城乡公共医疗卫生服务体系；深入实施教育内涵提升三年行动计划，全面推进教育现代化，办好人民满意的教育；巩固深化区域供水一体化服务机制，确保全县城乡居民吃上安全水、放心水；全面抓好农村“破危差”住房整治；大力推进农村道路提档升级，加快推进城乡公交一体化。坚持政府主导和社会参与相结合，多元化发展养老事业，进一步完善全县养老体系，积极发展体育事业、妇女儿童事业和残疾人事业。聚焦社会治理创新。坚持重心下移、力量下沉、服务下倾，加快完善社会矛盾纠纷大调解机制，从源头上预防和化解各类不稳定因素。建立健全应急体制机制，以“平安泗阳”、“法治泗阳”建设为载体，巩固深化社会治安防控体系，深入开展“七五”普法教育，确保蝉联省法治创建先进县和信访工作先进县。加强安全生产和食品药品监督管理工作，保障人民群众生命财产安全。聚焦社保体系完善。坚持“全覆盖、保基本、多层次、可持续”方针，全面落实各类保障标准与地区生产总值和城乡居民收入同步增长机制，深入推进全民参保、社保扩面等工作，确保实现“应保尽保”。聚焦社会风尚引领。充分发挥先进文化思想的引领作用，加快县乡公共文化服务体系建设，培育具有泗阳特色的群众文化品牌。以群众性文明道德创建活动为基础，扎实推进“诚信泗阳”建设，用“好人”现象、行业标兵、先进典型等“正能量”引领新风尚，力争“十三五”末创成全国文明城市。

（五）围绕激发动力，突出精准发力，坚定不移推进改革攻坚突破。

*一要更大力度推进“三大领域”改革。*牢固树立问题、需求和民生“三大导向”，加快推进重点改革事项，积极争取省级以上改革试点，确保改革整体效应得到充分释放。加快经济体制改革。聚焦转变政府职能、营造信用环境、深化供销体制改革等重点抓手，进一步简政放权、放管结合、优化服务，积极探索集中行政许可权改革试点，建立健全社会信用产品、监管、核查“三大体系”，为经济行稳致远创造良好的发展环境。加快农业农村改革。抢抓“10+2”国家扶贫改革试验区项目体系建设契机，进一步深化农村产权制度改革，创新农业经营方式，积极稳妥推进农民土地承包经营权和农民住房财产权“两权”抵押试点、土地股份合作等重点改革事项，为“三农”事业发展注入强劲活力。加快社会事业改革。从提升卫计服务水平、促进教育均衡等重点领域入手，持续加快“智慧卫生”服务体系建设，探索实施城乡教育“联盟制”，下大力气解决好群众最关心最直接最现实的民生问题，使人民群众有更多的获得感。

*二要更大力度推进供给侧结构性改革。*供给侧结构性改革是全面深化改革的主战场，必须以“1+7+X”制度体系⑰为抓手，精心组织“六大行动”⑱，全面落实五大任务，打好主动仗、攻坚战。统筹衔接关联改革。坚持系统思维，结合《实施意见》和相关《实施方案》，对其他相互关联的配套文件和需要上下联动的改革任务，注重配套对接、协同并进，做好政策统筹、方案统筹、落实统筹，确保改革的系统性、整体性、协同性。细化实化改革路径。坚持项目化管理、动态化突破，聚焦实体经济降成本、房地产去库存等重点，使改革更加精准地对接发展所需、基层所盼、民心所向，做到出台一个推进一个，实施一个见效一个，以久久为功的耐心和韧劲，积小胜为大胜，积跬步至千里。合理安排改革进度。按照整体推进和轻重缓急原则，准确把握五大改革任务的战略重点、优先顺序和主攻方向，制定既有分工责任、又有节点控制的整体规划，细化任务清单，明确成果形式，确保改革实施方向、进度、质量的稳固长效。

*三要更大力度推进改革任务落地落实。*改革能不能取得实效，关键取决于工作的推进力度和落实程度。抓好组织协调。充分发挥改革领导机构作用，定期召开县委深改组会议，把改革的“最大公约数”找出来，增强改革定力，聚集改革资源，形成强大合力。抓好改革执行。坚持从严从实，拧紧责任螺丝，对每一项改革部署，明确具体落实措施和责任体系，一层抓一层，层层抓落实，坚决防止“表象改革”、“应景改革”、“改革空转”等倾向，使各项举措落地生根，让改革效果不断显现。抓好督促检查。进一步强化改革工作督查考核机制，围绕已实施的改革项目、新启动的改革试点以及需要长期抓的改革任务，动态监控、适时评估，定期考核、动真碰硬，加快形成彰显泗阳特色的改革品牌、改革形象、改革活力。

建设“强富美高”全面小康新泗阳的坚强保证

实现未来五年奋斗目标，关键在党、关键在人。必须深入学习习近平总书记在庆祝建党95周年大会上的重要讲话精神，认真贯彻全面从严治党新要求，切实增强“四种”意识，不忘初心、继续前进，全面凝聚建设“强富美高”全面小康新泗阳的磅礴力量。

（一）把加强思想建设作为首要之举。重视思想建党是我们党的优良传统。要加强理论武装，提升党性修养，坚定“四个自信”，把各级党组织和广大党员干部的思想和行动统一到建设“强富美高”全面小康新泗阳的总目标上来。要加强理论学习。坚持以中国特色社会主义理论体系武装党员，扎实开展“两学一做”学习教育，深入推进“五亮五强”系列活动，严格落实基层党组织“三会一课”制度，全面完善各级党委中心组学习、领导干部调查研究等机制，不断提升专业素养和工作能力，时刻保持政治上的清醒和坚定，为全县改革发展稳定大局贡献智慧和力量。要坚定理想信念。理想信念是党员干部的立身之本、力量之源。要进一步增强党的意识、党员意识，严格遵守党内政治生活准则，常态化开展党性锤炼和警示教育活动，认真落实民主生活会、组织生活会等制度，真正做到在党言党、在党忧党、在党为党，任何时候、任何情况下都忠诚于党和人民的事业。要提升道德修养。以德修身、以德立威、以德服众，是干部成长成才的重要因素。要始终坚守“三严三实”，大力践行社会主义核心价值观，时刻保持共产党人的高风亮节，做到心中有党、心中有民、心中有责、心中有戒。要把家风建设摆在重要位置，深入推进家风家训培育，带头弘扬传统美德、恪守社会公德、遵从职业道德、培育家庭美德、修炼个人品德，真正让优良家风成为涵养党风政风的源头活水，带动民风社风持续好转。

（二）把锻造坚强队伍作为重中之重。党的干部是党的事业的骨干。要坚持以高的标准、实的措施、严的纪律选好用好管好干部，充分发挥党员干部标杆表率作用，以过硬担当的干部队伍推动泗阳各项事业发展。要坚持正确用人导向。坚持德才兼备、以德为先，突出事业为上、公道正派，全面贯彻“20字”好干部标准，深入推进干部考察“五进五访”工作机制，严密选人程序，强化领导把关，坚决防止和纠正选人用人上的不正之风，把党和人民需要的好干部精心培养起来、及时发现出来、合理使用起来。要提升干部能力素质。完善干部分层培养机制，实施干部“四力”提升工程[19]，不断提高干部队伍梯队建设水平。坚持知人善任、因才而异用好干部，努力做到干部使用人岗相适、人事相宜。探索建立关爱容错机制，充分激发干部改革创新、干事创业热情。要加强干部管理监督。深入落实全面从严加强干部工作“1+5”系列文件，严格执行从严管理干部“约法三章”，念好公、准、优、严“四字经”，把对干部关爱寓于管理监督之中，做到严字当头、情在其中。

（三）把抓好基层党建作为固本之基。基层党组织建设是党建工作的基石。要始终坚持把抓好党建作为最大政绩，充分发挥基层党组织战斗堡垒作用，使各级党组织产生强大的向心力、凝聚力和战斗力。要加大党建责任落实力度。各级党组织书记要进一步强化责任担当，紧扣“六个基本”[20]，突出问题导向，坚持靶向施策，切实把“书记项目”作为落实基层党建责任的有效抓手，推动基层组织建设全面进步、全面过硬。要加大体制机制创新力度。有效整合党群公共资源，强化党建品牌创建、典型引领，探索推进经济薄弱村党组织建设、小村监事会、党建精准扶贫、“支部+电商”党建富民等多种形式，提炼推广成功经验，积极打造一批泗阳基层党建品牌。要加大服务能力提升力度。突出“人向基层走、钱向基层投”工作导向，建优建强基层党组织，把更多政策、资源和服务投向基层，进一步提高基层干部待遇，推动基层干部更好地担负起加快发展、维护稳定、服务群众的重任。

（四）把党风廉政建设作为根本之策。坚定不移惩治腐败是党心民心所向。要旗帜鲜明地加强党风廉政建设和反腐败斗争，切实扛起“两个责任”，努力实现干部清正、政府清廉、政治清明。要始终把纪律规矩挺在前面。坚持用制度管权管事管人，进一步强化党员干部的纪律意识、规矩意识，突出“关键少数”，更加注重教育预防、抓早抓小，坚持纪在法前、划定红线、树立高线，真正使纪律立起来、严起来。各级党员干部要严格遵守“五个必须、五个绝不允许”要求，政治上讲忠诚、组织上讲服从、行动上讲纪律，始终做到坚守正道、弘扬正气。要牢牢把作风建设抓在手上。按照中央持续深入推进作风建设的要求，进一步整治各级干部中存在的“慵、懒、散、浮”等突出问题，持之以恒反对“四风”，防松懈、防变异、防反弹；扎实开展“三不”机关[21]打造和作风建设评议活动，立“明规矩”，破“潜规则”，积极营造风清气正的发展环境。要坚决把惩治腐败进行到底。坚持从源头上预防和治理腐败，深入落实《中国共产党巡视工作条例》、《中国共产党问责条例》等党纪法规，进一步固化深化常态巡察，在监督执纪问责中积极践行“四种形态”，从严从快从重查处少数干部滥用职权、侵占专项资金、侵害群众利益等行为，以惩治腐败的实际成效取信于民、惠之于民。

深化改革创新，加快转型升级，必须进一步发挥党委总揽全局、协调各方的领导核心作用，支持人大及其常委会依法行使职权，支持人民政协按照章程切实履行职能，巩固和发展最广泛的爱国统一战线，充分发挥老干部积极作用，加强对工会、共青团、妇联等人民团体的领导，加强民宗、侨务、人武等工作，更好地凝聚党心民心，形成建设“强富美高”全面小康新泗阳的强大合力。

名词解释

1.约法三章：为官不为者下、为官乱为者治、为官不正者惩。

2.五进五访：进工作单位访能力素质、进项目一线访效能实绩、进家庭社区访道德品格、进服务对象访群众口碑、进联审机关访清廉作风。

3.三抓三促：抓改革促发展、抓项目促转型、抓民生促和谐。

4.两翻番两确保：到2020年，全县地区生产总值和城乡居民收入比2010年翻一番，确保人均地区生产总值达到全国平均水平，确保不拖全省全面建成小康社会后腿。

5.工业强县“333”计划：参见109页。

6.四类重点企业：行业龙头企业、省以上高新技术企业、上市企业、进入上市准备期企业。

7.“一中心”“一基地”：具有全球影响力的产业科技创新中心和具有国际竞争力的先进制造业基地。

8.“十百千”工业经济板块：十亿工业增值税、四大百亿产业集群、千亿工业总产值。

9.两大计划：企业制造装备升级计划、企业互联网化提升计划。

10.开发区“五有三转”：有产业规划、龙头企业、载体平台、扶持政策、优质服务，转变发展方式、转变开发方式、转变招商方式。

11.工业经济转型升级“六项行动”：招大引强、零地增资、效益倍增、股改上市、科技创新、管理提升。

12.农业强县“1234”方略：紧盯农民增收致富“一个目标”，聚焦土地规模流转和农业园区建设“两大龙头”，实施特色农业发展、集群服务中心建设和一村一品一店引领“三大计划”，实现农业结构从单一向多元转变、经营方式从传统向现代转变、土地经营从分散向规模转变、农业生产从粗放耕收向依靠科技转变“四个转变”。

13. 四大产业带：沿S245、S330、S267林果产业带，沿成子湖青虾产业带，沿成子湖、淮沭河优质稻米产业带，沿县城周边设施蔬菜产业带。

14.中心县城“一廊两轴三厅”：运河沿岸城市生态景观廊，人民路城市记忆轴、淮海路商业联动轴，上海路城市迎客厅、运河大道城市会客厅、北京路城市服务厅。

15.脱贫攻坚“1236”行动计划：围绕提前一年完成“十三五”脱贫任务“一个总目标”，贯彻精准扶贫、精准脱贫“两大基本方略”，推进低收入人口脱贫、经济薄弱村“新八有”建设、片区整体开发“三大重点任务”，努力实现区域经济、现代农业、镇村建设、村级经济、重点片区、基础保障“六个根本性变化”。

16.三先三后：先申请后实施、先付款后搬迁、先过渡后拆除

17.供给侧结构性改革“1+7+X”制度体系：参见　页

18.供给侧结构性改革“六大行动”：企业升级优化、产业集聚突破、农业特色发展、房地产去库存、大众创业致富和发展动力转换。

19.干部“四力”提升工程：对县乡机关一把手重点提升领导力、副职干部重点提升责任力、中层干部重点提升执行力、普通干部重点提升履职力。

20.六个基本：基本组织、基本队伍、基本活动、基本阵地、基本制度、基本保障。

21.“三不”机关：百姓办事不求人、不请客、不送礼的政府机关。

政府工作报告(摘要)

——2017年1月10日在泗阳县第十七届人民代表大会第一次会议上

泗阳县人民政府县长　马　伟

县十六届人大一次会议以来，在省市党委、政府和县委的坚强领导下，在县人大、县政协的监督支持下，本届政府团结带领全县人民，紧紧围绕建设全面小康社会奋斗目标，积极适应经济发展新常态，深入实施供给侧结构性改革，加快推进“五化协调并进”，全县经济社会发展取得显著成绩，圆满完成本届政府任期工作目标，实现“十三五”发展良好开局。

——五年来，我们致力稳增长、调结构，综合实力持续增强。经济总量大幅提升。2016年，预计实现地区生产总值395亿元、实现一般公共预算收入33.34亿元，分别是2011年的1.66倍、1.92倍；完成规模以上固定资产投资380亿元、工业增加值153亿元，分别是2011年的2.68倍、2.16倍；工业用电量增速持续保持全市领先。产业结构更加优化。二三产业占比达85.5%。“2+1+1”产业集聚发展，开票销售占比超75%，销售超亿元、税收超千万元企业分别达58家、12家，与中国恒天等央企签订合作协议。“2+3”现代农业产业加快培育，新增省级以上龙头企业6家，连续三年荣获全市农业农村工作先进奖。旅游、电子商务等新兴服务业异军突起，创成省级成子湖旅游度假区、一期项目入选2016全国优秀旅游项目名录，妈祖文化园获评4A级旅游景区；拥有各类网店5960家，建成“一村一品一店”标准村154个，获评省农村电子商务示范县。基础设施日趋完善。徐宿淮盐高铁开工建设，宿淮铁路泗阳段开通运营，省道245、325、闸桥及接线和成子河公路、大桥建成投用，省道330加快建设，省道267、347前期工作有序推进，成子河航道顺利通航，“两纵五横三铁两航道”综合交通构架日趋完善；新改建农村公路280公里、桥梁113座。千亿斤粮食产能、分淮入沂及小型农田重点县等工程加快推进，黄河故道干河整治完成总工程量90%以上。

——五年来，我们致力抓改革、促创新，发展环境不断优化，创新驱动战略深入实施。市级以上重点实验室、企业技术中心、工程技术研究中心达120家，规上高新技术企业研发机构实现全覆盖；新增中国驰名商标1件，参与制（修）订行业标准3个，万人发明专利拥有量1.34件。引进国家“千人计划”专家11名，入选省“双创”人才25名，获批国家知识产权强县工程试点县、省创新型试点县。保障发展能力不断增强。创新政府投融资模式，设立2亿元产业引导基金，撬动社会资本投入，11家企业完成股改，6家企业挂牌上市，净增规上企业数量翻一番。新引进金融机构3家，核准发行企业债24亿元、公司债30亿元，存贷款余额较2011年分别增长86.4%、153.88%。累计盘活闲置土地6170亩、新增用地指标2.48万亩。向上争取各类项目4339个、到账资金171.95亿元。经济开发区、吴江（泗阳）工业园综合实力位列全省第一方阵，意杨产业科技园获批省木业家居特色产业集群，全民创业园建成标准化厂房527万平方米、入驻正常生产经营企业952户。重点领域改革有序推进。制定出台“1+7+X”供给侧结构性改革制度文件①，有效落实“三去一降一补”五大任务。商事制度改革不断深化，“先照后证”“一企一码”等改革全面推行，注册登记企业数、注册资本分别比2011年增长317.8%和420.8%。完成土地确权登记颁证，农村“两权”抵押贷款②、“一社一群一中心”③试点有序推进，“联村共建”做法获评省农业农村创新奖。县卫生和计生委、市场监督管理局等机构调整组建到位，在全省率先推开国税、地税联合办税。

——五年来，我们致力优环境、强生态，城乡面貌显著变化。城市品质不断提升。围绕打造苏北最美县城，深入推进片区开发，建成中央商场等一批功能性项目和地标性建筑，完成房屋征收454.76万平方米，新开工房地产面积875.97万平方米，建成区面积扩大到54.4平方公里，形成“一河两岸三城”框架布局。新建改造城区道路26条，新建农贸市场18个、生态停车场6个、公厕24座，改造老旧小区22个。开展机动车礼让斑马线等交通整治行动，推动文明交通由外在约束向内在自觉转变。获评中国最美丽县、中国十佳宜居县。镇村建设步伐加快。乡镇“六大工程”深入推进，改造危旧片区471.3万平方米、卫生户厕10万座，创建市容示范街34条。土地综合整治“6+1”工程深入实施，启动36个新型农村社区核心区建设，创建省三星级康居示范村3个、省“美丽乡村”建设示范村6个。50%左右的乡镇镇区通上了天然气，所有行政村通上了公交车，区域供水通村率、达户率分别达100%、98%，新增受益农户17.2万户。生态建设成效明显。推进扬尘、油烟、工业废气等整治行动，淘汰黄标车1526辆、拆除燃煤锅炉146台，秸秆禁烧和综合利用工作连续8季获评全市一等奖，2016年空气优良天数达标率83.8%。全面完成包河水系改造，实现活水入城和五大水系循环贯通，新改建污水处理厂20座，被列为全国村庄生活污水治理示范县。建成超10万平方米开放式公园6个，年均新增城市绿地60万平方米，荣获绿色江苏建设生态创建成就奖和突出贡献奖，国家级“三城一县”创建圆满收官。

——*五年来，我们致力惠民生、促和谐，人民生活持续改善*。居民收入稳步增长。全民创业深入推进，累计净增返乡创业3450人，获批全国首批返乡创业试点县、省级创业型城市。创新开展“四送四资”，实施“联村共建”项目249个、“家门口”就业项目246个。城乡居民收入分别达23566元和13952元，是2011年的1.62倍和1.67倍，20.11万农村低收入人口、61个省定经济薄弱村实现“十二五”脱贫目标。社会事业全面发展。建成上海路中小学、南京路小学等学校14所，高考本二达线率四年蝉联全市第一；荣获省促进义务教育均衡发展先进县、省中小学校责任督学挂牌督导创新县称号。建成二级医院4家、一级甲等医院28家，村级卫生室全面达标；在所有乡镇医院实施国家基本药物制度，农民看病门诊和住院自付费用分别下降26.68%、18.78%。获评苏北唯一“书香之县”，“书香城市”通过省考核验收，获批省公共文化服务体系建设示范区、省公共体育服务体系示范区，创成省体育强县。保障体系更加完善。职工“五险”综合覆盖率稳定在95%以上，新农合参合率达99%，城乡最低生活保障每人每月提高到390元、490元，五保集中和分散供养每人每年提升到6500元、5500元。县社会救助服务中心投入运营，设立“一门受理、协同办理”救助服务窗口7个。基本建成各类保障性住房15005套，改造棚户区80万平方米，发放安置补贴21.26亿元。

——*五年来，我们致力转作风、提效能，自身建设全面加强*。依法行政能力持续增强。在全市率先组建政府法律顾问委员会，出台重大行政决策程序规定等文件，推进政府依法决策、科学决策。建立综合执法监管制度，“两法衔接”机制不断完善，对行政败诉案件进行严格问责，通过省行政复议规范化建设验收，获评省法治创建先进县、省法治建设示范县。积极办理人大代表议案和政协委员提案，办复率、满意率分别达100%、97%。行政服务效能不断提升。严格执行前置审批目录48项，前置改后置审批目录165项，非行政许可项目全面取消。乡镇和32个政府部门权力清单向社会公布，实现清单之外无权力。畅通政民互动渠道，12345政府服务热线、网络问政等平台办理各类群众诉求28.2万余件，办结率98.2%、群众满意率93.6%，为群众解决了一批问题难事。深入开展“两学一做”学习教育，政府工作作风不断改进。社会治理模式有效创新。推行社会治理“333+T”模式④，构建三级网格1063个，实现小事不出村、大事不出镇。推行“两条线”工作法，妥善处理各类社会矛盾，安全生产形势持续向好，未发生重特大食品药品安全事故。加快“平安泗阳”建设，连续十三年获评省级平安县。四次蝉联省双拥模范县。信用产品得到广泛应用，曝光失信人员379名，守信激励和失信惩戒机制全面发挥作用。入选中国好人12人、江苏好人20人。审计、统计工作得到新加强，新闻、物价、科协、供销、烟草、石油、盐务、地震、气象、消防、人民武装、史志档案、外事侨台、民族宗教等工作取得新成效，老龄、妇女、儿童、青少年、残疾人、红十字等事业也取得了新进步。

五年的砥砺奋进，五年的不懈追求，不仅为未来发展奠定了坚实的基础，也积累了宝贵的经验和有益启示。回顾过去五年的发展，我们深深体会到：必须把加快发展作为第一要务。顺应发展大势，遵循发展规律，全力以赴抓项目，凝心聚力谋发展，坚定不移调结构、转方式、促转型，切实增强经济免疫力，夯实县域经济发展基础。必须把改革创新作为动力引擎。坚持向改革要动力、向创新要活力，深入推进重点领域和关键环节改革，大胆破除制约发展的体制机制障碍，全方位激发经济社会发展活力，拓展发展空间，拓宽发展道路。必须把绿色发展作为根本遵循。牢固树立“绿水青山就是金山银山”理念，深入推进经济生态化、生态经济化，大力发展绿色工业、现代农业和生态旅游业，走出一条“生态为本、绿色崛起”特色发展之路。必须把造福百姓作为执着追求。坚持民生至上的发展理念，围绕“医教水住行”等群众关心的问题，持续加大对保障和改善民生的投入，不断增强人民群众获得感和满意度。必须把务实落实作为坚强保障。大力弘扬“马上就办、真抓实干”工作作风，建立目标化管理、项目化推进的工作机制，求真务实、埋头苦干，努力把县委决策转化为全县上下你追我赶、勇争一流的具体行动。

未来五年工作展望

未来五年，是泗阳全面建成小康社会的决战决胜阶段，也是泗阳向着“强富美高”目标阔步前行的关键时期，我们要以“两聚一高”为统领，从全局的高度、战略的眼光辩证审视所面临的形势。从外部环境看，全球经济增长继续保持复苏态势，国内经济虽告别高速增长进入新常态，但随着供给侧结构性改革深入推进，新的增长动力正在孕育形成，经济长期向好的基本面没有变，仍处于可以大有作为的战略机遇期。从我县自身看，“一带一路”、长江经济带、淮河生态经济带、沿东陇海线经济带等国家和省级战略，为我们提供了难得机遇和有力支撑；特别是随着徐宿淮盐高铁、国家级经济技术开发区、生态经济示范区建设提速实施，泗阳的区位优势、空间优势、生态优势更加凸显，将更有利于我们扩大对外开放、集聚发展要素。站在新起点，面对新机遇，只要我们把宏观的形势把握好，把叠加的机遇利用好，把独特的优势发挥好，就一定能够推动泗阳实现新一轮大发展、大跨越。

今后五年政府工作指导思想：深入贯彻习近平总书记系列重要讲话精神，统筹推进“五位一体”总体布局和协调推进“四个全面”战略布局，全面落实省第十三次党代会、市第五次党代会、县第十二次党代会决策部署，始终坚持稳中求进的工作总基调，自觉践行“五大发展理念”，积极引领经济发展新常态，深化供给侧结构性改革，以“两聚一高”为引领，以“三抓三促”为主线，以“三转三稳”为取向，全面做好稳增长、促改革、调结构、惠民生、优生态、防风险各项工作，努力建设“强富美高”全面小康新泗阳。

今后五年经济社会发展愿景：经济质效显著提升。主要经济指标的总量均量、质量速度快速提升，居民收入、企业利润、财政收入“三个口袋”更加充实，供给侧结构性改革任务全面落实，地区生产总值年均增长8.5%左右，固定资产投资年均增长12%左右。城乡建设特色彰显。全县发展空间布局持续优化，城市品位不断提高，特色小镇培育成效明显，美丽乡村建设全面推进，常住人口城市化率提高到55%左右，逐步实现城乡居民基本权益平等化、城乡公共服务均等化、城乡要素配置合理化。生态环境不断优化。生产方式、生活方式绿色化水平不断提升，绿色发展成为鲜明特色，人民群众生态福祉持续增加、对生态环境满意度持续提高，力争创成国家生态文明建设示范县、列入省生态保护引领区。人民生活更加幸福。城乡居民人均收入实现较快增长、年均增长8.5%左右；社会就业更加充分，保障体系更加完善，脱贫致富奔小康工程圆满收官，“医教水住行”等社会事业协调发展，人民群众更多更公平地享受改革发展成果，生活得更有尊严、更加幸福。社会文明全面进步。社会主义核心价值观深入人心，公民文明素质、社会文明程度、文化软实力等显著提高，力争创成全国文明城市。法治泗阳建设深入开展，社会既保持和谐稳定又充满旺盛活力，法治成为泗阳发展的核心竞争力。

2017年工作重点

今年是党的十九大召开之年、供给侧结构性改革的深化之年，也是全面建成小康社会的攻坚之年。我们将继续把握好稳中求进工作总基调，紧紧围绕“两聚一高”发展主题，创新转型促发展，生态富民求突破，全力推动经济社会平稳健康发展，确保全面完成年度各项目标任务。全县经济社会发展主要预期目标：地区生产总值增长8%-8.5%，一般公共预算收入同口径增长10.6%左右，固定资产投资增长13%左右，社会消费品零售总额增长12%左右，服务业增加值占GDP比重达36.8%，全体居民人均可支配收入与经济发展同步，万元GDP能耗完成省市下达任务。重点做好八个方面工作。

一、突出抓好生态建设，着力促进绿色发展。以创建国家生态文明建设示范县为引领，探索生态经济化、经济生态化新路径，推动生态建设与经济发展互利共赢。加快健全生态体系。严格落实生态红线保护制度，抓好生态空间管控与保护，确保全县生态红线面积占比不低于40%。建设“三河一湖”生态走廊，全面推行“河长制”，推进“五大湿地”以及成子湖、淮沭河等水源地保护与生态修复，提升沿河、沿湖重点区域生态稳定性，年内完成洪泽湖退圩还湖5000亩，让人民群众不断感受到河湖生态环境的改善。强化生态建设和环境保护目标责任制考核，健全完善生态环境责任追究制度，加大环境执法力度，严肃查处违法行为。不断优化生态环境。扎实推进“两减六治三提升”⑤专项行动，集中力量解决环境突出问题。围绕控煤、治气、管车、降尘，深入开展大气质量提升行动计划，坚决把霾污染降下来，年内新投放新能源出租车50辆、镇村公交21辆，PM2.5下降5%，削减COD588吨以上。启动实施水污染防治“三减三增”⑥、“三扩三提”⑦工程，推进包河截污导流、清流入城和农村河道疏浚、村庄污水治理等重点工程，年内城北污水处理厂三期扩建、农业产业园污水处理工程投入运行，建成村庄生活污水处理设施60个，疏浚县乡河道25条。加快推进生活垃圾收运利用、餐厨垃圾处置和建筑垃圾再利用，确保垃圾分类覆盖范围达15%。系统整治农业面源污染，推广畜禽粪污综合利用技术模式，年内建成生态养殖示范项目5个，禁养区内养殖场（小区）基本完成关停搬迁，农业废弃物综合利用率超95%。全力发展生态经济。推进企业循环式生产、产业循环式组合、园区循环式改造，大力培育节能环保产业，建成生态示范企业8家，淘汰落后设备100台套。启动实施生态农业“百千万”工程⑧，推进成子湖生态农业示范园、高渡田园风光生态农业示范园建设，年内新（续）建高标准农田4万亩。大力发展生态旅游，做大乡村旅游、农业观光、农旅融合文章，年内创建三星级以上乡村旅游点2个，成子湖旅游综合服务区及配套工程建成使用。

二、加快发展工业经济，着力壮大综合实力。深入实施工业强县“333”计划，加快推进新型工业化，为当前稳增长、长远增后劲注入强劲动力。头版头条抓招商。坚持“提着篮子去买菜”，围绕“2+1+1”招商目录，集中精力主攻“四类重点企业”，深化与中纺机、中国林产集团等央企战略合作，推动一批产业层次高、带动能力强、税收贡献大的项目落户；全年新开工、竣工亿元以上项目28个和18个，引进主导产业项目占比超70%，完成工业固定资产投资超300亿元，实际利用外资5500万美元。坚持把产业链招商作为主攻方向，对新兴产业进行“建链”、对现有产业缺失环节进行“补链”、对优势产业进行“强链”，促进主导产业向集群化方向发展。适度提高项目引进门槛，加强招商项目论证和可行性分析，杜绝“三高三落后”项目落户。一着不让抓“育商”。以“511”工程为抓手，深入开展龙头骨干企业、上市挂牌企业、高新技术企业等培育行动计划，鼓励重点企业规模化、集团化发展，年内新增开票销售超5亿元企业5家、“新三板”挂牌企业3家、国家高新技术企业10家。坚持内培与外引并重，支持成长型企业加快发展，鼓励本土企业“二次创业”。推进企业“腾笼换鸟”“机器换人”，深化制造业和互联网融合发展，年内完成千万元以上技改项目80个、兼并重组企业20户。鼓励企业争创品牌和参与标准制定，培育中国驰名商标1件、省著名商标2件，参与制（修）定行业标准3个。全力以赴抓载体。按照“五有三转”要求，推进各类园区提档升级，经济开发区围绕国家级经济技术开发区创建目标，加快泗阳港、省道267开发区段等基础设施建设，推进家纺展示中心、科技创新中心等载体平台建设，争取设立海关和检验检疫分支机构。意杨产业科技园加快“四横五纵”交通路网和各类科技创新平台建设，年内四号桥连接线、意杨大道西延、省道267园区段、成子河货运码头启动建设，科创服务中心、科技孵化器建成运营，基本具备省级高新区创建条件。吴江（泗阳）工业园深化与苏南园区合作，年内2.74万平方米标准化厂房投入使用、承接亿元以上转移项目2个以上。乡镇全民创业园加快特色化发展，全年新增开票销售超3000万元企业38家、实现工业增值税超2亿元。精心精细抓服务。建立县级领导联系挂钩、定期会办调度制度，对重大问题进行统筹协调解决；健全部门全程帮扶推进机制，常态开展“两访两帮”“三服务三促进”等助企活动，当好服务企业发展的“店小二”；排定重点企业帮扶目录，落实“一企一策”帮扶措施，提升服务助企实效。更大力度推动银企对接，引导金融资本助推实体经济，全年新增工业贷款10亿元以上，争取政策性金融信贷资金30亿元。清理低效闲置用地，盘活存量建设用地，争取全年盘活存量土地4000亩以上。

三、更加注重内涵提升，着力打造精品城市。围绕补齐城市发展“短板”，扎实抓好城市管理“363”行动⑨，全力打造运河之畔最美县城。提升城市建设品质。以“多规融合”理念统筹抓好县城河岸线、生态水域、重要节点街景和交通路段的规划设计，通过精细规划和刚性执行促进城市建设上档次、上品位。年内完成城市总体规划修订、航拍测绘和城南、西康片区控制性详规及21个专项规划编制。结合违建整治提升行动，加快城中村和危旧片区改造，年内完成房屋征收100万平方米。稳妥推进23个重点房地产项目建设，适度建设一批环境优雅、设计优秀的高档“七优”小区⑩，促进房地产业健康稳定发展。启动天后宫特色街区建设，打造桃源中路诚信示范街、瑞禾阳光城南门步行街等5条特色活力街区，增强城市活力和内涵。规划建设“城南记忆·城市生态客厅”，打造服务完善、使用方便、环境宜人的城市公共空间和生态涵养空间。推进城市绿化建设，新建一批彩色林荫大道和落叶景观道路，年内运河风光带三期启动建设，泗水河公园、运河风光带慢行步道建成开放，新增城市绿化40万平方米。强化城市基础配套。优化城市交通路网，启动高铁站改造和宿淮铁路下穿工程建设，新改建滨河大道三期、繁荣中路等主次干道12条，打通长春西路、文成路西延、洪泽湖大道北延等断头路，推动西康、城北加快融入主城区。推进前进、红光等5个“城市之家”⑪建设，整合社区服务与公共设施职能，合理配建停车场、菜市场、文体活动、公共浴室、幼托养老等生活服务设施，着力构建十五分钟生活圈。加快“两场一厕”等基础配套建设，年内建成停车场7个，改造提升农贸市场8个、垃圾中转站4座，新建三代公厕5个，全面完成二类以下公厕改造任务。启动地下综合管廊建设，加快城区排涝整治，年内完成富春河、长春路东延等雨污水贯通工程，改造人民南路等易涝易淹区3处以上。提高城市管理水平。突出“一街一景、一路一特色”，对门头牌匾、建筑立面、户外广告、街景亮化等进行升级，年内完成北京路、市民广场景观亮化及5条城市街景提升改造。加强小区物业规范化管理，让市民参与服务质量考核和评价，改造提升老旧小区4个。持续开展机动车礼让斑马线、行人闯红灯、三轮车违法载客等整治行动，巩固和扩大流动摊点整治成果，推动“泗阳规矩”内化为“泗阳习惯”。推进环卫保洁市场化运行，年内生活垃圾焚烧发电项目启动建设，城区机械化吸扫冲洗率达85%以上。

四、统筹推进镇村建设，着力推动协调发展。围绕“让乡村生活更加美好”目标，以乡镇“六大工程”为统领，加快特色镇村、美丽村庄建设，持续提升农村人居环境。推进乡镇特色发展。顺应新型城镇化发展规律，统筹重点镇和特色镇规划建设，培育一批工业强镇、商贸重镇和旅游名镇，构建各类城镇协调发展的城镇体系。持续开展镇区面貌提升行动计划，按照“五化”⑫标准创建市容示范街15条，其中市级示范管理街道3条。按照产镇融合、规模适当、市场运作原则，高起点规划、高水平建设卢集生态经济示范镇，融入书画、休闲、养生等新鲜元素，放大资源禀赋、生态环境、产业特点，加快“三集中、三转变”⑬

步伐，着力打造全市生态经济建设的示范样板和亮点工程。坚持“有核无边”发展理念，聚焦产业发展载体、合作共赢社区、创新创业空间功能定位，统筹生态经济示范镇创建、片区扶贫开发、特色小镇建设等规划叠加，启动渔游诗画小镇、厨柜家居小镇建设。推进新型社区建设。坚持集中居住和美丽乡村建设有机结合，深入实施农村土地综合整治，加快推进八堡、周岗嘴等5个市级美丽乡村建设，完成10个康居示范村和14个功能提升村公共配套建设，着力打造一批“四美”乡村[14]。探索农民宅基地有偿腾退机制，简化农民建房审批环节，鼓励农民到规划发展村庄翻建、插建房屋，形成村庄组团效应。实施农村环境综合治理，开展美丽庭院评比、垃圾分类“积分激励”等活动，改造卫生户厕5000座。推进基础设施建设。加快推进徐宿淮盐高铁泗阳段、省道347、267等重大交通基础设施建设，年内省道330裴圩至高渡段、钱爱线里仁段、众裴线李口段建成通车，徐淮路改建完成路基工程，滨湖公路南延完成路面铺设，临港物流园完成配套工程60%以上。加快农村公路提档升级步伐，年内完成主要道路交通标志标线施划，改造提升农村公路50公里、危桥15座。完善水利基础设施配套，年内完成黄河故道干河治理、千亿斤粮食末级渠系和小型农田重点县项目建设，黄河故道成子河分洪闸建成投用。推动供气、供电、网络等基础设施城乡联网、共建共享，年内临河镇区、大兴社区通上天然气，三庄110千伏输变电工程投入使用，裴圩等3个110千伏输变电工程完成土建工程，逐步实现乡村宽带接入网和移动4G通信网城乡全覆盖。

五、积极调整产业结构，着力提升农业效益。围绕转变农业生产方式，坚持“四减四扩、五化同步”发展思路，全力打造生态、高效、特色、现代的农业产业体系。推动产业特色化。科学制定特色农业发展规划，推进沿淮沭河、省道267和钱爱路“一河两带”产业布局调整，每个乡镇建设一个2000亩左右、成方连片、单一品种的农业结构调整示范点，全县非粮化种植面积比例超27%。积极推广立体种养、水产套养等新模式，年内新增优质稻米3万亩、青虾养殖5000亩、设施果蔬基地1万亩，农业机械化水平达81.5%，力争创成省级粮食生产全程机械化示范县。推动农民职业化。积极发展壮大一批家庭农场、专业大户和农业龙头企业，年内新增市级以上农业龙头企业5家以上。推进“一社一群一中心”建设，推广联耕联种、土地托管等新模式，新建市级以上示范合作社10家、家庭农场集群4个，新增适度规模经营面积5万亩。推广“园区+企业+农户”新模式，年内对农业产业园基础设施进行提升改造、创成省级农业标准园6个，建成500亩以上生态高效农业项目10个，带动1000名以上农民进入企业或基地务工。推动经营效益化。探索“一产接二连三”全产业链模式，发展高集约度、高附加值、高外向型农业，年内引进农业深加工企业2个以上，“一村一品一店”标准村达60%以上，华绿生物科技五期、康宏菌业三期等项目建成投产。大力发展连锁配送、网上销售、农超对接等现代营销业态，年内在大中城市设立专卖店、直营专柜30个以上。开展农产品质量安全县、农业综合执法体系示范县创建，年内新增“三品一标”农产品30个以上、省级以上农产品品牌1个以上，建成产品综合检测检验中心。

六、注重聚焦富民惠民，着力增进群众福祉。把人民对美好生活的向往作为奋斗目标，在解决好“医教水住行”热点问题同时，更加关注“法访文保收”等难点问题，千方百计增强群众获得感和幸福感。加快富民增收步伐。进一步降低创业门槛，积极推进“七大群体激励计划”，精心做好“五小创业”[15]文章，年内新增自主创业1万人。加快推进电商发展“五大工程”[16]，年内建成淘宝村6个以上，村（居）网络创业中心覆盖率达90%以上，创成国家电子商务进农村综合示范县。大力开展职业技能培训，着力做好城乡困难群体就业工作，新增就业再就业9000人以上。聚焦低收入农户增收和经济薄弱村发展，深入开展“三进三帮”“联村共建”“菜单式帮扶”等精准扶贫行动，积极做好扶贫小额贷款创新试点工作，年内实施各类扶贫项目1.5万个，为低收入农户送出岗位2500个，发放小额扶贫贷款2亿元以上，1.8万低收入人口、16个省定经济薄弱村实现脱贫。加快成子湖片区、涟沭泗结合部110个重点项目建设，不断改善“两大片区”生产生活条件。提高公共服务水平。推进教育现代化建设，新建北京路实验学校、城南小学，改扩建双语小学、实验初中、上海路中学，西康小学及幼儿园、城北小学建成使用，加固校舍11.96万平方米、改薄4.97万平方米，高考本科达线率蝉联全市第一。推进“健康泗阳”建设，加快医疗扩容提质，落实分级诊疗制度，年内启动县医院三级综合医院创建、中医院门急诊综合楼建设，新增一级甲等医院2家，县域内就诊率达90%，家庭医生签约覆盖率超30%。推进饮水安全提升工程，全力改造供水管网，改建增压泵站1座，对9家小区二次供水设施进行提升改造。推进文化阵地和体育基础设施建设，改造提升城市展示馆，建成标准化村居综合文化服务中心60个，县图书馆新馆对外开放，新建乡镇体育公园2个。完善社会保障体系。持续开展社保扩面提标幸福行动，加快整合城乡居民医疗保险制度，年内养老、医疗、失业三大保险综合覆盖率保持在95%以上。鼓励社会力量进入养老产业，推动医养融合发展，年内新建康复护理院4家，新增养老床位1000张以上。实施住房保障工程，完成文锦苑等3个项目地块征收，改造棚户区60万平方米、农村草危房200户以上。完善“大救助平台”，年内县儿童福利院和救助管理站建成使用。深化殡葬改革，建成13处公益性生态节地型公墓。

七、不断创新社会治理，着力提升文明程度。坚持治理与服务相结合，健全和改进社会治理机制，推动物质文明和精神文明协调发展。深化精神文明建设。开展社会主义核心价值观“五进”活动，努力在全社会形成共同的理想追求、精神支柱和思想道德基础。持续推进全国文明城市创建10项行动，聚焦“六个一”德育主题阵地、八项文明创建细胞工程，培育选树道德模范、时代楷模、最美人物等各类典型，推动志愿服务制度化，年度入选中国好人1人、江苏好人2人，成功迈入提名城市行列。增强社会治理能力。健全基层社会治理体系，完善“政社互动”“三社联动”工作机制[17]，强化村（社区）网格化管理，推动三级综治中心规范化运行。推进四类社会组织直接登记，年内培育孵化成长型社会组织20家以上。加快社区建设提档升级，巩固社区减负增效成果，年内创成三星级以上社区服务中心24个。围绕打造“诚信泗阳”，在完善企业、个人信用数据库基础上推进政务诚信建设，年内农村信用信息系统上线运行。维护社会安全稳定。拓宽社情民意表达渠道，巩固领导干部接访、下访、包案制，推动信访积案化解。实施重点行业领域隐患排查和专项整治，完善应急管理体系，确保不发生重特大安全事故。推进市场监管重心下移，加强食品、药品等领域常态监管，巩固省级食品安全城市创建成果，保障群众“舌尖上”安全。以提升老百姓安全感、满意度为出发点，加快“平安泗阳”建设，完善社会治安立体化防控体系，依法打击各类违法犯罪行为；推进“大数据中心”“技防城”二期建设，力争实现乡镇视频监控“村村通”。

八、全面深化改革创新，着力增强发展活力。以供给侧结构性改革为引领，全力推动重点领域改革创新，为经济社会发展注入强大动力。深化供给侧结构性改革。深入贯彻中央和省市部署要求，持续推动“三去一降一补”五大任务有效落实。积极引导钢铁、水泥、化工等生产企业淘汰过剩产能，运用市场机制、法治办法稳妥处置“僵尸企业”。结合促进人口城镇化，打通商品房与保障房之间通道，年内力争可售住房面积消化周期缩短至11个月以内。进一步扩大直接融资规模，规范政府举债行为，年内启动4个PPP项目建设。动态清理行政事业性收费项目，力争企业交易成本特别是制度性成本持续下降。完善补短板项目储备和推进机制，不断补全硬短板和软短板、发展短板和制度短板。加快重点领域改革。稳妥推进同一乡镇村庄建设用地布局调整等改革试点，探索推行长期租赁、先租后让等多样化供地机制，年内新增耕地1万亩以上。细化和落实承包土地“三权分置”[18]办法，年内发放“两权”抵押贷款5000万元；加快制定农村产权流转交易规则，全年入市交易总量不少于400笔。推行项目“多评合一”、建设领域“多图联审”等改革，做好企业投资项目不再审批、工业类产品生产许可制度改革等试点，年内实现个体工商户“两证合一”。探索实施相对集中行政许可权改革，逐步实现“一枚印章”管审批。加大行政资源整合力度，年内在王集、新袁开展镇域综合执法改革试点，建立跨部门执法联动响应和协作机制。深化国有公司改革，推动县级投融资平台向实体化、市场化方向转型。做好财政涉农资金管理改革试点工作，破解资金“碎片化”、项目“随意化”等问题，提高涉农资金管理效能和使用效益。实施创新驱动战略。推进企业研发载体“增量扩面”、平台“提质增效”工程，鼓励支持行业骨干企业建立重点实验室、企业技术中心、工程技术研究中心等技术创新平台，年内规模以上工业企业研发机构建有率达80%以上，院士工作站实现“零突破”。大力发展“四众”支撑平台，加快中小企业科技创新孵化平台建设，年内建成众创空间2个以上，新增孵化器6万平方米。实施人才引领发展“五大行动计划”⑲，建立有吸引力的利益分配政策，完善人才引培激励机制，全年引进国家“千人计划”专家2名以上，省“双创”人才2名以上，省“双创博士”6名以上。

建设人民更加满意政府

推进依法行政。进一步加强法治政府建设，将政府各项工作纳入法治轨道，切实做到法无授权不可为、法定职责必须为。围绕打造“法治泗阳”，落实法治建设主体责任，完善政府重大问题决策、重要项目安排、大额资金使用决策法定程序，确保各项重大行政决策合法合规、符合群众意愿。健全政府法律顾问、行政败诉案件过错追责制度，通过行政问责倒逼依法行政。深入实施“七五”普法，年内法律“六进”实现全覆盖。依法接受县人大及其常委会的监督，主动接受县政协民主监督以及司法、审计、舆论和社会监督。

提升工作效能。推进“互联网+政务服务”，对接省市“一张网”服务平台，建立以需求为导向的简约便捷公共服务机制，让政务服务更智能，群众办事更方便。创新“网络问政”方式渠道，让群众话有地方说、困难有人帮。健全领导干部直接联系基层制度，大力推行“一线工作法”，努力从基层汲取破解发展难题的智慧与方法。突出政府执行力建设，对县委决定的事项、人大形成的决议、政协提出的建议、面向群众的承诺，发扬“马上就办”作风，以“钉钉子”精神狠抓落实。探索建立创新激励和容错纠错机制，旗帜鲜明地保护创新者、鼓励探索者、宽容失误者，充分调动广大干部的积极性和创造性。

加强廉政建设。严守政治纪律和规矩，认真落实党风廉政建设责任制，严格履行“一岗双责”，全面贯彻《廉洁自律准则》和《纪律处分条例》。深入贯彻中央八项规定、省委十项规定及市县委有关作风建设要求，进一步扩大明查暗访、作风评议范围，推动政府系统作风建设不断深化、持续转变。深入开展财经领域“四项整治”行动，不断加大对国有资产资本、公共资源交易的行政监察和审计监督力度。加大部门预决算、“三公”经费预决算公开力度，严格控制一般性支出，年内“三公”经费保持零增长。坚持用制度管权管事管人，以零容忍的态度严肃查处各类违纪违法案件，树立干部清正、政府清廉的良好形象。

名词解释：

①**“1+7+X”制度文件：**供给侧结构性改革中的一个实施意见、七个实施方案、若干个配套文件。

②**“两权”抵押贷款：**农村承包土地经营权和农民住房财产权抵押贷款。

③**“一社一群一中心”：**村级土地股份合作社、家庭农场集群、综合服务中心。

④**社会治理“333+T”模式：**健全乡镇（街道）、村（居）、组（社区）三级网格，规范综治办、治保会、调委会三项工作，落实民情民意搜集、矛盾纠纷化解、民生法治保障三个到位；T指各乡镇、村居创新工作，形成各具特色的工作经验，县综治办及时总结推广。

⑤**“两减六治三提升”：**参见21页。

⑥**水污染治理“三减三增”：**减排、减化、减养；增加污水处理能力、增加生态湿地面积、增加绿化面积。

⑦**污水处理“三扩三提”：**县城扩量提质、乡镇扩容提标、村居扩面提速。

⑧**生态农业“百千万”工程：**百亩家庭农场、千亩生态农业示范园区、万亩高标准农田。

⑨**城市管理“363”行动:** “3”即三大创新，体制创新、理念创新、科技创新；“6”即六大提升，

功能配套提升、环卫管理提升、街景整治提升、城市秩序提升、特色街区提升、违建整治提升；“3”即三大保障，政策保障、机制保障、队伍保障。

⑩**“七优”小区**：布局优、功能优、品种优、风格优、品质优、环境优、管理优。

⑪**“城市之家”**：包含社区警务、综治、菜场、托幼养老、公共浴室、电商物流中转站、公共活动空间等为一体的社区综合服务中心，为周边市民提供便捷服务。

⑫**街道“五化”**：硬化、绿化、亮化、净化、美化。

⑬**“三集中、三转变”**：推动人口向镇区集中、工业向园区集中、土地向规模经营集中，加快农民向股东转变、务农向务工转变、打工向创业转变。

⑭**“四美”乡村**：美在田园风光、美在乡土气息、美在幸福生活、美在文明淳朴。

⑮**“五小创业”**：小网店、小工厂、小农场、小物流、小服务创业。

⑯**电商发展“五大工程”**：知识更新、创新引领、平台集聚、品牌建设、金牌服务等五大工程。

⑰**“三社联动”工作机制**：通过社区建设、社会组织培育和社会工作现代化体制，形成政府与社会之间互联、互动、互补的社会治理新格局。

⑱**“三权分置”**：农村土地集体所有权、农户承包权、土地经营权“三权”分置并行。

⑲**人才引领发展“五大行动计划”**：英才倍增计划、素质提升计划、双创领跑计划、活力激发计划、服务升级计划。

重要文件选载

中共泗阳县委《关于推进党建精准扶贫工作的实施意见》的通知

泗发〔2016〕5号

（2016年3月9日）

为充分发挥基层党组织的政治引领和服务发展功能，扎实推进精准扶贫精准脱贫，最大限度凝聚扶贫工作合力，现结合我县实际，就推进党建精准扶贫工作提出如下实施意见。

一、指导思想

认真贯彻落实党的十八大和十八届三中、四中、五中全会精神和习近平总书记关于扶贫开发的重要讲话精神，按照“围绕扶贫抓党建、抓好党建促扶贫”的总体要求，找准基层党建与精准扶贫深度融合点，充分发挥基层党组织的战斗堡垒作用和党员的先锋模范作用，将党的组织优势、政治优势转化为发展优势，以党的建设引领扶贫、服务扶贫、保障扶贫，不断提高我县精准扶贫工作成效，为建设“强富美高”全面小康新泗阳提供坚强组织保障。

二、主要措施

1. 强化党建责任聚力精准扶贫。层层压实党建精准扶贫工作责任，建立县级党员领导干部联乡包村帮扶、乡科级干部挂村帮扶、党员干部联户帮扶三级帮扶责任体系，实现经济薄弱村、发展滞后村、低收入户与党员干部结对帮扶全覆盖，切实做到不脱贫不脱钩。建立党建精准扶贫目标责任制，将党建精准扶贫工作纳入基层党建目标管理考核体系，乡、村两级层层签订责任状。制定党建精准扶贫业绩考核评价办法，精准确定考评对象、考核指标，考核结果作为干部选拔任用和评先评优的重要依据。调整优化村级组织分档竞赛考核办法，提高村党组织推动精准扶贫工作考核权重，重点在扶贫项目实施、富民产业培育、“家门口”就业工程招引等方面看成效，着力提升村党组织脱贫攻坚内生动力。

2. 建强基层组织引领精准扶贫。充分发挥基层党组织在精准扶贫工作中的领导核心作用，全面提升党组织的战斗力、凝聚力和创造力。积极适应农村经济社会发生的深刻变化，优化基层党组织设置方式，把支部建在农民合作社、家庭农场、农产品加工企业上，实现党组织的全面覆盖和有效覆盖，引领带动农户创业就业、增收致富。围绕精准扶贫工作的实际需求，按照“资源共享、以强带弱、共赢共富”的思路，以强村带弱村、大村帮小村的方式设立党组织，以党建资源的整合带动发展资源的盘活。以经济薄弱村、发展滞后村和软弱后进村为重点，实行“一村一策”，持续推进整顿转化，不断提升村党组织引领发展能力和为民服务水平。

3. 锻造骨干队伍服务精准扶贫。坚持把村党组织带头人队伍建设作为脱贫攻坚的关键，以“村村都有好支书”为目标，以村（社区）“两委”换届为契机，加大从优秀村组干部、农村致富带头人、大学生村官、复退军人、在外务工创业成功人士中培养选拔村党组织书记力度，选优配强村党组织带头人；建立村党组织书记分类培养制度，对优秀书记高端培养、一般书记压担培养、落后书记结对培养，促进全面进步全面过硬。加大村干部队伍的培训力度，着力提高创业发展能力和服务群众水平，打造一支永远不走的扶贫工作队。充分发挥乡镇扶贫专干作用，进一步落实工作责任，强化工作保障，不断凝聚扶贫工作合力。实施党员先锋创业引领工程，着力培育一批党员核心示范户，用身边典型激励身边人，带动更多群众脱贫致富。每个村每年培养党员致富能手不少于5名。

4. 创新富民载体推进精准扶贫。整合党建扶贫资源，创设党建扶贫超市，分类编排党建扶贫菜单，推行低收入户点单、党组织下单、党员大户接单“三单制”，定向结对，靶向治疗，提升精准扶贫成效。深入推进“支部+电商”党建富民、大学生村官“一人一品一店”创业扶贫工作，实行“代购代送连心工作法”，努力将基层党组织政治优势转化为创业富民和服务群众优势。深化农村党员干部“一人联百户”工作，突出抓好与贫困户、五保户、残疾人等农村弱势群体的联系服务工作，积极主动地为他们办实事、解难事、做好事，确保精准扶贫工作不漏一户、不落一人。按照“八位一体”模式，建好管好用好村党群服务中心，配齐服务设施，完善服务功能，扎实做好低保申请、新农保、新农合等便民服务事项，为村民提供“全方位、一站式”服务。

5. 完善工作机制保障精准扶贫。建立“党建+”服务资源下沉扎根机制，推动人往基层走、钱往基层投、政策往基层倾斜，不断加大基层基础保障力度，为精准扶贫汇聚力量。健全村级民主管理制度，成立“小村监事会”，围绕扶贫项目实施、惠农政策落实、特殊群体关爱等方面发挥监督作用，保障扶贫措施落地见效。严格落实党员“统一活动日”、远教“固定学习日”制度，聚焦扶贫政策学习、产业技能培训、脱贫典型推介，不断丰富内容，着力提高农村党员群众创业脱贫能力。健全以财政投入为主的稳定的基层党建投入机制，设立为民服务专项资金，及时调增村级组织工作经费和村（社区）干部基本报酬，充分激发基层干部工作的积极性和主动性。

三、工作要求

1. 落实工作责任。坚持把抓党建精准扶贫工作的成效作为领导班子和领导干部实绩考核、党委（党组）书记党建述职的重要内容。建立健全党建精准扶贫工作联席会议，加大资源整合力度，充分调动社会各界参与的积极性，形成组织部门统筹、相关单位协调配合、社会各方力量共同参与的生动格局，切实提高党建精准扶贫工作质效。

2. 抓好典型示范。及时总结推广党建精准扶贫实践中的好做法和成功经验，着力打造一批能看、能学、有示范带动效应的党建精准扶贫示范点、党员创业带富示范户。开展“群众满意好支书”、“农村红色电商达人”等先进典型评选活动，充分利用各类媒体广泛宣传，扩大社会影响。同时，树立集约化、规模化理念，抓好党建精准扶贫示范点的连片成带工作，逐步形成规模效应、品牌效应和带动效应。

3. 加强督查指导。弘扬严实作风，采取定期与不定期、明查与暗访相结合的方式，开展经常性的督促检查和现场指导，确保党建精准扶贫工作取得实效。要健全经验交流、监督检查、评比通报等制度，及时总结提炼成功做法和先进经验，切实推动党建精准扶贫工作取得更实更好的成效。

（此件发至各乡镇党委、人民政府，各街道党工委、办事处，各园区（场）党工委、管委会，县委各部委办，县各委办局，县各直属单位）

中共泗阳县委
关于印发《在全县党员中开展“学党章党规、学系列讲话，做合格党员”学习教育实施方案》的通知

泗发〔2016〕9号

（2016年4月20日）

在全县党员中开展“学党章党规、学系列讲话，做合格党员”学习教育实施方案开展“学党章党规、学系列讲话，做合格党员”学习教育（以下简称“两学一做”学习教育），是面向全体党员深化党内教育的重要实践，是推动党内教育从“关键少数”向广大党员拓展、从集中性教育向经常性教育延伸的重要举措，是加强党的思想政治建设的重要部署，也是凝聚全县党员建设“强富美高”全面小康新泗阳的重大契机。根据中央和省、市委部署要求，结合泗阳实际，现就我县开展“两学一做”学习教育，提出如下实施方案。

一、目标要求

开展“两学一做”学习教育，必须全面贯彻落实习近平总书记重要指示精神和中央、省市委部署，把党的思想建设放在首位，以尊崇党章、遵守党规为基本要求，以用习近平总书记系列重要讲话特别是视察江苏重要讲话精神武装全县党员为根本任务，教育引导党员自觉按照党员标准规范言行，进一步坚定理想信念，提高党性觉悟；进一步增强政治意识、大局意识、核心意识、看齐意识，坚定正确政治方向；进一步树立清风正气，严守政治纪律政治规矩；进一步强化宗旨观念，勇于担当作为，在生产、工作、学习和社会生活中起先锋模范作用，努力在推动全面从严治党向基层延伸、保持发展党的先进性和纯洁性上取得新成效，在拓展党的群众路线教育实践活动和“三严三实”专题教育成果、解决党员干部队伍突出问题上取得新成效，在发挥基层党组织战斗堡垒和党员先锋模范作用、奋发有为干事创业上取得新成效，为党在思想上政治上行动上的团结统一夯实基础，为协调推进“四个全面”战略布局、贯彻落实新发展理念、建设“强富美高”全面小康新泗阳提供坚强组织保证。

“两学一做”学习教育不是一次活动，要把握特点，做到“六个突出”：突出正常教育，以党支部为基本单位，以“三会一课”等党的组织生活为基本形式，以落实党员教育管理制度为基本依托，真正把党的思想政治建设抓在日常、严在经常；突出正面教育，以科学理论武装头脑，以思想自觉引领行动自觉；突出学用结合，在学中做、在做中学，学而信、学而用、学而行；突出问题导向，带着问题学，针对问题改，着力解决一些党员在理想信念、党的意识、宗旨观念、精神状态、道德行为等方面存在的突出问题，推动解决党的组织生活中、党员和党员领导干部教育管理中、基层党组织建设中存在的问题，持之以恒纠正“四风”，抓好不严不实突出问题整改；突出务求实效，因地制宜、因人施策，给基层党组织结合实际开展学习教育、探索创造留出空间，坚决克服和防止形式主义、走过场，防止以简单开多少会、做多少笔记来评判学习教育成效；突出以上率下，发挥“关键少数”的引领作用，上级为下级作示范，书记给党员树标杆。

开展“两学一做”学习教育，必须紧扣大局全局，紧密联系泗阳实际，做到“五个结合”。一要与贯彻落实习近平总书记对江苏工作各项要求结合起来，把总书记视察江苏重要讲话作为学习的重点内容，引导党员学深悟透、融会贯通、笃信笃行，更好地武装头脑、指导实践、推动工作。二要与县乡领导班子换届结合起来，从严选拔、从严教育、从严管理、从严监督。三要与做好“十三五”开局各项工作结合起来，把学习教育激发出来的干劲和热情，转化为推动供给侧结构性改革、打好脱贫攻坚战、促进经济平稳健康发展的强大动力。四要与强化宣传思想工作引领作用结合起来，加强意识形态领域引导和管理，掌握“思想主权”，巩固“精神家园”。五要与开展“基层党建责任深化落实年活动”结合起来，着力解决基本组织、基本队伍、基本活动、基本制度等方面存在的突出问题，推动全县基层党建工作全面进步、全面过硬。

二、主要任务

开展“两学一做”学习教育，基础在学，关键在做。要区分层次、区分对象，在真学、实做上下功夫，确保学习教育扎实深入、取得实效。

1. 学党章党规，进一步增强党性修养。重在明确基本标准、树立行为规范，弄清楚该做什么、不该做什么，能做什么、不能做什么，提升尊崇党章党规、敬畏党章党规和遵守党章党规的思想自觉。

全体党员要逐条逐句通读党章，深入领会党的纲领、性质、宗旨、指导思想、奋斗目标、组织原则、优良作风，深入领会党员条件和义务，牢记入党誓词，明确做合格党员的标准和条件。认真学习《中国共产党廉洁自律准则》、《中国共产党纪律处分条例》、《中国共产党党员权利保障条例》等，掌握廉洁自律准则规定的“四个必须”、“四个坚持”，掌握各类违纪行为的情形和处分规定。认真学习党的历史，学习革命先辈和先进典型，从发生在身边的违纪违法案例中汲取教训，弘扬党的优良传统和作风，树立崇高道德追求，养成纪律自觉，守住为人、做事的基准和底线。

乡科级以上党员领导干部要在全面把握基本内容的基础上，重点掌握党章总纲和党员、党的组织制度、党的中央组织、党的地方组织、党的基层组织、党的干部、党的纪律等章内容，深刻把握“两个先锋队”的本质和使命，进一步明确“四个服从”的要求，掌握党的领导干部必须具备的六项基本条件；深入学习《中国共产党廉洁自律准则》、《中国共产党纪律处分条例》、《中国共产党地方委员会工作条例》、《中国共产党党组工作条例（试行）》、《党政领导干部选拔任用工作条例》等党内重要法规制度，重点掌握廉洁自律准则规定的“四个廉洁”、“四个自觉”，掌握党纪处分工作原则以及各类违纪行为的情形和处分规定，掌握党的地方委员会和党组的职责、组织原则、运行机制，掌握党政领导干部选拔任用原则、条件、要求；认真汲取周永康、薄熙来、徐才厚、郭伯雄、令计划等违纪违法案件的深刻教训，肃清恶劣影响，知敬畏、明底线、守规矩。

2. 学系列讲话，进一步统一思想行动。重在加强理论武装、增强“四个意识”，在思想上政治上行动上同以习近平同志为总书记的党中央保持高度一致。

全体党员要学习领会习近平总书记系列重要讲话特别是视察江苏重要讲话的基本精神，学习领会党中央治国理政新理念新思想新战略的基本内容，掌握与增强党性修养、践行宗旨观念、涵养道德品格等相关的基本要求。学习《习近平总书记系列重要讲话读本（2016年版）》。学习系列讲话，主要领会掌握以下7个方面内容：（1）理想信念是共产党人精神上的“钙”，树立正确的世界观、人生观、价值观；（2）中国梦是国家的梦、民族的梦、人民的梦，是中华民族近代以来最伟大的梦想，核心要义就是国家富强、民族振兴、人民幸福；（3）中国特色社会主义是实现中华民族伟大复兴的必由之路，增强道路自信、理论自信、制度自信；（4）“四个全面”战略布局是新的历史条件下党治国理政总方略，自觉用“四个全面”引领各项工作；（5）坚持创新、协调、绿色、开放、共享发展是关系我国发展全局的一场深刻变革，按照新发展理念做好本职工作；（6）践行社会主义核心价值观，弘扬社会主义思想道德和中华传统美德；（7）全面从严治党是全体党员共同责任，必须落实到每个支部和每名党员。

乡科级以上党员领导干部要坚持读原著、学原文、悟原理，在全面、系统、深入上下功夫，注重整体把握、掌握内在联系。以《习近平谈治国理政》和《习近平总书记重要讲话文章选编（领导干部读本）》为基本教材，学习《习近平总书记系列重要讲话读本（2016年版）》，深入领会关于改革发展稳定、内政外交国防、治党治国治军的重要论述，领会贯穿其中的马克思主义立场观点方法，领会贯穿其中的坚定信仰追求、历史担当意识、真挚为民情怀、务实思想作风。要注意围绕坚持和发展中国特色社会主义这个主题，着重领会以习近平同志为总书记的党中央治国理政新理念新思想新战略，突出以下7个方面：（1）深入领会我们正在进行具有许多新的历史特点的伟大斗争，我国发展重要战略机遇期变与不变的深刻内涵。（2）深入领会坚定中国特色社会主义道路自信、理论自信、制度自信，决胜全面建成小康社会，实现“两个一百年”奋斗目标和中华民族伟大复兴的中国梦。（3）深入领会统筹国内国际两个大局，协调推进“五位一体”总体布局和“四个全面”战略布局。（4）深入领会“五大发展理念”，主动适应、把握、引领经济发展新常态，更加注重推进供给侧结构性改革，以新发展理念引领发展实践。着力实施创新驱动发展战略，着力增强发展整体性协调性，着力推进人与自然和谐共生，着力形成对外开放新体制，着力践行以人民为中心的发展思想。（5）深入领会全面深化改革，推进国家治理体系和治理能力现代化；使市场在资源配置中起决定性作用和更好发挥政府作用；毫不动摇坚持我国基本经济制度，推动各种所有制经济健康发展；推进“一带一路”建设、长江经济带发展；全面依法治国，建设中国特色社会主义法治体系；发展社会主义民主政治，坚持中国特色社会主义政治发展道路；培育和践行社会主义核心价值观，增强文化自信、价值观自信，建设社会主义文化强国；树立总体国家安全观，尊重网络主权，构建全球互联网治理体系；把握党在新形势下的强军目标，全面实施改革强军战略等；不断推进“一国两制”事业、依法保障“一国两制”实践；构建新型大国关系、建设互利共赢的新型国际关系；坚持正确义利观、建设人类命运共同体。（6）深入领会全面从严治党要求，严守党的政治纪律和政治规矩，忠诚、干净、担当，强化正风反腐，坚持“老虎”、“苍蝇”一起打等。（7）深入领会科学的思想方法和工作方法，观大势、定大局、谋大事；强化战略思维、辩证思维、系统思维、创新思维、底线思维；树立问题导向，注重防风险、补短板；牢记空谈误国、实干兴邦，一分部署、九分落实等。各党委（党组）还要按照习近平总书记重要批示精神，把毛泽东同志《党委会的工作方法》纳入学习内容。

学习习近平总书记系列重要讲话精神，要与学习马克思列宁主义、毛泽东思想、邓小平理论、“三个代表”重要思想、科学发展观结合起来，准确把握党的科学理论既一脉相承又与时俱进的内在联系，增强对讲话精神的思想认同、理论认同、情感认同；与学习党章党规统一起来，在学系列讲话中加深对党章党规的理解，在学党章党规中深刻领悟系列讲话的基本精神和实践要求；与泗阳所处的发展阶段联系起来，深化对“十三五”实现“两个翻番、两个确保”目标任务的认识；与推进全面从严治党的实践结合起来，落实各项管党治党制度，做协调推进“四个全面”的坚定践行者；与本职工作实际联系起来，对照总书记关于指导本领域工作的重要讲话和指示精神，进一步明确工作思路目标和努力方向，对贯彻落实情况进行盘点分析，提出加强和改进工作的具体措施，确保讲话精神落地落实。

3. 做合格党员，进一步发挥先锋模范作用。重在学以致用、知行合一，做讲政治、有信念，讲规矩、有纪律，讲道德、有品行，讲奉献、有作为的合格党员。

全体党员要强化政治意识，对党绝对忠诚，挺起理想信念的“主心骨”，在党言党、在党忧党、在党为党、在党爱党，主动自觉地向以习近平同志为总书记的党中央看齐，向党的理论和路线方针政策看齐，坚决维护党中央权威，维护党的领导核心，做到政治合格；要严守党的政治纪律和政治规矩，增强组织观念、服从组织决定，党中央提倡什么、就认真践行什么，党中央禁止什么、就坚决反对什么，心存敬畏、手握戒尺，守住党纪国法的底线，做到执行纪律合格；要坚守共产党人的精神高地，明大德、守公德、严私德，传承党的优良作风，弘扬中华传统美德，践行社会主义核心价值观，从严律己、从严治家，做到品德合格；要践行党的宗旨，保持为民本色，始终保持干事创业、开拓进取的精气神，平常时候看得出来，关键时刻冲得上去，在推动“十三五”发展、建设“强富美高”全面小康新泗阳中奋发有为、建功立业，做到发挥作用合格。

乡科级以上党员领导干部要认真贯彻习近平总书记关于培养造就具有铁一般信仰、铁一般信念、铁一般纪律、铁一般担当的干部队伍要求，对照习近平总书记关于“七个有之”“五个必须”等重要论述，增强政治意识、大局意识、核心意识、看齐意识，带头坚定理想信念，带头严守政治纪律和政治规矩，带头树立和落实新发展理念，带头攻坚克难、敢于担当，带头落实全面从严治党责任，认真践行“三严三实”要求和好干部标准，做心中有党、心中有民、心中有责、心中有戒的表率。

三、方法措施

“两学一做”学习教育不分批次、不划阶段、不设环节，全体党员参加。区分层次、区分对象，有针对性地解决好乡科级以上党员领导干部学习教育“最先一公里”问题，解决好农村、社区党员学习教育"最后一公里"问题，解决好流动党员及非公有制企业、社会组织党员学习教育"最难一公里"问题。主要做到"六个抓好"。

1. 切合党员需求抓好日常教育。按照党员教育管理制度规定进行安排，把个人自学与集中学习结合起来，既要明确自学要求，引导党员制定学习计划，扎实搞好自学，又要切合党员需求建好用好学习教育载体，组织好集中学习。

讲好支部党课。党支部学习教育一般以讲党课开局启动，结合学习教育动员部署讲一次党课，讲清楚学习教育的重大意义，讲清楚中央和省、市、县委的部署精神，讲清楚本支部的学习安排，讲清楚对党员的具体要求，搞好思想发动。党支部要明确党课内容、时间和方式，"七一"前后要结合开展纪念建党95周年活动安排一次党课。党员领导干部在所在党支部讲党课、听党课。在全县遴选一批党员领导干部、党务工作者、党员教师、党员先进模范、老党员老干部成立讲师团巡回讲党课。鼓励普通党员讲党课，以身边人讲身边事。灵活采用课堂讲授、座谈讨论、实境体验、情景互动、微型党课等多种形式，让党课鲜活起来、生动起来。

搞好学习讨论。按照"三会一课"制度，党小组要定期组织党员集中学习；不设党小组的，以党支部为单位集中学习。要注重问题导向，以党支部为单位开展"我与合格党员差在哪"学党章党规活动；注重学习实效，以党委（党组）为单位开展"以学促思献一策"学系列讲话活动。党支部每季度召开一次全体党员会议，分别围绕"咱共产党员有啥不一样"、"学习系列讲话、强化'四种意识'"、"做'四讲四有'合格党员"等专题开展大讨论。开展党支部"微感悟"活动，所有党支部建立实名制微信群，促进党员随时随地交流学习"微感悟"；同时，以主题研讨、演讲比赛、巡讲党课等形式，开展学习教育大交流。每个有条件的党员都要关注"我是党员我光荣"（sysszsq）和"泗水先锋"（siyangzzb）微信公众号，增强学习交流的灵活性和便捷性。注重利用远程教育平台开展学习，运用快板书、漫画、动漫、地方戏、知识竞赛、手抄党章、看红色电影、参观红色基地等喜闻乐见的形式，增强学习教育的吸引力和参与性。

用好培训载体。把学习教育与落实党员、干部教育培训规划紧密结合起来，放大教育培训效应。举办新发展理念轮训班，利用党校主体班等对领导干部进行培训，依托远程教育网络组织党员培训。换届后领导干部任职培训、乡镇党委书记专题培训、村（社区）党组织书记轮训、优秀年轻干部教育培训、公务员教育培训、基层干部和党务工作者教育培训、党员冬训等各类培训，都要把学习党章党规、系列讲话作为必修课。县委党校要有针对性地开设相关课程和班次，发挥好培训阵地作用。

2. 对照党员标准抓好自我净化。充分发挥组织生活的熔炉作用，提高组织生活质量和水平，引导党员用好批评和自我批评有力武器，坚持真理、修正错误，修枝剪叶、立根固本。

严把问题查改关。全体党员都要对照党员标准，围绕"五查摆五强化"，深刻查摆剖析，自觉检身正己。一要查摆信仰信念是否动摇，有没有对"举什么旗、走什么路"认识不清、对共产主义缺乏信仰、对中国特色社会主义缺乏信心等问题，有没有精神空虚迷茫、组织或参加封建迷信活动、信仰宗教、推崇西方价值观念等问题，强化政治定力。二要查摆纪律规矩是否松弛，有没有政治上的自由主义、发表和传播同中央决定相违背的言论、当"两面人"、顶风违纪搞"四风"、拉帮结派、搞团团伙伙等问题，有没有在党不言党、在党不爱党、在党不护党、在党不为党、组织纪律散漫、不按规定参加党的组织生活、不按规定交纳党费、不完成党组织分配的任务、不按党的组织原则办事等问题，强化党的意识。三要查摆宗旨意识是否淡薄，有没有漠视群众疾苦、为群众办事不上心不主动、在人民群众生命财产安全受到威胁时临危退缩等问题，有没有与民争利、执法不公、吃拿卡要、优亲厚友、假公济私、损害群众利益等问题，强化群众观念。四要查摆精神状态是否懈怠，有没有安于现状、精神不振、不作为、不会为、不善为、只求过得去不求过得硬、逃避责任、工作和学习上得过且过、不起先锋模范作用等问题，有没有大是大非面前不敢亮剑、矛盾问题面前不敢迎难而上、危机面前不敢挺身而出、失误面前不敢承担责任、歪风邪气面前不敢坚决斗争等问题，强化担当精神。五要查摆德行表现是否缺失，有没有不注意个人品德、讲奉献讲公德讲诚信不够等问题，有没有违反社会公德职业道德家庭美德、价值取向扭曲、情趣低俗、贪图享受、奢侈浪费等问题，强化道德修养。

乡科级以上党员领导干部还要在认真落实全体党员"五查摆五强化"要求的基础上，紧密联系领导工作实际，深入查摆新发展理念是否树立和落实，有没有不适应、不适合甚至违背新发展理念的认识、行为、做法，有没有做到崇尚创新、注重协调、倡导绿色、厚植开放、推进共享，有没有把新常态当作避风港、把工作没做好没干好的原因都归结于新常态、为不干事不发展找借口，有没有积极推进供给侧结构性改革、落实好中央和省、市、县委确定的各项工作任务，强化践行新发展理念的思想行动自觉，成为合格的经济工作组织者、推动者、引领者。深入查摆落实管党治党责任是否不力不严，有没有认真践行好干部标准和"三严三实"要求、党建意识淡漠、党建工作缺失、主体责任和"一岗双责"落实不到位，有没有按"亲、清"原则正确处理政商关系、营造风清气正的政治生态和从政环境，强化全面从严治党责任，成为真抓真管真严的党建工作领导者、促进者、实干者。

以解决问题为牵引来开展学习教育，把查摆解决问题贯穿始终，坚持个人问题自查自治，突出问题集中整治，共性问题制度根治。全体党员对照"五查摆五强化"，边查边改、即知即改；党员领导干部对照"七查摆七强化"，列出问题整改清单，实行销号整改。对基层党组织和党员队伍中存在的顽症痼疾，进行专项集中整治。建立健全问题整改长效机制，以改革精神补齐制度短板，与抓好党的群众路线教育实践活动和"三严三实"专题教育的问题整改结合起来，使解决问题前后呼应、接续推进。

严把组织生活关。年底前，党支部召开专题组织生活会。支部班子及其成员对照职能职责和普通党员"五查摆五强化"、乡科级以上党员领导干部"七查摆七强化"的要求，深入进行党性分析，找准找实思想、组织、作风、纪律等方面的突出问题。会前，深入搞好思想发动，面向党员和群众广泛征求意见，党支部班子成员相互谈心，主动找党员谈心，并接受群众约谈。会上，党支部书记首先就支部工作进行述职，然后带头开展严肃认真的批评和自我批评，针对突出问题和薄弱环节提出整改措施。组织全体党员对支部班子的工作、作风等进行评议。党小组可参照党支部要求，召开专题组织生活会。

严把民主评议关。以党支部为单位召开全体党员会议，组织党员开展民主评议。对照党员标准和查摆强化要求，按照个人自评、党员互评、民主测评、组织评定的程序，对党员进行评议。党员人数较多的党支部，个人自评和党员互评可分党小组进行。结合民主评议，支部班子成员要与每名党员谈心谈话。党支部要根据民主评议情况，结合党员日常表现，对每位党员提出评定意见，报上一级党组织审核后，向本人反馈。要综合运用民主评议结果，对优秀党员予以表扬，对评议结果较差的，按照党章和党内有关规定，对照处置不合格党员办法，区别不同情况，稳妥慎重给予组织处置。

3.彰显党员形象抓好以知促行。开展"我是先锋我带头"党员担当行动，教育引导党员在任何岗位、任何地方、任何时候、任何情况下都铭记党员身份，强化先进意识，发挥先锋作用。

亮身份亮承诺亮形象。引导党员增强党性观念和党员意识，自觉接受社会监督。开展"我是党员戴党徽"活动，党员在日常生活工作中要自觉佩戴党徽，主动亮明党员身份，时刻保持党员意识。开展"红色电商亮身份"活动，党员电商要在网店首页公开党员身份，带头诚信经营。开展党员"一句话承诺"活动，每名党员依岗立诺、公开承诺、认真践诺、民主评诺，强化党员宗旨意识。党支部要在党员活动室和活动阵地悬挂党旗，在集中活动场所树起党旗，亮出支部形象，增强党员归属感和支部向心力。

做先锋做表率做贡献。结合不同领域不同行业实际，组织引导党员勇于担当作为，充分发挥先锋模范作用。领导干部重点在结合实际贯彻中央和省、市、县委决策部署，解决复杂矛盾问题，推进改革发展等方面作出表率。机关党员重点通过扶贫攻坚"联村联户"活动、"泗水先锋"志愿服务活动，在模范履行岗位职责、抓好工作落实、密切联系群众等方面作出表率。农村、社区党员重点落实党员设岗定责制度，通过党员示范户、党员示范岗、党员示范项目、扶贫“我先行”活动、党员好事实事纳入“三务”公开按月公示等方式，在带领群众脱贫攻坚、增收致富和服务群众、促进和谐等方面作出表率。非公有制企业和社会组织党员重点落实党员示范岗和党员责任区制度，在改善生产经营管理、推动技术创新、构建和谐劳资关系和依法诚信从业、提升社会公信力等方面作出表率。窗口单位和服务行业党员重点落实党员挂牌上岗制度，请群众监督评判，在增强服务意识、改进服务作风、提高服务水平等方面作出表率。医院党员重点通过设立医生党员示范岗等方式，在促进医德医风建设、构建和谐医患关系等方面作出表率。学校党员重点通过党员示范课、责任区、先锋岗等载体，在立德树人、加强师德师风建设、示范带动教育教学改革等方面作出表率。离退休干部职工党员重点在弘扬党的光荣传统和优良作风，为党和国家事业发挥余热上多作贡献。

正家风正党风正社风。广泛开展“领导干部立家规、共产党员正家风”主题活动。领导干部要与配偶、子女等就家风建设进行深入交流，订立有自身特点、有约束力的家规。广大党员要重视家风家教，在夫妻和睦、邻里和谐、尊老爱幼、勤俭持家等方面自觉改进提高，积极参加“党员家庭”挂牌、创建“党员示范户”等活动，引领社会风尚。坚持典型引路，挖掘和弘扬历史先贤、革命先烈、时代先锋的精神内涵，组织党员以先辈先进为镜，不断汲取精神力量。坚持以身边事迹感化身边人，开展党员“评星”活动，选树一批党员身边的先进典型，为广大党员提供可触摸、可感知、可学习的鲜活样本。结合纪念建党95周年活动，集中采访和宣传一批建国前老党员，评选表彰一批优秀共产党员、优秀党务工作者、先进基层党组织。

4. 树立党员标杆抓好领导带头。县委常委会带头开展学习教育，常委同志学在前、做在先，并指导好所分管领域或兼职的部门单位的学习教育。各级领导机关、领导班子、领导干部要坚持更高标准、更严要求，当好学习教育的先行者、引领者、示范者。领导干部要严格执行双重组织生活等党内生活的各项制度，带头制定和落实自学计划，带头参加学习讨论，带头谈体会、讲党课、作报告，带头参加组织生活会、民主评议，带头立足岗位作贡献，发挥带学促学作用。党委（党组）要专门制定自身的学习教育方案，班子成员还要完成“六个一”，赴基层单位讲一次党课，集中学习一次《党委会的工作方法》，每季度参加一次中心组专题讨论，结合“三解三促”和“联村共建”深入开展调查研究、牵头解决一批群众关心的实际问题，年底召开一次专题民主生活会，到分管部门分管领域开展一次检查指导。

5. 强化党员认同抓好制度保证。开展学习教育要结合加强党员教育管理，从落实基本制度入手，健全机制，强化保障。强化每月20日“党员统一活动日”、“远教固定学习日”等制度，实现组织生活常态化，增强党员的组织归属感和身份认同感；强化县乡机关、企事业单位党支部“党员活动室”建设，按照一面党旗、一个党报党刊阅览架、一套党员管理制度牌、一张党员荣誉榜、一套远程教育设备等“五个一”标准进行规范配置，切实增强党组织存在感。规范党费按月交纳，统一专户管理，实行“一单一据一公示”，增强党员党的意识。核发《党员证》，建立党员登记管理制度，确保党员始终处于党组织的有效管理之中。全面实行党员记实管理制度，如实记录党员参加组织生活、履行承诺、发挥作用等情况，对党员日常表现实行过程管理。健全“双向共管”机制，建立流动党员个人有关事项报告制度，让流动党员离乡不离党。

6. 区分党员特点抓好分类指导。区别领导机关、领导班子和党员干部、普通党员的不同情况，区分农村、社区、企业、学校、机关等不同领域、不同类型党组织的特点，有针对性地提要求、定措施，明确学习教育的重点内容、组织方式，提供适合的学习材料和时间、场地、经费等必要保障，做到具体化、精准化、差异化，不搞一锅煮、一刀切、大水漫灌。对机关事业单位和国有企业的党员，要按照走在前列的要求从严抓好学习教育，注意解决好党员领导干部过双重组织生活不正常，普通党员以党支部、党小组为基本单位参加学习教育少和读原著学原文悟原理不够等问题，县级机关党委要加强对县级机关党员参加学习教育的组织指导。针对村、社区党员年龄老化、文化程度普遍较低、学习能力相对较弱等现状，开展送小戏、送党课、送学伴等“三送”助学活动，丰富学习形式，提升学习效果。针对流动党员联系难、管理难、集中学习难等问题，要用好党支部微信群和微信公众号等平台。针对非公有制企业和社会组织存在部分出资人支持不够、党组织不健全、学习时间不保证等问题，园区（驻地）和社会组织管理部门的党组织要加强与出资人联系沟通，依托单位自有阵地、园区（驻地）党组织阵地和党员服务中心、党群工作站等公共阵地，因企制宜、因岗制宜，克服工学矛盾，灵活组织安排。对离退休干部职工党员，既要体现从严要求，又要考虑实际情况，以适当方式组织他们参加学习教育，县委老干部局要加强对离退休干部职工党员参加学习教育的组织指导。对学校、医院及窗口服务单位的党员，县教育局党委、县卫计委党委、县政务办党组要强化行业指导，有针对性地推进学习教育。

四、组织领导

我县“两学一做”学习教育在县委常委会领导下开展，由县委组织部具体牵头组织实施，县纪委机关、县委宣传部、县委县政府督查室、县级机关党委、县委党校、县委老干部局、县教育局党委、县卫计委党委、县政务办党组等配合做好相关工作。

1. *层层落实责任*。各党委（党组）要把抓好学习教育作为一项重要政治任务，切实履行主体责任，周密安排部署、精心组织推动；要进一步严密党的组织体系，严肃党的组织生活，严格党员教育管理，严明党建工作责任，推动全面从严治党要求落实到每个支部、每名党员。党委（党组）书记要认真履行好第一责任人职责，对工作方案亲自审定，对重要任务亲自部署。各单位要制定具体实施方案，安排专门力量负责组织学习教育工作；各行业主管部门要加强对本系统学习教育的具体指导。各乡镇（街道）党（工）委要对所辖党支部进行全覆盖、全过程指导，帮助党支部制定学习教育计划，派员参加党支部各项活动。党支部要按照《“两学一做”学习教育党支部工作指导手册》规范实施，确保取得实效。

2. *强化组织保障*。充实基层党建工作力量，配齐配强班子特别是带头人，确保“两学一做”学习教育有人抓、有人管。及时整顿软弱后进等不合格基层党组织，对于问题特别突出的，要先整顿到位，再开展学习教育，使整顿转化和学习教育相互促进。深化党员组织关系排查，进一步查明“口袋”党员、长期与党组织失去联系党员情况，努力使每名党员都纳入党组织有效管理，参加学习教育全覆盖。对各党委（党组）书记、组织工作分管负责人、党务骨干等进行示范培训，乡镇（街道）党（工）委开展全员培训，帮助他们掌握工作方法，明确工作要求。县乡联动建立党员教育师资库，实施干部教育培训基地建设工程，为开展“两学一做”学习教育提供人才和阵地支持。

3. *严格督促检查*。要把督促指导的重点放到基层、放到党支部，采取微信查学、电话测学、现场考学、实践问学等方式，深入了解学习教育开展情况和实际效果，及时总结推广基层创造的新鲜经验，及时发现和纠正苗头性倾向性问题。要把组织开展学习教育作为履行党建主体责任的重要任务，作为党建工作述职评议考核的首要内容，对组织不力、问题较多的，要批评教育、严肃问责。

4. *加强宣传引导*。注重运用电视、报刊、广播、网络等各类媒体，通过新闻报道、典型宣传、言论评论、工作综述、专题专访等形式，大力宣传中央和省、市、县委精神，为学习教育健康有序开展营造良好氛围。“网上泗阳”要设立“两学一做”学习教育专题网页，泗阳快报、县电视台要开设专栏跟踪报道，注重发挥好宣传引导作用。

〔此件发至各乡镇党委，县委各党工委，县委各部委办，县各委办局党组（党委、总支、支部），县各直属单位党组（党委、总支、支部）〕

中共泗阳县委　泗阳县人民政府关于加强全县农业供给侧结构性改革推动现代农业特色发展的意见

泗发〔2016〕11号

（2016年5月26日）

推进农业供给侧结构性改革，是适应和引领经济发展新常态、转变农业发展方式和实现农业现代化的关键举措。为积极稳妥推进我县农业供给侧结构性改革，按照市委市政府《关于加强全市特色农业供给侧改革 推动现代农业特色发展的意见》（宿发〔2016〕10号），结合我县实际，制定本意见。

一、指导思想和目标任务

1.指导思想。坚持"生态、高效、特色、现代"的发展定位，围绕市场和消费需求导向，以我县农业"1234"战略为统领，以农业增效、农民增收为目标，不断调优农业区域结构、生产结构、产品结构，稳定发展优质稻米和生态畜禽两大主导产业，大力培育精品林果、成子湖青虾和设施蔬菜三大特色产业，着力构建更有效率、更具特色、更可持续的"2+3"现代农业产业体系，保证农产品供给数量充足、品种和质量契合消费者需求，实现农产品供求由低水平平衡向高水平平衡提升，努力推动现代农业特色发展迈上新台阶。

2.目标任务。重点实现"一稳、两扩、三提高"的目标。"一稳"即：稳定粮食生产，确保全县粮食产量保持在65万吨以上。"两扩"即：扩大名特优新农产品比重，积极发展优质稻米、生态畜禽、精品林果、成子湖青虾、设施蔬菜等产业，打造一批更具竞争力的区域特色主导产业；扩大品牌农产品比重，努力提升"三品一标"农产品规模。"三提高"即：提高产业融合发展水平、产销衔接水平和可持续发展水平。2016年全县农林牧渔业总产值达到105亿元左右，现代农业发展水平达到78%，特色产业产值占比达到82%；到"十三五"末农林牧渔业总产值达到135亿元左右，现代农业发展水平达到90%，特色产业产值占比达到90%。

二、优化农产品供给结构

1.做大优质稻米产业。围绕"十三五"末建成15万亩优质稻米基地目标，重点在成子湖周边乡镇打造9108优质稻米基地10万亩，在淮沭河沿线乡镇打造5万亩宁粳4号和连粳7号优质稻米基地。年内全县新增3万亩优质稻米基地，不断调优稻米产业结构，切实保障优质主粮高效安全供给。

2.做优生态畜禽产业。立足生态绿色循环养殖理念，合理划分禁养区、限养区和适养区，年内实体化运行县病死畜禽无害化处理中心，建成乡镇病死畜禽无害化收集体系，重点加强全县养殖企业粪污治理。按照分类治理、依法治污，关治并举、稳妥推进的原则，对全县河道、干道两侧畜禽规模养殖场（户）污染进行综合整治。年内主要根据各畜禽规模养殖场（户）对水源和大气污染程度、节能减排治污设施运行情况等，分类关停并转、限期治理和定期治理，不断改善农村生产生活生态环境，促进现代农业可持续发展。发展生态循环农业，利用南刘集加华猪场沼液、沼肥建设生态优质稻米基地和生态桃果示范基地各1个。

3.做特精品林果产业。坚持扩面与提质并举，促进精品林果产业可持续发展。重点以爱园镇中为心，以245省道和330省道为轴线，扩大"一片两带"林果产业规模，今年新增经济林果面积8000亩，到2017年全县经济林果面积扩大到5万亩。以品种更新、设施栽培和产业链延伸等为抓手，推动林果产业提质增效。其中，品种更新主要依托卢集镇薛大沟650亩精品林果"三新"示范基地，为全县林果品种更新提供优质种苗和技术支撑。在今年已更新3000亩的基础上，明年继续更新3000–5000亩，使全县林果产业优良品种率提高到70%以上。通过发展设施林果，建设冷链物流，搭建网络销售平台等措施，实现春提早、秋延迟，错开上市高峰期，拉长果品供应时间，拓宽果品销售渠道，延伸产业链条，提高经济林果产业附加值，增加种植户收益。加快杨树品种更新速度，重点推广"南林3804"、"南林3412"等雄性不育杨树新品种，逐步优化树种结构，到"十三五"末基本解决杨树飘絮危害问题。

4.做强成子湖青虾产业。围绕"十三五"末建成3.5万亩成子湖青虾养殖基地目标，加快推进繁育中心实体化运营步伐，今年6月底前实现投产，下半年全面投入运营。重抓青虾种苗繁育技术攻关，提高种苗繁育能力，确保今年育苗2亿尾，力争突破2.5亿尾，保障当地及周边养殖户优质种苗需求。探索"公司+基地+农户"联合发展方式，推广"螃蟹+青虾"混养、"鲢鳙+青虾"混养、鱼种池套养青虾等模式，年内新增青虾养殖面积5000亩，切实提高青虾养殖产量和经济效益。

5.做精设施蔬菜产业。围绕全面建成1万亩永久性蔬菜基地目标，以省级现代农业产业园区为依托，调优品种，提升品质，重点在县城周边的众兴、城厢等原有蔬菜基地扩建3000亩；在三庄邵道、来安东和平等9个传统蔬菜特色村扩建4000亩；在里仁朝阳、穿城静波等6个村居新建3000亩，实现新增蔬菜种植面积1万亩的目标。

三、强化农业供给侧改革关键举措

1.转变生产经营方式。坚持沿路沿线、集中连片、适度规模、群众自愿原则，促进土地适度规模流转、经营，培育新型农业经营主体发展特色农业，促进农业增效和农民增收。今年新增家庭农场100个、省市级示范家庭农场15个、市级以上农业龙头企业5个，帮助国润、康宏、宏源3家企业做好上市培育工作；培训职业农民6000人，其中要确保完成农村电商创业人才400人、务农创业青年人才200人的培训任务；2016年新型职业农民培育程度达25%以上，到“十三五”末达50%以上。

2.推进“一社一群一中心”试点。启动以村级土地股份合作社为基础，以家庭农场集群为主体，以集群综合服务中心为平台的“一社一群一中心”建设，集中力量打造一批优势特色产业集聚区。年内新建里仁朝阳、王集魏圩、高渡周岗嘴、庄圩水庄等4个“一社一群一中心”，培育80个左右家庭农场，新增规模经营面积达到2.8万亩以上。到“十三五”末，全县建成40个以上“一社一群一中心”。

3.完善产销衔接机制。提升“一村一品一店”运行质态，依托苏宁、淘宝、天猫、京东等知名电商平台，大力发展农村电子商务，推动“名特优新”、“三品一标”等优质农产品网上销售，加快建成线上有馆、线下有店，县城有园区、镇村有站点，新型农业经营主体有网店、家庭农场集群有中心的线上线下融合的优质农产品销售体系。今年重点打造100个有产业支撑的“一村一品一店”标准村，创成市级以上示范村2个、市级示范网店5个。

4.推动品牌集群培育。加快农产品标准化品牌化生产，建立健全农产品质量安全监管、检测、执法“三环联动”机制和农产品质量追溯体系，开展农产品质量安全县、农业综合执法体系示范县创建，确保全县无重大农产品质量安全事件发生。加快农产品“三品”认证、中国驰名商标创建和地理标志农产品（商标）申报步伐。年内新增“三品”认证农产品30个以上，新增省级以上农产品品牌（商标）1个以上，培育9108优质稻米、生态桃、成子湖青虾等品牌集群，做响泗阳优质农产品地域品牌，提升品牌核心竞争力和市场占有率，全县“三品”实物总产量占比超过40%，到“十三五”末达55%以上。

5.促进一二三产业融合。按照优质化、规模化、品牌化要求，重点引建优质稻米、精品果蔬、特色水产等精深加工企业，推动仓储、保鲜、烘干、冷链物流等基础设施建设。拓展农业发展内涵，加快农业与旅游、教育、文化、健康养老等产业深度融合，打造一批休闲农业产业带，培育一批农家乐集聚示范村，发展一批休闲农业创意产品。年内建成2个农家乐集聚示范村，到“十三五”末建成8个以上。

6.实现农业可持续发展。着力减少化肥和农药使用量，努力推动农作物测土配方施肥全覆盖；加速生物农药、高效低毒低残留农药推广应用，大力推进专业化统防统治与绿色防控融合。因地制宜推进秸秆能源化、肥料化、饲料化、基料化、原料化综合利用。2016年确保测土配方施肥技术覆盖率达90%以上，肥料、农药利用率均达到35%以上，到“十三五”末主要农作物化肥、农药使用量实现零增长。

四、完善农业供给侧改革保障机制

1.完善工作领导机制。建立农业供给侧改革联席会议制度，农委、农工办、督查室、农开局、商务局、供销总社、农机局、财政局、发改局、国土局、水务局、市场监督管理局、旅游局、环保局等为成员单位。县分管领导定期召集会议，研究、会办、解决农业供给侧改革的总体思路、关键举措和重要问题等；县农委作为牵头部门，负责全县农业供给侧改革的统筹协调、组织实施和督查推进等工作。

2.强化项目资金扶持。统筹协调项目资金向农业特色产业结构调整区域倾斜，对农业特色产业项目，优先安排进入全县农业产业化项目选项库，在项目申报上优先考虑，在奖补资金上优先安排。对农产品精深加工等农业龙头企业，在用地指标上优先提供；对高效农业项目，优先调整用地性质。按照县相关文件规定，切实兑现品牌创建、农产品营销渠道建设等奖补资金。

3.补强农田水利设施。以现代农业示范方建设为抓手，切实整合农开、国土、农委、水利等部门涉农基础设施项目和资金，加快建设灌排设施配套、土地平整肥沃、田间道路畅通、农田林网健全、生产方式先进、产出效益较高的高标准农田，着力提升成子湖、涟沭泗结合部和黄河故道三个片区农田水利设施水平，年内全县高标准农田占比达60%以上，到“十三五”末，全县建成90万亩高标准农田，占比超过85%，其中成子湖片区实现全覆盖，涟沭泗结合部片区占比达80%以上。

4.提高科技支撑水平。立足现代农业园区科技引领、模式创新、产业带动、富民强农等功能，积极探索现代农业“四新”发展新路径，重点推广优质稻米、设施蔬菜、精品林果等新品种，立体种养、水产套养等新模式，水肥一体化调节、农业智能环境控制等新装备，“互联网+现代农业+市场”的现代营销新方式。加快稻米、小麦、玉米等大田作物生产全程机械化进程，2016年农业机械化水平达到82%，到“十三五”末农业机械化水平达到88%。

5.加大督查考核力度。将农业供给侧结构性改革作为全县供给侧改革工作重点内容，由县农委会同县督查室进行常态督查，定期编发督查通报，对工作先进的通报表扬，对工作落后的通报批评，并作为年度考核得分的重要依据。对因工作不力等原因在市级以上检查、验收和评比中落后的，或造成其他重大不良影响的单位和个人，严格问责追责。　（此件发至乡科级）

县级机关、社会团体和乡、镇（街道、场）负责人名录

（2016年1月1日至12月31日）

【中国共产党泗阳县委员会】

书　记　徐勤忠
副书记　刘海红（6月免）
马　伟（6月任）
孟庆如（挂职，3月任）
严伟方（挂职，6月任）
周恒新（挂职，2月调离）
张伟秋（挂职，6月调离）
刘立新（11月免）
钱向辉（11月任）
常　委　李爱华（6月免）
程闾捷（4月免）
钱向辉
张大江
葛　明
樊祥群（6月免）
杨卫国
李大明（11月任）
凌志娟（挂职，12月任）
李启旺（4月任）
吴俊宁（4月任）
殷其国（6月任）
胡中华（6月任）
（书记、副书记在常委中不重复列名）

【泗阳县人大常委会】

主任、党组书记　王业珍（1月任主任）
副主任、党组副书记　王　民（正县级，11月免）
副主任、党组成员　吴玉华
葛习和
副主任　陈远华
党组成员　成为左
徐光辉

【泗阳县人民政府】

县长、党组书记　刘海红（6月免）
代理县长、党组书记　马　伟（6月任）
副县长、党组副书记　李爱华（6月免）
殷其国（6月任）
副县长、党组成员　杨卫国（4月免）

李大明（11月免副县长）
魏　国
陈　新（挂职）
臧　涛（4月任）
许尔斌（11月免）
石　明（挂职）
侯升飞（挂职，2月调离）
李　蕾（挂职，11月调离）
沈志军（挂职，4月任副县长）
叶尔兰别克·江太（挂职，6月任，9月免）
李庆峰（11月任）
凌志娟（挂职，12月任）
林　莉（挂职，12月任）
校登楼（挂职，2月调离）
陆惜春（挂职，2月调离）

副县长　史明霞
党组成员　葛　明（4月免）
史素珍（4月任）
周根表（挂职，2月调离）
胡　江（挂职）
顾永强（挂职，3月任）
韩　英（挂职，3月任）
李建团（挂职，3月任）
李　强（4月免）

【政协泗阳县委员会】

主席、党组书记　夏养育（5月免）
党组书记　郑千先（11月任）
副主席、党组副书记　刘厚华
副主席、党组成员　徐业平（4月驻会）
副主席　宗仁元（不驻会）
张　浩（不驻会）
熊雪贤（不驻会）

【中国共产党泗阳县纪律检查委员会】

书　记　程闻捷（4月免）
李启旺（4月任）
副书记　魏太明（4月免）
马广春
刘厚冬（4月任）
常　委　胡维亚（正科级）
张家龙
周振宇
王爱蕾
（书记、副书记在常委中不重复列名）

【泗阳县人民武装部】

党委第一书记　徐勤忠
党委书记、政委　胡中华
部　长　樊祥群（6月免）

【泗阳县人民法院】

院长、党组书记　肖　文（11月免党组书记）
副院长、党组书记　庄金奎（11月任）
副院长、党组副书记　胡学成（正科级）
副院长、党组成员　赵宏雷（正科级）
陈　坚（正科级）
党组成员、政治处主任　赵文青
党组成员、纪检组组长　倪　兵
党组成员、党总支书记　薛　东
党组成员　吴　冰

【泗阳县人民检察院】

检察长、党组书记　刘兆东（11月免党组书记）
副检察长、党组书记　王克涛（11月任）
副检察长、党组副书记　许兴军（挂职）
张耀阳（挂职）
副检察长、党组成员　唐春雨（正科级）
嵇洪高
党组成员、政治处主任　宋　亭
党组成员、纪检组组长　徐体成
党组成员　林红霞
刘之国（4月免）
胡春艳

反贪污贿赂局

局　长　刘之国（4月免）

【县委直属机构及直属单位】

办公室

主　任　姜　兵
副主任　张其力（3月免）
纪重阳

保密办（机要局）

副主任（副局长）　杨　军

政策研究室

副主任　蔡　永

县委610办公室

主　任　周红梅

副主任　卓　南（8月任）

督查室

主　　任　张鸿翔

副主任　葛永和

组织部

部　　长　张大江

副部长　彭　琼

　　　　张　娟

部务委员　杨　彦

　　　　张继敏（11月任，试用期1年）

县纪委派驻纪检三组组长　蒋　然

机构编制委员会办公室

主　　任　姜　南

副主任　陈永梅

县纪委派驻纪检三组组长　蒋　然

人才工作办公室

主　　任　张大江（10月任）

副主任　高红亮（挂职）

宣传部

部　　长　杨卫国

副部长　张荣超（正科级）

　　　　胡　梅

　　　　刘须明

　　　　刘　兵（正科级）

县纪委派驻纪检三组组长　蒋　然

县委文化建设办公室

主　　任　刘须明（3月任）

统战部

部　　长　徐业平（4月免）

　　　　吴俊宁（4月任）

副部长　戴春祥（正科级，3月免）

　　　　朱建明（3月任）

　　　　吴　晶（挂职，8月任）

部务委员　张锦标

县纪委派驻纪检四组组长　张巧云

政法委员会

书　　记　钱向辉（11月免）

　　　　李大明（11月任）

副书记　张　斌（正科级，3月免）

　　　　张文龙（正科级）

县纪委派驻纪检四组组长　张巧云

社会管理综合治理委员会办公室（与县委政法委合署办公）

主　　任　张　斌（3月免）

　　　　张文龙（3月任）

县依法治县领导小组办公室

主　　任　张文龙

副主任　杨进辉

县国家安全领导小组办公室

主　　任　张文龙（3月免）

农村工作办公室

主　　任　张佳胜

副主任　王晓晖（正科级）

　　　　王守军

　　　　龚振恺

县纪委派驻纪检十八组组长　王　祥

扶贫工作领导小组办公室

主　　任　张佳胜

副主任　王晓晖(正科级)

县级机关党委（9月撤销）

书　　记　邓利群（9月免）

副书记　王守家（9月免）

党委委员、纪委书记、县纪委派驻纪检九组组长　赵卫军（9月免）

县级机关工委（9月更名）

书　　记　邓利群（9月任）

副书记　王守家（9月任）

党委委员、纪委书记、县纪委派驻纪检九组组长　赵卫军（9月任）

老干部局

局　　长　邓丽霞

副局长　马树青

县纪委派驻纪检十一组组长　朱正清

信访局

局　　长　马学平

副局长　胡传军

　　　　王恒兵（4月免）

　　　　王赵军（8月任）

县纪委派驻纪检十二组组长　田千友

县委党校

校　　长　张大江

常务副校长　裴绪如

副校长　李守华

刘　波
姚爱民
县纪委派驻纪检九组组长　赵卫军

党史办公室

主　　任　林　祥
副 主 任　朱　颖
县纪委派驻纪检十五组组长　戴　方

台湾工作办公室

主　　任　刘惠东
副 主 任　杜立志（4月免）
县纪委派驻纪检二十一组组长　陈业连

江苏泗阳经济开发区党工委

书　　记　葛　明
副 书 记　史素珍
葛习和（兼）
张业奇（4月免）
王克琦
闫如忠（挂职）
李学祥
张　龙（挂职）
委　　员　周金成
徐正军
刘家新（正科级）
陈元圣（正科级）
薛　骅（正科级，4月免）
狄运江（正科级）
孙之明
杨晓兰（8月免）
谢友兵（8月任）
刘传林（4月任）
刘新全（挂职）
左于交（4月任，12月开除党籍）
纪工委书记　徐正军
纪工委副书记、监察室主任　潘　澄

江苏泗阳经济开发区党委

副书记　孙之明
委员、纪委书记　徐正军

泗阳经济开发区意杨产业科技园党委

书　　记　潘桂琴（4月任）
副 书 记　胡茂喜
吕九芳（挂职，8月任）
委　　员　丁　建　潘雪之　徐东阳

泗阳现代农业产业园区党工委（11月撤销）

书　　记　刘立新（11月免）
委　　员　张小川（正科级11月免）
杨　武
王晓亮（挂职）
委员、县纪委派驻纪检六组组长　王春雷

泗阳经济开发区现代农业产业园区党委（11月更名）

副 书 记　张小川（正科级，11月任）
委　　员　王　岩（正科级，11月任）
陈永旗（11月任，试用期1年）

吴江（泗阳）工业园党工委

书　　记　张伟秋（挂职，9月免）
严伟方（挂职，9月任）
副 书 记　薛　骅（正科级）
葛和平（挂职）
姚伟中（挂职）
丁　明（挂职）
委　　员　夏　秋
赵宝红

泗阳县成子湖扶贫开发示范区党工委

书　　记　刘立新（11月免）
副 书 记　徐光辉（副县级）
赵其良（4月免）
夏前浩（4月免）
石敬峰（4月免）
委　　员　田　敏（11月免）
季如浩（11月免）

【泗阳县人大常委会工作机构】

办公室

主　　任　沈业峰
副 主 任　丁　勇
县纪委派驻纪检一组组长　黄以凤

研究室

副 主 任　王　健

财政经济工作委员会

主　　任　唐　克（3月免）
王东成（3月任）
副 主 任　胡　浩

人事代表联络工作委员会

主　　任　张　娟
副 主 任　焦正国

内务司法工作委员会

主　　任　岁廷川

副 主 任　葛　锐（11月任）

社会事业工作委员会（11月撤销）

主　　任　张业奇（4月任，11月免）

教科文卫工作委员会（11月更名）

主　　任　张业奇（11月任）

副 主 任　陈建春（11月任）

农业和农村工作委员会

主　　任　董正平（3月免）

刘家伦（3月任）

副 主 任　尤传化（正科级）

环境资源城乡建设工作委员会

主　　任　魏三祥（3月免）

孙银飞（3月任）

【泗阳县人民政府工作机构】

办公室

主任、党组书记　李　强（4月免）

副主任、党组副书记　庄　军（4月任，正科级，主持工作）

副主任、党组成员　赵　宇（4月免）

丁　铁

陈国新

尤宜祥

陈小勇（挂职，4月免）

党组成员　曹其虎

崔　亮

党组成员、县纪委派驻纪检二组组长　张红雨

研究室

主　　任　赵　宇（4月免）

旅游局

局长、党组书记　刘厚柱

副局长、党组副书记　李　艳

副局长、党组成员　陈太选

党组成员、县纪委派驻纪检二组组长　张红雨

金融办公室

主　　任　胡耀军

副 主 任　陆新启

徐春阳

重点工作督查办公室

副 主 任　史劲松（正科级）

政务管理办公室

主任、党组书记　王恒清

党组成员　付成虎

石运林（11月任，试用期1年）

外事侨务办公室

主　　任　刘惠东

副 主 任　时利民

发展和改革局

局长、党委书记　王前太（3月免）

王新权（3月任，7月免）

副局长、党委委员　刘晓兵（正科级，8月主持工作）

周守国

邱伟明（挂职）

宋永明（挂职）

副局长　葛晓云

陈　斌（挂职）

党委委员　史治安

党委委员、县纪委派驻纪检十五组组长

庄　勇

经济和信息化局

局长、党委书记　张海斌（4月免）

陈小勇（4月任）

副局长、党委副书记　丁卫东（正科级，8月免）

副局长、工会主席　张和胜（正科级）

副局长、党委委员　葛家东

葛和平（挂职）

陈　伟（挂职）

高红亮（挂职）

臧志刚（挂职，8月任）

党委委员　卜　林

张桂红

杨敬国

党委委员、县纪委派驻纪检七组组长　朱正清

安全生产监督管理局

局长、党组书记　蔡士军

党组副书记　颜仕凯

副局长、党组成员　张　光

王　兵

刘爱勇

党组成员　庄召林

党组成员、县纪委派驻纪检七组组长　朱正清

农业委员会

主任、党委书记　王朝霞
党委副书记　宋德军
副主任、党委委员　陈春化（正科级，4月免）
杜立志（4月任，8月免）
王业金　庄进涛
王晓亮（挂职）
徐申申（挂职）
唐利华（挂职）
张小川（挂职，11月任）
高其国（11月任）
党委委员　涂洪江
副主任　潘　刚（挂职）
党委委员、纪委书记、县纪委派驻纪检六组组长
王春雷

教育局

局长、党委书记　傅荣生
副局长、党委副书记　胡茂斌
副局长、党委委员　赵永杰（正科级）
张曼丽
李树白（挂职）
王正清（8月任副局长）
副局长　熊雪贤（挂职）
党委委员　陈　忠
纪委书记、县纪委派驻纪检八组组长
王正清（8月免）
党委委员、纪委书记、县纪委派驻纪检八组组长
周道喜（8月任）

教育督导室

主　任　胡茂斌

体育局

局　长　李亚涛
副局长　孙开俊（8月免）
赵永杰（挂职，8月任）
县纪委派驻纪检八组组长　王正清（8月免）
周道喜（8月任）

监察局

局　长　马广春
副局长　张　浩
岁小芳（11月任）

公安局

局长、党委书记　许尔斌（11月免）
李庆峰（11月任）
政委、党委副书记　朱裕松（1月免）
武　胜（1月任）
督察长　许尔斌（兼，11月免）
李庆峰（兼，11月任）
副局长、党委副书记　王维成（正科级）
副局长、党委委员　周红梅（正科级）
卢　锋（正科级）
魏　晋
侯庆武（11月任，挂职1年）
副政委、党委委员　刘　星
党委委员　陈家燚
党委委员、县纪委派驻县公安局纪检组组长
武启山

民政局

局长、党委书记　庄召兵（副县级）
副局长、党委副书记　朱建国（正科级）
副局长、党委委员　魏晓光
苏玉军
副局长　刘　菊（挂职，12月任）
党委委员、县双拥办公室副主任
徐立祥（正科级）
党委委员、县纪委派驻纪检十一组组长
戴　方

财政局

局长、党组书记　董国宏
副局长、党组成员　卜洪梅
李雪泉
宋爱忠
胡耀军
党组成员、纪检组长　郑习军

国有资产管理局

局　长　董国宏（兼）
副局长　朱仁邦

卫生和计划生育委员会

主任、党委书记　葛以权
副主任、党委委员　陈太和　谷士平
陈　彪　张　楠（正科级）
顾其银　朱如杰
胡立彬
党委委员、工会主席　丁　峰（正科级）
党委委员　王云敏

党委委员、纪委书记、县纪委派驻纪检二十三组组长　徐宜照

审计局

局长、党组书记　梁　正
副局长、党组成员　王化乾（正科级）
副局长、总审计师　陈　超
党组成员　徐山青
党组成员、县纪委派驻纪检十八组组长　王　祥

统计局

局长、党组书记　陈　彬
副 局 长　胡美芹
党组成员　包善强
党组成员、县纪委派驻纪检十八组组长　王　祥

人力资源和社会保障局

局长、党组书记　彭　琼
副局长、党组副书记　仓义晶（3月免）
副局长、党组成员　刘家武　孙通城
　刘新金（挂职）
　黄海军（挂职，8月任）
副 局 长　杨　霞
党组成员、纪检组长　李运生

科学技术局

局长、党组书记　潘桂琴
副局长、党组成员　刘金阳
　陈　伟（挂职）
　吕九芳（8月任，挂职）
　陈仕凯
副 局 长　王克虎
党组成员、县纪委派驻纪检十九组组长　穆武岳

住房和城乡建设局

局长、党委书记　王治国
副局长、党委副书记　徐山红（11月任）
副局长、党委委员　周　娟
　刘须进（挂职，11月任）
党委委员、人防办公室主任　刘　通（11月免）
人防办公室主任　徐山红（11月任，挂职）
党委委员　倪修宝（4月免）
　胡学贵（4月任）
　孙　浪

党委委员、纪委书记、县纪委派驻纪检十二组组长　孙青松

城乡规划局

局　　长　倪修宝（4月免）
副 局 长　张　全

城市管理局

局长、党委书记　朱红军
副局长、党委副书记　丁爱春
副局长、党委委员　李　军
　姜　军
　兰一军
　倪志良
党委委员　张运辉
党委委员、纪委书记、县纪委派驻纪检二十组组长　丁有伟

城市管理行政执法局

局　　长　朱红军（11月任）

交通运输局

局长、党委书记　阙学来（副县级）
党委副书记　胡　明（正科级）
副局长、党委委员　庄劲松（正科级）
　戴天甲（正科级）
副 局 长　纪轩煦（挂职）
党委委员　李　智
党委委员、纪委书记、县纪委派驻纪检十三组组长　刘向辉

司法局

局长、党组书记　李继宇（副县级）
副局长、党组成员　胡传军
　赵连阳
副 局 长　朱海琴
党组成员、县纪委派驻纪检四组组长　张巧云

环境保护局

局长、党组书记　赵玉春（3月免）
　王前太（3月任）
党组副书记　成义红
副局长、党组成员　刘　胜
　宋吕军（3月任副局长）
党组成员　周筱梅
党组成员、县纪委派驻纪检十九组组长　穆武岳

水利局

局长、党委书记　孙银飞（3月免）
仓义晶（3月任）
党委副书记　石单伍
副局长、党委委员　熊彦生
刘朝阳
单士高（正科级）
张　明（挂职）
党委委员　林云会
党委委员、纪委书记、县纪委派驻纪检十四组组长　董绪泽

商务局

局长、党组书记　傅成殿
副局长、党组成员　朱成保
刘　芹
周成喜
林振洲（挂职，8月任）
副局长、总经济师　朱　杰
党组成员、县纪委派驻纪检二十一组组长
黄以斌

民族宗教事务局

局长、党组书记　庄恒斌
副局长、党组成员　姬　诚（正科级，8月免）
李效春

文化广电新闻出版局

局长、党委书记　王东成（3月免）
刘家裕（3月任）
党委副书记　冯良喜
副局长、党委委员　王爱民
张秋香
党委委员、县纪委派驻纪检十六组组长
梁建球

市场监督管理局

局长、党委书记　袁广利（副县级）
副局长、党委委员　单春明（正科级）
陈复胜
陈雷鸣
王龙华（11月免）
倪朝丽
刘家谱
卢同栋
孟宪武
陈　昱（11月任）
党组成员、纪检组组长　徐玉珍

招商局

局　　长　王　颢
副 局 长　樊永亮
傅　薇
丁　明（挂职）

机关事务管理局

局长、党组书记　陈小勇（4月免）
副局长、党组成员　徐　晗（4月免）

【县政府直属管理机构】

江苏泗阳经济开发区管理委员会

主　　任　葛　明（4月免）
史素珍（4月任）
副 主 任　刘家新（正科级）
陈元圣（正科级）
狄运江（正科级）
周金成（4月免）
刘传林（正科级，4月免）
王　颢
张　龙（挂职，8月免）
张　培（挂职，8月任）

泗阳经济开发区意杨产业科技园管理委员会

主　　任　胡茂喜
副 主 任　徐东阳
丁　建
潘雪之

泗阳现代农业产业园区管理委员会（11月撤销）

副 主 任　张小川（正科级，11月免）
王晓亮（挂职）
潘　刚（挂职）

江苏泗阳经济开发区现代农业产业园区管理委员会（11月更名）

主　　任　张小川（正科级，11月任）
副 主 任　王　岩（正科级，11月任）
陈永旗（11月任，试用期1年）

吴江（泗阳）工业园管理委员会

副 主 任　薛　骅（正科级）
夏　秋（正科级）
李树白（挂职）
姚伟中（挂职）
丁　明（挂职，3月任）

泗阳县成子湖扶贫开发示范区管理委员会

主　任　徐光辉（副县级）

企业服务局

局　长　葛习和

副局长　杨晓兰（8月免）

徐正军

农业机械管理局

局长、党组书记　陈前虎

副局长、党组成员　张卫国（正科级）

党组成员　石建国

党组成员、县纪委派驻纪检六组组长

王春雷

农业资源开发局

局长、党组书记　刘家伦（3月免）

倪海霞（3月任）

副局长、党组副书记　孙广宣

副局长、党组成员　高其国（11月免）

沈燕红（11月任）

党组成员、县纪委派驻纪检六组组长

王春雷

档案局

局　长　刘万里

副局长　孟琼川

胡传伟

县纪委派驻纪检七组组长　程翠红

供销合作总社

主任、党委书记　周海峰

党委副书记　季守金

副主任、党委委员　高一鸣

刘敬东

党委委员、县纪委派驻纪检二十一组组长

黄以斌

江苏省泗阳中学

校长、党委书记　王述超

副校长、党委副书记　孙家斌

副校长、党委委员　陈景太

副校长　刘　峰

戴正涛

张　凡

党委委员、纪委书记　金小中

党委委员　刘以果（原身份性质不变）

刘　忠

泗阳中等专业学校

校长、党委书记　郑为双

副校长、党委委员　杨扣成

副校长　石　雨

李树白（挂职）

党委委员、纪委书记　王正清（8月免）

周道喜（8月任）

泗阳县广播电视台

台长、党组书记　刘家裕（3月免）

陈　文（3月任）

总编辑　刘志国（8月任）

副台长、党组副书记　陈　文（正科级，3月止）

副台长　李蕊菊

尹晓玲

党组成员、县纪委派驻纪检十六组组长

梁建球

泗阳广电网络有限公司

董事、总经理、党委书记　刘志国（6月免董事、总经理，8月免党委书记）

杨晓兰（6月任董事、总经理，10月任党委书记）

副总经理、党委委员　徐贻茂（6月免副总经理，8月免党委委员）

韩　峰

董　事　李雪泉

监　事　陈　超

党委委员、纪委书记、县纪委派驻纪检二十二组组长　田千友

泗阳县公共资源交易中心

主　任　傅成虎

泗阳县国有土地上房屋征收办公室

主任、党组书记　孙建华

副主任、党组成员　王　玉（3月免）

徐宜祥

朱如杰（挂职，4月任）

党组成员　黄道云

【政协泗阳县委员会工作机构】

办公室

主任、党组书记　胡继祥

副主任、党组成员　刘桂兰（11月免）

县纪委派驻纪检一组组长　李　波

提案法制委员会

主　　任　海克培（3月免）

刘桂兰（11月任）

教育文化医卫体委员会

主　　任　石　冲（3月免）

戴春祥（3月任）

副 主 任　徐贻茂（8月任）

经济科技委员会

主　　任　张家华（3月免）

张　斌（3月任）

副 主 任　陈德远

学习文史委员会

主　　任　王公权

副 主 任　朱文东（正科级）

港澳台侨外事委员会

主　　任　赵　健（3月免）

傅　飞（3月任）

【社会团体】

总工会

主席、党组书记　薛　伟（副县级）

副主席、党组成员　陈　春（12月任）

副 主 席　张秀梅

党组成员、县纪委派驻纪检十五组组长

庄　勇

团县委

书记、党组书记　陈　昱

副书记、党组成员　翟业雷（8月任）

副 书 记　崔　伟（挂职）

张继龙（挂职）

马　勇（不驻会，原身份性质不变）

徐　强（挂职）

邱　煜（挂职，12月任）

党组成员、县纪委派驻纪检二十组组长

丁有伟

妇女联合会

主席、党组书记　刘　青

副主席、党组成员　薛　靓

副主席　曹　群（不驻会，原身份性质不变）

崔盈盈（不驻会，原身份性质不变）

党组成员、县纪委派驻纪检二十组组长

丁有伟

科学技术协会

主席、党组书记　傅　飞（3月免）

张同金（3月任）

副主席、党组成员　张　浪

党组成员、县纪委派驻纪检十九组组长

穆武岳

工商业联合会、总商会

主席、总商会会长　陈远华（12月任总商会会长）

党组书记、副主席、总商会副会长

吴　晶（12月任副会长）

党组成员　金莹莹

党组成员、县纪委派驻纪检四组组长　张巧云

副主席、副会长（不驻会）　朱彩涛（12月任）

吕东平（12月任副会长）

佘义伟（12月任副会长）

钱学新（12月任副会长）

副主席（不驻会）　李　永（12月免）

陈太刚（12月免）

夏广东（12月免）

马广禄

刘巧生（12月免）

巩大兵（12月免）

池永顺（12月免）

单士杰（12月免）

周雪芳（12月免）

胡立军

倪绍兵（12月免）

唐善勇（12月免）

钱朝贵（12月免）

佘养朝（12月免）

夏玉国（12月免）

潘家泽（12月免）

陈前军

吴殿玲

葛顺和

聂千辉（12月任）

尤晓明（12月任）

蒋红元（12月任）

李亚娟（12月任）

朱建国（12月任）

刘文成（12月任）

副会长　李　永（12月任）

余养朝(12月任)
钱一先(12月任)
郑和董(12月任)
潘家泽(12月任)
吴义军(12月任)
伊　尹(12月任)
张小飞(12月任)

残疾人联合会

理事长、党组书记　葛　康
副理事长、党组成员　陈东风
沈海波
党组成员、县纪委派驻纪检十一组组长
戴　方

红十字会

会　　长　史明霞(兼)
党组书记、常务副会长　朱建明(3月免)
史居崎(4月任)
副会长、党组成员　彭士国

文学艺术界联合会

主　　席　张荣超(兼)
县纪委派驻纪检三组组长　蒋　然

哲学社会科学界联合会

副 主 席　刘须明(兼,3月免)

【垂直管理单位】

供电公司

总 经 理　张　科
党委书记　倪海航(10月免)
厉　苗(10月任)
副总经理　丁　仛(3月免)
吴　琼(3月任)
王鹏翔
纪委书记、工会主席　杜伏锦(10月免)
泗阳运维站经理　丁　仛

邮政局

局长、党委书记　王　波
副局长、纪委书记、工会主席　徐光辉

电信公司

总经理、党委书记　赵兴耀
副总经理、纪委书记　刘建新
副总经理、工会主席　范光雨

移动公司

副总经理、党支部书记　王昌穹(主持工作)
副经理、工会主席　张　明

国家税务局

局长、党组书记　梁　峰
副局长、党组成员　焦业东
黄海兵
叶　剑
党组成员、纪检组组长　张瑞洪

地方税务局

局长、党组书记　朱永凯
副局长、党组副书记　胡一军
副局长、党组成员　邵前标
张金山
党组成员、纪检组组长　丁成民

气象局

局　　长　袁志勇
副 局 长　余东华
纪检督察员　刘李成

国土资源管理局

局长、党组书记　苏学敏
副局长、党组副书记　徐山红(11月免)
刘　勇(正科级,11月任)
副局长、党组成员　王前科
刘海涛
侯晓东
党组成员、纪检组组长　张宏光

烟草公司(烟草专卖局)

经理(局长)、党总支书记　厉　平(11月免)
许青洪(11月任)
副 局 长　何　翰(11月免)
沈　领(11月任)
副 经 理　陈祖斌(7月免)
孙林涛(7月任)

盐业分公司(盐务管理局)

经理(局长)、党支部书记　徐　斌(2月免)
冯　健(2月任)
副经理(副局长)、工会主席　王春森(2月免)
颜怀杰(2月任)

《宿迁日报》社泗阳记者站

站长、党支部书记　徐贻林
副 站 长　王晓东
党支部副书记　王庆锋

中国人民银行泗阳县支行

行长、党组书记 徐 威（1月免）
王曾怀（2月任）
副行长、党组成员 王曾怀（2月止）
赵宏伟
周海涛
副行长、党组成员、纪检组组长
印家飞（2月免）
姜 兵（2月任）

中国工商银行股份有限公司泗阳支行

行长、党委书记 石电波
副行长、党委委员 郜金龙
方 熙

中国农业银行股份有限公司泗阳支行

行长、党委书记 张 勇
副行长、党委委员、纪委书记、工会主席
夏前军（10月免）
魏良洲（10月任）
副行长、党委委员 庄永波
胡 涛（6月免）
古艳艳（6月任）

中国建设银行股份有限公司泗阳支行

行长、党总支书记 倪前法
副行长、党总支委员 李启宝（9月免）
王士辉（2月免）
张建军（2月任）
于 龙（9月任）

中国农业发展银行泗阳县支行

行长、党支部书记 房友标
副行长、党支部委员、工会主席
宋 丽（10月免）
魏良洲（10月任）
副行长、党支部委员 许同亮
杨 莉（6月免）

中国银行股份有限公司泗阳支行

行长、党支部书记 黄 跃
党支部副书记 张长军
张 超
副 行 长 毕二利

江苏泗阳农村商业银行股份有限公司

董事长、党委书记 巩大兵（8月免）
朱彩涛（9月任）
行 长 冯加益（12月免）
穆振乾（12月任）
监事长、纪委书记 田海林（5月免）
周明生（5月任）
副 行 长 刘须和（3月免）
钱光利（5月免）
陈 志
王 波
张继龙（3月任）
孟祥法（5月任）

中国邮政储蓄银行股份有限公司泗阳支行

行长、党总支书记 沈 红
副行长、党总支委员 徐 瑞
陈 凯

江苏银行泗阳支行

行 长 孙滋澍
副 行 长 刘亚男（3月任） 姚平（3月任）

吴江农村商业银行泗阳支行

行 长 沈小明（3月免）沈杰升（3月任）
副 行 长 沈建佳

江苏东吴村镇银行泗阳支行

行 长 刘桂兰
副 行 长 邵前军
谭鹏飞（11月任）

江苏民丰农村商业银行股份有限公司泗阳支行

行 长 曹 宇
副 行 长 王卫宏（6月任）

中国人民财产保险有限公司泗阳支公司

经理、党支部书记 彭 彬
副经理 周 波
陈伏虎

中国人寿保险股份有限公司泗阳支公司

经理、党支部书记 武飞翔
副 经 理 杨风雷
殷国志

【各乡镇（街道、场）党委、人大、政府、政法委、纪委】

众兴镇

党委书记 李东阳
副 书 记 王新权（3月免）
刘须进
苏 玉（4月任）

林振洲（挂职，8月任）
邱伟明（挂职）
张爱军
宋永明（挂职）
党委委员　张德成（4月免）
臧海青
施秀芝
孙其涛（4月免）
苏　玉
唐为扬
范化琪
衡　玮（4月任，试用期1年）
人大主席　沃恒东
镇　　长　王兴权（3月免）
刘须进（3月任）
副 镇 长　张德成（4月免）
臧海青
杨海波（4月任）
高锦荣（挂职）
陈　斌
朱爱春（11月免）
蔡　震（11月任）
刘　明（4月免）
夏忠毅
政法委书记　苏　玉（11月免）
唐为扬（11月任）
纪委书记　施秀芝

王集新城党工委

书　　记　王柳青（副县级）
副 书 记　林正国
庄德峰
刘厚冬（4月免）
韦　江（挂职）
陈　伟（挂职）

王集新城管理委员会

主　　任　林正国

王集镇

党委书记　王柳青（副县级）
副 书 记　林正国
曹长忠（挂职）
韦　江（挂职）
沈燕红（11月免）
杨井泉（11月任）
葛和平（挂职）
方　勇（挂职，4月任）
党委委员　陈成瑞（4月免）
胡　祥（4月任）
徐升龙（4月任）
司　燚（4月免）
李　成（4月任，试用期1年）
倪晓勇（4月免）
汪义普（原身份性质不变）
臧延柏（4月免）
袁　虎（原身份性质不变，4月免）
樊永亮（4月免）
陶永生（11月免）
杨井泉
刘　勇（11月任）
人大主席　沈燕红（11月免）
王龙华（11月任）
人大副主席　陈彩梅（4月免）
镇　　长　林正国
副 镇 长　葛春阳（4月任）
魏　兵
尤一鸣（11月任）
樊永亮（4月免）
汪义普
陈成瑞（4月免）
胡　祥（4月任）
陶永生（11月免）
政法委书记　杨井泉（11月免）
刘　勇（11月任）
纪委书记　臧延柏（4月免）
陈成瑞（4月任）

新袁新城党工委

书　　记　王爱民（副县级）
副 书 记　夏前浩（4月免）
石敬峰（4月免）
孙德胜（挂职）
彭铁军

新袁新城管理委员会

主　　任　彭铁军
副 主 任　纪轩煦（挂职）

新袁镇

党委书记 王爱民（副县级）
副 书 记 彭铁军
孙德胜
朱先学（4月任）
王建军（12月任）
李建团（挂职，4月任）
党委委员 朱先学
秦 敢
刘 涛
邱 甫
孙以书
胡学贵（4月免）
顾亚东（4月免）
李 峰（4月任，试用期1年）
王 寒
人大主席 徐长军（11月免）
张其力（11月任）
镇 长 彭铁军
副 镇 长 朱先学（4月免）
秦 敢
胡祖旺（4月免）
胡学贵（4月免）
李文慧（11月任）
陈业春（11月任）
政法委书记 顾亚东（4月免）
刘 涛（4月任）
纪委书记 孙以书

裴圩镇

党委书记 夏前浩（4月免）
颜 柏（4月任）
副 书 记 刘 西
陈圣豹（11月免）
郑立国（11月任）
邓四长（挂职）
陈兴红（挂职，4月任）
张 勇（挂职，4月任）
党委委员 盛 虎
陈立伟
倪绍伟
钱德苏（11月任）
郑立国
人大主席 张 宁（3月免）
张其力（3月任，11月免）
陈圣豹（11月任）
镇 长 刘 西
副 镇 长 仇文娟
郑立国（11月免）
陈立伟（11月任）
陈 近
李前金（4月任）
姜明伟（11月任）
政法委书记 陈圣豹（11月免）
郑立国（11月任）
纪委书记 陈立伟（11月免）
倪绍伟（11月任）

高渡镇

党委书记 石敬峰（4月免）
张海斌（4月任）
副 书 记 徐绍连（11月任）
时 翔
冯 彬（挂职）
范 军（挂职，4月任）
党委委员 乔 芳（4月免）
徐 洲（4月免）
吴良兵
周其华（4月免）
张 健
葛 永
刘庆涛（4月任，试用期1年）
沈利军（4月任，试用期1年）
人大主席 徐绍连（11月免）
王学红（11月任）
镇 长 岁小芳（11月免）
徐绍连（11月任）
副 镇 长 张 健
周其华
苗 杰（4月任）
张艳平（11月任）
政法委书记 周其华（4月免）
时 翔（4月任）
纪委书记 葛 永

李口镇

党委书记 朱先旺

副 书 记　张　炜（4月免）
赵　宇（4月任）
黄　丽（4月任）
胡钟胜（挂职，4月任）
张　明（挂职，8月任）
党委委员　黄　丽
徐　洲（4月任）
严继刚
唐　景
张学晋（4月免）
王丽莉（4月任）
刘家奎（4月任，试用期1年）
人大主席　张兴玉
镇　　长　张　炜（4月免）
赵　宇（4月任）
副 镇 长　张瀚文（4月免）
许乃元（4月任）
马　勇（11月任）
王丽莉
张学晋（4月免）
纪委书记　黄　丽（4月免）
刘家奎（4月任，试用期1年）

卢集镇

党委书记　赵其良（4月免）
夏前浩（4月任）
副 书 记　倪海丽
蒋茂松（11月免）
张克祥（11月任）
宋　阳（挂职，4月任）
余健康（挂职，4月任）
党委委员　陈祥生（4月免）
樊永亮（4月任）
徐　敏（4月任，试用期1年）
常　见
李　刚
郑　周
徐东霞（4月免）
唐善利（4月任）
人大主席　刘飞礼（8月免）
张子健（11月任）
镇　　长　倪海丽
副 镇 长　郑　周
尹　华（11月免）
傅　奇（11月任）
樊永亮（4月任）
唐善利（4月任）
赵　毅（挂职）
政法委书记　蒋茂松（11月免）
张克祥（11月任）
纪委书记　常　见

临河镇

党委书记　张同全（4月免）
邵　阳（4月任）
副 书 记　李维兵（4月免）
王恒兵（4月任）
乔以兵（挂职，4月任）
曹　伟
党委委员　晁宁芳
季　宏（1月免）
李其锋（11月免）
顾亚东（4月任）
徐慎久（4月任）
杨建兵（11月任）
顾芙蓉（4月任，试用期1年）
桂　扬
吴海琴（4月免）
人大主席　张林武（3月任）
镇　　长　李维兵（4月免）
王恒兵（4月任）
副 镇 长　季　宏（1月免）
陈　刚（正科级，1月任，4月免）
王　超（4月免）
顾亚东（4月任）
刘洪波（4月任）
张　庆（8月任）
徐慎久（4月免）
政法委书记　顾亚东（4月任）
纪委书记　李其锋（11月免）
杨建兵（11月任）

爱园镇

党委书记　刘　勇
副 书 记　曹其虎
邱　龙
韩　英（挂职，4月任）

党委委员 于　辉
王守军
王赵军（8月免）
石志军（4月免）
司　燚（4月任）
夏　华
范晓晖（4月免）
韩　光（4月任，试用期1年）
王海波（11月任）
人大主席 魏　兵
镇　长 曹其虎
副镇长 石志军（4月免）
王赵军（8月免）
司　燚（4月任）
卢月飞（11月任）
吴红梅
孙晓勇
夏　华
政法委书记 邱　龙
纪委书记 于　辉

张家圩镇

党委书记 刘厚冬（4月免）
倪修宝（4月任）
副书记 张振华
张　可（挂职）
封　波（挂职，4月任）
胡　旭
党委委员 赵连城（4月免）
鲁　燕（4月任，试用期1年）
杨　敏（4月免）
胡　旭
张修仁（4月免）
刘　安（11月免）
张克祥（11月免）
郑　亮（11月任）
耿　波
彭能军
人大主席 李　波（11月免）
田　敏（11月任）
镇　长 张振华
副镇长 赵连城（4月免）
徐　晗（4月任）
张克祥（11月免）
马士余（11月任）
彭能军
孙　云（4月任）
政法委书记 张修仁（4月免）
胡　旭（4月任）
纪委书记 刘　安（11月免）
郑　亮（11月任）

穿城镇

党委书记 倪海霞（3月免）
孙　波（3月任）
副书记 庄　军（4月免）
刘　安（11月任）
张利杰（正科级，3月免）
沈　浩（挂职）
刘玉国（4月任）
杨文立（挂职，4月任）
党委委员 刘玉国
赵学勇
石学华（4月免）
陈　敏（4月任）
高　波
曹培功（4月任，试用期1年）
申牧羊（4月任，试用期1年）
人大主席 蒋学胜
镇　长 庄　军（4月免）
刘　安（11月任）
副镇长 许乃元（4月免）
杨　乐（11月任）
高　波
陈太方（11月免）
葛　元（11月任）
政法委书记 刘玉国（4月任）
纪委书记 刘玉国（4月免）
陈　敏（4月任）

三庄乡

党委书记 颜　柏（4月免）
李维兵（4月任）
副书记 许晶晶
陈　邦（11月免）
李长闪（挂职，4月任）
房开起（11月任）

党委委员　房开起
胡彩梅
许岚娜（4月免）
张庆宇（4月免）
臧延柏（4月任）
张　平（4月任，试用期1年）
邢　军
人大主席　王　岩（11月免）
陈　邦（11月任）
人大副主席　王美光
乡　　长　许晶晶
副 乡 长　胡彩梅
房开起（11月免）
吕祥林（11月任）
胡　涛（4月任）
陈伏玉
政法委书记　陈　邦（11月免）
房开起（11月任）
纪委书记　张庆宇（4月免）
臧延柏（4月任）

里仁乡

党委书记　庄德峰
副 书 记　史居崎（4月免）
宋一河（11月任）
周卫星（挂职，4月任）
党　灏（挂职，4月任）
刘志中（11月免）
王建凯
李其锋（11月任）
党委委员　周　云
陈太军
王　军（4月免）
刘学军（4月任）
胡冬冬（4月任，试用期1年）
王益华（4月免）
刘检将（4月任）
周义宝（4月任，试用期1年）
人大主席　张子健（11月免）
刘志中（11月任）
人大副主席　庄爱军（4月免）
乡　　长　史居崎（4月免）
宋一河（4月任）
副 乡 长　周　云
江以浪（4月免）
陈太军（4月任）
唐　宁（11月任）
陈　敏（4月免）
刘学军（4月任）
政法委书记　刘志中（4月任，11月免）
李其锋（11月任）
纪委书记　王益华（4月免）
刘检将（4月任）

庄圩乡

党委书记　朱光乾
副 书 记　葛　凡
王学红（11月免）
陶永生（11月任）
芦志国（挂职，4月任）
顾永强（挂职，4月任）
党委委员　徐升龙（4月免）
刘检将（4月免）
左为东
周　悦（11月免）
王学红
江以良（4月任）
王　军（4月任）
周巧玲
人大主席　张林武（3月免）
王　玉（3月任）
乡　　长　葛　凡
副 乡 长　江以良（4月免）
陈海明（4月任）
周　悦（11月免）
陈炳辉（11月任）
吴　奔（11月任）
政法委书记　王学红（11月免）
陶永生（11月任）
纪委书记　左为东

南刘集乡

党委书记　邵　阳（4月免）
陈　飞（4月任）
副 书 记　陈　飞（4月止）
刘飞礼（8月任）
胡建军（9月免）

李明俊（挂职，4月任）
党委委员　任　冉
刘之俊（4月免）
刘同鼎
陈祥生（4月任）
王益华（4月任）
陈　勇（4月任，试用期1年）
人大主席　翟晓翔（11月任）
人大副主席　刘之俊（4月任，11月免）
乡　　长　陈　飞（4月免）
刘飞礼（8月任）
副 乡 长　任　冉
周耀健（4月免）
王海波（11月免）
李贺贺
陈祥生（4月任）
於　亮（11月任）
政法委书记　胡建军（9月免）
纪委书记　刘之俊（4月免）
王益华（4月任）

八集乡

党委书记　王少波
副 书 记　韦　肖（11月任）
胡学志（4月免）
苗　强（4月任）
李　泉（挂职，4月任）
潘　晶（挂职）
刘　勇（11月免）
孟　凯（挂职）
党委委员　唐建兵
杜立军
叶爱中（4月任）
陈伏虎
徐　轩　苗　强
许丽萍
人大主席　胡学志（4月任）
人大副主席　杜立军（11月免）
乡　　长　刘　勇（11月免）
韦　肖（11月任）
副 乡 长　苗　强（4月免）
陈伏虎（4月任）
张　邻（11月任）
徐　轩
刘学军（4月免）
杜立军（11月任）
政法委书记　胡学志（4月免）
苗　强（4月任）
纪委书记　陈伏虎（4月免）
叶爱中（4月任）

来安街道

党工委书记　王克琦
党工委副书记　李　波（11月任）
左于交（4月免）
胡卫东（4月任）
宋一河（11月免）
沙云飞（挂职，4月任）
人大工委主任　蒋茂松（11月任）
办事处主任　宋一河（11月免）
李　波（11月任）
副主任、党工委委员　尤传云
刘　晔（11月免）
桂　珑
张　萍（4月免副主任）
张学晋（4月任）
党工委委员、纪工委书记　胡卫东（4月免）
张　萍（4月任纪工委书记）

城厢街道

党工委书记　阙正国
党工委副书记　丁前洋
徐春林（4月免）
王　超（4月任）
陈仲秋（挂职，4月任）
办事处主任　丁前洋
副主任、党工委委员　王向阳
苗美玲
吴海琴（4月任）
人大工委主任　张彩华（3月免）
张　宁（3月任）
副 主 任　陈　刚（正科级，1月免）
党工委委员、纪工委书记　刘长满（4月免）
毛学权（4月任）

史集街道

党工委书记　孙修利

党工委副书记　孙　波（3月免）
　　张利杰（3月任）
　　李前春
　　姜　江（挂职，4月任）
人大工委主任　李前春（11月任）
办事处主任　孙　波（3月免）
　　张利杰（3月任）
副主任、党工委委员　孙卫宣（4月免）
　　胡　毅
　　乔　芳（4月任）
　　叶爱中（4月免）
　　刘　明（4月任）
副主任　潘　刚（挂职）
　　孙　慧
党工委委员、纪工委书记　魏江红（4月免）
　　石志军（4月任）

泗阳棉花原种场

党工委副书记、管委会副主任　刘须伦
党工委副书记　赵春林
管委会副主任　于成功
党工委委员、纪工委书记、县纪委派驻纪检五组组长　谷士明
党工委委员　蔡志祥

泗阳农场

党委书记、场长　阙正国
党委委员、副场长　王义元
　　王　蕙
党委委员、纪委书记、县纪委派驻纪检五组组长　谷士明

（县委组织部、县各部门和各乡镇、街道、场供稿）

表62

2016年泗阳县国民经济主要指标情况

项 目	单 位	指标值	比2015年增减%
1.地区生产总值	亿元	402.75	9.30
第一产业	亿元	57.85	2.10
第二产业	亿元	199.21	10.10
工 业	亿元	166.95	4.50
第三产业	亿元	145.69	11.10
2.工农业总产值	亿元	995.60	14.33
农业牧鱼业总产值	亿元	106.53	7.81
种植业	亿元	54.72	2.47
林 业	亿元	7.43	6.29
牧 业	亿元	18.72	9.60
渔 业	亿元	21.69	21.65
农林牧渔服务业	亿元	3.96	12.50
工业总产值	亿元	889.07	15.16
规模以上工业产值	亿元	672.14	15.40
轻工业	亿元	347.34	25.57
重工业	亿元	361.65	17.54
3.固定资产投资总额(全社会)			
固定资产投资(500万元以上)	亿元	379.23	13.00
工业投资	亿元	282.48	14.60
房地产开发投资	亿元	64.29	-2.41
4.财 政			
财政收入	万元	610143	0.30
其中:国税收入	万元	118836	59.50
地税收入	万元	244089	-12.60

续表62

项　目	单　位	指标值	比2015年增减%
财政收入	万元	247218	-2.90
其中：地区性一般预算收入	万元	333405	-1.00
财政支出	万元	947699	4.71
其中：一般预算支出	万元	726494	4.60
基金支出	万元	221205	5.10
5.金　融			
银行存款年末余额	万元	3208686	20.95
其中：居民存款	万元	1946769	11.68
银行贷款年末余额	万元	3149286	16.84
个人消费贷款	万元	142.87	29.48
6.保险（财产、人寿）			
保费收入	万元	50100	30.13
理赔支出	万元	11800	21.38
7.邮政、电信			
邮政业务收入	万元	8142	20.82
电信业务收入	万元	12994	1.69
固话用户	户	82395	-15.92
农村固话用户	户	50417	-13.07
移动电话年末用户	户	121800	19.41
3G移动电话用户	户	121800	81.79
互联网宽带接入用户数	户	100900	31.04
8.供　电			
全社会用电量	万千瓦小时	245284	16.60
工　业	万千瓦小时	152979	16.34
其中：食品工业	万千瓦小时	6089	21.49
纺织工业	万千瓦小时	33039	18.91
化学工业	万千瓦小时	730	22.69
木材加工	万千瓦小时	12175	24.55
交通运输、电气、电子设备制造业	万千瓦小时	10220	11.83
通用及专业设备制造业	万千瓦小时	22859	9.71
农　业	万千瓦小时	12050	-0.80
城乡居民生活用电总量	万千瓦小时	46539	19.85
城　镇	万千瓦小时	17442	22.13
农　村	万千瓦小时	29097	18.52
9.内外贸易			

续表62

项　目	单　位	指标值	比2015年增减%
社会消费品零售总额	万元	1004700	13.04
其中：批发零售业	万元	869340	12.55
住宿餐饮业	万元	135360	16.29
城市消费品零售额	万元	721623	10.53
农村消费品零售额	万元	283076	19.99
限额以上批发零售业	万元	243662	3.20
进出口总额	万美元	35339	1.10
其中：出口	万美元	34304	0.60
利用外资总额	万美元	5060	42.66
10.教　育			
普通高中校数	所	4	—
其中：民办普通高中	所	2	—
初级中学校数	所	14	—
其中：民办初中	所	2	—
小学校数	所	34	—
其中：民办小学	所	6	—
幼儿园数	所	76	7.04
职业中学校数	所	2	—
特殊教育学校数	所	1	—
高中在校生数	人	1555	-3.40
初中在校生数	人	34826	-3.74
小学在校生数	人	90249	5.67
职业中学在校生数	人	6152	-7.81
幼儿园幼儿生数	人	31695	-1.16
职业中学教师人数	人	536	-6.78
中学教师人数	人	4888	-0.35
小学教师人数	人	4401	-0.54
幼儿教师人数	人	2031	-11.00
11.卫 生			
卫生机构总数	个	64	—
其中：医院数	个	45	7.14
病床数	张	4405	-0.68
卫生技术人员	人	4369	-2.63
12.职工人数、工资			
年末在岗职工人数	人	72432	4.58
在岗职工工资总额	万元	338209	1.68

表63　　2016年泗阳县人均国民经济主要指标情况

项　目	单　位	指标值	比上年增减%
1. 地区生产总值(年平均常住人口84.09万人)	元	47895	11.20
第一产业	元	6880	9.71
第二产业	元	23690	8.11
第三产业	元	17325	16.37
2. 工农业总产值			
工业总产值	元	105728	55.56
农业总产值	元	12669	7.83
3. 主要农产品产量			
粮　食	公斤	718	-18.80
油　料	公斤	10	16.28
4. 财政收入	元	7255	-0.21
5. 财政支出	元	11270	3.36
6. 年末农民人均纯收入	元	13952	9.00
7. 城镇居民可支配收入	元	23535	8.40
8. 在岗职工年均工资	元	48636	8.56
9. 全年社会消费品零售总额	元	11948	12.53
10. 人均储蓄存款	元	23151	30.23
11. 城镇人均住房建筑面积	平方米	50.7	-2.5
12. 农村居民人均住房使用面积	平方米	46.2	2.67
13. 年末医院病床数	张/万人	52.99	-7.47

表64　　2016年泗阳县人口主要指标情况

项　目	单　位	指标值	比上年增减%
1. 总户数	户	269106	0.08
2. 总人口	人	1073409	0.54
其中：农业人口	人	503992	0.36
非农业人口	人	569568	0.72
男　性	人	560983	0.49
女　性	人	512426	0.80
3. 出生人数	人	11099	-46.08
出生率	‰	13.20	-8.33
4. 死亡人数	人	4580	-46.08
死亡率	‰	5.10	-10.53
5. 自然增长人数	人	6519	-30.79
自然增长率	‰	8.10	-6.90

表65　　2016年泗阳县主要农作物播种面积、产量情况

品　种	播种面积（亩）	单产（公斤）	总产量（吨）	总产量比上年增减%
三　麦	711750	371	264052	1.34
水　稻	504300	546	275196	−0.82
玉　米	138900	375	52088	−2.80
山芋（5折1）	14700	500	7350	−3.03
豆　类	22800	203	4624	−6.53
棉　花	150	80	12	—
油　料	42000	209	8790	2.02

表66　　2016年泗阳县牧业、渔业生产情况

项　目	单　位	指标值	比上年增减%
生猪出栏	万头	53.92	3.49
家禽出栏	万只	828.64	3.32
肉类产品总产量	万吨	4.93	−1.66
水产品产量（鱼、虾、蟹）	万吨	7.95	4.47

表67　　2016年泗阳县部分农业机械年末拥有量情况

项　目	单　位	指标值	比上年增减%
一、农业机械总动力	万千瓦	99.08	4.01
柴油发动机动力	万千瓦	78.78	4.44
汽油发动机动力	万千瓦	1.48	4.23
电动机动力	万千瓦	18.83	2.39
二、拖拉机及配套机械			
大中型拖拉机	台/千瓦	2758/149409	10.19/15.80
小型拖拉机	台/千瓦	33000/312047	−2.65/−2.21
三、种植业机械			
1.耕整机	台/千瓦	113/497	—
2.机引犁	台	1205	1.66
3.旋耕机	台	44873	0.76
4.机引耙	台	195	—
5.播种机	台	5076	0.24
6.水稻插秧机	台/千瓦	2462/5652	0.70/0.70
7.农用排灌动力机械	台/千瓦	3930/104030	2.61/2.46
8.机动喷雾（粉）机	台/千瓦	4476/8504	0.31/0.31

续表67

项　目	单　位	指标值	比上年增减%
9. 收获机械			
联合收割机	台/千瓦	3638/169236	8.65/10.98
机动脱粒机	台/千瓦	40/446	-20.00/-20.07
四、农产品加工机械			
农产品加工动力机械	台/千瓦	6150/58822	4.59/4.67
其中：电动机动力	台/千瓦	3480/31185	3.57/3.57
柴油机动力	台/千瓦	2670/27637	5.95/5.95
农产品初加工作业机械	台	6065	2.10
其中：粮食加工机械	台	4115	1.60
棉花加工机械	台	320	6.67
油料加工机械	台	960	2.13
果蔬加工机械	台	670	3.08
五、畜牧业机械	台/千瓦	2311/38947	2.57/2.73
六、渔业机械	台/千瓦	21017/21898	0.24/0.04
七、林果机械	台/千瓦	205/362	—
八、运输机械			
1.手扶变型运输机	台/千瓦	30/323	—
2.农用挂车	台	33985	0.13
九、农田基本建设机械	台/千瓦	955/10424	0.53/0.52

（县统计局）

说 明

一、本索引采用主题分析法编制，按标引词第一个字的汉语拼音字母顺序（同音按声调），音调相同按第二个音序排列，依此类推。

二、本索引标引词一般采用中心词或简称。栏目、分目、子分目标题用黑体字标示，图、表均注明（图）、（表）字样。

三、标引词后数字表示内容所在页码，数字后的拉丁字母a、b分别表示左栏、右栏。

四、本索引编有参见系统和附见系统。附见款目在主款目下行缩2字排印；索引标引词后第二个页码起为参见页码。

Y